スポーツ競技の枠を超えた、これからの選手名鑑

AthleteDatabaseと完全連動

選手の移籍や加入など最新情報は電子版をチェック

電子版には 12,054人のデータを収録

https://athletedb.net/

セントラル・リーグ

東京ヤクルトスワローズ　横浜DeNAベイスターズ　阪神タイガース
読売ジャイアンツ　広島東洋カープ　中日ドラゴンズ

B2

<東地区>
青森ワッツ
山形ワイヴァンズ
福島ファイヤーボンズ
越谷アルファーズ
アルティーリ千葉
アースフレンズ東京Z
西宮ストークス

<西地区>
バンビシャス奈良
香川ファイブアローズ
愛媛オレンジバイキングス
ライジングゼファー福岡
佐賀バルーナーズ
長崎ヴェルカ
熊本ヴォルターズ

D2

浦安D-Rockes
三重ホンダヒート
日野レッドドルフィンズ
釜石シーウェイブスRFC
豊田自動織機シャトルズ愛知
清水建設江東ブルーシャークス

D3

マツダスカイアクティブズ広島
九州電力キューデンヴォルテクス
中部電力レッドレグリオンズ
クリタウォーターガッシュ昭島
NTTドコモレッドハリケーンズ大阪

本誌掲載の選手情報は、下記の日時で収集したものです
NPB:2023年1月17日
Bリーグ:2022年12月14日
ジャパンラグビートップリー:2022年12月20日
アジアリーグアイスホッケ:2022年1月15日

Athlete（アスリート）とは——。
自らを鍛え上げて戦う姿が、観るものたちに夢を与え、
感動を届けることのできる存在だ。

AthleteDatabase（アスリート・データベース）は、
いままさに、人々に夢を与え続けている
日本国内のトップアスリートたちの情報を凝縮して
一冊にまとめたもの。

今号では2023年シーズンへ向け各チームが
始動したNPB、2022-23シーズンが中盤から後半戦を
迎えているBリーグ（バスケットボール）、
ジャパンラグビー リーグワン、アジアリーグアイスホッケーの
計4リーグに所属してしている選手たち、
総勢2763人を紹介する。

Contents

掲載リーグ紹介
NPB …… 4
Bリーグ …… 5
ジャパンラグビー リーグワン …… 6
アジアリーグアイスホッケー …… 7

アスリート分析レポート
Report01　平均身長比較 …… 8
Report02　出身地分布 …… 12
Report03　出身校ランキング …… 14
Report04　血液型割合 …… 17

アスリート名鑑（五十音順） …… 19~253

2023年注目の世界大会 …… 254

アスリート・データベース紹介 …… 256

BASEBALL

NPB 日本野球機構

Nippon Professional Baseball Organization

日本のプロスポーツ界をけん引する国民的スポーツを統括

日本を代表するプロスポーツとして君臨するNPB。組織が誕生したのは、1936年。7球団が設立した日本職業野球連盟がその始まりで、39年からは日本野球連盟としてプロ野球の運営を行っていた。しかし1949年に読売ジャイアンツの初代オーナーである正力松太郎が提唱したプロ野球12球団2リーグ構想の実現に伴い連盟は解散。50年から日本野球機構という新しい組織でプロ野球を管轄する立場となった。51年には第1回のオールスターゲームを開催し、65年からは自由競争だった新人選手獲得に関する新たな仕組みとしてドラフト会議を実施。また74年にセーブ記録を採用し、翌年にはパ・リーグにDH制を導入するなど、さまざまな対策を打ち出してきた。日本のプロスポーツ界の雄として君臨するNPBが、今後どのように進化するか、注目したい。

2023年シーズン 主なスケジュール

開幕：3月30日（木）、31日（金）

<30日>
北海道日本ハムファイターズ vs 東北楽天ゴールデンイーグルス
<31日>
埼玉西武ライオンズ vs オリックス・バファローズ
福岡ソフトバンクホークス vs 千葉ロッテマリーンズ
東京ヤクルトスワローズ vs 広島東洋カープ
阪神タイガース vs 横浜DeNAベイスターズ
読売ジャイアンツ vs 中日ドラゴンズ

セ・パ交流戦：5月30日（火）～6月18日（日）

オールスターゲーム：7月19日（水）

<19日> @バンテリンドーム ナゴヤ
<20日> @MAZDA Zoom-Zoom スタジアム広島

クライマックスシリーズ：1stステージ／10月14日（土）～
2ndステージ／10月18日（水）～

日本シリーズ：10月28日（土）～

BASKETBALL

Bリーグ（ジャパン・プロフェッショナル・バスケットボールリーグ）

B.LEAGUE

混乱を乗り越え誕生したプロバスケリーグ

かつて日本にはNBLとbjリーグという2つのバスケットボールリーグが存在。これは、90年代半ばのプロ化へ向けた動きでの分裂が影響していた。この状況をFIBA（国際バスケットボール連盟）が問題し、解決策を打ち出せないでいた日本バスケットボール協会に2014年11月に国際資格停止という重い処分を下した。その後FIBAは、協会改革を目的にタスクフォースを設立し、チェアマンにはJリーグ初代チェアマンとして活躍した川淵三郎が就任した。川淵氏はその後協会会長にもなり手腕を発揮。15年4月にはBリーグが創設さ、翌16年9月からスタート予定の新リーグへの加盟申請などを開始する。これらの動きはFIBAにも認められ15年8月には国際資格も復活した。リーグ現在、B1(24チーム)、B2(14チーム)で分類され、9月から翌5月にシーズンを実施している。

2022-23シーズン 今後の主なスケジュール

B1

レギュラーシーズン：～5月7日(日)
チャンピオンシップ：5月11日(木)～

B2

レギュラーシーズン：～4月23日(日)
プレーオフ：5月5日(金・祝)～

＜B1 チャンピオンシップへの出場条件＞
・B1 各地区の 1、2 位と、各地区の上位 2 クラブを除いた 18 クラブのうち上位 2 クラブが出場
・トーナメント方式で、準々決勝、準決勝および決勝は全て 2 試合で実施
・準々決勝、準決勝および決勝は全て 2 試合が終了した時点で 1 勝 1 敗となった場合、別日に 3 試合目を行い、順位を決定する。3 試合目の試合は通常の競技規則を採用して実施し、3 試合目の試合終了時点で同点の場合は、1 回 5 分の延長時限を勝敗が決定するまで行う。
・準々決勝および準決勝の全ての試合は、それぞれ「チャンピオンシップ出場順位」の上位クラブのホームゲームとする。決勝は中立地にて開催

RUGBY

JAPAN RUGBY LEAGUE ONE
NTT

ジャパンラグビー リーグワン

JAPAN RUGBY LEAGUE ONE

企業スポーツから地域スポーツへの大転換

2003-04シーズンから行われていた社会人ラグビーのジャパンラグビートップリーグから発展したのがリーグワン。"ファンとともに世界一のリーグへ"を合言葉に、2021-22シーズンからスタートた。トップリーグとの違いで最もわかりやすいのは、地域密着型への移行だろう。社会人ラグビーといえば、企業スポーツの代名詞のようなイメージであったが、より地域に密着したチームづくりをすることで、多くのファンを取り組んでいくのが狙いだ。その一方で、JリーグやBリーグとは異なり親会社からの分社化を求めていないことも特徴といえる。長い名前のチームが多いのは、この影響ともいえるかもしれない。リーグはD1(12チーム)、D2(6チーム)、D3(5チーム)に分かれてシーズンを12月から翌5月に実施。入れ替え戦も行われている。

2022-23シーズン 今後のスケジュール

D1

レギュラーシーズン:~4月23日(日)
プレーオフ:開催日未定(決勝は5月20日(土))

B2

レギュラーシーズン:~3月26日(日)
順位決定戦:4月8日(土)~23日(日)
入れ替え戦:5月4日(金・祝)~14日(日)

ICE HOCKEY

アジアリーグアイスホッケー

ASIA LEAGUE ICE HOCKEY

3カ国共同で世界のトップリーグを目指す

日本初のウインタースポーツリーグ戦として親しまれた日本アイスホッケーリーグ。後年はチームの廃部や統合などが相次いでいた。そこで2003年に日本と韓国の5チームが加盟した新リーグが誕生。それがアジアリーグアイスホッケーだ。2004-05年シーズンからは新たに3チーム加わったことで、日本リーグは休止となり、アジアリーグへ一本化。現在は、日本、韓国、ロシアのチームが加盟し、7チームでシーズンが行われている。リーグ目標は「世界トップレベルの選手を輩出し、世界トップレベルの選手が活躍するリーグ」。アイスホッケーが盛んな北米やヨーロッパに肩を並べられるようなリーグとなるべく、発展への努力を続けている。なお、ロシアのPSKサハリンは、コロナ禍が始まった2020-21シーズンから活動休止中で、今季も出場していない。

2022-23シーズン 今後のスケジュール

レギュラーシーズン

～3月5日（日）

プレーオフ

セミファイナル：3月9日（木）～12日（日）
ファイナル：3月18日（土）～26日（日）

アスリート分析レポート 2023年冬季編

Athlete Report

今回掲載する約2800人のアスリートの情報から、
4つのテーマを設けてデータ分析を実施。
平均身長や出身地など、各競技のトップに君臨する選手たちの
生い立ちを中心に、昨今のスポーツ事情を探ってみた。

Report 01 平均身長比較

Report 02 出身地分布

Report 03 出身校ランキング

Report 04 血液型割合

Report 01 | A

PHYSICAL DATA ≫ ALL

平均身長比較　競技別

今回掲載の4競技別での平均身長を見ていくと、高さが要求されるバスケットボール選手が191.0㎝と圧倒的に他競技を上回った。野球とラグビーはほぼ変わらず、アイスホッケーは170㎝中盤という数字に。面白かったのがラグビーで160㎝台の選手が67人いたこと。小柄な体格でも鍛錬次第でトップになれる証といえる。

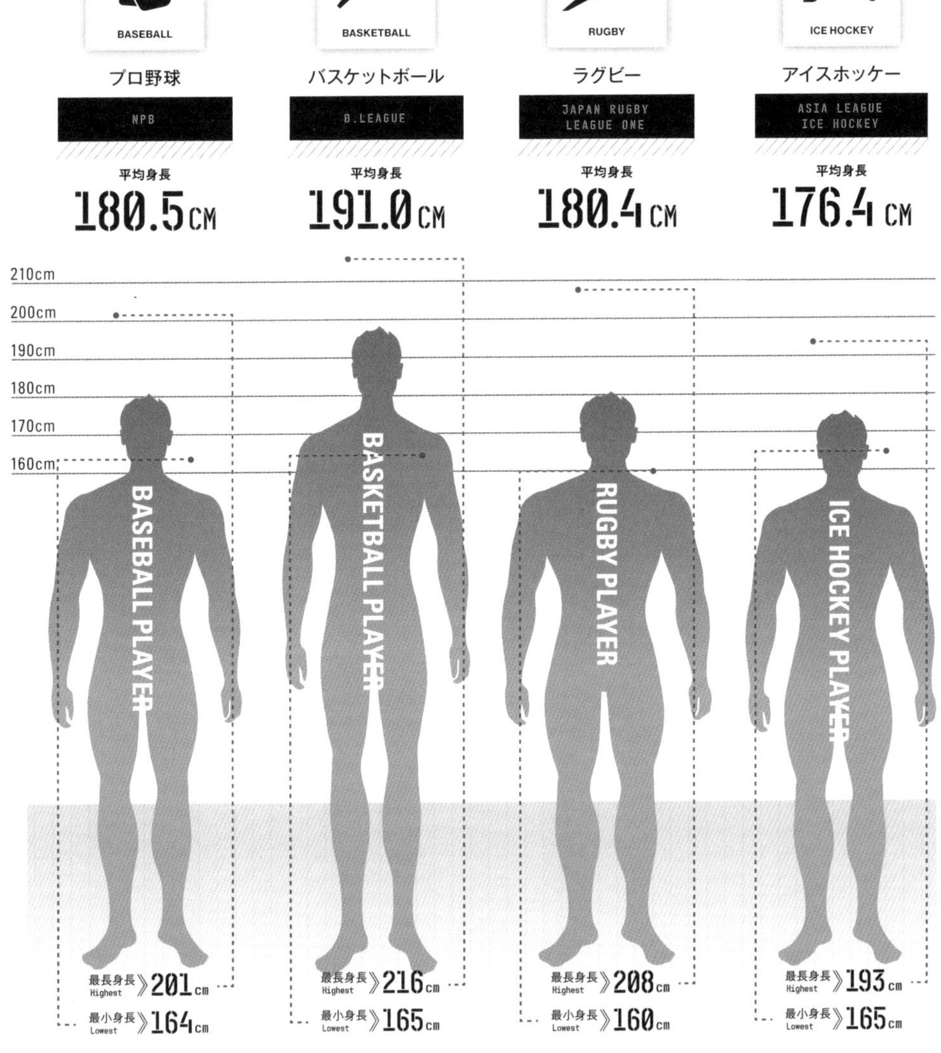

Report 01 | B

PHYSICAL DATA ≫ Competitions by Position

平均身長比較 競技編 ポジション別

NPB 日本野球機構

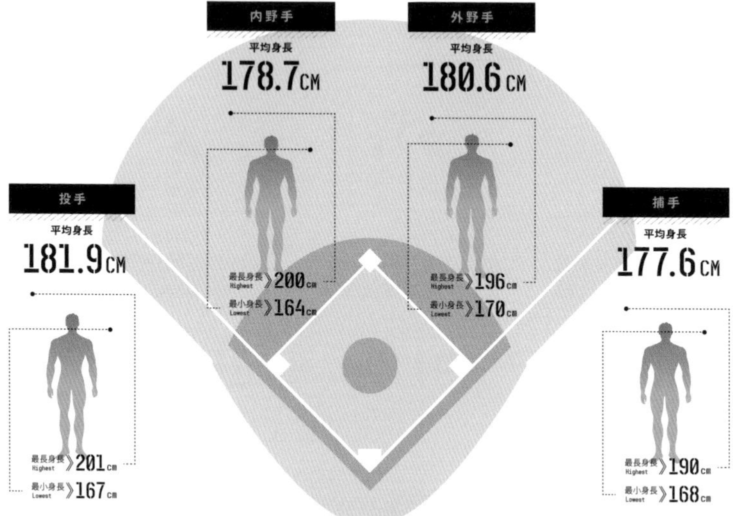

B.LEAGUE Bリーグ

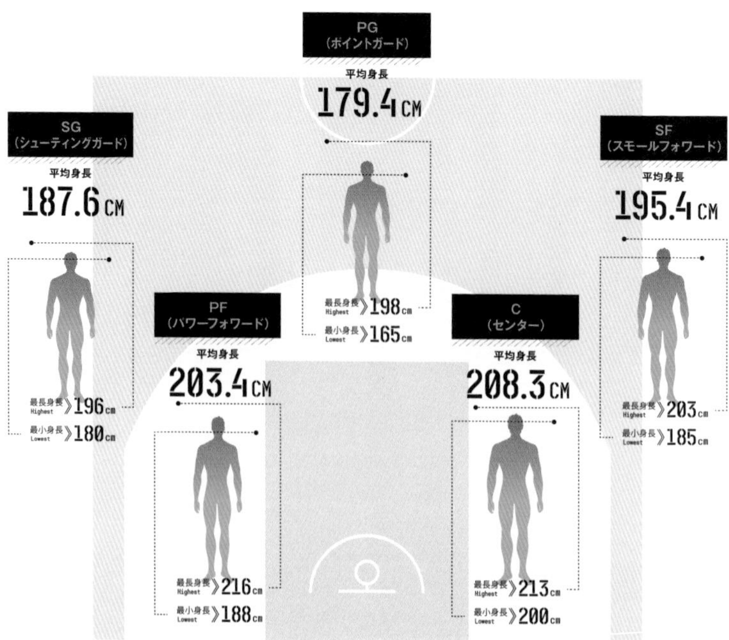

各競技のポジション別平均身長がこれだ。野球では投手の平均身長が最も高い数字となった。バスケットボールは、高さがものをいうセンターやパワーフォワードをこなすには高身長が必要とも言える。ラグビーではFWポジションで平均身長が高かった。アイスホッケーは、GKをこなすうえで高身長も不可欠といえる数字に。

RUGBY

JAPAN RUGBY LEAGUE ONE
ジャパンラグビー リーグワン

フロントロー (PR<プロップ>、フッカー<HO>)
平均身長 177.8CM
最長身長 Highest 190cm
最小身長 Lowest 164cm

バックロー (フランカー<FL>、ナンバーエイト<No.8>)
平均身長 183.9CM
最長身長 Highest 200cm
最小身長 Lowest 168cm

スリークォーターバック (ウイング<WTB>、センター<CTB>)
平均身長 179.4CM
最長身長 Highest 198cm
最小身長 Lowest 166cm

セカンドロー (ロック<LO>)
平均身長 192.6CM
最長身長 Highest 208cm
最小身長 Lowest 180cm

ハーフバック (スクラムハーフ<SH>、スタンドオフ<SO>)
平均身長 172.9CM
最長身長 Highest 186cm
最小身長 Lowest 160cm

フルバック <FB>
平均身長 180.2CM
最長身長 Highest 192cm
最小身長 Lowest 167cm

ICE HOCKEY

ASIA LEAGUE ICE HOCKEY
アジアリーグアイスホッケー

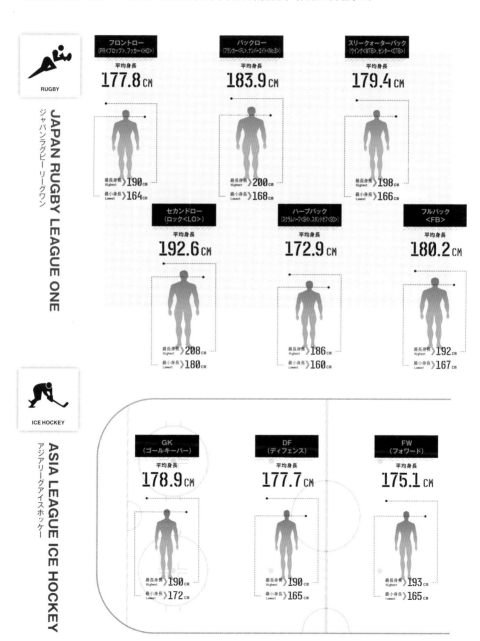

GK (ゴールキーパー)
平均身長 178.9CM
最長身長 Highest 190cm
最小身長 Lowest 172cm

DF (ディフェンス)
平均身長 177.7CM
最長身長 Highest 190cm
最小身長 Lowest 165cm

FW (フォワード)
平均身長 175.1CM
最長身長 Highest 193cm
最小身長 Lowest 165cm

Report 02

BIRTH PLACE DATA ≫ BASEBALL BASKETBALL

出身地分布

野球
バスケットボール
ラグビー

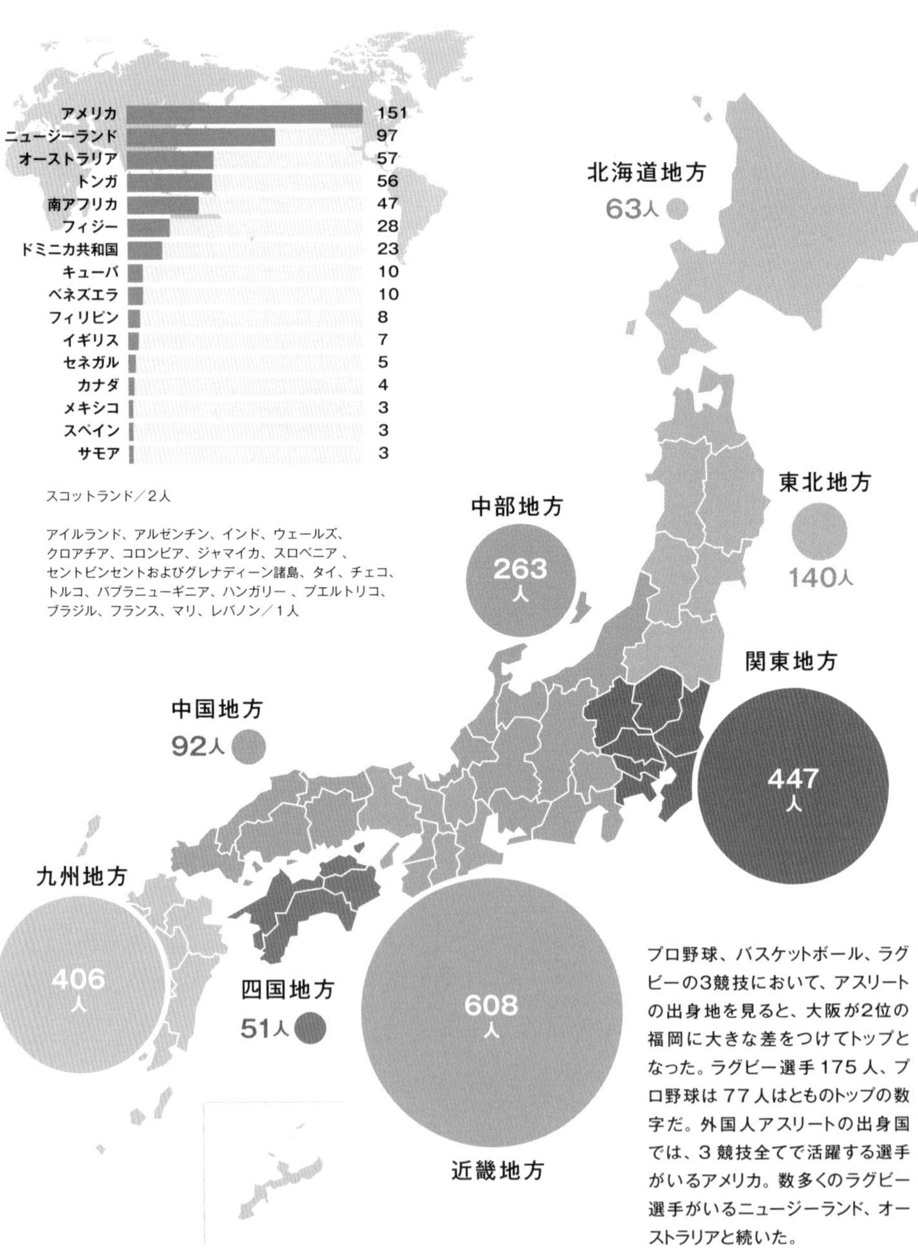

プロ野球、バスケットボール、ラグビーの3競技において、アスリートの出身地を見ると、大阪が2位の福岡に大きな差をつけてトップとなった。ラグビー選手175人、プロ野球は77人はとものトップの数字だ。外国人アスリートの出身国では、3競技全てでで活躍する選手がいるアメリカ。数多くのラグビー選手がいるニュージーランド、オーストラリアと続いた。

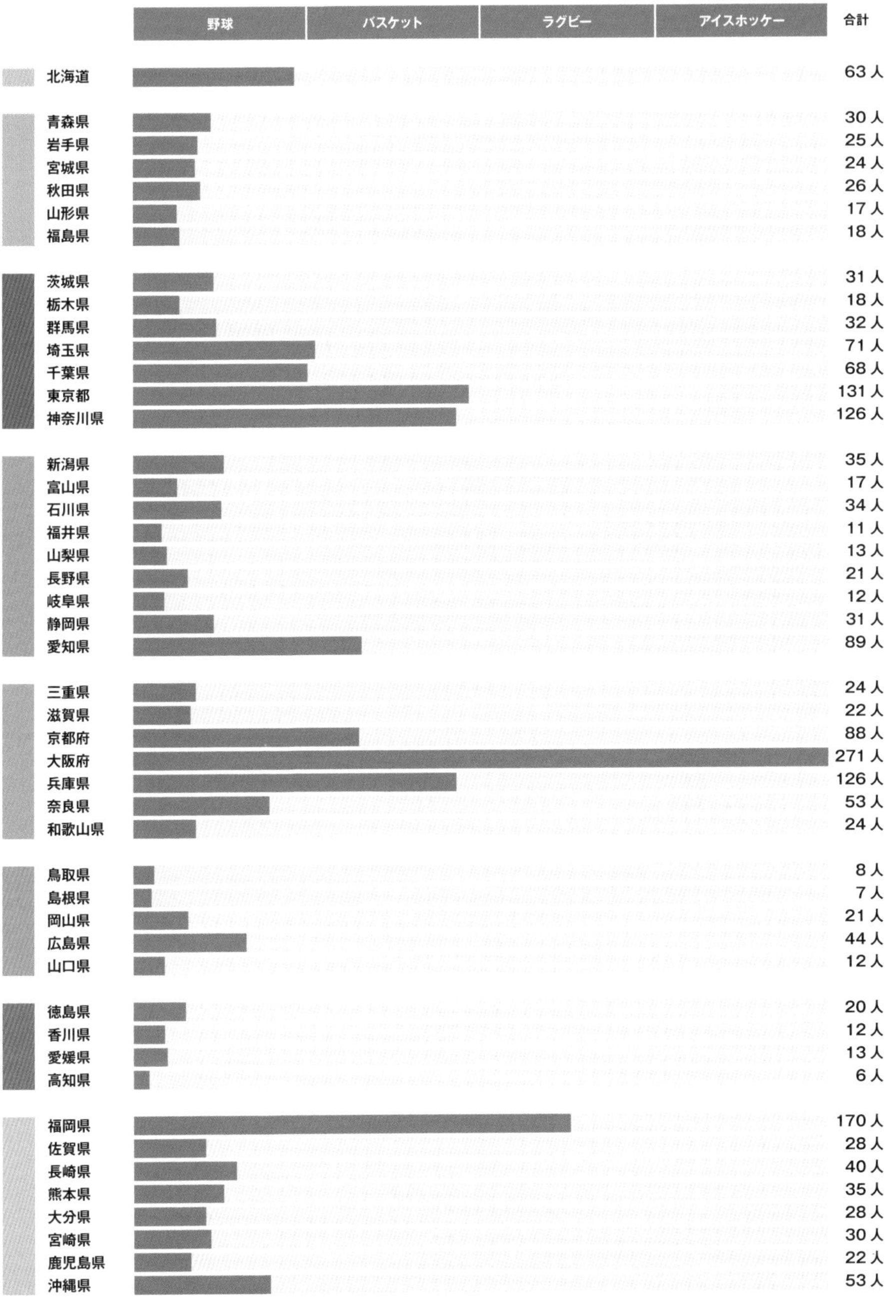

	野球	バスケット	ラグビー	アイスホッケー	合計
北海道					63人
青森県					30人
岩手県					25人
宮城県					24人
秋田県					26人
山形県					17人
福島県					18人
茨城県					31人
栃木県					18人
群馬県					32人
埼玉県					71人
千葉県					68人
東京都					131人
神奈川県					126人
新潟県					35人
富山県					17人
石川県					34人
福井県					11人
山梨県					13人
長野県					21人
岐阜県					12人
静岡県					31人
愛知県					89人
三重県					24人
滋賀県					22人
京都府					88人
大阪府					271人
兵庫県					126人
奈良県					53人
和歌山県					24人
鳥取県					8人
島根県					7人
岡山県					21人
広島県					44人
山口県					12人
徳島県					20人
香川県					12人
愛媛県					13人
高知県					6人
福岡県					170人
佐賀県					28人
長崎県					40人
熊本県					35人
大分県					28人
宮崎県					30人
鹿児島県					22人
沖縄県					53人

Report 03

TOP SCHOOL RANKING ≫ ALL

出身校ランキング 全競技

掲載4競技で、高校、大学別で出身校を調べたところ、高校のトップ5はラグビーのランキングで上位に入った学校に。大学では、4競技すべてで上位に位置した明治大が1位となった。ウインタースポーツのアイスホッケーを除くと、高校は西日本の高校が大半となり、スポーツが盛んなエリアを維持していた。

高校 総合ランキング TOP5

順位	学校名	人数
1位	東海大仰星高	49人
2位	東福岡高	46人
3位	大阪桐蔭高	44人
4位	桐蔭学園高	37人
5位	天理高	34人

大学 総合ランキング TOP5

順位	学校名	人数
1位	明治大	140人
2位タイ	東海大	120人
2位タイ	帝京大	120人
4位	筑波大	65人
5位	天理大	63人

BASEBALL BASKETBALL RUGBY ICE HOCKEY

野球 高校ランキング TOP5

順位	学校名	人数
1位	大阪桐蔭高	19人
2位	横浜高	16人
3位	東海大付相模高	14人
4位	花咲徳栄高	13人
5位タイ	広陵高	11人
5位タイ	中京大中京高	11人

野球 大学ランキング TOP5

順位	学校名	人数
1位	明治大	23人
2位	亜細亜大	22人
3位タイ	慶應義塾大	16人
3位タイ	法政大	16人
5位	東北福祉大	15人

バスケットボール 高校ランキング TOP5

順位	学校名	人数
1位タイ	福岡大附大濠高	18人
1位タイ	洛南高	18人
3位	北陸高	13人
4位	福岡一高	9人
5位タイ	土浦日大高	8人
5位タイ	東海大付四高	8人
5位タイ	明成高	8人

バスケットボール 大学ランキング TOP5

順位	学校名	人数
1位	東海大	39人
2位	青山学院大	27人
3位	筑波大	19人
4位	専修大	15人
5位タイ	日本大	14人
5位タイ	明治大	14人

ラグビー 高校ランキング TOP5

順位	学校名	人数
1位	東海大仰星高	48人
2位	東福岡高	44人
3位	桐蔭学園高	31人
4位	天理高	27人
5位タイ	御所実高	25人
5位タイ	大阪桐蔭高	25人

ラグビー 大学ランキング TOP5

順位	学校名	人数
1位	帝京大	116人
2位	明治大	88人
3位	東海大	72人
4位	天理大	53人
5位	筑波大	44人

アイスホッケー 高校ランキング TOP5

順位	学校名	人数
1位	駒大苫小牧高	26人
2位	武修館高	11人
3位	埼玉栄高	10人
4位タイ	苫小牧東高	9人
4位タイ	白樺高	9人

アイスホッケー 大学ランキング TOP5

順位	学校名	人数
1位	東洋大	17人
2位	明治大	15人
3位	早稲田大	11人
4位	中央大	10人
5位	法政大	8人

村上 宗隆
東京ヤクルトスワローズ／内野手

2000年2月2日生／23歳
188cm ／ 97kg ／ O型／熊本県
九州学院高→ヤクルト

Report 04

BLOOD TYPE ≫ BASEBALL, BASKETBALL

血液型割合

野球
バスケットボール

血液型情報が公表されている野球とバスケットボールで割合を算出。血液型不明の選手もいるため、あくまでも参考となるが、どちらの競技も日本人の平均と同じくA型が最も多かった。ポジション別では野球の外野手でO型がトップ。バスケットボールでは。PF、SGでA型とO型が同じ数字となった。

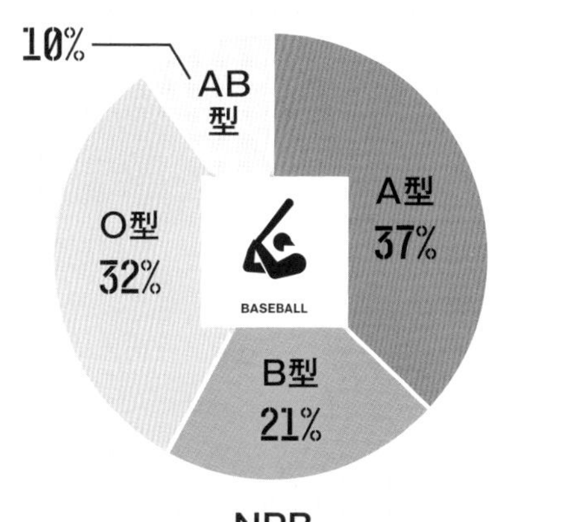

NPB

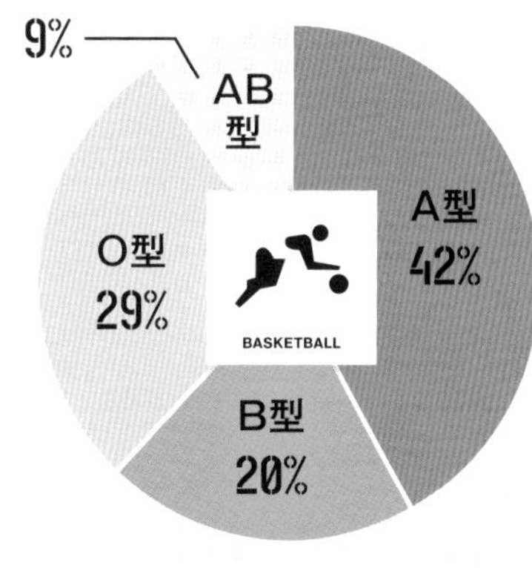

Bリーグ

野球／ポジション別

	投手	捕手	内野手	外野手
A型	155人	34人	65人	41人
B型	88人	23人	31人	26人
O型	125人	23人	65人	45人
AB型	43人	8人	15人	12人

バスケットボール／ポジション別

	C（センター）	PF（パワーフォワード）	SF（スモールフォワード）	SG（シューティングガード）	PF（ポイントガード）
A型	5人	15人	24人	30人	62人
B型	2人	4人	14人	22人	31人
O型	1人	15人	15人	30人	40人
AB型	1人	2人	9人	11人	8人

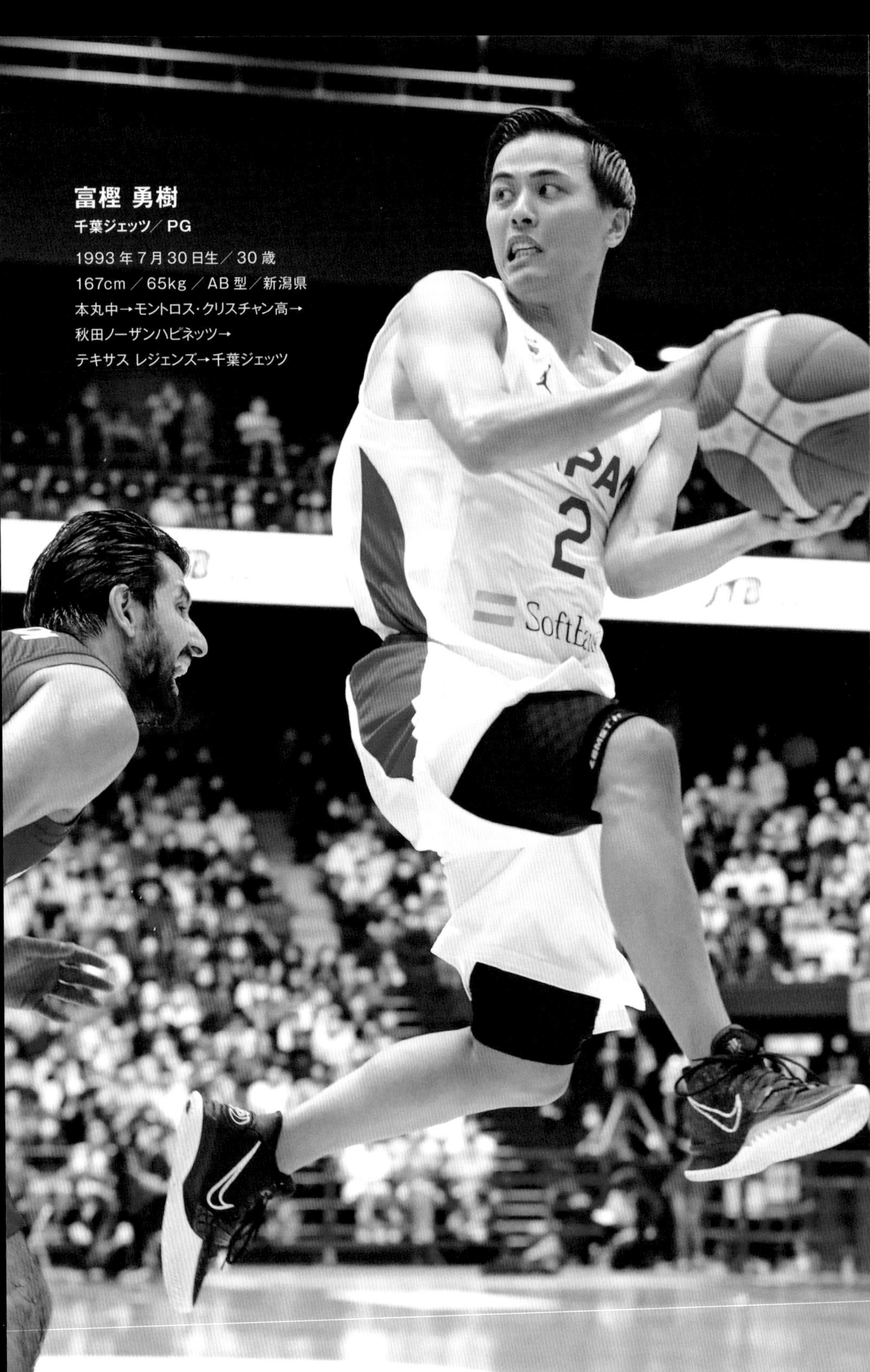
富樫 勇樹
千葉ジェッツ／ PG
1993 年 7 月 30 日生／ 30 歳
167cm ／ 65kg ／ AB 型／新潟県
本丸中→モントロス･クリスチャン高→
秋田ノーザンハピネッツ→
テキサス レジェンズ→千葉ジェッツ

アスリート名鑑

4リーグ 計2,763人

あ か さ た な は ま や ら わ

本誌の見方

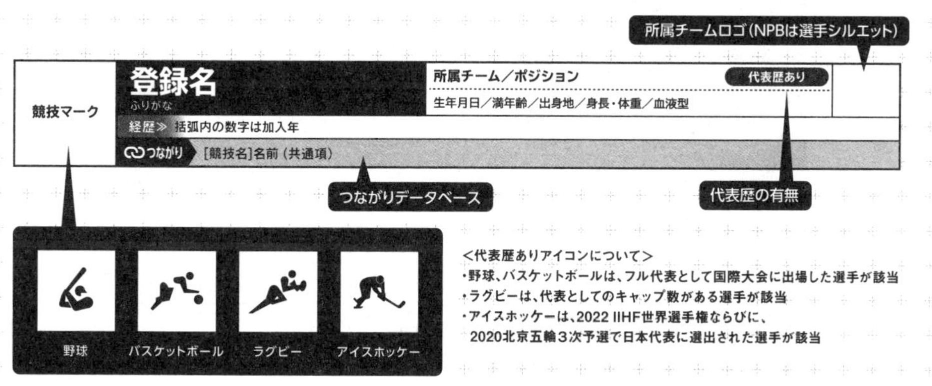

※NPBの選手情報につきましては2023年1月18日時点での情報となります。

あ 119人

(NPB/42人、B.LEAGUE/31人、JAPAN RUGBY LEAGUE ONE/39人、ASIA LEAGUE ICE HOCKEY/7人)

アーロン クルーデン
あーろん くるーでん

東京サントリーサンゴリアス/SO

1989年1月8日生/34歳/178cm/84kg/ニュージーランド

経歴≫ パーマストンノース・ボーイズ・ハイスクール→東京サントリーサンゴリアス

つながり [ラグビー]アッシュ ディクソン(同郷・同年代)、[ラグビー]ライアン クロッティ(同郷・同年代)

相木 隼斗
あいき はやと

RED EAGLES HOKKIDO/FW

1998年12月21日生/24歳/175cm/79kg

経歴≫ 苫小牧東小→苫小牧東中→苫小牧工高→RED EAGLES HOKKIDO

つながり [アイスホッケー]高橋 聖二(高校)、[アイスホッケー]武部 虎太朗(高校)、[アイスホッケー]泉 翔馬(高校)

アイザイア マーフィー
あいざいあ まーふぃー

広島ドラゴンフライズ/PG/SG

1998年4月10日生/24歳/196cm/88kg/沖縄県

経歴≫ エドグラン中→シェネガ高→イースタン・ニューメキシコ大→広島ドラゴンフライズ

つながり [ラグビー]津嘉山 廉人(同郷・同年代)、[ラグビー]安里 大吾(同郷・同年代)、[野球]ブランドン(同郷・同年代)

アイザック バッツ
あいざっく ばっつ

越谷アルファーズ/C

1989年5月28日生/33歳/208cm/134kg/A型/アメリカ

経歴≫ アパラチアン州立大→SC Rasta Vechta→兵庫ストークス→シーホース三河→富山グラウジーズ→越谷アルファーズ

つながり [バスケットボール]イバン ラベネル(同郷・同年代)、[バスケットボール]ライアン ロシター(同郷・同年代)

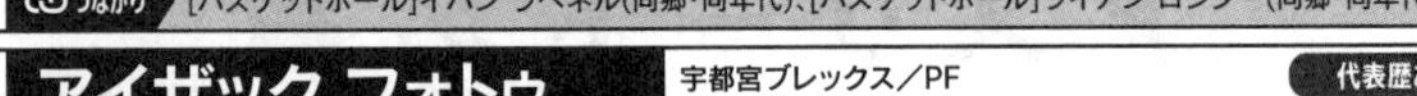

アイザック フォトゥ
あいざっく ふぉとぅ

宇都宮ブレックス/PF　代表歴あり

1993年12月18日生/29歳/203cm/104kg/ニュージーランド

経歴≫ ノースクロスインターミディエイトスクール→ランギトトハイスクール→ハワイ大→Ratiopharm Ulm他→宇都宮ブレックス

つながり [バスケットボール]ブランドン ジャワト(大学)、[ラグビー]ナニ ラウマペ(同郷・同年代)

アイザック ルーカス
あいざっく るーかす

リコーブラックラムズ東京/FB

1999年2月11日生/23歳/178cm/84kg/オーストラリア

経歴≫ セントジョセフ グレゴリー テラス カレッジ→リコーブラックラムズ東京

つながり [ラグビー]ティモテ タヴァレア(同郷・同年代)、[ラグビー]ハリー ホッキングス(同郷・同年代)

會澤 翼
あいざわ つばさ

広島東洋カープ/捕手　代表歴あり

1988年4月13日生/35歳/175cm/87kg/B型/茨城県

経歴≫ 日立市立中里中→水戸短大附高→広島

つながり [アイスホッケー]小野 航平(同年代)、[アイスホッケー]熊谷 豪士(同年代)

相澤 白虎
あいざわ はくと

読売ジャイアンツ/内野手

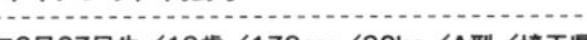

2004年6月27日生/19歳/178cm/82kg/A型/埼玉県

経歴≫ 所沢市小手指中→桐蔭学園高→巨人

つながり [ラグビー]石田 楽人(高校)、[ラグビー]山本 耕生(高校)、[ラグビー]田村 魁世(高校)

アイゼイア ヒックス
あいぜいあ ひっくす

三遠ネオフェニックス/PF　代表歴あり

1994年7月24日生/28歳/203cm/106kg/アメリカ

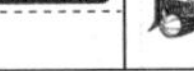

経歴≫ メアリーポッター中→J.F.ウェッブ高→ノースカロライナ大→BC Avtodor他→三遠ネオフェニックス

つながり [バスケットボール]ブライス ジョンソン(大学)、[バスケットボール]ブランドン アシュリー(同郷・同年代)

會田 圭佑
あいた けいすけ

青森ワッツ/PG

1995年3月29日生/27歳/183cm/83kg/A型/茨城県

経歴≫ 豊里中→市立柏高→明治大→青森ワッツ→シーホース三河→京都ハンナリーズ→青森ワッツ

つながり [バスケットボール]大崎 裕太(高校)、[バスケットボール]太田 敦也(高校)、[野球]宇佐見 真吾(高校)

愛斗
あいと

埼玉西武ライオンズ/外野手

1997年4月6日生/26歳/177cm/92kg/O型/大阪府

経歴≫ 堺市立月州中→花咲徳栄高→西武

つながり [野球]松井 颯(高校)、[野球]清水 達也(高校)、[野球]味谷 大誠(高校)、[野球]楠本 泰史(高校)

相原 アレクサンダー学
あいはら あれくさんだーがく

香川ファイブアローズ／PG/SG

2000年1月5日生／23歳／190cm／80kg／O型／東京都

経歴≫ 梅ケ丘中→明成高→青山学院大→香川ファイブアローズ

つながり [バスケットボール]石川 海斗(高校)、[バスケットボール]白戸 大聖(高校)

相原 太郎
あいはら たろう

三菱重工相模原ダイナボアーズ／PR

1995年9月24日生／27歳／182cm／108kg／秋田県

経歴≫ 男鹿工高→東海大→三菱重工相模原ダイナボアーズ

つながり [ラグビー]新井 望友(大学)、[ラグビー]近藤 英人(大学)、[ラグビー]アタアタ モエアキオラ(大学)

粟飯原 龍之介
あいばら りゅうのすけ

横浜DeNAベイスターズ／内野手

2004年2月22日生／19歳／180cm／85kg／B型／千葉県

経歴≫ 佐原中→東京学館高→DeNA

つながり [野球]瀧本 将生(同郷・同年代)、[野球]秋山 正雲(同郷・同年代)、[野球]村山 亮介(同郷・同年代)

アイラ ブラウン
あいら ぶらうん

大阪エヴェッサ／SF/PF 代表歴あり

1982年8月3日生／40歳／193cm／107kg／アメリカ

経歴≫ ゴンザガ大→ラガートスUANテデピック→富山グラウジーズ他→大阪エヴェッサ

つながり [アイスホッケー]福藤 豊(同年代)、[バスケットボール]城宝 匡史(同年代)

青木 智成
あおき ともなり

中国電力レッドレグリオンズ／LO

1998年5月9日生／24歳／189cm／107kg／神奈川県

経歴≫ 東京高→中央大→中国電力レッドレグリオンズ

つながり [ラグビー]小池 隆成(高校)、[ラグビー]山菅 一史(高校)、[ラグビー]杉浦 拓実(高校)

青木宣親
あおき のりちか

東京ヤクルトスワローズ／外野手 代表歴あり

1982年1月5日生／41歳／175cm／80kg／A型／宮崎県

経歴≫ 早稲田大→ヤクルト→ブルワーズ→ロイヤルズ→ジャイアンツ→マリナーズ→アストロズ→ブルージェイズ→メッツ→ヤクルト

つながり [ラグビー]吉岡 大貴(高校)、[ラグビー]尾池 亨允(高校)、[ラグビー]児玉 大輔(高校)

青木 保憲
あおき やすのり

広島ドラゴンフライズ／PG

1995年6月23日生／27歳／182cm／84kg／B型／静岡県

経歴≫ 安倍川中→福岡大付大濠高→筑波大→川崎ブレイブサンダース→広島ドラゴンフライズ

つながり [バスケットボール]小林 大祐(高校)、[バスケットボール]井上 宗一郎(高校)

青木 祐樹
あおき ゆうき

クボタスピアーズ船橋・東京ベイ／LO

1992年2月23日生／30歳／188cm／105kg／千葉県

経歴≫ 東洋大牛久高→日本体育大→クボタスピアーズ船橋・東京ベイ

つながり [アイスホッケー]石井 秀人(大学)、[アイスホッケー]松野 佑太(大学)、[ラグビー]クリスチャン ラウイ(大学)

青木 龍史
あおき りゅうじ

京都ハンナリーズ／PG/SG

1998年3月19日生／24歳／180cm／80kg／O型／愛知県

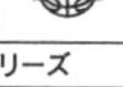

経歴≫ ウッドローン中→スティーブンソン高→ローズ・ハルマン工科大→信州ブレイブウォリアーズ→大阪エヴェッサ→京都ハンナリーズ

つながり [ラグビー]西川 大輔(同郷・同年代)、[ラグビー]山田 裕介(同郷・同年代)

青柳 晃洋
あおやぎ こうよう

阪神タイガース／投手 代表歴あり

1993年12月11日生／30歳／183cm／84kg／B型／神奈川県

経歴≫ 生麦中→川崎工科高→帝京大→阪神

つながり [ラグビー]大和田 立(大学)、[ラグビー]亀井 亮依(大学)、[ラグビー]小林 恵太(大学)

青山 晃大
あおやま こうだい

EAST HOKKAIDO CRANES／FW

2001年5月30日生／21歳／172cm／76kg

経歴≫ 武修館高→明治大→EAST HOKKAIDO CRANES

つながり [アイスホッケー]中島 彰吾(高校)、[アイスホッケー]柴田 嗣斗(高校)、[アイスホッケー]佐藤 大翔(高校)

青山 大基
あおやま だいき

RED EAGLES HOKKIDO／DF

1999年9月20日生／23歳／171cm／75kg

経歴≫ 釧路鳥取西小→釧路鳥取西中→釧路江南高→明治大→RED EAGLES HOKKIDO

つながり [アイスホッケー]中屋敷 侑史(高校)、[アイスホッケー]坂田 駿(高校)、[アイスホッケー]生江 太樹(高校)

つながり [アイスホッケー]相木隼斗と今勇輔は同じ小中学校を卒業し2021-22年シーズンの開幕前に同じチームに加入して再会

青山 美夏人
あおやま みなと

埼玉西武ライオンズ／投手

2000年7月19日生／23歳／183cm／94kg／神奈川県

経歴≫ 横須賀市立衣笠中→横浜隼人高→亜細亜大→西武

つながり [野球]加藤 大(高校)、[野球]宗 佑磨(高校)、[野球]佐藤 一磨(高校)、[野球]松田 宣浩(大学)

赤上 優人
あかがみ ゆうと

埼玉西武ライオンズ／投手

1999年2月10日生／24歳／177cm／81kg／A型／秋田県

経歴≫ 角館高→東北公益文科大→西武

つながり [野球]石森 大誠(大学)、[ラグビー]猿田 湧(同郷・同年代)、[ラグビー]濱野 隼也(同郷・同年代)

赤羽 蓮
あかば れん

福岡ソフトバンクホークス／投手

2004年4月9日生／19歳／189cm／78kg／茨城県

経歴≫ かわち学園中→霞ヶ浦高→ソフトバンク

つながり [野球]遠藤 淳志(高校)、[野球]佐野 如一(高校)、[バスケットボール]荻沼 隼佑(同郷・同年代)

赤羽 由紘
あかはね よしひろ

東京ヤクルトスワローズ／内野手

2000年6月29日生／23歳／175cm／79kg／B型／長野県

経歴≫ 筑摩野中→日本ウェルネス信州筑北高→BCL・信濃→ヤクルト

つながり [野球]直江 大輔(同郷・同年代)、[アイスホッケー]阿部 泰河(同年代)、[アイスホッケー]宮田 大輔(同年代)

赤平 勇人
あかひら はやと

三重ホンダヒート／PR

1995年9月29日生／27歳／176cm／110kg／青森県

経歴≫ 青森北高→天理大→三重ホンダヒート

つながり [ラグビー]佐藤 弘樹(高校)、[ラグビー]鶴谷 昌隆(高校)、[ラグビー]藤田 貴大(高校)

赤穂 雷太
あかほ らいた

横浜ビー コルセアーズ／SG/SF

1998年8月28日生／24歳／196cm／94kg／A型／石川県

経歴≫ 七尾東部中→船橋高→青山学院大→横浜ビー コルセアーズ→千葉ジェッツ→横浜ビー コルセアーズ

つながり [ラグビー]松橋 周平(高校)、[ラグビー]関本 圭汰(高校)、[バスケットボール]藤岡 昂希(高校)

赤星 優志
あかほし ゆうじ

読売ジャイアンツ／投手

1999年7月2日生／23歳／175cm／78kg／B型／東京都

経歴≫ 世田谷区立三宿中→日大鶴ヶ丘高→日本大→巨人

つながり [野球]勝又 温史(高校)、[ラグビー]杉本 悠馬(大学)、[ラグビー]細田 佳也(大学)

アキ チェンバース
あき ちぇんばーす

群馬クレインサンダーズ／SF 代表歴あり

1990年9月19日生／32歳／191cm／90kg／B型／東京都

経歴≫ ミルバレー中→サー・フランシス・ドレイク高→カリフォルニア大マーセド→浜松 東三河フェニックス他→群馬クレインサンダーズ

つながり [ラグビー]石原 慎太郎(同郷・同年代)、[ラグビー]三浦 嶺(同郷・同年代)

アキーノ
あきーの

中日ドラゴンズ／外野手

1994年4月22日生／29歳／195cm／108kg／ドミニカ共和国

経歴≫ レッズ→中日

つながり [野球]カスティーヨ(同郷・同年代)、[アイスホッケー]彦坂 優(同年代)、[アイスホッケー]鈴木 健斗(同年代)

秋広 優人
あきひろ ゆうと

読売ジャイアンツ／内野手

2002年9月17日生／21歳／200cm／95kg／A型／東京都

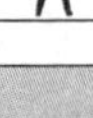

経歴≫ 船橋市立宮本中→二松学舎大附高→巨人

つながり [野球]大江 竜聖(高校)、[野球]秋山 正雲(高校)、[野球]木下 幹也(同郷・同年代)

秋山 翔吾
あきやま しょうご

広島東洋カープ／外野手 代表歴あり

1988年4月16日生／35歳／184cm／87kg／A型／神奈川県

経歴≫ 横須賀市立大津中→横浜創学館高→八戸大→西武→レッズ→米マイナー→広島

つながり [野球]望月 惇志(高校)、[野球]福田 俊(高校)、[野球]塩見 貴洋(大学)

秋山 正雲
あきやま せいうん

千葉ロッテマリーンズ／投手

2003年4月29日生／20歳／174cm／77kg／B型／千葉県

経歴≫ 流山市立東深井中→二松学舎大附高→ロッテ

つながり [野球]大江 竜聖(高校)、[野球]秋広 優人(高校)、[野球]粟飯原 龍之介(同郷・同年代)

秋山 大地
あきやま だいち

トヨタヴェルブリッツ／LO　代表歴あり

1996年11月14日生／26歳／192cm／110kg／徳島県

経歴≫ つるぎ高→帝京大→トヨタヴェルブリッツ

つながり [ラグビー]佐藤 羅雲(高校)、[ラグビー]大和田 立(大学)、[ラグビー]亀井 亮依(大学)

秋山 拓巳
あきやま たくみ

阪神タイガース／投手

1991年4月26日生／32歳／188cm／101kg／A型／香川県

経歴≫ 西条南中→西条高→阪神

つながり [アイスホッケー]山田 虎太朗(同年代)、[アイスホッケー]三田村 康平(同年代)

秋山 陽路
あきやま ようじ

三重ホンダヒート／LO

1992年2月6日生／30歳／189cm／110kg／徳島県

経歴≫ 貞光工高→大阪体育大→三重ホンダヒート

つながり [ラグビー]柴田 和宏(高校)、[ラグビー]山本 剣士(大学)、[ラグビー]王 鏡聞(大学)

阿久田 健策
あくた けんさく

三菱重工相模原ダイナボアーズ／SO

1984年9月25日生／38歳／177cm／88kg／大阪府

経歴≫ 関西創価高→朝日大→三菱重工相模原ダイナボアーズ

つながり [ラグビー]金村 拓耶(大学)、[ラグビー]シオネ アフェムイ(大学)、[ラグビー]重信 滉史郎(大学)

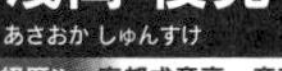

浅井 佑輝
あさい ゆうき

中国電力レッドレグリオンズ／HO

1992年8月24日生／30歳／178cm／102kg／兵庫県

経歴≫ 関西学院高→関西学院大→中国電力レッドレグリオンズ

つながり [ラグビー]徳田 健太(高校)、[ラグビー]徳永 祥尭(高校)、[ラグビー]齋藤 遼太(高校)

淺岡 俊亮
あさおか しゅんすけ

トヨタヴェルブリッツ／PR　代表歴あり

1996年6月24日生／26歳／186cm／121kg／京都府

経歴≫ 京都成章高→帝京大→トヨタヴェルブリッツ

つながり [ラグビー]押川 敦治(高校)、[ラグビー]松岡 賢太(高校)、[ラグビー]礒田 凌平(高校)

淺岡 勇輝
あさおか ゆうき

花園近鉄ライナーズ／PR

1992年10月23日生／30歳／173cm／105kg／京都府

経歴≫ 京都外大西高→京都産大→花園近鉄ライナーズ

つながり [ラグビー]小畑 拓也(高校)、[野球]大野 雄大(高校)、[野球]緒方 理貢(高校)

安里 大吾
あさと だいご

九州電力キューデンヴォルテクス／HO

1998年8月16日生／24歳／173cm／100kg／沖縄県

経歴≫ 名護高→筑波→九州電力キューデンヴォルテクス

つながり [ラグビー]東恩納 寛太(高校)、[ラグビー]上里 貫一(高校)、[ラグビー]前田 土芽(大学)

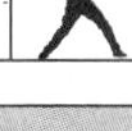

浅沼 樹羅
あさぬま じゅら

埼玉パナソニックワイルドナイツ／CTB

1996年5月23日生／26歳／183cm／100kg／青森県

経歴≫ 三本木農高→大東文化大→埼玉パナソニックワイルドナイツ

つながり [ラグビー]坂本 駿介(高校)、[アイスホッケー]松渕 雄太(大学)、[アイスホッケー]茂木 慎之介(大学)

浅野 翔吾
あさの しょうご

読売ジャイアンツ／外野手

2004年11月24日生／19歳／171cm／86kg／A型／香川県

経歴≫ 高松市立屋島中→高松商高→巨人

つながり [野球]末包 昇大(高校)、[バスケットボール]荻沼 隼佑(同年代)、[野球]田村 朋輝(同年代)

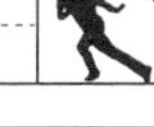

浅原 拓真
あさはら たくま

日野レッドドルフィンズ／PR　代表歴あり

1987年9月7日生／35歳／179cm／115kg／山梨県

経歴≫ 法政大→日野レッドドルフィンズ

つながり [アイスホッケー]井上 光明(大学)、[アイスホッケー]伊藤 俊之(大学)、[アイスホッケー]伊藤 崇之(大学)

淺間 大基
あさま だいき

北海道日本ハムファイターズ／外野手

1996年6月21日生／27歳／183cm／82kg／B型／東京都

経歴≫ 新宿区立牛込第一中→横浜高→日本ハム

つながり [野球]木下 幹也(高校)、[野球]伊藤 将司(高校)、[野球]及川 雅貴(高校)、[野球]髙濱 祐仁(高校)

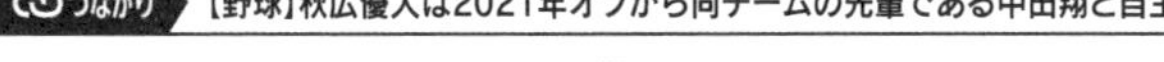

つながり 【野球】秋広優人は2021年オフから同チームの先輩である中田翔と自主トレを行っている

浅村 栄斗
あさむら ひでと

東北楽天ゴールデンイーグルス／内野手

1990年11月12日生／32歳／182cm／90kg／O型／大阪府

経歴≫ 大阪市立井高野中→大阪桐蔭高→西武→楽天

つながり [ラグビー]宮宗 翔(高校)、[ラグビー]紙森 陽太(高校)、[ラグビー]岡田 優輝(高校)

朝山 正悟
あさやま しょうご

広島ドラゴンフライズ／SG/SF

1981年6月1日生／41歳／192cm／88kg／A型／神奈川県

経歴≫ 西谷中→世田谷学園高→早稲田大→レラカムイ北海道他→広島ドラゴンフライズ

つながり [バスケットボール]渡邉 裕規(高校)、[アイスホッケー]山田 虎太朗(大学)

芦田 朋輝
あしだ ともき

マツダスカイアクティブズ広島／No8

1995年3月24日生／27歳／183cm／105kg／愛知県

経歴≫ 名南工高→愛知工大→マツダスカイアクティブズ広島

つながり [ラグビー]加藤 一希(同郷・同年代)、[ラグビー]姫野 和樹(同郷・同年代)

アシペリ モアラ
あしぺり もあら

クボタスピアーズ船橋・東京ベイ／No8

1998年6月28日生／24歳／185cm／115kg／トンガ

経歴≫ 日本航空石川高→天理大→クボタスピアーズ船橋・東京ベイ

つながり [ラグビー]ファウルア マキシ(高校)、[ラグビー]藤原 忍(高校)、[ラグビー]シオサイア フィフィタ(高校)

アストゥディーヨ
あすとぅでぃーよ

福岡ソフトバンクホークス／内野手

1991年10月14日生／32歳／175cm／102kg／ベネズエラ

経歴≫ マーリンズ他→ソフトバンク

つながり [アイスホッケー]山田 虎太朗(同年代)、[アイスホッケー]三田村 康平(同年代)

東 克樹
あずま かつき

横浜DeNAベイスターズ／投手

1995年11月29日生／28歳／170cm／76kg／B型／三重県

経歴≫ 四日市市立大池中→愛工大名電高→立命館大→DeNA

つながり [野球]堂上 直倫(高校)、[野球]田村 俊介(高校)、[ラグビー]木田 晴斗(大学)

東 晃平
あずま こうへい

オリックス・バファローズ／投手

1999年12月14日生／24歳／178cm／85kg／O型／兵庫県

経歴≫ 小野市立小野中→神戸弘陵高→オリックス

つながり [ラグビー]木田 晴斗(同郷・同年代)、[ラグビー]江藤 良(同郷・同年代)、[ラグビー]宮下 大輝(同郷・同年代)

アセリ マシヴォウ
あせり ましう゛ぉう

NECグリーンロケッツ東葛／FL

1997年3月9日生／25歳／189cm／109kg／フィジー

経歴≫ ハミルトンボーイズ→拓殖大→NECグリーンロケッツ東葛

つながり [ラグビー]ジェラード カウリートゥイオティ(高校)、[ラグビー]イエレミア マタエナ(高校)

アタアタ モエアキオラ
あたあた もえあきおら

コベルコ神戸スティーラーズ／WTB

1996年2月6日生／26歳／186cm／110kg／トンガ

経歴≫ 目黒学院高→東海大→コベルコ神戸スティーラーズ

つながり [ラグビー]シオエリ ヴァカラヒ(高校)、[ラグビー]シオネ ハラシリ(高校)

安達 了一
あだち りょういち

オリックス・バファローズ／内野手

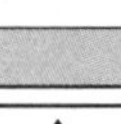

1988年1月7日生／35歳／179cm／80kg／O型／群馬県

経歴≫ 高崎市立第一中→榛名高→上武大→東芝→オリックス

つながり [バスケットボール]細川 一輝(大学)、[野球]島田 海吏(大学)、[野球]佐藤 蓮(大学)

アッシュ ディクソン
あっしゅ でぃくそん

NECグリーンロケッツ東葛／HO

1988年9月1日生／34歳／182cm／102kg／ニュージーランド

経歴≫ クライストチャーチボーイズ高→ハリケーンズ→ハイランダーズ→埼玉パナニックワイルドナイツ→NECグリーンロケッツ東葛

つながり [ラグビー]日下 太平(高校)、[ラグビー]マット トッド(高校)、[ラグビー]ライアン クロッティ(同郷・同年代)

東妻 純平
あづま じゅんぺい

横浜DeNAベイスターズ／捕手

2001年7月3日生／22歳／172cm／81kg／AB型／和歌山県

経歴≫ 紀伊中→智辯和歌山高→DeNA

つながり [野球]岡田 俊哉(高校)、[野球]黒原 拓未(高校)、[野球]小林 樹斗(高校)、[野球]林 晃汰(高校)

東妻 勇輔
あづま ゆうすけ

千葉ロッテマリーンズ／投手

1996年4月4日生／27歳／172cm／80kg／B型／和歌山県

経歴≫ 和歌山市立紀伊中→智辯和歌山高→日本体育大→ロッテ

つながり [野球]岡田 俊哉(高校)、[野球]東妻 純平(高校)、[野球]黒原 拓未(高校)、[野球]小林 樹斗(高校)

アディソン スプライル
あでぃそん すぷらいる

アースフレンズ東京Z／SG/SF

1993年5月14日生／29歳／194cm／100kg／アメリカ

経歴≫ アースフレンズ東京Z

つながり [バスケットボール]マーベル ハリス(同郷・同年代)、[バスケットボール]アレックス マーフィー(同郷・同年代)

アドゥワ 誠
あどぅわ まこと

広島東洋カープ／投手

1998年10月2日生／25歳／196cm／90kg／O型／熊本県

経歴≫ 熊本市立出水中→松山聖陵高→広島

つながり [ラグビー]三好 優作(高校)、[野球]土居 豪人(高校)、[ラグビー]野田 響(同郷・同年代)

アニセ サムエラ
あにせ さむえら

静岡ブルーレヴズ／LO 代表歴あり

1986年8月30日生／36歳／198cm／118kg／フィジー

経歴≫ スバグラマースクール→フィジー工科大→静岡ブルーレヴズ

つながり [アイスホッケー]井上 光明(同年代)、[アイスホッケー]山本 和輝(同年代)

阿部 和広
あべ かずひろ

北海道日本ハムファイターズ／外野手

2003年5月12日生／20歳／170cm／65kg／神奈川県

経歴≫ 二宮町立二宮中→平塚学園高→日本ハム

つながり [野球]高田 孝一(高校)、[バスケットボール]高橋 快成(同郷・同年代)、[野球]永島田 輝斗(同郷・同年代)

阿部 剣友
あべ けんゆう

読売ジャイアンツ／投手

2002年5月17日生／21歳／200cm／100kg／AB型／北海道

経歴≫ 北斗市立大野中→札幌大谷高→巨人

つながり [野球]菊地 吏玖(高校)、[野球]根本 悠楓(同郷・同年代)、[ラグビー]シオネ タプオシ(同年代)

阿部 翔太
あべ しょうた

オリックス・バファローズ／投手

1992年11月3日生／31歳／178cm／80kg／B型／大阪府

経歴≫ 大阪市立大正東中→酒田南高→成美大→日本生命→オリックス

つながり [野球]田村 朋輝(高校)、[野球]石垣 雅海(高校)、[ラグビー]木村 友憲(同郷・同年代)

阿部 泰河
あべ たいが

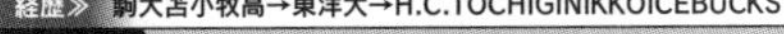

H.C.TOCHIGINIKKOICEBUCKS／FW

2000年9月2日生／22歳／177cm／73kg

経歴≫ 駒大苫小牧高→東洋大→H.C.TOCHIGINIKKOICEBUCKS

つながり [アイスホッケー]山田 虎太朗(高校)、[アイスホッケー]山下 敬史(高校)、[アイスホッケー]今 勇輔(高校)

阿部 寿樹
あべ としき

東北楽天ゴールデンイーグルス／内野手

1989年12月3日生／34歳／185cm／85kg／B型／岩手県

経歴≫ 山目中→一関一高→明治大→Honda→中日→楽天

つながり [アイスホッケー]青山 大基(大学)、[アイスホッケー]坂田 駿(大学)、[アイスホッケー]相馬 秀斗(大学)

阿部 友和
あべ ともかず

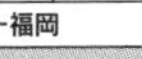

ライジングゼファー福岡／PG

1985年9月2日生／37歳／182cm／80kg／A型／福岡県

経歴≫ 西福岡中→九州産大付九州高→大東文化大→レバンガ北海道→千葉ジェッツ→富山グラウジーズ→ライジングゼファー福岡

つながり [アイスホッケー]松渕 雄太(大学)、[アイスホッケー]茂木 慎之介(大学)、[ラグビー]酒木 凜平(大学)

阿部 竜二
あべ りゅうじ

釜石シーウェイブスRFC／WTB

1999年9月23日生／23歳／167cm／77kg／岩手県

経歴≫ 黒沢尻工高→関東学院大→釜石シーウェイブスRFC

つながり [ラグビー]藤井 大喜(高校)、[ラグビー]佐々木 裕次郎(高校)、[ラグビー]高橋 拓也(高校)

阿部 諒
あべ りょう

島根スサノオマジック／SG

1995年5月4日生／27歳／184cm／82kg／B型／千葉県

経歴≫ 辰巳台中→船橋高→拓殖大→サンロッカーズ渋谷→島根スサノオマジック

つながり [ラグビー]松橋 周平(高校)、[ラグビー]関本 圭汰(高校)、[バスケットボール]藤岡 昂希(高校)

つながり [野球]2023年NPB選手兄弟録。東妻純平(兄)と東妻勇輔(弟)。出身高も同じで、ともに甲子園出場経験あり

あ
か
さ
た
な
は
ま

や
ら
わ

アマト ファカタヴァ
あまと ふぁかたうぁ

リコーブラックラムズ東京／No8
1994年12月7日生／28歳／195cm／118kg／トンガ

経歴≫ ティマルボーイズ高→大東文化大→リコーブラックラムズ東京

つながり [ラグビー]ファカタヴァ タラウ侍(高校)、[アイスホッケー]松渕 雄太(大学)

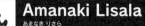

Amanaki Lisala
あまなき りさら

NTTドコモレッドハリケーンズ大阪／WTB
1999年8月17日生／23歳／188cm／92kg／トンガ

経歴≫ トンガカレッジ→NTTドコモレッドハリケーンズ大阪

つながり [ラグビー]シオネ ハラシリ(同郷・同年代)、[ラグビー]ジェイミー ヴァカラヒ(同郷・同年代)

アマナキ レレイマフィ
あまなき れれいまふぃ

横浜キヤノンイーグルス／No8 代表歴あり
1990年1月11日生／33歳／189cm／112kg／トンガ

経歴≫ トンガカレッジ→花園大→横浜キヤノンイーグルス

つながり [ラグビー]フェツアニ ラウタイミ(高校)、[ラグビー]ハヴィリ リッチー(高校)

天野 寿紀
あまの としき

横浜キヤノンイーグルス／SH
1990年10月27日生／32歳／170cm／80kg／大阪府

経歴≫ 常翔学園高→帝京大→横浜キヤノンイーグルス

つながり [ラグビー]岡田 一平(高校)、[ラグビー]海士 広大(高校)、[ラグビー]髙橋 汰地(高校)

飴谷 由毅
あめたに よしき

富山グラウジーズ／SG/SF
1999年3月16日生／23歳／193cm／80kg／O型／富山県

経歴≫ 奥田中→富山工高→大東文化大→富山グラウジーズ

つながり [ラグビー]佐々木 駿(高校)、[アイスホッケー]松渕 雄太(大学)、[アイスホッケー]茂木 慎之介(大学)

荒井 詠才
あらい えいさい

H.C.TOCHIGINIKKOICEBUCKS／FW
1998年9月6日生／24歳／175cm／81kg

経歴≫ Crvena→H.C. Zvezda→Varnamo GIK→H.C.TOCHIGINIKKOICEBUCKS

つながり [アイスホッケー]山田 虎太朗(高校)、[アイスホッケー]山下 敬史(高校)、[アイスホッケー]今 勇輔(高校)

荒井 康植
あらい こうき

横浜キヤノンイーグルス／SH
1993年5月14日生／29歳／175cm／80kg／福岡県

経歴≫ 佐賀工高→帝京大→横浜キヤノンイーグルス

つながり [ラグビー]松浦 康一(高校)、[ラグビー]大塚 健太郎(高校)、[ラグビー]田上 稔(高校)

新井 翼
あらい つばさ

埼玉パナソニックワイルドナイツ／WTB
1997年7月14日生／25歳／175cm／88kg／埼玉県

経歴≫ 流通経済大付柏高→帝京大→埼玉パナソニックワイルドナイツ

つながり [ラグビー]木村 友憲(高校)、[ラグビー]大和田 立(大学)、[ラグビー]亀井 亮依(大学)

新井 望友
あらい みゆう

NECグリーンロケッツ東葛／HO
1998年2月15日生／24歳／171cm／96kg／埼玉県

経歴≫ 深谷高ー東海大→NECグリーンロケッツ東葛

つながり [ラグビー]金井 大雪(高校)、[ラグビー]中嶋 大希(高校)、[ラグビー]橋本 吾郎(高校)

荒井 基植
あらい もとき

中国電力レッドレグリオンズ／CTB
1991年1月1日生／32歳／171cm／76kg／福岡県

経歴≫ 小倉高→帝京→中国電力レッドレグリオンズ

つながり [ラグビー]児玉 健太郎(高校)、[ラグビー]石橋 拓也(高校)、[ラグビー]髙野 祥太(高校)

アライアサ 空ローランド
あらいあさ そらろーらんど

三菱重工相模原ダイナボアーズ／FB
1995年7月10日生／27歳／177cm／94kg／ニュージーランド

経歴≫ Kelston Boys High School→立正大→三菱重工相模原ダイナボアーズ

つながり [ラグビー]マット ヴァエガ(高校)、[ラグビー]千葉 雄太(大学)、[ラグビー]ヘンリー ジェイミー(大学)

荒尾 岳
あらお がく

千葉ジェッツ／PF 代表歴あり
1987年1月15日生／36歳／198cm／105kg／O型／富山県

経歴≫ 朝日中→泊高→青山学院大→トヨタ自動車アルバルク他→千葉ジェッツ

つながり [ラグビー]古賀 駿汰(大学)、[ラグビー]髙橋 敏也(大学)、[ラグビー]髙野 祥太(大学)

荒川 颯
あらかわ はやて

レバンガ北海道／PG/SG
1997年7月25日生／25歳／182cm／78kg／O型／愛知県

経歴≫ 神沢中→洛南高→拓殖大→ライジングゼファー福岡他→レバンガ北海道

つながり [バスケットボール]津屋 一球(高校)、[バスケットボール]柳川 幹也(高校)

荒木 翔伍
あらき しょうご

EAST HOKKAIDO CRANES／FW
2000年5月26日生／22歳／168cm／80kg

経歴≫ 駒大苫小牧高→中央大→EAST HOKKAIDO CRANES

つながり [アイスホッケー]山田 虎太朗(高校)、[アイスホッケー]山下 敬史(高校)、[アイスホッケー]今 勇輔(高校)

荒木 貴裕
あらき たかひろ

東京ヤクルトスワローズ／内野手
1987年7月26日生／36歳／180cm／84kg／AB型／富山県

経歴≫ 津沢中→帝京三高→近畿大→ヤクルト

つながり [野球]茶谷 健太(高校)、[ラグビー]宮宗 翔(大学)、[ラグビー]岩佐 賢人(大学)

荒牧 佑輔
あらまき ゆうすけ

九州電力キューデンヴォルテクス／SO
1988年12月1日生／34歳／178cm／80kg／福岡県

経歴≫ 小倉高→関東学院大→九州電力キューデンヴォルテクス

つながり [ラグビー]児玉 健太郎(高校)、[ラグビー]石橋 拓也(高校)、[ラグビー]高野 祥太(高校)

荒谷 裕秀
あらや ひろひで

宇都宮ブレックス／SF
1998年12月5日生／24歳／189cm／86kg／AB型／宮城県

経歴≫ 南光台中→東北高→白鷗大→宇都宮ブレックス

つながり [アイスホッケー]福藤 豊(高校)、[野球]杉澤 龍(高校)、[ラグビー]カヴァイア タギベタウア(大学)

有薗 直輝
ありその なおき

北海道日本ハムファイターズ／内野手
2003年5月21日生／20歳／185cm／97kg／O型／千葉県

経歴≫ 旭第二中→千葉学芸高→日本ハム

つながり [野球]粟飯原 龍之介(同郷・同年代)、[野球]瀧本 将生(同郷・同年代)、[野球]秋山 正雲(同郷・同年代)

有田 隆平
ありた りゅうへい

コベルコ神戸スティーラーズ／HO　代表歴あり
1989年3月21日生／33歳／176cm／103kg／福岡県

経歴≫ 東福岡高→早稲田大→コベルコ神戸スティーラーズ

つながり [ラグビー]岩佐 賢人(高校)、[ラグビー]北川 賢吾(高校)、[ラグビー]古賀 駿汰(高校)

有藤 孔次朗
ありとう こうじろう

中国電力レッドレグリオンズ／PR
1998年3月24日生／24歳／173cm／102kg／広島県

経歴≫ 日川高→中央大→中国電力レッドレグリオンズ

つながり [ラグビー]大内 真(高校)、[ラグビー]飯沼 蓮(高校)、[ラグビー]郡司 健吾(高校)

有原 航平
ありはら こうへい

福岡ソフトバンクホークス／投手
1992年8月11日生／31歳／188cm／95kg／広島県

経歴≫ 広島市立三和中→広陵高→早稲田大→日本ハム→レンジャーズ→ソフトバンク

つながり [バスケットボール]冨岡 大地(高校)、[バスケットボール]大浦 颯太(高校)、[野球]小林 誠司(高校)

アルカンタラ
あるかんたら

北海道日本ハムファイターズ／内野手
1991年10月29日生／32歳／178cm／77kg／ドミニカ共和国

経歴≫ レッズ他→メキシコL→ジャイアンツ他→日本ハム

つながり [野球]カリステ(同郷・同年代)、[野球]エスピナル(同郷・同年代)、[野球]ポランコ(同郷・同年代)

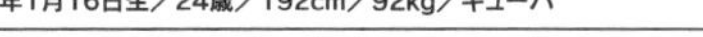

アルバレス
あるばれす

中日ドラゴンズ／投手
1999年1月16日生／24歳／192cm／92kg／キューバ

経歴≫ キューバL→中日

つながり [野球]レビーラ(同郷・同年代)、[アイスホッケー]今 勇輔(同年代)、[アイスホッケー]相木 隼斗(同年代)

アルメンタ
あるめんた

福岡ソフトバンクホークス／投手
2004年6月26日生／19歳／185cm／79kg／メキシコ

経歴≫ Tigres de Quintana Roo→ソフトバンク

つながり [バスケットボール]荻沼 隼佑(同年代)、[野球]浅野 翔吾(同年代)、[野球]田村 朋輝(同年代)

つながり 【ラグビー】有田隆平、山中亮平は第86回花園決勝で対戦

アルモンテ
あるもんて

中日ドラゴンズ／外野手

1989年6月10日生／34歳／182cm／99kg／ドミニカ共和国

経歴≫ ヤンキース→メキシコL→中日→韓国・KT→メキシコL→中日

つながり [アイスホッケー]佐々木 一正(同年代)、[アイスホッケー]鈴木 雄大(同年代)

アレックス カーク
あれっくす かーく

アルバルク東京／C

1991年11月14日生／31歳／211cm／114kg／アメリカ

経歴≫ ロスアラモス→ニューメキシコ大→Guangzhou Securities→Anadolu Efes Istanbul→アルバルク東京

つながり [バスケットボール]レジナルド ベクトン(同郷・同年代)、[バスケットボール]ライアン ケリー(同郷・同年代)

アレックス デイビス
あれっくす でいびす

青森ワッツ／PF

1992年1月28日生／30歳／206cm／95kg／アメリカ

経歴≫ カリフォルニア州立大→ノーザンアリゾナ サンズ他→青森ワッツ

つながり [バスケットボール]アレックス カーク(同郷・同年代)、[バスケットボール]レジナルド ベクトン(同郷・同年代)

アレックス マーフィー
あれっくす まーふぃー

レバンガ北海道／PF 代表歴あり

1993年6月3日生／29歳／206cm／100kg／アメリカ

経歴≫ ブロードロック中→サンマルコ高→フロリダ大→Coviran Granada→福島ファイヤーボンズ→レバンガ北海道

つながり [バスケットボール]エリック マーフィー(高校)、[バスケットボール]ケーレブ ターズースキー(高校)

Alex Rauter
あれっくす らうたー

YOKOHAMA GRITS／FW

1994年7月17日生／28歳／188cm／83kg

経歴≫ HK Spisska Nova Ves→SonderjyskE→YOKOHAMA GRITS

つながり [アイスホッケー]彦坂 優(同年代)、[アイスホッケー]鈴木 健斗(同年代)、[アイスホッケー]川村 一希(同年代)

アレン ダーラム
あれん だーらむ

琉球ゴールデンキングス／PF/C

1988年7月9日生／34歳／198cm／100kg／アメリカ

経歴≫ ニューホール中→ワイオミング・パーク高→グレースクリスチャン大→Meralco Bolts他→琉球ゴールデンキングス

つながり [バスケットボール]ジョシュア クロフォード(同郷・同年代)

粟津 凱士
あわつ かいと

埼玉西武ライオンズ／投手

1997年3月1日生／26歳／180cm／88kg／A型／山形県

経歴≫ 山形市立第二中→山本学園高→東日本国際大→西武

つながり [野球]菅井 信也(高校)、[野球]船迫 大雅(大学)、[バスケットボール]前田 悟(同郷・同年代)

安 昌豪
あん ちゃんほ

横浜キヤノンイーグルス／PR

1997年11月20日生／25歳／178cm／110kg／兵庫県

経歴≫ 大阪朝鮮高→明治大→横浜キヤノンイーグルス

つながり [ラグビー]金 秀隆(高校)、[ラグビー]李 承信(高校)、[ラグビー]梁 正秋(高校)

庵奥 翔太
あんおく かぶと

浦安D-Rocks／PR

1993年4月19日生／29歳／178cm／108kg／兵庫県

経歴≫ 常翔啓光学園高→日本大→浦安D-Rocks

つながり [ラグビー]亀井 亮依(高校)、[ラグビー]山下 楽平(高校)、[ラグビー]森本 潤(高校)

アンガス ブラント
あんがす ぶらんと

香川ファイブアローズ／C 代表歴あり

1989年10月26日生／33歳／208cm／114kg／A型／オーストラリア

経歴≫ ブラックスランド高→オレゴン州立大→Wuhan Dangdai→Pistoia Basket 2000→滋賀レイクスターズ→香川ファイブアローズ

つながり [ラグビー]バーナード フォーリー(同郷・同年代)、[ラグビー]マット トゥームア(同郷・同年代)

安西 叶翔
あんざい かなと

北海道日本ハムファイターズ／投手

2004年11月13日生／19歳／186cm／86kg／京都府

経歴≫ 岡崎中→常葉大菊川高→日本ハム

つながり [野球]奈良間 大己(高校)、[野球]森下 瑠大(同郷・同年代)、[野球]松尾 汐恩(同郷・同年代)

アンソニー マクヘンリー
あんそにー まくへんりー

信州ブレイブウォーリアーズ／PF/C

1983年4月16日生／39歳／202cm／101kg／アメリカ

経歴≫ ジョージア工科大→Fort Worth Flyers→琉球ゴールデンキングス→信州ブレイブウォーリアーズ

つながり [バスケットボール]シェーファー アヴィ幸樹(大学)、[アイスホッケー]百目木 政人(同年代)

アンソニー ローレンス II
あんそにー ろーれんす II

シーホース三河／SF
1996年9月6日生／26歳／201cm／100kg／A型／アメリカ

経歴≫ マイアミ大→シーホース三河

つながり [バスケットボール]小寺 ハミルトンゲイリー(大学)、[バスケットボール]トレイ ジョーンズ(大学)

アンダーソン
あんだーそん

広島東洋カープ／投手
1994年3月22日生／29歳／190cm／93kg／アメリカ

経歴≫ 米マイナー→広島

つながり [バスケットボール]アディソン スプライル(同郷・同年代)、[バスケットボール]マーベル ハリス(同郷・同年代)

安藤 周人
あんどう しゅうと

アルバルク東京／SG 代表歴あり
1994年6月13日生／28歳／190cm／88kg／O型／三重県

経歴≫ 四日市市立内部中→四日市工高→青山学院大→ 名古屋ダイヤモンドドルフィンズ→アルバルク東京

つながり [ラグビー]古賀 駿汰(大学)、[ラグビー]髙橋 敏也(大学)、[ラグビー]髙野 祥太(大学)

安藤 誓哉
あんどう せいや

島根スサノオマジック／PG 代表歴あり
1992年7月15日生／30歳／181cm／81kg／A型／東京都

経歴≫ 小岩第四中→明成高→明治大→Meralco Bolts他→島根スサノオマジック

つながり [バスケットボール]石川 海斗(高校)、[バスケットボール]白戸 大聖(高校)

安藤 泰洋
あんどう たいよう

清水建設江東ブルーシャークス／FL 代表歴あり
1987年8月22日生／35歳／181cm／95kg／秋田県

経歴≫ 秋田工高→関東学院大→清水建設江東ブルーシャークス

つながり [ラグビー]三浦 昌悟(高校)、[ラグビー]猿田 湧(高校)、[ラグビー]宮川 智海(高校)

アントニオ ミカエリ
あんとにお みかえり

クリタウォーターガッシュ昭島／CTB
1997年11月6日生／25歳／184cm／100kg／ニュージーランド

経歴≫ メッシ大→クリタウォーターガッシュ昭島

つながり [ラグビー]ティアーン ファルコン(同郷・同年代)、[ラグビー]ダニエル ペレズ(同郷・同年代)

アンドリュー ディーガン
あんどりゅー でぃーがん

クリタウォーターガッシュ昭島／SO
1993年3月23日生／29歳／178cm／87kg／オーストラリア

経歴≫ セイントジョセフ→ニューサウスウェールズ大→クリタウォーターガッシュ昭島

つながり [ラグビー]ノーラン トーマス(大学)、[ラグビー]リアム ギル(同郷・同年代)

アンドリュー ファーガソン
あんどりゅー ふぁーがそん

島根スサノオマジック／C
1998年9月17日生／24歳／213cm／115kg／オーストラリア

経歴≫ 島根スサノオマジック

つながり [ラグビー]アイザック ルーカス(同郷・同年代)、[ラグビー]ティモテ タヴァレア(同郷・同年代)

アンドリュー フィッツジェラルド
あんどりゅー ふぃっつじぇらるど

愛媛オレンジバイキングス／PF/C
1990年12月10日生／32歳／203cm／110kg／アメリカ

経歴≫ ブリュースター・アカデミー→オクラホマ大→金沢武士団他→愛媛オレンジバイキングス

つながり [バスケットボール]クリスチャン ジェームス(大学)、[バスケットボール]ジャスティン コブス(同郷・同年代)

アンドリュー ランダル
あんどりゅー らんだる

ファイティングイーグルス名古屋／SF
1990年1月5日生／33歳／198cm／109kg／アメリカ

経歴≫ チルデン中→コミュニティーテック高→テンプル大→茨城ロボッツ他→FE名古屋

つながり [バスケットボール]ウェイン・マーシャル(大学)、[バスケットボール]イバン ラベネル(同郷・同年代)

アンバギー
あんばぎー

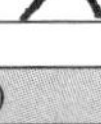

横浜DeNAベイスターズ／外野手
1994年10月24日生／29歳／188cm／95kg／アメリカ

経歴≫ 米マイナー→DeNA

つながり [バスケットボール]ブランドン アシュリー(同郷・同年代)、[バスケットボール]アイゼイア ヒックス(同郷・同年代)

安樂 智大
あんらく ともひろ

東北楽天ゴールデンイーグルス／投手
1996年11月4日生／26歳／186cm／87kg／A型／愛媛県

経歴≫ 道後中→済美高→楽天

つながり [アイスホッケー]ハリデー 慈英(同年代)、[アイスホッケー]入倉 大雅(同年代)

つながり 【ラグビー】安藤 泰洋、成田秀悦、成田秀平は秋田県男鹿市船川港女川地区出身で実家が数10mの近所

い 169人

(NPB/71人、B.LEAGUE/27人、JAPAN RUGBY LEAGUE ONE/56人、ASIA LEAGUE ICE HOCKEY/15人)

イージェイ モンゴメリー
いーじぇい もんごめりー

青森ワッツ／PF

1999年9月12日生／23歳／208cm／111kg／アメリカ

経歴≫ ケンタッキー大→Kedainiai Nevezis→Sopron KC→青森ワッツ

つながり [バスケットボール]ジョシュ ハレルソン(大学)、[野球]スチュワート ジュニア(同郷・同年代)

飯田 鴻朗
いいだ ひろとき

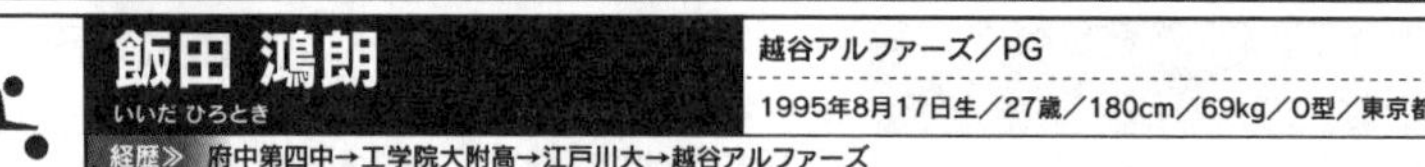

越谷アルファーズ／PG

1995年8月17日生／27歳／180cm／69kg／O型／東京都

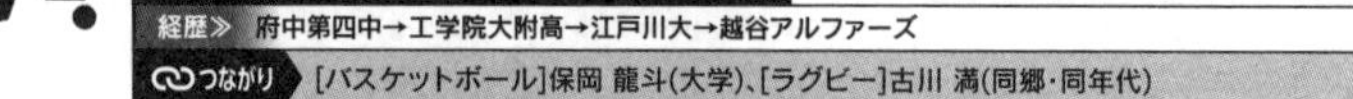

経歴≫ 府中第四中→工学院大附高→江戸川大→越谷アルファーズ

つながり [バスケットボール]保岡 龍斗(大学)、[ラグビー]古川 満(同郷・同年代)

飯田 遼
いいだ りょう

香川ファイブアローズ／SG/SF

1995年4月11日生／27歳／185cm／88kg／A型／長野県

経歴≫ 富士見中→佐久長聖高→拓殖大→信州ブレイブウォリアーズ→山形ワイヴァンズ→香川ファイブアローズ

つながり [野球]元山 飛優(高校)、[野球]山本 晃大(高校)、[ラグビー]アセリ マシヴォウ(大学)

飯沼 蓮
いいぬま れん

浦安D-Rocks／SH

2000年2月8日生／22歳／170cm／75kg／山梨県

経歴≫ 日川高→明治大→浦安D-Rocks

つながり [ラグビー]大内 真(高校)、[ラグビー]郡司 健吾(高校)、[ラグビー]松土 治樹(高校)

飯野 晃司
いいの こうじ

東京サントリーサンゴリアス／LO　代表歴あり

1994年10月12日生／28歳／190cm／110kg／愛知県

経歴≫ 三好高→帝京大→東京サントリーサンゴリアス

つながり [ラグビー]大和田 立(大学)、[ラグビー]亀井 亮依(大学)、[ラグビー]小林 恵太(大学)

イーリ ニコラス
いーり にこらす

三菱重工相模原ダイナボアーズ／SH

1988年10月14日生／34歳／180cm／92kg／北海道

経歴≫ セントビーズカレッジ→拓殖大→三菱重工相模原ダイナボアーズ

つながり [ラグビー]シオネ ラベマイ(高校)、[ラグビー]アセリ マシヴォウ(大学)、[ラグビー]ヘル ウヴェ(大学)

イヴァン ブバ
いう゛ぁん ぶば

滋賀レイクス／C　代表歴あり

1991年5月6日生／31歳／207cm／113kg／B型／クロアチア

経歴≫ Prva Ekonomska Skola→JL Bourg Basket→BC Rytas Vilnius→Rytas Vilnius→滋賀レイクス

つながり [アイスホッケー]山田 虎太朗(同年代)、[アイスホッケー]三田村 康平(同年代)

イエレミア マタエナ
いえれみあ またえな

花園近鉄ライナーズ／PR

1995年9月3日生／27歳／180cm／114kg／ニュージーランド

経歴≫ ケルストンボーイズ高→摂南大→花園近鉄ライナーズ

つながり [ラグビー]アセリ マシヴォウ(高校)、[ラグビー]ジェラード カウリートゥイオティ(高校)

伊尾木 洋斗
いおき ようと

トヨタヴェルブリッツ／PR

1992年12月20日生／30歳／182cm／125kg／京都府

経歴≫ 洛北高→大阪体育大→トヨタヴェルブリッツ

つながり [ラグビー]佐原 慧大(高校)、[ラグビー]小島 佑太(高校)、[ラグビー]徳田 敬登(高校)

五十嵐 圭
いがらし けい

群馬クレインサンダーズ／PG　代表歴あり

1980年5月7日生／42歳／180cm／73kg／A型／新潟県

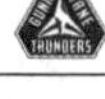

経歴≫ 直江津東中→北陸高→中央大→トヨタ自動車アルバルク他→群馬クレインサンダーズ

つながり [バスケットボール]藤永 佳昭(高校)、[バスケットボール]満田 丈太郎(高校)

五十嵐 優
いがらし すぐる

コベルコ神戸スティーラーズ／PR

1993年11月22日生／29歳／172cm／103kg／東京都

経歴≫ 東海大相模高→東海大→コベルコ神戸スティーラーズ

つながり [ラグビー]豊島 翔平(高校)、[ラグビー]王野 尚希(高校)、[ラグビー]土一 海人(高校)

猪狩 大智
いがり だいち

TOHOKU FREEBLADES／FW

1998年4月27日生／24歳／173cm／73kg

経歴≫ 苫小牧和光中→駒大苫小牧高→東洋大→TOHOKU FREEBLADES

つながり [アイスホッケー]山田 虎太朗(高校)、[アイスホッケー]山下 敬史(高校)、[アイスホッケー]今 勇輔(高校)

猪狩 渉
いがり わたる

福島ファイヤーボンズ／PG

1996年4月24日生／26歳／168cm／72kg／O型／福島県

経歴≫ いわき市立中→能代工高→IMGアカデミー→福島ファイヤーボンズ→ABA Chicago Fury他→福島ファイヤーボンズ

つながり [ラグビー]齊藤 剣(高校)、[バスケットボール]盛實 海翔(高校)、[バスケットボール]満原 優樹(高校)

鮎 誠司
いかるが せいじ

宇都宮ブレックス／PG

1994年1月8日生／29歳／185cm／95kg／A型／福岡県

経歴≫ 春日中→福岡第一高→青山学院大→広島ドラゴンフライズ→宇都宮ブレックス

つながり [バスケットボール]井手 優希(高校)、[バスケットボール]渡辺 竜之佑(高校)

井口 和朋
いぐち かずとも

北海道日本ハムファイターズ／投手

1994年1月7日生／29歳／175cm／78kg／O型／神奈川県

経歴≫ 中山中→武相高→東京農大北海道オホーツク→日本ハム

つながり [アイスホッケー]小野 航平(高校)、[野球]塩見 泰隆(高校)、[ラグビー]高橋 敏也(同郷・同年代)

生原 秀将
いくはら しゅうすけ

信州ブレイブウォーリアーズ／PG

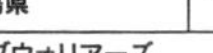

1994年5月24日生／28歳／182cm／80kg／O型／徳島県

経歴≫ 富田中→徳島市立高→筑波大→栃木ブレックス→シーホース三河→横浜ビー･コルセアーズ→信州ブレイブウォリアーズ

つながり [ラグビー]前田 土芽(大学)、[ラグビー]島田 悠平(大学)、[ラグビー]土谷 深浩(大学)

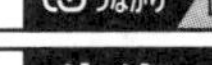

生海
いくみ

福岡ソフトバンクホークス／外野手

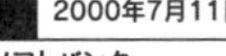

2000年7月11日生／23歳／182cm／85kg／福岡県

経歴≫ 霧ケ丘中→九州国際大付高→東北福祉大→ソフトバンク

つながり [野球]二保 旭(高校)、[野球]三好 匠(高校)、[野球]中村 貴浩(高校)、[野球]野田 海人(高校)

池田 涼希
いけだ あつき

YOKOHAMA GRITS／FW

1997年7月23日生／25歳／171cm／72kg

経歴≫ 札幌東光小→札幌東栄中→北海高→明治大→YOKOHAMA GRITS

つながり [アイスホッケー]橋本 僚(高校)、[アイスホッケー]伊藤 俊之(高校)、[アイスホッケー]牛来 拓都(高校)

池田 一騎
いけだ いっき

EAST HOKKAIDO CRANES／FW 代表歴あり

1992年10月27日生／30歳／178cm／80kg

経歴≫ 駒大苫小牧高→早稲田大→日本製紙クレインズ→EAST HOKKAIDO CRANES

つながり [アイスホッケー]山田 虎太朗(高校)、[アイスホッケー]山下 敬史(高校)、[アイスホッケー]今 勇輔(高校)

池田 圭治
いけだ けいじ

九州電力キューデンヴォルテクス／PR

1987年1月11日生／36歳／178cm／108kg／長崎県

経歴≫ 諫早農高→福岡工大→九州電力キューデンヴォルテクス

つながり [ラグビー]伊東 力(高校)、[ラグビー]シオエリ ヴァカラヒ(大学)、[ラグビー]ソセフォ ファカタヴァ(大学)

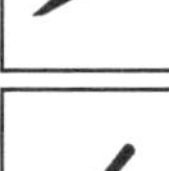

池田 隆英
いけだ たかひで

北海道日本ハムファイターズ／投手

1994年10月1日生／29歳／181cm／85kg／B型／佐賀県

経歴≫ 唐津第五中→創価高→創価大→楽天→日本ハム

つながり [野球]門脇 誠(高校)、[野球]田中 正義(高校)、[野球]門脇 誠(大学)、[野球]萩原 哲(大学)

池田 雄一
いけだ ゆういち

新潟アルビレックスBB／SF

1983年7月13日生／39歳／191cm／93kg／O型／新潟県

経歴≫ 吉田中→新潟商高→東海大→新潟アルビレックスBB

つながり [バスケットボール]大矢 孝太朗(高校)、[バスケットボール]長谷川 智也(高校)、[ラグビー]新井 望友(大学)

池田 祐一
いけだ ゆういち

青森ワッツ／PG

1997年4月13日生／25歳／183cm／75kg／O型／沖縄県

経歴≫ 長嶺中→小禄高→国士舘大→青森ワッツ

つながり [バスケットボール]神里 和(高校)、[バスケットボール]上良 潤起(高校)、[バスケットボール]菅 俊男(大学)

つながり 【アイスホッケー】同級生の猪狩大智と武部虎太朗は東洋大時代キャプテン(猪狩)、副キャプテン(武部)でチームを支えた

池田 悠希
いけだ ゆうき

リコーブラックラムズ東京／CTB
1995年5月21日生／27歳／185cm／98kg／大阪府

経歴≫ 東海大仰星高→東海大→リコーブラックラムズ東京

つながり [ラグビー]岸岡 智樹(高校)、[ラグビー]近藤 英人(高校)、[ラグビー]根塚 洸雅 (高校)

池田 来翔
いけだ らいと

千葉ロッテマリーンズ／内野手
1999年12月11日生／24歳／180cm／95kg／O型／千葉県

経歴≫ 八千代市立八千代中→習志野高→国士舘大→ロッテ

つながり [バスケットボール]原 修太(高校)、[野球]古谷 拓郎(高校)、[野球]齊藤 伸治(高校)

池田 陵真
いけだ りょうま

オリックス・バファローズ／外野手
2003年8月24日生／20歳／172cm／83kg／O型／大阪府

経歴≫ 和泉市立和泉中→大阪桐蔭高→オリックス

つながり [ラグビー]宮宗 翔(高校)、[ラグビー]紙森 陽太(高校)、[ラグビー]岡田 優輝(高校)

池永 玄太郎
いけなが げんたろう

コベルコ神戸スティーラーズ／CTB
1997年1月27日生／25歳／182cm／100kg／大阪府

経歴≫ 上宮太子高→天理大→コベルコ神戸スティーラーズ

つながり [ラグビー]大西 将史(高校)、[ラグビー]上田 聖(大学)、[ラグビー]アシペリ モアラ(大学)

池谷 蒼大
いけや そうた

横浜DeNAベイスターズ／投手
1999年8月2日生／24歳／175cm／80kg／静岡県

経歴≫ 浜松市立積志中→静岡高→ヤマハ→DeNA

つながり [野球]村松 開人(高校)、[野球]鈴木 将平(高校)、[野球]堀内 謙伍(高校)

井﨑 燦志郎
いざき さんしろう

福岡ソフトバンクホークス／投手
2004年2月9日生／19歳／188cm／86kg／B型／福岡県

経歴≫ 福岡市立住吉中→福岡高→ソフトバンク

つながり [ラグビー]土谷 深浩(高校)、[ラグビー]高屋 直生(高校)、[ラグビー]中尾 康太郎(高校)

イザヤ プニヴァイ
いざや ぷにう゛ぁい

東京サントリーサンゴリアス／CTB
2000年12月1日生／22歳／189cm／100kg／ニュージーランド

経歴≫ クライスツ·カレッジ→リンカーン大→東京サントリーサンゴリアス

つながり [ラグビー]ジョシュ グッドヒュー(大学)、[ラグビー]ハドレー パークス(大学)

イシ ナイサラニ
いし ないさらに

静岡ブルーレヴズ／No8
1995年2月14日生／27歳／195cm／110kg／フィジー

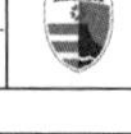

経歴≫ ラトゥカラヴァレブ高→静岡ブルーレヴズ

つながり [ラグビー]サム チョンキット(同郷·同年代)、[ラグビー]ジョネ ナイカブラ(同郷·同年代)

石井 魁
いしい かい

浦安D-Rocks／WTB
1993年8月4日生／29歳／179cm／85kg／東京都

経歴≫ 保善高→東海大→東芝ブレイブルーパス東京→浦安D-Rocks

つながり [ラグビー]山極 大貴(高校)、[バスケットボール]鈴木 達也(高校)、[ラグビー]新井 望友(大学)

石井 一成
いしい かずなり

北海道日本ハムファイターズ／内野手
1994年5月6日生／29歳／182cm／80kg／O型／栃木県

経歴≫ 小川中→作新学院高→早稲田大→日本ハム

つながり [バスケットボール]大宮 宏正(高校)、[野球]入江 大生(高校)、[野球]今井 達也(高校)

石井 講祐
いしい こうすけ

サンロッカーズ渋谷／SG
1987年9月29日生／35歳／182cm／85kg／B型／千葉県

経歴≫ 船橋中→八千代高→東海大→千葉ジェッツ→サンロッカーズ渋谷

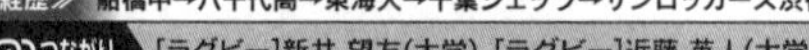

つながり [ラグビー]新井 望友(大学)、[ラグビー]近藤 英人(大学)、[ラグビー]アタアタ モエアキオラ(大学)

石井 秀人
いしい しゅうと

YOKOHAMA GRITS／FW
1997年10月27日生／25歳／170cm／73kg

経歴≫ 新横浜ジュニア→埼玉栄高→日本体育大→?seda IF→日本体育大→電通→YOKOHAMA GRITS

つながり [アイスホッケー]ハリデー 慈英(高校)、[アイスホッケー]石川 貴大(高校)

石井 峻平
いしい しゅんぺい

愛媛オレンジバイキングス／SG

1995年7月13日生／27歳／188cm／88kg／B型／新潟県

経歴≫ アースフレンズ東京Z→新潟アルビレックスBB→愛媛オレンジバイキングス

つながり [バスケットボール]滋田 怜音(大学)、[野球]前田 研輝(大学)、[野球]鵜飼 航丞(大学)

石井 大智
いしい だいち

阪神タイガース／投手

1997年7月29日生／26歳／175cm／81kg／O型／秋田県

経歴≫ 秋田市立秋田東中→秋田工高専→四国IL・高知→阪神

つながり [ラグビー]三浦 駿平(同郷・同年代)、[野球]成田 翔(同郷・同年代)、[アイスホッケー]中屋敷 侑史(同年代)

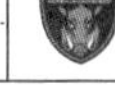

石井 智亮
いしい ともあき

三菱重工相模原ダイナボアーズ／PR

1995年8月23日生／27歳／182cm／120kg／神奈川県

経歴≫ 生田高→成蹊大→三菱重工相模原ダイナボアーズ

つながり [ラグビー]三浦 嶺(大学)、[ラグビー]志村 太基(大学)、[ラグビー]細田 隼都(同郷・同年代)

石井 智大
いしい ともひろ

ライジングゼファー福岡／SG

1999年4月28日生／23歳／185cm／78kg／B型／熊本県

経歴≫ 鹿南中→東海大付熊本星翔高→東海大学九州→ライジングゼファー福岡

つながり [バスケットボール]長野 誠史(大学)、[バスケットボール]石橋 侑磨(大学)

石井 勇輝
いしい ゆうき

浦安D-Rocks／WTB

1996年2月27日生／26歳／184cm／90kg／神奈川県

経歴≫ 日本体育大荏原高→東洋大→浦安D-Rocks

つながり [ラグビー]ジェイミー ヴァカラヒ(高校)、[野球]柴田 大地(高校)、[アイスホッケー]成澤 優太(大学)

石井 洋介
いしい ようすけ

クリタウォーターガッシュ昭島／FL

1997年8月18日生／25歳／183cm／100kg／神奈川県

経歴≫ 桐蔭学園高→明治大→クリタウォーターガッシュ昭島

つながり [ラグビー]石田 楽人(高校)、[ラグビー]山本 耕生(高校)、[ラグビー]田村 魁世(高校)

石岡 諒太
いしおか りょうた

オリックス・バファローズ／内野手

1992年5月25日生／31歳／188cm／92kg／A型／兵庫県

経歴≫ 神戸市立広陵中→神戸国際大附高→JR東日本→中日→オリックス

つながり [野球]石岡 諒太(高校)、[ラグビー]森川 由起乙(同郷・同年代)、[ラグビー]松岡 久善(同郷・同年代)

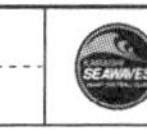

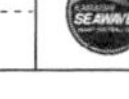

石垣 航平
いしがき こうへい

釜石シーウェイブスRFC／CTB

1993年6月25日生／29歳／183cm／98kg／沖縄県

経歴≫ 宮古高→帝京大→コカ・コーラレッドスパークス→宗像サニックスブルース→釜石シーウェイブスRFC

つながり [ラグビー]佐々木 紘(高校)、[ラグビー]大和田 立(大学)、[ラグビー]亀井 亮依(大学)

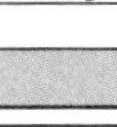

石垣 雅海
いしがき まさみ

中日ドラゴンズ／内野手

1998年9月21日生／25歳／181cm／88kg／B型／山形県

経歴≫ 酒田市立第三中→酒田南高→中日

つながり [野球]田村 朋輝(高校)、[野球]阿部 翔太(高校)、[アイスホッケー]今 勇輔(同年代)

石上 裕一
いしがみ ひろかず

マツダスカイアクティブズ広島／No8

1988年11月8日生／34歳／175cm／100kg／大阪府

経歴≫ 東海大仰星高→東海大→マツダスカイアクティブズ広島

つながり [ラグビー]岸岡 智樹(高校)、[ラグビー]近藤 英人(高校)、[ラグビー]根塚 洸雅 (高校)

石川 歩
いしかわ あゆむ

千葉ロッテマリーンズ／投手　代表歴あり

1988年4月11日生／35歳／186cm／80kg／A型／富山県

経歴≫ 魚津市立西部中→滑川高→中部大→東京ガス→ロッテ

つながり [ラグビー]加藤 一希(大学)、[野球]谷元 圭介(大学)、[ラグビー]佐々木 駿(同郷・同年代)

石川 海斗
いしかわ かいと

ファイティングイーグルス名古屋／PG

1990年11月30日生／32歳／170cm／72kg／A型／東京都

経歴≫ 足立区立第九中→明成高→日本大→日立サンロッカーズ東京他→FE名古屋

つながり [バスケットボール]白戸 大聖(高校)、[バスケットボール]安藤 誓哉(高校)

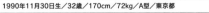

つながり 【野球】高校時代1学年違いの先輩後輩、伊藤大海と若林楽人は、2020年のドラフトでプロ入りを果たす

石川 柊太
いしかわ しゅうた

福岡ソフトバンクホークス／投手

1991年12月27日生／32歳／185cm／87kg／O型／東京都

経歴≫ 品川区立鈴ヶ森中→総合工科高→創価大→ソフトバンク

つながり [野球]門脇 誠(大学)、[野球]萩原 哲(大学)、[野球]保科 広一(大学)、[野球]鈴木 勇斗(大学)

石川 翔
いしかわ しょう

中日ドラゴンズ／投手

1999年12月14日生／24歳／179cm／81kg／B型／東京都

経歴≫ 板橋区立赤塚一中→青藍泰斗高→中日

つながり [野球]益子 京右(高校)、[野球]中山 誠吾(高校)、[ラグビー]小池 隆成(同郷・同年代)

石川 慎吾
いしかわ しんご

読売ジャイアンツ／外野手

1993年4月27日生／30歳／178cm／80kg／O型／大阪府

経歴≫ 酒井市立泉ヶ丘東中→東大阪大柏原高→日本ハム→巨人

つながり [ラグビー]杉本 達郎(高校)、[ラグビー]徳田 亮真(高校)、[野球]野村 和輝(高校)

石川 貴大
いしかわ たかひろ

H.C.TOCHIGINIKKOICEBUCKS／DF

1993年4月26日生／29歳／165cm／81kg

経歴≫ 日光東中→埼玉栄高→早稲田大→H.C.TOCHIGINIKKOICEBUCKS

つながり [アイスホッケー]ハリデー 慈英(高校)、[アイスホッケー]中舘 庸太朗(高校)、[アイスホッケー]大宮 良(高校)

石川 貴大
いしかわ たかひろ

浦安D-Rocks／WTB

1998年4月7日生／24歳／180cm／90kg／兵庫県

経歴≫ 報徳学園高→明治大→NTTドコモレッドハリケーンズ大阪→浦安D-Rocks

つながり [ラグビー]井上 遼(高校)、[ラグビー]日和佐 篤(高校)、[ラグビー]前田 剛(高校)

石川 昂弥
いしかわ たかや

中日ドラゴンズ／内野手

2001年6月22日生／22歳／186cm／104kg／O型／愛知県

経歴≫ 半田市立亀崎中→東邦高→中日

つながり [野球]藤嶋 健人(高校)、[野球]林 琢真(高校)、[野球]関根 大気(高校)、[野球]松井 聖(高校)

石川 達也
いしかわ たつや

横浜DeNAベイスターズ／投手

1998年4月15日生／25歳／178cm／73kg／A型／神奈川県

経歴≫ 横浜市立東山田中→横浜高→法政大→DeNA

つながり [野球]木下 幹也(高校)、[野球]伊藤 将司(高校)、[野球]及川 雅貴(高校)、[野球]高濱 祐仁(高校)

石川 直也
いしかわ なおや

北海道日本ハムファイターズ／投手

1996年7月11日生／27歳／192cm／90kg／A型／山形県

経歴≫ 余目中→山形中央高→日本ハム

つながり [ラグビー]東海林 拓実(高校)、[野球]村上 舜(高校)、[野球]佐藤 智輝(高校)、[野球]齋藤 友貴哉(高校)

石川 雅規
いしかわ まさのり

東京ヤクルトスワローズ／投手　代表歴あり

1980年1月22日生／43歳／167cm／73kg／A型／秋田県

経歴≫ 秋田北中→秋田商高→青山学院大→ヤクルト

つながり [野球]成田 翔(高校)、[ラグビー]古賀 駿汰(大学)、[ラグビー]高橋 敏也(大学)

石川 亮
いしかわ りょう

オリックス・バファローズ／捕手

1995年7月20日生／27歳／181cm／87kg／O型／神奈川県

経歴≫ 帝京高→日本ハム→オリックス

つながり [ラグビー]安江 祥光(高校)、[野球]原口 文仁(高校)、[野球]山﨑 康晃(高校)、[野球]清水 昇(高校)

石田 楽人
いしだ がくと

NECグリーンロケッツ東葛／PR

1998年1月9日生／25歳／180cm／110kg／神奈川県

経歴≫ 桐蔭学園高→専修大→クボタスピアーズ船橋・東京ベイ→NECグリーンロケッツ東葛

つながり [ラグビー]山本 耕生(高校)、[ラグビー]田村 魁世(高校)、[ラグビー]古川 満(高校)

石田 一貴
いしだ かずき

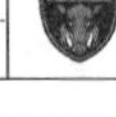

三菱重工相模原ダイナボアーズ／SO

1996年1月14日生／27歳／173cm／85kg／熊本県

経歴≫ 九州学院高→日本体育大→三菱重工相模原ダイナボアーズ

つながり [ラグビー]岩下 丈一郎(高校)、[ラグビー]石田 大河(高校)、[ラグビー]平田 一真(高校)

石田 圭祐
いしだ けいすけ

豊田自動織機シャトルズ愛知／SH

1996年8月14日生／26歳／175cm／82kg／長崎県

経歴≫ 長崎海星高→九州共立大→豊田自動織機シャトルズ愛知

つながり [ラグビー]山下 憲太(高校)、[ラグビー]大道 勇喜(高校)、[ラグビー]高尾 時流(大学)

石田 健大
いしだ けんた

横浜DeNAベイスターズ／投手

1993年3月1日生／30歳／180cm／85kg／O型／広島県

経歴≫ 広島市立仁保中→広島工高→法政大→DeNA

つながり [ラグビー]大竹 智也(高校)、[ラグビー]長岡 智之(高校)、[ラグビー]松永 辰哉(高校)

石田 大河
いしだ たいが

浦安D-Rocks／FB

1997年10月1日生／25歳／176cm／83kg／熊本県

経歴≫ 九州学院高→日本体育大→浦安D-Rocks

つながり [ラグビー]石田 一貴(高校)、[ラグビー]岩下 丈一郎(高校)、[ラグビー]平田 一真(高校)

石田 龍之進
いしだ たつのしん

YOKOHAMA GRITS／GK

1999年9月1日生／23歳／180cm／80kg

経歴≫ 苫小牧明徳小→苫小牧westアイスキング→王子Jr.→苫小牧凌雲中→清水御影中→白樺高→関西大→YOKOHAMA GRITS

つながり [アイスホッケー]三田村 康平(高校)、[アイスホッケー]小林 斗威(高校)、[アイスホッケー]大椋 舞人(高校)

石田 隼都
いしだ はやと

読売ジャイアンツ／投手

2003年4月5日生／20歳／183cm／78kg／A型／栃木県

経歴≫ 真岡市立真岡中→東海大付相模高→巨人

つながり [ラグビー]五十嵐 優(高校)、[ラグビー]豊島 翔平(高校)、[ラグビー]王野 尚希(高校)

石田大輝
いしだだいき

中国電力レッドレグリオンズ／PR

1997年2月18日生／25歳／178cm／115kg／広島県

経歴≫ 広島工高→龍谷大→中国電力レッドレグリオンズ

つながり [ラグビー]大竹 智也(高校)、[ラグビー]長岡 智之(高校)、[ラグビー]松永 辰哉(高校)

石塚 綜一郎
いしづか そういちろう

福岡ソフトバンクホークス／捕手

2001年6月7日生／22歳／181cm／84kg／B型／秋田県

経歴≫ 秋田市立岩見三内中→黒沢尻工高→ソフトバンク

つながり [ラグビー]藤井 大喜(高校)、[ラグビー]阿部 竜二(高校)、[ラグビー]佐々木 裕次郎(高校)

石塚 弘章
いしづか ひろあき

静岡ブルーレヴズ／CTB

1993年12月28日生／29歳／188cm／94kg／東京都

経歴≫ 成城学園高→成城大→静岡ブルーレヴズ

つながり [ラグビー]五十嵐 優(同郷・同年代)、[ラグビー]関本 圭汰(同郷・同年代)、[ラグビー]小林 航(同郷・同年代)

石橋 康太
いしばし こうた

中日ドラゴンズ／捕手

2000年12月7日生／23歳／180cm／95kg／A型／千葉県

経歴≫ 四街道市立四街道西中→関東一高→中日

つながり [野球]井坪 陽生(高校)、[野球]中村 祐太(高校)、[野球]佐藤 奨真(高校)、[野球]行木 俊(同郷・同年代)

石橋 拓也
いしばし たくや

浦安D-Rocks／CTB　代表歴あり

1992年8月19日生／30歳／182cm／93kg／福岡県

経歴≫ 小倉高→慶應義塾大→浦安D-Rocks

つながり [ラグビー]児玉 健太郎(高校)、[ラグビー]髙野 祥太(高校)、[ラグビー]松浦 祐太(高校)

石橋 尚也
いしばし なおや

豊田自動織機シャトルズ愛知／PR

1996年8月25日生／26歳／173cm／104kg／大阪府

経歴≫ 近大付高→近畿大→豊田自動織機シャトルズ愛知

つながり [ラグビー]宮宗 翔(大学)、[ラグビー]岩佐 賢人(大学)、[ラグビー]大熊 克哉(大学)

石橋 侑磨
いしばし ゆうま

ライジングゼファー福岡／SG

1999年10月21日生／23歳／190cm／85kg／B型／福岡県

経歴≫ 甘木中→柳川高→東海大学九州→ライジングゼファー福岡

つながり [バスケットボール]長野 誠史(大学)、[バスケットボール]石井 智大(大学)

つながり 【アイスホッケー】畑享和と石田龍之進はともに関西大学の卒業生。オフには練習をともにする師弟関係

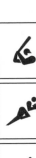

石橋 良太
いしばし りょうた

東北楽天ゴールデンイーグルス／投手

1991年6月6日生／32歳／175cm／77kg／A型／大阪府

経歴≫ 三国丘中→明徳義塾高→拓殖大→Honda→楽天

つながり [バスケットボール]ファイ サンバ(高校)、[バスケットボール]平尾 充庸(高校)、[野球]代木 大和(高校)

石原 慎太郎
いしはら しんたろう

東京サントリーサンゴリアス／PR　代表歴あり

1990年6月17日生／32歳／181cm／108kg／東京都

経歴≫ 国学院久我山高→明治大→東京サントリーサンゴリアス

つながり [ラグビー]島田 悠平(高校)、[ラグビー]髙橋 敏也(高校)、[ラグビー]田中 真一(高校)

石原 彪
いしはら つよし

東北楽天ゴールデンイーグルス／捕手

1999年3月8日生／24歳／172cm／96kg／A型／京都府

経歴≫ 京都市立向島東中→京都翔英高→楽天

つながり [野球]小野寺 暖(高校)、[野球]山本 祐大(高校)、[ラグビー]吉田 大亮(同郷・同年代)

石原 貴規
いしはら ともき

広島東洋カープ／捕手

1998年2月3日生／25歳／173cm／85kg／A型／兵庫県

経歴≫ 宝塚市立宝塚第一中→創志学園高→天理大→広島

つながり [野球]西 純矢(高校)、[野球]髙田 萌生(高校)、[ラグビー]上田 聖(大学)

石松 大空
いしまつ ともたか

九州電力キューデンヴォルテクス／LO

1997年9月11日生／25歳／192cm／105kg／福岡県

経歴≫ 明善高→筑波大→九州電力キューデンヴォルテクス

つながり [ラグビー]前田 土芽(大学)、[ラグビー]島田 悠平(大学)、[ラグビー]土谷 深浩(大学)

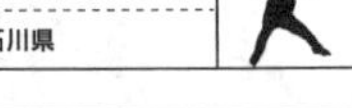

石森 大誠
いしもり たいせい

中日ドラゴンズ／投手

1997年12月3日生／26歳／178cm／83kg／O型／石川県

経歴≫ 宝達志水町立押水中→遊学館高→東北公益文科大→熊本ゴールデンラークス→KAL・熊本→中日

つながり [野球]髙田 竜星(高校)、[野球]保科 広一(高校)、[野球]三木 亮(高校)、[野球]小孫 竜二(高校)

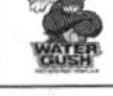

石森 大雄
いしもり だいゆう

クリタウォーターガッシュ昭島／SH

1990年9月8日生／32歳／173cm／82kg／埼玉県

経歴≫ ロトルアボーイズ高→クリタウォーターガッシュ昭島

つながり [バスケットボール]大塚 勇人(同郷・同年代)、[野球]加藤 翔平(同郷・同年代)

石山 泰稚
いしやま たいち

東京ヤクルトスワローズ／投手

1988年9月1日生／35歳／182cm／75kg／A型／秋田県

経歴≫ 山王中→金足農高→東北福祉大→ヤマハ→ヤクルト

つながり [野球]吉田 輝星(高校)、[野球]長坂 拳弥(大学)、[野球]中野 拓夢(大学)、[野球]楠本 泰史(大学)

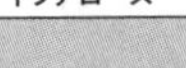

伊集 貴也
いじゅ たかや

香川ファイブアローズ／PG

1993年2月22日生／29歳／182cm／76kg／A型／沖縄県

経歴≫ 西原中→興南高→国士舘大→九州電力アーティサンズ→島根スサノオマジック→愛媛オレンジバイキングス→香川ファイブアローズ

つながり [バスケットボール]山内 盛久(高校)、[バスケットボール]平良 陽汰(高校)

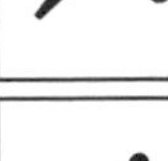

石渡 健吾
いしわた けんご

中国電力レッドレグリオンズ／FL

1997年5月2日生／25歳／175cm／92kg／埼玉県

経歴≫ 東京高→中央大→中国電力レッドレグリオンズ

つながり [ラグビー]小池 隆成(高校)、[ラグビー]山菅 一史(高校)、[ラグビー]杉浦 拓実(高校)

泉 圭輔
いずみ けいすけ

福岡ソフトバンクホークス／投手

1997年3月2日生／26歳／188cm／76kg／A型／石川県

経歴≫ 金沢市立清泉中→金沢西高→金沢星稜大→ソフトバンク

つながり [野球]谷内 亮太(高校)、[バスケットボール]瀬高 康明(同郷・同年代)、[野球]岩下 大輝(同郷・同年代)

泉 翔馬
いずみ しょうま

YOKOHAMA GRITS／FW

1996年5月20日生／26歳／175cm／70kg

経歴≫ HCNassjo→Frederikshavn White Hawks→王子イーグルス→YOKOHAMA GRITS

つながり [アイスホッケー]髙橋 聖二(高校)、[アイスホッケー]相木 隼斗(高校)、[アイスホッケー]武部 虎太朗(高校)

イズラエル フォラウ
いずらえる ふぉらう

浦安D-Rocks／WTB
1989年4月3日生／33歳／194cm／103kg／オーストラリア

経歴≫ マースデン州立高→ワラターズ→浦安D-Rocks

つながり [ラグビー]バーナード フォーリー(同郷·同年代)、[ラグビー]マット トゥームア(同郷·同年代)

伊勢 大夢
いせ ひろむ

横浜DeNAベイスターズ／投手
1998年3月7日生／25歳／182cm／90kg／A型／熊本県

経歴≫ 西山中→九州学院高→明治大→DeNA

つながり [ラグビー]石田 一貴(高校)、[ラグビー]岩下 文一郎(高校)、[ラグビー]石田 大河(高校)

井関 信介
いせき しんすけ

コベルコ神戸スティーラーズ／FB
1995年4月24日生／27歳／179cm／86kg／愛知県

経歴≫ 天理高→天理大→コベルコ神戸スティーラーズ

つながり [ラグビー]井上 大介(高校)、[ラグビー]立川 理道(高校)、[ラグビー]中野 剛通(高校)

磯谷 奏汰
いそがい そうた

EAST HOKKAIDO CRANES／FW
2001年2月14日生／21歳／180cm／80kg

経歴≫ オカナガンHC·ヨーロッパU20→ノースアイオワ·ブルズ→メーソンシティ·トロス→EAST HOKKAIDO CRANES

つながり [アイスホッケー]阿部 泰河(同年代)、[アイスホッケー]宮田 大輔(同年代)

磯田 泰成
いそだ やすなり

九州電力キューデンヴォルテクス／WTB
1992年11月20日生／30歳／174cm／75kg／宮崎県

経歴≫ 延岡星雲高→帝京大→九州電力キューデンヴォルテクス

つながり [ラグビー]高橋 太一(高校)、[ラグビー]大和田 立(大学)、[ラグビー]亀井 亮依(大学)

礒田 凌平
いそだ りょうへい

リコーブラックラムズ東京／CTB
1996年7月22日生／26歳／178cm／88kg／大阪府

経歴≫ 京都成章高→立命館大→リコーブラックラムズ東京

つながり [ラグビー]押川 敦治(高校)、[ラグビー]松岡 賢太(高校)、[ラグビー]淺岡 俊亮(高校)

磯野 寛晃
いその ひろあき

熊本ヴォルターズ／SG/SF
1998年3月11日生／24歳／186cm／84kg／A型／福岡県

経歴≫ 木屋瀬中→直方高→日本体育大→越谷アルファーズ→熊本ヴォルターズ

つながり [アイスホッケー]石井 秀人(大学)、[アイスホッケー]松野 佑太(大学)、[ラグビー]クリスチャン ラウイ(大学)

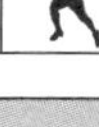

五十幡 亮汰
いそばた りょうた

北海道日本ハムファイターズ／外野手
1998年11月27日生／25歳／171cm／67kg／B型／埼玉県

経歴≫ 行田市立長野中→佐野日大高→中央大→日本ハム

つながり [ラグビー]杉本 悠馬(高校)、[ラグビー]新妻 汰一(高校)、[ラグビー]古谷 亘(高校)

磯部 裕次郎
いそべ ゆうじろう

EAST HOKKAIDO CRANES／GK
1997年6月24日生／25歳／172cm／73kg

経歴≫ 武修館高→明治大→王子イーグルス→レッドイーグルス北海道→EAST HOKKAIDO CRANES

つながり [アイスホッケー]中島 彰吾(高校)、[アイスホッケー]柴田 嗣斗(高校)、[アイスホッケー]佐藤 大翔(高校)

磯村 嘉孝
いそむら よしたか

広島東洋カープ／捕手
1992年11月1日生／31歳／178cm／92kg／A型／愛知県

経歴≫ 豊田市立松平中→中京大中京高→広島

つながり [野球]中山 礼都(高校)、[野球]伊藤 稜(高校)、[野球]髙橋 宏斗(高校)、[野球]鵜飼 航丞(高校)

居谷 匠真
いたに しょうま

福岡ソフトバンクホークス／捕手
2002年12月30日生／21歳／178cm／81kg／O型／和歌山県

経歴≫ 岩出市立岩出中→明豊高→ソフトバンク

つながり [野球]京本 眞(高校)、[野球]濱田 太貴(高校)、[野球]今宮 健太(高校)、[野球]小林 樹斗(同郷·同年代)

板橋 真平
いたばし しんぺい

バンビシャス奈良／PG
1998年12月28日生／24歳／168cm／70kg／A型／茨城県

経歴≫ 日立市立駒王中→つくば秀英高→白鴎大→バンビシャス奈良

つながり [バスケットボール]小島 元基(高校)、[野球]大山 悠輔(高校)、[ラグビー]カヴァイア タギベタウア(大学)

つながり 【野球】磯村嘉孝と堂林翔太は中学、高校、プロで同じチームに。2008年の夏の甲子園では優勝を経験している

板山 祐太郎
いたやま ゆうたろう

阪神タイガース／外野手

1994年3月27日生／29歳／180cm／80kg／B型／神奈川県

経歴≫ 茅ケ崎中→成立学園高→亜細亜大→阪神

つながり [野球]谷岡 竜平(高校)、[野球]松田 宣浩(大学)、[野球]北村 拓己(大学)、[野球]髙橋 遥人(大学)

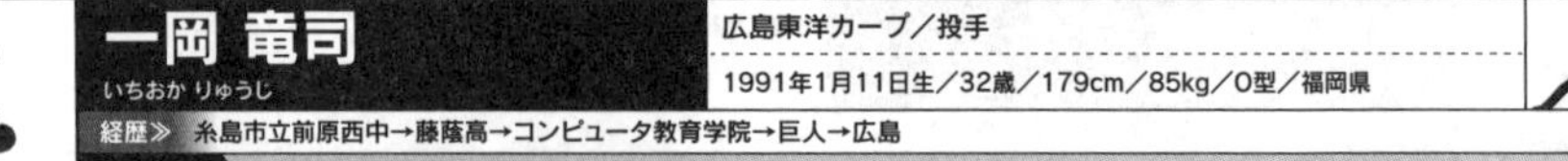

一岡 竜司
いちおか りゅうじ

広島東洋カープ／投手

1991年1月11日生／32歳／179cm／85kg／O型／福岡県

経歴≫ 糸島市立前原西中→藤蔭高→コンピュータ教育学院→巨人→広島

つながり [ラグビー]中靍 隆彰(同郷・同年代)、[ラグビー]小川 高廣(同郷・同年代)

市川 敬太
いちかわ けいた

豊田自動織機シャトルズ愛知／CTB

1998年10月10日生／24歳／173cm／83kg／大阪府

経歴≫ 日新高→天理大→豊田自動織機シャトルズ愛知

つながり [ラグビー]上田 聖(大学)、[ラグビー]アシペリ モアラ(大学)、[ラグビー]井上 大介(大学)

市川 悠太
いちかわ ゆうた

東京ヤクルトスワローズ／投手

2001年3月29日生／22歳／184cm／75kg／A型／高知県

経歴≫ 高知市立潮中→明徳義塾高→ヤクルト

つながり [バスケットボール]ファイ サンバ(高校)、[バスケットボール]平尾 充庸(高校)、[野球]代木 大和(高校)

市橋 輝
いちはし ひかる

豊田自動織機シャトルズ愛知／SO

1999年10月13日生／23歳／171cm／80kg／福岡県

経歴≫ 天理大→九州共立大→豊田自動織機シャトルズ愛知

つながり [ラグビー]岩佐 賢人(高校)、[ラグビー]北川 賢吾(高校)、[ラグビー]古賀 駿汰(高校)

井坪 陽生
いつぼ ひなせ

阪神タイガース／外野手

2005年3月17日生／18歳／177cm／86kg／東京都

経歴≫ 七国中→関東一高→阪神

つながり [野球]石橋 康太(高校)、[野球]中村 祐太(高校)、[野球]佐藤 奨真(高校)

井出 三四郎
いで さんしろう

クリタウォーターガッシュ昭島／CTB

1994年5月19日生／28歳／178cm／80kg／茨城県

経歴≫ 国学院栃木高→中央大→クリタウォーターガッシュ昭島

つながり [ラグビー]尾又 寛汰(高校)、[ラグビー]福田 陸人(高校)、[ラグビー]武井 日向(高校)

井手 拓実
いで たくみ

大阪エヴェッサ／PG

1999年10月12日生／23歳／174cm／68kg／O型／福岡県

経歴≫ 大野東中→福岡第一高→日本体育大→広島ドラゴンフライズ→大阪エヴェッサ

つながり [バスケットボール]井手 優希(高校)、[バスケットボール]渡辺 竜之佑(高校)

井手 優希
いで ゆうき

アースフレンズ東京Z／PG

1996年5月26日生／26歳／176cm／80kg／A型／福岡県

経歴≫ 住吉中→福岡第一高→日本体育大→山口ペイトリオッツ→アースフレンズ東京Z

つながり [バスケットボール]渡辺 竜之佑(高校)、[バスケットボール]重冨 周希(高校)

出井 敏博
いでい としひろ

埼玉西武ライオンズ／投手

1997年4月29日生／26歳／185cm／75kg／A型／栃木県

経歴≫ 小山市立乙女中→埼玉栄高→神奈川大→西武

つながり [アイスホッケー]ハリデー 慈英(高校)、[アイスホッケー]石川 貴大(高校)

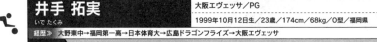

伊藤 賢吾
いとう けんご

EAST HOKKAIDO CRANES／DF

1978年12月4日生／44歳／182cm／80kg

経歴≫ 釧路工業高→日本製紙クレインズ→シャーロット・チェッカーズ→日本製紙クレインズ→EAST HOKKAIDO CRANES

つながり [アイスホッケー]成澤 優太(高校)、[アイスホッケー]篠原 亨太(高校)、[ラグビー]久富 雄一(同年代)

伊藤 康祐
いとう こうすけ

中日ドラゴンズ／外野手

2000年2月3日生／23歳／174cm／76kg／AB型／愛知県

経歴≫ 蒲郡市立形原中→中京大中京高→中日

つながり [野球]中山 礼都(高校)、[野球]伊藤 稜(高校)、[野球]髙橋 宏斗(高校)、[野球]鵜飼 航丞(高校)

伊藤 翔
いとう しょう

埼玉西武ライオンズ／投手

1999年2月10日生／24歳／177cm／74kg／A型／千葉県

経歴≫ 匝瑳市立野栄中→横芝敬愛高→四国IL・徳島→西武

つながり [野球]行木 俊(高校)、[ラグビー]坂本 侑翼(同郷・同年代)、[野球]坂倉 将吾(同郷・同年代)

伊藤 鐘平
いとう しょうへい

東芝ブレイブルーパス東京／LO

1997年5月1日生／25歳／190cm／105kg／兵庫県

経歴≫ 札幌山の手高→京都産大→東芝ブレイブルーパス東京

つながり [ラグビー]渡邉 隆之(高校)、[ラグビー]舟橋 諒将(高校)、[ラグビー]リーチ マイケル(高校)

伊藤 大輝
いとう たいき

釜石シーウェイブスRFC／HO

1994年5月17日生／28歳／176cm／106kg／福井県

経歴≫ 若狭東高→アトムズクラブ→釜石シーウェイブスRFC

つながり [アイスホッケー]彦坂 優(同年代)、[アイスホッケー]鈴木 健斗(同年代)、[アイスホッケー]川村 一希(同年代)

伊藤 大将
いとう だいすけ

福岡ソフトバンクホークス／内野手

2001年7月27日生／22歳／179cm／85kg／A型／大阪府

経歴≫ 寝屋川市立第九中→八戸学院光星高→ソフトバンク

つながり [バスケットボール]駒沢 颯(高校)、[野球]武岡 龍世(高校)、[野球]佐藤 航太(高校)

伊藤 駿
いとう たかし

秋田ノーザンハピネッツ／PG

1990年2月14日生／32歳／174cm／73kg／B型／宮城県

経歴≫ 仙台市立第一中→明成高→青山学院大→サンロッカーズ渋谷→秋田ノーザンハピネッツ

つながり [バスケットボール]石川 海斗(高校)、[バスケットボール]白戸 大聖(高校)

伊藤 崇之
いとう たかゆき

TOHOKU FREEBLADES／GK

1996年4月14日生／26歳／183cm／77kg

経歴≫ 長野イーグルス→法政大→Laser HT→Champigny→TOHOKU FREEBLADES

つながり [アイスホッケー]井上 光明(大学)、[アイスホッケー]伊藤 俊之(大学)、[アイスホッケー]佐々木 祐希(大学)

伊藤 達哉
いとう たつや

名古屋ダイヤモンドドルフィンズ／PG

1994年11月26日生／28歳／173cm／72kg／O型／千葉県

経歴≫ 京北中→洛南高→東海大→京都ハンナリーズ→大阪エヴェッサ→名古屋ダイヤモンドドルフィンズ

つながり [バスケットボール]津屋 一球(高校)、[バスケットボール]柳川 幹也(高校)

伊東 力
いとう ちから

静岡ブルーレヴズ／WTB 代表歴あり

1990年1月11日生／33歳／173cm／80kg／長崎県

経歴≫ 諫早農高→龍谷大→静岡ブルーレヴズ

つながり [ラグビー]池田 圭治(高校)、[ラグビー]松木 勇斗(大学)、[ラグビー]松本 力哉(大学)

伊藤 俊之
いとう としゆき

H.C.TOCHIGINIKKOICEBUCKS／FW

1999年8月10日生／23歳／180cm／81kg

経歴≫ 軽井沢グリフィンズ→北海高→法政大→H.C.TOCHIGINIKKOICEBUCKS

つながり [アイスホッケー]橋本 僚(高校)、[アイスホッケー]牛来 拓都(高校)、[アイスホッケー]鈴木 雄大(高校)

伊藤 光
いとう ひかる

横浜DeNAベイスターズ／捕手

代表歴あり

1989年4月23日生／34歳／180cm／83kg／B型／愛知県

経歴≫ 岡崎市立東海中→明徳義塾高→オリックス→DeNA

つながり [バスケットボール]ファイ サンバ(高校)、[バスケットボール]平尾 充庸(高校)、[野球]代木 大和(高校)

伊藤 玖祥
いとう ひさよし

三重ホンダヒート／SH

1993年4月12日生／29歳／166cm／74kg／三重県

経歴≫ 四日市農芸高→帝京大→三重ホンダヒート

つながり [ラグビー]山路 健太(高校)、[ラグビー]廣田 耀規(高校)、[ラグビー]大和田 立(大学)

伊藤 大海
いとう ひろみ

北海道日本ハムファイターズ／投手 代表歴あり

1997年8月31日生／26歳／176cm／82kg／O型／北海道

経歴≫ 鹿部中→駒大苫小牧高→苫小牧駒澤大→日本ハム

つながり [バスケットボール]山田 友哉(同郷・同年代)、[野球]本前 郁也(同郷・同年代)

つながり 【バスケットボール】伊藤達哉、橋本晃佑は2011年インターハイ準々決勝で対戦

伊藤 平一郎
いとう へいいちろう

静岡ブルーレヴズ／PR　代表歴あり

1990年10月5日生／32歳／175cm／115kg／大分県

経歴≫ 大分舞鶴高→早稲田大→静岡ブルーレヴズ

つながり [ラグビー]薬師寺 晃(高校)、[ラグビー]中尾 泰星(高校)、[ラグビー]高井 迪郎(高校)

伊藤 茉央
いとう まお

東北楽天ゴールデンイーグルス／投手

2000年11月19日生／23歳／176cm／80kg／O型／福島県

経歴≫ 喜多方市立塩川中→喜多方高→東京農業大北海道オホーツク→楽天

つながり [アイスホッケー]阿部 泰河(同年代)、[アイスホッケー]宮田 大輔(同年代)

伊藤 将司
いとう まさし

阪神タイガース／投手

1996年5月8日生／27歳／178cm／85kg／AB型／千葉県

経歴≫ 横芝町立横芝中→横浜高→国際武道大→JR東日本→阪神

つながり [野球]木下 幹也(高校)、[野球]及川 雅貴(高校)、[野球]髙濱 祐仁(高校)、[野球]柳 裕也(高校)

伊藤 優輔
いとう ゆうすけ

読売ジャイアンツ／投手

1997年1月14日生／25歳／178cm／82kg／O型／東京都

経歴≫ 荒川区立尾久八幡中→小山台高→中央大→三菱パワー→巨人

つながり [ラグビー]川合 カイト(高校)、[アイスホッケー]小野田 拓人(大学)、[アイスホッケー]中島 彰吾(大学)

伊藤 裕季也
いとう ゆきや

東北楽天ゴールデンイーグルス／内野手

1996年8月30日生／27歳／182cm／90kg／O型／三重県

経歴≫ 四日市市立港中→日大三高→立正大→DeNA→楽天

つながり [野球]髙山 俊(高校)、[野球]櫻井 周斗(高校)、[野球]坂倉 将吾(高校)、[野球]井上 広輝(高校)

伊藤 稜
いとう りょう

阪神タイガース／投手

1999年11月8日生／24歳／178cm／86kg／B型／愛知県

経歴≫ 栄中→中京大中京高→中京大→阪神

つながり [野球]中山 礼都(高校)、[野球]髙橋 宏斗(高校)、[野球]鵜飼 航丞(高校)、[野球]伊藤 康祐(高校)

糸原 健斗
いとはら けんと

阪神タイガース／内野手

1992年11月11日生／31歳／175cm／81kg／O型／島根県

経歴≫ 雲南市立大東中→開星高→明治大→JX-ENEOS→阪神

つながり [野球]梶谷 隆幸(高校)、[野球]山本 大斗(高校)、[アイスホッケー]青山 大基(大学)

稲垣 啓太
いながき けいた

埼玉パナソニックワイルドナイツ／PR　代表歴あり

1990年6月2日生／32歳／186cm／116kg／新潟県

経歴≫ 新潟工高→関東学院大→埼玉パナソニックワイルドナイツ

つながり [ラグビー]小山 翔也(高校)、[ラグビー]川崎 清純(大学)、[ラグビー]川崎 龍清(大学)

稲田 壮一郎
いなだ そういちろう

釜石シーウェイブスRFC／PR

1999年4月20日生／23歳／171cm／107kg／愛知県

経歴≫ 中部大春日丘高→法政大→釜石シーウェイブスRFC

つながり [ラグビー]加藤 一希(高校)、[ラグビー]蜂谷 元紹(高校)、[ラグビー]河野 良太(高校)

井之上 明
いのうえ あきら

NTTドコモレッドハリケーンズ大阪／SH

1991年4月12日生／31歳／168cm／72kg／兵庫県

経歴≫ 市立尼崎高→立命館大→NTTドコモレッドハリケーンズ大阪

つながり [ラグビー]小笠原 寛人(高校)、[ラグビー]野田 海生(高校)、[野球]宮西 尚生(高校)

井上 広大
いのうえ こうた

阪神タイガース／外野手

2001年8月12日生／22歳／187cm／97kg／B型／大阪府

経歴≫ 南郷中→履正社高→阪神

つながり [野球]坂本 誠志郎(高校)、[野球]小深田 大地(高校)、[野球]山田 哲人(高校)、[野球]宮本 丈(高校)

井上 晴哉
いのうえ せいや

千葉ロッテマリーンズ／内野手

1989年7月3日生／34歳／180cm／114kg／A型／広島県

経歴≫ 広島市立福木中→崇徳高→中央大→日本生命→ロッテ

つながり [野球]大下 佑馬(高校)、[アイスホッケー]小野田 拓人(大学)、[アイスホッケー]中島 彰吾(大学)

井上 宗一郎
いのうえ そういちろう

サンロッカーズ渋谷／PF　代表歴あり

1999年5月7日生／23歳／201cm／105kg／AB型／東京都

経歴≫ 世田谷区立梅丘中→福岡大付大濠高→筑波大→ライジングゼファーフクオカ→三遠ネオフェニックス→サンロッカーズ渋谷

つながり [バスケットボール]小林 大祐(高校)、[バスケットボール]中村 太地(高校)

井上 大介
いのうえ だいすけ

クボタスピアーズ船橋・東京ベイ／SH　代表歴あり

1989年11月16日生／33歳／173cm／82kg／奈良県

経歴≫ 天理高→天理大→クボタスピアーズ船橋・東京ベイ

つながり [ラグビー]立川 理道(高校)、[ラグビー]井関 信介(高校)、[ラグビー]中野 剛通(高校)

井上 拓
いのうえ たく

清水建設江東ブルーシャークス／SO

1997年6月12日生／25歳／169cm／83kg／奈良県

経歴≫ 御所実高→法政大→清水建設江東ブルーシャークス

つながり [ラグビー]土井 貴弘(高校)、[ラグビー]酒木 凜平(高校)、[ラグビー]北村 将大(高校)

井上 朋也
いのうえ ともや

福岡ソフトバンクホークス／内野手

2003年1月28日生／20歳／181cm／87kg／A型／大阪府

経歴≫ 四條畷市立四條畷中→花咲徳栄高→ソフトバンク

つながり [野球]松井 颯(高校)、[野球]清水 達也(高校)、[野球]味谷 大誠(高校)、[野球]楠本 泰史(高校)

井上 温大
いのうえ はると

読売ジャイアンツ／投手

2001年5月13日生／22歳／175cm／78kg／B型／群馬県

経歴≫ 前橋市立大胡中→前橋商高→巨人

つながり [野球]後藤 駿太(高校)、[アイスホッケー]中舘 庸太朗(同年代)、[アイスホッケー]鈴木 聖夏(同年代)

井上 広輝
いのうえ ひろき

埼玉西武ライオンズ／投手

2001年7月17日生／22歳／181cm／82kg／AB型／神奈川県

経歴≫ 厚木市立南毛利中→日大三高→西武

つながり [野球]高山 俊(高校)、[野球]櫻井 周斗(高校)、[野球]坂倉 将吾(高校)、[野球]伊藤 裕季也(高校)

井上 光明
いのうえ みつあき

H.C.TOCHIGINIKKOICEBUCKS／GK

1986年7月4日生／36歳／172cm／65kg

経歴≫ 西武ホワイトベアーズ→法政大→チャイナドラゴン→High1→日本製紙クレインズ→H.C.TOCHIGINIKKOICEBUCKS

つながり [アイスホッケー]伊藤 俊之(大学)、[アイスホッケー]伊藤 崇之(大学)、[アイスホッケー]佐々木 祐希(大学)

井上 遼
いのうえ りょう

コベルコ神戸スティーラーズ／FL

1997年3月18日生／25歳／183cm／97kg／兵庫県

経歴≫ 報徳学園高→明治大→コベルコ神戸スティーラーズ

つながり [ラグビー]日和佐 篤(高校)、[ラグビー]前田 剛(高校)、[ラグビー]山村 知也(高校)

井上 諒汰
いのうえ りょうた

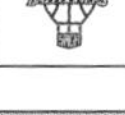

佐賀バルーナーズ／SF

1995年4月19日生／27歳／185cm／77kg／A型／神奈川県

経歴≫ 城山中→東海大付三高→関西大→佐賀バルーナーズ

つながり [バスケットボール]鶴田 美勇士(高校)、[バスケットボール]ザック バランスキー(高校)

イノケ ブルア
いのけ ぶるあ

横浜キヤノンイーグルス／WTB

1999年5月30日生／23歳／178cm／95kg／フィジー

経歴≫ 流通経済大→横浜キヤノンイーグルス

つながり [ラグビー]木村 友憲(大学)、[ラグビー]ジョージ リサレ(大学)、[ラグビー]積 賢佑(大学)

射場 大輔
いば だいすけ

NTTドコモレッドハリケーンズ大阪／CTB

1997年12月3日生／25歳／177cm／93kg／大阪府

経歴≫ 常翔学園高→明治大→NTTドコモレッドハリケーンズ大阪

つながり [ラグビー]岡田 一平(高校)、[ラグビー]海士 広大(高校)、[ラグビー]高橋 汰地(高校)

茨木 秀俊
いばらき ひでとし

阪神タイガース／投手

2004年6月8日生／19歳／182cm／85kg／北海道

経歴≫ 手稲中→帝京長岡高→阪神

つながり [バスケットボール]遠藤 善(高校)、[野球]門別 啓人(同郷・同年代)、[野球]斉藤 優汰(同郷・同年代)

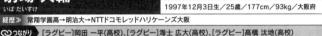

つながり [野球]2020年実施の甲子園交流試合(選抜大会代替大会)で、井上朋也と川瀬堅斗が一緒に選手宣誓を行った

イバン ラベネル
いばん らべねる

アルティーリ千葉／PF/C

1989年11月24日生／33歳／203cm／113kg／アメリカ

経歴≫ オハイオ州立大→Quimsa Santiago del Estero→熊本ヴォルターズ→アルティーリ千葉

つながり [バスケットボール]ライアン ロシター(同郷・同年代)、[バスケットボール]ケビン ジョーンズ(同郷・同年代)

イヒネ イツア
いひね いつあ

福岡ソフトバンクホークス／内野手

2004年9月2日生／19歳／184cm／82kg／愛知県

経歴≫ 萩山中→誉高→ソフトバンク

つながり [野球]川嵜 陽仁(高校)、[野球]内藤 鵬(同郷・同年代)、[バスケットボール]荻沼 隼佑(同年代)

今井 達也
いまい たつや

埼玉西武ライオンズ／投手

1998年5月9日生／25歳／180cm／70kg／A型／栃木県

経歴≫ 鹿沼市立西中→作新学院高→西武

つながり [バスケットボール]大宮 宏正(高校)、[野球]入江 大生(高校)、[野球]石井 一成(高校)

今川 優馬
いまがわ ゆうま

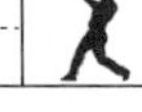

北海道日本ハムファイターズ／外野手

1997年1月25日生／26歳／177cm／87kg／A型／北海道

経歴≫ 札幌市立真駒内曙中→東海大四高→東海大北海道→JFE東日本→日本ハム

つながり [ラグビー]舟橋 諒将(同郷・同年代)、[ラグビー]畠中 豪士(同郷・同年代)

今永 昇太
いまなが しょうた

横浜DeNAベイスターズ／投手 代表歴あり

1993年9月1日生／30歳／178cm／85kg／A型／福岡県

経歴≫ 北九州市立永犬丸中→北筑高→駒澤大→DeNA

つながり [バスケットボール]石井 峻平(大学)、[バスケットボール]満田 怜音(大学)、[野球]前田 研輝(大学)

今西 優斗
いまにし ゆうと

名古屋ダイヤモンドドルフィンズ／PG

2006年5月16日生／16歳／178cm／72kg／愛知県

経歴≫ 名古屋ダイヤモンドドルフィンズ

つながり [野球]オスーナ(同年代)、[ラグビー]瀧澤 直(同郷)、[ラグビー]オト ジョシュア 輝恵 (同郷)

今宮 健太
いまみや けんた

福岡ソフトバンクホークス／内野手 代表歴あり

1991年7月15日生／32歳／172cm／76kg／O型／大分県

経歴≫ 明豊中→明豊高→ソフトバンク

つながり [野球]京本 眞(高校)、[野球]濱田 太貴(高校)、[野球]居谷 匠真(高校)

今村 佳太
いまむら けいた

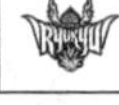

琉球ゴールデンキングス／SG/SF 代表歴あり

1996年1月25日生／26歳／191cm／92kg／AB型／新潟県

経歴≫ 東北中→長岡工高→新潟経営大→新潟アルビレックスBB→琉球ゴールデンキングス

つながり [バスケットボール]鈴木 大(大学)、[バスケットボール]石井 峻平(同郷・同年代)

今村 陽良
いまむら たから

コベルコ神戸スティーラーズ／LO

1997年1月17日生／26歳／188cm／104kg／京都府

経歴≫ 東福岡高→帝京大→コベルコ神戸スティーラーズ

つながり [ラグビー]岩佐 賢人(高校)、[ラグビー]北川 賢吾(高校)、[ラグビー]古賀 駿汰(高校)

今村 信貴
いまむら のぶたか

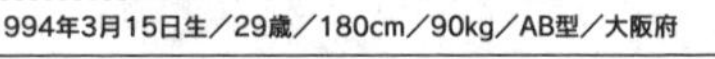

読売ジャイアンツ／投手

1994年3月15日生／29歳／180cm／90kg／AB型／大阪府

経歴≫ 四条畷市立四條畷南中→太成学院大高→巨人

つながり [ラグビー]岡田 一平(同郷・同年代)、[ラグビー]橋本 皓(同郷・同年代)、[ラグビー]林 真太郎(同郷・同年代)

入江 大樹
いりえ だいき

東北楽天ゴールデンイーグルス／内野手

2002年6月6日生／21歳／185cm／83kg／A型／大阪府

経歴≫ 福泉中→仙台育英高→楽天

つながり [ラグビー]菊田 圭佑(高校)、[ラグビー]千葉 雄太(高校)、[ラグビー]矢富 洋則(高校)

入江 大生
いりえ たいせい

横浜DeNAベイスターズ／投手

1998年8月26日生／25歳／187cm／87kg／O型／栃木県

経歴≫ 今市中→作新学院高→明治大→DeNA

つながり [バスケットボール]大宮 宏正(高校)、[野球]今井 達也(高校)、[野球]石井 一成(高校)

入倉 大雅
いりくら たいが

RED EAGLES HOKKIDO／FW　代表歴あり
1996年9月4日生／26歳／179cm／81kg

経歴≫ 苫小牧和光中→駒大苫小牧高→日本製紙クレインズ→RED EAGLES HOKKIDO

つながり [アイスホッケー]山田 虎太朗(高校)、[アイスホッケー]山下 敬史(高校)、[アイスホッケー]今 勇輔(高校)

入山 海斗
いりやま かいと

オリックス・バファローズ／投手
2000年5月26日生／23歳／178cm／78kg／大阪府

経歴≫ 守口市立第一中→日高中津高→東北福祉大→オリックス

つながり [野球]長坂 拳弥(大学)、[野球]中野 拓夢(大学)、[野球]楠本 泰史(大学)、[野球]石山 泰稚(大学)

祝原 涼介
いわいはら りょうすけ

東京サントリーサンゴリアス／PR
1996年10月6日生／26歳／184cm／115kg／福岡県

経歴≫ 桐蔭学園高→明治大→東京サントリーサンゴリアス

つながり [ラグビー]石田 楽人(高校)、[ラグビー]山本 耕生(高校)、[ラグビー]田村 魁世(高校)

岩佐 賢人
いわさ けんと

クボタスピアーズ船橋・東京ベイ／WTB
1997年1月14日生／26歳／176cm／86kg／福岡県

経歴≫ 東福岡高→近畿大→クボタスピアーズ船橋・東京ベイ

つながり [ラグビー]北川 賢吾(高校)、[ラグビー]古賀 駿汰(高校)、[ラグビー]才田 智(高校)

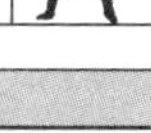

岩嵜 翔
いわさき しょう

中日ドラゴンズ／投手
1989年10月21日生／34歳／189cm／90kg／O型／千葉県

経歴≫ 船橋市立高根中→市船橋高→ソフトバンク→中日

つながり [ラグビー]中尾 光男(同郷・同年代)、[バスケットボール]遠藤 祐亮(同郷・同年代)

岩崎 優
いわざき すぐる

阪神タイガース／投手　代表歴あり
1991年6月19日生／32歳／185cm／88kg／B型／静岡県

経歴≫ 静岡市立清水第四中→清水東高→国士舘大→阪神

つながり [バスケットボール]山本 柊輔(高校)、[バスケットボール]菅 俊男(大学)、[バスケットボール]原 修太(大学)

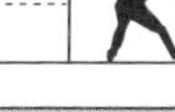

岩貞 祐太
いわさだ ゆうた

阪神タイガース／投手　代表歴あり
1991年9月5日生／32歳／183cm／82kg／A型／熊本県

経歴≫ 東野中→必由館高→横浜商科大→阪神

つながり [野球]渡邉 佑樹(大学)、[ラグビー]下釜 優次(同郷・同年代)、[アイスホッケー]山田 虎太朗(同年代)

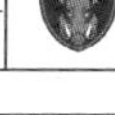

岩下 丈一郎
いわした じょういちろう

三菱重工相模原ダイナボアーズ／CTB
1996年11月17日生／26歳／174cm／86kg／熊本県

経歴≫ 九州学院高→関東学院大→三菱重工相模原ダイナボアーズ

つながり [ラグビー]石田 一貴(高校)、[ラグビー]石田 大河(高校)、[ラグビー]平田 一真(高校)

岩下 大輝
いわした だいき

千葉ロッテマリーンズ／投手
1996年10月2日生／27歳／182cm／90kg／O型／石川県

経歴≫ 星稜中→星稜高→ロッテ

つながり [野球]山瀬 慎之助(高校)、[野球]北村 拓己(高校)、[野球]高木 京介(高校)、[野球]奥川 恭伸(高校)

岩田 将貴
いわた まさき

阪神タイガース／投手
1998年6月16日生／25歳／178cm／83kg／B型／福岡県

経歴≫ 福岡市立吉塚中→九州産大付九州高→九州産大→阪神

つながり [バスケットボール]上良 潤起(大学)、[野球]野口 恭佑(大学)、[野球]中村 貴浩(大学)

岩田 幸宏
いわた ゆきひろ

東京ヤクルトスワローズ／外野手
1997年7月31日生／26歳／178cm／77kg／A型／兵庫県

経歴≫ 広畑中→東洋大姫路高→ミキハウス→BCL・信濃→ヤクルト

つながり [ラグビー]山本 剣士(同郷・同年代)、[ラグビー]安 昌豪(同郷・同年代)、[ラグビー]伊藤 鐘平(同郷・同年代)

岩永 健太郎
いわなが けんたろう

中国電力レッドレグリオンズ／HO
1995年4月12日生／27歳／171cm／91kg／長崎県

経歴≫ 長崎南山高→帝京大→中国電力レッドレグリオンズ

つながり [ラグビー]大澤 蓮(高校)、[ラグビー]大熊 克哉(高校)、[ラグビー]杉永 亮太(高校)

つながり 【アイスホッケー】伊藤崇之と伊藤俊之は兄弟。長野出身、お寺のご子息

岩村 昂太
いわむら こうた

三菱重工相模原ダイナボアーズ／SH
1993年12月7日生／29歳／182cm／87kg／福岡県
経歴≫ 東福岡高→同志社大→三菱重工相模原ダイナボアーズ
つながり [ラグビー]岩佐 賢人(高校)、[ラグビー]北川 賢吾(高校)、[ラグビー]古賀 駿汰(高校)

岩本 和真
いわもと かずま

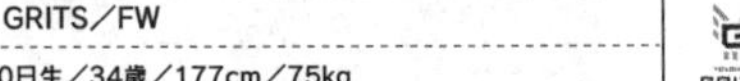

YOKOHAMA GRITS／FW
1988年12月20日生／34歳／177cm／75kg
経歴≫ 苫小牧明野小ー明野中ーワイオミングセミナリー高→ニューヨークジェネシオ大→YOKOHAMA GRITS
つながり [アイスホッケー]小野 航平(同年代)、[アイスホッケー]熊谷 豪士(同年代)

う

69人
(NPB/28人、B.LEAGUE/11人、JAPAN RUGBY LEAGUE ONE/27人、ASIA LEAGUE ICE HOCKEY/3人)

ヴァル アサエリ愛ファカハウ
うぁる あさえりあいふぁかはう

埼玉パナソニックワイルドナイツ／PR 代表歴あり
1989年5月7日生／33歳／187cm／115kg／トンガ

経歴≫ 正智深谷高→埼玉工大→埼玉パナソニックワイルドナイツ
つながり [ラグビー]タウファ オリヴェ(高校)、[ラグビー]川俣 直樹(高校)、[ラグビー]大戸 裕矢(高校)

ウィタカ ケンタ
うぃたか けんた

長崎ヴェルカ／PF/C
1997年12月15日生／25歳／202cm／106kg／B型／東京都

経歴≫ 東京学芸大附国際中→国学院大久我山高→青山学院大→熊本ヴォルターズ→長崎ヴェルカ
つながり [ラグビー]島田 悠平(高校)、[ラグビー]髙橋 敏也(高校)、[ラグビー]田中 真一(高校)

ヴィック ロー
うぃっく ろー

千葉ジェッツ／SF/PF
1995年12月19日生／27歳／201cm／92kg／アメリカ

経歴≫ same→same→St. Rita→Lakeland Magic→Brisbane Bullets→Perth Wildcats→千葉ジェッツ
つながり [ラグビー]鶴川 達彦(同郷・同年代)、[バスケットボール]ジョナサン ウィリアムズ(同郷・同年代)

ヴィリアミ アフ カイポウリ
うぃりあみ あふ かいぽうり

三重ホンダヒート／No8
1997年9月28日生／25歳／189cm／115kg／トンガ

経歴≫ ヘイスティンボーイズ→日本文理大→三重ホンダヒート
つながり [ラグビー]ラタ タンギマナ(大学)、[ラグビー]リエキナ カウフシ(大学)、[ラグビー]髙橋 裕司(大学)

ヴィリアミ ヴリ
うぃりあみ うり

三重ホンダヒート／LO
1995年10月30日生／27歳／201cm／120kg／フィジー

経歴≫ 三重ホンダヒート
つながり [ラグビー]サナイラ ワクァ(同郷・同年代)、[ラグビー]セタ コロイタマナ(同郷・同年代)

ヴィリアミ タヒトゥア
うぃりあみ たひとぅあ

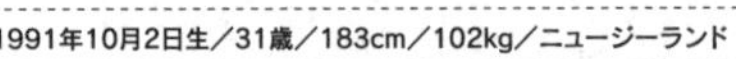

静岡ブルーレヴズ／CTB
1991年10月2日生／31歳／183cm／102kg／ニュージーランド

経歴≫ エッジウォーター高→静岡ブルーレヴズ
つながり [ラグビー]フェトゥカモカモ ダグラス(同郷・同年代)、[ラグビー]マイケル アラダイス(同郷・同年代)

ヴィリアミ レア
うぃりあみ れあ

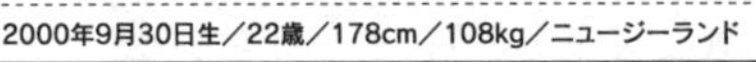

九州電力キューデンヴォルテクス／WTB
2000年9月30日生／22歳／178cm／108kg／ニュージーランド

経歴≫ 九州電力キューデンヴォルテクス
つながり [ラグビー]イザヤ ブニヴァイ(同郷・同年代)、[アイスホッケー]阿部 泰河(同年代)

ウィリアム トゥポウ
うぃりあむ とぅぽう

トヨタヴェルブリッツ／FB 代表歴あり
1990年7月20日生／32歳／188cm／101kg／ニュージーランド

経歴≫ ブリスベーンステート→トヨタヴェルブリッツ
つながり [ラグビー]トム マーシャル(同郷・同年代)、[ラグビー]ジェド ブラウン(同郷・同年代)

ウィリアム ヘイ
うぃりあむ へい

東京サントリーサンゴリアス／PR
2002年12月19日生／20歳／184cm／105kg／オーストラリア

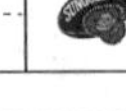

経歴≫ ブリスベングラマースクール→東京サントリーサンゴリアス
つながり [ラグビー]ジャック コーネルセン(高校)、[ラグビー]トニー アロフィポ(同郷・同年代)

ウィリアム モズリー
うぃりあむ もずりー

信州ブレイブウォーリアーズ／C
1989年6月2日生／33歳／203cm／104kg／アメリカ
経歴≫ ノースウエスタン州立大→信州ブレイブウォリアーズ
つながり [バスケットボール]イバン ラベネル(同郷・同年代)、[バスケットボール]ライアン ロシター(同郷・同年代)

ウィリアムス ニカ
うぃりあむす にか

島根スサノオマジック／C
1987年7月9日生／35歳／203cm／111kg／セントビンセントおよびグレナディーン諸島
経歴≫ 島根スサノオマジック
つながり [アイスホッケー]成澤 優太(同年代)、[アイスホッケー]山下 敬史(同年代)

ヴィリアメ タカヤワ
うぃりあめ たかやわ

横浜キヤノンイーグルス／CTB
1997年2月21日生／25歳／184cm／103kg／フィジー
経歴≫ 流通経済大→横浜キヤノンイーグルス
つながり [ラグビー]木村 友憲(大学)、[ラグビー]ジョージ リサレ(大学)、[ラグビー]積 賢佑(大学)

ヴィリアメ ツイドラキ
うぃりあめ ついどらき

トヨタヴェルブリッツ／FB
1997年1月9日生／26歳／185cm／100kg／愛知県
経歴≫ ラトゥ ナヴラ カレッジ→摂南大→トヨタヴェルブリッツ
つながり [ラグビー]フェツアニ ラウタイミ(大学)、[ラグビー]イエレミア マタエナ(大学)、[ラグビー]樫本 敦(大学)

Willie Britz
うぃりー ぶりっつ

NTTドコモレッドハリケーンズ大阪／No8
1988年8月31日生／34歳／193cm／110kg／南アフリカ
経歴≫ NTTドコモレッドハリケーンズ大阪
つながり [ラグビー]ピーター ラピース ラブスカフニ(同郷・同年代)、[ラグビー]エスピー マレー(同郷・同年代)

ヴィリー ポトヒエッター
うぃりー ぽとひえったー

コベルコ神戸スティーラーズ／No8
2002年1月5日生／21歳／190cm／105kg／南アフリカ
経歴≫ アフリカーンスボーイズ高→コベルコ神戸スティーラーズ
つながり [アイスホッケー]中舘 庸太朗(同年代)、[アイスホッケー]鈴木 聖夏(同年代)

ウィリー ルルー
うぃりー るるー

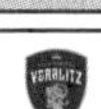

トヨタヴェルブリッツ／FB
1989年8月18日生／33歳／186cm／90kg／南アフリカ
経歴≫ ポールルースナジウム→トヨタヴェルブリッツ
つながり [ラグビー]ルイス コンラディ(高校)、[ラグビー]ゲラード ファンデンヒーファー(同郷・同年代)

ウィル ゲニア
うぃる げにあ

花園近鉄ライナーズ／SH
1988年1月17日生／35歳／174cm／82kg／パプアニューギニア
経歴≫ ブリスベンボーイズカレッジ→花園近鉄ライナーズ
つながり [ラグビー]ベン ガンター(高校)、[アイスホッケー]成澤 優太(同年代)、[アイスホッケー]山下 敬史(同年代)

ヴィンス アソ
うぃんす あそ

埼玉パナソニックワイルドナイツ／CTB
1995年1月5日生／28歳／185cm／90kg／ニュージーランド
経歴≫ セントピーターズ高→ビクトリア大→埼玉パナソニックワイルドナイツ
つながり [ラグビー]バティリアイ ツイドラキ(同郷・同年代)、[ラグビー]ブロディ マクカラン(同郷・同年代)

ヴィンピー ファンデルヴァルト
うぃんぴー ふぁんでるゔぁると

浦安D-Rocks／LO　代表歴あり
1989年1月6日生／34歳／188cm／112kg／南アフリカ
経歴≫ ネルスプロイト高→キングズ→ブルズ→NTTドコモレッドハリケーンズ大阪→浦安D-Rocks
つながり [ラグビー]ピーター ラピース ラブスカフニ(同郷・同年代)、[ラグビー]エスピー マレー(同郷・同年代)

呉 念庭
うー ねんてぃん

埼玉西武ライオンズ／内野手
1993年6月7日生／30歳／178cm／75kg／AB型／台湾
経歴≫ 新北市立汐止国民中→岡山共生高→第一工大→西武
つながり [野球]張 奕(同郷・同年代)、[野球]王 柏融(同郷・同年代)、[アイスホッケー]髙木 健太(同年代)

ウェイン マーシャル
うぇいん まーしゃる

信州ブレイブウォーリアーズ／C
1986年1月7日生／37歳／211cm／130kg／アメリカ
経歴≫ ナショナル大→信州ブレイブウォリアーズ
つながり [バスケットボール]アンドリュー ランダル(大学)、[バスケットボール]セドリック シモンズ(同郷・同年代)

つながり 【ラグビー】2023年リーグワン選手兄弟録。ウィリアム トゥポウ(兄) とセミシ トゥポウ(弟)

あ か さ た な は ま や ら わ

植木 悠治
うえき ゆうじ

静岡ブルーレヴズ／PR

1994年1月11日生／29歳／180cm／115kg／大阪府

経歴≫ 常翔学園高→明治大→静岡ブルーレヴズ

つながり [ラグビー]岡田 一平(高校)、[ラグビー]海士 広大(高校)、[ラグビー]髙橋 汰地(高校)

上里 貴一
うえざと きいち

九州電力キューデンヴォルテクス／SO

1997年1月25日生／25歳／177cm／87kg／沖縄県

経歴≫ 名護高→朝日大→九州電力キューデンヴォルテクス

つながり [ラグビー]東恩納 寛太(高校)、[ラグビー]安里 大吾(高校)、[ラグビー]阿久田 健策(大学)

植田 海
うえだ かい

阪神タイガース／内野手

1996年4月19日生／27歳／175cm／71kg／O型／滋賀県

経歴≫ 甲南中→近江高→阪神

つながり [野球]龍空(高校)、[野球]京山 将弥(高校)、[野球]北村 恵吾(高校)、[野球]山田 陽翔(高校)

上田 洸太朗
うえだ こうたろう

中日ドラゴンズ／投手

2002年9月6日生／21歳／184cm／91kg／O型／富山県

経歴≫ 高岡市立福岡中→享栄高→中日

つながり [野球]大島 洋平(高校)、[野球]竹山 日向(高校)、[野球]内山 壮真(同郷・同年代)

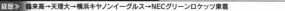

上田 聖
うえだ さとし

NECグリーンロケッツ東葛／PR

1989年4月8日生／33歳／181cm／112kg／石川県

経歴≫ 鶴来高→天理大→横浜キヤノンイーグルス→NECグリーンロケッツ東葛

つながり [ラグビー]アシペリ モアラ(大学)、[ラグビー]井上 大介(大学)、[ラグビー]岡山 仙治(大学)

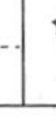

上田 隼輔
うえだ しゅんすけ

富山グラウジーズ／SF

1999年9月18日生／23歳／188cm／80kg／A型／熊本県

経歴≫ 玉名市立玉名中→尽誠学園高→京都産業大→富山グラウジーズ

つながり [バスケットボール]高岡 圭汰朗(高校)、[バスケットボール]笠井 康平(高校)

植田 将太
うえだ しょうた

千葉ロッテマリーンズ／捕手

1997年12月18日生／26歳／180cm／86kg／AB型／大阪府

経歴≫ 四條畷学園中→慶應義塾高→慶應義塾大→ロッテ

つながり [アイスホッケー]氏橋 祐太(高校)、[ラグビー]大山 祥平(高校)、[ラグビー]川村 慎(高校)

上田 竜太郎
うえだ りゅうたろう

浦安D-Rocks／PR

1990年6月27日生／32歳／182cm／109kg／福岡県

経歴≫ 東福岡高→早稲田大→浦安D-Rocks

つながり [ラグビー]岩佐 賢人(高校)、[ラグビー]北川 賢吾(高校)、[ラグビー]古賀 駿汰(高校)

上野 響平
うえの きょうへい

オリックス・バファローズ／内野手

2001年4月26日生／22歳／172cm／74kg／A型／大阪府

経歴≫ 貝塚市立第一中→京都国際高→日本ハム

つながり [野球]中川 勇斗(高校)、[野球]森下 瑠大(高校)、[野球]曽根 海成(高校)、[野球]早 真之介(高校)

上林 誠知
うえばやし せいじ

福岡ソフトバンクホークス／外野手

1995年8月1日生／28歳／185cm／88kg／O型／埼玉県

経歴≫ さいたま市立土合中→仙台育英高→ソフトバンク

つながり [ラグビー]菊田 圭佑(高校)、[ラグビー]千葉 雄太(高校)、[ラグビー]矢富 洋則(高校)

上原 健太
うえはら けんた

北海道日本ハムファイターズ／投手

1994年3月29日生／29歳／191cm／90kg／A型／沖縄県

経歴≫ あげな中→広陵高→明治大→日本ハム

つながり [バスケットボール]冨岡 大地(高校)、[バスケットボール]大浦 颯太(高校)、[野球]小林 誠司(高校)

上間 永遠
うえま とわ

埼玉西武ライオンズ／投手

2001年1月31日生／22歳／180cm／79kg／B型／沖縄県

経歴≫ 那覇市立古蔵中→柳ヶ浦高→四国IL・徳島→西武

つながり [野球]田中 瑛斗(高校)、[野球]仲地 礼亜(同郷・同年代)、[野球]宮城 滝太(同郷・同年代)

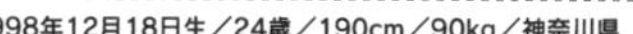

植松 義也
うえまつ よしや

琉球ゴールデンキングス／SF/PF
1998年12月18日生／24歳／190cm／90kg／神奈川県

経歴≫ 琉球ゴールデンキングス

つながり [ラグビー]大山 祥平(同郷・同年代)、[ラグビー]相良 隆太(同郷・同年代)

上本 崇司
うえもと たかし

広島東洋カープ／内野手
1990年8月22日生／33歳／170cm／72kg／A型／広島県

経歴≫ 福山市立大成館中→広陵高→明治大→広島

つながり [バスケットボール]冨岡 大地(高校)、[バスケットボール]大浦 颯太(高校)、[野球]小林 誠司(高校)

上山 黎哉
うえやま れいや

花園近鉄ライナーズ／FL
1999年9月28日生／23歳／175cm／96kg／大阪府

経歴≫ 大阪桐蔭高→帝京大→花園近鉄ライナーズ

つながり [ラグビー]宮宗 翔(高校)、[ラグビー]紙森 陽太(高校)、[ラグビー]岡田 優輝(高校)

上良 潤起
うえら じゅんき

香川ファイブアローズ／PG/SG
1997年8月26日生／25歳／187cm／80kg／A型／沖縄県

経歴≫ 西崎中→小禄高→九州産大→香川ファイブアローズ

つながり [バスケットボール]神里 和(高校)、[バスケットボール]池田 祐一(高校)、[野球]岩田 将貴(大学)

ウェンデルケン
うぇんでるけん

横浜DeNAベイスターズ／投手
1993年3月24日生／30歳／185cm／109kg／アメリカ

経歴≫ ダイヤモンドバックス他→DeNA

つながり [バスケットボール]ザック バランスキー(同郷・同年代)

ウォーカー
うぉーかー

読売ジャイアンツ／外野手
1991年10月18日生／32歳／196cm／104kg／アメリカ

経歴≫ 米独立リーグ他→巨人

つながり [バスケットボール]アレックス カーク(同郷・同年代)、[バスケットボール]レジナルド ベクトン(同郷・同年代)

ウォーカー アレックス拓也
うぉーかー あれっくすたくや

九州電力キューデンヴォルテクス／PR
1998年2月19日生／24歳／185cm／100kg／オーストラリア

経歴≫ 東福岡高→法政大→九州電力キューデンヴォルテクス

つながり [ラグビー]岩佐 賢人(高校)、[ラグビー]北川 賢吾(高校)、[ラグビー]古賀 駿汰(高校)

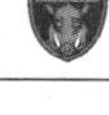

ウォルト スティーンカンプ
うぉると すてぃーんかんぷ

三菱重工相模原ダイナボアーズ／LO
1995年7月21日生／27歳／203cm／121kg／南アフリカ

経歴≫ ホースクール・ルクセンブルク→南アフリカ・ノースウエスト大→三菱重工相模原ダイナボアーズ

つながり [ラグビー]ルード デヤハー(大学)、[ラグビー]JD シカリング(同郷・同年代)

鵜飼 航丞
うかい こうすけ

中日ドラゴンズ／外野手
1999年5月30日生／24歳／182cm／100kg／O型／愛知県

経歴≫ 名古屋市立冨士中→中京大中京高→駒澤大→中日

つながり [野球]中山 礼都(高校)、[野球]伊藤 稜(高校)、[野球]髙橋 宏斗(高校)、[野球]伊藤 康祐(高校)

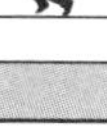

宇草 孔基
うぐさ こうき

広島東洋カープ／外野手
1997年4月17日生／26歳／185cm／79kg／O型／東京都

経歴≫ 三木市立自由が丘中→常総学院高→法政大→広島

つながり [野球]菊田 拡和(高校)、[野球]鈴木 昭汰(高校)、[アイスホッケー]井上 光明(大学)

宇佐見 真吾
うさみ しんご

北海道日本ハムファイターズ／捕手
1993年6月4日生／30歳／181cm／94kg／O型／千葉県

経歴≫ 小金南中→市立柏高→城西国際大→巨人→日本ハム

つながり [バスケットボール]大崎 裕太(高校)、[バスケットボール]太田 敦也(高校)

牛窪 心希
うしくぼ しんき

花園近鉄ライナーズ／PR
1997年1月21日生／25歳／177cm／112kg／大阪府

経歴≫ 興国高→大阪国際大→花園近鉄ライナーズ

つながり [ラグビー]中田 翔太(同郷・同年代)、[ラグビー]池永 玄太郎(同郷・同年代)

つながり 【野球】上本崇司、大田泰示は中学時代松永ヤンキースでバッテリーを組んでいた

氏橋 祐太
うじはし ゆうた

YOKOHAMA GRITS／FW

1988年7月7日生／34歳／188cm／96kg

経歴≫ シチズンJr→Sokil Kiev→神宮Jr→慶應義塾高→慶應義塾大→三井物産アイスホッケー 部→伊藤忠商事IHC→YOKOHAMA GRITS

つながり [ラグビー]大山 祥平(高校)、[ラグビー]川村 慎(高校)、[ラグビー]高木 一成(高校)

牛原 寛章
うしはら ひろあき

豊田自動織機シャトルズ愛知／HO

1993年1月17日生／30歳／173cm／105kg／福岡県

経歴≫ 佐賀工高→明治大→豊田自動織機シャトルズ愛知

つながり [ラグビー]松浦 康一(高校)、[ラグビー]大塚 健太郎(高校)、[ラグビー]荒井 康植(高校)

臼井 礼二朗
うすい れいじろう

清水建設江東ブルーシャークス／SH

1998年9月6日生／24歳／168cm／73kg／大阪府

経歴≫ 天理高→天理大→清水建設江東ブルーシャークス

つながり [ラグビー]井上 大介(高校)、[ラグビー]立川 理道(高校)、[ラグビー]井関 信介(高校)

宇田川 優希
うだがわ ゆうき

オリックス・バファローズ／投手

1998年11月10日生／25歳／184cm／92kg／O型／埼玉県

経歴≫ 越谷市立西中→八潮南高→仙台大→オリックス

つながり [野球]馬場 皐輔(大学)、[野球]大関 友久(大学)、[野球]川村 友斗(大学)、[野球]佐野 如一(大学)

内 星龍
うち せいりゅう

東北楽天ゴールデンイーグルス／投手

2002年4月24日生／21歳／190cm／88kg／O型／大阪府

経歴≫ 吹田市立南千里中→履正社高→楽天

つながり [野球]坂本 誠志郎(高校)、[野球]井上 広大(高校)、[野球]小深田 大地(高校)、[野球]山田 哲人(高校)

内田 旦人
うちだ あきと

青森ワッツ／SG/SF

1996年9月22日生／26歳／182cm／84kg／O型／北海道

経歴≫ 東海大第四中→北海大付四高→東海大→レバンガ北海道→京都ハンナリーズ→青森ワッツ

つながり [バスケットボール]大塚 裕土(高校)、[バスケットボール]関野 剛平(高校)

内田 啓介
うちだ けいすけ

埼玉パナソニックワイルドナイツ／SH　代表歴あり

1992年2月22日生／30歳／179cm／86kg／滋賀県

経歴≫ 伏見工高→筑波大→埼玉パナソニックワイルドナイツ

つながり [ラグビー]田中 史朗(高校)、[ラグビー]小畑 健太郎(高校)、[ラグビー]寺田 桂太(高校)

内田 湘大
うちだ しょうだい

広島東洋カープ／内野手

2004年9月22日生／19歳／183cm／85kg／長野県

経歴≫ 大阪市立永吉西中→利根商高→広島

つながり [野球]藤田 大清(同郷・同年代)、[バスケットボール]荻沼 隼佑(同年代)、[野球]浅野 翔吾(同年代)

内野 海斗
うちの かいと

福岡ソフトバンクホークス／投手

2004年7月28日生／19歳／187cm／95kg／福岡県

経歴≫ 福岡市立席田中→武田高→ソフトバンク

つながり [野球]山下 恭吾(同郷・同年代)、[野球]野田 海人(同郷・同年代)、[野球]古賀 康誠(同郷・同年代)

内間 拓馬
うちま たくま

東北楽天ゴールデンイーグルス／投手

1998年11月21日生／25歳／179cm／86kg／A型／沖縄県

経歴≫ 本部町立本部中→宜野座高→亜細亜大→楽天

つながり [野球]大城 真乃(高校)、[野球]松田 宣浩(大学)、[野球]北村 拓己(大学)、[野球]髙橋 遥人(大学)

内山 壮真
うちやま そうま

東京ヤクルトスワローズ／捕手

2002年6月30日生／21歳／171cm／71kg／O型／富山県

経歴≫ 星稜中→星稜高→ヤクルト

つながり [野球]山瀬 慎之助(高校)、[野球]北村 拓己(高校)、[野球]高木 京介(高校)、[野球]奥川 恭伸(高校)

宇都 直輝
うと なおき

バンビシャス奈良／PG　代表歴あり

1991年6月11日生／31歳／191cm／90kg／O型／愛知県

経歴≫ 名古屋市立明豊中→中部大一高→専修大→トヨタ自動車アルバルク東京→富山グラウジーズ→バンビシャス奈良

つながり [バスケットボール]中村 浩陸(高校)、[バスケットボール]張本 天傑(高校)

鵜野 凪斗

うの なきと

豊田自動織機シャトルズ愛知／LO

2003年7月12日生／19歳／181cm／96kg／京都府

経歴≫ 御所実高→豊田自動織機シャトルズ愛知

つながり [ラグビー]土井 貴弘(高校)、[ラグビー]酒木 凜平(高校)、[ラグビー]北村 将大(高校)

海野 隆司

うみの たかし

福岡ソフトバンクホークス／捕手

1997年7月15日生／26歳／174cm／78kg／O型／岡山県

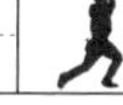

経歴≫ 福浜中→関西高→東海大→ソフトバンク

つながり [ラグビー]出渕 賢史(高校)、[野球]小郷 裕哉(高校)、[ラグビー]新井 望友(大学)

梅津 晃大

うめつ こうだい

中日ドラゴンズ／投手

1996年10月24日生／27歳／187cm／90kg／B型／宮城県

経歴≫ 仙台育英秀光中→仙台育英高→東洋大→中日

つながり [ラグビー]菊田 圭佑(高校)、[ラグビー]千葉 雄太(高校)、[ラグビー]矢富 洋則(高校)

梅野 宏愛

うめの ひろよし

YOKOHAMA GRITS／FW

1993年6月1日生／29歳／165cm／80kg

経歴≫ 釧路北中→武修館→東洋大→東北フリーブレイズ→水戸ホーリーホック→北九州プリンス→YOKOHAMA GRITS

つながり [アイスホッケー]中島 彰吾(高校)、[アイスホッケー]柴田 嗣斗(高校)、[アイスホッケー]佐藤 大翔(高校)

梅野 雄吾

うめの ゆうご

東京ヤクルトスワローズ／投手

1999年1月13日生／24歳／175cm／84kg／A型／福岡県

経歴≫ 佐賀市立昭栄中→九産大付九産高→ヤクルト

つながり [ラグビー]久保 優(同郷・同年代)、[ラグビー]下川 甲嗣(同郷・同年代)、[ラグビー]箸本 龍雅(同郷・同年代)

梅野 隆太郎

うめの りゅうたろう

阪神タイガース／捕手 代表歴あり

1991年6月17日生／32歳／173cm／77kg／A型／福岡県

経歴≫ 那珂川市立那珂川北中→福岡工大城東高→福岡大→阪神

つながり [ラグビー]花田 広樹(大学)、[ラグビー]大野 和真(大学)、[ラグビー]加藤 誠央(大学)

梅林 優貴

うめばやし ゆうき

北海道日本ハムファイターズ／捕手

1998年3月14日生／25歳／173cm／82kg／A型／広島県

経歴≫ 亀山中→高陽東高→広島文化学園大→日本ハム

つながり [ラグビー]大内 真(同郷・同年代)、[ラグビー]有藤 孔次朗(同郷・同年代)

浦野 泰斗

うらの たいと

富山グラウジーズ／PG

1999年4月9日生／23歳／170cm／68kg／B型／大阪府

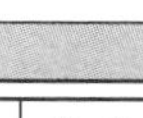

経歴≫ 堺市立美木多中→阪南大高→中京大→富山グラウジーズ

つながり [ラグビー]西川 大輔(大学)、[ラグビー]蜂谷 元紹(大学)、[ラグビー]日比野 壮大(大学)

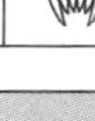

漆原 大晟

うるしはら たいせい

オリックス・バファローズ／投手

1996年9月10日生／27歳／182cm／85kg／B型／新潟県

経歴≫ 吉田中→新潟明訓高→新潟医療福祉大→オリックス

つながり [野球]荘司 康誠(高校)、[バスケットボール]木村 啓太郎(大学)、[野球]桐敷 拓馬(大学)

ウレーニャ

うれーにゃ

東北楽天ゴールデンイーグルス／内野手

1999年5月27日生／24歳／183cm／79kg／ドミニカ共和国

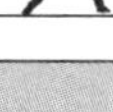

経歴≫ 米マイナー→巨人→楽天

つながり [野球]フェリックス(同郷・同年代)、[アイスホッケー]青山 大基(同年代)、[アイスホッケー]小林 斗威(同年代)

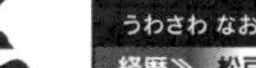

上沢 直之

うわさわ なおゆき

北海道日本ハムファイターズ／投手 代表歴あり

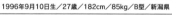

1994年2月6日生／29歳／187cm／88kg／A型／千葉県

経歴≫ 松戸市立第一中→専大松戸高→日本ハム

つながり [野球]高橋 礼(高校)、[野球]横山 陸人(高校)、[野球]渡邉 大樹(高校)

運上 雄基

うんじょう ゆうき

YOKOHAMA GRITS／FW

1998年11月8日生／24歳／168cm／78kg

経歴≫ 長野日大中→AC長野パルセイロ→埼玉栄高→慶應義塾大→伊藤忠商事アイスホッケー部→YOKOHAMA GRITS

つながり [アイスホッケー]ハリデー 慈英(高校)、[アイスホッケー]石川 貴大(高校)

つながり [バスケ]宇都直輝、張本天傑は中学ジュニアオールスター愛知県代表チーム、中部第一高校と同じチーム

え 28人

(NPB/9人、B.LEAGUE/9人、JAPAN RUGBY LEAGUE ONE/10人、ASIA LEAGUE ICE HOCKEY/0人)

エイジェイ ウルフ
えいじぇい うるふ

日野レッドドルフィンズ／FL

2001年9月3日生／21歳／197cm／120kg／オーストラリア

経歴≫ 日野レッドドルフィンズ

つながり [ラグビー]ゼファニア トゥイノナ(同郷・同年代)、[ラグビー]ルーカス ボイラン(同郷・同年代)

エヴァンス ルーク
えゔぁんす るーく

ファイティングイーグルス名古屋／PF

代表歴あり

1991年3月16日生／31歳／203cm／100kg／アメリカ

経歴≫ ルーズベルト中→エル・カミノ高→カリフォルニアバプティスト大→アースフレンズ東京Z他→FE名古屋

つながり [バスケットボール]ジャスティン コブス(同郷・同年代)、[バスケットボール]ドリュー ゴードン(同郷・同年代)

江川 侑斗
えがわ ゆうと

東北楽天ゴールデンイーグルス／捕手

2001年6月29日生／22歳／177cm／81kg／B型／大分県

経歴≫ 大分中→大分高→楽天

つながり [野球]佐野 皓大(高校)、[アイスホッケー]中舘 庸太朗(同年代)、[アイスホッケー]鈴木 聖夏(同年代)

江口 晃平
えぐち こうへい

静岡ブルーレヴズ／HO

1994年12月20日生／28歳／174cm／102kg／京都府

経歴≫ 伏見工高→立命館大→静岡ブルーレヴズ

つながり [ラグビー]田中 史朗(高校)、[ラグビー]小畑 健太郎(高校)、[ラグビー]寺田 桂太(高校)

江越 大賀
えごし たいが

北海道日本ハムファイターズ／外野手

1993年3月12日生／30歳／182cm／81kg／O型／長崎県

経歴≫ 南島原市立西有家中→長崎・海星高→駒澤大→阪神→日本ハム

つながり [バスケットボール]石井 峻平(大学)、[バスケットボール]盛田 怜音(大学)、[野球]前田 研輝(大学)

江島 佑太
えじま ゆうた

クリタウォーターガッシュ昭島／PR

1994年4月9日生／28歳／172cm／110kg／佐賀県

経歴≫ 佐賀工高→近畿大→クリタウォーターガッシュ昭島

つながり [ラグビー]松浦 康一(高校)、[ラグビー]大塚 健太郎(高校)、[ラグビー]荒井 康植(高校)

エスコバー
えすこばー

横浜DeNAベイスターズ／投手

1992年4月22日生／31歳／188cm／102kg／ベネズエラ

経歴≫ レッドソックス他→日本ハム→DeNA

つながり [野球]オスナ(同郷・同年代)、[アイスホッケー]小野田 拓人(同年代)、[アイスホッケー]橋本 僚(同年代)

エスピー マレー
えすぴー まれー

横浜キヤノンイーグルス／WTB

1989年3月16日生／33歳／185cm／95kg／南アフリカ

経歴≫ パールボーイズ高→横浜キヤノンイーグルス

つながり [ラグビー]ピーター ラピース ラブスカフニ(同郷・同年代)

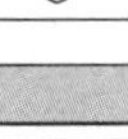

エスピナル
えすぴなる

東京ヤクルトスワローズ／投手

1991年10月6日生／32歳／190cm／97kg／ドミニカ共和国

経歴≫ レッドソックス→レッズ→ヤクルト

つながり [野球]カリステ(同郷・同年代)、[野球]ボランコ(同郷・同年代)、[野球]B.ロドリゲス(同郷・同年代)

エセイ ハアンガナ
えせい はあんがな

埼玉パナソニックワイルドナイツ／LO

1999年4月21日生／23歳／198cm／120kg／オーストラリア

経歴≫ セント ポールズ カトリック カレッジ→埼玉パナソニックワイルドナイツ

つながり [ラグビー]クイントン マヒナ(同郷・同年代)、[ラグビー]マックス ダグラス(同郷・同年代)

江藤 良
えとう りょう

横浜キヤノンイーグルス／CTB

2000年1月9日生／23歳／181cm／94kg／兵庫県

経歴≫ 報徳学園高→明治大→横浜キヤノンイーグルス

つながり [ラグビー]井上 遼(高校)、[ラグビー]日和佐 篤(高校)、[ラグビー]前田 剛(高校)

エドワード カーク
えどわーど かーく

中国電力レッドレグリオンズ／FL

1991年8月28日生／31歳／191cm／108kg／オーストラリア

経歴≫ ブリスベンステート高→アイオナ大→中国電力レッドレグリオンズ

つながり [ラグビー]ジェームス ムーア(高校)、[ラグビー]カラム マクドナルド(大学)

エドワード モリス
えどわーど もりす

横浜ビー コルセアーズ／PF

1984年5月4日生／38歳／203cm／108kg／アメリカ

経歴≫ 横浜ビー コルセアーズ

つながり [バスケットボール]小寺 ハミルトンゲイリー(同郷・同年代)、[ラグビー]田中 史朗(同年代)

榎田 拓真
えのきだ たくま

長崎ヴェルカ／SG

1998年5月22日生／24歳／184cm／84kg／AB型／鹿児島県

経歴≫ 坂元中→延岡学園高→近畿大→長崎ヴェルカ

つながり [バスケットボール]ベンドラメ 礼生(高校)、[バスケットボール]永吉 佑也(高校)

蝦名 達夫
えびな たつお

横浜DeNAベイスターズ／外野手

1997年9月20日生／26歳／185cm／88kg／B型／青森県

経歴≫ 青森東中→青森商高→青森大→DeNA

つながり [野球]名原 典彦(大学)、[ラグビー]坂本 駿介(同郷・同年代)、[ラグビー]佐々木 剛(同郷・同年代)

エピネリ ウルイヴァイティ
えぴねり うるいう゛あいてぃ

三菱重工相模原ダイナボアーズ／LO

1996年7月7日生／26歳／196cm／122kg／フィジー

経歴≫ ラトゥ・カダヴレヴ・スクール→三菱重工相模原ダイナボアーズ

つながり [ラグビー]アセリ マシヴォウ(同郷・同年代)、[ラグビー]ヴィリアメ タカヤワ(同郷・同年代)

江見 翔太
えみ しょうた

東京サントリーサンゴリアス／WTB

1991年12月8日生／31歳／183cm／95kg／東京都

経歴≫ 学習院高→学習院大→東京サントリーサンゴリアス

つながり [ラグビー]山本 逸平(同郷・同年代)、[ラグビー]辰野 新之介(同郷・同年代)

江村 直也
えむら なおや

千葉ロッテマリーンズ／捕手

1992年5月6日生／31歳／176cm／80kg／B型／広島県

経歴≫ 福山市立常金中→大阪桐蔭高→ロッテ

つながり [ラグビー]宮宗 翔(高校)、[ラグビー]紙森 陽太(高校)、[ラグビー]岡田 優輝(高校)

江本 洸志
えもと こうし

クリタウォーターガッシュ昭島／WTB

2000年1月12日生／23歳／173cm／76kg／大阪府

経歴≫ 日本航空石川高→天理大→クリタウォーターガッシュ昭島

つながり [ラグビー]アシペリ モアラ(高校)、[ラグビー]ファウルア マキシ(高校)、[ラグビー]藤原 忍(高校)

エリエット ドンリー
えりえっと どんりー

大阪エヴェッサ／SF/PF

1996年12月11日生／26歳／198cm／91kg／神奈川県

経歴≫ シャミナード大→大阪エヴェッサ

つながり [ラグビー]中川 真生哉(同郷・同年代)、[ラグビー]王野 尚希(同郷・同年代)

エリック ジェイコブセン
えりっく じぇいこぶせん

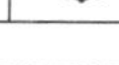

茨城ロボッツ／PF/C

1994年6月2日生／28歳／208cm／116kg／O型／アメリカ

経歴≫ ボーグル中→ハミルトン高→アリゾナ州立大→Adelaide 36ers→ライジングゼファー福岡→仙台89ERS→茨城ロボッツ

つながり [バスケットボール]ブランドン アシュリー(同郷・同年代)、[バスケットボール]アイゼイア ヒックス(同郷・同年代)

エリック マーフィー
えりっく まーふぃー

福島ファイヤーボンズ／PF　代表歴あり

1990年10月26日生／32歳／208cm／109kg／アメリカ

経歴≫ サンマルコ高→フロリダ大→Oklahoma City Blue→Skyliners Frankfurt→Manresa→福島ファイヤーボンズ

つながり [バスケットボール]アレックス マーフィー(高校)、[バスケットボール]ケーレブ ターズースキー(高校)

LJ ピーク
えるじぇい ぴーく

長崎ヴェルカ／SF

1996年2月2日生／26歳／196cm／97kg／アメリカ

経歴≫ 長崎ヴェルカ

つながり [ラグビー]鶴川 達彦(同郷・同年代)、[バスケットボール]ジョナサン ウィリアムズ(同郷・同年代)

つながり 【野球】江川侑斗、水上桂は2019年春の甲子園で対戦

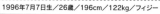

エンス
えんす

埼玉西武ライオンズ／投手

1991年5月16日生／32歳／185cm／97kg／アメリカ

経歴≫ 米マイナー→ツインズ他→西武

つながり [バスケットボール]アレックス カーク(同郷・同年代)、[バスケットボール]レジナルド ベクトン(同郷・同年代)

遠藤 淳志
えんどう あつし

広島東洋カープ／投手

1999年4月8日生／24歳／184cm／78kg／O型／茨城県

経歴≫ 土浦市立新治中→霞ケ浦高→広島

つながり [野球]赤羽 蓮(高校)、[野球]佐野 如一(高校)、[アイスホッケー]青山 大基(同年代)

遠藤 成
えんどう じょう

阪神タイガース／内野手

2001年9月19日生／22歳／178cm／84kg／A型／秋田県

経歴≫ にかほ市立仁賀保中→東海大付相模高→阪神

つながり [ラグビー]五十嵐 優(高校)、[ラグビー]豊島 翔平(高校)、[ラグビー]王野 尚希(高校)

遠藤 善
えんどう ぜん

新潟アルビレックスBB／SG

1998年11月5日生／24歳／182cm／75kg／O型／新潟県

経歴≫ 田上中→帝京長岡高→日本体育大→大阪エヴェッサ→新潟アルビレックスBB

つながり [野球]茨木 秀俊(高校)、[アイスホッケー]石井 秀人(大学)、[アイスホッケー]松野 佑太(大学)

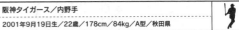

遠藤 祐亮
えんどう ゆうすけ

宇都宮ブレックス／PG/SG

1989年10月19日生／33歳／186cm／87kg／A型／千葉県

経歴≫ 習志野第五中→船橋高→大東文化大→TGI D-RISE→宇都宮ブレックス

つながり [ラグビー]松橋 周平(高校)、[ラグビー]関本 圭汰(高校)、[バスケットボール]藤岡 昂希(高校)

お

166人

(NPB/69人、B.LEAGUE/20人、JAPAN RUGBY LEAGUE ONE/69人、ASIA LEAGUE ICE HOCKEY/8人)

呉 洸太
お ぐぁんて

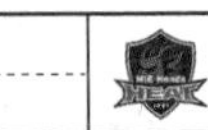

三重ホンダヒート／SO

1996年11月16日生／26歳／180cm／90kg／大阪府

経歴≫ 大阪朝鮮高→法政大→三重ホンダヒート

つながり [ラグビー]金 秀隆(高校)、[ラグビー]李 承信(高校)、[ラグビー]梁 正秋(高校)

呉 嶺太
お りょんて

NTTドコモレッドハリケーンズ大阪／SO

1998年9月27日生／24歳／170cm／82kg／大阪府

経歴≫ 大阪朝鮮高→関西学院大→NTTドコモレッドハリケーンズ大阪

つながり [ラグビー]金 秀隆(高校)、[ラグビー]李 承信(高校)、[ラグビー]梁 正秋(高校)

尾池 亨允
おいけ こうすけ

豊田自動織機シャトルズ愛知／PR

1993年8月18日生／29歳／183cm／113kg／宮崎県

経歴≫ 日向高→関西大→豊田自動織機シャトルズ愛知

つながり [ラグビー]吉岡 大貴(高校)、[ラグビー]児玉 大輔(高校)、[野球]青木宣親(高校)

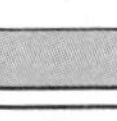

王野 尚希
おうの なおき

釜石シーウェイブスRFC／HO

1996年9月4日生／26歳／176cm／98kg／神奈川県

経歴≫ 東海大付相模高→東海大→釜石シーウェイブスRFC

つながり [ラグビー]五十嵐 優(高校)、[ラグビー]豊島 翔平(高校)、[ラグビー]土一 海人(高校)

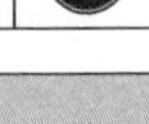

大内 真
おおうち しん

東芝ブレイブルーパス東京／HO

1997年7月26日生／25歳／181cm／110kg／広島県

経歴≫ 日川高→東芝ブレイブルーパス東京

つながり [ラグビー]飯沼 蓮(高校)、[ラグビー]郡司 健吾(高校)、[ラグビー]松土 治樹(高校)

大内 空
おおうち そら

マツダスカイアクティブズ広島／WTB

1997年2月16日生／25歳／177cm／84kg／埼玉県

経歴≫ 佐野日大高→帝京大→マツダスカイアクティブズ広島

つながり [ラグビー]大内 錬(高校)、[ラグビー]大和田 立(大学)、[ラグビー]亀井 亮依(大学)

大内 錬
おおうち れん

マツダスカイアクティブズ広島／FB
1999年1月22日生／23歳／183cm／88kg／埼玉県

経歴≫ 佐野日大高→東洋大→マツダスカイアクティブズ広島

つながり [ラグビー]大内 空(高校)、[アイスホッケー]成澤 優太(大学)、[アイスホッケー]柴田 嗣斗(大学)

大浦 颯太
おおうら そうた

秋田ノーザンハピネッツ／PG
1997年12月23日生／25歳／182cm／76kg／O型／広島県

経歴≫ 国泰寺中→広陵高→日本体育大→秋田ノーザンハピネッツ

つながり [バスケットボール]冨岡 大地(高校)、[野球]小林 誠司(高校)、[野球]佐野 恵太(高校)

大江 竜聖
おおえ りゅうせい

読売ジャイアンツ／投手
1999年1月15日生／24歳／173cm／81kg／A型／神奈川県

経歴≫ 座間市立南中→二松学舎大附高→巨人

つながり [野球]秋広 優人(高校)、[野球]秋山 正雲(高校)、[ラグビー]大山 祥平(同郷・同年代)

オーガスティン プル
おーがすてぃん ぷる

日野レッドドルフィンズ／SH
1990年1月4日生／33歳／180cm／95kg／ニュージーランド

経歴≫ ウェスリーカレッジ→日野レッドドルフィンズ

つながり [ラグビー]シアレ ピウタウ(高校)、[ラグビー]リチャード バックマン(同郷・同年代)

大河原 翔
おおかわら しょう

東北楽天ゴールデンイーグルス／外野手
2003年8月17日生／20歳／183cm／95kg／B型／千葉県

経歴≫ 千葉市立椿森中→東海大山形高→楽天

つながり [野球]宮川 哲(高校)、[野球]粟飯原 龍之介(同郷・同年代)、[野球]瀧本 将生(同郷・同年代)

大木 寿之
おおき としゆき

中国電力レッドレグリオンズ／PR
1994年2月9日生／28歳／182cm／108kg／群馬県

経歴≫ 国学院栃木高→帝京大→中国電力レッドレグリオンズ

つながり [ラグビー]尾又 寛汰(高校)、[ラグビー]福田 陸人(高校)、[ラグビー]武井 日向(高校)

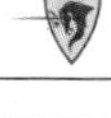

大熊 克哉
おおくま かつや

クボタスピアーズ船橋・東京ベイ／HO
1995年12月23日生／27歳／171cm／95kg／長崎県

経歴≫ 長崎南山高→近畿大→クボタスピアーズ船橋・東京ベイ

つながり [ラグビー]大澤 蓮(高校)、[ラグビー]杉永 亮太(高校)、[ラグビー]髙橋 昴平(高校)

大倉 颯太
おおくら そうた

千葉ジェッツ／PG/SG
1999年5月28日生／23歳／185cm／83kg／AB型／石川県

経歴≫ 布水中→北陸学院高→東海大→千葉ジェッツ

つながり [ラグビー]新井 望友(大学)、[ラグビー]近藤 英人(大学)、[ラグビー]アタアタ モエアキオラ(大学)

大越 元気
おおこし げんき

東京サントリーサンゴリアス／SH
1994年12月26日生／28歳／162cm／70kg／東京都

経歴≫ 若渓学園高→同志社大→東京サントリーサンゴリアス

つながり [ラグビー]鈴木 啓太(高校)、[ラグビー]福田 健太(高校)、[ラグビー]丸山 尚城(高校)

大崎 哲徳
おおさき てつのり

清水建設江東ブルーシャークス／LO
1999年4月26日生／23歳／182cm／98kg／埼玉県

経歴≫ 国学院久我山高→早稲田大→清水建設江東ブルーシャークス

つながり [ラグビー]島田 悠平(高校)、[ラグビー]髙橋 敏也(高校)、[ラグビー]田中 真一(高校)

大崎 裕太
おおさき ゆうた

アルティーリ千葉／PG/SG
1994年6月1日生／28歳／177cm／77kg／B型／茨城県

経歴≫ 豊里中→柏市立柏高→青山学院大→新生紙パルプ商事→信州ブレイブウォリアーズ→アルティーリ千葉

つながり [バスケットボール]太田 敦也(高校)、[バスケットボール]會田 圭佑(高校)、[野球]宇佐見 真吾(高校)

大里 昂生
おおさと こうせい

オリックス・バファローズ／内野手
1999年7月7日生／24歳／178cm／76kg／O型／岩手県

経歴≫ 滝沢中→盛岡大附高→東北福祉大→オリックス

つながり [野球]杉山 晃基(高校)、[野球]松本 裕樹(高校)、[野球]三浦 瑞樹(高校)、[野球]長坂 拳弥(大学)

つながり [ラグビー]オーガスティン プル、堀江恭佑は2021年シーズンからチームの共同キャプテンを務めている

大澤 勇斗
おおさわ ゆうと

RED EAGLES HOKKIDO／FW

1993年10月3日生／29歳／182cm／86kg

経歴≫ Carolina Thunderbirds→Suomi sarja→RED EAGLES HOKKIDO

つながり [アイスホッケー]山田 虎太朗(高校)、[アイスホッケー]山下 敬史(高校)、[アイスホッケー]今 勇輔(高校)

大澤 蓮
おおさわ れん

NECグリーンロケッツ東葛／HO

1999年10月4日生／23歳／180cm／103kg／長崎県

経歴≫ 長崎南山高→法政大→NECグリーンロケッツ東葛

つながり [ラグビー]大熊 克哉(高校)、[ラグビー]杉永 亮太(高校)、[ラグビー]髙橋 昴平(高校)

大下 誠一郎
おおした せいいちろう

千葉ロッテマリーンズ／内野手

1997年11月3日生／26歳／171cm／89kg／AB型／福岡県

経歴≫ 北九州市立若松中→白鷗大足利高→白鷗大→オリックス→ロッテ

つながり [野球]北浦 竜次(高校)、[ラグビー]カヴァイア タギベタウア(大学)、[ラグビー]ダニエル ペレズ(大学)

大下 佑馬
おおした ゆうま

東京ヤクルトスワローズ／投手

1992年7月6日生／31歳／179cm／83kg／O型／広島県

経歴≫ 広島県立段原中→崇徳高→亜細亜大→三菱重工広島→ヤクルト

つながり [野球]井上 晴哉(高校)、[野球]松田 宣浩(大学)、[野球]北村 拓己(大学)、[野球]髙橋 遥人(大学)

大嶌 一平
おおしま いっぺい

三菱重工相模原ダイナボアーズ／SH

1995年8月22日生／27歳／172cm／78kg／大阪府

経歴≫ 常翔学園高→名城大→三菱重工相模原ダイナボアーズ

つながり [ラグビー]岡田 一平(高校)、[ラグビー]海士 広大(高校)、[ラグビー]髙橋 汰地(高校)

大島 洋平
おおしま ようへい

中日ドラゴンズ／外野手

1985年11月9日生／38歳／176cm／75kg／A型／愛知県

経歴≫ 名古屋市立扇台中→享栄高→駒澤大→日本生命→中日

つながり [野球]上田 洸太朗(高校)、[野球]竹山 日向(高校)、[バスケットボール]石井 峻平(大学)

大城 元
おおしろ げん

読売ジャイアンツ／外野手

2004年7月12日生／19歳／180cm／78kg／A型／沖縄県

経歴≫ 那覇市立石田中→未来沖縄高→巨人

つながり [野球]盛島 稜大(同郷・同年代)、[バスケットボール]荻沼 隼佑(同年代)、[野球]浅野 翔吾(同年代)

大城 滉二
おおしろ こうじ

オリックス・バファローズ／内野手

1993年6月14日生／30歳／175cm／80kg／B型／沖縄県

経歴≫ 豊見城市立長嶺中→興南高→立教大→オリックス

つながり [バスケットボール]山内 盛久(高校)、[バスケットボール]平良 陽汰(高校)

大城 真乃
おおしろ しんの

福岡ソフトバンクホークス／投手

2002年11月24日生／21歳／170cm／70kg／A型／沖縄県

経歴≫ 宜野座村立宜野座中→宜野座高→ソフトバンク

つながり [野球]内間 拓馬(高校)、[ラグビー]シオネ タプオシ(同年代)、[ラグビー]高橋 陽大(同年代)

大城 卓三
おおしろ たくみ

読売ジャイアンツ／捕手

1993年2月11日生／30歳／187cm／90kg／B型／沖縄県

経歴≫ 那覇市立首里中→東海大付相模高→東海大→NTT西日本→巨人

つながり [ラグビー]五十嵐 優(高校)、[ラグビー]豊島 翔平(高校)、[ラグビー]王野 尚希(高校)

大椙 慎也
おおすぎ しんや

浦安D-Rocks／LO

1992年9月21日生／30歳／187cm／100kg／福岡県

経歴≫ 国学院久我山高→明治大→NTTドコモレッドハリケーンズ大阪→浦安D-Rocks

つながり [ラグビー]島田 悠平(高校)、[ラグビー]髙橋 敏也(高校)、[ラグビー]田中 真一(高校)

オースティン
おーすてぃん

横浜DeNAベイスターズ／外野手

1991年9月6日生／32歳／188cm／100kg／アメリカ

経歴≫ ブルワーズ他→DeNA

つながり [バスケットボール]アレックス カーク(同郷・同年代)、[バスケットボール]レジナルド ベクトン(同郷・同年代)

大関 友久
おおぜき ともひさ

福岡ソフトバンクホークス／投手

1997年12月14日生／26歳／185cm／96kg／A型／茨城県

経歴≫ 土浦市立都和→土浦湖北高→仙台大→ソフトバンク

つながり [野球]馬場 皐輔(大学)、[野球]川村 友斗(大学)、[野球]宇田川 優希(大学)、[野球]佐野 如一(大学)

大瀬良 大地
おおせら だいち

広島東洋カープ／投手　代表歴あり

1991年6月17日生／32歳／187cm／90kg／AB型／長崎県

経歴≫ 大村市立桜が原中→長崎日大高→九州共立大→広島

つながり [ラグビー]高尾 時流(大学)、[ラグビー]竹内 柊平(大学)、[ラグビー]白濱 弘章(大学)

太田 敦也
おおた あつや

三遠ネオフェニックス／C　代表歴あり

1984年6月4日生／38歳／206cm／113kg／A型／愛知県

経歴≫ 東部中→柏市立柏高→日本大→三遠ネオフェニックス

つながり [バスケットボール]大﨑 裕太(高校)、[バスケットボール]會田 圭佑(高校)、[野球]宇佐見 真吾(高校)

太田 賢吾
おおた けんご

東京ヤクルトスワローズ／内野手

1997年1月19日生／26歳／186cm／85kg／A型／埼玉県

経歴≫ 川越市立東中→川越工高→日本ハム→ヤクルト

つながり [ラグビー]金井 大雪(同郷・同年代)、[ラグビー]福田 健太(同郷・同年代)

太田 泰示
おおた たいし

横浜DeNAベイスターズ／外野手

1990年6月9日生／33歳／188cm／93kg／O型／広島県

経歴≫ 福山市立城南中→東海大付相模高→巨人→日本ハム→DeNA

つながり [ラグビー]五十嵐 優(高校)、[ラグビー]豊島 翔平(高校)、[ラグビー]王野 尚希(高校)

太田 光
おおた ひかる

東北楽天ゴールデンイーグルス／捕手

1996年10月14日生／27歳／178cm／76kg／O型／岡山県

経歴≫ 倉敷市立連島中→広陵高→大阪商大→楽天

つながり [バスケットボール]冨岡 大地(高校)、[バスケットボール]大浦 颯太(高校)、[野球]小林 誠司(高校)

太田 龍
おおた りゅう

読売ジャイアンツ／投手

1998年11月15日生／25歳／190cm／94kg／O型／鹿児島県

経歴≫ さつま町立宮之城中→れいめい高→JR東日本→巨人

つながり [ラグビー]宮田 賢斗(同郷・同年代)、[バスケットボール]榎田 拓真(同郷・同年代)

太田 椋
おおた りょう

オリックス・バファローズ／内野手

2001年2月14日生／22歳／181cm／84kg／B型／大阪府

経歴≫ 羽曳野市立高鷲南中→天理高→オリックス

つながり [ラグビー]井上 大介(高校)、[ラグビー]立川 理道(高校)、[ラグビー]井関 信介(高校)

大竹 耕太郎
おおたけ こうたろう

阪神タイガース／投手

1995年6月29日生／28歳／184cm／78kg／A型／熊本県

経歴≫ 託麻中→済々黌高→早稲田大→ソフトバンク→阪神

つながり [アイスホッケー]山田 虎太朗(大学)、[アイスホッケー]ハリデー 慈英(大学)

大竹 智也
おおたけ ともや

マツダスカイアクティブズ広島／PR

1993年4月2日生／29歳／180cm／104kg／広島県

経歴≫ 広島工高→天理大→マツダスカイアクティブズ広島

つながり [ラグビー]長岡 智之(高校)、[ラグビー]松永 辰哉(高校)、[ラグビー]石田大輝(高校)

大竹 風雅
おおたけ ふうが

福岡ソフトバンクホークス／投手

1999年8月22日生／24歳／185cm／83kg／A型／福島県

経歴≫ 白河市立五箇中→光南高→東北福祉大→ソフトバンク

つながり [野球]長坂 拳弥(大学)、[野球]中野 拓夢(大学)、[野球]楠本 泰史(大学)、[野球]石山 泰稚(大学)

大津 晃介
おおつ こうすけ

EAST HOKKAIDO CRANES／FW　代表歴あり

1993年9月6日生／29歳／173cm／82kg

経歴≫ 日光明峰高→明治大→日本製紙クレインズ→EAST HOKKAIDO CRANES

つながり [アイスホッケー]福田 充男(高校)、[アイスホッケー]渡邉 亮秀(高校)、[アイスホッケー]古橋 真来(高校)

つながり 【野球】太田龍、山本由伸、梅野雄吾、濱地真澄は高校時代に九州四天王と呼ばれていた

大津 夕聖
おおつ ゆうせい

EAST HOKKAIDO CRANES／DF　代表歴あり

1995年12月22日生／27歳／180cm／90kg

経歴≫ 日光明峰高→H.C.栃木日光アイスバックス→EAST HOKKAIDO CRANES

つながり [アイスホッケー]福田 充男(高校)、[アイスホッケー]渡邉 亮秀(高校)、[アイスホッケー]古橋 真来(高校)

大津 亮介
おおつ りょうすけ

福岡ソフトバンクホークス／投手

1999年1月13日生／24歳／176cm／68kg／福岡県

経歴≫ 志免中→九産大九州高→帝京大→日本製鉄鹿島→ソフトバンク

つながり [ラグビー]大和田 立(大学)、[ラグビー]亀井 亮依(大学)、[ラグビー]小林 恵太(大学)

大津 綾也
おおつ りょうや

読売ジャイアンツ／捕手

2003年5月28日生／20歳／174cm／72kg／AB型／北海道

経歴≫ せたな町立北檜山中→北海高→巨人

つながり [アイスホッケー]橋本 僚(高校)、[アイスホッケー]伊藤 俊之(高校)、[アイスホッケー]牛来 拓都(高校)

大塚 健太郎
おおつか けんたろう

クボタスピアーズ船橋・東京ベイ／HO

1997年3月12日生／25歳／176cm／98kg／佐賀県

経歴≫ 佐賀工高→明治大→クボタスピアーズ船橋・東京ベイ

つながり [ラグビー]松浦 康一(高校)、[ラグビー]荒井 康植(高校)、[ラグビー]田上 稔(高校)

大塚 裕土
おおつか ゆうと

アルティーリ千葉／SG/SF

1987年8月23日生／35歳／188cm／85kg／A型／北海道

経歴≫ 名寄東中→東海大付四高→東海大→宮崎シャイニングサンズ他→川崎ブレイブサンダース

つながり [バスケットボール]関野 剛平(高校)、[バスケットボール]柏木 真介(高校)

大塚 勇人
おおつか ゆうと

ライジングゼファー福岡／PG

1990年4月3日生／32歳／173cm／68kg／AB型／埼玉県

経歴≫ 新座四中→福岡大付大濠高→早稲田大→西宮ストークス他→ライジングゼファー福岡

つながり [バスケットボール]小林 大祐(高校)、[バスケットボール]井上 宗一郎(高校)

大塚 憂也
おおつか ゆうや

三菱重工相模原ダイナボアーズ／HO

1995年4月15日生／27歳／171cm／97kg／大阪府

経歴≫ 東海大仰星高→東海大→三菱重工相模原ダイナボアーズ

つながり [ラグビー]岸岡 智樹(高校)、[ラグビー]近藤 英人(高校)、[ラグビー]根塚 洸雅 (高校)

大戸 裕矢
おおど ゆうや

静岡ブルーレヴズ／LO　代表歴あり

1990年3月9日生／32歳／187cm／104kg／埼玉県

経歴≫ 正智深谷高→立命館大→静岡ブルーレヴズ

つながり [ラグビー]タウファ オリヴェ(高校)、[ラグビー]ヴァル アサエリ愛ファカハウ(高校)

大西 樹
おおにし いつき

埼玉パナソニックワイルドナイツ／FL

1995年12月9日生／27歳／185cm／98kg／北海道

経歴≫ 旭川工高→流経大→埼玉パナソニックワイルドナイツ

つながり [ラグビー]木村 友憲(大学)、[ラグビー]ジョージ リサレ(大学)、[ラグビー]積 賢佑(大学)

大西 訓平
おおにし くんぺい

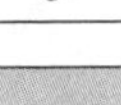

清水建設江東ブルーシャークス／HO

1996年4月26日生／26歳／177cm／105kg／神奈川県

経歴≫ 国学院久我山高→筑波大→清水建設江東ブルーシャークス

つながり [ラグビー]島田 悠平(高校)、[ラグビー]髙橋 敏也(高校)、[ラグビー]田中 真一(高校)

大西 広樹
おおにし ひろき

東京ヤクルトスワローズ／投手

1997年11月8日生／26歳／175cm／84kg／O型／奈良県

経歴≫ 香芝市立香芝西中→大阪商大高→大阪商大→ヤクルト

つながり [バスケットボール]藤髙 宗一郎(高校)、[野球]岡田 明丈(高校)、[バスケットボール]城宝 匡史(大学)

大西 将史
おおにし まさし

リコーブラックラムズ東京／HO

1995年2月21日生／27歳／179cm／103kg／大阪府

経歴≫ 上宮太子高→帝京大→リコーブラックラムズ東京

つながり [ラグビー]池永 玄太郎(高校)、[ラグビー]大和田 立(大学)、[ラグビー]亀井 亮依(大学)

大貫 晋一
おおぬき しんいち

横浜DeNAベイスターズ／投手
1994年2月3日生／29歳／181cm／73kg／AB型／神奈川県

経歴≫ 横浜市立奈良中→桐陽高→日本体育大→新日鐵住金鹿島→DeNA

つながり [アイスホッケー]石井 秀人(大学)、[アイスホッケー]松野 佑太(大学)、[ラグビー]クリスチャン ラウイ(大学)

大野 稼頭央
おおの かずお

福岡ソフトバンクホークス／投手
2004年8月6日生／19歳／174cm／63kg／鹿児島県

経歴≫ 龍郷町立龍南中→大島高→ソフトバンク

つながり [バスケットボール]荻沼 隼佑(同年代)、[野球]浅野 翔吾(同年代)、[野球]田村 朋輝(同年代)

大野 和真
おおの かずま

九州電力キューデンヴォルテクス／PR
1994年8月9日生／28歳／181cm／123kg／山口県

経歴≫ 豊北高→福岡大→九州電力キューデンヴォルテクス

つながり [野球]平田 真吾(高校)、[ラグビー]花田 広樹(大学)、[ラグビー]加藤 誠央(大学)

大野 奨太
おおの しょうた

中日ドラゴンズ／捕手 代表歴あり
1987年1月13日生／36歳／177cm／80kg／O型／岐阜県

経歴≫ 大垣市立西部中→岐阜総合学園高→東洋大→日本ハム→中日

つながり [アイスホッケー]成澤 優太(大学)、[アイスホッケー]柴田 嗣斗(大学)、[アイスホッケー]福田 充男(大学)

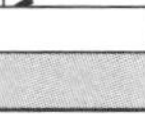

大野 雄大
おおの ゆうだい

中日ドラゴンズ／投手 代表歴あり
1988年9月26日生／35歳／183cm／83kg／O型／京都府

経歴≫ 京都市立藤森中→京都外大西高→佛教大→中日

つながり [ラグビー]浅岡 勇輝(高校)、[ラグビー]小畑 拓也(高校)、[野球]緒方 理貢(高校)

大庭 岳輝
おおば たける

横浜ビー コルセアーズ／SG
1997年7月29日生／25歳／184cm／85kg／O型／大阪府

経歴≫ 長尾西中→洛南高→京都産大→京都ハンナリーズ→横浜ビー コルセアーズ

つながり [バスケットボール]津屋 一球(高校)、[バスケットボール]柳川 幹也(高校)

大橋 武尊
おおはし たける

横浜DeNAベイスターズ／外野手
2001年5月16日生／22歳／178cm／74kg／東京都

経歴≫ 銀座中→IMGアカデミー→BCL・茨城→DeNA

つながり [野球]横山 陸人(同郷・同年代)、[アイスホッケー]中舘 庸太朗(同年代)、[アイスホッケー]鈴木 聖夏(同年代)

大曲 錬
おおまがり れん

埼玉西武ライオンズ／投手
1998年5月21日生／25歳／179cm／78kg／A型／福岡県

経歴≫ 柳川市立昭代中→西日本短大附高→福岡大→西武

つながり [野球]中村 宜聖(高校)、[野球]小野 郁(高校)、[ラグビー]花田 広樹(大学)、[ラグビー]大野 和真(大学)

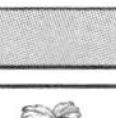

大政 亮
おおまさ りょう

クリタウォーターガッシュ昭島／SH
1992年7月22日生／30歳／170cm／70kg／福岡県

経歴≫ 東福岡高→法政大→クリタウォーターガッシュ昭島

つながり [ラグビー]岩佐 賢人(高校)、[ラグビー]北川 賢吾(高校)、[ラグビー]古賀 駿汰(高校)

大道 温貴
おおみち はるき

広島東洋カープ／投手
1999年1月20日生／24歳／180cm／80kg／O型／埼玉県

経歴≫ 川口市立八幡木中→春日部共栄高→八戸学院大→広島

つながり [ラグビー]吹越 大清(大学)、[バスケットボール]野里 惇貴(大学)、[野球]髙橋 優貴(大学)

大道 勇喜
おおみち ゆうき

豊田自動織機シャトルズ愛知／WTB
1994年7月30日生／28歳／176cm／84kg／長崎県

経歴≫ 長崎海星高→大東文化大→豊田自動織機シャトルズ愛知

つながり [ラグビー]山下 憲太(高校)、[ラグビー]石田 圭祐(高校)、[アイスホッケー]松渕 雄太(大学)

大宮 宏正
おおみや ひろまさ

三遠ネオフェニックス／PF 代表歴あり
1983年9月4日生／39歳／197cm／99kg／O型／栃木県

経歴≫ 茂木中→作新学院高→専修大→熊本ヴォルターズ他→三遠ネオフェニックス

つながり [野球]入江 大生(高校)、[野球]今井 達也(高校)、[野球]石井 一成(高校)、[ラグビー]石田 楽人(大学)

つながり 【アイスホッケー】大津晃介と大津夕聖は兄弟。兄の晃介はFW、弟の夕聖がDF

大宮 良
おおみや りょう

TOHOKU FREEBLADES／FW

1992年1月8日生／31歳／169cm／74kg

経歴≫ 苫小牧凌雲中→埼玉栄高→関西大→TOHOKU FREEBLADES

つながり [アイスホッケー]ハリデー 慈英(高校)、[アイスホッケー]石川 貴大(高校)

大椋 舞人
おおむく まいと

H.C.TOCHIGINIKKOICEBUCKS／FW

1993年11月28日生／29歳／174cm／76kg

経歴≫ 清水御影中→白樺学園→明治大→H.C.TOCHIGINIKKOICEBUCKS

つながり [アイスホッケー]三田村 康平(高校)、[アイスホッケー]小林 斗威(高校)、[アイスホッケー]清水 怜(高校)

大盛 穂
おおもり みのる

広島東洋カープ／外野手

1996年8月31日生／27歳／180cm／76kg／A型／大阪府

経歴≫ 淀川中→飛龍高→静岡産大→広島

つながり [バスケットボール]松下 裕汰(高校)、[バスケットボール]長島 蓮(高校)、[野球]佐藤 蓮(高校)

大矢 孝太朗
おおや こうたろう

アースフレンズ東京Z／SF

1994年8月16日生／28歳／193cm／87kg／B型／新潟県

経歴≫ 荒川中→新潟商高→東海大→JR東日本秋田ペッカーズ→新潟アルビレックスBB→アースフレンズ東京Z

つながり [バスケットボール]池田 雄一(高校)、[バスケットボール]長谷川 智也(高校)、[ラグビー]新井 望友(大学)

大山 祥平
おおやま しょうへい

リコーブラックラムズ東京／PR

1998年11月15日生／24歳／186cm／116kg／神奈川県

経歴≫ 慶應義塾高→慶應義塾大→三重ホンダヒート→リコーブラックラムズ東京

つながり [アイスホッケー]氏橋 祐太(高校)、[ラグビー]川村 慎(高校)、[ラグビー]高木 一成(高校)

大山 悠輔
おおやま ゆうすけ

阪神タイガース／内野手

1994年12月19日生／29歳／181cm／88kg／O型／茨城県

経歴≫ 下妻市立千代川中→つくば秀英高→白鷗大→阪神

つながり [バスケットボール]小島 元基(高校)、[バスケットボール]板橋 真平(高校)

大和田 立
おおわだ たつる

NECグリーンロケッツ東葛／FL

1992年1月14日生／31歳／178cm／98kg／北海道

経歴≫ 美幌高→帝京大→NECグリーンロケッツ東葛

つながり [ラグビー]亀井 亮依(大学)、[ラグビー]小林 恵太(大学)、[ラグビー]當眞 琢(大学)

岡 新之助タフォキタウ
おか しんのすけたふぉきたう

東京サントリーサンゴリアス／SH

1994年6月11日生／28歳／173cm／81kg／トンガ

経歴≫ トンガ高→大東文化大→東京サントリーサンゴリアス

つながり [アイスホッケー]松渕 雄太(大学)、[アイスホッケー]茂木 慎之介(大学)、[ラグビー]酒木 凜平(大学)

岡 輝剛
おか てるたか

九州電力キューデンヴォルテクス／HO

1999年2月28日生／23歳／180cm／105kg／佐賀県

経歴≫ 佐賀工高→関東学院大→九州電力キューデンヴォルテクス

つながり [ラグビー]松浦 康一(高校)、[ラグビー]大塚 健太郎(高校)、[ラグビー]荒井 康植(高校)

岡 大海
おか ひろみ

千葉ロッテマリーンズ／外野手

1991年7月15日生／32歳／185cm／80kg／B型／岡山県

経歴≫ 倉敷市立倉敷第一中→倉敷商高→明治大→日本ハム→ロッテ

つながり [野球]引地 秀一郎(高校)、[野球]上川畑 大悟(高校)、[アイスホッケー]青山 大基(大学)

岡植 純平
おかうえ じゅんぺい

福岡ソフトバンクホークス／投手

2004年7月10日生／19歳／178cm／70kg／兵庫県

経歴≫ 姫路市立広畑中→飾磨工高→ソフトバンク

つながり [バスケットボール]荻沼 隼佑(同年代)、[野球]浅野 翔吾(同年代)、[野球]田村 朋輝(同年代)

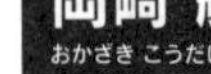

岡﨑 航大
おかざき こうだい

静岡ブルーレヴズ／SO

1998年7月27日生／24歳／171cm／82kg／長崎県

経歴≫ 長崎北陽台高→筑波大→静岡ブルーレヴズ

つながり [ラグビー]平川 隼也(高校)、[ラグビー]中尾 隼太(高校)、[ラグビー]田森 海音(高校)

小笠原 寛人
おがさはら ひろと

豊田自動織機シャトルズ愛知／CTB

1999年6月17日生／23歳／183cm／87kg／大阪府

経歴≫ 市立尼崎高→大阪産大→豊田自動織機シャトルズ愛知

つながり [ラグビー]井之上 明(高校)、[ラグビー]野田 海生(高校)、[野球]宮西 尚生(高校)

小笠原 慎之介
おがさわら しんのすけ

中日ドラゴンズ／投手

1997年10月8日生／26歳／180cm／95kg／A型／神奈川県

経歴≫ 藤沢市立善行中→東海大付相模高→中日

つながり [ラグビー]五十嵐 優(高校)、[ラグビー]豊島 翔平(高校)、[ラグビー]王野 尚希(高校)

岡島 和真
おかじま かずま

アースフレンズ東京Z／PG

2003年10月29日生／19歳／171cm／69kg／O型／静岡県

経歴≫ 浜松学院中→レイクランド高→アースフレンズ東京Z

つながり [野球]前田 銀治(同郷・同年代)、[アイスホッケー]葛西 純昌(同年代)、[ラグビー]ダリエス トマス(同年代)

岡島 豪郎
おかじま たけろう

東北楽天ゴールデンイーグルス／外野手

1989年9月7日生／34歳／176cm／82kg／B型／群馬県

経歴≫ 千代田中→関東学園大附高→白鴎大→楽天

つながり [野球]西濱 勇星(高校)、[ラグビー]カヴァイア タギベタウア(大学)、[ラグビー]ダニエル ペレズ(大学)

岡田 明丈
おかだ あきたけ

広島東洋カープ／投手 代表歴あり

1993年10月18日生／30歳／185cm／89kg／AB型／東京都

経歴≫ 大泉第二中→大阪商大高→大阪商大→広島

つながり [バスケットボール]藤髙 宗一郎(高校)、[野球]大西 広樹(高校)、[バスケットボール]城宝 匡史(大学)

岡田 一平
おかだ いっぺい

クボタスピアーズ船橋・東京ベイ／SH

1994年2月16日生／28歳／165cm／75kg／大阪府

経歴≫ 常翔学園高→早稲田大→クボタスピアーズ船橋・東京ベイ

つながり [ラグビー]海士 広大(高校)、[ラグビー]髙橋 汰地(高校)、[ラグビー]天野 寿紀(高校)

尾形 崇斗
おがた しゅうと

福岡ソフトバンクホークス／投手

1999年5月15日生／24歳／181cm／83kg／O型／宮城県

経歴≫ 富谷町立富谷第二中→学法石川高→ソフトバンク

つながり [野球]黒川 凱星(高校)、[バスケットボール]松本 礼太(同郷・同年代)、[野球]佐藤 隼輔(同郷・同年代)

岡田 泰希
おかだ たいき

仙台89ERS／PG/SG

1999年7月28日生／23歳／176cm／70kg／A型／愛媛県

経歴≫ 久米中→北陸高→明星大→愛媛オレンジバイキングス→愛媛オレンジバイキングス→愛媛オレンジバイキングス→仙台89ERS

つながり [バスケットボール]藤永 佳昭(高校)、[バスケットボール]満田 丈太郎(高校)

岡田 俊哉
おかだ としや

中日ドラゴンズ／投手 代表歴あり

1991年12月5日生／32歳／178cm／69kg／A型／和歌山県

経歴≫ 美浜町立松洋中→智辯和歌山高→中日

つながり [野球]東妻 純平(高校)、[野球]黒原 拓未(高校)、[野球]小林 樹斗(高校)、[野球]林 晃汰(高校)

岡田 雅利
おかだ まさとし

埼玉西武ライオンズ／捕手

1989年6月30日生／34歳／173cm／80kg／B型／奈良県

経歴≫ 奈良市立都祁中→大阪桐蔭高→大阪ガス→西武

つながり [ラグビー]宮宗 翔(高校)、[ラグビー]紙森 陽太(高校)、[ラグビー]岡田 優輝(高校)

岡田 悠希
おかだ ゆうき

読売ジャイアンツ／外野手

2000年1月19日生／23歳／183cm／84kg／O型／広島県

経歴≫ 大阪桐蔭高→帝京大→トヨタヴェルブリッツ

つながり [野球]高橋 奎二(高校)、[野球]酒居 知史(高校)、[アイスホッケー]井上 光明(大学)

岡田 優輝
おかだ ゆうき

トヨタヴェルブリッツ／CTB

1995年7月13日生／27歳／181cm／91kg／兵庫県

経歴≫ 東広島市立八本末中→龍谷大平安高→法政大→巨人

つながり [ラグビー]宮宗 翔(高校)、[ラグビー]紙森 陽太(高校)、[ラグビー]清水 岳(高校)

つながり 【野球】小笠原慎之介と平沢大河は2015年夏の甲子園決勝で対戦

岡田 優介
おかだ ゆうすけ

アルティーリ千葉／SG　代表歴あり
1984年9月17日生／38歳／185cm／81kg／B型／東京都

経歴≫ 牛込第二中→土浦日大高→青山学院大→つくばロボッツ他→アルティーリ千葉

つながり [バスケットボール]平岩 玄(高校)、[バスケットボール]杉本 天昇(高校)、[バスケットボール]本村 亮輔(高校)

岡田 侑大
おかだ ゆうだい

信州ブレイブウォーリアーズ／PG/SG
1998年6月10日生／24歳／189cm／80kg／A型／京都府

経歴≫ 泉ケ丘中→東山高→拓殖大→シーホース三河→富山グラウジーズ→信州ブレイブウォーリアーズ

つながり [ラグビー]指田 宗孝(高校)、[ラグビー]森 悠記(高校)、[ラグビー]森山 皓太(高校)

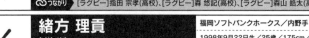

緒方 理貢
おがた りく

福岡ソフトバンクホークス／内野手
1998年9月22日生／25歳／175cm／71kg／A型／宮崎県

経歴≫ 国富町立本庄中→京都外大西高→駒澤大→ソフトバンク

つながり [ラグビー]浅岡 勇輝(高校)、[ラグビー]小畑 拓也(高校)、[野球]大野 雄大(高校)

岡留 英貴
おかどめ ひでたか

阪神タイガース／投手
1999年11月7日生／24歳／180cm／87kg／O型／沖縄県

経歴≫ 糸満市立兼城中→沖縄尚学高→亜細亜大→阪神

つながり [野球]東浜 巨(高校)、[野球]嶺井 博希(高校)、[野球]リチャード(高校)、[野球]與座 海人(高校)

岡野 祐一郎
おかの ゆういちろう

中日ドラゴンズ／投手
1994年4月16日生／29歳／180cm／85kg／A型／宮城県

経歴≫ 石巻市立門脇中→聖光学院高→青山学院大→東芝→中日

つながり [野球]船迫 大雅(高校)、[野球]湯浅 京己(高校)、[野球]山浅 龍之介(高校)、[野球]佐藤 都志也(高校)

岡林 勇希
おかばやし ゆうき

中日ドラゴンズ／外野手
2002年2月22日生／21歳／175cm／77kg／O型／三重県

経歴≫ 松坂市立久保中→菰野高→中日

つながり [野球]西 勇輝(高校)、[野球]前 佑囲斗(同郷・同年代)、[アイスホッケー]中舘 庸太朗(同年代)

岡部 崇人
おかべ たかと

横浜キヤノンイーグルス／PR
1995年2月19日生／27歳／180cm／105kg／奈良県

経歴≫ 上宮高→関西学院大→横浜キヤノンイーグルス

つながり [ラグビー]徳田 健太(大学)、[ラグビー]中 孝祐(大学)、[ラグビー]奥平 湧(大学)

岡村 晃司
おかむら こうじ

花園近鉄ライナーズ／CTB
1998年6月12日生／24歳／170cm／87kg／奈良県

経歴≫ 御所実高→帝京大→花園近鉄ライナーズ

つながり [ラグビー]土井 貴弘(高校)、[ラグビー]酒木 凜平(高校)、[ラグビー]北村 将大(高校)

岡本 和真
おかもと かずま

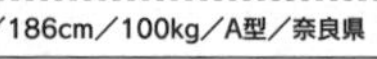

読売ジャイアンツ／内野手　代表歴あり
1996年6月30日生／27歳／186cm／100kg／A型／奈良県

経歴≫ 五條市立五條東中→智辯学園高→巨人

つながり [野球]廣岡 大志(高校)、[野球]村上 頌樹(高校)、[野球]前川 右京(高校)、[野球]福元 悠真(高校)

岡本 慎太郎
おかもと しんたろう

静岡ブルーレヴズ／PR
1996年4月12日生／26歳／182cm／112kg／京都府

経歴≫ 京都成章高→帝京大→静岡ブルーレヴズ

つながり [ラグビー]押川 敦治(高校)、[ラグビー]松岡 賢太(高校)、[ラグビー]浅岡 俊亮(高校)

岡本 大輔
おかもと だいすけ

中国電力レッドレグリオンズ／HO
1992年3月30日生／30歳／170cm／100kg／奈良県

経歴≫ 御所実高→中国電力レッドレグリオンズ

つながり [ラグビー]土井 貴弘(高校)、[ラグビー]酒木 凜平(高校)、[ラグビー]北村 将大(高校)

岡本 直也
おかもと なおや

福岡ソフトバンクホークス／投手
1996年10月30日生／27歳／182cm／80kg／B型／千葉県

経歴≫ 千葉市立千草台中→千葉経大附高→東京農大北海道オホーツク→ソフトバンク

つながり [野球]丸 佳浩(高校)、[野球]中村 亮太(高校)、[ラグビー]加藤 滉紫(同郷・同年代)

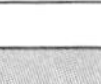

岡本 飛竜
おかもと ひりゅう

アルバルク東京／PG

1993年4月20日生／29歳／170cm／78kg／鳥取県

経歴≫ アルバルク東京

つながり [アイスホッケー]髙木 健太(同年代)、[アイスホッケー]大澤 勇斗(同年代)

岡本 大翔
おかもと ひろと

読売ジャイアンツ／内野手

2002年9月12日生／21歳／190cm／92kg／A型／鳥取県

経歴≫ 伯耆町立岸本中→米子東高→巨人

つながり [野球]山本 大斗(同郷・同年代)、[ラグビー]シオネ タプオシ(同年代)、[ラグビー]高橋 陽大(同年代)

岡山 仙治
おかやま ひさのぶ

クボタスピアーズ船橋・東京ベイ／FL

1998年2月5日生／24歳／168cm／90kg／大阪府

経歴≫ 石見智翠館高→天理大→クボタスピアーズ船橋・東京ベイ

つながり [ラグビー]小幡 将己(高校)、[ラグビー]加藤 竜聖(高校)、[ラグビー]林 隆広(高校)

小川 一平
おがわ いっぺい

阪神タイガース／投手

1997年6月3日生／26歳／182cm／80kg／A型／神奈川県

経歴≫ 逗子中→横須賀工高→東海大九州→阪神

つながり [ラグビー]石田 楽人(同郷・同年代)、[ラグビー]栗原 由太(同郷・同年代)

小川 高廣
おがわ たかひろ

東芝ブレイブルーパス東京／SH 代表歴あり

1991年3月18日生／31歳／170cm／77kg／福岡県

経歴≫ 東福岡高→日本大→東芝ブレイブルーパス東京

つながり [ラグビー]岩佐 賢人(高校)、[ラグビー]北川 賢吾(高校)、[ラグビー]古賀 駿汰(高校)

小川 拓朗
おがわ たくろう

清水建設江東ブルーシャークス／FL

1995年9月11日生／27歳／180cm／96kg／兵庫県

経歴≫ 西大和学園高→京都大→清水建設江東ブルーシャークス

つながり [野球]水口 創太(大学)、[ラグビー]前田 剛(同郷・同年代)、[ラグビー]岡田 優輝(同郷・同年代)

小川 泰弘
おがわ やすひろ

東京ヤクルトスワローズ／投手 代表歴あり

1990年5月16日生／33歳／171cm／80kg／A型／愛知県

経歴≫ 赤羽根中→成章高→創価大→ヤクルト

つながり [野球]門脇 誠(大学)、[野球]萩原 哲(大学)、[野球]保科 広一(大学)、[野球]鈴木 勇斗(大学)

小川 龍成
おがわ りゅうせい

千葉ロッテマリーンズ／内野手

1998年4月5日生／25歳／171cm／72kg／O型／群馬県

経歴≫ 館林市立多々良中→前橋育英高→国学院大→ロッテ

つながり [バスケットボール]木村 啓太郎(高校)、[バスケットボール]船生 誠也(高校)

小木曽 晃大
おぎそ あきひろ

三菱重工相模原ダイナボアーズ／PR

1996年3月10日生／26歳／175cm／105kg／東京都

経歴≫ 目黒学院高→日本体育大→三菱重工相模原ダイナボアーズ

つながり [ラグビー]アタアタ モエアキオラ(高校)、[ラグビー]シオエリ ヴァカラヒ(高校)

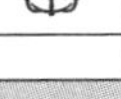

荻沼 隼佑
おぎぬま しゅんすけ

茨城ロボッツ／PG

2004年10月4日生／18歳／174cm／63kg／茨城県

経歴≫ 茨城ロボッツ

つながり [野球]赤羽 蓮(同郷・同年代)、[野球]浅野 翔吾(同年代)、[野球]田村 朋輝(同年代)

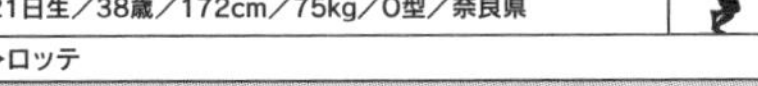

荻野 貴司
おぎの たかし

千葉ロッテマリーンズ／外野手

1985年10月21日生／38歳／172cm／75kg／O型／奈良県

経歴≫ 明日香村立聖徳中→奈良・郡山高→関西学院大→トヨタ自動車→ロッテ

つながり [ラグビー]徳田 健太(大学)、[ラグビー]中 孝祐(大学)、[ラグビー]岡部 崇人(大学)

奥川 恭伸
おくがわ やすのぶ

東京ヤクルトスワローズ／投手

2001年4月16日生／22歳／184cm／82kg／O型／石川県

経歴≫ かほく市立宇ノ気中→星稜高→ヤクルト

つながり [野球]山瀬 慎之助(高校)、[野球]北村 拓己(高校)、[野球]高木 京介(高校)、[野球]内山 壮真(高校)

つながり [野球]岡本和真、岸潤一郎は2014年夏の甲子園で対戦。2名とも同大会後のU18日本代表に選出された

奥平 湧
おくだいら ゆう

三菱重工相模原ダイナボアーズ／FB

1999年5月26日生／23歳／187cm／92kg／兵庫県

経歴≫ 尾道高→関西学院大→三菱重工相模原ダイナボアーズ

つながり [ラグビー]眞壁 貴男(高校)、[ラグビー]土佐 誠(高校)、[ラグビー]杉原 立樹(高校)

奥村 翔
おくむら かける

静岡ブルーレヴズ／FB

1998年6月10日生／24歳／180cm／83kg／京都府

経歴≫ 伏見工高→帝京大→静岡ブルーレヴズ

つながり [ラグビー]田中 史朗(高校)、[ラグビー]小畑 健太郎(高校)、[ラグビー]寺田 桂太(高校)

奥村 展征
おくむら のぶゆき

東京ヤクルトスワローズ／内野手

1995年5月26日生／28歳／178cm／76kg／O型／滋賀県

経歴≫ 湖南市立甲西中→日大山形高→巨人→ヤクルト

つながり [バスケットボール]鈴木 大(高校)、[バスケットボール]山本 翔太(高校)、[バスケットボール]菊地 祥平(高校)

奥村 政稔
おくむら まさとし

福岡ソフトバンクホークス／投手

1992年8月14日生／31歳／176cm／72kg／B型／大分県

経歴≫ 中津市立緑ケ丘中→大分・中津商高→九州国際大→三菱重工長崎→三菱日立パワーシステムズ→ソフトバンク

つながり [野球]松山 竜平(大学)、[野球]甲斐 拓也(同郷・同年代)、[野球]源田 壮亮(同郷・同年代)

小倉 順平
おぐら じゅんぺい

横浜キヤノンイーグルス／SO　代表歴あり

1992年7月11日生／30歳／172cm／80kg／東京都

経歴≫ 桐蔭学園高→早稲田大→横浜キヤノンイーグルス

つながり [ラグビー]石田 楽人(高校)、[ラグビー]山本 耕生(高校)、[ラグビー]田村 魁世(高校)

桶谷 宗汰
おけたに そうた

東京サントリーサンゴリアス／HO

1994年11月18日生／28歳／175cm／98kg／大阪府

経歴≫ 常翔学園高→明治大→東京サントリーサンゴリアス

つながり [ラグビー]岡田 一平(高校)、[ラグビー]海士 広大(高校)、[ラグビー]髙橋 汰地(高校)

小郷 裕哉
おごう ゆうや

東北楽天ゴールデンイーグルス／外野手

1996年8月3日生／27歳／178cm／85kg／O型／岡山県

経歴≫ 倉敷市立庄中→関西高→立正大→楽天

つながり [ラグビー]出渕 賢史(高校)、[野球]海野 隆司(高校)、[ラグビー]千葉 雄太(大学)

オコエ 瑠偉
おこえ るい

読売ジャイアンツ／外野手

1997年7月21日生／26歳／185cm／90kg／O型／東京都

経歴≫ 東村山市立東村山第六中→関東一高→楽天→巨人

つながり [ラグビー]杉本 悠馬(同郷・同年代)、[ラグビー]山極 大貴(同郷・同年代)

小酒部 泰暉
おさかべ たいき

アルバルク東京／SG

1998年7月15日生／24歳／187cm／88kg／A型／神奈川県

経歴≫ 山北町立山北中→立山北高→神奈川大→アルバルク東京

つながり [バスケットボール]綿貫 瞬(大学)、[野球]濵口 遥大(大学)、[野球]梶原 昂希(大学)

尾﨑 晟也
おざき せいや

東京サントリーサンゴリアス／FB　代表歴あり

1995年7月11日生／27歳／175cm／85kg／京都府

経歴≫ 伏見工高→帝京大→東京サントリーサンゴリアス

つながり [ラグビー]田中 史朗(高校)、[ラグビー]小畑 健太郎(高校)、[ラグビー]寺田 桂太(高校)

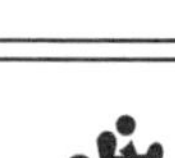

尾﨑 泰雅
おざき たいが

東京サントリーサンゴリアス／CTB

1998年9月25日生／24歳／184cm／93kg／京都府

経歴≫ 伏見工高→帝京大→東京サントリーサンゴリアス

つながり [ラグビー]田中 史朗(高校)、[ラグビー]小畑 健太郎(高校)、[ラグビー]寺田 桂太(高校)

尾崎 達洋
おざき たつひろ

清水建設江東ブルーシャークス／FB

1995年8月13日生／27歳／185cm／89kg／神奈川県

経歴≫ 桐蔭学園高→法政大→清水建設江東ブルーシャークス

つながり [ラグビー]石田 楽人(高校)、[ラグビー]山本 耕生(高校)、[ラグビー]田村 魁世(高校)

長田 将大
おさだ しょうだい

釜石シーウェイブスRFC／PR

1998年6月1日生／24歳／180cm／115kg／神奈川県

経歴≫ 関東学院六浦高→関東学院大→釜石シーウェイブスRFC

つながり [ラグビー]鈴木 伊織(高校)、[ラグビー]稲垣 啓太(大学)、[ラグビー]川崎 清純(大学)

長田 智希
おさだ ともき

埼玉パナソニックワイルドナイツ／CTB

1999年11月25日生／23歳／179cm／90kg／京都府

経歴≫ 東海大仰星高→早稲田大→埼玉パナソニックワイルドナイツ

つながり [ラグビー]岸岡 智樹(高校)、[ラグビー]近藤 英人(高校)、[ラグビー]根塚 洸雅 (高校)

小山内 健
おさない けん

日野レッドドルフィンズ／PR

1996年9月22日生／26歳／177cm／110kg／東京都

経歴≫ 東洋大→日野レッドドルフィンズ

つながり [アイスホッケー]成澤 優太(大学)、[アイスホッケー]柴田 嗣斗(大学)、[アイスホッケー]福田 充男(大学)

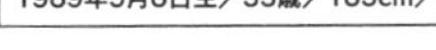

小澤 大
おざわ だい

トヨタヴェルブリッツ／WTB

1989年5月8日生／33歳／183cm／89kg／岐阜県

経歴≫ 岐阜工高→流通経済大→トヨタヴェルブリッツ

つながり [ラグビー]木村 友憲(大学)、[ラグビー]ジョージ リサレ(大学)、[ラグビー]積 賢佑(大学)

小澤 智将
おざわ ともまさ

京都ハンナリーズ／SG

1994年7月18日生／28歳／188cm／85kg／B型／福岡県

経歴≫ 大野東中→福翔高→東海大九州→川崎ブレイブサンダース他→京都ハンナリーズ

つながり [バスケットボール]眞庭 城聖(高校)、[バスケットボール]長野 誠史(大学)

小澤 直輝
おざわ なおき

東京サントリーサンゴリアス／FL　代表歴あり

1988年10月8日生／34歳／182cm／102kg／神奈川県

経歴≫ 桐蔭学園高→慶應大→東京サントリーサンゴリアス

つながり [ラグビー]石田 楽人(高校)、[ラグビー]山本 耕生(高校)、[ラグビー]田村 魁世(高校)

押川 敦治
おしかわ あつし

クボタスピアーズ船橋・東京ベイ／SO

1999年5月22日生／23歳／175cm／87kg／大阪府

経歴≫ 京都成章高→帝京大→クボタスピアーズ船橋・東京ベイ

つながり [ラグビー]松岡 賢太(高校)、[ラグビー]淺岡 俊亮(高校)、[ラグビー]礒田 凌平(高校)

小島 和哉
おじま かずや

千葉ロッテマリーンズ／投手

1996年7月7日生／27歳／177cm／85kg／O型／埼玉県

経歴≫ 鴻巣市立赤見台中→浦和学院高→早稲田大→ロッテ

つながり [野球]金田 優太(高校)、[野球]渡邉 勇太朗(高校)、[野球]蛭間 拓哉(高校)

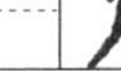

オスーナ
おすーな

福岡ソフトバンクホークス／外野手

2007年3月27日生／16歳／185cm／82kg／ドミニカ共和国

経歴≫ ソフトバンク

つながり [バスケットボール]今西 優斗(同年代)、[野球]デラクルーズ(同郷)、[野球]ティマ(同郷)

オスナ
おすな

東京ヤクルトスワローズ／内野手

1992年12月12日生／31歳／188cm／106kg／ベネズエラ

経歴≫ パイレーツ→ヤクルト

つながり [野球]エスコバー(同郷・同年代)、[アイスホッケー]小野田 拓人(同年代)、[アイスホッケー]橋本 僚(同年代)

オスナ
おすな

福岡ソフトバンクホークス／投手

1995年2月7日生／28歳／188cm／104kg／メキシコ

経歴≫ アストロズ他→ロッテ→ソフトバンク

つながり [アイスホッケー]彦坂 優(同年代)、[アイスホッケー]鈴木 健斗(同年代)、[アイスホッケー]川村 一希(同年代)

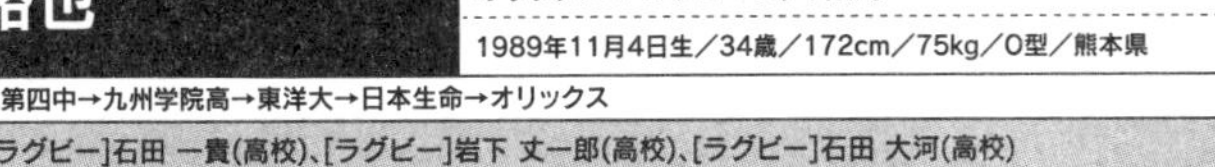

小田 裕也
おだ ゆうや

オリックス・バファローズ／外野手

1989年11月4日生／34歳／172cm／75kg／O型／熊本県

経歴≫ 八千代第四中→九州学院高→東洋大→日本生命→オリックス

つながり [ラグビー]石田 一貴(高校)、[ラグビー]岩下 文一郎(高校)、[ラグビー]石田 大河(高校)

つながり [ラグビー]奥村翔、尾崎泰雅、木村朋也は中学から大学の10年間同じチームでプレーした経験がある

落合 知也
おちあい ともや

越谷アルファーズ／SF/PF

1987年6月18日生／35歳／195cm／93kg／A型／東京都

経歴≫ 土浦六中→土浦日大高→法政大→大塚商会アルファーズ→栃木ブレックス→越谷アルファーズ

つながり [バスケットボール]岡田 優介(高校)、[バスケットボール]平岩 玄(高校)、[バスケットボール]杉本 天昇(高校)

落合 知之
おちあい ともゆき

三菱重工相模原ダイナボアーズ／WTB

1994年6月29日生／28歳／185cm／95kg／新潟県

経歴≫ 北越高→流通経済大→三菱重工相模原ダイナボアーズ

つながり [ラグビー]木村 友憲(大学)、[ラグビー]ジョージ リサレ(大学)、[ラグビー]積 賢佑(大学)

オテレ ブラック
おてれ ぶらっく

浦安D-Rocks／SO

1995年5月4日生／27歳／185cm／86kg／ニュージーランド

経歴≫ ハートパラオカレッジ→ハリケーンズ→ブルーズ→浦安D-Rocks

つながり [ラグビー]ジョシュ グッドヒュー(同郷・同年代)、[ラグビー]ルテル ラウララ(同郷・同年代)

オト ジョシュア 輝恵
おと じょしゅあ てるよし

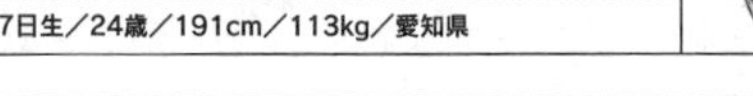

クボタスピアーズ船橋・東京ベイ／LO

1998年10月7日生／24歳／191cm／113kg／愛知県

経歴≫ 八王子高→帝京大→クボタスピアーズ船橋・東京ベイ

つながり [バスケットボール]木村 圭吾(高校)、[バスケットボール]多田 武史(高校)、[ラグビー]大和田 立(大学)

尾仲 祐哉
おなか ゆうや

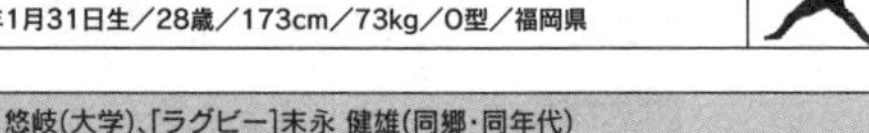

東京ヤクルトスワローズ／投手

1995年1月31日生／28歳／173cm／73kg／O型／福岡県

経歴≫ 則松中→高稜高→広島経済大→DeNA→阪神

つながり [バスケットボール]冨岡 大地(大学)、[野球]柳田 悠岐(大学)、[ラグビー]末永 健雄(同郷・同年代)

小沼 健太
おぬま けんた

千葉ロッテマリーンズ／投手

1998年6月11日生／25歳／189cm／86kg／A型／千葉県

経歴≫ 旭市立飯岡中→東総工高→BCL・茨城→ロッテ

つながり [ラグビー]坂本 侑翼(同郷・同年代)、[野球]坂倉 将吾(同郷・同年代)、[野球]木澤 尚文(同郷・同年代)

小野 航大
おの こうだい

釜石シーウェイブスRFC／WTB

1991年12月15日生／31歳／170cm／82kg／福島県

経歴≫ 磐城高→東海大→釜石シーウェイブスRFC

つながり [ラグビー]新井 望友(大学)、[ラグビー]近藤 英人(大学)、[ラグビー]アタアタ モエアキオラ(大学)

小野 広大
おの こうだい

日野レッドドルフィンズ／PR

1998年9月13日生／24歳／180cm／112kg／福岡県

経歴≫ 東海大→日野レッドドルフィンズ

つながり [ラグビー]新井 望友(大学)、[ラグビー]近藤 英人(大学)、[ラグビー]アタアタ モエアキオラ(大学)

小野 航平
おの こうへい

YOKOHAMA GRITS／GK

1988年7月27日生／34歳／180cm／72kg

経歴≫ アイリンズ→明治神宮→武相高→早稲田大→H.C.栃木日光アイスバックス→YOKOHAMA GRITS

つながり [野球]塩見 泰隆(高校)、[野球]井口 和朋(高校)、[アイスホッケー]山田 虎太朗(大学)

小野 泰己
おの たいき

オリックス・バファローズ／投手

1994年5月30日生／28歳／186cm／75kg／A型／福岡県

経歴≫ 北九州市立上津役中→折尾愛真高→富士大→阪神→オリックス

つながり [バスケットボール]久保田 義章(高校)、[バスケットボール]田口 成浩(大学)、[野球]佐々木 健(大学)

小野 郁
おの ふみや

千葉ロッテマリーンズ／投手

1996年10月23日生／27歳／175cm／78kg／AB型／福岡県

経歴≫ 久留米市立櫛原中→西日本短大附高→楽天→ロッテ

つながり [野球]中村 宜聖(高校)、[野球]大曲 錬(高校)、[ラグビー]岩佐 賢人(同郷・同年代)

小野 雄貴
おの ゆうき

日野レッドドルフィンズ／FL

1993年4月26日生／29歳／183cm／98kg／群馬県

経歴≫ 高崎商高→中央大→日野レッドドルフィンズ

つながり [アイスホッケー]小野田 拓人(大学)、[アイスホッケー]中島 彰吾(大学)、[アイスホッケー]古橋 真来(大学)

小野 龍猛
おの りゅうも

富山グラウジーズ／SF　代表歴あり

1988年1月6日生／35歳／197cm／97kg／A型／東京都

経歴≫ 立教新座中→国学院大久我山高→中央大→トヨタ自動車アルバルク他→富山グラウジーズ

つながり [ラグビー]島田 悠平(高校)、[ラグビー]高橋 敏也(高校)、[ラグビー]田中 真一(高校)

小野木 晃英
おのぎ あきひで

花園近鉄ライナーズ／CTB

1997年7月31日生／25歳／171cm／85kg／大阪府

経歴≫ 大阪産大附高→東海大→花園近鉄ライナーズ

つながり [ラグビー]松永 貫汰(高校)、[ラグビー]木村 星南(高校)、[ラグビー]小鍜治 悠太(高校)

小野田 拓人
おのだ たくと

RED EAGLES HOKKIDO／GK

1992年5月2日生／30歳／177cm／72kg

経歴≫ 恵庭島松小→恵庭恵北中→北海道清水高→中央大→RED EAGLES HOKKIDO

つながり [アイスホッケー]川村 一希(高校)、[アイスホッケー]中島 彰吾(大学)、[アイスホッケー]古橋 真来(大学)

小野寺 祥太
おのでら しょうた

琉球ゴールデンキングス／PG/SG

1994年11月6日生／28歳／183cm／84kg／A型／岩手県

経歴≫ 萩荘中→盛岡南高→岩手ビッグブルズ→秋田ノーザンハピネッツ→琉球ゴールデンキングス

つながり [バスケットボール]滝田 怜音(高校)、[ラグビー]杣澤 誠(同郷・同年代)

小野寺 暖
おのでら だん

阪神タイガース／外野手

1998年3月17日生／25歳／183cm／82kg／A型／奈良県

経歴≫ 平城東中→京都翔英高→大阪商大→阪神

つながり [野球]山本 祐大(高校)、[野球]石原 彪(高校)、[バスケットボール]城宝 匡史(大学)

小野寺 優太
おのでら ゆうた

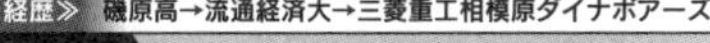

三菱重工相模原ダイナボアーズ／LO

1989年11月29日生／33歳／188cm／110kg／茨城県

経歴≫ 磯原高→流通経済大→三菱重工相模原ダイナボアーズ

つながり [ラグビー]木村 友憲(大学)、[ラグビー]ジョージ リサレ(大学)、[ラグビー]積 賢佑(大学)

小畑 健太郎
おばた けんたろう

コベルコ神戸スティーラーズ／SH

1996年12月3日生／26歳／172cm／74kg／京都府

経歴≫ 伏見工高→帝京大→コベルコ神戸スティーラーズ

つながり [ラグビー]田中 史朗(高校)、[ラグビー]寺田 桂太(高校)、[ラグビー]辻井 健太(高校)

小畑 拓也
おばた たくや

三重ホンダヒート／SH

1997年12月11日生／25歳／163cm／72kg／京都府

経歴≫ 京都外大西高→天理大→三重ホンダヒート

つながり [ラグビー]淺岡 勇輝(高校)、[野球]大野 雄大(高校)、[野球]緒方 理貢(高校)、[ラグビー]上田 聖(大学)

小幡 将己
おばた まさき

NECグリーンロケッツ東葛／CTB

1998年12月25日生／24歳／181cm／91kg／大阪府

経歴≫ 石見智翠館高→明治大→NECグリーンロケッツ東葛

つながり [ラグビー]岡山 仙治(高校)、[ラグビー]加藤 竜聖(高校)、[ラグビー]林 隆広(高校)

小幡 竜平
おばた りゅうへい

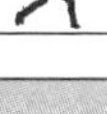

阪神タイガース／内野手

2000年9月21日生／23歳／184cm／74kg／B型／大分県

経歴≫ 明野中→延岡学園高→阪神

つながり [バスケットボール]ベンドラメ 礼生(高校)、[バスケットボール]永吉 佑也(高校)

小原 大輔
おばら だいすけ

TOHOKU FREEBLADES／FW

1981年6月4日生／41歳／177cm／81kg

経歴≫ Augusta Lynx→コクド→西武プリンスラビッツ→日本製紙クレインズ→王子イーグルス→TOHOKU FREEBLADES

つながり [アイスホッケー]山田 虎太朗(高校)、[アイスホッケー]山下 敬史(高校)、[アイスホッケー]今 勇輔(高校)

小原 渉
おばら わたる

九州電力キューデンヴォルテクス／FL

1989年5月29日生／33歳／180cm／95kg／福岡県

経歴≫ 東筑高→関西学院大→九州電力キューデンヴォルテクス

つながり [ラグビー]中野 将伍(高校)、[ラグビー]中野 裕太(高校)、[ラグビー]徳田 健太(大学)

つながり 【野球】小幡竜平、戸郷翔征は高校3年時にU18野球日本代表の壮行試合に宮崎県高校選抜として出場した

オペティ ヘル
おぺてぃ へる

クボタスピアーズ船橋・東京ベイ／PR

1998年7月22日生／24歳／190cm／127kg／トンガ

経歴≫ ニューイントンカレッジ→クボタスピアーズ船橋・東京ベイ

つながり [ラグビー]クリスチャン ラウイ(同郷・同年代)、[ラグビー]アシペリ モアラ(同郷・同年代)

尾又 寛汰
おまた かんた

NECグリーンロケッツ東葛／WTB

1994年11月2日生／28歳／171cm／82kg／茨城県

経歴≫ 国学院大栃木高→明治大→三重ホンダヒート→NECグリーンロケッツ東葛

つながり [ラグビー]福田 陸人(高校)、[ラグビー]武井 日向(高校)、[ラグビー]久保 克斗(高校)

及川 雅貴
およかわ まさき

阪神タイガース／投手

2001年4月18日生／22歳／183cm／74kg／O型／千葉県

経歴≫ 匝瑳市立八日市場第二中→横浜高→阪神

つながり [野球]木下 幹也(高校)、[野球]伊藤 将司(高校)、[野球]高濱 祐仁(高校)、[野球]柳 裕也(高校)

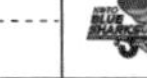

オルビン レジャー
おるびん れじゃー

清水建設江東ブルーシャークス／SO

1997年3月13日生／25歳／184cm／90kg／ニュージーランド

経歴≫ ハミルトンボーイズ高→清水建設江東ブルーシャークス

つながり [ラグビー]サム チョンキット(高校)、[ラグビー]ディック ウィルソン(同郷・同年代)

か 150人

(NPB/63人、B.LEAGUE/26人、JAPAN RUGBY LEAGUE ONE/57人、ASIA LEAGUE ICE HOCKEY/4人)

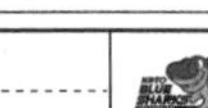

ガース エイプリル
がーす えいぷりる

清水建設江東ブルーシャークス／SO

1991年7月16日生／31歳／176cm／85kg／南アフリカ

経歴≫ フロリダ高→清水建設江東ブルーシャークス

つながり [ラグビー]ルアン ボタ(同郷・同年代)、[ラグビー]マルセル クッツェー(同郷・同年代)

カーティス ロナ
かーてぃす ろな

三菱重工相模原ダイナボアーズ／CTB

1992年5月26日生／30歳／194cm／102kg／ニュージーランド

経歴≫ 三菱重工相模原ダイナボアーズ

つながり [ラグビー]ジョージ リサレ(同郷・同年代)、[ラグビー]ジェラード カウリートゥイオティ(同郷・同年代)

甲斐 拓也
かい たくや

福岡ソフトバンクホークス／捕手　代表歴あり

1992年11月5日生／31歳／170cm／85kg／O型／大分県

経歴≫ 大分市立稙田東中→楊志館高→ソフトバンク

つながり [野球]奥村 政稔(同郷・同年代)、[野球]源田 壮亮(同郷・同年代)、[アイスホッケー]小野田 拓人(同年代)

海士 広大
かいし こうた

クボタスピアーズ船橋・東京ベイ／PR　代表歴あり

1994年10月7日生／28歳／172cm／102kg／大阪府

経歴≫ 常翔学園高→同志社大→クボタスピアーズ船橋・東京ベイ

つながり [ラグビー]岡田 一平(高校)、[ラグビー]髙橋 汰地(高校)、[ラグビー]天野 寿紀(高校)

甲斐野 央
かいの ひろし

福岡ソフトバンクホークス／投手　代表歴あり

1996年11月16日生／27歳／187cm／90kg／A型／兵庫県

経歴≫ 黒田庄中→東洋大附姫路高→東洋大→ソフトバンク

つながり [野球]松葉 貴大(高校)、[野球]原 樹理(高校)、[アイスホッケー]成澤 優太(大学)

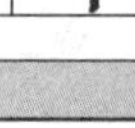

カイル コリンズワース
かいる こりんずわーす

三遠ネオフェニックス／PG

1991年10月3日生／31歳／198cm／95kg／O型／アメリカ

経歴≫ スプリングビル→プロボ→ブリガムヤング→Raptors 905→Salt Lake City Stars→シーホース三河→三遠ネオフェニックス

つながり [バスケットボール]アレックス カーク(同郷・同年代)、[バスケットボール]レジナルド ベクトン(同郷・同年代)

カイル ハント
かいる はんと

大阪エヴェッサ／PF/C

1989年10月31日生／33歳／208cm／104kg／アメリカ

経歴≫ IS109→マーティン・バン・ビューレン高→ミドル・テネシー州立大→Beirut Club他→大阪エヴェッサ

つながり [バスケットボール]イバン ラベネル(同郷・同年代)、[バスケットボール]ライアン ロシター(同郷・同年代)

カヴァイア タギヴェタウア
かう゛あいあ たきう゛ぇたうあ

NECグリーンロケッツ東葛／FL
1997年8月8日生／25歳／193cm／106kg／フィジー

経歴≫ ハミルトンボーイズ→白鷗大→NECグリーンロケッツ東葛

つながり [ラグビー]チャーリー ローレンス(高校)、[ラグビー]ブロディ マクカラン(高校)

柿木 蓮
かきぎ れん

北海道日本ハムファイターズ／投手
2000年6月25日生／23歳／181cm／89kg／A型／佐賀県

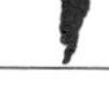

経歴≫ 多久市立中央中→大阪桐蔭高→日本ハム

つながり [ラグビー]宮宗 翔(高校)、[ラグビー]紙森 陽太(高校)、[ラグビー]岡田 優輝(高校)

垣越 建伸
かきごし けんしん

中日ドラゴンズ／投手
2000年4月3日生／23歳／185cm／100kg／B型／岐阜県

経歴≫ 高山市立中山中→山梨学院高→中日

つながり [野球]根尾 昂(同郷・同年代)、[野球]北村 恵吾(同郷・同年代)、[アイスホッケー]阿部 泰河(同年代)

鍵冨 太雅
かぎとみ たいが

茨城ロボッツ／SG
1999年3月8日生／23歳／195cm／89kg／AB型／東京都

経歴≫ 渋谷教育学園渋谷中→福岡大付大濠高→ボウディン大→茨城ロボッツ

つながり [バスケットボール]小林 大祐(高校)、[バスケットボール]井上 宗一郎(高校)

垣永 真之介
かきなが しんのすけ

東京サントリーサンゴリアス／PR　代表歴あり
1991年12月19日生／31歳／180cm／115kg／福岡県

経歴≫ 東福岡高→早稲田大→東京サントリーサンゴリアス

つながり [ラグビー]岩佐 賢人(高校)、[ラグビー]北川 賢吾(高校)、[ラグビー]古賀 駿汰(高校)

柿沼 友哉
かきぬま ともや

千葉ロッテマリーンズ／捕手
1993年5月12日生／30歳／180cm／82kg／A型／茨城県

経歴≫ つくば市立手代木中→誠恵高→日大国際関係学部→ロッテ

つながり [ラグビー]南 篤志(同郷・同年代)、[バスケットボール]小島 元基(同郷・同年代)

鍵谷 陽平
かぎや ようへい

読売ジャイアンツ／投手
1990年9月23日生／33歳／178cm／86kg／O型／北海道

経歴≫ 七飯町立七飯中→北海高→中央大→日本ハム→巨人

つながり [アイスホッケー]橋本 僚(高校)、[アイスホッケー]伊藤 俊之(高校)、[アイスホッケー]牛来 拓都(高校)

郭 玟慶
かく ぶんけい

静岡ブルーレヴズ／PR
1998年4月1日生／24歳／180cm／120kg／台湾

経歴≫ 摂南大→静岡ブルーレヴズ

つながり [ラグビー]ヴィリアメ ツイドラキ(大学)、[ラグビー]フェツアニ ラウタイミ(大学)

角舘 信恒
かくだてしげのぶ

YOKOHAMA GRITS／FW
1991年5月24日生／31歳／175cm／80kg

経歴≫ Finlandia University→王子イーグルス→YOKOHAMA GRITS

つながり [アイスホッケー]山田 虎太朗(同年代)、[アイスホッケー]三田村 康平(同年代)

角中 勝也
かくなか かつや

千葉ロッテマリーンズ／外野手　代表歴あり
1987年5月25日生／36歳／180cm／85kg／A型／石川県

経歴≫ 七尾市立田鶴浜中→日本航空二高→四国IL・高知→ロッテ

つながり [アイスホッケー]成澤 優太(同年代)、[アイスホッケー]山下 敬史(同年代)

鹿子島 良輔
かごしま りょうすけ

九州電力キューデンヴォルテクス／PR
1995年9月25日生／27歳／170cm／100kg／福岡県

経歴≫ 輝翔館中教育高→流通経済大→九州電力キューデンヴォルテクス

つながり [ラグビー]木村 友憲(大学)、[ラグビー]ジョージ リサレ(大学)、[ラグビー]積 賢佑(大学)

笠井 康平
かさい こうへい

宇都宮ブレックス／PG
1993年8月12日生／29歳／176cm／77kg／O型／香川県

経歴≫ 丸亀東中→尽誠学園高→青山学院大→四国電力→名古屋ダイヤモンドドルフィンズ→群馬クレインサンダーズ→宇都宮ブレックス

つながり [バスケットボール]高岡 圭汰朗(高校)、[バスケットボール]上田 隼輔(高校)

つながり 【ラグビー】垣永真之介、立川理道はstand.fmにおいてハルのいろり話という番組を行なっている

あ か さ た な は ま や ら わ

葛西 純昌
かさい じゅんすけ

EAST HOKKAIDO CRANES／DF
2003年7月1日生／19歳／180cm／80kg

経歴≫ 武修館高→EAST HOKKAIDO CRANES

つながり [アイスホッケー]中島 彰吾(高校)、[アイスホッケー]柴田 嗣斗(高校)、[アイスホッケー]佐藤 大翔(高校)

笠島 尚樹
かさしま なおき

読売ジャイアンツ／投手
2002年12月7日生／21歳／178cm／78kg／B型／福井県

経歴≫ 鯖江市中央中→敦賀気比高→巨人

つながり [野球]西川 龍馬(高校)、[野球]前川 誠太(高校)、[野球]木下 元秀(高校)、[野球]平沼 翔太(高校)

笠原 祥太郎
かさはら しょうたろう

横浜DeNAベイスターズ／投手
1995年3月17日生／28歳／177cm／85kg／A型／新潟県

経歴≫ 新津第二中→新津高→新潟医療福祉大→中日→DeNA

つながり [バスケットボール]木村 啓太郎(大学)、[野球]桐敷 拓馬(大学)、[野球]佐藤 琢磨(大学)

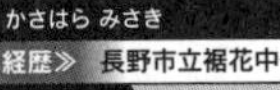

笹原 操希
かさはら みさき

読売ジャイアンツ／外野手
2004年2月9日生／19歳／180cm／76kg／O型／長野県

経歴≫ 長野市立裾花中→上田西高→巨人

つながり [野球]髙寺 望夢(高校)、[アイスホッケー]葛西 純昌(同年代)、[ラグビー]ダリエス トマス(同年代)

笠原 雄太
かさはら ゆうた

日野レッドドルフィンズ／LO
1984年9月30日生／38歳／186cm／106kg／北海道

経歴≫ 流通経済大→日野レッドドルフィンズ

つながり [ラグビー]木村 友憲(大学)、[ラグビー]ジョージ リサレ(大学)、[ラグビー]積 賢佑(大学)

風間 球打
かざま きゅうた

福岡ソフトバンクホークス／投手
2003年10月11日生／20歳／182cm／79kg／B型／山梨県

経歴≫ 甲州市立塩山中→ノースアジア大明桜高→ソフトバンク

つながり [アイスホッケー]葛西 純昌(同年代)、[ラグビー]ダリエス トマス(同年代)、[ラグビー]鵜野 凪斗(同年代)

笠谷 俊介
かさや しゅんすけ

福岡ソフトバンクホークス／投手
1997年3月17日生／26歳／173cm／72kg／AB型／大分県

経歴≫ 植田西中→大分商高→ソフトバンク

つながり [野球]森下 暢仁(高校)、[野球]川瀬 晃(高校)、[野球]三代 祥貴(高校)、[野球]源田 壮亮(高校)

梶 伊織
かじ いおり

埼玉パナソニックワイルドナイツ／WTB
1992年1月30日生／30歳／170cm／75kg／奈良県

経歴≫ 御所実高→大東文化大→埼玉パナソニックワイルドナイツ

つながり [ラグビー]土井 貴弘(高校)、[ラグビー]酒木 凜平(高校)、[ラグビー]北村 将大(高校)

梶川 喬介
かじかわ きょうすけ

東芝ブレイブルーパス東京／LO　代表歴あり
1987年9月5日生／35歳／190cm／109kg／福岡県

経歴≫ 福岡工大城東高→福岡工大→東芝ブレイブルーパス東京

つながり [ラグビー]シオエリ ヴァカラヒ(大学)、[ラグビー]ソセフォ ファカタヴァ(大学)、[ラグビー]中島 進護(大学)

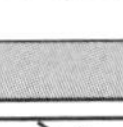
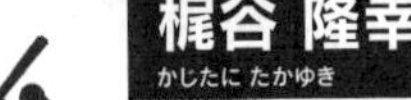

梶谷 隆幸
かじたに たかゆき

読売ジャイアンツ／外野手
1988年8月28日生／35歳／180cm／88kg／A型／島根県

経歴≫ 松江市立第二中→開星高→横浜・DeNA→巨人

つながり [野球]糸原 健斗(高校)、[野球]山本 大斗(高校)、[アイスホッケー]小野 航平(同年代)

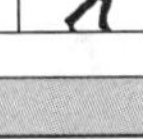

梶原 瑛
かじはら あき

クリタウォーターガッシュ昭島／PR
1996年2月5日生／26歳／180cm／117kg／山梨県

経歴≫ 日川高→専修大→クリタウォーターガッシュ昭島

つながり [ラグビー]大内 真(高校)、[ラグビー]飯沼 蓮(高校)、[ラグビー]郡司 健吾(高校)

梶村 祐介
かじむら ゆうすけ

横浜キヤノンイーグルス／CTB　代表歴あり
1995年9月13日生／27歳／181cm／95kg／兵庫県

経歴≫ 報徳学園高→明治大→横浜キヤノンイーグルス

つながり [ラグビー]井上 遼(高校)、[ラグビー]日和佐 篤(高校)、[ラグビー]前田 剛(高校)

樫本 敦
かしもと あつし

花園近鉄ライナーズ／HO
1988年2月19日生／34歳／180cm／106kg／大阪府

経歴≫ 大商学園高→摂南大→花園近鉄ライナーズ

つながり [ラグビー]ヴィリアメ ツイドラキ(大学)、[ラグビー]フェツアニ ラウタイミ(大学)

加治屋 蓮
かじや れん

阪神タイガース／投手
1991年11月25日生／32歳／185cm／89kg／B型／宮崎県

経歴≫ 大東中→福島高→JR九州→ソフトバンク→阪神

つながり [ラグビー]西村 雄大(同郷・同年代)、[バスケットボール]相馬 卓弥(同郷・同年代)

柏木 真介
かしわぎ しんすけ

シーホース三河／PG/SG　代表歴あり
1981年12月22日生／41歳／183cm／83kg／O型／北海道

経歴≫ 帯広市立帯広第一中→東海大付四高→中央大→日立サンロッカーズ他→シーホース三河

つながり [バスケットボール]大塚 裕土(高校)、[バスケットボール]関野 剛平(高校)

柏倉 哲平
かしわぐら てっぺい

滋賀レイクス／PG
1995年1月20日生／27歳／180cm／82kg／AB型／山形県

経歴≫ 山形市立第六中→山形南高→青山学院大→アースフレンズ東京Z→新潟アルビレックスBB→滋賀レイクスターズ

つながり [バスケットボール]前田 悟(高校)、[ラグビー]古賀 駿汰(大学)、[ラグビー]髙橋 敏也(大学)

柏田 裕紀
かしわだ ゆうき

マツダスカイアクティブズ広島／FL
1990年9月23日生／32歳／182cm／98kg／宮崎県

経歴≫ 延岡工高→マツダスカイアクティブズ広島

つながり [ラグビー]児玉 大輔(同郷・同年代)、[アイスホッケー]牛来 拓都(同年代)

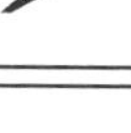

梶原 昂希
かじわら こうき

横浜DeNAベイスターズ／外野手
1999年9月19日生／24歳／189cm／85kg／大分県

経歴≫ 上野ケ丘中→大分雄城台高→神奈川大→DeNA

つながり [ラグビー]本田 佳人(高校)、[バスケットボール]小酒部 泰暉(大学)、[バスケットボール]綿貫 瞬(大学)

カスティーヨ
かすてぃーよ

千葉ロッテマリーンズ／投手
1995年3月10日生／28歳／190cm／96kg／ドミニカ共和国

経歴≫ 米マイナー他→ロッテ

つながり [野球]アキーノ(同郷・同年代)、[アイスホッケー]彦坂 優(同年代)、[アイスホッケー]鈴木 健斗(同年代)

ガゼルマン
がぜるまん

横浜DeNAベイスターズ／投手
1993年7月18日生／30歳／193cm／95kg／アメリカ

経歴≫ カブス他→DeNA

つながり [バスケットボール]アディソン スプライル(同郷・同年代)、[バスケットボール]マーベル ハリス(同郷・同年代)

片岡 将
かたおか しょう

釜石シーウェイブスRFC／WTB
1987年12月30日生／35歳／174cm／80kg／香川県

経歴≫ 高松北高→関西学院大→栗田工ウォーターガッシュ→釜石シーウェイブスRFC→日野レッドドルフィンズ →釜石シーウェイブスRFC

つながり [野球]塹江 敦哉(高校)、[ラグビー]徳田 健太(大学)、[ラグビー]中 孝祐(大学)

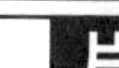

片岡 大晴
かたおか まさはる

仙台89ERS／SG
1985年12月24日生／37歳／184cm／80kg／A型／宮城県

経歴≫ 松陵中→仙台高→白鷗大→リンク栃木ブレックス→京都ハンナリーズ→レバンガ北海道→仙台89ERS→京都ハンナリーズ→仙台89ERS

つながり [バスケットボール]柳川 龍之介(高校)、[野球]佐藤 隼輔(高校)、[ラグビー]カヴァイア タギベタウア(大学)

片岡 領
かたおか りょう

釜石シーウェイブスRFC／SO
1998年3月11日生／24歳／179cm／78kg／兵庫県

経歴≫ 昌平高→専修大→釜石シーウェイブスRFC

つながり [バスケットボール]山崎 稜(高校)、[野球]吉野 創士(高校)、[ラグビー]石田 楽人(大学)

片岡 涼亮
かたおか りょうすけ

花園近鉄ライナーズ／WTB
1997年10月22日生／25歳／171cm／85kg／大阪府

経歴≫ 流通経済大付柏高→立命館大→花園近鉄ライナーズ

つながり [ラグビー]粥塚 諒(高校)、[ラグビー]堀米 航平(高校)、[ラグビー]津嘉山 廉人(高校)

つながり 【ラグビー】梶村雄介と岡田優輝は伊丹ラグビースクールの同期

あ か さ た な は ま や ら わ

片倉 康瑛
かたくら やすあき

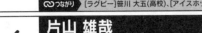

東京サントリーサンゴリアス／LO

1998年8月9日生／24歳／190cm／105kg／神奈川県

経歴≫ 明治大付中野高→明治大→東京サントリーサンゴリアス

つながり [ラグビー]笹川 大五(高校)、[アイスホッケー]青山 大基(大学)、[アイスホッケー]坂田 駿(大学)

片山 雄哉
かたやま ゆうや

阪神タイガース／捕手

1994年6月18日生／29歳／177cm／91kg／B型／愛知県

経歴≫ 安城市立安城南中→刈谷工高→至学館短大→BCL・福井→阪神

つながり [野球]速水 将大(大学)、[ラグビー]加藤 一希(同郷・同年代)、[ラグビー]姫野 和樹(同郷・同年代)

香月 一也
かつき かずや

読売ジャイアンツ／内野手

1996年4月16日生／27歳／176cm／83kg／A型／福岡県

経歴≫ 水巻町立水巻中→大阪桐蔭高→ロッテ→巨人

つながり [ラグビー]岩佐 賢人(同郷・同年代)、[ラグビー]古賀 駿汰(同郷・同年代)

勝野 昌慶
かつの あきよし

中日ドラゴンズ／投手

1997年6月12日生／26歳／183cm／89kg／O型／岐阜県

経歴≫ 可児市立西可児中→県立土岐商高→三菱重工名古屋→中日

つながり [野球]高橋 純平(同郷・同年代)、[アイスホッケー]中屋敷 侑史(同年代)、[アイスホッケー]京谷 充洋(同年代)

勝又 温史
かつまた あつし

横浜DeNAベイスターズ／外野手

2000年5月22日生／22歳／180cm／80kg／東京都

経歴≫ 狛江二中→日大鶴ヶ丘高→DeNA

つながり [野球]赤星 優志(高校)、[バスケットボール]木村 圭吾(同郷・同年代)、[野球]松井 颯(同郷・同年代)

勝又 琉偉
かつまた るい

千葉ロッテマリーンズ／内野手

2004年10月7日生／19歳／188cm／78kg／静岡県

経歴≫ 富士市立大淵中→富士宮東高→ロッテ

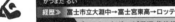

つながり [バスケットボール]荻沼 隼佑(同年代)、[野球]浅野 翔吾(同年代)、[野球]田村 朋輝(同年代)

勝連 大稀
かつれん はるき

福岡ソフトバンクホークス／内野手

2001年4月30日生／22歳／175cm／67kg／B型／沖縄県

経歴≫ 宜野湾市立普天間中→興南高→ソフトバンク

つながり [バスケットボール]山内 盛久(高校)、[バスケットボール]平良 陽汰(高校)

嘉手苅 浩太
かてかる こうた

東京ヤクルトスワローズ／投手

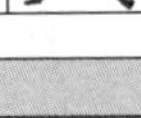

2002年12月26日生／21歳／191cm／105kg／A型／兵庫県

経歴≫ 姫路市立広畑中→日本航空石川高→ヤクルト

つながり [ラグビー]アシペリ モアラ(高校)、[ラグビー]ファウルア マキシ(高校)、[ラグビー]藤原 忍(高校)

加藤 一希
かとう かずき

クボタスピアーズ船橋・東京ベイ／PR

1994年12月7日生／28歳／185cm／115kg／愛知県

経歴≫ 中部大春日丘高→中部大→クボタスピアーズ船橋・東京ベイ

つながり [ラグビー]蜂谷 元紹(高校)、[ラグビー]稲田 壮一郎(高校)、[ラグビー]河野 良太(高校)

加藤 洸稀
かとう こうき

福岡ソフトバンクホークス／投手

2003年7月21日生／20歳／175cm／75kg／A型／兵庫県

経歴≫ 姫路市立山陽中→滝川二高→ソフトバンク

つながり [野球]高松 渡(高校)、[アイスホッケー]葛西 純昌(同年代)、[ラグビー]ダリエス トマス(同年代)

加藤 滉紫
かとう こうし

マツダスカイアクティブズ広島／PR

1996年6月2日生／26歳／172cm／90kg／千葉県

経歴≫ 専修大松戸高→天理大→マツダスカイアクティブズ広島

つながり [ラグビー]上田 聖(大学)、[ラグビー]アシペリ モアラ(大学)、[ラグビー]井上 大介(大学)

加藤 豪将
かとう ごうすけ

北海道日本ハムファイターズ／内野手

1994年10月8日生／29歳／185cm／91kg／アメリカ

経歴≫ 米マイナー→日本ハム

つながり [バスケットボール]ブランドン アシュリー(同郷・同年代)、[バスケットボール]アイゼイア ヒックス(同郷・同年代)

加藤 翔平
かとう しょうへい

中日ドラゴンズ／外野手
1991年3月28日生／32歳／183cm／90kg／AB型／埼玉県

経歴≫ 加須市立昭和中→春日部東高→上武大→ロッテ→中日

つながり [バスケットボール]細川 一輝(大学)、[野球]島田 海吏(大学)、[野球]佐藤 蓮(大学)

加藤 晴空
かとう そら

福岡ソフトバンクホークス／捕手
2003年4月28日生／20歳／175cm／77kg／A型／佐賀県

経歴≫ 鳥栖市立鳥栖中→東明館高→ソフトバンク

つながり [野球]鴨打 瑛二(同郷・同年代)、[アイスホッケー]葛西 純昌(同年代)、[ラグビー]ダリエス トマス(同年代)

加藤 大
かとう だい

横浜DeNAベイスターズ／投手
2002年4月24日生／21歳／177cm／81kg／AB型／神奈川県

経歴≫ 川中島中→横浜隼人高→DeNA

つながり [野球]青山 美夏人(高校)、[野球]宗 佑磨(高校)、[野球]佐藤 一磨(高校)

加藤 貴之
かとう たかゆき

北海道日本ハムファイターズ／投手
1992年6月3日生／31歳／182cm／90kg／AB型／千葉県

経歴≫ 白浜中→拓殖大紅陵高→新日鐵住金かずさマジック→日本ハム

つながり [野球]小林 慶祐(同郷・同年代)、[アイスホッケー]小野田 拓人(同年代)、[アイスホッケー]橋本 僚(同年代)

加藤 匠馬
かとう たくま

中日ドラゴンズ／捕手
1992年4月29日生／31歳／175cm／76kg／B型／三重県

経歴≫ 松阪市立飯南中→三重・三重高→青山学院大→中日→ロッテ→中日

つながり [ラグビー]古賀 駿汰(大学)、[ラグビー]髙橋 敏也(大学)、[ラグビー]髙野 祥太(大学)

加藤 翼
かとう つばさ

中日ドラゴンズ／投手
2002年12月14日生／21歳／179cm／80kg／A型／岐阜県

経歴≫ 下呂市立金山中→帝京大可児高→中日

つながり [野球]元 謙太(同郷・同年代)、[ラグビー]シオネ タプオシ(同年代)、[ラグビー]高橋 陽大(同年代)

加藤 寿一
かとう としかず

仙台89ERS／SF
1993年10月5日生／29歳／192cm／86kg／AB型／神奈川県

経歴≫ 平戸中→法政大二高→法政大→シーホース三河→京都ハンナリーズ→仙台89ERS

つながり [アイスホッケー]井上 光明(大学)、[アイスホッケー]伊藤 俊之(大学)、[アイスホッケー]伊藤 崇之(大学)

加藤 誠央
かとう まこと

九州電力キューデンヴォルテクス／FB
1990年8月1日生／32歳／177cm／88kg／山口県

経歴≫ 萩商工高→福岡大→九州電力キューデンヴォルテクス

つながり [ラグビー]花田 広樹(大学)、[ラグビー]大野 和真(大学)、[バスケットボール]薦田 拓也(大学)

加藤 竜聖
かとう りゅうせい

トヨタヴェルブリッツ／HO
1997年1月14日生／26歳／178cm／102kg／愛知県

経歴≫ 石見智翠館高→東海大→トヨタヴェルブリッツ

つながり [ラグビー]小幡 将己(高校)、[ラグビー]岡山 仙治(高校)、[ラグビー]林 隆広(高校)

加藤 凌悠
かとう りょうゆう

日野レッドドルフィンズ／PR
1991年4月29日生／31歳／172cm／100kg／愛知県

経歴≫ 東海大→日野レッドドルフィンズ

つながり [ラグビー]新井 望友(大学)、[ラグビー]近藤 英人(大学)、[ラグビー]アタアタ モエアキオラ(大学)

加藤 廉
かとう れん

読売ジャイアンツ／内野手
1999年1月12日生／24歳／181cm／80kg／O型／静岡県

経歴≫ 島田市立金谷中→島田工高→東海大海洋学部→巨人

つながり [野球]佐藤 蓮(同郷・同年代)、[野球]鈴木 将平(同郷・同年代)、[アイスホッケー]今 勇輔(同年代)

門脇 誠
かどわき まこと

読売ジャイアンツ／内野手
2001年1月24日生／22歳／171cm／76kg／A型／奈良県

経歴≫ 奈良市立平城中→創価高→創価大→巨人

つながり [野球]田中 正義(高校)、[野球]池田 隆英(高校)、[野球]萩原 哲(大学)、[野球]保科 広一(大学)

つながり 【野球】加藤翔平、益田直也は2009年の神宮大会で対戦。のちに千葉ロッテでチームメイトとなった

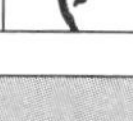

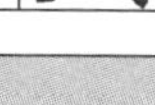

金井 大雪
かない たいせつ

NECグリーンロケッツ東葛／SO

1997年1月29日生／25歳／178cm／88kg／埼玉県

経歴≫ 深谷高→法政大→NECグリーンロケッツ東葛

つながり [ラグビー]新井 望友(高校)、[ラグビー]中嶋 大希(高校)、[ラグビー]橋本 吾郎(高校)

金井 健雄
かない たてお

三重ホンダヒート／HO 代表歴あり

1984年11月5日生／38歳／175cm／115kg／群馬県

経歴≫ 太田高→慶應義塾大→三重ホンダヒート

つながり [アイスホッケー]氏橋 祐太(大学)、[アイスホッケー]運上 雄基(大学)、[ラグビー]児玉 健太郎(大学)

金久保 優斗
かなくぼ ゆうと

東京ヤクルトスワローズ／投手

1999年11月4日生／24歳／183cm／74kg／O型／千葉県

経歴≫ 八千代市立八千代台西中→東海大付市原望洋高→ヤクルト

つながり [バスケットボール]野﨑 由之(同郷・同年代)、[野球]山下 輝(同郷・同年代)、[野球]池田 来翔(同郷・同年代)

金沢 一希
かなざわ かずき

清水建設江東ブルーシャークス／PR

1997年11月20日生／25歳／186cm／113kg／大阪府

経歴≫ 常翔学園高→立命館大→清水建設江東ブルーシャークス

つながり [ラグビー]岡田 一平(高校)、[ラグビー]海士 広大(高校)、[ラグビー]髙橋 汰地(高校)

金澤 徹
かなざわ とおる

清水建設江東ブルーシャークス／WTB

1995年12月26日生／27歳／178cm／80kg／東京都

経歴≫ 慶應義塾高→慶應義塾大→清水建設江東ブルーシャークス

つながり [アイスホッケー]氏橋 祐太(高校)、[ラグビー]大山 祥平(高校)、[ラグビー]川村 慎(高校)

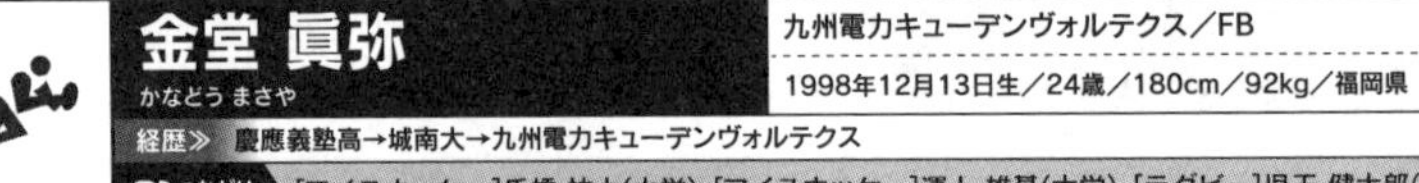

金堂 眞弥
かなどう まさや

九州電力キューデンヴォルテクス／FB

1998年12月13日生／24歳／180cm／92kg／福岡県

経歴≫ 慶應義塾高→城南大→九州電力キューデンヴォルテクス

つながり [アイスホッケー]氏橋 祐太(大学)、[アイスホッケー]運上 雄基(大学)、[ラグビー]児玉 健太郎(大学)

金堂 礼
かなどう みち

豊田自動織機シャトルズ愛知／FL

1992年7月15日生／30歳／179cm／95kg／福岡県

経歴≫ 筑紫高→東海大→豊田自動織機シャトルズ愛知

つながり [ラグビー]久保 優(高校)、[ラグビー]堀部 直壮(高校)、[ラグビー]山﨑 洋之(高校)

金丸 晃輔
かなまる こうすけ

三遠ネオフェニックス／SF 代表歴あり

1989年3月8日生／33歳／192cm／88kg／A型／福岡県

経歴≫ 那珂川南中→福岡大付大濠高→明治大→パナソニックトライアンズ他→三遠ネオフェニックス

つながり [バスケットボール]小林 大祐(高校)、[バスケットボール]井上 宗一郎(高校)

金丸 勇人
かなまる はやと

マツダスカイアクティブズ広島／CTB

1994年2月28日生／28歳／175cm／76kg／和歌山県

経歴≫ 天理高→天理大→マツダスカイアクティブズ広島

つながり [ラグビー]上田 聖(大学)、[ラグビー]アシペリ モアラ(大学)、[ラグビー]井上 大介(大学)

金山 修真
かなやま しゅうま

九州電力キューデンヴォルテクス／LO

1994年4月17日生／28歳／183cm／104kg／福岡県

経歴≫ 流通経済大付柏高→流通経済大→九州電力キューデンヴォルテクス

つながり [ラグビー]粥塚 諒(高校)、[ラグビー]堀米 航平(高校)、[ラグビー]津嘉山 廉人(高校)

金子 惠一
かねこ けいいち

花園近鉄ライナーズ／HO

1996年8月19日生／26歳／177cm／100kg／福岡県

経歴≫ 東福岡高→中央大→花園近鉄ライナーズ

つながり [ラグビー]岩佐 賢人(高校)、[ラグビー]北川 賢吾(高校)、[ラグビー]古賀 駿汰(高校)

金子 隼
かねこ じゅん

クリタウォーターガッシュ昭島／HO

1999年6月30日生／23歳／170cm／95kg／静岡県

経歴≫ 中部大春日丘高→近畿大→クリタウォーターガッシュ昭島

つながり [ラグビー]加藤 一希(高校)、[ラグビー]蜂谷 元紹(高校)、[ラグビー]稲田 壮一郎(高校)

金子 侑司
かねこ ゆうじ

埼玉西武ライオンズ／外野手
1990年4月24日生／33歳／179cm／76kg／B型／京都府
経歴≫ 京都市立西院中→立命館宇治高→立命館大→西武
つながり [ラグビー]原山 光正(高校)、[ラグビー]田中 雄太郎(高校)、[ラグビー]木田 晴斗(大学)

金田 瑛司
かねだ えいじ

埼玉パナソニックワイルドナイツ／SO
1993年5月14日生／29歳／174cm／84kg／京都府
経歴≫ 伏見工高→帝京大→埼玉パナソニックワイルドナイツ
つながり [ラグビー]田中 史朗(高校)、[ラグビー]小畑 健太郎(高校)、[ラグビー]寺田 桂太(高校)

金田 優太
かねだ ゆうた

千葉ロッテマリーンズ／内野手
2005年2月12日生／18歳／183cm／83kg／埼玉県
経歴≫ 川口市立芝西中→浦和学院高→ロッテ
つながり [野球]小島 和哉(高校)、[野球]渡邉 勇太朗(高校)、[野球]蛭間 拓哉(高校)

金田 龍弥
かねだ りゅうや

西宮ストークス／SF
2000年9月29日生／22歳／195cm／82kg／大阪府
経歴≫ 大阪学院大在学中
つながり [ラグビー]島田 彪雅(同郷・同年代)、[ラグビー]坂原 春光(同郷・同年代)

金村 尚真
かねむら しょうま

北海道日本ハムファイターズ／投手
2000年8月29日生／23歳／176cm／83kg／沖縄県
経歴≫ 豊見城中→岡山学芸館高→富士大→日本ハム
つながり [バスケットボール]モリス ンドゥール(高校)、[バスケットボール]田口 成浩(大学)、[野球]佐々木 健(大学)

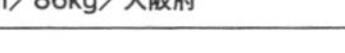

金村 拓耶
かねむら たくや

清水建設江東ブルーシャークス／CTB
1995年9月13日生／27歳／178cm／86kg／大阪府
経歴≫ 常翔啓光学園高→朝日大→清水建設江東ブルーシャークス
つながり [ラグビー]亀井 亮依(高校)、[ラグビー]山下 楽平(高校)、[ラグビー]森本 潤(高校)

金本 一真
かねもと かずま

滋賀レイクス／SG
1999年8月10日生／23歳／183cm／81kg／滋賀県
経歴≫ 滋賀レイクス
つながり [ラグビー]松田 進太郎(同郷・同年代)、[野球]水口 創太(同郷・同年代)、[野球]茶野 篤政(同郷・同年代)

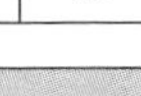

鹿野 洵生
かの じゅんき

アースフレンズ東京Z／SF
1988年1月18日生／35歳／192cm／82kg／A型／埼玉県
経歴≫ 草加市立青柳中→春日部高→筑波大→つくばロボッツ他→アースフレンズ東京Z
つながり [ラグビー]前田 土芽(大学)、[ラグビー]島田 悠平(大学)、[ラグビー]土谷 深浩(大学)

鎌田 慎平
かまた しんぺい

九州電力キューデンヴォルテクス／PR
1997年9月7日生／25歳／179cm／110kg／福岡県
経歴≫ 東福岡高→筑波大→九州電力キューデンヴォルテクス
つながり [ラグビー]岩佐 賢人(高校)、[ラグビー]北川 賢吾(高校)、[ラグビー]古賀 駿汰(高校)

鎌田 隼
かまた はやと

アースフレンズ東京Z／SG/SF
1998年2月21日生／24歳／195cm／86kg／A型／アメリカ
経歴≫ マリー・スター・オブ・ザ・シー・スクール→メリノールスクール→ポートランド大→東京アースフレンズZ
つながり [バスケットボール]鎌田 真(高校)、[バスケットボール]ダニエル ギデンズ(同郷・同年代)

鎌田 真
かまた まこと

越谷アルファーズ／SG 代表歴あり
2000年9月19日生／22歳／193cm／76kg／アメリカ
経歴≫ ニウバレー中→メリノール高→茨城ロボッツ→越谷アルファーズ
つながり [バスケットボール]鎌田 隼(高校)、[バスケットボール]トビン マーカス海舟(同郷・同年代)

鎌田 裕也
かまた ゆうや

川崎ブレイブサンダース／PF 代表歴あり
1990年5月11日生／32歳／197cm／115kg／A型／福島県
経歴≫ 湯本第一中→湯本高→大東文化大→川崎ブレイブサンダース→仙台89ERS→川崎ブレイブサンダース
つながり [アイスホッケー]松渕 雄太(大学)、[アイスホッケー]茂木 慎之介(大学)、[ラグビー]酒木 凜平(大学)

つながり [バスケットボール]金丸 晃輔、橋本竜馬は中学ジュニアオールスター福岡代表チーム、福岡大大濠と同じチーム

上川畑 大悟
かみかわばた たいご

北海道日本ハムファイターズ／内野手
1997年1月12日生／26歳／167cm／71kg／A型／岡山県

経歴≫ 新田中→倉敷商高→日本大→NTT東日本→日本ハム

つながり [野球]岡 大海(高校)、[野球]引地 秀一郎(高校)、[ラグビー]杉本 悠馬(大学)

神里 和毅
かみざと かずき

横浜DeNAベイスターズ／外野手
1994年1月17日生／29歳／179cm／81kg／A型／沖縄県

経歴≫ 南風原町立南星中→糸満高→中央大→日本生命→DeNA

つながり [野球]宮國 椋丞(高校)、[アイスホッケー]小野田 拓人(大学)、[アイスホッケー]中島 彰吾(大学)

神里 和
かみざと なごむ

熊本ヴォルターズ／PG
1995年5月2日生／27歳／170cm／66kg／B型／沖縄県

経歴≫ 南星中→小禄高→白鷗大→アースフレンズ東京Z他→熊本ヴォルターズ

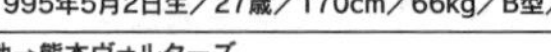

つながり [バスケットボール]池田 祐一(高校)、[バスケットボール]上良 潤起(高校)

上澤 俊喜
かみさわ としき

広島ドラゴンフライズ／PG
1998年6月2日生／24歳／176cm／77kg／A型／富山県

経歴≫ 朝日町立朝日中→中部大一高→日本大→富山グラウジーズ→広島ドラゴンフライズ

つながり [バスケットボール]宇都 直輝(高校)、[バスケットボール]中村 浩陸(高校)

上茶谷 大河
かみちゃたに たいが

横浜DeNAベイスターズ／投手
1996年8月31日生／27歳／182cm／83kg／B型／京都府

経歴≫ 衣笠中→京都学園高→東洋大→DeNA

つながり [ラグビー]細野 裕一朗(高校)、[アイスホッケー]成澤 優太(大学)、[アイスホッケー]柴田 嗣斗(大学)

紙森 陽太
かみもり ようた

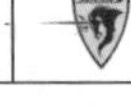

クボタスピアーズ船橋・東京ベイ／PR
1999年4月26日生／23歳／172cm／105kg／大阪府

経歴≫ 大阪桐蔭高→近畿大→クボタスピアーズ船橋・東京ベイ

つながり [ラグビー]宮宗 翔(高校)、[ラグビー]岡田 優輝(高校)、[ラグビー]清水 岳(高校)

亀井 康平
かめい こうへい

マツダスカイアクティブズ広島／CTB
1997年6月27日生／25歳／174cm／75kg／大阪府

経歴≫ 摂津高→帝京大→マツダスカイアクティブズ広島

つながり [ラグビー]大和田 立(大学)、[ラグビー]亀井 亮依(大学)、[ラグビー]小林 恵太(大学)

亀井 亮依
かめい りょうい

NECグリーンロケッツ東葛／FL
1994年10月8日生／28歳／178cm／97kg／大阪府

経歴≫ 常翔啓光学園高→帝京大→NECグリーンロケッツ東葛

つながり [ラグビー]山下 楽平(高校)、[ラグビー]森本 潤(高校)、[ラグビー]庵奥 翔太(高校)

亀田 啓太
かめだ けいた

読売ジャイアンツ／捕手
1999年4月9日生／24歳／183cm／94kg／O型／神奈川県

経歴≫ 平塚市立大野中→東海大甲府高→東海大→巨人

つながり [ラグビー]田草川 恵(高校)、[ラグビー]中村 謙吾(高校)、[野球]渡邉 諒(高校)、[野球]高橋 周平(高校)

鴨打 瑛二
かもうち えいじ

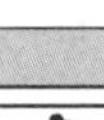

読売ジャイアンツ／投手
2004年2月29日生／19歳／195cm／90kg／O型／佐賀県

経歴≫ 小城市立牛津中→創成館高→巨人

つながり [野球]川原 陸(高校)、[野球]野口 恭佑(高校)、[野球]加藤 晴空(同郷・同年代)

嘉弥真 新也
かやま しんや

福岡ソフトバンクホークス／投手　代表歴あり
1989年11月23日生／34歳／172cm／71kg／O型／沖縄県

経歴≫ 石垣市立白保中→八重山農林高→ビッグ開発ベースボールクラブ→JX-ENEOS→ソフトバンク

つながり [バスケットボール]山内 盛久(同郷・同年代)、[バスケットボール]並里 成(同郷・同年代)

粥塚 諒
かゆつか りょう

コベルコ神戸スティーラーズ／FL
1997年7月30日生／25歳／184cm／98kg／茨城県

経歴≫ 流通経済大付柏高→流通経済大→コベルコ神戸スティーラーズ

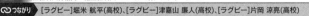

つながり [ラグビー]堀米 航平(高校)、[ラグビー]津嘉山 廉人(高校)、[ラグビー]片岡 涼亮(高校)

唐川 侑己
からかわ ゆうき

千葉ロッテマリーンズ／投手
1989年7月5日生／34歳／181cm／87kg／O型／千葉県

経歴≫ 成田市立西中→成田高→ロッテ

つながり [野球]田宮 裕涼(高校)、[ラグビー]中尾 光男(同郷・同年代)、[バスケットボール]遠藤 祐亮(同郷・同年代)

辛島 航
からしま わたる

東北楽天ゴールデンイーグルス／投手
1990年10月18日生／33歳／173cm／72kg／A型／福岡県

経歴≫ 福岡市立吉塚中→飯塚高→楽天

つながり [野球]白濱 快起(高校)、[ラグビー]中靏 隆彰(同郷・同年代)、[ラグビー]小川 高廣(同郷・同年代)

カラム マクドナルド
からむ まくどなるど

東京サントリーサンゴリアス／LO
2000年3月6日生／22歳／204cm／120kg／オーストラリア

経歴≫ アイオナ・カレッジ→東京サントリーサンゴリアス

つながり [ラグビー]エドワード カーク(大学)、[ラグビー]クイントン マヒナ(同郷・同年代)

カリステ
かりすて

中日ドラゴンズ／内野手
1992年2月3日生／31歳／184cm／87kg／ドミニカ共和国

経歴≫ ジャイアンツ他→メキシコL→中日

つながり [野球]エスピナル(同郷・同年代)、[野球]ボランコ(同郷・同年代)、[野球]B.ロドリゲス(同郷・同年代)

狩野 祐介
かりの ゆうすけ

滋賀レイクス／SG 代表歴あり
1990年4月18日生／32歳／184cm／80kg／B型／福岡県

経歴≫ 福岡市立春吉中→福岡第一高→東海大→東京エクセレンス→滋賀レイクスターズ→名古屋ダイヤモンドドルフィンズ→滋賀レイクス

つながり [バスケットボール]井手 優希(高校)、[バスケットボール]渡辺 竜之佑(高校)

狩俣 昌也
かりまた まさや

長崎ヴェルカ／PG
1988年4月28日生／34歳／178cm／75kg／O型／沖縄県

経歴≫ 狩俣中→興南高→国際武道大→千葉ジェッツ他→長崎ヴェルカ

つながり [バスケットボール]山内 盛久(高校)、[バスケットボール]平良 陽汰(高校)

ガルシア
がるしあ

中日ドラゴンズ／外野手
2000年7月1日生／23歳／182cm／106kg／キューバ

経歴≫ キューバL→中日

つながり [アイスホッケー]阿部 泰河(同年代)、[アイスホッケー]宮田 大輔(同年代)

ガルビス
がるびす

福岡ソフトバンクホークス／内野手
1989年11月14日生／34歳／178cm／86kg／ベネズエラ

経歴≫ フィリーズ他→ソフトバンク

つながり [アイスホッケー]佐々木 一正(同年代)、[アイスホッケー]鈴木 雄大(同年代)

川合 カイト
かわい かいと

三重ホンダヒート／CTB
1999年7月29日生／23歳／183cm／90kg／東京都

経歴≫ 小山台高→筑波大→三重ホンダヒート

つながり [野球]伊藤 優輔(高校)、[ラグビー]前田 土芽(大学)、[ラグビー]島田 悠平(大学)

川井 太貴
かわい たいき

日野レッドドルフィンズ／CTB
1997年4月30日生／25歳／170cm／84kg／大阪府

経歴≫ 近畿大→日野レッドドルフィンズ

つながり [ラグビー]宮宗 翔(大学)、[ラグビー]岩佐 賢人(大学)、[ラグビー]大熊 克哉(大学)

河合 龍一
かわい りゅういち

EAST HOKKAIDO CRANES／DF 代表歴あり
1983年9月26日生／39歳／180cm／84kg

経歴≫ 西武プリンスラビッツ他→EAST HOKKAIDO CRANES

つながり [アイスホッケー]百目木 政人(同年代)、[アイスホッケー]斉藤 哲也(同年代)

川上 剛右
かわかみ ごうすけ

三菱重工相模原ダイナボアーズ／WTB
1994年4月28日生／28歳／173cm／90kg／宮崎県

経歴≫ 東福岡高→関西学院大→三菱重工相模原ダイナボアーズ

つながり [ラグビー]岩佐 賢人(高校)、[ラグビー]北川 賢吾(高校)、[ラグビー]古賀 駿汰(高校)

つながり 【バスケ】狩野祐介、田中大貴、永吉佑也は2012年大学選手権の決勝で対戦

河口 駿
かわぐち しゅん

中国電力レッドレグリオンズ／No8
1992年7月28日生／30歳／180cm／110kg／大阪府

経歴≫ 啓光学園高→帝京大→中国電力レッドレグリオンズ

つながり [ラグビー]森 雄基(高校)、[ラグビー]大和田 立(大学)、[ラグビー]亀井 亮依(大学)

川越 誠司
かわごえ せいじ

埼玉西武ライオンズ／外野手
1993年6月30日生／30歳／174cm／80kg／A型／北海道

経歴≫ 札幌市立八条中→北海高→北海学園大→西武

つながり [アイスホッケー]橋本 僚(高校)、[アイスホッケー]伊藤 俊之(高校)、[アイスホッケー]牛来 拓都(高校)

川崎 清純
かわさき せいじゅん

埼玉パナソニックワイルドナイツ／WTB
1999年6月17日生／23歳／191cm／103kg／岩手県

経歴≫ 盛岡工高→関東学院大→埼玉パナソニックワイルドナイツ

つながり [ラグビー]川崎 龍清(高校)、[ラグビー]高城 佑太(高校)、[ラグビー]稲垣 啓太(大学)

川嵜 陽仁
かわさき はると

読売ジャイアンツ／投手
2003年11月1日生／20歳／177cm／80kg／A型／愛知県

経歴≫ 一宮市立千秋中→誉高→巨人

つながり [野球]イヒネ イツア(高校)、[野球]中川 勇斗(同郷・同年代)、[野球]星野 真生(同郷・同年代)

川崎 大翔
かわさき ひろと

三重ホンダヒート／FL
1991年7月5日生／31歳／183cm／102kg／兵庫県

経歴≫ 大阪桐蔭高→大阪体育大→三重ホンダヒート

つながり [ラグビー]宮宗 翔(高校)、[ラグビー]紙森 陽太(高校)、[ラグビー]岡田 優輝(高校)

川崎 龍清
かわさき りゅうせい

埼玉パナソニックワイルドナイツ／LO
1997年6月7日生／25歳／184cm／100kg／岩手県

経歴≫ 盛岡工高→関東学院大→埼玉パナソニックワイルドナイツ

つながり [ラグビー]川崎 清純(高校)、[ラグビー]高城 佑太(高校)、[ラグビー]稲垣 啓太(大学)

川島 聖那
かわしま せな

西宮ストークス／SG
2000年3月14日生／22歳／187cm／85kg／A型／福岡県

経歴≫ 那珂川中→福岡大付大濠高→法政大→ファイティングイーグルス名古屋→西宮ストークス

つながり [バスケットボール]小林 大祐(高校)、[バスケットボール]井上 宗一郎(高校)

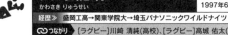

川嶋 勇人
かわしま はやと

秋田ノーザンハピネッツ／SG
1990年5月15日生／32歳／186cm／83kg／A型／京都府

経歴≫ 中京中→東山高→関西学院大→日立サンロッカーズ東京→京都ハンナリーズ→三遠ネオフェニックス→秋田ノーザンハピネッツ

つながり [ラグビー]指田 宗孝(高校)、[ラグビー]森 悠記(高校)、[ラグビー]森山 皓太(高校)

河嶋 凜太郎
かわしま りんたろう

中国電力レッドレグリオンズ／SH
1993年10月28日生／29歳／160cm／65kg／長崎県

経歴≫ 長崎南山高→福井工大→中国電力レッドレグリオンズ

つながり [ラグビー]大澤 蓮(高校)、[ラグビー]大熊 克哉(高校)、[ラグビー]杉永 亮太(高校)

川瀬 堅斗
かわせ けんと

オリックス・バファローズ／投手
2002年6月18日生／21歳／183cm／86kg／A型／大分県

経歴≫ 大分市立賀来中→大分商高→オリックス

つながり [野球]森下 暢仁(高校)、[野球]笠谷 俊介(高校)、[野球]川瀬 晃(高校)、[野球]三代 祥貴(高校)

川瀬 晃
かわせ ひかる

福岡ソフトバンクホークス／内野手
1997年9月15日生／26歳／175cm／69kg／B型／大分県

経歴≫ 大分市立賀来中→大分商高→ソフトバンク

つながり [野球]森下 暢仁(高校)、[野球]笠谷 俊介(高校)、[野球]三代 祥貴(高校)、[野球]源田 壮亮(高校)

川瀬 大輝
かわせ ひろき

クリタウォーターガッシュ昭島／LO
1994年11月10日生／28歳／180cm／95kg／愛知県

経歴≫ 石見智翠館高→東海大→クリタウォーターガッシュ昭島

つながり [ラグビー]小幡 将己(高校)、[ラグビー]岡山 仙治(高校)、[ラグビー]加藤 竜聖(高校)

河瀬 諒介
かわせ りょうすけ

東京サントリーサンゴリアス／FB

1999年7月21日生／23歳／183cm／89kg／大阪府

経歴≫ 東海大仰星高→早稲田大→東京サントリーサンゴリアス

つながり [ラグビー]岸岡 智樹(高校)、[ラグビー]近藤 英人(高校)、[ラグビー]根塚 洸雅 (高校)

河田 和大

かわた かずひろ

静岡ブルーレヴズ／PR

1996年5月23日生／26歳／172cm／102kg／埼玉県

経歴≫ 深谷高→拓殖大→静岡ブルーレヴズ

つながり [ラグビー]新井 望友(高校)、[ラグビー]金井 大雪(高校)、[ラグビー]中嶋 大希(高校)

河野 佳
かわの けい

広島東洋カープ／投手

2001年8月23日生／22歳／176cm／80kg／兵庫県

経歴≫ 広島市立大州中→広陵高→大阪ガス→広島

つながり [バスケットボール]冨岡 大地(高校)、[バスケットボール]大浦 颯太(高校)、[野球]小林 誠司(高校)

河野 竣太

かわの しゅんた

豊田自動織機シャトルズ愛知／WTB

1999年8月1日生／23歳／175cm／75kg／大阪府

経歴≫ 常翔学園高→流通経済大→豊田自動織機シャトルズ愛知

つながり [ラグビー]岡田 一平(高校)、[ラグビー]海士 広大(高校)、[ラグビー]髙橋 汰地(高校)

河野 竜生
かわの りゅうせい

北海道日本ハムファイターズ／投手

1998年5月30日生／25歳／174cm／84kg／O型／徳島県

経歴≫ 鳴門第二中→鳴門高→JFE西日本→日本ハム

つながり [野球]板東 湧梧(高校)、[野球]中山 晶量(高校)、[ラグビー]久保 克斗(同郷・同年代)

川野 涼多
かわの りょうた

埼玉西武ライオンズ／内野手

2001年6月28日生／22歳／178cm／78kg／AB型／熊本県

経歴≫ 熊本市立託麻中→九州学院高→西武

つながり [ラグビー]石田 一貴(高校)、[ラグビー]岩下 丈一郎(高校)、[ラグビー]石田 大河(高校)

川端 慎吾
かわばた しんご

東京ヤクルトスワローズ／内野手 代表歴あり

1987年10月16日生／36歳／185cm／86kg／O型／大阪府

経歴≫ 貝塚三中→市立和歌山商高→ヤクルト

つながり [野球]益田 直也(高校)、[ラグビー]樫本 敦(同郷・同年代)、[ラグビー]吉田 竜二(同郷・同年代)

川原 陸
かわはら りく

阪神タイガース／投手

2000年12月12日生／23歳／186cm／86kg／O型／長崎県

経歴≫ 三川中→創成館高→阪神

つながり [野球]鴨打 瑛二(高校)、[野球]野口 恭佑(高校)、[野球]野口 恭佑(同郷・同年代)

川真田 紘也

かわまた こうや

滋賀レイクス／C

1998年6月16日生／24歳／204cm／110kg／O型／徳島県

経歴≫ 徳島市立徳島中→城南高→天理大→佐賀バルーナーズ→滋賀レイクスターズ、滋賀レイクス

つながり [ラグビー]上田 聖(大学)、[ラグビー]アシペリ モアラ(大学)、[ラグビー]井上 大介(大学)

川俣 直樹

かわまた なおき

三菱重工相模原ダイナボアーズ／PR 代表歴あり

1985年10月31日生／37歳／184cm／126kg／東京都

経歴≫ 正智深谷高→明治大→三菱重工相模原ダイナボアーズ

つながり [ラグビー]タウファ オリヴェ(高校)、[ラグビー]ヴァル アサエリ愛ファカハウ(高校)

川向 瑛
かわむこう えい

NTTドコモレッドハリケーンズ大阪／SO

1995年1月9日生／28歳／171cm／80kg／鹿児島県

経歴≫ 鹿児島実高→大東文化大→NTTドコモレッドハリケーンズ大阪

つながり [ラグビー]小瀧 尚弘(高校)、[ラグビー]中村 亮土(高校)、[ラグビー]桑山 淳生(高校)

川村 一希
かわむら かずき

YOKOHAMA GRITS／DF

1994年4月30日生／28歳／174cm／80kg

経歴≫ 帯広稲田小→清水御影中→北海道清水高→明治大→High1→YOKOHAMA GRITS

つながり [アイスホッケー]小野田 拓人(高校)、[アイスホッケー]青山 大基(大学)、[アイスホッケー]坂田 駿(大学)

つながり 【野球】2023年NPB選手兄弟録。川瀬晃(兄)と川瀬堅斗(弟)。出身高も同じ

河村 謙尚
かわむら けんしょう

花園近鉄ライナーズ／SH
1999年10月14日生／23歳／171cm／76kg／愛知県

経歴≫ 常翔学園高→早稲田大→花園近鉄ライナーズ

つながり [ラグビー]岡田 一平(高校)、[ラグビー]海士 広大(高校)、[ラグビー]髙橋 汰地(高校)

川村 慎
かわむら しん

横浜キヤノンイーグルス／HO
1987年8月6日生／35歳／172cm／102kg／東京都

経歴≫ 慶應義塾高→慶應義塾大→NECグリーンロケッツ東葛→横浜キヤノンイーグルス

つながり [アイスホッケー]氏橋 祐太(高校)、[ラグビー]大山 祥平(高校)、[ラグビー]高木 一成(高校)

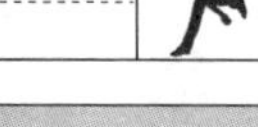

河村 説人
かわむら ときと

千葉ロッテマリーンズ／投手
1997年6月18日生／26歳／192cm／87kg／O型／北海道

経歴≫ むかわ町立鵡川中→白樺学園高→星槎道都大→ロッテ

つながり [野球]福田 俊(大学)、[バスケットボール]山田 友哉(同郷・同年代)、[野球]本前 郁也(同郷・同年代)

河村 勇輝
かわむら ゆうき

横浜ビー コルセアーズ／PG 代表歴あり
2001年5月2日生／21歳／172cm／68kg／B型／山口県

経歴≫ 柳井中→福岡第一高→東海大→三遠ネオフェニックス→横浜ビー コルセアーズ

つながり [バスケットボール]井手 優希(高校)、[バスケットボール]渡辺 竜之佑(高校)

川村 友斗
かわむら ゆうと

福岡ソフトバンクホークス／外野手
1999年8月13日生／24歳／181cm／90kg／北海道

経歴≫ 松前町立松前中→北海高→仙台大→ソフトバンク

つながり [アイスホッケー]橋本 僚(高校)、[アイスホッケー]伊藤 俊之(高校)、[アイスホッケー]牛来 拓都(高校)

川原田 純平
かわらだ じゅんぺい

福岡ソフトバンクホークス／内野手
2002年5月21日生／21歳／170cm／72kg／O型／岩手県

経歴≫ 花巻中→青森山田高→ソフトバンク

つながり [ラグビー]千葉 健(高校)、[野球]堀田 賢慎(高校)、[野球]堀岡 隼人(高校)、[野球]木浪 聖也(高校)

菅 俊男
かん としお

ライジングゼファー福岡／SG/SF
1994年2月26日生／28歳／184cm／83kg／B型／東京都

経歴≫ 森東中→つばさ総合高→国士舘大→青森ワッツ→ライジングゼファー福岡

つながり [バスケットボール]原 修太(大学)、[バスケットボール]髙橋 祐二(大学)、[バスケットボール]池田 祐一(大学)

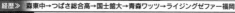

ガンケル
がんける

福岡ソフトバンクホークス／投手
1991年12月30日生／32歳／196cm／102kg／アメリカ

経歴≫ 米マイナー→阪神→ソフトバンク

つながり [バスケットボール]アレックス カーク(同郷・同年代)、[バスケットボール]レジナルド ベクトン(同郷・同年代)

寒竹 隼人
かんたけ はやと

仙台89ERS／SF
1986年8月1日生／36歳／194cm／89kg／A型／福岡県

経歴≫ 友泉中→福岡大付属大濠高→拓殖大→京都ハンナリーズ他→仙台89ERS

つながり [バスケットボール]小林 大祐(高校)、[バスケットボール]井上 宗一郎(高校)

ガント
がんと

北海道日本ハムファイターズ／投手
1992年8月6日生／31歳／193cm／90kg／アメリカ

経歴≫ ツインズ他→日本ハム

つながり [バスケットボール]ザック バランスキー(同郷・同年代)

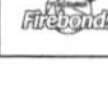

菅野 翔太
かんの しょうた

福島ファイヤーボンズ／SG/SF
1992年1月12日生／31歳／190cm／88kg／O型／福島県

経歴≫ 二本松第一中→福島工高→東北学院大→福島ファイヤーボンズ→三遠ネオフェニックス→福島ファイヤーボンズ

つながり [野球]本田 圭佑(大学)、[野球]岸 孝之(大学)、[ラグビー]小野 航大(同郷・同年代)

き

82人

(NPB/30人、B.LEAGUE/13人、JAPAN RUGBY LEAGUE ONE/35人、ASIA LEAGUE ICE HOCKEY/4人)

キーガン ファリア
きーがん ふぁりあ

静岡ブルーレヴズ／WTB

1994年2月10日生／28歳／183cm／85kg／インド

経歴≫ セントジョーンズ大→静岡ブルーレヴズ

つながり [アイスホッケー]高木 健太(同年代)、[アイスホッケー]大澤 勇斗(同年代)

キーファー ラベナ
きーふぁー らべな

滋賀レイクス／PG/SG

1993年10月27日生／29歳／183cm／82kg／フィリピン

経歴≫ 滋賀レイクス

つながり [アイスホッケー]高木 健太(同年代)、[アイスホッケー]大澤 勇斗(同年代)

菊田 圭佑
きくた けいすけ

NECグリーンロケッツ東葛／PR

1998年6月15日生／24歳／173cm／113kg／宮城県

経歴≫ 仙台育英高→法政大→NECグリーンロケッツ東葛

つながり [ラグビー]千葉 雄太(高校)、[ラグビー]矢富 洋則(高校)、[ラグビー]森 太志(高校)

菊田 拡和
きくた ひろかず

読売ジャイアンツ／内野手

2001年7月23日生／22歳／182cm／94kg／B型／茨城県

経歴≫ 土浦市立土浦第二中→常総学院高→巨人

つながり [野球]宇草 孔基(高校)、[野球]鈴木 昭汰(高校)、[アイスホッケー]中舘 庸太朗(同年代)

菊池 秀治
きくち しゅうじ

YOKOHAMA GRITS／DF

1986年9月7日生／36歳／174cm／86kg

経歴≫ 西武ホワイトベアーズ→埼玉栄高→法政大→東北フリーブレイズ→チャイナドラゴン→東北フリーブレイズ→YOKOHAMA GRITS

つながり [アイスホッケー]ハリデー 慈英(高校)、[アイスホッケー]石川 貴大(高校)

菊地 祥平
きくち しょうへい

越谷アルファーズ／SF　代表歴あり

1984年8月27日生／38歳／191cm／91kg／O型／山形県

経歴≫ 山形市立第二中→日大山形高→日本大→東芝ブレイブサンダース→アルバルク東京→越谷アルファーズ

つながり [バスケットボール]鈴木 大(高校)、[バスケットボール]山本 翔太(高校)、[野球]中野 拓夢(高校)

菊地 大稀
きくち たいき

読売ジャイアンツ／投手

1999年6月2日生／24歳／186cm／89kg／O型／新潟県

経歴≫ 佐渡市立真野中→佐渡高→桐蔭横浜大→巨人

つながり [野球]吉田 賢吾(大学)、[野球]渡部 健人(大学)、[野球]齋藤 友貴哉(大学)

菊池 真人
きくち まなと

名古屋ダイヤモンドドルフィンズ／PF

1989年6月18日生／33歳／191cm／94kg／O型／福島県

経歴≫ 棚倉中→日本大東北高→テイトリックつくば→仙台89ERS→サンロッカーズ渋谷→名古屋ダイヤモンドドルフィンズ

つながり [バスケットボール]山内 翼(高校)、[アイスホッケー]佐々木 一正(同年代)

菊地 吏玖
きくち りく

千葉ロッテマリーンズ／投手

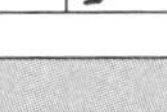

2000年6月13日生／23歳／183cm／93kg／北海道

経歴≫ 苫小牧市立青翔中→札幌大谷高→専修大→ロッテ

つながり [野球]阿部 剣友(高校)、[ラグビー]石田 楽人(大学)、[ラグビー]山極 大貴(大学)

菊池 涼介
きくち りょうすけ

広島東洋カープ／内野手　代表歴あり

1990年3月11日生／33歳／171cm／68kg／A型／東京都

経歴≫ 東大和市立第三中→武蔵工大二高→中京学院大→広島

つながり [野球]吉川 尚輝(大学)、[野球]西尾 歩真(大学)、[ラグビー]小泉 将(同郷・同年代)

木澤 尚文
きざわ なおふみ

東京ヤクルトスワローズ／投手

1998年4月25日生／25歳／183cm／85kg／O型／千葉県

経歴≫ 船橋市立二宮中→慶應義塾高→慶應義塾大→ヤクルト

つながり [アイスホッケー]氏橋 祐太(高校)、[ラグビー]大山 祥平(高校)、[ラグビー]川村 慎(高校)

岸 潤一郎
きし じゅんいちろう

埼玉西武ライオンズ／外野手

1996年12月8日生／27歳／174cm／82kg／A型／兵庫県

経歴≫ 尼崎市立中央中→明徳義塾高→四国IL・徳島→西武

つながり [バスケットボール]ファイ サンバ(高校)、[バスケットボール]平尾 充庸(高校)、[野球]代木 大和(高校)

つながり [バスケットボール]2023年Bリーグ選手兄弟録。キーファー ラベナ(兄) とサディラベナ(弟)

岸 孝之
きし たかゆき

東北楽天ゴールデンイーグルス／投手 代表歴あり

1984年12月4日生／38歳／180cm／77kg／A型／宮城県

経歴≫ 仙台市立柳生中→名取北高→東北学院大→西武→楽天

つながり [バスケットボール]菅野 翔太(大学)、[野球]本田 圭佑(大学)、[ラグビー]田中 史朗(同年代)

岸岡 智樹
きしおか ともき

クボタスピアーズ船橋・東京ベイ／SO

1997年9月22日生／25歳／178cm／85kg／大阪府

経歴≫ 東海大仰星高→早稲田大→クボタスピアーズ船橋・東京ベイ

つながり [ラグビー]近藤 英人(高校)、[ラグビー]根塚 洸雅 (高校)、[ラグビー]北出 卓也(高校)

岸田 篤生
きしだ あつき

佐賀バルーナーズ／PG

1995年10月28日生／27歳／175cm／73kg／A型／鳥取県

経歴≫ 鳥取東中→鳥取東高→大阪体育大→京都ハンナリーズ→西宮ストークス→佐賀バルーナーズ

つながり [ラグビー]山本 剣士(大学)、[ラグビー]王 鏡聞(大学)、[ラグビー]伊尾木 洋斗(大学)

岸田 行倫
きしだ ゆきのり

読売ジャイアンツ／捕手

1996年10月10日生／27歳／176cm／88kg／A型／兵庫県

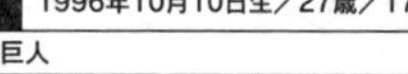

経歴≫ 川西市立川西南中→報徳学園高→大阪ガス→巨人

つながり [ラグビー]井上 遼(高校)、[ラグビー]日和佐 篤(高校)、[ラグビー]前田 剛(高校)

岸本 隆一
きしもと りゅういち

琉球ゴールデンキングス／PG/SG 代表歴あり

1990年5月17日生／32歳／176cm／75kg／O型／沖縄県

経歴≫ 屋部中→北中城高→大東文化大→琉球ゴールデンキングス

つながり [アイスホッケー]松渕 雄太(大学)、[アイスホッケー]茂木 慎之介(大学)、[ラグビー]酒木 凜平(大学)

木田 貴明
きだ たかあき

アルティーリ千葉／SF

1995年7月16日生／27歳／188cm／87kg／B型／石川県

経歴≫ 作見小→錦城中→金沢高→青山学院大学金沢武士団→熊本ヴォルターズ→アルティーリ千葉

つながり [バスケットボール]長野 誠史(高校)、[野球]飛田 悠成(高校)、[ラグビー]古賀 駿汰(大学)

木田 晴斗
きだ はると

クボタスピアーズ船橋・東京ベイ／WTB

1999年4月9日生／23歳／176cm／90kg／兵庫県

経歴≫ 関西大倉高→立命館大→クボタスピアーズ船橋・東京ベイ

つながり [ラグビー]古川 聖人(大学)、[ラグビー]百地 龍之介(大学)、[ラグビー]礒田 凌平(大学)

喜多 隆介
きた りゅうすけ

読売ジャイアンツ／捕手

1998年8月25日生／25歳／179cm／83kg／A型／石川県

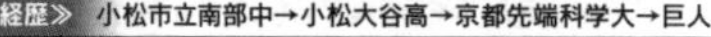

経歴≫ 小松市立南部中→小松大谷高→京都先端科学大→巨人

つながり [野球]東出 直也(高校)、[バスケットボール]赤穂 雷太(同郷・同年代)、[野球]山﨑 颯一郎(同郷・同年代)

来田 涼斗
きた りょうと

オリックス・バファローズ／外野手

2002年10月16日生／21歳／180cm／90kg／A型／兵庫県

経歴≫ 神戸市立長坂中→明石商高→オリックス

つながり [野球]山﨑 伊織(高校)、[野球]中森 俊介(高校)、[野球]松本 航(高校)、[野球]水上 桂(高校)

北浦 竜次
きたうら りゅうじ

北海道日本ハムファイターズ／投手

2000年1月12日生／23歳／184cm／96kg／AB型／栃木県

経歴≫ 厚崎中→白鴎大足利高→日本ハム

つながり [野球]大下 誠一郎(高校)、[ラグビー]福田 陸人(同郷・同年代)、[バスケットボール]小室 昂大(同郷・同年代)

北川 賢吾
きたがわ けんご

クボタスピアーズ船橋・東京ベイ／PR 代表歴あり

1992年8月27日生／30歳／178cm／110kg／福岡県

経歴≫ 東福岡高→同志社大→クボタスピアーズ船橋・東京ベイ

つながり [ラグビー]岩佐 賢人(高校)、[ラグビー]古賀 駿汰(高校)、[ラグビー]才田 智(高校)

喜多川 修平
きたがわ しゅうへい

宇都宮ブレックス／SF

1985年10月1日生／37歳／185cm／85kg／A型／神奈川県

経歴≫ 菅生中→桐光学園高→専修大→アイシンシーホース三河→琉球ゴールデンキングス→宇都宮ブレックス

つながり [バスケットボール]宮本 一樹(高校)、[バスケットボール]齋藤 拓実(高校)

北川 弘
きたがわ ひろむ

島根スサノオマジック／PG

1991年10月16日生／31歳／183cm／75kg／A型／滋賀県

経歴≫ 南郷中→光泉高→日本体育大→広島ドラゴンフライズ→島根スサノオマジック

つながり [バスケットボール]杉本 慶(高校)、[バスケットボール]中東 泰斗(高校)、[アイスホッケー]石井 秀人(大学)

北島 聖也
きたじま せいや

中国電力レッドレグリオンズ／PR

1995年3月6日生／27歳／175cm／120kg／佐賀県

経歴≫ 佐賀工高→東海大→中国電力レッドレグリオンズ

つながり [ラグビー]松浦 康一(高校)、[ラグビー]大塚 健太郎(高校)、[ラグビー]荒井 康植(高校)

北島 遥生
きたじま はるき

マツダスカイアクティブズ広島／WTB

1995年4月16日生／27歳／172cm／85kg／大阪府

経歴≫ 常翔学園高→法政大→マツダスカイアクティブズ広島

つながり [ラグビー]岡田 一平(高校)、[ラグビー]海士 広大(高校)、[ラグビー]髙橋 汰地(高校)

北島 大
きたじま ひろし

NTTドコモレッドハリケーンズ大阪／PR

1985年9月21日生／37歳／175cm／103kg／兵庫県

経歴≫ 報徳学園高→法政大→NTTドコモレッドハリケーンズ大阪

つながり [ラグビー]井上 遼(高校)、[ラグビー]日和佐 篤(高校)、[ラグビー]前田 剛(高校)

北出 卓也
きたで たくや

コベルコ神戸スティーラーズ／HO 代表歴あり

1992年9月14日生／30歳／180cm／100kg／京都府

経歴≫ 東海大仰星高→東海大→コベルコ神戸スティーラーズ

つながり [ラグビー]岸岡 智樹(高校)、[ラグビー]近藤 英人(高校)、[ラグビー]根塚 洸雅 (高校)

北林 佑介
きたばやし ゆうすけ

マツダスカイアクティブズ広島／HO

1995年8月12日生／27歳／172cm／104kg／和歌山県

経歴≫ 東海大仰星高→帝京大→マツダスカイアクティブズ広島

つながり [ラグビー]岸岡 智樹(高校)、[ラグビー]近藤 英人(高校)、[ラグビー]根塚 洸雅 (高校)

北原 璃久
きたはら りく

日野レッドドルフィンズ／SO

1999年3月30日生／23歳／166cm／76kg／東京都

経歴≫ 国学院大久我山高→オタゴ大→日野レッドドルフィンズ

つながり [ラグビー]島田 悠平(高校)、[ラグビー]髙橋 敏也(高校)、[ラグビー]田中 真一(高校)

北村 恵吾
きたむら けいご

東京ヤクルトスワローズ／内野手

2000年12月18日生／23歳／182cm／90kg／岐阜県

経歴≫ 大垣北中→近江高→中央大→ヤクルト

つながり [野球]植田 海(高校)、[野球]龍空(高校)、[野球]京山 将弥(高校)、[野球]山田 陽翔(高校)

北村 拓己
きたむら たくみ

読売ジャイアンツ／内野手

1995年8月29日生／28歳／181cm／90kg／A型／石川県

経歴≫ 星稜中→星稜高→亜細亜大→巨人

つながり [野球]山瀬 慎之助(高校)、[野球]高木 京介(高校)、[野球]奥川 恭伸(高校)、[野球]内山 壮真(高校)

北村 将大
きたむら まさひろ

トヨタヴェルブリッツ／SO

1998年8月29日生／24歳／172cm／85kg／兵庫県

経歴≫ 御所実高→帝京大→トヨタヴェルブリッツ

つながり [ラグビー]土井 貴弘(高校)、[ラグビー]酒木 凜平(高校)、[ラグビー]竹井 勇二(高校)

北村 流音
きたむら りお

読売ジャイアンツ／内野手

2005年2月20日生／18歳／174cm／78kg／O型／群馬県

経歴≫ 桐生市立中央中→桐生第一高→巨人

つながり [野球]三塚 琉生(高校)、[野球]清水 叶人(同郷・同年代)、[バスケットボール]荻沼 隼佑(同年代)

北山 亘基
きたやま こうき

北海道日本ハムファイターズ／投手

1999年4月10日生／24歳／182cm／80kg／A型／京都府

経歴≫ 周山中→京都成章高→京都産大→日本ハム

つながり [ラグビー]押川 敦治(高校)、[ラグビー]松岡 賢太(高校)、[ラグビー]淺岡 俊亮(高校)

つながり 【バスケットボール】岸本 隆一、大塚勇人は中学時代ジュニアオールスターで対戦

木津 武士
きづ たけし

日野レッドドルフィンズ/HO　代表歴あり

1988年7月15日生/34歳/183cm/113kg/大阪府

経歴≫ 東海大→日野レッドドルフィンズ

つながり [ラグビー]新井 望友(大学)、[ラグビー]近藤 英人(大学)、[ラグビー]アタアタ モエアキオラ(大学)

木津 悠輔
きづ ゆうすけ

トヨタヴェルブリッツ/PR　代表歴あり

1995年12月2日生/27歳/178cm/112kg/大分県

経歴≫ 由布高→天理大→トヨタヴェルブリッツ

つながり [ラグビー]上田 聖(大学)、[ラグビー]アシペリ モアラ(大学)、[ラグビー]井上 大介(大学)

吉川 遼
きっかわ りょう

日野レッドドルフィンズ/FB

1996年3月21日生/26歳/175cm/84kg/東京都

経歴≫ ワイカト大→日野レッドドルフィンズ

つながり [ラグビー]フェトゥカモカモ ダグラス(大学)、[ラグビー]ジェイコブ スキーン(大学)

木付 丈博
きつき たけひろ

九州電力キューデンヴォルテクス/HO

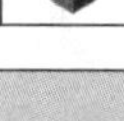

1994年11月15日生/28歳/185cm/114kg/熊本県

経歴≫ 荒尾高→帝京大→九州電力キューデンヴォルテクス

つながり [ラグビー]町野 泰司(高校)、[ラグビー]清原 祥(高校)、[ラグビー]流 大(高校)

ギッテンス
きってんす

東北楽天ゴールデンイーグルス/内野手

1994年2月4日生/29歳/193cm/113kg/アメリカ

経歴≫ ヤンキース→楽天

つながり [バスケットボール]アディソン スプライル(同郷・同年代)、[バスケットボール]マーベル ハリス(同郷・同年代)

ギディオン コイージェレンバーグ
ぎでぃおん こいーじぇれんばーぐ

クリタウォーターガッシュ昭島/LO

1994年11月25日生/28歳/199cm/118kg/南アフリカ

経歴≫ フゲノート→クリタウォーターガッシュ昭島

つながり [ラグビー]マルコム マークス(同郷・同年代)、[ラグビー]コーバス ファンダイク(同郷・同年代)

木浪 聖也
きなみ せいや

阪神タイガース/内野手

1994年6月15日生/29歳/179cm/81kg/O型/青森県

経歴≫ 青森山田中→青森山田高→亜細亜大→Honda→阪神

つながり [ラグビー]千葉 健(高校)、[野球]堀田 賢慎(高校)、[野球]堀岡 隼人(高校)、[野球]京田 陽太(高校)

杵渕 周真
きねぶち しゅうま

TOHOKU FREEBLADES/DF

1997年7月14日生/25歳/190cm/95kg

経歴≫ Haukat U20 Akatemia→KJT Haukat U20→Haukat→TOHOKU FREEBLADES

つながり [アイスホッケー]矢野 倫太朗(高校)、[アイスホッケー]鈴木 ロイ(高校)、[アイスホッケー]矢野 竜一朗(高校)

木下 拓哉
きのした たくや

中日ドラゴンズ/捕手

1991年12月18日生/32歳/183cm/95kg/B型/高知県

経歴≫ 高知中→高知高→法政大→トヨタ自動車→中日

つながり [野球]森木 大智(高校)、[野球]榮枝 裕貴(高校)、[野球]公文 克彦(高校)、[野球]和田 恋(高校)

木下 誠
きのした まこと

大阪エヴェッサ/PG/SG

1997年3月31日生/25歳/185cm/80kg/O型/大阪府

経歴≫ 巽中→大阪学院大高→大阪学院大→名古屋ダイヤモンドドルフィンズ→大阪エヴェッサ

つながり [ラグビー]吉川 豪人(高校)、[バスケットボール]吉井 裕鷹(高校)、[バスケットボール]綱井 勇介(高校)

木下 元秀
きのした もとひで

広島東洋カープ/外野手

2001年7月25日生/22歳/183cm/91kg/O型/大阪府

経歴≫ 堺市立三国丘中→敦賀気比高→広島

つながり [野球]笠島 尚樹(高校)、[野球]西川 龍馬(高校)、[野球]前川 誠太(高校)、[野球]平沼 翔太(高校)

木下 幹也
きのした もとや

読売ジャイアンツ/投手

2002年5月1日生/21歳/185cm/92kg/A型/東京都

経歴≫ 練馬区立開進第三中→横浜高→巨人

つながり [野球]伊藤 将司(高校)、[野球]及川 雅貴(高校)、[野球]髙濱 祐仁(高校)、[野球]柳 裕也(高校)

宜保 翔
ぎぼ しょう

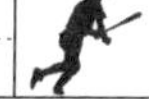

オリックス・バファローズ／内野手
2000年11月26日生／23歳／176cm／75kg／O型／沖縄県
経歴≫ 長嶺中→KBC学園未来高沖縄→オリックス
つながり [野球]仲地 礼亜(同郷・同年代)、[野球]宮城 滝太(同郷・同年代)、[野球]前田 純(同郷・同年代)

金 寛泰
きむ がんて

東芝ブレイブルーパス東京／PR
1992年6月5日生／30歳／175cm／111kg／大阪府
経歴≫ 大阪朝鮮高→関西学院大→東芝ブレイブルーパス東京
つながり [ラグビー]金 秀隆(高校)、[ラグビー]李 承信(高校)、[ラグビー]梁 正秋(高校)

金 典弘
きむ じょのん

NTTドコモレッドハリケーンズ大阪／SO
1995年5月20日生／27歳／184cm／90kg／大阪府
経歴≫ 大阪朝鮮高→東海大→NTTドコモレッドハリケーンズ大阪
つながり [ラグビー]金 秀隆(高校)、[ラグビー]李 承信(高校)、[ラグビー]梁 正秋(高校)

金 秀隆
きむ すりゅん

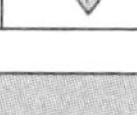

クボタスピアーズ船橋・東京ベイ／WTB
1998年1月16日生／25歳／186cm／90kg／大阪府
経歴≫ 大阪朝鮮高→朝鮮大→クボタスピアーズ船橋・東京ベイ
つながり [ラグビー]李 承信(高校)、[ラグビー]梁 正秋(高校)、[ラグビー]安 昌豪(高校)

金 亨志
きむ ひょんじ

クリタウォーターガッシュ昭島／PR
1993年11月27日生／29歳／175cm／110kg／大阪府
経歴≫ 大阪朝鮮高→京都産大→クリタウォーターガッシュ昭島
つながり [ラグビー]金 秀隆(高校)、[ラグビー]李 承信(高校)、[ラグビー]梁 正秋(高校)

KIM Yoonjae
きむ ゆんじぇ

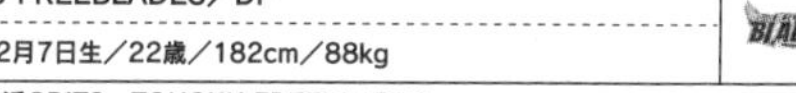

TOHOKU FREEBLADES／DF
2000年12月7日生／22歳／182cm／88kg
経歴≫ Boston Junior Bandits→デミョン・キラーホエールズ→横浜GRITS→TOHOKU FREEBLADES
つながり [アイスホッケー]阿部 泰河(同年代)、[アイスホッケー]宮田 大輔(同年代)

金 勇輝
きむ よんひ

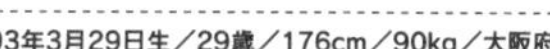
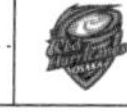

NTTドコモレッドハリケーンズ大阪／CTB
1993年3月29日生／29歳／176cm／90kg／大阪府
経歴≫ 大阪朝鮮高→法政大→NTTドコモレッドハリケーンズ大阪
つながり [ラグビー]金 秀隆(高校)、[ラグビー]李 承信(高校)、[ラグビー]梁 正秋(高校)

金 隆生
きむ りゅんせん

豊田自動織機シャトルズ愛知／FL
1998年5月22日生／24歳／180cm／96kg／大阪府
経歴≫ 大阪朝鮮高→帝京大→豊田自動織機シャトルズ愛知
つながり [ラグビー]金 秀隆(高校)、[ラグビー]李 承信(高校)、[ラグビー]梁 正秋(高校)

金 廉
きむ りょむ

浦安D-Rocks／PR
1996年4月1日生／26歳／182cm／115kg／大阪府
経歴≫ 大阪朝鮮高→帝京大→NTTドコモレッドハリケーンズ大阪→浦安D-Rocks
つながり [ラグビー]金 秀隆(高校)、[ラグビー]李 承信(高校)、[ラグビー]梁 正秋(高校)

金 嶺志
きむ りょんじ

浦安D-Rocks／LO
1994年8月26日生／28歳／192cm／107kg／埼玉県
経歴≫ 東京朝鮮高→帝京大→浦安D-Rocks
つながり [ラグビー]大和田 立(大学)、[ラグビー]亀井 亮依(大学)、[ラグビー]小林 恵太(大学)

木村 圭吾
きむら けいご

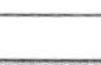

新潟アルビレックスBB／SG
2000年11月8日生／22歳／188cm／82kg／O型／東京都
経歴≫ 実践学園中→八王子学園八王子高→セントジョセフ大(在中)→新潟アルビレックスBB
つながり [ラグビー]オト ジョシュア 輝恵 (高校)、[バスケットボール]多田 武史(高校)

木村 啓太郎
きむら けいたろう

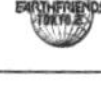

アースフレンズ東京Z／PG/SG
1993年6月12日生／29歳／176cm／75kg／O型／青森県
経歴≫ 津軽中→前橋育英高→新潟医療福祉大→青森ワッツ他→アースフレンズ東京Z
つながり [バスケットボール]船生 誠也(高校)、[バスケットボール]久岡 幸太郎(高校)

つながり 【アイスホッケー】杵渕周真と伊藤崇之は2年前フィンランドリーグに所属し、よくラーメン屋でよく食事をしていた

木村 星南
きむら せな

東芝ブレイブルーパス東京／PR

1999年6月24日生／23歳／175cm／105kg／大阪府

経歴≫ 大阪産大附高→東海大→東芝ブレイブルーパス東京

つながり [ラグビー]松永 貫汰(高校)、[ラグビー]小野木 晃英(高校)、[ラグビー]小鍜治 悠太(高校)

木村 大成
きむら たいせい

福岡ソフトバンクホークス／投手

2003年9月12日生／20歳／180cm／76kg／A型／北海道

経歴≫ 北広島市立東部中→北海高→ソフトバンク

つながり [アイスホッケー]橋本 僚(高校)、[アイスホッケー]伊藤 俊之(高校)、[アイスホッケー]牛来 拓都(高校)

木村 貴大
きむら たかひろ

東京サントリーサンゴリアス／SH

1993年12月9日生／29歳／173cm／83kg／福岡県

経歴≫ 東福岡高→筑波大→東京サントリーサンゴリアス

つながり [ラグビー]岩佐 賢人(高校)、[ラグビー]北川 賢吾(高校)、[ラグビー]古賀 駿汰(高校)

木村 勇大
きむら たけひろ

日野レッドドルフィンズ／LO

1992年11月11日生／30歳／187cm／95kg／大阪府

経歴≫ 近畿大→日野レッドドルフィンズ

つながり [ラグビー]宮宗 翔(大学)、[ラグビー]岩佐 賢人(大学)、[ラグビー]大熊 克哉(大学)

木村 友憲
きむら とものり

NECグリーンロケッツ東葛／SH

1992年10月23日生／30歳／168cm／78kg／大阪府

経歴≫ 流通経済大付柏高→流通経済大→NECグリーンロケッツ東葛

つながり [ラグビー]新井 翼(高校)、[ラグビー]ジョージ リサレ(大学)、[ラグビー]積 賢佑(大学)

木村 朋也
きむら ともや

花園近鉄ライナーズ／WTB

1998年4月4日生／24歳／175cm／81kg／京都府

経歴≫ 伏見工高→帝京大→花園近鉄ライナーズ

つながり [ラグビー]田中 史朗(高校)、[ラグビー]小畑 健太郎(高校)、[ラグビー]寺田 桂太(高校)

木村 光
きむら ひかる

福岡ソフトバンクホークス／投手

2000年7月2日生／23歳／173cm／71kg／奈良県

経歴≫ 桜井立桜井東中→奈良大附高→仏教大→ソフトバンク

つながり [野球]門脇 誠(同郷・同年代)、[野球]曽谷 龍平(同郷・同年代)、[アイスホッケー]阿部 泰河(同年代)

木村 文紀
きむら ふみかず

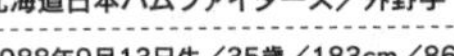

北海道日本ハムファイターズ／外野手

1988年9月13日生／35歳／183cm／86kg／O型／東京都

経歴≫ 馬込中→埼玉栄高→西武→日本ハム

つながり [アイスホッケー]ハリデー 慈英(高校)、[アイスホッケー]石川 貴大(高校)

ギャビン エドワーズ
ぎゃびん えどわーず

千葉ジェッツ／PF 代表歴あり

1988年1月15日生／35歳／206cm／110kg／アメリカ

経歴≫ ネスキト中→メスキート高→コネチカット大→DASH Peristeri→Westsports KL Dragons→シーホース三河→千葉ジェッツ

つながり [バスケットボール]レオ ライオンズ(同郷・同年代)、[バスケットボール]テレンス ウッドベリー(同郷・同年代)

キャメロン ベイリー
きゃめろん べいりー

釜石シーウェイブスRFC／FB

1996年2月21日生／26歳／191cm／100kg／ニュージーランド

経歴≫ セントアンドリュースカレッジ→釜石シーウェイブスRFC

つながり [ラグビー]ジョシュ グッドヒュー(同郷・同年代)、[ラグビー]ルテル ラウララ(同郷・同年代)

京田 陽太
きょうだ ようた

横浜DeNAベイスターズ／内野手

1994年4月20日生／29歳／184cm／83kg／O型／石川県

経歴≫ 寺井中→青森山田高→日本大→中日→DeNA

つながり [ラグビー]千葉 健(高校)、[野球]堀田 賢慎(高校)、[野球]堀岡 隼人(高校)、[野球]木浪 聖也(高校)

京本 眞
きょうもと まこと

読売ジャイアンツ／投手

2004年2月6日生／19歳／189cm／80kg／A型／大阪府

経歴≫ 大阪市立歌島中→明豊高→巨人

つながり [野球]濱田 太貴(高校)、[野球]今宮 健太(高校)、[野球]居谷 匠真(高校)

京谷 充洋
きょうや みちひろ

TOHOKU FREEBLADES／DF
1998年2月16日生／24歳／170cm／78kg

経歴≫ 釧路鳥取中→清水高→明治大→TOHOKU FREEBLADES

つながり [アイスホッケー]青山 大基(大学)、[アイスホッケー]坂田 駿(大学)、[アイスホッケー]相馬 秀斗(大学)

京山 将弥
きょうやま まさや

横浜DeNAベイスターズ／投手
1998年7月4日生／25歳／182cm／77kg／B型／滋賀県

経歴≫ 北大路中→近江高→DeNA

つながり [野球]植田 海(高校)、[野球]龍空(高校)、[野球]北村 恵吾(高校)、[野球]山田 陽翔(高校)

清原 祥
きよはら しょう

静岡ブルーレヴズ／SO
1993年3月1日生／29歳／174cm／81kg／熊本県

経歴≫ 荒尾高→東洋大→静岡ブルーレヴズ

つながり [ラグビー]町野 泰司(高校)、[ラグビー]流 大(高校)、[ラグビー]西浦 洋祐(高校)

清宮 幸太郎
きよみや こうたろう

北海道日本ハムファイターズ／内野手
1999年5月25日生／24歳／184cm／103kg／O型／東京都

経歴≫ 早稲田実業中→早稲田実高→日本ハム

つながり [ラグビー]千葉 太一(高校)、[野球]重信 慎之介(高校)、[野球]野村 大樹(高校)

吉良 友嘉
きら ともかず

静岡ブルーレヴズ／WTB
1994年7月29日生／28歳／171cm／82kg／大分県

経歴≫ 日本文理大附高→関東学院大→静岡ブルーレヴズ

つながり [ラグビー]具 智元(高校)、[ラグビー]髙橋 裕司(高校)、[ラグビー]稲垣 啓太(大学)

桐敷 拓馬
きりしき たくま

阪神タイガース／投手
1999年6月20日生／24歳／178cm／90kg／O型／埼玉県

経歴≫ 鴻巣市立川里中→本庄東高→新潟医療福祉大→阪神

つながり [バスケットボール]木村 啓太郎(大学)、[野球]笠原 祥太郎(大学)、[野球]佐藤 琢磨(大学)

喜連 航平
きれ こうへい

横浜キヤノンイーグルス／SO
1995年6月25日生／27歳／175cm／83kg／兵庫県

経歴≫ 大阪桐蔭高→近畿大→NTTコミュニケーションズシャイニングアークス東京ベイ浦安→横浜キヤノンイーグルス

つながり [ラグビー]宮宗 翔(高校)、[ラグビー]紙森 陽太(高校)、[ラグビー]岡田 優輝(高校)

金 正奎
きん しょうけい

浦安D-Rocks／FL　代表歴あり
1991年10月3日生／31歳／177cm／95kg／大阪府

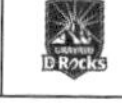

経歴≫ 常翔啓光学園高→早稲田大→浦安D-Rocks

つながり [ラグビー]亀井 亮依(高校)、[ラグビー]山下 楽平(高校)、[ラグビー]森本 潤(高校)

キング 開
きんぐ かい

横浜ビー コルセアーズ／PG/SG
2000年2月29日生／22歳／185cm／83kg／O型／神奈川県

経歴≫ 岡村中→アレセイア湘南高→専修大→横浜ビー コルセアーズ

つながり [バスケットボール]栗原 翼(高校)、[ラグビー]石田 楽人(大学)、[ラグビー]山極 大貴(大学)

銀次
ぎんじ

東北楽天ゴールデンイーグルス／内野手　代表歴あり
1988年2月24日生／35歳／174cm／78kg／A型／岩手県

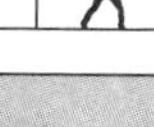

経歴≫ 普代中→盛岡中央高→楽天

つながり [野球]齋藤 響介(高校)、[アイスホッケー]成澤 優太(同年代)、[アイスホッケー]山下 敬史(同年代)

く 67人
(NPB/24人、B.LEAGUE/11人、JAPAN RUGBY LEAGUE ONE/29人、ASIA LEAGUE ICE HOCKEY/3人)

具 智元
ぐ じうぉん

コベルコ神戸スティーラーズ／PR　代表歴あり
1994年7月20日生／28歳／183cm／117kg／韓国

経歴≫ 日本文理大附属高→拓殖大→コベルコ神戸スティーラーズ

つながり [ラグビー]吉良 友嘉(高校)、[ラグビー]髙橋 裕司(高校)、[ラグビー]アセリ マシヴォウ(大学)

つながり 【野球】清宮幸太郎と櫻井周斗は、16年東京都秋季大会決勝で対戦

クイントン マヒナ
くいんとん まひな

コベルコ神戸スティーラーズ／CTB
1999年4月29日生／23歳／173cm／96kg／オーストラリア

経歴≫ ブリスベン州立高→拓殖大→コベルコ神戸スティーラーズ

つながり [ラグビー]マット トゥームア(高校)、[バスケットボール]ブロック モータム(高校)

九鬼 隆平
くき りゅうへい

福岡ソフトバンクホークス／捕手
1998年9月5日生／25歳／180cm／83kg／A型／大阪府

経歴≫ 蹉跎中→秀岳館高→ソフトバンク

つながり [野球]田浦 文丸(高校)、[野球]国吉 佑樹(高校)、[ラグビー]小幡 将己(同郷・同年代)

日下 太平
くさか たいへい

コベルコ神戸スティーラーズ／SO
1999年11月8日生／23歳／182cm／93kg／神奈川県

経歴≫ クライストチャーチボーイズ高→コベルコ神戸スティーラーズ

つながり [ラグビー]アッシュ ティクソン(高校)、[ラグビー]マット トッド(高校)、[ラグビー]山本 耕生(同郷・同年代)

草野 陽斗
くさの はると

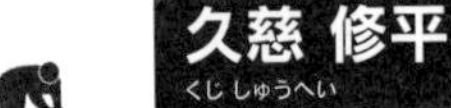

横浜DeNAベイスターズ／投手
2004年6月7日生／19歳／175cm／87kg／福島県

経歴≫ 内郷一中→東日本国際大附昌平高→DeNA

つながり [バスケットボール]荻沼 隼佑(同年代)、[野球]浅野 翔吾(同年代)、[野球]田村 朋輝(同年代)

久慈 修平
くじ しゅうへい

RED EAGLES HOKKIDO／FW 代表歴あり
1987年4月27日生／35歳／170cm／21kg

経歴≫ 苫小牧明野小→苫小牧明野中→駒大苫小牧高→早稲田大→RED EAGLES HOKKIDO

つながり [アイスホッケー]山田 虎太朗(高校)、[アイスホッケー]山下 敬史(高校)、[アイスホッケー]今 勇輔(高校)

葛原 大智
くずはら だいち

ファイティングイーグルス名古屋／SG/SF
1996年2月5日生／26歳／189cm／90kg／O型／愛媛県

経歴≫ 久米中→福岡大付大濠高→大東文化大→富山グラウジーズ→レバンガ北海道→FE名古屋

つながり [バスケットボール]小林 大祐(高校)、[バスケットボール]井上 宗一郎(高校)

葛見 達哉
くずみ たつや

三菱重工相模原ダイナボアーズ／LO
1997年12月17日生／25歳／192cm／109kg／千葉県

経歴≫ 千葉経済大附高→東洋大→三菱重工相模原ダイナボアーズ

つながり [アイスホッケー]成澤 優太(大学)、[アイスホッケー]柴田 嗣斗(大学)、[アイスホッケー]福田 充男(大学)

楠本 泰史
くすもと たいし

横浜DeNAベイスターズ／外野手
1995年7月7日生／28歳／180cm／82kg／A型／大阪府

経歴≫ 横浜市立山内中→花咲徳栄高→東北福祉大→DeNA

つながり [野球]松井 颯(高校)、[野球]清水 達也(高校)、[野球]味谷 大誠(高校)、[野球]高橋 昂也(高校)

国吉 佑樹
くによし ゆうき

千葉ロッテマリーンズ／投手
1991年9月24日生／32歳／196cm／106kg／A型／大阪府

経歴≫ 枚方市立桜丘中→秀岳館高→横浜・DeNA→ロッテ

つながり [野球]田浦 文丸(高校)、[野球]九鬼 隆平(高校)、[ラグビー]金 正奎(同郷・同年代)

久保 克斗
くぼ かつと

横浜キヤノンイーグルス／LO
1998年11月7日生／24歳／192cm／108kg／徳島県

経歴≫ 国学院栃木高→帝京大→横浜キヤノンイーグルス

つながり [ラグビー]尾又 寛汰(高校)、[ラグビー]福田 陸人(高校)、[ラグビー]武井 日向(高校)

久保 修
くぼ しゅう

広島東洋カープ／外野手
2000年9月29日生／23歳／180cm／80kg／大阪府

経歴≫ 千代田中→石見智翠館高→大阪観光大→広島

つながり [ラグビー]小幡 将己(高校)、[ラグビー]岡山 仙治(高校)、[ラグビー]加藤 竜聖(高校)

久保 優
くぼ すぐる

NECグリーンロケッツ東葛／PR
1998年4月28日生／24歳／178cm／110kg／福岡県

経歴≫ 筑紫高→早稲田大→NECグリーンロケッツ東葛

つながり [ラグビー]堀部 直壮(高校)、[ラグビー]山﨑 洋之(高校)、[ラグビー]中井 健人(高校)

久保 清悟
くぼ せいご

マツダスカイアクティブズ広島／WTB

1998年8月22日生／24歳／174cm／84kg／奈良県

経歴≫ 天理高→明治大→マツダスカイアクティブズ広島

つながり [ラグビー]井上 大介(高校)、[ラグビー]立川 理道(高校)、[ラグビー]井関 信介(高校)

久保 拓眞
くぼ たくま

東京ヤクルトスワローズ／投手

1996年7月27日生／27歳／175cm／75kg／B型／佐賀県

経歴≫ 伊万里市立伊万里中→自由ケ丘高→九州共立大→ヤクルト

つながり [ラグビー]高尾 時流(大学)、[ラグビー]竹内 柊平(大学)、[ラグビー]白濱 弘章(大学)

久保 直人
くぼ なおと

豊田自動織機シャトルズ愛知／WTB

1996年11月22日生／26歳／175cm／83kg／奈良県

経歴≫ 天理高→天理大→豊田自動織機シャトルズ愛知

つながり [ラグビー]井上 大介(高校)、[ラグビー]立川 理道(高校)、[ラグビー]井関 信介(高校)

久保田 義章
くぼた よしあき

京都ハンナリーズ／PG

1997年10月5日生／25歳／175cm／75kg／A型／福岡県

経歴≫ 高生中→折尾愛真高→九州共立大→京都ハンナリーズ

つながり [野球]小野 泰己(高校)、[ラグビー]高尾 時流(大学)、[ラグビー]竹内 柊平(大学)

熊谷 航
くまがい こう

信州ブレイブウォーリアーズ／PG

1996年5月7日生／26歳／173cm／70kg／A型／大分県

経歴≫ 別府北部中→前橋育英高→大東文化大→シーホース三河→信州ブレイブウォリアーズ

つながり [バスケットボール]木村 啓太郎(高校)、[バスケットボール]船生 誠也(高校)

熊谷 豪士
くまがい ごうし

YOKOHAMA GRITS／DF

1988年8月19日生／34歳／180cm／88kg

経歴≫ ジェームズタウンジェッツ→東北フリーブレイズ→チャイナドラゴン→東北フリーブレイズ→YOKOHAMA GRITS

つながり [アイスホッケー]小野 航平(同年代)、[アイスホッケー]岩本 和真(同年代)

熊谷 敬宥
くまがい たかひろ

阪神タイガース／内野手

1995年11月10日生／28歳／175cm／68kg／A型／宮城県

経歴≫ 仙台市立南光台中→仙台育英高→立教大→阪神

つながり [ラグビー]菊田 圭佑(高校)、[ラグビー]千葉 雄太(高校)、[ラグビー]矢富 洋則(高校)

熊谷 尚也
くまがえ なおや

川崎ブレイブサンダース／SF 代表歴あり

1990年11月16日生／32歳／195cm／95kg／A型／福岡県

経歴≫ 那珂中→九州産業大付九州産業高→日本体育大→栃木ブレックス→大阪エヴェッサ→川崎ブレイブサンダース

つながり [アイスホッケー]石井 秀人(大学)、[アイスホッケー]松野 佑太(大学)、[ラグビー]クリスチャン ラウイ(大学)

隈本 浩太
くまもと こうた

釜石シーウェイブスRFC／HO

1988年11月24日生／34歳／172cm／103kg／鹿児島県

経歴≫ 都城高→志學館大→宗像サニックスブルース→釜石シーウェイブスRFC

つながり [ラグビー]福坪 龍一郎(同郷・同年代)、[アイスホッケー]小野 航平(同年代)

雲山 弘貴
くもやま ひろき

東京サントリーサンゴリアス／FB

1999年7月18日生／23歳／187cm／93kg／兵庫県

経歴≫ 報徳学園高→明治大→東京サントリーサンゴリアス

つながり [ラグビー]井上 遼(高校)、[ラグビー]日和佐 篤(高校)、[ラグビー]前田 剛(高校)

公文 克彦
くもん かつひこ

埼玉西武ライオンズ／投手

1992年3月4日生／31歳／173cm／83kg／A型／高知県

経歴≫ 芸西村立芸西中→高知高→大阪ガス→巨人→日本ハム→西武

つながり [野球]森木 大智(高校)、[野球]梁枝 裕貴(高校)、[野球]木下 拓哉(高校)、[野球]和田 恋(高校)

グラント ジェレット
ぐらんと じぇれっと

宇都宮ブレックス／PF

1993年7月8日生／29歳／208cm／105kg／アメリカ

経歴≫ 宇都宮ブレックス

つながり [バスケットボール]アディソン スプライル(同郷・同年代)、[バスケットボール]マーベル ハリス(同郷・同年代)

つながり 【ラグビー】具智元の兄は具智充(元三重)、父は具東春(元Honda)というラグビー一家

九里 亜蓮
くり あれん

広島東洋カープ／投手

1991年9月1日生／32歳／187cm／96kg／A型／鳥取県

経歴≫ 米子市立東山中→岡山理大附高→亜細亜大→広島

つながり [野球]柴田 竜拓(高校)、[野球]薮田 和樹(高校)、[野球]藤岡 裕大(高校)、[野球]頓宮 裕真(高校)

クリスチャン ジェームス
くりすちゃん じぇーむす

バンビシャス奈良／SG/SF

1996年10月23日生／26歳／194cm／99kg／アメリカ

経歴≫ ベルエアー高→オクラホマ大→Fortitudo Agrigento→Staff Mantova→Tramec Cento→バンビシャス奈良

つながり [バスケットボール]アンドリュー フィッツジェラルド(大学)

クリスチャン ラウイ
くりすちゃん らうい

NECグリーンロケッツ東葛／CTB

1998年9月8日生／24歳／180cm／105kg／トンガ

経歴≫ 日本体育大柏高―日本体育大→NECグリーンロケッツ東葛

つながり [ラグビー]ハラトア ヴァイレア(高校)、[バスケットボール]保岡 龍斗(高校)

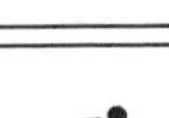

クリストファー スミス
くりすとふぁー すみす

千葉ジェッツ／SG/SF

1994年3月8日生／28歳／193cm／95kg／アメリカ

経歴≫ クーリー中→センター高→ユタ州立大→PVSK-Veolia→Stal Ostrów Wielkopolaki→千葉ジェッツ

つながり [バスケットボール]アディソン スプライル(同郷・同年代)、[バスケットボール]マーベル ハリス(同郷・同年代)

クリップス ヘイデン
くりっぷす へいでん

浦安D-Rocks／SO

1990年10月30日生／32歳／177cm／80kg／ニュージーランド

経歴≫ マッセイ大→東京ガス→日野RD→浦安D-Rocks

つながり [ラグビー]トム マーシャル(同郷・同年代)、[ラグビー]ウィリアム トゥポウ(同郷・同年代)

栗林 良吏
くりばやし りょうじ

広島東洋カープ／投手

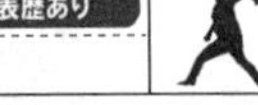

代表歴あり

1996年7月9日生／27歳／178cm／83kg／A型／愛知県

経歴≫ 愛知市立佐織中→愛知黎明高→名城大→トヨタ自動車

つながり [ラグビー]大嶌 一平(大学)、[ラグビー]松井 丈典(同郷・同年代)

栗原 大介
くりはら だいすけ

NTTドコモレッドハリケーンズ大阪／FL

1990年3月17日生／32歳／181cm／100kg／神奈川県

経歴≫ 湘南高→慶應義塾大→NTTコミュニケーションズシャイニングアークス東京ベイ浦安→NTTドコモレッドハリケーンズ大阪

つながり [アイスホッケー]氏橋 祐太(大学)、[アイスホッケー]運上 雄基(大学)、[ラグビー]児玉 健太郎(大学)

栗原 翼
くりはら つばさ

アースフレンズ東京Z／PG/SG

1997年8月16日生／25歳／182cm／87kg／A型／神奈川県

経歴≫ アースフレンズ東京Z

つながり [バスケットボール]キング 開(高校)、[ラグビー]稲垣 啓太(大学)、[ラグビー]川崎 清純(大学)

栗原 由太
くりはら ゆうた

リコーブラックラムズ東京／CTB

1997年10月12日生／25歳／179cm／90kg／神奈川県

経歴≫ 桐蔭学園高→慶応義塾大→リコーブラックラムズ東京

つながり [ラグビー]石田 楽人(高校)、[ラグビー]山本 耕生(高校)、[ラグビー]田村 魁世(高校)

栗原 良多
くりばら りょうた

クリタウォーターガッシュ昭島／HO

1995年3月24日生／27歳／178cm／105kg／埼玉県

経歴≫ 正智深谷高→大東文化大→クリタウォーターガッシュ昭島

つながり [ラグビー]タウファ オリヴェ(高校)、[ラグビー]ヴァル アサエリ愛ファカハウ(高校)

栗原 陵矢
くりはら りょうや

福岡ソフトバンクホークス／外野手 代表歴あり

1996年7月4日生／27歳／178cm／78kg／A型／福井県

経歴≫ 森田中→春江工高→ソフトバンク

つながり [バスケットボール]松山 駿(同郷・同年代)、[アイスホッケー]ハリデー 慈英(同年代)

栗原 ルイス
くりはら るいす

信州ブレイブウォーリアーズ／SG

1996年11月3日生／26歳／188cm／89kg／O型／アメリカ

経歴≫ パリセイズ高→ウィッティア大→信州ブレイブウォーリアーズ

つながり [バスケットボール]アンソニー ローレンス II(同郷・同年代)

グリフィン
くりふぃん

読売ジャイアンツ／投手
1995年7月27日生／28歳／191cm／102kg／アメリカ

経歴≫ ブルージェイズ他→巨人

つながり [ラグビー]鶴川 達彦(同郷・同年代)、[バスケットボール]ジョナサン ウィリアムズ(同郷・同年代)

栗山 巧
くりやま たくみ

埼玉西武ライオンズ／外野手
1983年9月3日生／40歳／177cm／85kg／O型／兵庫県

経歴≫ 神戸市立太山寺中→育英高→西武

つながり [バスケットボール]藤本 巧太(高校)、[バスケットボール]松崎 賢人(高校)、[野球]矢野 雅哉(高校)

栗山 塁
くりやま るい

クリタウォーターガッシュ昭島／PR
1998年8月13日生／24歳／178cm／110kg／神奈川県

経歴≫ 桐蔭学園高→専修大→クリタウォーターガッシュ昭島

つながり [ラグビー]石田 楽人(高校)、[ラグビー]山本 耕生(高校)、[ラグビー]田村 魁世(高校)

クリントン スワート
くりんとん すわーと

静岡ブルーレヴズ／CTB
1992年9月6日生／30歳／184cm／105kg／南アフリカ

経歴≫ プレトリア大→スタンダートン高→静岡ブルーレヴズ

つながり [ラグビー]ゲラード ファンデンヒーファー(大学)、[ラグビー]ジェシー クリエル(大学)

クリントン ノックス
くりんとん のっくす

三重ホンダヒート／CTB
1992年12月27日生／30歳／182cm／98kg／南アフリカ

経歴≫ コーパスクリスティ高→三重ホンダヒート

つながり [ラグビー]ピーターステフ デュトイ(同郷・同年代)、[ラグビー]ルード デヤハー(同郷・同年代)

クレイグ ミラー
くれいぐ みらー

埼玉パナソニックワイルドナイツ／PR　代表歴あり
1990年10月29日生／32歳／186cm／116kg／ニュージーランド

経歴≫ オタゴ大→埼玉パナソニックワイルドナイツ

つながり [ラグビー]北原 璃久(大学)、[ラグビー]トム ロウ(大学)、[ラグビー]トム マーシャル(同郷・同年代)

グレイグ レイドロー
ぐれいぐ れいどろー

浦安D-Rocks／SH
1985年10月12日生／37歳／176cm／80kg／スコットランド

経歴≫ ジェドバラ高→エディンバラ→グロスター→クレルモンオーヴェルニュ→浦安D-Rocks

つながり [アイスホッケー]濱島 尚人(同年代)、[ラグビー]山下 裕史(同年代)、[ラグビー]森 雄基(同年代)

グレゴリー エチェニケ
ぐれごりー えちぇにけ

福島ファイヤーボンズ／PF/C
1990年11月23日生／32歳／208cm／120kg／ベネズエラ

経歴≫ セント・ベネディクト中→セント・ベネディクト高→クレイトン大→Guaros de Lara(ベネズエラ)他→福島ファイヤーボンズ

つながり [アイスホッケー]牛来 拓都(同年代)、[アイスホッケー]杉本 華唯(同年代)

グレゴリー スローター
ぐれごりー すろーたー

ライジングゼファー福岡／C
1988年5月19日生／34歳／213cm／111kg／アメリカ

経歴≫ アテネオデマニラ大→バランガイジネブラサンミゲル キングス→ノースポートバタンピア→ライジングゼファー福岡

つながり [バスケットボール]ジョシュア クロフォード(同郷・同年代)

紅林 弘太郎
くればやし こうたろう

オリックス・バファローズ／内野手
2002年2月7日生／21歳／187cm／94kg／B型／静岡県

経歴≫ 藤枝市立青島中→駿河総合高→オリックス

つながり [野球]杉山 一樹(高校)、[野球]森 敬斗(同郷・同年代)、[アイスホッケー]中舘 庸太朗(同年代)

呉山 聖道
くれやまのりゆき

中国電力レッドレグリオンズ／LO
1998年7月25日生／24歳／180cm／95kg／大阪府

経歴≫ 大阪桐蔭高→大東文化大→中国電力レッドレグリオンズ

つながり [ラグビー]宮宗 翔(高校)、[ラグビー]紙森 陽太(高校)、[ラグビー]岡田 優輝(高校)

黒岩 義博
くろいわ よしひろ

YOKOHAMA GRITS／GK　代表歴あり
1993年10月9日生／29歳／178cm／76kg

経歴≫ HKトゥクムス→S-Kiekko→ジェネラルズ・キエフ→プリズマ・リガ→AIK/Laser→ハイワン→プリズマ・リガ→YOKOHAMA GRITS

つながり [アイスホッケー]髙木 健太(同年代)、[アイスホッケー]大澤 勇斗(同年代)

つながり 【野球】21世紀最初の2001年ドラフト会議指名選手で現役を続けているのは。栗山巧、石川雅規、中村剛也の3人

黒川 凱星
くろかわ かいせい

千葉ロッテマリーンズ／内野手
2004年4月5日生／19歳／178cm／75kg／千葉県

経歴≫ 朝日ケ丘中→学法石川高→ロッテ

つながり [野球]尾形 崇斗(高校)、[バスケットボール]荻沼 隼佑(同年代)、[野球]浅野 翔吾(同年代)

黒川 勝平
くろかわ しょうへい

中国電力レッドレグリオンズ／WTB
1988年9月7日生／34歳／175cm／80kg／長崎県

経歴≫ 長崎南山高→帝京大→中国電力レッドレグリオンズ

つながり [ラグビー]大澤 蓮(高校)、[ラグビー]大熊 克哉(高校)、[ラグビー]杉永 亮太(高校)

黒川 史陽
くろかわ ふみや

東北楽天ゴールデンイーグルス／内野手
2001年4月17日生／22歳／182cm／86kg／B型／奈良県

経歴≫ 河合第一中→智辯和歌山高→楽天

つながり [野球]岡田 俊哉(高校)、[野球]東妻 純平(高校)、[野球]黒原 拓未(高校)、[野球]小林 樹斗(高校)

黒木 健人
くろき けんと

九州電力キューデンヴォルテクス／CTB
1995年10月5日生／27歳／179cm／86kg／宮崎県

経歴≫ 高鍋高→早稲田大→九州電力キューデンヴォルテクス

つながり [ラグビー]西村 龍馬(高校)、[ラグビー]重信 滉史郎(高校)、[アイスホッケー]山田 虎太朗(大学)

黒木 優太
くろき ゆうた

オリックス・バファローズ／投手
1994年8月16日生／29歳／179cm／85kg／A型／神奈川県

経歴≫ 横浜市立日吉台中→橘学苑高→立正大→オリックス

つながり [ラグビー]千葉 雄太(大学)、[ラグビー]ヘンリー ジェイミー(大学)

黒田 将矢
くろだ まさや

埼玉西武ライオンズ／投手
2004年1月24日生／19歳／188cm／78kg／B型／青森県

経歴≫ むつ市立大平中→八戸工大一高→西武

つながり [アイスホッケー]橋本 三千雄(高校)、[アイスホッケー]古川 駿(高校)、[アイスホッケー]畑 享和(高校)

黒原 拓未
くろはら たくみ

広島東洋カープ／投手
1999年11月29日生／24歳／173cm／76kg／A型／和歌山県

経歴≫ 海南市立海南中→智辯和歌山高→関西学院大→広島

つながり [野球]岡田 俊哉(高校)、[野球]東妻 純平(高校)、[野球]小林 樹斗(高校)、[野球]林 晃汰(高校)

畔柳 亨丞
くろやなぎ きょうすけ

北海道日本ハムファイターズ／投手
2003年5月3日生／20歳／180cm／85kg／B型／愛知県

経歴≫ 豊田市立竜神中→中京大中京高→日本ハム

つながり [野球]中山 礼都(高校)、[野球]伊藤 稜(高校)、[野球]髙橋 宏斗(高校)、[野球]鵜飼 航丞(高校)

桑田 宗一郎
くわた そういちろう

清水建設江東ブルーシャークス／SO
2000年1月11日生／23歳／170cm／75kg／大阪府

経歴≫ 桐蔭学園高→青山学院大→清水建設江東ブルーシャークス

つながり [ラグビー]石田 楽人(高校)、[ラグビー]山本 耕生(高校)、[ラグビー]田村 魁世(高校)

クワッガ スミス
くわっが すみす

静岡ブルーレヴズ／FL
1993年6月11日生／29歳／180cm／94kg／南アフリカ

経歴≫ HTSミッデルバーグ高→静岡ブルーレヴズ

つながり [ラグビー]ジェシー クリエル(同郷・同年代)、[ラグビー]バーガー オーデンダール(同郷・同年代)

桑野 詠真
くわの えいしん

静岡ブルーレヴズ／LO
1994年10月11日生／28歳／193cm／112kg／福岡県

経歴≫ 筑紫高→早稲田大→静岡ブルーレヴズ

つながり [ラグビー]久保 優(高校)、[ラグビー]堀部 直壮(高校)、[ラグビー]山崎 洋之(高校)

桑原 秀侍
くわはら しゅうじ

福岡ソフトバンクホークス／投手
2002年5月29日生／21歳／175cm／80kg／A型／熊本県

経歴≫ 湖東中→神村学園高→ソフトバンク

つながり [野球]羽月 隆太郎(高校)、[野球]渡邉 陸(高校)、[野球]桑 勝利(高校)

鍬原 拓也
くわはら たくや

読売ジャイアンツ／投手
1996年3月26日生／27歳／178cm／85kg／A型／奈良県

経歴≫ 御所市立大正中→北陸高→中央大→巨人

つながり [バスケットボール]藤永 佳昭(高校)、[バスケットボール]満田 丈太郎(高校)

桑原 将志
くわはら まさゆき

横浜DeNAベイスターズ／外野手
1993年7月21日生／30歳／174cm／78kg／B型／大阪府

経歴≫ 和泉市立郷荘中→福知山成美高→DeNA

つながり [野球]島本 浩也(高校)、[ラグビー]岡田 一平(同郷・同年代)、[ラグビー]橋本 皓(同郷・同年代)

桑山 淳生
くわやま あつき

東芝ブレイブルーパス東京／WTB
1997年11月15日生／25歳／183cm／90kg／鹿児島県

経歴≫ 鹿児島実高→早稲田大→東芝ブレイブルーパス東京

つながり [ラグビー]小瀧 尚弘(高校)、[ラグビー]中村 亮土(高校)、[ラグビー]桑山 聖生(高校)

桑山 聖生
くわやま としき

東芝ブレイブルーパス東京／FB
1996年6月6日生／26歳／184cm／95kg／鹿児島県

経歴≫ 鹿児島実高→早稲田大→東芝ブレイブルーパス東京

つながり [ラグビー]小瀧 尚弘(高校)、[ラグビー]中村 亮土(高校)、[ラグビー]桑山 淳生(高校)

郡司 健吾
ぐんじ けんご

三重ホンダヒート／FB
1997年9月13日生／25歳／184cm／90kg／茨城県

経歴≫ 日川高→専修大→三重ホンダヒート

つながり [ラグビー]大内 真(高校)、[ラグビー]飯沼 蓮(高校)、[ラグビー]松土 治樹(高校)

郡司 裕也
ぐんじ ゆうや

中日ドラゴンズ／捕手
1997年12月27日生／26歳／180cm／89kg／A型／千葉県

経歴≫ 市原市立ちはら台南中→仙台育英高→慶應義塾大→中日

つながり [ラグビー]菊田 圭佑(高校)、[ラグビー]千葉 雄太(高校)、[ラグビー]矢富 洋則(高校)

け

16人
(NPB/7人、B.LEAGUE/7人、JAPAN RUGBY LEAGUE ONE/2人、ASIA LEAGUE ICE HOCKEY/0人)

K-鈴木
けいすずき

オリックス・バファローズ／投手
1994年1月21日生／29歳／186cm／92kg／A型／千葉県

経歴≫ 鎌ケ谷市立第五中→千葉明徳高→国際武道大→日立製作所→オリックス

つながり [バスケットボール]狩俣 昌也(大学)、[野球]伊藤 将司(大学)、[野球]豊田 寛(大学)

ケイレブ トラスク
けいれぶ とらすく

三重ホンダヒート／SO
1999年1月27日生／23歳／180cm／90kg／ニュージーランド

経歴≫ ロトルアボーイズ高→三重ホンダヒート

つながり [ラグビー]高橋 陽大(高校)、[ラグビー]濱野 隼大(高校)、[ラグビー]ノア トビオ(同郷・同年代)

ケヴェ アルマ
けう゛ぇ あるま

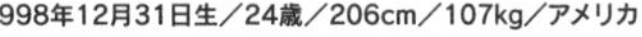

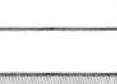

新潟アルビレックスBB／PF/C
1998年12月31日生／24歳／206cm／107kg／アメリカ

経歴≫ バージニア工科大→新潟アルビレックスBB

つながり [バスケットボール]ライアン クリーナー(同郷・同年代)、[バスケットボール]マックス ヒサタケ(同郷・同年代)

ケーレブ ターズースキー
けーれぶ たーずーすきー

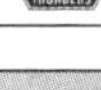

群馬クレインサンダーズ／C
1993年2月26日生／29歳／212cm／112kg／アメリカ

経歴≫ サンマルク高→アリゾナ大→ Olimpia Milano→群馬クレインサンダーズ

つながり [バスケットボール]アレックス マーフィー(高校)、[バスケットボール]エリック マーフィー(高校)

ケビン コッツァー
けびん こっつぁー

熊本ヴォルターズ／PF/C
1989年11月3日生／33歳／202cm／117kg／アメリカ

経歴≫ 熊本ヴォルターズ

つながり [バスケットボール]イバン ラベネル(同郷・同年代)、[バスケットボール]ライアン ロシター(同郷・同年代)

つながり 【野球】郡司裕也、津留崎大成は小学6年時共に千葉ロッテマリーンズジュニアに選出された

ケビン ジョーンズ
けびん じょーんず

サンロッカーズ渋谷／PF　代表歴あり
1989年8月25日生／33歳／203cm／110kg／アメリカ

経歴≫ ABテイビス中→マウントバーノン高→ウエストバージニア大→Baskonia→Nanterre 92他→サンロッカーズ渋谷
つながり [バスケットボール]イバン ラベネル(同郷・同年代)、[バスケットボール]ライアン ロシター(同郷・同年代)

ケムナ 誠
けむな まこと

広島東洋カープ／投手
1995年6月5日生／28歳／190cm／100kg／B型／アメリカ

経歴≫ 日南市立油津中→日南高→日本文理大→広島
つながり [ラグビー]ラタ タンギマナ(大学)、[ラグビー]リエキナ カウフシ(大学)

ケラ
けら

東京ヤクルトスワローズ／投手
1993年4月16日生／31歳／185cm／99kg／アメリカ

経歴≫ レンジャースほか→ヤクルト
つながり [バスケットボール]アディソン スプライル(同郷・同年代)、[バスケットボール]マーベル ハリス(同郷・同年代)

B.ケラー
けらー

阪神タイガース／投手
1994年6月21日生／29歳／191cm／91kg／アメリカ

経歴≫ 米マイナー→阪神
つながり [バスケットボール]ブランドン アシュリー(同郷・同年代)、[バスケットボール]アイゼイア ヒックス(同郷・同年代)

K.ケラー
けらー

阪神タイガース／投手
1993年4月28日生／30歳／193cm／86kg／アメリカ

経歴≫ パイレーツ他→阪神
つながり [バスケットボール]アディソン スプライル(同郷・同年代)、[バスケットボール]マーベル ハリス(同郷・同年代)

ゲラード ファンデンヒーファー
げらーど ふぁんでんひーふぁー

クボタスピアーズ船橋・東京ベイ／FB　代表歴あり
1989年4月13日生／33歳／192cm／102kg／南アフリカ

経歴≫ アフリカーンスボーイズ高→プレトリア大→クボタスピアーズ船橋・東京ベイ
つながり [ラグビー]スカルク エラスマス(高校)、[ラグビー]ジェシー クリエル(大学)

ケリー ブラックシアー ジュニア
けりー ぶらっくしあー じゅにあ

広島ドラゴンフライズ／PF/C
1997年1月28日生／25歳／208cm／116kg／アメリカ

経歴≫ クレムゾン中→レバンズ高→バージニア工科大→広島ドラゴンフライズ
つながり [バスケットボール]アレックス マーフィー(大学)、[バスケットボール]エリック マーフィー(大学)

ケルヴィン マーティン
けるう゛ぃん まーてぃん

滋賀レイクス／SF/PF
1989年9月10日生／33歳／196cm／95kg／アメリカ

経歴≫ 滋賀レイクス
つながり [バスケットボール]イバン ラベネル(同郷・同年代)、[バスケットボール]ライアン ロシター(同郷・同年代)

ケレム カンター
けれむ かんたー

秋田ノーザンハピネッツ／PF
1995年4月29日生／27歳／207cm／111kg／O型／トルコ

経歴≫ ドガカレッジ→IMG アカデミー→ザビエル大→Kolossos H Hotels Rodou→WKS Śląsk Wrocław→秋田ノーザンハピネッツ
つながり [バスケットボール]ジャメール マクリーン(大学)、[バスケットボール]ジョシュ ダンカン(大学)

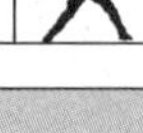

元 謙太
げん けんだい

オリックス・バファローズ／外野手
2002年5月17日生／21歳／186cm／88kg／O型／岐阜県

経歴≫ 平和中→中京学院大中京高→オリックス
つながり [野球]茶野 篤政(高校)、[野球]加藤 翼(同郷・同年代)、[ラグビー]シオネ タプオシ(同年代)

源田 壮亮
げんだ そうすけ

埼玉西武ライオンズ／内野手　代表歴あり
1993年2月16日生／30歳／179cm／75kg／O型／大分県

経歴≫ 大分市立明野中→大分商高→愛知学院大→トヨタ自動車→西武
つながり [野球]森下 暢仁(高校)、[野球]笠谷 俊介(高校)、[野球]川瀬 晃(高校)、[野球]三代 祥貴(高校)

こ

92人

(NPB/28人、B.LEAGUE/21人、JAPAN RUGBY LEAGUE ONE/40人、ASIA LEAGUE ICE HOCKEY/3人)

呉 季依典
ごきえのり

東京サントリーサンゴリアス／HO
1996年10月23日生／26歳／177cm／100kg／兵庫県

経歴≫ 京都成章高→帝京大→東京サントリーサンゴリアス

つながり [ラグビー]押川 敦治(高校)、[ラグビー]松岡 賢太(高校)、[ラグビー]淺岡 俊亮(高校)

小池 一宏
こいけ かずひろ

リコーブラックラムズ東京／HO
1992年6月10日生／30歳／172cm／97kg／群馬県

経歴≫ 明和県中央高→法政大→リコーブラックラムズ東京

つながり [アイスホッケー]井上 光明(大学)、[アイスホッケー]伊藤 俊之(大学)、[アイスホッケー]伊藤 崇之(大学)

小池 隆成
こいけ りゅうせい

トヨタヴェルブリッツ／FL
1999年11月18日生／23歳／188cm／105kg／東京都

経歴≫ 東京高→東海大→トヨタヴェルブリッツ

つながり [ラグビー]山菅 一史(高校)、[ラグビー]杉浦 拓実(高校)、[ラグビー]三宮 累(高校)

小泉 将
こいずみ たすく

NTTドコモレッドハリケーンズ大阪／WTB
1989年4月19日生／33歳／175cm／84kg／東京都

経歴≫ 明治大付中野八王子高→明治大→NTTコミュニケーションズシャイニングアークス東京ベイ浦安→NTTドコモレッドハリケーンズ大阪

つながり [ラグビー]坂 和樹(高校)、[アイスホッケー]青山 大基(大学)、[アイスホッケー]坂田 駿(大学)

郷 雄貴
ごう ゆうき

日野レッドドルフィンズ／HO
1989年9月26日生／33歳／174cm／99kg／大分県

経歴≫ 明治大→日野レッドドルフィンズ

つながり [アイスホッケー]青山 大基(大学)、[アイスホッケー]坂田 駿(大学)、[アイスホッケー]相馬 秀斗(大学)

合田 怜
ごうだ れい

大阪エヴェッサ／PG/SG
1993年8月31日生／29歳／183cm／80kg／O型／大阪府

経歴≫ 中野中→淀川工科高→大阪学院大→西宮ストークス→大阪エヴェッサ

つながり [バスケットボール]吉井 裕鷹(大学)、[バスケットボール]澤邉 圭太(大学)、[バスケットボール]木下 誠(大学)

河野 孝太郎
こうの こうたろう

三重ホンダヒート／WTB
1999年7月24日生／23歳／182cm／85kg／大分県

経歴≫ 大分東明高→山梨学院大→三重ホンダヒート

つながり [ラグビー]後藤 輝也(大学)、[ラグビー]トコキオ ソシセニ(大学)、[ラグビー]ラファエレ ティモシー(大学)

河野 誠司
こうの せいじ

愛媛オレンジバイキングス／PG
1989年8月14日生／33歳／172cm／72kg／O型／宮崎県

経歴≫ 三股中→都城農高→関東学院大→横浜ビー コルセアーズ→茨城ロボッツ→山形ワイヴァンズ→愛媛オレンジバイキングス

つながり [ラグビー]稲垣 啓太(大学)、[ラグビー]川崎 清純(大学)、[ラグビー]川崎 龍清(大学)

河野 翼
こうの つばさ

マツダスカイアクティブズ広島／SH
1995年7月3日生／27歳／163cm／70kg／大阪府

経歴≫ 東海大仰星高→京都産大→マツダスカイアクティブズ広島

つながり [ラグビー]岸岡 智樹(高校)、[ラグビー]近藤 英人(高校)、[ラグビー]根塚 洸雅 (高校)

河野 良太
こうの りょうた

釜石シーウェイブスRFC／FL
1995年12月7日生／27歳／169cm／88kg／愛知県

経歴≫ 中部大春日丘高→大東文化大→中部電力→釜石シーウェイブスRFC

つながり [ラグビー]加藤 一希(高校)、[ラグビー]蜂谷 元紹(高校)、[ラグビー]稲田 壮一郎(高校)

コー フリッピン
こー ふりっぴん

琉球ゴールデンキングス／PG/SG
1996年5月20日生／26歳／188cm／75kg／アメリカ

経歴≫ Magrudedr→North Torrance→UC Riverside, Doane University→-千葉ジェッツ→琉球ゴールデンキングス

つながり [バスケットボール]アンソニー ローレンス II(同郷・同年代)

コーディ デンプス
こーでぃ でんぷす

富山グラウジーズ／PG 代表歴あり
1993年12月2日生／29歳／195cm／88kg／O型／アメリカ

経歴≫ サクラメント州立大→リノビッグホーンズ→ストックトンキングス他→富山グラウジーズ

つながり [バスケットボール]アディソン スプライル(同郷・同年代)、[バスケットボール]マーベル ハリス(同郷・同年代)

つながり 【ラグビー】2023年リーグワン選手兄弟録。森川由起乙(兄) と呉季依典(弟)

コーバス ファンダイク
こーばす ふぁんだいく

横浜キヤノンイーグルス／FL

1994年7月6日生／28歳／196cm／108kg／南アフリカ

経歴≫ ステレンボッシュ大→横浜キヤノンイーグルス

つながり [ラグビー]マルコム マークス(同郷・同年代)、[ラグビー]タイラー ポール(同郷・同年代)

コービー パラス
こーびー ぱらす

アルティーリ千葉／SF　代表歴あり

1997年9月19日生／25歳／198cm／91kg／フィリピン

経歴≫ ラサールグリーンヒルズ→カテドラル高→クレイトン大→新潟アルビレックスBB→アルティーリ千葉

つながり [アイスホッケー]中屋敷 侑史(同年代)、[アイスホッケー]京谷 充洋(同年代)

郡 拓也
こおり たくや

北海道日本ハムファイターズ／捕手

1998年4月25日生／25歳／179cm／86kg／B型／東京都

経歴≫ 三鷹市立第一中→帝京高→日本ハム

つながり [ラグビー]安江 祥光(高校)、[野球]原口 文仁(高校)、[野球]山﨑 康晃(高校)、[野球]清水 昇(高校)

古賀 康誠
こが こうせい

東北楽天ゴールデンイーグルス／投手

2004年9月3日生／19歳／181cm／83kg／福岡県

経歴≫ 北九州市立高須中→下関国際高→楽天

つながり [野球]内野 海斗(同郷・同年代)、[野球]山下 恭吾(同郷・同年代)、[野球]野田 海人(同郷・同年代)

古賀 駿汰
こが しゅんた

クボタスピアーズ船橋・東京ベイ／SH

1997年3月21日生／25歳／180cm／85kg／福岡県

経歴≫ 東福岡高→青山学院大→クボタスピアーズ船橋・東京ベイ

つながり [ラグビー]岩佐 賢人(高校)、[ラグビー]北川 賢吾(高校)、[ラグビー]才田 智(高校)

古賀 優大
こが ゆうだい

東京ヤクルトスワローズ／捕手

1998年8月7日生／25歳／177cm／74kg／B型／福岡県

経歴≫ 柳城中→明徳義塾高→ヤクルト

つながり [バスケットボール]ファイ サンバ(高校)、[バスケットボール]平尾 充庸(高校)、[野球]代木 大和(高校)

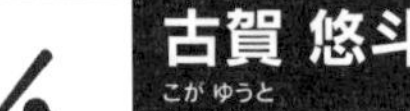

古賀 悠斗
こが ゆうと

埼玉西武ライオンズ／捕手

1999年9月10日生／24歳／173cm／85kg／A型／福岡県

経歴≫ 筑紫野市立筑山中→福岡大附大濠高→中央大→西武

つながり [野球]仲田 慶介(高校)、[アイスホッケー]小野田 拓人(大学)、[アイスホッケー]中島 彰吾(大学)

古賀 由教
こが よしゆき

リコーブラックラムズ東京／WTB

1998年8月28日生／24歳／175cm／83kg／兵庫県

経歴≫ 東福岡高→早稲田大→リコーブラックラムズ東京

つながり [アイスホッケー]山田 虎太朗(大学)、[アイスホッケー]ハリデー 慈英(大学)

小鍜治 悠太
こかじ ゆうた

東芝ブレイブルーパス東京／PR

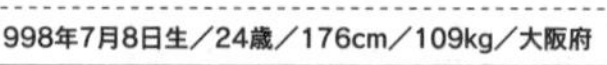

1998年7月8日生／24歳／176cm／109kg／大阪府

経歴≫ 大阪産大附高→天理大→東芝ブレイブルーパス東京

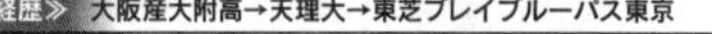

つながり [ラグビー]松永 貫汰(高校)、[ラグビー]小野木 晃英(高校)、[ラグビー]木村 星南(高校)

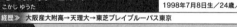

小木田 敦也
こきた あつや

オリックス・バファローズ／投手

1998年10月10日生／25歳／173cm／83kg／AB型／秋田県

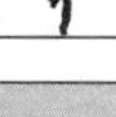

経歴≫ 角館中→秋田県立角館高→TDK→オリックス

つながり [ラグビー]猿田 湧(同郷・同年代)、[ラグビー]濱野 隼也(同郷・同年代)

小阪 彰久
こさか あきひさ

香川ファイブアローズ／PF/C

1992年2月22日生／30歳／198cm／102kg／O型／大阪府

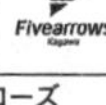

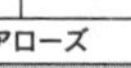

経歴≫ 高野台中→大阪学院大高→大阪学院大→島根スサノオマジック→大阪エヴェッサ→島根スサノオマジック→香川ファイブアローズ

つながり [ラグビー]吉川 豪人(高校)、[バスケットボール]吉井 裕鷹(高校)、[バスケットボール]木下 誠(高校)

小澤 怜史
こざわ れいじ

東京ヤクルトスワローズ／投手

1998年3月9日生／25歳／182cm／83kg／A型／静岡県

経歴≫ 三島市立三島北中→日大三島高→ソフトバンク→ヤクルト

つながり [ラグビー]鈴木 淳司(同郷・同年代)、[バスケットボール]増田 啓介(同郷・同年代)

小島 元基
こじま げんき

サンロッカーズ渋谷／PG

1994年2月19日生／28歳／181cm／84kg／A型／茨城県

経歴≫ 桜川市立大和中→つくば秀英高→東海大→京都ハンナリーズ→アルバルク東京→サンロッカーズ渋谷

つながり [バスケットボール]板橋 真平(高校)、[野球]大山 悠輔(高校)、[ラグビー]新井 望友(大学)

小島 昂
こじま こう

日野レッドドルフィンズ／WTB

1998年4月29日生／24歳／185cm／90kg／東京都

経歴≫ 明治大→日野レッドドルフィンズ

つながり [アイスホッケー]青山 大基(大学)、[アイスホッケー]坂田 駿(大学)、[アイスホッケー]相馬 秀斗(大学)

小島 佑太
こじま ゆうた

浦安D-Rocks／LO

1996年11月8日生／26歳／188cm／110kg／京都府

経歴≫ 洛北高→立命館大→NTTドコモレッドハリケーンズ大阪→浦安D-Rocks

つながり [ラグビー]伊尾木 洋斗(高校)、[ラグビー]佐原 慧大(高校)、[ラグビー]徳田 敬登(高校)

小島 燎成
こじま りょうせい

NTTドコモレッドハリケーンズ大阪／PR

1999年11月20日生／23歳／183cm／121kg／秋田県

経歴≫ 秋田工高→大東文化大→NTTドコモレッドハリケーンズ大阪

つながり [ラグビー]三浦 昌悟(高校)、[ラグビー]猿田 湧(高校)、[ラグビー]宮川 智海(高校)

古城 隼人
こじょう はやと

九州電力キューデンヴォルテクス／SO

1996年5月22日生／26歳／174cm／87kg／大分県

経歴≫ 修猷館高→同志社大→九州電力キューデンヴォルテクス

つながり [ラグビー]永富 健太郎(高校)、[ラグビー]下川 甲嗣(高校)、[ラグビー]原田 健司(高校)

小園 海斗
こその かいと

広島東洋カープ／内野手

2000年6月7日生／23歳／178cm／84kg／AB型／兵庫県

経歴≫ 光ガ丘中→報徳学園高→広島

つながり [ラグビー]井上 遼(高校)、[ラグビー]日和佐 篤(高校)、[ラグビー]前田 剛(高校)

小園 健太
こその けんた

横浜DeNAベイスターズ／投手

2003年4月9日生／20歳／185cm／90kg／O型／大阪府

経歴≫ 貝塚市立第一中→市立和歌山高→DeNA

つながり [野球]松川 虎生(高校)、[野球]京本 眞(同郷・同年代)、[野球]味谷 大誠(同郷・同年代)

小瀧 尚弘
こたき なおひろ

コベルコ神戸スティーラーズ／LO　代表歴あり

1992年6月13日生／30歳／194cm／110kg／鹿児島県

経歴≫ 鹿児島実高→帝京大→コベルコ神戸スティーラーズ

つながり [ラグビー]中村 亮土(高校)、[ラグビー]桑山 淳生(高校)、[ラグビー]桑山 聖生(高校)

児玉 健太郎
こだま けんたろう

NECグリーンロケッツ東葛／WTB　代表歴あり

1992年1月28日生／30歳／183cm／90kg／福岡県

経歴≫ 小倉高→慶應義塾大→埼玉パナソニックワイルドナイツ→コベルコ神戸スティーラーズ→NECグリーンロケッツ東葛

つながり [ラグビー]石橋 拓也(高校)、[ラグビー]髙野 祥太(高校)、[ラグビー]松浦 祐太(高校)

児玉 大輔
こだま だいすけ

九州電力キューデンヴォルテクス／SH

1991年3月25日生／31歳／166cm／74kg／宮崎県

経歴≫ 日向高→流通経済大→九州電力キューデンヴォルテクス

つながり [ラグビー]吉岡 大貴(高校)、[ラグビー]尾池 亨允(高校)、[野球]青木宣親(高校)

兒玉 貴通
こだま たかゆき

香川ファイブアローズ／PG

1992年6月11日生／30歳／166cm／70kg／A型／福岡県

経歴≫ 津屋崎中→宗像高→大東文化大→大塚商会アルファーズ→ファイティングイーグルス名古屋→香川ファイブアローズ

つながり [アイスホッケー]松渕 雄太(大学)、[アイスホッケー]茂木 慎之介(大学)、[ラグビー]酒木 凜平(大学)

児玉 亮涼
こだま りょうすけ

埼玉西武ライオンズ／内野手

1998年7月10日生／25歳／166cm／65kg／熊本県

経歴≫ 玉東中→文徳高→九州産大→大阪ガス→西武

つながり [野球]萩尾 匡也(高校)、[バスケットボール]上良 潤起(大学)、[野球]岩田 将貴(大学)

つながり 【野球】小園海斗、藤原恭大は中学時代ともに枚方ボーイズに所属。3年時に全国優勝を果たした

コティ クラーク
こてぃ くらーく

名古屋ダイヤモンドドルフィンズ／PF

1992年7月4日生／30歳／201cm／121kg／アメリカ

経歴≫ クレイ・アンティオキア・ピンソン→アーカンソー大→Buducnost VOLI他→名古屋ダイヤモンドドルフィンズ

つながり [バスケットボール]ザック バランスキー(同郷・同年代)

小寺 ハミルトンゲイリー
こてら はみるとんげいりー

仙台89ERS／C

1984年8月7日生／38歳／206cm／130kg／AB型／アメリカ

経歴≫ Aオーデュボン中→クレンショウ/ドーシー高→マイアミ大→バンビシャス奈良他→仙台89ERS

つながり [バスケットボール]アンソニー ローレンス Ⅱ(大学)、[バスケットボール]トレイ ジョーンズ(大学)

小寺 晴大
こてら はるとも

豊田自動織機シャトルズ愛知／PR

1998年9月17日生／24歳／183cm／125kg／大阪府

経歴≫ 関西学院高→関西学院大→豊田自動織機シャトルズ愛知

つながり [ラグビー]徳田 健太(高校)、[ラグビー]徳永 祥尭(高校)、[ラグビー]齋藤 遼太(高校)

後藤 駿太
ごとう しゅんた

中日ドラゴンズ／外野手

1993年3月5日生／30歳／180cm／83kg／A型／群馬県

経歴≫ 渋川市立渋川中→前橋商高→オリックス→中日

つながり [野球]井上 温大(高校)、[ラグビー]小池 一宏(同郷・同年代)、[アイスホッケー]小野田 拓人(同年代)

後藤 翔平
ごとう しょうへい

島根スサノオマジック／SG

1992年8月5日生／30歳／180cm／85kg／O型／北海道

経歴≫ 函館湯川中→函館大付有斗高→大阪学院大→金沢武士団→島根スサノオマジック

つながり [バスケットボール]吉井 裕鷹(大学)、[バスケットボール]澤邉 圭太(大学)、[バスケットボール]合田 怜(大学)

後藤 大
ごとう だい

マツダスカイアクティブズ広島／SH

1992年12月27日生／30歳／166cm／73kg／福岡県

経歴≫ 東福岡高→立命館大→マツダスカイアクティブズ広島

つながり [ラグビー]岩佐 賢人(高校)、[ラグビー]北川 賢吾(高校)、[ラグビー]古賀 駿汰(高校)

後藤 輝也
ごとう てるや

NECグリーンロケッツ東葛／WTB

1991年12月18日生／31歳／177cm／82kg／山梨県

経歴≫ 桂高→山梨学院大→NECグリーンロケッツ東葛

つながり [ラグビー]満渕 篤司(高校)、[ラグビー]トコキオ ソシセニ(大学)、[ラグビー]ラファエレ ティモシー(大学)

後藤 海夏人
ごとう みなと

清水建設江東ブルーシャークス／LO

1997年6月30日生／25歳／186cm／94kg／山形県

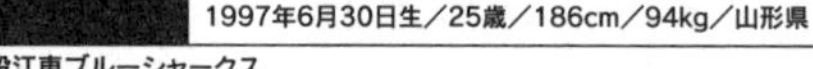

経歴≫ 茗渓学園高→筑波大→清水建設江東ブルーシャークス

つながり [ラグビー]鈴木 啓太(高校)、[ラグビー]福田 健太(高校)、[ラグビー]丸山 尚城(高校)

コドラド
こどらど

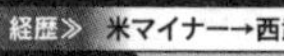

埼玉西武ライオンズ／外野手

1997年9月12日生／26歳／193cm／102kg／ベネズエラ

経歴≫ 米マイナー→西武

つながり [アイスホッケー]中屋敷 侑史(同年代)、[アイスホッケー]京谷 充洋(同年代)

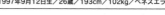

小西 聖也
こにし せいや

京都ハンナリーズ／PG/SG

1999年12月28日生／23歳／184cm／79kg／B型／大阪府

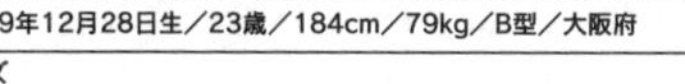

経歴≫ 枚方第四中→洛南高→関西学院大→京都ハンナリーズ

つながり [バスケットボール]津屋 一球(高校)、[バスケットボール]柳川 幹也(高校)

小林 慶祐
こばやし けいすけ

阪神タイガース／投手

1992年11月2日生／31歳／187cm／86kg／B型／千葉県

経歴≫ 伊野中→八千代松陰高→東京情報大→日本生命→オリックス→阪神

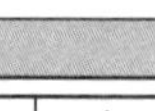

つながり [野球]長岡 秀樹(高校)、[野球]清宮 虎多朗(高校)、[野球]齋藤 伸治(大学)

小林 恵太
こばやし けいた

NECグリーンロケッツ東葛／HO

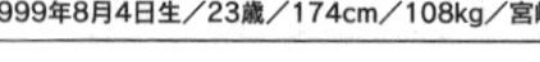

1999年8月4日生／23歳／174cm／108kg／宮崎県

経歴≫ 宮崎西高→帝京大→NECグリーンロケッツ東葛

つながり [ラグビー]大和田 立(大学)、[ラグビー]亀井 亮依(大学)、[ラグビー]當眞 琢(大学)

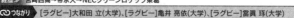

小林 賢太
こばやし けんた

東京サントリーサンゴリアス／PR

1999年6月2日生／23歳／181cm／115kg／兵庫県

経歴≫ 東福岡高→早稲田大→東京サントリーサンゴリアス

つながり [ラグビー]岩佐 賢人(高校)、[ラグビー]北川 賢吾(高校)、[ラグビー]古賀 駿汰(高校)

小林 珠維
こばやし じゅい

福岡ソフトバンクホークス／内野手

2001年5月7日生／22歳／183cm／87kg／A型／北海道

経歴≫ 札幌市立八軒中→東海大付札幌高→ソフトバンク

つながり [野球]門別 啓人(高校)、[野球]竹内 龍臣(同郷・同年代)、[野球]持丸 泰輝(同郷・同年代)

小林 誠司
こばやし せいじ

読売ジャイアンツ／捕手 代表歴あり

1989年6月7日生／34歳／178cm／86kg／O型／大阪府

経歴≫ 堺市立赤坂台中→広陵高→同志社大→日本生命→巨人

つながり [バスケットボール]冨岡 大地(高校)、[バスケットボール]大浦 颯太(高校)、[野球]佐野 恵太(高校)

小林 大祐
こばやし だいすけ

アルティーリ千葉／SG

1987年6月24日生／35歳／189cm／90kg／A型／福岡県

経歴≫ 長丘中→福岡大附大濠高→慶應義塾大→日立サンロッカーズ東京他→アルティーリ千葉

つながり [バスケットボール]井上 宗一郎(高校)、[バスケットボール]中村 太地(高校)

小林 樹斗
こばやし たつと

広島東洋カープ／投手

2003年1月16日生／20歳／182cm／86kg／O型／和歌山県

経歴≫ 美浜町立松洋中→智辯和歌山高→広島

つながり [野球]岡田 俊哉(高校)、[野球]東妻 純平(高校)、[野球]黒原 拓未(高校)、[野球]林 晃汰(高校)

小林 斗威
こばやし とおい

RED EAGLES HOKKIDO／FW

1999年4月19日生／23歳／176cm／73kg

経歴≫ 苫小牧拓勇小→苫小牧ウトナイ小→苫小牧沼ノ端中→白樺高→RED EAGLES HOKKIDO

つながり [アイスホッケー]三田村 康平(高校)、[アイスホッケー]大椋 舞人(高校)、[アイスホッケー]清水 怜(高校)

小林 広人
こばやし ひろと

静岡ブルーレヴズ／CTB

1992年11月13日生／30歳／173cm／83kg／大阪府

経歴≫ 大阪桐蔭高→近畿大→静岡ブルーレヴズ

つながり [ラグビー]宮宗 翔(高校)、[ラグビー]紙森 陽太(高校)、[ラグビー]岡田 優輝(高校)

小林 正旗
こばやし まさき

NTTドコモレッドハリケーンズ大阪／CTB

1992年7月18日生／30歳／177cm／89kg／新潟県

経歴≫ 伏見工高→関西大→NTTドコモレッドハリケーンズ大阪

つながり [ラグビー]田中 史朗(高校)、[ラグビー]小畑 健太郎(高校)、[ラグビー]寺田 桂太(高校)

小林 遥太
こばやし りょうた

仙台89ERS／PG

1991年9月12日生／31歳／178cm／77kg／O型／新潟県

経歴≫ 鳥屋野中→洛南高→青山学院大→滋賀レイクスターズ→名古屋ダイヤモンドドルフィンズ→仙台89ERS

つながり [バスケットボール]津屋 一球(高校)、[バスケットボール]柳川 幹也(高校)

小林 亮太
こばやし りょうた

三重ホンダヒート／FL

1991年6月11日生／31歳／182cm／98kg／奈良県

経歴≫ 天理高→近畿大→三重ホンダヒート

つながり [ラグビー]井上 大介(高校)、[ラグビー]立川 理道(高校)、[ラグビー]井関 信介(高校)

小林 航
こばやし わたる

東京サントリーサンゴリアス／LO

1994年3月22日生／28歳／196cm／118kg／東京都

経歴≫ 明治大附中野八王子高→明治大→東京サントリーサンゴリアス

つながり [アイスホッケー]青山 大基(大学)、[アイスホッケー]坂田 駿(大学)、[アイスホッケー]相馬 秀斗(大学)

小原 稜生
こはら りょうせい

豊田自動織機シャトルズ愛知／FL

1993年10月5日生／29歳／181cm／96kg／京都府

経歴≫ 京都成章高→立命館大→豊田自動織機シャトルズ愛知

つながり [ラグビー]押川 敦治(高校)、[ラグビー]松岡 賢太(高校)、[ラグビー]淺岡 俊亮(高校)

つながり 【野球】小林誠司と野村祐輔は、広陵高時代バッテリーを組み夏の甲子園で準優勝

コフィ コーバーン
こふぃ こーばーん

新潟アルビレックスBB／C

1999年9月1日生／23歳／213cm／132kg／ジャマイカ

経歴≫ 新潟アルビレックスBB

つながり [アイスホッケー]青山 大基(同年代)、[アイスホッケー]小林 斗威(同年代)

小深田 大地
こぶかた だいち

横浜DeNAベイスターズ／内野手

2003年3月25日生／20歳／178cm／88kg／O型／兵庫県

経歴≫ 依知中→履正社高→DeNA

つながり [野球]坂本 誠志郎(高校)、[野球]井上 広大(高校)、[野球]山田 哲人(高校)、[野球]宮本 丈(高校)

小深田 大翔
こぶかた ひろと

東北楽天ゴールデンイーグルス／内野手

1995年9月28日生／28歳／168cm／69kg／O型／兵庫県

経歴≫ 佐用中→神戸国際大付高→近畿大→大阪ガス→楽天

つながり [野球]平内 龍太(高校)、[ラグビー]宮宗 翔(大学)、[ラグビー]岩佐 賢人(大学)

古牧 昌也
こまき まさや

バンビシャス奈良／SG

1993年6月19日生／29歳／186cm／85kg／A型／千葉県

経歴≫ 八街市立八街中央中→市立船橋高→日本大→千葉ジェッツ他→バンビシャス奈良

つながり [ラグビー]松橋 周平(高校)、[ラグビー]関本 圭汰(高校)、[バスケットボール]藤岡 昂希(高校)

小孫 竜二
こまご りゅうじ

東北楽天ゴールデンイーグルス／投手

1997年9月15日生／26歳／179cm／88kg／O型／石川県

経歴≫ 金沢市立犀生中→遊学館高→創価大→鷺宮製作所→楽天

つながり [野球]髙田 竜星(高校)、[野球]保科 広一(高校)、[野球]石森 大誠(高校)、[野球]三木 亮(高校)

駒沢 颯
こまさわ はやて

越谷アルファーズ／PG

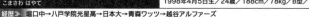

1998年4月5日生／24歳／188cm／78kg／B型／青森県

経歴≫ 堀口中→八戸学院光星高→日本大→青森ワッツ→越谷アルファーズ

つながり [野球]武岡 龍世(高校)、[野球]伊藤 大将(高校)、[野球]佐藤 航太(高校)、[野球]八木 彬(高校)

小峯 新陸
こみね しんり

東北楽天ゴールデンイーグルス／投手

2001年12月1日生／22歳／189cm／90kg／A型／鹿児島県

経歴≫ 鹿児島市立東谷山中→鹿児島城西高→楽天

つながり [アイスホッケー]中舘 庸太朗(同年代)、[アイスホッケー]鈴木 聖夏(同年代)

小村 健太
こむら けんた

NTTドコモレッドハリケーンズ大阪／FB

1999年12月20日生／23歳／177cm／81kg／大阪府

経歴≫ ハミルトンボーイズ→帝京大→NTTドコモレッドハリケーンズ大阪

つながり [ラグビー]カヴァイア タギベタウア(高校)、[ラグビー]チャーリー ローレンス(高校)

小室 昂大
こむろ たかひろ

京都ハンナリーズ／SF

1999年12月4日生／23歳／190cm／82kg／A型／栃木県

経歴≫ 雀宮中→宇都宮短期大附高→白鷗大→京都ハンナリーズ

つながり [ラグビー]カヴァイア タギベタウア(大学)、[ラグビー]ダニエル ペレズ(大学)

薦田 拓也
こもだ たくや

バンビシャス奈良／SF

1987年7月15日生／35歳／192cm／90kg／AB型／福岡県

経歴≫ 福岡市立玄洋中→中村学園三陽高→福岡大→仙台89ERS他→バンビシャス奈良

つながり [ラグビー]花田 広樹(大学)、[ラグビー]大野 和真(大学)、[ラグビー]加藤 誠央(大学)

小森 航大郎
こもり こうたろう

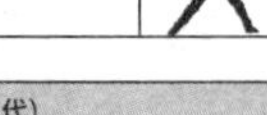

東京ヤクルトスワローズ／内野手

2003年4月30日生／20歳／172cm／83kg／A型／福岡県

経歴≫ 鴻南中→宇部工高→ヤクルト

つながり [野球]井﨑 燦志郎(同郷・同年代)、[野球]藤野 恵音(同郷・同年代)、[アイスホッケー]葛西 純昌(同年代)

小森 光太郎
こもり こうたろう

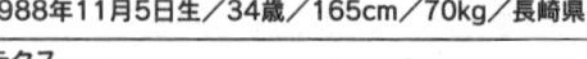

九州電力キューデンヴォルテクス／SH

1988年11月5日生／34歳／165cm／70kg／長崎県

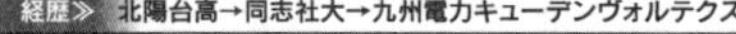

経歴≫ 北陽台高→同志社大→九州電力キューデンヴォルテクス

つながり [ラグビー]宮島 裕之(大学)、[ラグビー]海士 広大(大学)、[ラグビー]北川 賢吾(大学)

小柳 友徳
こやなぎ とものり

マツダスカイアクティブズ広島／PR
1992年1月6日生／31歳／177cm／120kg／北海道

経歴≫ 報徳学園高→東海大→マツダスカイアクティブズ広島

つながり [ラグビー]井上 遼(高校)、[ラグビー]日和佐 篤(高校)、[ラグビー]前田 剛(高校)

小山 翔也
こやま しょうや

クリタウォーターガッシュ昭島／PR
1996年12月19日生／26歳／175cm／105kg／新潟県

経歴≫ 新潟工高→帝京大→クリタウォーターガッシュ昭島

つながり [ラグビー]稲垣 啓太(高校)、[ラグビー]大和田 立(大学)、[ラグビー]亀井 亮依(大学)

小山 大輝
こやま たいき

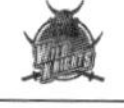

埼玉パナソニックワイルドナイツ／SH
1994年10月31日生／28歳／171cm／74kg／北海道

経歴≫ 芦別高→大東文化大→埼玉パナソニックワイルドナイツ

つながり [アイスホッケー]松渕 雄太(大学)、[アイスホッケー]茂木 慎之介(大学)、[ラグビー]酒木 凜平(大学)

牛来 拓都
ごらい たくと

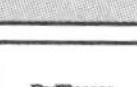

H.C.TOCHIGINIKKOICEBUCKS／FW
1991年3月20日生／31歳／174cm／78kg

経歴≫ 北ノ沢小→藻岩中→北海高→明治大→H.C.TOCHIGINIKKOICEBUCKS

つながり [アイスホッケー]橋本 僚(高校)、[アイスホッケー]伊藤 俊之(高校)、[アイスホッケー]鈴木 雄大(高校)

コリー ヒル
こりー ひる

横浜キヤノンイーグルス／LO
1992年2月10日生／30歳／196cm／117kg／ウエールズ

経歴≫ ポンティプリッド高→横浜キヤノンイーグルス

つながり [アイスホッケー]山田 虎太朗(同年代)、[アイスホッケー]三田村 康平(同年代)

コルニエル
こるにえる

広島東洋カープ／投手
1995年6月23日生／28歳／193cm／99kg／ドミニカ共和国

経歴≫ カープアカデミー→広島

つながり [野球]ミエセス(同郷・同年代)、[アイスホッケー]ベンガート 朗孟(同年代)

コルビー ファインガア
こるびー ふぁいんがあ

九州電力キューデンヴォルテクス／FL
1991年3月31日生／31歳／184cm／99kg

経歴≫ セント・エドマンズ・カレッジ→九州電力キューデンヴォルテクス

つながり [アイスホッケー]牛来 拓都(同年代)、[アイスホッケー]杉本 華唯(同年代)

是澤 涼輔
これさわ りょうすけ

埼玉西武ライオンズ／捕手
2000年4月19日生／23歳／177cm／78kg／三重県

経歴≫ 私立暁中→健大高崎高→法政大→西武

つながり [野球]湯浅 大(高校)、[野球]長坂 拳弥(高校)、[野球]下 慎之介(高校)、[野球]柘植 世那(高校)

今 勇輔
こん ゆうすけ

RED EAGLES HOKKIDO／DF 代表歴あり
1998年10月29日生／24歳／178cm／80kg

経歴≫ 苫小牧東小→苫小牧東中→駒大苫小牧高→RED EAGLES HOKKIDO

つながり [アイスホッケー]山田 虎太朗(高校)、[アイスホッケー]山下 敬史(高校)、[アイスホッケー]百目木 政人(高校)

近藤 健介
こんどう けんすけ

福岡ソフトバンクホークス／外野手 代表歴あり
1993年8月9日生／30歳／171cm／85kg／O型／千葉県

経歴≫ 修徳学園中→横浜高→日本ハム→ソフトバンク

つながり [野球]木下 幹也(高校)、[野球]伊藤 将司(高校)、[野球]及川 雅貴(高校)、[野球]髙濱 祐仁(高校)

近藤 大亮
こんどう たいすけ

オリックス・バファローズ／投手
1991年5月29日生／32歳／177cm／80kg／O型／大阪府

経歴≫ 堺市立浅香山中→浪速高→大阪商大→パナソニック→オリックス

つながり [野球]田中 千晴(高校)、[バスケットボール]城宝 匡史(大学)、[バスケットボール]道原 紀晃(大学)

近藤 英人
こんどう ひでと

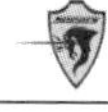

クボタスピアーズ船橋・東京ベイ／FB
1993年4月16日生／29歳／177cm／83kg／福岡県

経歴≫ 東海大仰星高→東海大→クボタスピアーズ船橋・東京ベイ

つながり [ラグビー]岸岡 智樹(高校)、[ラグビー]根塚 洸雅 (高校)、[ラグビー]北出 卓也(高校)

つながり 【競技またぎ】NPB近藤健介とBリーグベンドラメ 礼生は同学年。両選手とも2021年オリンピックに出場した

近藤 弘樹
こんどう ひろき

東京ヤクルトスワローズ／投手
1995年6月27日生／28歳／186cm／103kg／B型／広島県

経歴≫ 三入中→安佐北高→岡山商科大→楽天→ヤクルト

つながり [野球]田口 麗斗(同郷・同年代)、[野球]山岡 泰輔(同郷・同年代)、[アイスホッケー]ベンガート 朗孟(同年代)

近藤 雅喜
こんどう まさき

三重ホンダヒート／FL
1994年12月2日生／28歳／189cm／100kg／愛知県

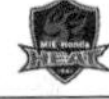

経歴≫ 東海大仰星高→明治大→三重ホンダヒート

つながり [ラグビー]岸岡 智樹(高校)、[ラグビー]近藤 英人(高校)、[ラグビー]根塚 洸雅 (高校)

近藤 崚太
こんどう りょうた

長崎ヴェルカ／SG
1996年8月12日生／26歳／190cm／85kg／B型／静岡県

経歴≫ 湖西市立鷲津中→浜松商高→常葉大→三遠ネオフェニックス特別指定選手→ベルテックス静岡→長崎ヴェルカ

つながり [バスケットボール]長島 蓮(同郷・同年代)、[野球]鈴木 博志(同郷・同年代)

近藤 廉
こんどう れん

中日ドラゴンズ／投手
1998年9月22日生／25歳／180cm／87kg／A型／東京都

経歴≫ 板橋区立志村第三中→豊南高→札幌学院大→中日

つながり [ラグビー]杉浦 拓実(同郷・同年代)、[ラグビー]山田 雅也(同郷・同年代)

紺野 ニズベット 翔
こんの にずべっと しょう

アルティーリ千葉／SG/SF
1997年8月28日生／25歳／192cm／93kg／ニュージーランド

経歴≫ バーンサイド高→サウスイーストコミュニティーカレッジ→滋賀レイクスターズ→アースフレンズ東京Z→アルティーリ千葉

つながり [ラグビー]ティアーン ファルコン(同郷・同年代)、[ラグビー]ダニエル ペレズ(同郷・同年代)

今野 龍太
こんの りゅうた

東京ヤクルトスワローズ／投手
1995年5月11日生／23歳／178cm／87kg／AB型／宮城県

経歴≫ 岩出山中→岩出山高→楽天→ヤクルト

つながり [ラグビー]菅原 祐輝(同郷・同年代)、[野球]馬場 皐輔(同郷・同年代)、[野球]熊谷 敬宥(同郷・同年代)

今野 瑠斗
こんの りゅうと

横浜DeNAベイスターズ／投手
2004年7月13日生／19歳／182cm／86kg／東京都

経歴≫ 晴海中→東京都市大塩尻高→DeNA

つながり [野球]田村 朋輝(同郷・同年代)、[野球]三塚 琉生(同郷・同年代)、[野球]井坪 陽生(同郷・同年代)

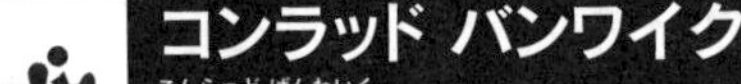

コンラッド バンワイク
こんらっど ばんわいく

清水建設江東ブルーシャークス／FB
1988年1月8日生／35歳／184cm／91kg／南アフリカ

経歴≫ ポールルースジムナシアム→清水建設江東ブルーシャークス

つながり [アイスホッケー]成澤 優太(同年代)、[アイスホッケー]山下 敬史(同年代)

さ 120人

(NPB/47人、B.LEAGUE/15人、JAPAN RUGBY LEAGUE ONE/51人、ASIA LEAGUE ICE HOCKEY/7人)

サーディ ラベナ
さーでぃ らべな

三遠ネオフェニックス／SG 代表歴あり
1996年12月17日生／26歳／189cm／93kg／フィリピン

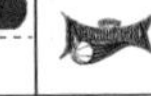

経歴≫ Ateneo High School→Ateneo De Manila University→三遠ネオフェニックス

つながり [バスケットボール]ジャスティン バルタザール(同郷・同年代)、[バスケットボール]マシュー・アキノ(同郷・同年代)

才木 海翔
さいき かいと

オリックス・バファローズ／投手
2000年6月10日生／23歳／181cm／86kg／大阪府

経歴≫ 豊中第六中→北海道栄高→大阪経済大→オリックス

つながり [アイスホッケー]佐々木 一正(高校)、[ラグビー]島田 彪雅(同郷・同年代)

才木 浩人
さいき ひろと

阪神タイガース／投手
1998年11月7日生／25歳／189cm／86kg／A型／兵庫県

経歴≫ 神戸市立王塚台中→須磨翔風高→阪神

つながり [野球]安田 悠馬(高校)、[ラグビー]根塚 洸雅 (同郷・同年代)、[ラグビー]北村 将大(同郷・同年代)

サイスニード
さいすにーど

東京ヤクルトスワローズ／投手
1992年10月1日生／31歳／193cm／97kg／アメリカ
経歴≫ アストロズ→ヤクルト
つながり [バスケットボール]ザック バランスキー(同郷・同年代)

才田 智
さいた さとし

クボタスピアーズ船橋・東京ベイ／PR
1993年6月7日生／29歳／180cm／114kg／福岡県
経歴≫ 東福岡高→同志社大→クボタスピアーズ船橋・東京ベイ
つながり [ラグビー]岩佐 賢人(高校)、[ラグビー]北川 賢吾(高校)、[ラグビー]古賀 駿汰(高校)

齋藤 響介
さいとう きょうすけ

オリックス・バファローズ／投手
2004年11月18日生／19歳／177cm／72kg／岩手県
経歴≫ 滝沢市立滝沢中→盛岡中央高→オリックス
つながり [野球]銀次(高校)、[バスケットボール]荻沼 隼佑(同年代)、[野球]浅野 翔吾(同年代)

齋藤 剣
さいとう けん

浦安D-Rocks／PR
1996年8月22日生／26歳／177cm／116kg／秋田県
経歴≫ 能代工高→明治大→浦安D-Rocks
つながり [バスケットボール]盛實 海翔(高校)、[バスケットボール]満原 優樹(高校)

齋藤 綱記
さいとう こうき

北海道日本ハムファイターズ／投手
1996年12月18日生／27歳／182cm／89kg／O型／北海道
経歴≫ 光陽中→北照高→オリックス→日本ハム
つながり [野球]西田 明央(高校)、[ラグビー]舟橋 諒将(同郷・同年代)、[ラグビー]畠中 豪士(同郷・同年代)

齋藤 剛希
さいとう ごうき

九州電力キューデンヴォルテクス／WTB
1993年11月17日生／29歳／173cm／85kg／福岡県
経歴≫ 筑紫高→明治大→九州電力キューデンヴォルテクス
つながり [ラグビー]久保 優(高校)、[ラグビー]堀部 直壮(高校)、[ラグビー]山﨑 洋之(高校)

齋藤 伸治
さいとう しんじ

北海道日本ハムファイターズ／投手
1998年6月13日生／25歳／181cm／83kg／B型／千葉県
経歴≫ 市原市立ちはら台西中→習志野高→東京情報大→日本ハム
つながり [バスケットボール]原 修太(高校)、[野球]池田 来翔(高校)、[野球]古谷 拓郎(高校)

齋藤 大知
さいとう だいち

EAST HOKKAIDO CRANES／FW
1997年8月18日生／25歳／170cm／80kg
経歴≫ 武修館高→中央大→EAST HOKKAIDO CRANES
つながり [アイスホッケー]中島 彰吾(高校)、[アイスホッケー]柴田 嗣斗(高校)、[アイスホッケー]佐藤 大翔(高校)

齋藤 拓実
さいとう たくみ

名古屋ダイヤモンドドルフィンズ／PG 代表歴あり
1995年8月11日生／27歳／172cm／69kg／O型／神奈川県
経歴≫ 白鳥中→桐光学園高→明治大→アルバルク東京→滋賀レイクスターズ→名古屋ダイヤモンドドルフィンズ
つながり [バスケットボール]宮本 一樹(高校)、[バスケットボール]喜多川 修平(高校)

斉藤 哲也
さいとう てつや

H.C.TOCHIGINIKKOICEBUCKS／FW
1983年12月14日生／39歳／176cm／77kg
経歴≫ 釧路景雲中→駒大苫小牧高→王子イーグルス→H.C.TOCHIGINIKKOICEBUCKS
つながり [アイスホッケー]山田 虎太朗(高校)、[アイスホッケー]山下 敬史(高校)、[アイスホッケー]今 勇輔(高校)

齋藤 直人
さいとう なおと

東京サントリーサンゴリアス／SH 代表歴あり
1997年8月26日生／25歳／165cm／73kg／神奈川県
経歴≫ 桐蔭学園高→早稲田大→東京サントリーサンゴリアス
つながり [ラグビー]石田 楽人(高校)、[ラグビー]山本 耕生(高校)、[ラグビー]田村 魁世(高校)

齋藤 大朗
さいとう ひろあき

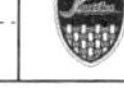

豊田自動織機シャトルズ愛知／CTB
1999年2月5日生／23歳／181cm／90kg／東京都
経歴≫ 桐蔭学園高→明治大→豊田自動織機シャトルズ愛知
つながり [ラグビー]石田 楽人(高校)、[ラグビー]山本 耕生(高校)、[ラグビー]田村 魁世(高校)

つながり 【バスケットボール】齋藤 拓実、森井健太は中学時代ジュニアオールスターで対戦

齊藤 大将
さいとう ひろまさ

埼玉西武ライオンズ／投手
1995年6月3日生／28歳／178cm／80kg／A型／東京都

経歴≫ 清新第二中→桐蔭学園高→明治大→西武

つながり [ラグビー]石田 楽人(高校)、[ラグビー]山本 耕生(高校)、[ラグビー]田村 魁世(高校)

齊藤 誠人
さいとう まさと

埼玉西武ライオンズ／捕手
1995年8月7日生／28歳／180cm／86kg／A型／北海道

経歴≫ 札幌市立札苗中→札幌光星高→北海道教育大岩見沢校→西武

つながり [野球]本前 郁也(高校)、[ラグビー]中川 和真(同郷・同年代)、[ラグビー]大西 樹(同郷・同年代)

斉藤 優汰
さいとう ゆうた

広島東洋カープ／投手
2004年5月27日生／19歳／189cm／90kg／O型／北海道

経歴≫ 岩見沢市立明成中→苫小牧中央高→広島

つながり [野球]根本 悠楓(高校)、[野球]門別 啓人(同郷・同年代)、[野球]茨木 秀俊(同郷・同年代)

齋藤 友貴哉
さいとう ゆきや

北海道日本ハムファイターズ／投手
1995年1月5日生／28歳／184cm／92kg／O型／山形県

経歴≫ 東根市立第二中→山形中央高→桐蔭横浜大→Honda→阪神→日本ハム

つながり [ラグビー]東海林 拓実(高校)、[野球]村上 舜(高校)、[野球]佐藤 智輝(高校)、[野球]石川 直也(高校)

齋藤 遼太
さいとう りょうた

清水建設江東ブルーシャークス／PR
1999年7月13日生／23歳／182cm／115kg／兵庫県

経歴≫ 関西学院高→関西学院大→清水建設江東ブルーシャークス

つながり [ラグビー]徳田 健太(高校)、[ラグビー]徳永 祥尭(高校)、[ラグビー]小寺 晴大(高校)

齊藤 遼太郎
さいとう りょうたろう

マツダスカイアクティブズ広島／SO
1992年12月4日生／30歳／174cm／80kg／奈良県

経歴≫ 東海大仰星高→天理大→マツダスカイアクティブズ広島

つながり [ラグビー]岸岡 智樹(高校)、[ラグビー]近藤 英人(高校)、[ラグビー]根塚 洸雅 (高校)

齋藤 瑠偉
さいとう るい

山形ワイヴァンズ／SG
2000年2月6日生／22歳／191cm／86kg／O型／山形県

経歴≫ 酒田市立第二中→羽黒高→専修大→山形ワイヴァンズ

つながり [ラグビー]石田 楽人(大学)、[ラグビー]山極 大貴(大学)、[ラグビー]西村 龍馬(大学)

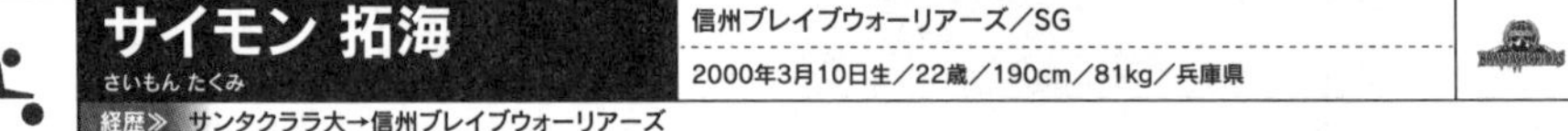

サイモン 拓海
さいもん たくみ

信州ブレイブウォーリアーズ／SG
2000年3月10日生／22歳／190cm／81kg／兵庫県

経歴≫ サンタクララ大→信州ブレイブウォーリアーズ

つながり [ラグビー]木田 晴斗(同郷・同年代)、[ラグビー]江藤 良(同郷・同年代)、[ラグビー]宮下 大輝(同郷・同年代)

サイモン ヒッキー
さいもん ひっきー

日野レッドドルフィンズ／SO
1994年1月12日生／29歳／174cm／83kg／ニュージーランド

経歴≫ キングスカレッジ→日野レッドドルフィンズ

つながり [ラグビー]ナニ ラウマペ(同郷・同年代)、[ラグビー]ボーディン ワッカ(同郷・同年代)

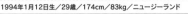

サウマキ アマナキ
さうまき あまなき

コベルコ神戸スティーラーズ／FL
1997年3月8日生／25歳／189cm／108kg／トンガ

経歴≫ トゥポウ高→コベルコ神戸スティーラーズ

つながり [ラグビー]テビタ タイ(高校)、[ラグビー]ファウルア マキシ(同郷・同年代)

酒居 知史
さかい ともひと

東北楽天ゴールデンイーグルス／投手
1993年1月2日生／30歳／178cm／80kg／A型／大阪府

経歴≫ 枚方市立招堤北中→龍谷大平安高→大阪体育大→大阪ガス→ロッテ→楽天

つながり [野球]岡田 悠希(高校)、[野球]高橋 奎二(高校)、[ラグビー]山本 剣士(大学)、[ラグビー]王 鏡聞(大学)

榮枝 裕貴
さかえだ ゆうき

阪神タイガース／捕手
1998年5月16日生／25歳／180cm／81kg／A型／高知県

経歴≫ 高知中→高知高→立命館大→阪神

つながり [野球]森木 大智(高校)、[野球]木下 拓哉(高校)、[野球]公文 克彦(高校)、[野球]和田 恋(高校)

酒木 凜平
さかき りんぺい

コベルコ神戸スティーラーズ／HO

1999年11月12日生／23歳／178cm／98kg／岡山県

経歴≫ 御所実高→大東文化大→コベルコ神戸スティーラーズ

つながり [ラグビー]土井 貴弘(高校)、[ラグビー]北村 将大(高校)、[ラグビー]竹井 勇二(高校)

阪口 樂
さかぐち うた

北海道日本ハムファイターズ／内野手

2003年6月24日生／20歳／187cm／90kg／B型／京都府

経歴≫ 京田辺市立田辺中→岐阜一高→日本ハム

つながり [ラグビー]鵜野 凪斗(同郷・同年代)、[野球]田村 俊介(同郷・同年代)、[野球]前川 誠太(同郷・同年代)

阪口 皓亮
さかぐち こうすけ

横浜DeNAベイスターズ／投手

1999年8月15日生／24歳／187cm／86kg／O型／大阪府

経歴≫ 大阪市立大正東中→北海高→DeNA

つながり [アイスホッケー]橋本 僚(高校)、[アイスホッケー]伊藤 俊之(高校)、[アイスホッケー]牛来 拓都(高校)

坂倉 将吾
さかくら しょうご

広島東洋カープ／捕手

1998年5月29日生／25歳／176cm／86kg／A型／千葉県

経歴≫ 酒々井町立酒々井中→日大三高→広島

つながり [野球]高山 俊(高校)、[野球]櫻井 周斗(高校)、[野球]井上 広輝(高校)、[野球]伊藤 裕季也(高校)

坂田 央
さかた あたる

愛媛オレンジバイキングス／SF

1991年9月18日生／31歳／196cm／95kg／A型／東京都

経歴≫ 梅丘中→日大豊山高→日本大→広島ドラゴンフライズ→島根スサノオマジック→愛媛オレンジバイキングス

つながり [バスケットボール]ジャワラ ジョゼフ(高校)、[ラグビー]杉本 悠馬(大学)、[ラグビー]細田 佳也(大学)

坂田 駿
さかた しゅん

H.C.TOCHIGINIKKOICEBUCKS／DF

1987年6月13日生／35歳／182cm／88kg

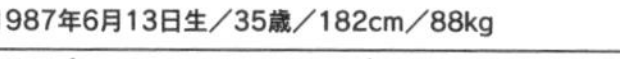

経歴≫ 釧路緑陵中→釧路江南高→明治大→日本製紙クレインズ→デミョンキラーホエルズ→H.C.TOCHIGINIKKOICEBUCKS

つながり [アイスホッケー]青山 大基(高校)、[アイスホッケー]中屋敷 侑史(高校)、[アイスホッケー]生江 太樹(高校)

坂田 怜
さかた れい

広島東洋カープ／投手

1999年9月13日生／24歳／188cm／90kg／埼玉県

経歴≫ 熊谷市立奈良中→正智深谷高→中部学院大→広島

つながり [ラグビー]タウファ オリヴェ(高校)、[ラグビー]ヴァル アサエリ愛ファカハウ(高校)

坂手 淳史
さかて あつし

埼玉パナソニックワイルドナイツ／HO 代表歴あり

1993年6月21日生／29歳／180cm／104kg／京都府

経歴≫ 京都成章高→帝京大→埼玉パナソニックワイルドナイツ

つながり [ラグビー]押川 敦治(高校)、[ラグビー]松岡 賢太(高校)、[ラグビー]淺岡 俊亮(高校)

坂原 春光
さかはら はるひろ

清水建設江東ブルーシャークス／SH

2001年2月27日生／21歳／163cm／75kg／大阪府

経歴≫ 東海大仰星高→関西学院大→清水建設江東ブルーシャークス

つながり [ラグビー]岸岡 智樹(高校)、[ラグビー]近藤 英人(高校)、[ラグビー]根塚 洸雅 (高校)

坂本 英人
さかもと あやと

クリタウォーターガッシュ昭島／WTB

1995年10月24日生／27歳／178cm／85kg／奈良県

経歴≫ 御所実高→京都産大→クリタウォーターガッシュ昭島

つながり [ラグビー]土井 貴弘(高校)、[ラグビー]酒木 凜平(高校)、[ラグビー]北村 将大(高校)

坂本 光士郎
さかもと こうしろう

千葉ロッテマリーンズ／投手

1994年9月9日生／29歳／179cm／75kg／B型／広島県

経歴≫ 三次市立十日市中→如水館高→日本文理大→新日鐵住金広畑→ヤクルト→ロッテ

つながり [野球]村川 凪(高校)、[ラグビー]ラタ タンギマナ(大学)、[ラグビー]リエキナ カウフシ(大学)

坂本 駿介
さかもと しゅんすけ

三菱重工相模原ダイナボアーズ／PR

1998年3月13日生／24歳／180cm／107kg／青森県

経歴≫ 三本木農業高→日本大→三菱重工相模原ダイナボアーズ

つながり [ラグビー]浅沼 樹羅(高校)、[ラグビー]杉本 悠馬(大学)、[ラグビー]細田 佳也(大学)

つながり 【ラグビー】坂手淳史、藤田慶和、金田瑛司は京都中学選抜で一緒にプレーした

坂本 聖芽
さかもと せいが

名古屋ダイヤモンドドルフィンズ／PG/SG

1999年9月13日生／23歳／182cm／82kg／A型／群馬県

経歴≫ 大石中→中部大一高→東海大→名古屋ダイヤモンドドルフィンズ

つながり [バスケットボール]宇都 直輝(高校)、[バスケットボール]中村 浩陸(高校)

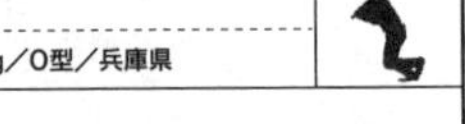

坂本 誠志郎
さかもと せいしろう

阪神タイガース／捕手

1993年11月10日生／30歳／176cm／80kg／O型／兵庫県

経歴≫ 養父中→履正社高→明治大→阪神

つながり [野球]井上 広大(高校)、[野球]小深田 大地(高校)、[野球]山田 哲人(高校)、[野球]宮本 丈(高校)

坂本 拓己
さかもと たくみ

東京ヤクルトスワローズ／投手

2004年7月6日生／19歳／180cm／85kg／A型／北海道

経歴≫ 奥尻中→知内高→ヤクルト

つながり [野球]門別 啓人(同郷・同年代)、[野球]茨木 秀俊(同郷・同年代)、[野球]斉藤 優汰(同郷・同年代)

坂本 勇人
さかもと はやと

読売ジャイアンツ／内野手 代表歴あり

1988年12月14日生／35歳／186cm／86kg／AB型／兵庫県

経歴≫ 伊丹市立松崎中→光星学院高→巨人

つながり [野球]北條 史也(高校)、[野球]田村 龍弘(高校)、[バスケットボール]中西 良太(同郷・同年代)

坂本 勇人
さかもと はやと

読売ジャイアンツ／捕手

2002年4月15日生／21歳／177cm／84kg／A型／佐賀県

経歴≫ 唐津市立浜玉中→唐津商高→巨人

つながり [ラグビー]シオネ タブオシ(同年代)、[ラグビー]高橋 陽大(同年代)、[ラグビー]ウィリアム ヘイ(同年代)

坂本 洋道
さかもと ひろみち

NTTドコモレッドハリケーンズ大阪／HO

1996年4月26日生／26歳／173cm／102kg／群馬県

経歴≫ 國學院栃木高→専修大→NTTドコモレッドハリケーンズ大阪

つながり [ラグビー]尾又 寛汰(高校)、[ラグビー]福田 陸人(高校)、[ラグビー]武井 日向(高校)

坂本 侑翼
さかもと ゆうすけ

三菱重工相模原ダイナボアーズ／FL

1998年10月25日生／24歳／176cm／95kg／千葉県

経歴≫ 流通経済大付柏高→流通経済大→三菱重工相模原ダイナボアーズ

つながり [ラグビー]粥塚 諒(高校)、[ラグビー]堀米 航平(高校)、[ラグビー]津嘉山 廉人(高校)

坂本 裕哉
さかもと ゆうや

横浜DeNAベイスターズ／投手

1997年7月28日生／26歳／180cm／85kg／O型／福岡県

経歴≫ 玄洋中→福岡大附大濠高→立命館大→DeNA

つながり [バスケットボール]小林 大祐(高校)、[バスケットボール]井上 宗一郎(高校)

相良 隆太
さがら りゅうた

三菱重工相模原ダイナボアーズ／HO

1998年12月26日生／24歳／170cm／96kg／神奈川県

経歴≫ 桐蔭学園高→立教大→三菱重工相模原ダイナボアーズ

つながり [ラグビー]石田 楽人(高校)、[ラグビー]山本 耕生(高校)、[ラグビー]田村 魁世(高校)

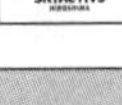

﨑口 銀二朗
さきぐち ぎんじろう

マツダスカイアクティブズ広島／FB

1994年11月25日生／28歳／175cm／75kg／大阪府

経歴≫ 大阪桐蔭高→同志社大→マツダスカイアクティブズ広島

つながり [ラグビー]宮宗 翔(高校)、[ラグビー]紙森 陽太(高校)、[ラグビー]岡田 優輝(高校)

﨑野 諒太
さきの りょうた

清水建設江東ブルーシャークス／LO

1990年2月5日生／32歳／185cm／101kg／福岡県

経歴≫ 小倉高→筑波大→清水建設江東ブルーシャークス

つながり [ラグビー]児玉 健太郎(高校)、[ラグビー]石橋 拓也(高校)、[ラグビー]髙野 祥太(高校)

佐久間 拓斗
さくま たくと

福岡ソフトバンクホークス／内野手

2003年7月17日生／20歳／181cm／94kg／B型／福島県

経歴≫ 田村市立船引中→田村高→ソフトバンク

つながり [アイスホッケー]葛西 純昌(同年代)、[ラグビー]ダリエス トマス(同年代)、[ラグビー]鶴野 凪斗(同年代)

櫻井 周斗
さくらい しゅうと

横浜DeNAベイスターズ／投手
1999年6月25日生／24歳／178cm／86kg／A型／埼玉県

経歴≫ 東中→日大三高→DeNA

つながり [野球]髙山 俊(高校)、[野球]坂倉 将吾(高校)、[野球]井上 広輝(高校)、[野球]伊藤 裕季也(高校)

櫻井 大志
さくらい たいし

清水建設江東ブルーシャークス／SH
1994年2月28日生／28歳／165cm／67kg／大阪府

経歴≫ 流通経済大付柏高→流通経済大→清水建設江東ブルーシャークス

つながり [ラグビー]粥塚 諒(高校)、[ラグビー]堀米 航平(高校)、[ラグビー]津嘉山 廉人(高校)

桜井 良太
さくらい りょうた

レバンガ北海道／SF 代表歴あり
1983年3月13日生／39歳／194cm／89kg／O型／三重県

経歴≫ 長島中→四日市工高→愛知泉大→トヨタ自動車アルバルク→レバンガ北海道

つながり [バスケットボール]森川 正明(大学)、[アイスホッケー]福藤 豊(同年代)

笹岡 海斗
ささおか かいと

マツダスカイアクティブズ広島／FB
1999年7月15日生／23歳／174cm／85kg／京都府

経歴≫ 京都成章高→京都産大→マツダスカイアクティブズ広島

つながり [ラグビー]押川 敦治(高校)、[ラグビー]松岡 賢太(高校)、[ラグビー]浅岡 俊亮(高校)

笹川 大五
ささがわ だいご

リコーブラックラムズ東京／PR
1997年8月3日生／25歳／186cm／115kg／東京都

経歴≫ 明治大付中野高→明治大→リコーブラックラムズ東京

つながり [ラグビー]片倉 康瑛(高校)、[アイスホッケー]青山 大基(大学)、[アイスホッケー]坂田 駿(大学)

笹川 吉康
ささがわ よしやす

福岡ソフトバンクホークス／外野手
2002年5月31日生／21歳／193cm／85kg／A型／神奈川県

経歴≫ 横浜市立西中→横浜商高→ソフトバンク

つながり [野球]松本 隆之介(同郷・同年代)、[野球]加藤 大(同郷・同年代)、[野球]牧原 巧汰(同郷・同年代)

佐々木 明都
ささき あきと

福岡ソフトバンクホークス／投手
2005年1月2日生／19歳／184cm／79kg／神奈川県

経歴≫ 横浜市立あかね台中→学法福島高→ソフトバンク

つながり [野球]辻垣 高良(高校)、[野球]辻 大雅(同郷・同年代)、[野球]飛田 悠成(同郷・同年代)

佐々木 一正
ささき かずまさ

RED EAGLES HOKKIDO／DF
1989年11月12日生／33歳／178cm／82kg

経歴≫ 苫小牧錦岡小→苫小牧凌雲中→苫小牧啓明中→ウェストアイランドカレッジ→北海道栄高→RED EAGLES HOKKIDO

つながり [野球]才木 海翔(高校)、[アイスホッケー]鈴木 雄大(同年代)、[アイスホッケー]畑 享和(同年代)

佐々木 絃
ささき げん

釜石シーウェイブスRFC／WTB
1997年10月20日生／25歳／175cm／77kg／岩手県

経歴≫ 宮古高校→日本体育大→釜石シーウェイブスRFC

つながり [ラグビー]石垣 航平(高校)、[アイスホッケー]石井 秀人(大学)、[アイスホッケー]松野 佑太(大学)

佐々木 周平
ささき しゅうへい

清水建設江東ブルーシャークス／WTB
1994年5月4日生／28歳／177cm／87kg／兵庫県

経歴≫ 常翔学園高→関西学院大→清水建設江東ブルーシャークス

つながり [ラグビー]岡田 一平(高校)、[ラグビー]海士 広大(高校)、[ラグビー]高橋 汰地(高校)

佐々木 駿
ささき しゅん

花園近鉄ライナーズ／PR
1989年3月6日生／33歳／174cm／107kg／富山県

経歴≫ 富山工高→日本体育大→花園近鉄ライナーズ

つながり [バスケットボール]飴谷 由毅(高校)、[アイスホッケー]石井 秀人(大学)、[アイスホッケー]松野 佑太(大学)

佐々木 剛
ささき たけし

東芝ブレイブルーパス東京／FL
1997年4月17日生／25歳／180cm／101kg／青森県

経歴≫ 青森県立八戸西高→大東文化大→東芝ブレイブルーパス東京

つながり [ラグビー]中村 良真(高校)、[野球]福島 蓮(高校)、[アイスホッケー]松渕 雄太(大学)

つながり 【野球】坂本勇人と田中将大は小学生時代同じチームでプレーした

佐々木 健
ささき たける

埼玉西武ライオンズ／投手
1996年5月13日生／27歳／179cm／87kg／B型／青森県

経歴≫ つがる市立木造中→木造高→富士大→NTT東日本→西武

つながり [バスケットボール]田口 成浩(大学)、[野球]山川 穂高(大学)、[野球]外崎 修汰(大学)

佐々木 千隼
ささき ちはや

千葉ロッテマリーンズ／投手
1994年6月8日生／29歳／181cm／83kg／O型／東京都

経歴≫ 日野市立三沢中→日野高→桜美林大→ロッテ

つながり [野球]山野辺 翔(大学)、[ラグビー]田中 真一(同郷・同年代)、[ラグビー]千葉 太一(同郷・同年代)

佐々木 祐希
ささき ゆうき

TOHOKU FREEBLADES／DF
1992年5月21日生／30歳／180cm／92kg

経歴≫ VG-62→North Shore Knights→Watertown Wolves→TOHOKU FREEBLADES

つながり [アイスホッケー]山田 虎太朗(高校)、[アイスホッケー]山下 敬史(高校)、[アイスホッケー]今 勇輔(高校)

佐々木 裕次郎
ささき ゆうじろう

釜石シーウェイブスRFC／CTB
1993年12月27日生／29歳／174cm／84kg／岩手県

経歴≫ 黒沢尻工高→東海大→釜石シーウェイブスRFC

つながり [ラグビー]藤井 大喜(高校)、[ラグビー]阿部 竜二(高校)、[ラグビー]高橋 拓也(高校)

佐々木 隆成
ささき りゅうせい

三遠ネオフェニックス／PG/SG
1996年5月2日生／26歳／180cm／77kg／A型／山口県

経歴≫ 長成中→豊浦高→天理大→熊本ヴォルターズ→三遠ネオフェニックス

つながり [バスケットボール]中村 功平(高校)、[ラグビー]上田 聖(大学)、[ラグビー]アシベリ モアラ(大学)

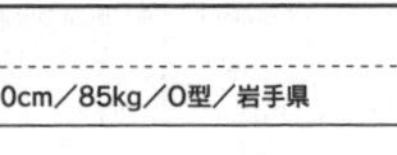

佐々木 朗希
ささき ろうき

千葉ロッテマリーンズ／投手
2001年11月3日生／22歳／190cm／85kg／O型／岩手県

経歴≫ 大船渡市立第一中→大船渡高→ロッテ

つながり [野球]堀田 賢慎(同郷・同年代)、[アイスホッケー]中舘 庸太朗(同年代)、[アイスホッケー]鈴木 聖夏(同年代)

笹倉 康誉
ささくら やすたか

埼玉パナソニックワイルドナイツ／FB　代表歴あり
1988年8月4日生／34歳／186cm／90kg／神奈川県

経歴≫ 向上高→関東学院大→埼玉パナソニックワイルドナイツ

つながり [野球]鈴木 翔天(高校)、[ラグビー]稲垣 啓太(大学)、[ラグビー]川崎 清純(大学)

笹倉 怜寿
ささくら れいじゅ

アルバルク東京／PG
1997年7月8日生／25歳／187cm／80kg／A型／富山県

経歴≫ 富山市立奥田中→東海大付三高→東海大→アルバルク東京→仙台89ERS→アルバルク東京

つながり [バスケットボール]鶴田 美勇士(高校)、[バスケットボール]ザック バランスキー(高校)

笹山 貴哉
ささやま たかや

ファイティングイーグルス名古屋／PG
1993年2月15日生／29歳／180cm／77kg／A型／三重県

経歴≫ 白子中→洛南高→筑波大→名古屋ダイヤモンドドルフィンズ→FE名古屋

つながり [バスケットボール]津屋 一球(高校)、[バスケットボール]柳川 幹也(高校)、[バスケットボール]荒川 颯(高校)

指田 宗孝
さしだ むねたか

NTTドコモレッドハリケーンズ大阪／PR
1994年3月2日生／28歳／175cm／116kg／大阪府

経歴≫ 東山高→環太平洋大→NTTドコモレッドハリケーンズ大阪

つながり [ラグビー]森 悠記(高校)、[ラグビー]森山 皓太(高校)、[バスケットボール]藤澤 尚之(高校)

ザック バランスキー
ざっく ばらんすきー

アルバルク東京／SF/PF
1992年12月18日生／30歳／193cm／93kg／A型／アメリカ

経歴≫ 長野市立裾花中→東海大付三高→東海大→アルバルク東京

つながり [バスケットボール]鶴田 美勇士(高校)、[バスケットボール]笹倉 怜寿(高校)

ザック モーア
ざっく もーあ

京都ハンナリーズ／SF
1997年3月26日生／25歳／198cm／95kg／アメリカ

経歴≫ 京都ハンナリーズ

つながり [バスケットボール]アンソニー ローレンス II(同郷・同年代)

佐藤 一磨
さとう かずま

オリックス・バファローズ／投手

2001年4月16日生／22歳／190cm／95kg／AB型／神奈川県

経歴≫ 藤沢市立村岡中→横浜隼人高→オリックス

つながり [野球]加藤 大(高校)、[野球]青山 美夏人(高校)、[野球]宗 佑磨(高校)

佐藤 慶
さとう けい

豊田自動織機シャトルズ愛知／HO

1997年1月27日生／25歳／169cm／98kg／新潟県

経歴≫ 天理高→天理大→豊田自動織機シャトルズ愛知

つながり [ラグビー]井上 大介(高校)、[ラグビー]立川 理道(高校)、[ラグビー]井関 信介(高校)

佐藤 康
さとう こう

リコーブラックラムズ東京／HO

1999年5月10日生／23歳／168cm／95kg／新潟県

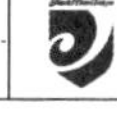

経歴≫ 天理高→天理大→リコーブラックラムズ東京

つながり [ラグビー]井上 大介(高校)、[ラグビー]立川 理道(高校)、[ラグビー]井関 信介(高校)

佐藤 弘樹
さとう こうき

三菱重工相模原ダイナボアーズ／FL

1995年7月22日生／27歳／179cm／96kg／青森県

経歴≫ 青森北高→札幌大→三菱重工相模原ダイナボアーズ

つながり [ラグビー]鶴谷 昌隆(高校)、[ラグビー]藤田 貴大(高校)、[ラグビー]赤平 勇人(高校)

佐藤 航太
さとう こうた

福岡ソフトバンクホークス／内野手

2004年4月7日生／19歳／183cm／73kg／青森県

経歴≫ 八戸学院光星高→ソフトバンク

つながり [バスケットボール]駒沢 颯(高校)、[野球]武岡 龍世(高校)、[野球]伊藤 大将(高校)

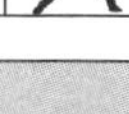

佐藤 隼輔
さとう しゅんすけ

埼玉西武ライオンズ／投手

2000年1月3日生／23歳／182cm／83kg／B型／宮城県

経歴≫ 仙台市立広瀬中→仙台高→筑波大→西武

つながり [バスケットボール]片岡 大晴(高校)、[バスケットボール]柳川 龍之介(高校)、[ラグビー]前田 土芽(大学)

佐藤 翔
さとう しょう

TOHOKU FREEBLADES／FW

1983年9月7日生／39歳／176cm／85kg

経歴≫ 釧路景雲中→駒大苫小牧高→西武鉄道→コクド→西武プリンスラビッツ→王子イーグルス→TOHOKU FREEBLADES

つながり [アイスホッケー]山田 虎太朗(高校)、[アイスホッケー]山下 敬史(高校)、[アイスホッケー]今 勇輔(高校)

佐藤 奨真
さとう しょうま

千葉ロッテマリーンズ／投手

1998年6月2日生／25歳／177cm／78kg／B型／東京都

経歴≫ 墨田区立立花中→関東一高→専修大→ロッテ

つながり [野球]井坪 陽生(高校)、[野球]石橋 康太(高校)、[野球]中村 祐太(高校)、[ラグビー]石田 楽人(大学)

佐藤 大樹
さとう だいき

浦安D-Rocks／LO

1995年4月15日生／27歳／190cm／106kg／東京都

経歴≫ 桐蔭学園高→慶應義塾大→浦安D-Rocks

つながり [ラグビー]石田 楽人(高校)、[ラグビー]山本 耕生(高校)、[ラグビー]田村 魁世(高校)

佐藤 琢磨
さとう たくま

福岡ソフトバンクホークス／投手

2000年3月18日生／23歳／183cm／85kg／A型／新潟県

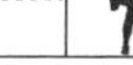

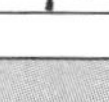

経歴≫ 新潟市立下山中→新潟青陵高→新潟医療福祉大→ソフトバンク

つながり [バスケットボール]木村 啓太郎(大学)、[野球]桐敷 拓馬(大学)、[野球]笠原 祥太郎(大学)

佐藤 卓磨
さとう たくま

千葉ジェッツ／SG/SF　代表歴あり

1995年5月10日生／27歳／197cm／93kg／AB型／北海道

経歴≫ 常磐中→東海大付四高→東海大→滋賀レイクスターズ→千葉ジェッツ

つながり [バスケットボール]大塚 裕土(高校)、[バスケットボール]関野 剛平(高校)

佐藤 大朗
さとう たろう

NTTドコモレッドハリケーンズ大阪／FL

1990年4月3日生／32歳／181cm／101kg／東京都

経歴≫ 国立高→慶應大→NTTドコモレッドハリケーンズ大阪

つながり [アイスホッケー]氏橋 祐太(大学)、[アイスホッケー]運上 雄基(大学)、[ラグビー]児玉 健太郎(大学)

つながり 【野球】佐々木朗希、奥川恭伸、西純矢、及川雅貴は高校時代合わせて高校BIG4と呼ばれた

佐藤 輝明
さとう てるあき

阪神タイガース／内野手
1999年3月13日生／24歳／187cm／94kg／B型／兵庫県

経歴≫ 西宮市立甲陵中→仁川学院高→近畿大→阪神

つながり [ラグビー]宮宗 翔(大学)、[ラグビー]岩佐 賢人(大学)、[ラグビー]大熊 克哉(大学)

佐藤 都志也
さとう としや

千葉ロッテマリーンズ／捕手
1998年1月27日生／25歳／181cm／86kg／B型／福島県

経歴≫ いわき市立平第二中→聖光学院高→東洋大→ロッテ

つながり [野球]船迫 大雅(高校)、[野球]湯浅 京己(高校)、[野球]岡野 祐一郎(高校)、[野球]山浅 龍之介(高校)

佐藤 智輝
さとう ともき

東北楽天ゴールデンイーグルス／投手
2000年6月5日生／23歳／183cm／80kg／O型／山形県

経歴≫ 寒河江市立陵南中→山形中央高→楽天

つながり [ラグビー]東海林 拓実(高校)、[野球]村上 舜(高校)、[野球]齋藤 友貴哉(高校)、[野球]石川 直也(高校)

佐藤 直樹
さとう なおき

福岡ソフトバンクホークス／外野手
1998年9月3日生／25歳／177cm／87kg／AB型／兵庫県

経歴≫ 報徳学園中→報徳学園高→JR西日本→ソフトバンク

つながり [ラグビー]井上 遼(高校)、[ラグビー]日和佐 篤(高校)、[ラグビー]前田 剛(高校)

佐藤 宏樹
さとう ひろき

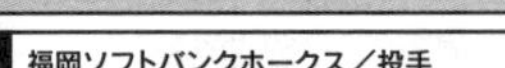

福岡ソフトバンクホークス／投手
1999年2月18日生／24歳／180cm／80kg／AB型／秋田県

経歴≫ 大館市立第一中→大館鳳鳴高→慶應義塾大→ソフトバンク

つながり [アイスホッケー]氏橋 祐太(大学)、[アイスホッケー]運上 雄基(大学)、[ラグビー]児玉 健太郎(大学)

佐藤 大翔
さとう ひろと

H.C.TOCHIGINIKKOICEBUCKS／DF 代表歴あり
1993年11月15日生／29歳／171cm／76kg

経歴≫ 釧路北中→武修館高→H.C.TOCHIGINIKKOICEBUCKS

つながり [アイスホッケー]中島 彰吾(高校)、[アイスホッケー]柴田 嗣斗(高校)、[アイスホッケー]梅野 宏愛(高校)

佐藤 勇人
さとう ゆうと

清水建設江東ブルーシャークス／PR
1992年9月21日生／30歳／182cm／125kg／秋田県

経歴≫ 秋田中央高→早稲田大→清水建設江東ブルーシャークス

つながり [ラグビー]三浦 駿平(高校)、[アイスホッケー]山田 虎太朗(大学)、[アイスホッケー]ハリデー 慈英(大学)

佐藤 耀
さとう よう

NECグリーンロケッツ東葛／HO
1994年1月27日生／28歳／178cm／96kg／新潟県

経歴≫ 本郷高→慶應義塾大→NECグリーンロケッツ東葛

つながり [アイスホッケー]氏橋 祐太(大学)、[アイスホッケー]運上 雄基(大学)、[ラグビー]児玉 健太郎(大学)

佐藤 羅雲
さとう らも

マツダスカイアクティブズ広島／LO
1997年4月8日生／25歳／185cm／99kg／徳島県

経歴≫ つるぎ高→帝京大→マツダスカイアクティブズ広島

つながり [ラグビー]秋山 大地(高校)、[ラグビー]大和田 立(大学)、[ラグビー]亀井 亮依(大学)

佐藤 龍世
さとう りゅうせい

埼玉西武ライオンズ／内野手
1997年1月15日生／26歳／174cm／88kg／AB型／北海道

経歴≫ 厚岸町立真龍中→北海高→富士大→西武→日本ハム→西武

つながり [アイスホッケー]橋本 僚(高校)、[アイスホッケー]伊藤 俊之(高校)、[アイスホッケー]牛来 拓都(高校)

佐藤 諒
さとう りょう

清水建設江東ブルーシャークス／FL
1997年6月6日生／25歳／177cm／92kg／神奈川県

経歴≫ 国学院大久我山高→明治大→清水建設江東ブルーシャークス

つながり [ラグビー]島田 悠平(高校)、[ラグビー]髙橋 敏也(高校)、[ラグビー]田中 真一(高校)

佐藤 蓮
さとう れん

阪神タイガース／投手
1998年4月11日生／25歳／188cm／101kg／A型／静岡県

経歴≫ 中郷西中→飛龍高→上武大→阪神

つながり [バスケットボール]松下 裕汰(高校)、[バスケットボール]長島 蓮(高校)、[野球]大盛 穂(高校)

佐土原 遼
さどはら りょう

広島ドラゴンフライズ／SF/PF

1999年10月24日生／23歳／192cm／97kg／A型／神奈川県

経歴≫ 旭が丘中→東海大付相模高→東海大→広島ドラゴンフライズ

つながり [ラグビー]五十嵐 優(高校)、[ラグビー]豊島 翔平(高校)、[ラグビー]王野 尚希(高校)

サナイラ ワクァ
さないら わくぁ

花園近鉄ライナーズ／LO　代表歴あり

1995年7月17日生／27歳／202cm／120kg／フィジー

経歴≫ ヘイスティングスボーイズ高→花園近鉄ライナーズ

つながり [ラグビー]セタ コロイタマナ(同郷・同年代)、[ラグビー]ヴィリアミ ヴリ(同郷・同年代)

佐野 恵太
さの けいた

横浜DeNAベイスターズ／外野手

1994年11月28日生／29歳／178cm／88kg／A型／岡山県

経歴≫ 灘崎中→広陵高→明治大→DeNA

つながり [バスケットボール]冨岡 大地(高校)、[バスケットボール]大浦 颯太(高校)、[野球]小林 誠司(高校)

佐野 皓大
さの こうだい

オリックス・バファローズ／外野手

1996年9月2日生／27歳／182cm／73kg／A型／大分県

経歴≫ 鶴谷中→大分高→オリックス

つながり [野球]江川 侑斗(高校)、[ラグビー]古城 隼人(同郷・同年代)、[ラグビー]本田 佳人(同郷・同年代)

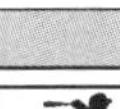

佐野 如一
さの ゆきかず

オリックス・バファローズ／外野手

1998年9月2日生／25歳／174cm／83kg／B型／茨城県

経歴≫ 土浦市立土浦第四中→霞ヶ浦高→仙台大→オリックス

つながり [野球]遠藤 淳志(高校)、[野球]赤羽 蓮(高校)、[野球]馬場 皐輔(大学)、[野球]大関 友久(大学)

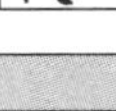

佐原 慧大
さはら けいた

花園近鉄ライナーズ／SH

1995年8月19日生／27歳／167cm／72kg／京都府

経歴≫ 洛北高→愛知学院大→花園近鉄ライナーズ

つながり [ラグビー]伊尾木 洋斗(高校)、[ラグビー]小島 佑太(高校)、[ラグビー]徳田 敬登(高校)

サミソニ アサエリ
さみそに あさえり

浦安D-Rocks／HO

1998年4月6日生／24歳／180cm／108kg／トンガ

経歴≫ 目黒学院高→日本大→東芝ブレイブルーパス東京→浦安D-Rocks

つながり [ラグビー]アタアタ モエアキオラ(高校)、[ラグビー]シオエリ ヴァカラヒ(高校)

サミソニ トゥア
さみそに とぅあ

浦安D-Rocks／CTB

1995年5月24日生／27歳／182cm／108kg／トンガ

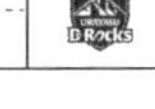

経歴≫ トンガカレッジ→摂南大→NTTドコモレッドハリケーンズ大阪→浦安D-Rocks

つながり [ラグビー]フェツアニ ラウタイミ(高校)、[ラグビー]アマナキ レレイマフィ(高校)

サム ヴァカ
さむ ゔぁか

九州電力キューデンヴォルテクス／CTB

1992年10月26日生／30歳／187cm／98kg／ニュージーランド

経歴≫ 九州電力キューデンヴォルテクス

つながり [ラグビー]ジョージ リサレ(同郷・同年代)、[ラグビー]ジェラード カウリートゥイオティ(同郷・同年代)

サム グリーン
さむ ぐりーん

静岡ブルーレヴズ／SO

1994年8月16日生／28歳／178cm／88kg／オーストラリア

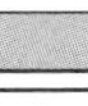

経歴≫ ブリスベングラマー高→静岡ブルーレヴズ

つながり [ラグビー]ジャック コーネルセン(同郷・同年代)、[ラグビー]ショーン マクマーン(同郷・同年代)

サム ケアード
さむ けあーど

花園近鉄ライナーズ／LO

1997年3月18日生／25歳／202cm／116kg／ニュージーランド

経歴≫ セントピーターズスクール→ワイカト大→花園近鉄ライナーズ

つながり [ラグビー]ベン ポルトリッジ(高校)、[ラグビー]フェトゥカモカモ ダグラス(大学)

サム ケレビ
さむ けれび

東京サントリーサンゴリアス／CTB

1993年9月27日生／29歳／186cm／106kg／フィジー

経歴≫ クインズランド工科大→東京サントリーサンゴリアス

つながり [ラグビー]スリアシ トル(同郷・同年代)、[アイスホッケー]髙木 健太(同年代)

つながり 【野球】佐藤輝明、石川柊太は共にももいろクローバーZのファン。ライブ会場で遭遇したことがある

サム チョンキット
さむ ちょんきっと

三菱重工相模原ダイナボアーズ／No8
1995年2月3日生／27歳／198cm／108kg／フィジー

経歴≫ ハミルトンボーイズ高→三菱重工相模原ダイナボアーズ

つながり [ラグビー]オルビン レジャー(高校)、[ラグビー]イシ ナイサラニ(同郷・同年代)

サム ヘンウッド
さむ へんうっど

釜石シーウェイブスRFC／FL
1991年3月28日生／31歳／186cm／107kg／ニュージーランド

経歴≫ オークランド工科大→CRテクニコーカウンティース・マヌカウーチーフスーハリケーンズ他→釜石シーウェイブスRFC

つながり [ラグビー]トロケ マイケル(高校)、[ラグビー]ベン ポルトリッジ(大学)、[ラグビー]レイ タタフ(大学)

猿田 湧
さるた ゆう

横浜キヤノンイーグルス／FB
1998年6月4日生／24歳／184cm／88kg／秋田県

経歴≫ 秋田工高→明治大→横浜キヤノンイーグルス

つながり [ラグビー]三浦 昌悟(高校)、[ラグビー]宮川 智海(高校)、[ラグビー]柴田 凌光(高校)

猿渡 康雄
さるわたり やすお

九州電力キューデンヴォルテクス／PR
1990年9月28日生／32歳／181cm／119kg／熊本県

経歴≫ 荒尾高→帝京大→コカ・コーラ→サニクス→宗像サニックスブルース→九州電力キューデンヴォルテクス

つながり [ラグビー]町野 泰司(高校)、[ラグビー]清原 祥(高校)、[ラグビー]流 大(高校)

澤井 廉
さわい れん

東京ヤクルトスワローズ／外野手
2000年5月31日生／23歳／180cm／98kg／愛知県

経歴≫ 東部中→中京大中京高→中京大→ヤクルト

つながり [野球]中山 礼都(高校)、[野球]伊藤 稜(高校)、[野球]髙橋 宏斗(高校)、[野球]鵜飼 航丞(高校)

澤野 聖悠
さわの きよはる

東北楽天ゴールデンイーグルス／内野手
2002年3月9日生／21歳／184cm／85kg／A型／愛知県

経歴≫ 名古屋市立大曽根中誉高→楽天

つながり [野球]石川 昂弥(同郷・同年代)、[アイスホッケー]中舘 庸太朗(同年代)、[アイスホッケー]鈴木 聖夏(同年代)

澤邉 圭太
さわべ けいた

仙台89ERS／SG
1995年3月5日生／27歳／185cm／87kg／B型／熊本県

経歴≫ 宇土鶴城中→九州学院高→大阪学院大→大阪エヴェッサ→仙台89ERS

つながり [ラグビー]石田 一貴(高校)、[ラグビー]岩下 丈一郎(高校)、[ラグビー]石田 大河(高校)

サンタナ
さんたな

東京ヤクルトスワローズ／外野手
1992年8月5日生／31歳／195cm／104kg／ドミニカ共和国

経歴≫ インディアンス→ヤクルト

つながり [野球]フランコ(同郷・同年代)、[アイスホッケー]小野田 拓人(同年代)、[アイスホッケー]橋本 僚(同年代)

三宮 累
さんのみや るい

浦安D-Rocks／PR
1994年8月16日生／28歳／182cm／117kg／東京都

経歴≫ 東京高→中央大→浦安D-Rocks

つながり [ラグビー]小池 隆成(高校)、[ラグビー]山菅 一史(高校)、[ラグビー]杉浦 拓実(高校)

し

139人

(NPB/26人、B.LEAGUE/39人、JAPAN RUGBY LEAGUE ONE/71人、ASIA LEAGUE ICE HOCKEY/3人)

シアレ ピウタウ
しあれ ぴうたう

清水建設江東ブルーシャークス／CTB
1985年10月13日生／37歳／185cm／97kg／ニュージーランド

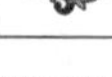

経歴≫ Wesley College→清水建設江東ブルーシャークス

つながり [ラグビー]オーガスティン プル(高校)、[アイスホッケー]濱島 尚人(同年代)、[ラグビー]山下 裕史(同年代)

椎野 新
しいの あらた

福岡ソフトバンクホークス／投手
1995年10月10日生／28歳／196cm／95kg／A型／新潟県

経歴≫ 胎内市立黒川中→村上桜ケ丘高→国士舘大→ソフトバンク

つながり [バスケットボール]菅 俊男(大学)、[バスケットボール]原 修太(大学)、[バスケットボール]髙橋 祐二(大学)

ジェイク ボール
じぇいく ぼーる

NECグリーンロケッツ東葛／LO

1991年6月21日生／31歳／199cm／121kg／イングランド

経歴≫ ゴードンズスクール→ウエスタンフォースースカーレッツ→NECグリーンロケッツ東葛

つながり [アイスホッケー]山田 虎太朗(同年代)、[アイスホッケー]三田村 康平(同年代)

シェイク ムボジ
しぇいく むぼじ

バンビシャス奈良／C　代表歴あり

1987年8月1日生／35歳／208cm／115kg／B型／セネガル

経歴≫ シーズ・アカデミー→シンシナティ大→Elan Bearnais Pau-Lacq-Orthez→西宮ストークス→バンビシャス奈良

つながり [バスケットボール]ファイ パプ月瑠(同郷・同年代)、[バスケットボール]ファイ サンバ(同郷・同年代)

ジェイコブ スキーン
じぇいこぶ すきーん

リコーブラックラムズ東京／LO

1993年4月7日生／29歳／201cm／115kg／ニュージーランド

経歴≫ ワイカト大→リコーブラックラムズ東京

つながり [ラグビー]フェトゥカモカモ ダグラス(大学)、[ラグビー]サム ケアード(大学)、[ラグビー]西澤 将太(大学)

ジェイコブ ピアス
じぇいこぶ ぴあす

東芝ブレイブルーパス東京／LO

1997年9月10日生／25歳／201cm／106kg／ニュージーランド

経歴≫ ロズミニカレッジ高→東芝ブレイブルーパス東京

つながり [ラグビー]ティアーン ファルコン(同郷・同年代)、[ラグビー]ダニエル ペレズ(同郷・同年代)

ジェイミー ヴァカラヒ
じぇいみー うぁからひ

クリタウォーターガッシュ昭島／CTB

1999年6月2日生／23歳／179cm／100kg／トンガ

経歴≫ 日体大荏原高→京都産大→クリタウォーターガッシュ昭島

つながり [ラグビー]石井 勇輝(高校)、[野球]柴田 大地(高校)、[ラグビー]田中 史朗(大学)

JD シカリング
じぇーでぃー しかりんぐ

コベルコ神戸スティーラーズ／LO

1995年5月9日生／27歳／203cm／121kg／南アフリカ

経歴≫ パールジムネイジアム高→コベルコ神戸スティーラーズ

つながり [ラグビー]ウォルト スティーンカンプ(同郷・同年代)、[ラグビー]ヘルダス ファンデルヴォルト(同郷・同年代)

シェーファー アヴィ幸樹
しぇーふぁー あうぃ こうき

シーホース三河／PF/C　代表歴あり

1998年1月28日生／24歳／206cm／106kg／B型／兵庫県

経歴≫ 神戸大附中→セントメリーズインターナショナルスクール→ジョージア工科大→アルバルク東京他→シーホース三河

つながり [バスケットボール]アンソニー・マクヘンリー(大学)、[ラグビー]山本 剣士(同郷・同年代)

ジェームス ガスケル
じぇーむす がすける

豊田自動織機シャトルズ愛知／LO

1990年5月20日生／32歳／201cm／117kg／イギリス

経歴≫ サンドバック・スクール→セタンタ大→豊田自動織機シャトルズ愛知

つながり [ラグビー]ジョシュ マタヴェシ(同郷・同年代)、[バスケットボール]マイルズ ヘソン(同郷・同年代)

ジェームス シルコック
じぇーむす しるこっく

三菱重工相模原ダイナボアーズ／SO

1997年8月1日生／25歳／178cm／88kg／イギリス

経歴≫ ワーウィック・スクール→三菱重工相模原ダイナボアーズ

つながり [アイスホッケー]中屋敷 侑史(同年代)、[アイスホッケー]京谷 充洋(同年代)

ジェームズ ベル
じぇーむず べる

山形ワイヴァンズ／SF

1992年1月7日生／31歳／196cm／100kg／アメリカ

経歴≫ ベラノバ大→山形ワイヴァンズ

つながり [バスケットボール]アレックス カーク(同郷・同年代)、[バスケットボール]レジナルド ベクトン(同郷・同年代)

ジェームズ マイケル マカドゥ
じぇーむず まいける まかどぅ

サンロッカーズ渋谷／PF/C

1993年1月4日生／30歳／206cm／104kg／アメリカ

経歴≫ ノースカロライナ大チャペルヒル校→ベシクタシュJ.K.損保ジャパン イスタンブール他→サンロッカーズ渋谷

つながり [バスケットボール]ザック バランスキー(同郷・同年代)、[バスケットボール]ショーン ロング(同郷・同年代)

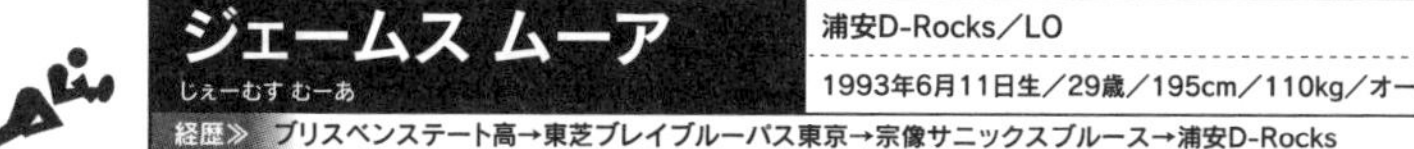

ジェームス ムーア
じぇーむす むーあ

浦安D-Rocks／LO　代表歴あり

1993年6月11日生／29歳／195cm／110kg／オーストラリア

経歴≫ ブリスベンステート高→東芝ブレイブルーパス東京→宗像サニックスブルース→浦安D-Rocks

つながり [ラグビー]エドワード カーク(高校)、[ラグビー]マット マッガーン(同郷・同年代)

つながり 【野球】澤野聖悠、石川昂弥は高校2年時愛知県選抜のオーストラリア遠征メンバーに選出された

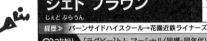

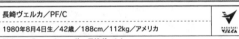

ジェームス モレンツェ
じぇーむす もれんちぇ

豊田自動織機シャトルズ愛知／SO
1999年7月8日生／23歳／180cm／100kg／南アフリカ

経歴≫ アウテニクア高→フリーステート大→豊田自動織機シャトルズ愛知

つながり [ラグビー]ピーター ラピース ラブスカフニ(大学)、[アイスホッケー]青山 大基(同年代)

シェーン ゲイツ
しぇーん げいつ

浦安D-Rocks／CTB 代表歴あり
1992年9月27日生／30歳／183cm／95kg／南アフリカ

経歴≫ ミューアカレッジボーイズ高→浦安D-Rocks

つながり [ラグビー]ピーターステフ デュトイ(同郷・同年代)、[ラグビー]ルード デヤハー(同郷・同年代)

ジェシー クリエル
じぇしー くりえる

横浜キヤノンイーグルス／CTB
1994年2月15日生／28歳／185cm／95kg／南アフリカ

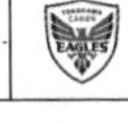

経歴≫ プレトリア大→横浜キヤノンイーグルス

つながり [ラグビー]ゲラード ファンデンヒーファー(大学)、[ラグビー]クリントン スワート(大学)

シェック ディアロ
しぇっく でぃあろ

京都ハンナリーズ／PF/C
1996年9月13日生／26歳／206cm／104kg／マリ

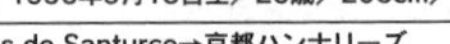

経歴≫ カンザス大→Motor City Cruise→Cangrejeros de Santurce→京都ハンナリーズ

つながり [アイスホッケー]ハリデー 慈英(同年代)、[アイスホッケー]入倉 大雅(同年代)

ジェド ブラウン
じぇど ぶらうん

花園近鉄ライナーズ／FL
1991年3月12日生／31歳／186cm／105kg／ニュージーランド

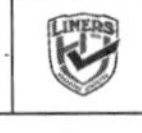

経歴≫ バーンサイドハイスクール→花園近鉄ライナーズ

つながり [ラグビー]トム マーシャル(同郷・同年代)、[ラグビー]ウィリアム トゥポウ(同郷・同年代)

ジェフ ギブス
じぇふ ぎぶす

長崎ヴェルカ／PF/C
1980年8月4日生／42歳／188cm／112kg／アメリカ

経歴≫ チャンピオン中→イースト高→オターバイン大→Eisbaren Bremerhaven他→長崎ヴェルカ

つながり [ラグビー]長岡 智之(同年代)、[バスケットボール]田臥 勇太(同年代)、[バスケットボール]五十嵐 圭(同年代)

ジェラード カウリートゥイオティ
じぇらーど かうりーとぅいおてぃ

コベルコ神戸スティーラーズ／LO
1992年6月16日生／30歳／196cm／118kg／ニュージーランド

経歴≫ ケルストンボーイズ高→コベルコ神戸スティーラーズ

つながり [ラグビー]アセリ マシヴォウ(高校)、[ラグビー]イエレミア マタエナ(高校)

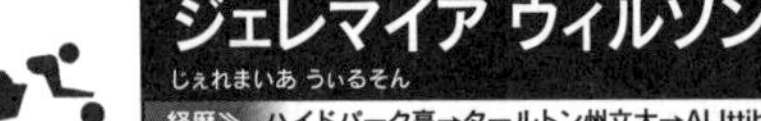

ジェレマイア ウィルソン
じぇれまいあ うぃるそん

バンビシャス奈良／PF 代表歴あり
1988年4月19日生／34歳／205cm／98kg／アメリカ

経歴≫ ハイドパーク高→タールトン州立大→Al Ittihad Jeddah(サウジアラビア)-Umana San Giobbe Chiusi→バンビシャス奈良

つながり [バスケットボール]ジョシュア クロフォード(同郷・同年代)

ジェレミー ジョーンズ
じぇれみー じょーんず

ファイティングイーグルス名古屋／SF/PF
1996年6月11日生／26歳／201cm／95kg／アメリカ

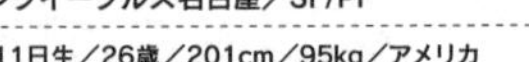

経歴≫ ヘリテージ中→セントラル・イースト高→ゴンザガ大→Kapfenberg Bulls→Crailsheim Merlins→FE名古屋

つながり [バスケットボール]ジョナサン ウィリアムズ(大学)、[バスケットボール]アンソニー ローレンス II(同郷・同年代)

ジェロード ユトフ
じぇろーど ゆとふ

京都ハンナリーズ／PF
1993年5月19日生／29歳／206cm／100kg／O型／アメリカ

経歴≫ アイオワ大→Memphis Hustle→ワシントン ウィザーズ→Erie BayHawks→シーホース三河→京都ハンナリーズ

つながり [バスケットボール]ライアン クリーナー(大学)、[バスケットボール]アディソン スプライル(同郷・同年代)

シオエリ ヴァカラヒ
しおえり う゛ぁからひ

横浜キヤノンイーグルス／FL
1998年5月15日生／24歳／178cm／110kg／トンガ

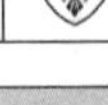

経歴≫ 目黒学院高→福岡工大→横浜キヤノンイーグルス

つながり [ラグビー]アタアタ モエアキオラ(高校)、[ラグビー]シオネ ハラシリ(高校)

シオサイア フィフィタ
しおさいあ ふぃふぃた

花園近鉄ライナーズ／CTB 代表歴あり
1998年12月20日生／24歳／187cm／105kg／トンガ

経歴≫ 日本航空石川高→天理大→花園近鉄ライナーズ

つながり [ラグビー]アシベリ モアラ(高校)、[ラグビー]ファウルア マキシ(高校)、[ラグビー]藤原 忍(高校)

シオネ アフェムイ
しおね あふぇむい

NTTドコモレッドハリケーンズ大阪／No8

1999年1月30日生／23歳／186cm／114kg／トンガ

経歴≫ セントトーマス高→朝日大→NTTコミュニケーションズシャイニングアークス東京ベイ浦安→NTTドコモレッドハリケーンズ大阪

つながり [ラグビー]阿久田 健策(大学)、[ラグビー]金村 拓耶(大学)、[ラグビー]重信 滉史郎(大学)

シオネ ヴナ
しおね うﾞな

日野レッドドルフィンズ／LO

1998年6月9日生／24歳／192cm／116kg／トンガ

経歴≫ 花園大→日野レッドドルフィンズ

つながり [ラグビー]ロトアヘア アマナキ大洋(大学)、[ラグビー]アマナキ レレイマフィ(大学)

シオネ タプオシ
しおね たぷおし

コベルコ神戸スティーラーズ／WTB

2002年7月1日生／20歳／190cm／102kg／トンガ

経歴≫ セントジョセフナッジカレッジ高→コベルコ神戸スティーラーズ

つながり [ラグビー]高橋 陽大(同年代)、[ラグビー]ウィリアム ヘイ(同年代)、[ラグビー]トニー アロフィポ(同年代)

シオネ ハラシリ
しおね はらしり

横浜キヤノンイーグルス／No8

1999年10月15日生／23歳／180cm／120kg／トンガ

経歴≫ 目黒学院高→日本大→横浜キヤノンイーグルス

つながり [ラグビー]アタアタ モエアキオラ(高校)、[ラグビー]シオエリ ヴァカラヒ(高校)

シオネ ラベマイ
しおね らべまい

浦安D-Rocks／LO 代表歴あり

1994年5月8日生／28歳／190cm／120kg／トンガ

経歴≫ セントピーズカレッジ→拓殖大→東芝ブレイブルーパス東京→浦安D-Rocks

つながり [ラグビー]イーリ ニコラス(高校)、[ラグビー]アセリ マシヴォウ(大学)、[ラグビー]ヘル ウヴェ(大学)

シオペ タヴォ
しおぺ たうﾞぉ

リコーブラックラムズ東京／CTB

1997年6月19日生／25歳／189cm／100kg／トンガ

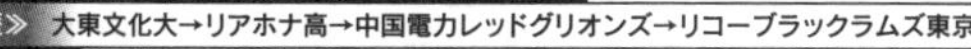

経歴≫ 大東文化大→リアホナ高→中国電力レッドグリオンズ→リコーブラックラムズ東京

つながり [ラグビー]トゥバ フィナウ(高校)、[アイスホッケー]松渕 雄太(大学)、[アイスホッケー]茂木 慎之介(大学)

塩見 貴洋
しおみ たかひろ

東北楽天ゴールデンイーグルス／投手

1988年9月6日生／35歳／182cm／77kg／A型／大阪府

経歴≫ 庭窪中→帝京五高→八戸大→楽天

つながり [野球]田中 怜利 ハモンド(高校)、[野球]秋山 翔吾(大学)、[ラグビー]杉本 博昭(同郷・同年代)

塩見 泰隆
しおみ やすたか

東京ヤクルトスワローズ／外野手

1993年6月12日生／30歳／179cm／76kg／B型／神奈川県

経歴≫ 相模原市立中央中→武相高→帝京大→JX-ENEOS→ヤクルト

つながり [アイスホッケー]小野 航平(高校)、[野球]井口 和朋(高校)、[ラグビー]大和田 立(大学)

ジガ ディメッツ
じが でぃめっつ

西宮ストークス／PF/C

1993年2月20日生／29歳／211cm／113kg／スロベニア

経歴≫ 西宮ストークス

つながり [アイスホッケー]小野田 拓人(同年代)、[アイスホッケー]橋本 僚(同年代)

鹿尾 貫太
しかお かんた

静岡ブルーレヴズ／CTB 代表歴あり

1995年9月6日生／27歳／177cm／90kg／福岡県

経歴≫ 東福岡高→東海大→静岡ブルーレヴズ

つながり [ラグビー]岩佐 賢人(高校)、[ラグビー]北川 賢吾(高校)、[ラグビー]古賀 駿汰(高校)

重 一生
しげ いっせい

三重ホンダヒート／CTB

1994年12月5日生／28歳／171cm／90kg／大阪府

経歴≫ 常翔学園→帝京大→三重ホンダヒート

つながり [ラグビー]岡田 一平(高校)、[ラグビー]海士 広大(高校)、[ラグビー]髙橋 汰地(高校)

重田 倫明
しげた ともあき

福岡ソフトバンクホークス／投手

1996年5月30日生／27歳／185cm／87kg／O型／千葉県

経歴≫ 八千代市立村上東中→千葉英和高→国士舘大→ソフトバンク

つながり [バスケットボール]菅 俊男(大学)、[バスケットボール]原 修太(大学)、[バスケットボール]髙橋 祐二(大学)

つながり 【野球】塩見泰隆、茂木栄五郎は2011年夏の神奈川県予選で対戦

重冨 周希
しげとみ しゅうき

ライジングゼファー福岡／PG/SG

1998年6月9日生／24歳／174cm／72kg／A型／福岡県

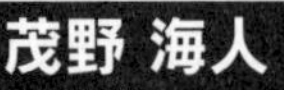

経歴≫ 西福岡中→福岡第一高→専修大→ライジングゼファー福岡

つながり [バスケットボール]井手 優希(高校)、[バスケットボール]渡辺 竜之佑(高校)

茂野 海人
しげの かいと

トヨタヴェルブリッツ／SH 代表歴あり

1990年11月21日生／32歳／170cm／75kg／大阪府

経歴≫ 江の川高→大東文化大→トヨタヴェルブリッツ

つながり [ラグビー]茂野 洸気(高校)、[アイスホッケー]松渕 雄太(大学)、[アイスホッケー]茂木 慎之介(大学)

茂野 洸気
しげの こうき

NTTドコモレッドハリケーンズ大阪／WTB

1989年3月14日生／33歳／170cm／80kg／大阪府

経歴≫ 江の川高→拓殖大→NTTドコモレッドハリケーンズ大阪

つながり [ラグビー]茂野 海人(高校)、[ラグビー]アセリ マシヴォウ(大学)、[ラグビー]ヘル ウヴェ(大学)

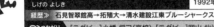

茂野 圭輝
しげの よしき

清水建設江東ブルーシャークス／SH

1992年10月9日生／30歳／178cm／73kg／大阪市

経歴≫ 石見智翠館高→拓殖大→清水建設江東ブルーシャークス

つながり [ラグビー]小幡 将己(高校)、[ラグビー]岡山 仙治(高校)、[ラグビー]加藤 竜聖(高校)

重信 滉史郎
しげのぶ こうしろう

マツダスカイアクティブズ広島／PR

1995年9月28日生／27歳／175cm／100kg／宮崎県

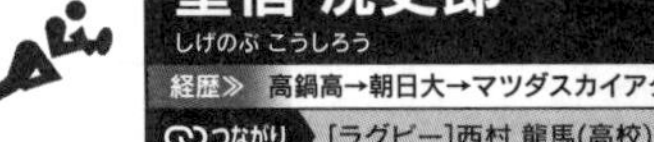

経歴≫ 高鍋高→朝日大→マツダスカイアクティブズ広島

つながり [ラグビー]西村 龍馬(高校)、[ラグビー]黒木 健人(高校)、[ラグビー]阿久田 健策(大学)

重信 慎之介
しげのぶ しんのすけ

読売ジャイアンツ／外野手

1993年4月17日生／30歳／173cm／74kg／A型／千葉県

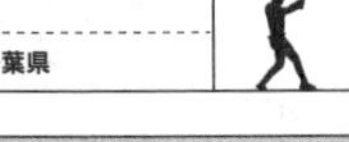

経歴≫ 佐倉市立臼井南中→早稲田実高→早稲田大→巨人

つながり [ラグビー]千葉 太一(高校)、[野球]野村 大樹(高校)、[野球]清宮 幸太郎(高校)

繁松 哲大
しげまつ てった

浦安D-Rocks／FL

1999年1月6日生／24歳／178cm／94kg／福島県

経歴≫ 札幌山の手高→明治大→NTTドコモレッドハリケーンズ大阪→浦安D-Rocks

つながり [ラグビー]渡邉 隆之(高校)、[ラグビー]舟橋 諒将(高校)、[ラグビー]伊藤 鐘平(高校)

重松 凱人
しげまつ かいと

福岡ソフトバンクホークス／外野手

2000年4月12日生／23歳／187cm／90kg／福岡県

経歴≫ 戸ノ上中→戸畑高→亜細亜大→ソフトバンク

つながり [野球]藤野 恵音(高校)、[野球]松田 宣浩(大学)、[野球]北村 拓己(大学)、[野球]髙橋 遥人(大学)

篠原 亨太
しのはら こうた

TOHOKU FREEBLADES／FW

1984年3月28日生／38歳／169cm／78kg

経歴≫ 釧路鳥取中→釧路工高→釧路セトルブレイズ→日光アイスバックス→High1→TOHOKU FREEBLADES

つながり [アイスホッケー]成澤 優太(高校)、[アイスホッケー]伊藤 賢吾(高校)、[アイスホッケー]百目木 政人(同年代)

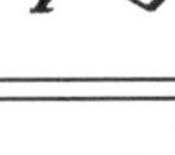

篠山 竜青
しのやま りゅうせい

川崎ブレイブサンダース／PG 代表歴あり

1988年7月20日生／34歳／178cm／75kg／A型／神奈川県

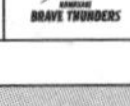

経歴≫ 旭中→北陸高→日本大→川崎ブレイブサンダース

つながり [バスケットボール]藤永 佳昭(高校)、[バスケットボール]満田 丈太郎(高校)

柴田 和宏
しばた かずひろ

リコーブラックラムズ東京／PR

1986年8月22日生／36歳／186cm／115kg／徳島県

経歴≫ 貞光工高-日本体育大→リコーブラックラムズ東京

つながり [ラグビー]秋山 陽路(高校)、[アイスホッケー]石井 秀人(大学)、[アイスホッケー]松野 佑太(大学)

柴田 大地
しばた だいち

東京ヤクルトスワローズ／投手

1997年11月7日生／26歳／180cm／93kg／O型／東京都

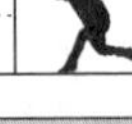

経歴≫ 糀谷中→日本体育大荏原高→日本体育大→ヤクルト

つながり [ラグビー]石井 勇輝(高校)、[ラグビー]ジェイミー ヴァカラヒ(高校)、[アイスホッケー]石井 秀人(大学)

柴田 竜拓
しばた たつひろ

横浜DeNAベイスターズ／内野手

1993年12月16日生／30歳／167cm／68kg／O型／岡山県

経歴≫ 山南中→岡山理大附高→国学院大→DeNA

つながり [野球]九里 亜蓮(高校)、[野球]藪田 和樹(高校)、[野球]藤岡 裕大(高校)、[野球]頓宮 裕真(高校)

柴田 嗣斗
しばた つぐと

RED EAGLES HOKKIDO／FW

1996年11月1日生／26歳／178cm／80kg

経歴≫ 釧路鳥取小→釧路鳥取中→武修館高→東洋大→RED EAGLES HOKKIDO

つながり [アイスホッケー]中島 彰吾(高校)、[アイスホッケー]佐藤 大翔(高校)、[アイスホッケー]梅野 宏愛(高校)

柴田 凌光
しばた りょうと

三菱重工相模原ダイナボアーズ／SH

1999年8月12日生／23歳／177cm／80kg／秋田県

経歴≫ 秋田工高→東海大→三菱重工相模原ダイナボアーズ

つながり [ラグビー]三浦 昌悟(高校)、[ラグビー]猿田 湧(高校)、[ラグビー]宮川 智海(高校)

澁田 怜音
しぶた れおん

新潟アルビレックスBB／PG

1998年8月22日生／24歳／175cm／65kg／O型／岩手県

経歴≫ 紫波第一中→盛岡南高→駒澤大→岩手ビッグブルズ→佐賀バルーナーズ→滋賀レイクスターズ→新潟アルビレックスBB

つながり [バスケットボール]小野寺 祥太(高校)、[バスケットボール]石井 峻平(大学)、[野球]前田 研輝(大学)

渋谷 圭
しぶや けい

クリタウォーターガッシュ昭島／PR

1997年7月24日生／25歳／181cm／112kg／東京都

経歴≫ 大東大→クリタウォーターガッシュ昭島

つながり [アイスホッケー]松渕 雄太(大学)、[アイスホッケー]茂木 慎之介(大学)、[ラグビー]酒木 凜平(大学)

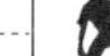

島内 颯太郎
しまうち そうたろう

広島東洋カープ／投手

1996年10月14日生／27歳／180cm／78kg／O型／福岡県

経歴≫ 福間中→光陵高→九州共立大→広島

つながり [ラグビー]高尾 時流(大学)、[ラグビー]竹内 柊平(大学)、[ラグビー]白濱 弘章(大学)

島内 宏明
しまうち ひろあき

東北楽天ゴールデンイーグルス／外野手

1990年2月2日生／33歳／180cm／75kg／B型／石川県

経歴≫ 御幸中→星稜高→明治大→楽天

つながり [野球]山瀬 慎之助(高校)、[野球]北村 拓己(高校)、[野球]高木 京介(高校)、[野球]奥川 恭伸(高校)

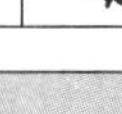

島田 海吏
しまだ かいり

阪神タイガース／外野手

1996年2月6日生／27歳／176cm／68kg／AB型／熊本県

経歴≫ 鶴城中→九州学院高→上武大→阪神

つながり [ラグビー]石田 一貴(高校)、[ラグビー]岩下 丈一郎(高校)、[ラグビー]石田 大河(高校)

嶋田 直人
しまだ なおと

横浜キヤノンイーグルス／FL

1991年5月21日生／31歳／181cm／99kg／京都府

経歴≫ 伏見工高→立命館大→横浜キヤノンイーグルス

つながり [ラグビー]田中 史朗(高校)、[ラグビー]小畑 健太郎(高校)、[ラグビー]寺田 桂太(高校)

島田 久満
しまだ ひさみつ

NTTドコモレッドハリケーンズ大阪／HO

1998年12月10日生／24歳／173cm／103kg／大阪府

経歴≫ 東海大仰星高→立命館大→NTTドコモレッドハリケーンズ大阪

つながり [ラグビー]岸岡 智樹(高校)、[ラグビー]近藤 英人(高校)、[ラグビー]根塚 洸雅 (高校)

島田 彪雅
しまだ ひゅうが

埼玉パナソニックワイルドナイツ／PR

2000年6月16日生／22歳／176cm／108kg／大阪府

経歴≫ 御所実高→埼玉パナソニックワイルドナイツ

つながり [ラグビー]土井 貴弘(高校)、[ラグビー]酒木 凜平(高校)、[ラグビー]北村 将大(高校)

島田 悠平
しまだ ゆうへい

クボタスピアーズ船橋・東京ベイ／WTB

1997年12月25日生／25歳／183cm／87kg／東京都

経歴≫ 国学院大久我山高→筑波大→クボタスピアーズ船橋・東京ベイ

つながり [ラグビー]髙橋 敏也(高校)、[ラグビー]田中 真一(高校)、[ラグビー]石原 慎太郎(高校)

つながり 【バスケットボール】重冨周希、岡田侑大は2016年ウィンターカップ決勝で対戦

あ
か
さ
た
な
は
ま
や
ら
わ

島根 一磨
しまね かずま

埼玉パナソニックワイルドナイツ／HO
1996年11月30日生／26歳／175cm／103kg／奈良県

経歴≫ 天理高→天理大→埼玉パナソニックワイルドナイツ

つながり [ラグビー]井上 大介(高校)、[ラグビー]立川 理道(高校)、[ラグビー]井関 信介(高校)

島本 浩也
しまもと ひろや

阪神タイガース／投手
1993年2月14日生／30歳／176cm／75kg／B型／奈良県

経歴≫ 大和高田市立高田中→福知山成美高→阪神

つながり [野球]桑原 将志(高校)、[ラグビー]光井 勇人(同郷・同年代)、[ラグビー]齋藤 遼太郎(同郷・同年代)

ジミー トゥポウ
じみー とぅぽう

浦安D-Rocks／FL
1992年8月8日生／30歳／196cm／113kg／ニュージーランド

経歴≫ ブケコヘ高→クルセダーズ→ブルース→浦安D-Rocks

つながり [ラグビー]ジョージ リサレ(同郷・同年代)、[ラグビー]ジェラード カウリートゥイオティ(同郷・同年代)

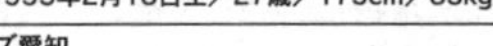

清水 晶大
しみず あきひろ

豊田自動織機シャトルズ愛知／SO
1995年2月18日生／27歳／175cm／83kg／大阪府

経歴≫ 京都成章高→関西学院大→豊田自動織機シャトルズ愛知

つながり [ラグビー]押川 敦治(高校)、[ラグビー]松岡 賢太(高校)、[ラグビー]浅岡 俊亮(高校)

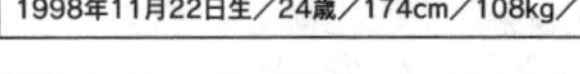

清水 岳
しみず がく

トヨタヴェルブリッツ／PR
1998年11月22日生／24歳／174cm／108kg／大阪府

経歴≫ 大阪桐蔭高→帝京大→トヨタヴェルブリッツ

つながり [ラグビー]宮宗 翔(高校)、[ラグビー]紙森 陽太(高校)、[ラグビー]岡田 優輝(高校)

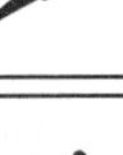

清水 叶人
しみず かなと

広島東洋カープ／捕手
2004年7月6日生／19歳／175cm／80kg／群馬県

経歴≫ 藤岡西中→健大高崎高→広島

つながり [野球]北村 流音(同郷・同年代)、[バスケットボール]荻沼 隼佑(同年代)、[野球]浅野 翔吾(同年代)

清水 達也
しみず たつや

中日ドラゴンズ／投手
1999年11月3日生／24歳／184cm／88kg／AB型／埼玉県

経歴≫ 入間市立藤沢中→花咲徳栄高→中日

つながり [野球]松井 颯(高校)、[野球]味谷 大誠(高校)、[野球]楠本 泰史(高校)、[野球]高橋 昂也(高校)

清水 昇
しみず のぼる

東京ヤクルトスワローズ／投手
1996年10月15日生／27歳／180cm／84kg／A型／東京都

経歴≫ 駿台学園中→帝京高→国学院大→ヤクルト

つながり [ラグビー]安江 祥光(高校)、[野球]原口 文仁(高校)、[野球]山﨑 康晃(高校)、[野球]中村 晃(高校)

清水 優心
しみず ゆうし

北海道日本ハムファイターズ／捕手
1996年5月22日生／27歳／185cm／89kg／A型／山口県

経歴≫ 東和中→九州国際大付高→日本ハム

つながり [野球]二保 旭(高校)、[野球]三好 匠(高校)、[野球]中村 貴浩(高校)、[野球]生海(高校)

清水 怜
しみず りょう

H.C.TOCHIGINIKKOICEBUCKS／FW
1998年7月7日生／24歳／169cm／72kg

経歴≫ 帯広第八中→白樺高→東洋大→H.C.TOCHIGINIKKOICEBUCKS

つながり [アイスホッケー]三田村 康平(高校)、[アイスホッケー]小林 斗威(高校)、[アイスホッケー]大椋 舞人(高校)

志村 太基
しむら だいき

清水建設江東ブルーシャークス／PR
1995年9月6日生／27歳／170cm／102kg／神奈川県

経歴≫ 桐蔭学園高→成蹊大→清水建設江東ブルーシャークス

つながり [ラグビー]石田 楽人(高校)、[ラグビー]山本 耕生(高校)、[ラグビー]田村 魁世(高校)

下 慎之介
しも しんのすけ

東京ヤクルトスワローズ／投手
2002年6月8日生／21歳／183cm／86kg／B型／群馬県

経歴≫ 佐野中→健大高崎高→ヤクルト

つながり [野球]湯浅 大(高校)、[野球]長坂 拳弥(高校)、[野球]栃植 世那(高校)、[野球]是澤 涼輔(高校)

下釜 優次
しもがま ゆうじ

埼玉パナソニックワイルドナイツ／HO
1992年1月25日生／30歳／178cm／102kg／熊本県

経歴≫ 鹿児島玉龍高→筑波大→埼玉パナソニックワイルドナイツ

つながり [ラグビー]宮田 賢斗(高校)、[ラグビー]前田 土芽(大学)、[ラグビー]島田 悠平(大学)

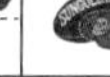

下川 甲嗣
しもかわ かんじ

東京サントリーサンゴリアス／FL　代表歴あり
1999年1月17日生／24歳／188cm／105kg／福岡県

経歴≫ 修猷館高→早稲田大→東京サントリーサンゴリアス

つながり [ラグビー]永富 健太郎(高校)、[ラグビー]原田 健司(高校)、[ラグビー]古城 隼人(高校)

下山 大地
しもやま だいち

青森ワッツ／SG
1989年8月8日生／33歳／182cm／80kg／A型／青森県

経歴≫ 五所川原第一中→弘前高→岩手大→仙台89ERS→青森ワッツ→秋田ノーザンハピネッツ→青森ワッツ

つながり [アイスホッケー]佐々木 一正(同年代)、[アイスホッケー]鈴木 雄大(同年代)

下山 輝
しもやま ひかる

釜石シーウェイブスRFC／WTB
1999年7月4日生／23歳／166cm／76kg／秋田県

経歴≫ 秋田工高→釜石シーウェイブスRFC

つながり [ラグビー]三浦 昌悟(高校)、[ラグビー]猿田 湧(高校)、[ラグビー]宮川 智海(高校)

シモン
しもん

福岡ソフトバンクホークス／外野手
2004年9月18日生／19歳／185cm／79kg／ドミニカ共和国

経歴≫ ソフトバンク

つながり [野球]デラクルーズ(同郷・同年代)、[野球]ティマ(同郷・同年代)、[野球]ヘラルディーノ(同郷・同年代)

ジャクソン ガーデンバショップ
じゃくそん がーでんばしょっぷ

花園近鉄ライナーズ／SO
1994年10月3日生／28歳／186cm／104kg／ニュージーランド

経歴≫ スコッツカレッジ→花園近鉄ライナーズ

つながり [ラグビー]パティリアイ ツイドラキ(同郷・同年代)、[ラグビー]ブロディ マクカラン(同郷・同年代)

ジャクソン ヘモポ
じゃくそん へもぽ

三菱重工相模原ダイナボアーズ／FL
1993年11月14日生／29歳／194cm／111kg／ニュージーランド

経歴≫ パーマストン・ノース・ボーイズ高→三菱重工相模原ダイナボアーズ

つながり [ラグビー]リアム ミッチェル(高校)、[ラグビー]ナニ ラウマペ(同郷・同年代)

ジャスティン キーナン
じゃすてぃん きーなん

群馬クレインサンダーズ／PF/C
1989年5月2日生／33歳／201cm／120kg／アメリカ

経歴≫ クレストウッド中→オタワヒルズ高→フェリス州立大→サン マルティン コリエンテス他→群馬クレインサンダーズ

つながり [バスケットボール]イバン ラベネル(同郷・同年代)、[バスケットボール]ライアン ロシター(同郷・同年代)

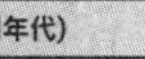

ジャスティン コブス
じゃすてぃん こぶす

アルバルク東京／PG　代表歴あり
1991年3月16日生／31歳／191cm／86kg／アメリカ

経歴≫ ノートルダム・アカデミー→ビショップ・モンゴメリー高→カルフォルニア大→BCM Gravelines他→アルバルク東京

つながり [バスケットボール]エヴァンス ルーク(同郷・同年代)、[バスケットボール]ドリュー ゴードン(同郷・同年代)

ジャスティン ダウニー
じゃすてぃん だうにー

三重ホンダヒート／No8
1986年11月11日生／36歳／190cm／105kg／南アフリカ

経歴≫ ノースウッド高→クワズールナタール大→三重ホンダヒート

つながり [アイスホッケー]井上 光明(同年代)、[アイスホッケー]山本 和輝(同年代)

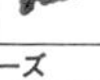

ジャスティン ハーパー
じゃすてぃん はーぱー

越谷アルファーズ／PF
1989年8月30日生／33歳／208cm／102kg／アメリカ

経歴≫ フォーリングクリーク中→メドウブルーム高→リッチモンド大South Bay Lakers→Indios de Mayaguez他→越谷アルファーズ

つながり [バスケットボール]イバン ラベネル(同郷・同年代)、[バスケットボール]ライアン ロシター(同郷・同年代)

ジャスティン バーレル
じゃすてぃん ばーれる

仙台89ERS／PF/C
1988年4月18日生／34歳／204cm／115kg／アメリカ

経歴≫ ツイン・タワー→ブリッジトン・アカデミー→セント・ジョーンズ大→ショレ バスケット他→仙台89ERS

つながり [バスケットボール]ジョシュア クロフォード(同郷・同年代)

つながり 【ラグビー】島根一磨、久保直人はラグビースクール時代からの幼馴染

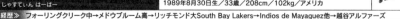

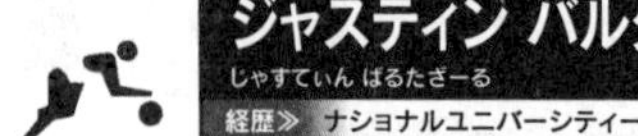

ジャスティン バルタザール
じゃすてぃん ばるたざーる

広島ドラゴンフライズ／PF　代表歴あり

1997年2月19日生／25歳／207cm／113kg／フィリピン

経歴≫ ナショナルユニバーシティー中→ナショナルユニバーシティー高→デ・ラ・サール大→National University他→広島ドラゴンフライズ

つながり [バスケットボール]サーディ ラベナ(同郷・同年代)、[バスケットボール]マシュー・アキノ(同郷・同年代)

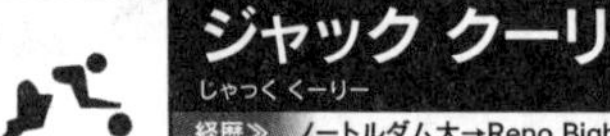

ジャック クーリー
じゃっく くーりー

琉球ゴールデンキングス／C

1991年4月12日生／31歳／206cm／112kg／アメリカ

経歴≫ ノートルダム大→Reno Bighorns→Banco di Sardegna Sassari→琉球ゴールデンキングス

つながり [バスケットボール]ジョン ムーニー(大学)、[バスケットボール]アレックス カーク(同郷・同年代)

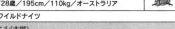

ジャック コーネルセン
じゃっく こーねるせん

埼玉パナソニックワイルドナイツ／LO　代表歴あり

1994年10月13日生／28歳／195cm／110kg／オーストラリア

経歴≫ ブリスベングラマースクール→クィーンズランド大→埼玉パナソニックワイルドナイツ

つながり [ラグビー]ウィリアム ヘイ(高校)、[ラグビー]リンディ 真ダニエル(大学)

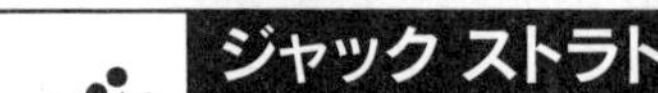

ジャック ストラトン
じゃっく すとらとん

東芝ブレイブルーパス東京／SH

1994年8月21日生／28歳／185cm／91kg／ニュージーランド

経歴≫ フィールディング高→リンカーン大→東芝ブレイブルーパス東京

つながり [ラグビー]ジョシュ グッドヒュー(大学)、[ラグビー]ハドレー パークス(大学)

ジャメール マクリーン
じゃめーる まくりーん

熊本ヴォルターズ／PF/C

1988年4月18日生／34歳／203cm／103kg／アメリカ

経歴≫ デヴィス中→ベッセル高→ザビエル大→BBLリーグ Skyliners Frankfurt→熊本ヴォルターズ

つながり [バスケットボール]ジョシュ ダンカン(大学)、[バスケットボール]ケレム カンター(大学)

ジャワラ ジョゼフ
じゃわら じょぜふ

茨城ロボッツ／PF

1998年2月9日生／24歳／197cm／93kg／B型／東京都

経歴≫ 聖学院中→日本大豊山高→日本大→ファイティングイーグルス名古屋→大阪エヴェッサ→茨城ロボッツ

つながり [バスケットボール]坂田 央(高校)、[ラグビー]杉本 悠馬(大学)、[ラグビー]細田 佳也(大学)

周東 佑京
しゅうとう うきょう

福岡ソフトバンクホークス／内野手　代表歴あり

1996年2月10日生／27歳／180cm／66kg／A型／群馬県

経歴≫ 太田市立藪塚本町中→東京農大二高→東京農大北海道オホーツク→ソフトバンク

つながり [ラグビー]俣田 洋翔 (高校)、[ラグビー]竹澤 正祥(同郷・同年代)、[ラグビー]堀越 康介(同郷・同年代)

上甲 凌大
じょうこう りゅうた

横浜DeNAベイスターズ／捕手

2001年1月29日生／22歳／184cm／90kg／愛媛県

経歴≫ 宇和中→宇和島東高→伯和ビクトリーズ→四国IL・愛媛→DeNA

つながり [野球]土居 豪人(同郷・同年代)、[野球]村上 喬一郎(同郷・同年代)、[アイスホッケー]阿部 泰河(同年代)

荘司 康誠
しょうじ こうせい

東北楽天ゴールデンイーグルス／投手

2000年10月13日生／23歳／189cm／86kg／B型／新潟県

経歴≫ 新潟市立小針中→新潟明訓高→立教大→楽天

つながり [野球]漆原 大晟(高校)、[ラグビー]中澤 健宏(大学)、[ラグビー]眞壁 貴男(大学)

庄司 拓馬
しょうじ たくま

静岡ブルーレヴズ／FL

1998年5月22日生／24歳／181cm／100kg／大阪府

経歴≫ 東海大仰星高→立命館大→静岡ブルーレヴズ

つながり [ラグビー]岸岡 智樹(高校)、[ラグビー]近藤 英人(高校)、[ラグビー]根塚 洸雅 (高校)

庄島 啓倫
しょうじま ひろのり

中国電力レッドレグリオンズ／LO

1984年4月25日生／38歳／184cm／106kg／福岡県

経歴≫ 西南学院高→帝京大→中国電力レッドレグリオンズ

つながり [ラグビー]中靍 隆彰(高校)、[野球]田中 和基(高校)、[ラグビー]大和田 立(大学)

正隨 優弥
しょうずい ゆうや

東北楽天ゴールデンイーグルス／外野手

1996年4月2日生／27歳／180cm／100kg／A型／広島県

経歴≫ 広島市立段原中→大阪桐蔭高→亜細亜大→広島→楽天

つながり [ラグビー]宮宗 翔(高校)、[ラグビー]紙森 陽太(高校)、[ラグビー]岡田 優輝(高校)

城宝 匡史
じょうほう まさし

アースフレンズ東京Z／SG

1982年4月24日生／40歳／183cm／83kg／B型／北海道

経歴≫ 野幌中→北海道大麻高→大阪商大→新潟アルビレックスBB他→アースフレンズ東京Z

つながり [バスケットボール]福田 真生(高校)、[バスケットボール]道原 紀晃(大学)、[野球]小野寺 暖(大学)

ジョー ローンチブリー
じょー ろーんちぶりー

トヨタヴェルブリッツ／LO

1991年4月12日生／31歳／196cm／126kg／英国

経歴≫ キリスト病院高→トヨタヴェルブリッツ

つながり [アイスホッケー]山田 虎太朗(同年代)、[アイスホッケー]三田村 康平(同年代)

ジョーカマナ
じょーかまな

豊田自動織機シャトルズ愛知／WTB

1991年9月23日生／31歳／198cm／98kg／ニュージーランド

経歴≫ フレイザー高→豊田自動織機シャトルズ愛知

つながり [ラグビー]フェトゥカモカモ ダグラス(同郷・同年代)、[ラグビー]マイケル アラダイス(同郷・同年代)

ジョージ リサレ
じょーじ りされ

NECグリーンロケッツ東葛／No8

1993年1月22日生／29歳／184cm／115kg／ニュージーランド

経歴≫ マナカレッジ→流通経済大→NECグリーンロケッツ東葛

つながり [ラグビー]木村 友憲(大学)、[ラグビー]積 賢佑(大学)、[ラグビー]テアウパ シオネ(大学)

ジョーダン グリン
じょーだん ぐりん

ライジングゼファー福岡／SF/PF

1989年6月26日生／33歳／200cm／104kg／O型／アメリカ

経歴≫ ラ・ベガ高→ステファン・F・オースティン大→ライジングゼファー福岡→秋田ノーザンハピネッツ→ライジングゼファー福岡

つながり [バスケットボール]イバン ラベネル(同郷・同年代)、[バスケットボール]ライアン ロシター(同郷・同年代)

ジョーダン ハミルトン
じょーだん はみるとん

滋賀レイクス／SF/PF

1990年10月6日生／32歳／201cm／103kg／アメリカ

経歴≫ 滋賀レイクス

つながり [バスケットボール]ジャスティン コブス(同郷・同年代)、[バスケットボール]エヴァンス ルーク(同郷・同年代)

ジョーダン ヒース
じょーだん ひーす

川崎ブレイブサンダース／PF/C

1991年8月20日生／31歳／208cm／110kg／アメリカ

経歴≫ ロバートウェズリアン大、カニシャス大→BBC Monthey→Hubo Limburg United→Alba Fehervar→川崎ブレイブサンダース

つながり [バスケットボール]アレックス カーク(同郷・同年代)、[バスケットボール]レジナルド ベクトン(同郷・同年代)

ジョーダン ヘディング
じょーだん へでぃんぐ

長崎ヴェルカ／SG 代表歴あり

1996年1月30日生／26歳／188cm／86kg／オーストラリア

経歴≫ モリスアカデミー台湾→サンライズ・クリスチャン高→カリフォルニア・バフスト大→CaliforniaBaptist他→長崎ヴェルカ

つながり [バスケットボール]リース ヴァーグ(同郷・同年代)、[アイスホッケー]ベンガート 朗孟(同年代)

ショーン オマラ
しょーん おまら

大阪エヴェッサ／C

1995年9月5日生／27歳／208cm／116kg／アメリカ

経歴≫ ゼイビア大→ノキア→ロックハンプトン ロケッツ→大阪エヴェッサ→バンビシャス奈良→滋賀レイクスターズ→大阪エヴェッサ

つながり [ラグビー]鶴川 達彦(同郷・同年代)、[バスケットボール]ジョナサン ウィリアムズ(同郷・同年代)

ショーン マクマーン
しょーん まくまーん

東京サントリーサンゴリアス／No8

1994年6月18日生／28歳／186cm／102kg／オーストラリア

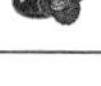

経歴≫ セントジョセフナッジー高→東京サントリーサンゴリアス

つながり [ラグビー]ジャック コーネルセン(同郷・同年代)、[ラグビー]サム グリーン(同郷・同年代)

ショーン ロング
しょーん ろんぐ

レバンガ北海道／PF/C

1993年1月29日生／29歳／208cm／112kg／アメリカ

経歴≫ モーガンシティ高→ルイジアナ大ラファイエット→Melbourne United→Hyundai Mobis Phoebus→レバンガ北海道

つながり [バスケットボール]ザック バランスキー(同郷・同年代)

ジョーンズ リチャード剛
じょーんず りちゃーどごう

静岡ブルーレヴズ／FL

1999年5月4日生／23歳／177cm／93kg／京都府

経歴≫ 伏見工高→東海大→静岡ブルーレヴズ

つながり [ラグビー]田中 史朗(高校)、[ラグビー]小畑 健太郎(高校)、[ラグビー]寺田 桂太(高校)

つながり 【野球】正隨優弥、香月一也は共に2014年夏の甲子園で優勝を果たした

ジョシュ グッドヒュー
じょしゅ ぐっどひゅー

リコーブラックラムズ東京／LO
1995年6月13日生／27歳／199cm／115kg／ニュージーランド

経歴≫ リンカーン大→マウントアルバートグラマースクール→ブルーズ→リコーブラックラムズ東京

つながり [ラグビー]ハドレー パークス(大学)、[ラグビー]イザヤ プニヴァイ(大学)、[ラグビー]トム サンダース(大学)

ジョシュ スコット
じょしゅ すこっと

宇都宮ブレックス／PF/C
1993年7月13日生／29歳／210cm／114kg／A型／アメリカ

経歴≫ ディスカバリーキャニオン中→ルイス・パーマー高→コロラド大→KK MZT Skopje他→宇都宮ブレックス

つながり [バスケットボール]アディソン スプライル(同郷・同年代)、[バスケットボール]マーベル ハリス(同郷・同年代)

ジョシュ ダンカン
じょしゅ だんかん

琉球ゴールデンキングス／PF
1986年5月12日生／36歳／205cm／111kg／アメリカ

経歴≫ アワー・マザー・オブ・ソロウズ中→ムーラー高→ザビエル大→Hapoel Jerusalem他→琉球ゴールデンキングス

つながり [バスケットボール]ジャメール マクリーン(大学)、[バスケットボール]ケレム カンター(大学)

ジョシュ ハレルソン
じょしゅ はれるそん

福島ファイヤーボンズ／PF/C
1989年2月12日生／33歳／208cm／125kg／アメリカ

経歴≫ ハーデン中→セントチャールズ高→ケンタッキー大→VEF Riga他→福島ファイヤーボンズ

つながり [バスケットボール]イージェイ モンゴメリー(大学)、[バスケットボール]ジョシュア クロフォード(同郷・同年代)

ジョシュ フェナー
じょしゅ ふぇなー

NTTドコモレッドハリケーンズ大阪／FL
1999年1月9日生／24歳／196cm／118kg／オーストラリア

経歴≫ サニーバンク→NTTドコモレッドハリケーンズ大阪

つながり [ラグビー]アイザック ルーカス(同郷・同年代)、[ラグビー]ティモテ タヴァレア(同郷・同年代)

ジョシュ ホーキンソン
じょしゅ ほーきんそん

信州ブレイブウォーリアーズ／PF/C
1995年6月23日生／27歳／208cm／106kg／アメリカ

経歴≫ ワシントン州大→Fイーグルス名古屋→信州ブレイブウォーリアーズ

つながり [バスケットボール]ブロック モータム(大学)、[ラグビー]鶴川 達彦(同郷・同年代)

ジョシュ マタヴェシ
じょしゅ またうぇし

豊田自動織機シャトルズ愛知／CTB
1990年10月5日生／32歳／188cm／120kg／イギリス

経歴≫ カムボーンサイエンスアンドインターナショナルアカデミー→トルーロ大→豊田自動織機シャトルズ愛知

つながり [ラグビー]ジェームス ガスケル(同郷・同年代)、[バスケットボール]マイルズ ヘソン(同郷・同年代)

ジョシュア クロフォード
じょしゅあ くろふぉーど

アースフレンズ東京Z／C
1988年5月11日生／34歳／211cm／111kg／アメリカ

経歴≫ アースフレンズ東京Z

つながり [バスケットボール]ジェレマイア ウィルソン(同郷・同年代)

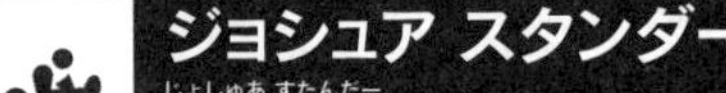

ジョシュア スタンダー
じょしゅあ すたんだー

釜石シーウェイブスRFC／SO
1994年1月1日生／29歳／183cm／90kg／南アフリカ

経歴≫ ブルーブルズーストーマーズ→東京サントリーサンゴリアス→釜石シーウェイブスRFC

つながり [ラグビー]ゲラード ファンデンヒーファー(大学)、[ラグビー]ジェシー クリエル(大学)

ジョシュア スミス
じょしゅあ すみす

富山グラウジーズ／C
1992年5月14日生／30歳／210cm／138kg／アメリカ

経歴≫ メリディアン中→ケントウッド高→ジョージタウン大→リオグランデバレー バイパーズ他→富山グラウジーズ

つながり [バスケットボール]ザック バランスキー(同郷・同年代)

ジョシュア ノーラ
じょしゅあ のーら

花園近鉄ライナーズ／WTB
1996年6月11日生／26歳／180cm／89kg／オーストラリア

経歴≫ セントパトリックスカレッジ→西シドニー大→花園近鉄ライナーズ

つながり [ラグビー]西澤 将太(同郷・同年代)、[ラグビー]ナッシュ タイ(同郷・同年代)

ジョセフ
じょせふ

埼玉西武ライオンズ／外野手
1999年3月24日生／24歳／175cm／88kg／O型／三重県

経歴≫ 四日市立市橋北中→豊川高→名古屋学院大→西武

つながり [野球]森 博人(高校)、[ラグビー]牧山 巧樹(大学)、[バスケットボール]王 偉嘉(大学)

ジョセファ リリダム
じょせふぁ りりだむ

日野レッドドルフィンズ／WTB
1989年9月5日生／33歳／190cm／97kg／フィジー

経歴≫ 流通経済大→日野レッドドルフィンズ

つながり [ラグビー]木村 友憲(大学)、[ラグビー]ジョージ リサレ(大学)、[ラグビー]積 賢佑(大学)

ジョナサン ウィリアムズ
じょなさん うぃりあむず

ファイティングイーグルス名古屋／PF/C
1995年5月22日生／27歳／206cm／103kg／アメリカ

経歴≫ サウスウインドジュニアハイスクール→サウスウインドハイスクール→ゴンザガ大→Niners Chemnitz他→FE名古屋

つながり [バスケットボール]ジェレミー ジョーンズ(大学)、[ラグビー]鶴川 達彦(同郷・同年代)

ジョニー ファアウリ
じょにー ふぁあうり

静岡ブルーレヴズ／CTB
1995年9月13日生／27歳／180cm／105kg／ニュージーランド

経歴≫ セントケンティガーンカレッジ→静岡ブルーレヴズ

つながり [ラグビー]ジョシュ グッドヒュー(同郷・同年代)、[ラグビー]ルテル ラウララ(同郷・同年代)

ジョネ ケレビ
じょね けれび

豊田自動織機シャトルズ愛知／FL
1998年8月22日生／24歳／189cm／104kg／フィジー

経歴≫ 天理大→豊田自動織機シャトルズ愛知

つながり [ラグビー]上田 聖(大学)、[ラグビー]アシベリ モアラ(大学)、[ラグビー]井上 大介(大学)

ジョネ ナイカブラ
じょね ないかぶら

東芝ブレイブルーパス東京／WTB
1994年4月12日生／28歳／177cm／95kg／フィジー

経歴≫ ケルストンボーイズ→摂南大→東芝ブレイブルーパス東京

つながり [ラグビー]アセリ マシヴォウ(高校)、[ラグビー]ジェラード カウリートゥイオティ(高校)

ジョネ ナベテレヴ
じょね なべてれう゛

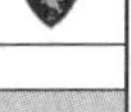

トヨタヴェルブリッツ／WTB
1999年9月22日生／23歳／185cm／95kg／フィジー

経歴≫ ナシヌセンカンダリースクール→エレスメアカレッジ→トヨタヴェルブリッツ

つながり [ラグビー]イノケ ブルア(同郷・同年代)、[ラグビー]タマ カペネ(同郷・同年代)

ジョン ムーニー
じょん むーにー

千葉ジェッツ／PF/C
1998年3月20日生／24歳／206cm／111kg／アメリカ

経歴≫ レイク・ブラントリー高→ノートルダム大→Perth Wildcats→千葉ジェッツ

つながり [バスケットボール]ジャック クーリー(大学)、[バスケットボール]鎌田 隼(同郷・同年代)

ジョンベン コッツェ
じょんべん こっつぇ

清水建設江東ブルーシャークス／CTB
1993年1月24日生／29歳／185cm／89kg／南アフリカ

経歴≫ ビショップス高→ステレンボス大→清水建設江東ブルーシャークス

つながり [ラグビー]スカルク エラスマス(大学)、[ラグビー]ピーターステフ デュトイ(同郷・同年代)

白井 吾士矛
しらい あとむ

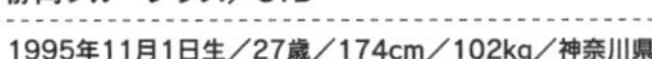

静岡ブルーレヴズ／CTB
1995年11月1日生／27歳／174cm／102kg／神奈川県

経歴≫ 桐蔭学園高→中央大→静岡ブルーレヴズ

つながり [ラグビー]石田 楽人(高校)、[ラグビー]山本 耕生(高校)、[ラグビー]田村 魁世(高校)

白子 雄太郎
しらこ ゆうたろう

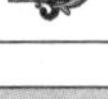

清水建設江東ブルーシャークス／No8
1993年1月10日生／30歳／184cm／100kg／東京都

経歴≫ 慶應義塾高→慶應義塾大→清水建設江東ブルーシャークス

つながり [アイスホッケー]氏橋 祐太(高校)、[ラグビー]大山 祥平(高校)、[ラグビー]川村 慎(高校)

白戸 大聖
しらと たいせい

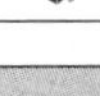

ライジングゼファー福岡／SG
1995年5月25日生／27歳／182cm／83kg／A型／静岡県

経歴≫ 熱海中→明成高→東海大→仙台89ERS→ライジングゼファー福岡

つながり [バスケットボール]石川 海斗(高校)、[バスケットボール]安藤 誓哉(高校)

白濱 快起
しらはま かいき

千葉ロッテマリーンズ／投手
2004年7月5日生／19歳／192cm／87kg／広島県

経歴≫ 呉市立広中央中→飯塚高→ロッテ

つながり [野球]辛島 航(高校)、[バスケットボール]荻沼 隼佑(同年代)、[野球]浅野 翔吾(同年代)

つながり 【野球】周東佑京、髙橋光成は2013年夏の群馬県予選決勝で対戦

白濱 弘章
しらはま ひろあき

三重ホンダヒート／HO

1994年10月28日生／28歳／175cm／98kg／福岡県

経歴≫ 東福岡高→九州共立大→三重ホンダヒート

つながり [ラグビー]岩佐 賢人(高校)、[ラグビー]北川 賢吾(高校)、[ラグビー]古賀 駿汰(高校)

白濱 僚祐
しらはま りょうすけ

島根スサノオマジック／SG/SF

1991年8月29日生／31歳／189cm／92kg／AB型／佐賀県

経歴≫ 有明中→佐賀北高→白鴎大→アイシンシーホース三河→秋田ノーザンハピネッツ→島根スサノオマジック

つながり [バスケットボール]角田 太輝(高校)、[ラグビー]カヴァイア タギベタウア(大学)

代木 大和
しろき やまと

読売ジャイアンツ／投手

2003年9月8日生／20歳／184cm／84kg／O型／愛媛県

経歴≫ 四国中央市立川之江中→明徳義塾高→巨人

つながり [バスケットボール]ファイ サンバ(高校)、[バスケットボール]平尾 充庸(高校)、[野球]吉村 優聖歩(高校)

陳野原 涼
じんのはら りょう

清水建設江東ブルーシャークス／PR

1994年10月30日生／28歳／183cm／120kg／福島県

経歴≫ 松韻福島高→流通経済大→清水建設江東ブルーシャークス

つながり [ラグビー]木村 友憲(大学)、[ラグビー]ジョージ リサレ(大学)、[ラグビー]積 賢佑(大学)

新家 颯
しんや そう

広島東洋カープ／投手

2003年8月14日生／20歳／182cm／80kg／和歌山県

経歴≫ 田辺市立衣笠中→田辺高→広島

つながり [アイスホッケー]葛西 純昌(同年代)、[ラグビー]ダリエス トマス(同年代)、[ラグビー]鵜野 凪斗(同年代)

す

71人

(NPB/24人、B.LEAGUE/16人、JAPAN RUGBY LEAGUE ONE/26人、ASIA LEAGUE ICE HOCKEY/5人)

末 拓実
すえ たくみ

豊田自動織機シャトルズ愛知／SH

1998年3月8日生／24歳／164cm／70kg／長崎県

経歴≫ 長崎北陽台高→帝京大→豊田自動織機シャトルズ愛知

つながり [ラグビー]岡﨑 航大(高校)、[ラグビー]平川 隼也(高校)、[ラグビー]中尾 隼太(高校)

末包 昇大
すえかね しょうた

広島東洋カープ／外野手

1996年5月27日生／27歳／187cm／110kg／O型／香川県

経歴≫ 坂出市立白峰中→高松商高→東洋大→大阪ガス→広島

つながり [野球]浅野 翔吾(高校)、[アイスホッケー]成澤 優太(大学)、[アイスホッケー]柴田 嗣斗(大学)

末永 健雄
すえなが たけお

クボタスピアーズ船橋・東京ベイ／FL

1994年7月31日生／28歳／178cm／98kg／福岡県

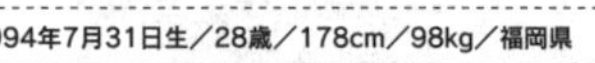

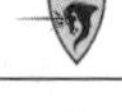

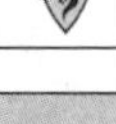

経歴≫ 福岡高→同志社大→クボタスピアーズ船橋・東京ベイ

つながり [ラグビー]宮島 裕之(大学)、[ラグビー]海士 広大(大学)、[ラグビー]北川 賢吾(大学)

菅井 信也
すがい しんや

埼玉西武ライオンズ／投手

2003年6月28日生／20歳／182cm／75kg／A型／山形県

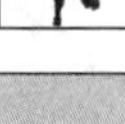

経歴≫ 南陽市立赤湯中→山本学園高→西武

つながり [野球]粟津 凱士(高校)、[アイスホッケー]葛西 純昌(同年代)、[ラグビー]ダリエス トマス(同年代)

菅澤 紀行
すがさわ のりゆき

熊本ヴォルターズ／PF

1987年2月3日生／35歳／194cm／92kg／AB型／茨城県

経歴≫ 仲泊中→沖縄・石川高→鹿屋体育大→岩手ビッグブルズ他→熊本ヴォルターズ

つながり [野球]美馬 学(同郷・同年代)、[アイスホッケー]井上 光明(同年代)、[アイスホッケー]山本 和輝(同年代)

菅沼 神兵
すがぬま しんぺい

クリタウォーターガッシュ昭島／SO

1992年12月21日生／30歳／178cm／80kg／福岡県

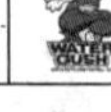

経歴≫ 横浜修悠館高→関東学院大→クリタウォーターガッシュ昭島

つながり [ラグビー]稲垣 啓太(大学)、[ラグビー]川崎 清純(大学)、[ラグビー]川崎 龍清(大学)

菅野 剛士
すがの つよし

千葉ロッテマリーンズ／外野手
1993年5月6日生／30歳／171cm／83kg／A型／東京都

経歴≫ 府中市立府中第八中→東海大付相模高→明治大→日立製作所→ロッテ

つながり [ラグビー]五十嵐 優(高校)、[ラグビー]豊島 翔平(高校)、[ラグビー]王野 尚希(高校)

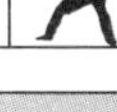

菅野 智之
すがの ともゆき

読売ジャイアンツ／投手 代表歴あり
1989年10月11日生／34歳／186cm／95kg／A型／神奈川県

経歴≫ 相模原市立新町中→東海大付相模高→東海大→巨人

つながり [ラグビー]五十嵐 優(高校)、[ラグビー]豊島 翔平(高校)、[ラグビー]王野 尚希(高校)

菅原 貴人
すがはら たかひと

花園近鉄ライナーズ／FL
1996年9月22日生／26歳／185cm／105kg／奈良県

経歴≫ 御所実高→帝京大→花園近鉄ライナーズ

つながり [ラグビー]土井 貴弘(高校)、[ラグビー]酒木 凜平(高校)、[ラグビー]北村 将大(高校)

菅原 祐輝
すがはら ゆうき

釜石シーウェイブスRFC／WTB
1995年4月7日生／27歳／168cm／75kg／宮城県

経歴≫ 仙台育英高→釜石シーウェイブスRFC

つながり [ラグビー]菊田 圭佑(高校)、[ラグビー]千葉 雄太(高校)、[ラグビー]矢富 洋則(高校)

スカルク エラスマス
すかるく えらすます

クボタスピアーズ船橋・東京ベイ／HO
1998年4月16日生／24歳／184cm／109kg／南アフリカ

経歴≫ アフリカーンスボーイズ高→ステレンボス大→クボタスピアーズ船橋・東京ベイ

つながり [ラグビー]ゲラード ファンデンヒーファー(高校)、[ラグビー]ジョンベン コッツェ(大学)

菅原 崇聖
すがわら たかとし

清水建設江東ブルーシャークス／PR
1987年3月13日生／35歳／175cm／107kg／北海道

経歴≫ 函館ラ・サール高→同志社大→清水建設江東ブルーシャークス

つながり [ラグビー]宮島 裕之(大学)、[ラグビー]海士 広大(大学)、[ラグビー]北川 賢吾(大学)

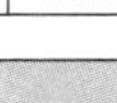

菅原 暉
すがわら てる

群馬クレインサンダーズ／PG
1998年5月27日生／24歳／183cm／83kg／AB型／岩手県

経歴≫ 桜町中→土浦日大高→筑波大→横浜ビー コルセアーズ特別指定選手→群馬クレインサンダーズ

つながり [バスケットボール]岡田 侑介(高校)、[バスケットボール]平岩 玄(高校)、[バスケットボール]杉本 天昇(高校)

杉浦 拓実
すぎうら たくみ

三菱重工相模原ダイナボアーズ／CTB
1998年8月24日生／24歳／175cm／88kg／東京都

経歴≫ 東京高→東海大→三菱重工相模原ダイナボアーズ

つながり [ラグビー]小池 隆成(高校)、[ラグビー]山菅 一史(高校)、[ラグビー]三宮 累(高校)

杉浦 稔大
すぎうら としひろ

北海道日本ハムファイターズ／投手
1992年2月25日生／31歳／190cm／90kg／A型／北海道

経歴≫ 西陵中→帯広大谷高→国学院大→ヤクルト→日本ハム

つながり [ラグビー]船木 海都(大学)、[野球]高木 京介(大学)、[野球]柴田 竜拓(大学)、[野球]清水 昇(大学)

杉浦 佑成
すぎうら ゆうせい

滋賀レイクス／SF
1995年6月24日生／27歳／196cm／95kg／B型／東京都

経歴≫ 世田谷区立梅丘中→福岡大付大濠高→筑波大→サンロッカーズ渋谷→島根スサノオマジック→三遠ネオフェニックス→滋賀レイクス

つながり [バスケットボール]小林 大祐(高校)、[バスケットボール]井上 宗一郎(高校)

杉澤 龍
すぎさわ りゅう

オリックス・バファローズ／外野手
2000年6月2日生／23歳／175cm／80kg／秋田県

経歴≫ 小坂町立小坂中→東北高→東北福祉大→オリックス

つながり [アイスホッケー]福藤 豊(高校)、[バスケットボール]荒谷 裕秀(高校)、[野球]長坂 拳弥(大学)

杉下 暢
すぎした とおる

NTTドコモレッドハリケーンズ大阪／LO
1992年5月4日生／30歳／184cm／108kg／京都府

経歴≫ 立命館高→立命館大→NTTドコモレッドハリケーンズ大阪

つながり [ラグビー]木田 晴斗(大学)、[ラグビー]古川 聖人(大学)、[ラグビー]百地 龍之介(大学)

つながり 【野球】菅野智之と田中広輔は高校、大学と同じで一緒にプレーしていた

杉永 亮太
すぎなが りょうた

横浜キヤノンイーグルス／FL
1992年6月29日生／30歳／184cm／100kg／長崎県
経歴≫ 長崎南山高→帝京大→横浜キヤノンイーグルス
つながり [ラグビー]大澤 蓮(高校)、[ラグビー]大熊 克哉(高校)、[ラグビー]髙橋 昴平(高校)

杉原 駿
すぎはら かける

クリタウォーターガッシュ昭島／SH
1999年12月15日生／23歳／172cm／75kg／大阪府
経歴≫ 大阪桐蔭高→帝京大→クリタウォーターガッシュ昭島
つながり [ラグビー]宮宗 翔(高校)、[ラグビー]紙森 陽太(高校)、[ラグビー]岡田 優輝(高校)

杉原 立樹
すぎはら りき

静岡ブルーレヴズ／FL
1997年11月9日生／25歳／184cm／107kg／大阪府
経歴≫ 尾道高→関西学院大→静岡ブルーレヴズ
つながり [ラグビー]眞壁 貴男(高校)、[ラグビー]奥平 湧(高校)、[ラグビー]土佐 誠(高校)

杉本 華唯
すぎもと かい

YOKOHAMA GRITS／FW
1990年4月20日生／32歳／170cm／68kg
経歴≫ 八戸北Jr.→八戸第二中→駒大苫小牧高→早稲田大→YOKOHAMA GRITS
つながり [アイスホッケー]山田 虎太朗(高校)、[アイスホッケー]山下 敬史(高校)、[アイスホッケー]今 勇輔(高校)

杉本 慶
すぎもと けい

アルティーリ千葉／SG
1992年7月9日生／30歳／182cm／80kg／A型／滋賀県
経歴≫ 安土中→光泉高→中京大→ファイティングイーグルス名古屋→アルティーリ千葉
つながり [バスケットボール]中東 泰斗(高校)、[バスケットボール]北川 弘(高校)、[ラグビー]西川 大輔(大学)

杉本 達郎
すぎもと たつろう

横浜キヤノンイーグルス／PR
1996年9月30日生／26歳／175cm／110kg／大阪府
経歴≫ 東大阪大柏原高→関西大→NTTドコモレッドハリケーンズ大阪→横浜キヤノンイーグルス
つながり [ラグビー]徳田 亮真(高校)、[野球]石川 慎吾(高校)、[野球]野村 和輝(高校)

杉本 天昇
すぎもと てんしょう

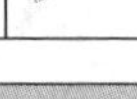

新潟アルビレックスBB／SG
1998年7月20日生／24歳／186cm／86kg／O型／秋田県
経歴≫ 秋田市立山王中→土浦日大高→日本大→レバンガ北海道→群馬クレインサンダーズ→新潟アルビレックスBB
つながり [バスケットボール]岡田 優介(高校)、[バスケットボール]平岩 玄(高校)、[バスケットボール]本村 亮輔(高校)

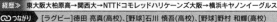

杉本 博昭
すぎもと ひろあき

クボタスピアーズ船橋・東京ベイ／HO
1989年2月27日生／33歳／181cm／105kg／大阪府
経歴≫ 常翔学園高→明治大→クボタスピアーズ船橋・東京ベイ
つながり [アイスホッケー]青山 大基(大学)、[アイスホッケー]坂田 駿(大学)、[アイスホッケー]相馬 秀斗(大学)

杉本 裕太郎
すぎもと ゆうたろう

オリックス・バファローズ／外野手
1991年4月5日生／32歳／190cm／104kg／B型／徳島県
経歴≫ 阿南市立阿南中→徳島商高→青山学院大→JR西日本→オリックス
つながり [ラグビー]古賀 駿汰(大学)、[ラグビー]髙橋 敏也(大学)、[ラグビー]髙野 祥太(大学)

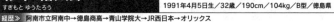

杉本 悠馬
すぎもと ゆうま

NECグリーンロケッツ東葛／WTB
1997年12月16日生／25歳／178cm／86kg／東京都
経歴≫ 佐野日大高→日本大→NECグリーンロケッツ東葛
つながり [ラグビー]新妻 汰一(高校)、[ラグビー]古谷 亘(高校)、[野球]弓削 隼人(高校)

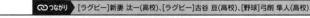

杉森 健太郎
すぎもり けんたろう

クリタウォーターガッシュ昭島／WTB
1993年7月21日生／29歳／170cm／72kg／神奈川県
経歴≫ 流通経済大付柏高→流経大→クリタウォーターガッシュ昭島
つながり [ラグビー]粥塚 諒(高校)、[ラグビー]堀米 航平(高校)、[ラグビー]津嘉山 廉人(高校)

杉山 一樹
すぎやま かずき

福岡ソフトバンクホークス／投手
1997年12月7日生／26歳／193cm／102kg／A型／静岡県
経歴≫ 東中→駿河総合高→三菱重工広島→ソフトバンク
つながり [野球]紅林 弘太郎(高校)、[ラグビー]鈴木 淳司(同郷・同年代)、[バスケットボール]増田 啓介(同郷・同年代)

杉山 晃基
すぎやま こうき

東京ヤクルトスワローズ／投手

1997年6月25日生／26歳／182cm／84kg／A型／東京都

経歴≫ 葛飾区立立石中→盛岡大附高→創価大→ヤクルト

つながり [野球]松本 裕樹(高校)、[野球]三浦 瑞樹(高校)、[野球]大里 昂生(高校)、[野球]門脇 誠(大学)

杉山 祐太
すぎやま ゆうた

クリタウォーターガッシュ昭島／WTB

1998年10月4日生／24歳／185cm／90kg／東京都

経歴≫ 東海大相模高→東海大→クリタウォーターガッシュ昭島

つながり [ラグビー]五十嵐 優(高校)、[ラグビー]豊島 翔平(高校)、[ラグビー]王野 尚希(高校)

杉山 優平
すぎやま ゆうへい

東芝ブレイブルーパス東京／SH

1997年6月5日生／25歳／169cm／76kg／大阪府

経歴≫ 大阪桐蔭高→筑波大→東芝ブレイブルーパス東京

つながり [ラグビー]宮宗 翔(高校)、[ラグビー]紙森 陽太(高校)、[ラグビー]岡田 優輝(高校)

スコット エサトン
すこっと えさとん

名古屋ダイヤモンドドルフィンズ／PF/C

1991年12月26日生／31歳／208cm／102kg／アメリカ

経歴≫ ハーシー中→ハーシー高→ノースイースタン大→Loewen Brauschweig→BAXI Manresa→名古屋ダイヤモンドドルフィンズ

つながり [バスケットボール]マット ジャニング(大学)、[バスケットボール]アレックス カーク(同郷・同年代)

鈴木 淳司
すずき あつし

釜石シーウェイブスRFC／PR

1997年8月15日生／25歳／173cm／105kg／静岡県

経歴≫ 静岡科学技術高→愛知学院大→釜石シーウェイブスRFC

つながり [ラグビー]佐原 慧大(大学)、[野球]源田 壮亮(大学)、[バスケットボール]増田 啓介(同郷・同年代)

鈴木 伊織
すずき いおり

マツダスカイアクティブズ広島／No8

1997年10月20日生／25歳／180cm／100kg／神奈川県

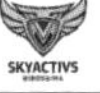

経歴≫ 関東学院六浦高→関東学院大→マツダスカイアクティブズ広島

つながり [ラグビー]長田 将大(高校)、[ラグビー]稲垣 啓太(大学)、[ラグビー]川崎 清純(大学)

鈴木 啓太
すずき けいた

トヨタヴェルブリッツ／CTB

1994年8月16日生／28歳／174cm／87kg／茨木県

経歴≫ 茗渓学園高→筑波大→トヨタヴェルブリッツ

つながり [ラグビー]福田 健太(高校)、[ラグビー]丸山 尚城(高校)、[ラグビー]大越 元気(高校)

鈴木 健斗
すずき けんと

H.C.TOCHIGINIKKOICEBUCKS／FW 代表歴あり

1994年12月9日生／28歳／175cm／78kg

経歴≫ 札幌フェニックス→北海高→中央大→日本製紙クレインズ→H.C.TOCHIGINIKKOICEBUCKS

つながり [アイスホッケー]橋本 僚(高校)、[アイスホッケー]伊藤 俊之(高校)、[アイスホッケー]牛来 拓都(高校)

鈴木 健矢
すずき けんや

北海道日本ハムファイターズ／投手

1997年12月11日生／26歳／176cm／78kg／O型／千葉県

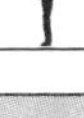

経歴≫ 長浦中→木更津総合高→JX-ENEOS→日本ハム

つながり [野球]早川 隆久(高校)、[ラグビー]葛見 達哉(同郷・同年代)、[野球]郡司 裕也(同郷・同年代)

鈴木 昭汰
すずき しょうた

千葉ロッテマリーンズ／投手

1998年9月7日生／25歳／175cm／80kg／A型／茨城県

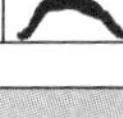

経歴≫ 土浦市立土浦第四中→常総学院高→法政大→ロッテ

つながり [野球]菊田 拡和(高校)、[野球]宇草 孔基(高校)、[アイスホッケー]井上 光明(大学)

鈴木 将平
すずき しょうへい

埼玉西武ライオンズ／外野手

1998年5月20日生／25歳／175cm／78kg／O型／静岡県

経歴≫ 富士市立吉原第二中→静岡高→西武

つながり [野球]村松 開人(高校)、[野球]池谷 蒼大(高校)、[野球]堀内 謙伍(高校)、[野球]加藤 廉(同郷・同年代)

鈴木 聖夏
すずき せな

EAST HOKKAIDO CRANES／DF

2001年8月28日生／21歳／177cm／80kg

経歴≫ 武修館高→明治大→EAST HOKKAIDO CRANES

つながり [アイスホッケー]中島 彰吾(高校)、[アイスホッケー]柴田 嗣斗(高校)、[アイスホッケー]佐藤 大翔(高校)

つながり 【アイスホッケー】杉本華唯(早稲田大卒)と青山大基(明治大卒)は同学年でともにキャプテンを歴任

鈴木 翔天
すずき そら

東北楽天ゴールデンイーグルス／投手

1996年8月19日生／27歳／185cm／82kg／A型／神奈川県

経歴≫ 横浜市立万騎が原中→向上高→富士大→楽天

つながり [ラグビー]笹倉 康誉(高校)、[バスケットボール]田口 成浩(大学)、[野球]佐々木 健(大学)

鈴木 大
すずき だい

山形ワイヴァンズ／PG/SG

1990年9月12日生／32歳／183cm／80kg／O型／山形県

経歴≫ 上山市南中→日大山形高→新潟経営大→信州ブレイブウォリアーズ→福島ファイヤーボンズ→バンビシャス奈良→山形ワイヴァンズ

つながり [バスケットボール]山本 翔太(高校)、[バスケットボール]菊地 祥平(高校)、[野球]中野 拓夢(高校)

鈴木 大地
すずき だいち

東北楽天ゴールデンイーグルス／内野手

1989年8月18日生／34歳／175cm／79kg／O型／静岡県

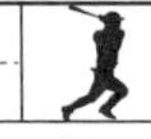

経歴≫ 小山町立小山中→桐蔭学園高→東洋大→ロッテ→楽天

つながり [ラグビー]石田 楽人(高校)、[ラグビー]山本 耕生(高校)、[ラグビー]田村 魁世(高校)

鈴木 匠
すずき たくみ

豊田自動織機シャトルズ愛知／FB

1998年9月2日生／24歳／184cm／90kg／神奈川県

経歴≫ 札幌山の手高→大東文化大→豊田自動織機シャトルズ愛知

つながり [ラグビー]渡邉 隆之(高校)、[ラグビー]舟橋 諒将(高校)、[ラグビー]伊藤 鐘平(高校)

鈴木 達也
すずき たつや

大阪エヴェッサ／PG

1991年3月30日生／31歳／169cm／69kg／A型／東京都

経歴≫ 立川第五中→保善高→拓殖大→バンビシャス奈良→三遠ネオフェニックス→京都ハンナリーズ→大阪エヴェッサ

つながり [ラグビー]山極 大貴(高校)、[ラグビー]石井 魁(高校)、[ラグビー]アセリ マシヴォウ(大学)

鈴木 博志
すずき ひろし

中日ドラゴンズ／投手

1997年3月22日生／26歳／181cm／95kg／静岡県

経歴≫ 掛川市立大浜中→磐田東高→ヤマハ→中日

つながり [野球]二俣 翔一(高校)、[バスケットボール]長島 蓮(同郷・同年代)

鈴木 大和
すずき やまと

読売ジャイアンツ／外野手

1999年4月27日生／24歳／173cm／73kg／O型／北海道

経歴≫ 北広島市立大曲中→北海高→北海学園大→巨人

つながり [アイスホッケー]橋本 僚(高校)、[アイスホッケー]伊藤 俊之(高校)、[アイスホッケー]牛来 拓都(高校)

鈴木 悠介
すずき ゆうすけ

山形ワイヴァンズ／PF

1997年6月6日生／25歳／200cm／95kg／A型／埼玉県

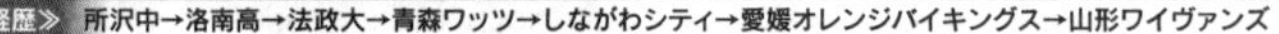

経歴≫ 所沢中→洛南高→法政大→青森ワッツ→しながわシティ→愛媛オレンジバイキングス→山形ワイヴァンズ

つながり [バスケットボール]津屋 一球(高校)、[バスケットボール]柳川 幹也(高校)

鈴木 裕太
すずき ゆうた

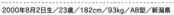

東京ヤクルトスワローズ／投手

2000年8月2日生／23歳／182cm／93kg／AB型／新潟県

経歴≫ 小針中→日本文理高→ヤクルト

つながり [野球]田中 晴也(高校)、[野球]荘司 康誠(同郷・同年代)、[アイスホッケー]阿部 泰河(同年代)

鈴木 雄大
すずき ゆうた

H.C.TOCHIGINIKKOICEBUCKS／FW

1989年10月16日生／33歳／176cm／88kg

経歴≫ 札幌フェニックス→北海高→中央大→日光アイスバックス→デミョンキラーホエールズ→H.C.TOCHIGINIKKOICEBUCKS

つながり [アイスホッケー]橋本 僚(高校)、[アイスホッケー]伊藤 俊之(高校)、[アイスホッケー]牛来 拓都(高校)

鈴木 勇斗
すずき ゆうと

阪神タイガース／投手

2000年3月17日生／23歳／174cm／83kg／A型／鹿児島県

経歴≫ 日置市立日吉中→鹿屋中央高→創価大→阪神

つながり [野球]戸柱 恭孝(高校)、[野球]松山 竜平(高校)、[野球]門脇 誠(大学)、[野球]萩原 哲(大学)

鈴木 蓮
すずき れん

横浜DeNAベイスターズ／内野手

2000年7月18日生／23歳／183cm／86kg／大阪府

経歴≫ 門真二中→滋賀学園高→DeNA

つながり [野球]宮城 滝太(高校)、[ラグビー]島田 彪雅(同郷・同年代)、[ラグビー]坂原 春光(同郷・同年代)

鈴木 ロイ
すずき ろい

YOKOHAMA GRITS／FW
1996年4月15日生／26歳／175cm／83kg

経歴≫ 苫小牧東高→早稲田大→東北フリーブレイズ→YOKOHAMA GRITS

つながり [アイスホッケー]杵渕 周真(高校)、[アイスホッケー]矢野 倫太朗(高校)、[アイスホッケー]矢野 竜一朗(高校)

須田 侑太郎
すだ ゆうたろう

名古屋ダイヤモンドドルフィンズ／SG/SF　代表歴あり
1992年1月3日生／31歳／190cm／87kg／A型／北海道

経歴≫ 東海大第四中→東海大付四高→東海大→栃木ブレックス→琉球ゴールデンキングス→アルバルク東京→名古屋ダイヤモンドドルフィンズ

つながり [バスケットボール]大塚 裕土(高校)、[バスケットボール]関野 剛平(高校)

スターリン
すたーりん

横浜DeNAベイスターズ／投手
1998年7月21日生／25歳／201cm／100kg／ドミニカ共和国

経歴≫ 米マイナー→DeNA

つながり [アイスホッケー]今 勇輔(同年代)、[アイスホッケー]相木 隼斗(同年代)、[アイスホッケー]荒井 詠才(同年代)

スタントン キッド
すたんとん きっど

秋田ノーザンハピネッツ／SF
1992年3月18日生／30歳／202cm／101kg／A型／アメリカ

経歴≫ ログネル・ハイト中→エドモンドソン・ウエストサイド高→コロラド州立大→メルボルン ユナイテッド他→秋田ノーザンハピネッツ

つながり [バスケットボール]アレックス カーク(同郷・同年代)、[バスケットボール]レジナルド ベクトン(同郷・同年代)

スチュワート ジュニア
すちゅわーと じゅにあ

福岡ソフトバンクホークス／投手
1999年11月2日生／24歳／198cm／101kg／アメリカ

経歴≫ イースタン・フロリダ・ステート・カレッジ→ソフトバンク

つながり [バスケットボール]イージェイ モンゴメリー(同郷・同年代)、[アイスホッケー]青山 大基(同年代)

スティーブ ザック
すてぃーぶ ざっく

秋田ノーザンハピネッツ／C
1992年12月10日生／30歳／211cm／111kg／アメリカ

経歴≫ 秋田ノーザンハピネッツ

つながり [バスケットボール]ザック バランスキー(同郷・同年代)

ステイリン パトリック
すていりん ぱとりっく

花園近鉄ライナーズ／SO
1992年12月15日生／30歳／178cm／98kg／サモア

経歴≫ セント・トーマス・オブ・カンタベリー・カレッジ→拓殖大→花園近鉄ライナーズ

つながり [ラグビー]アセリ マシヴォウ(大学)、[ラグビー]ヘル ウヴェ(大学)、[ラグビー]具 智元(大学)

須藤 元樹
すどう げんき

東京サントリーサンゴリアス／PR　代表歴あり
1994年1月28日生／28歳／173cm／110kg／東京都

経歴≫ 国学院大久我山高→明治大→東京サントリーサンゴリアス

つながり [ラグビー]島田 悠平(高校)、[ラグビー]髙橋 敏也(高校)、[ラグビー]田中 真一(高校)

須藤 昂矢
すどう こうや

横浜ビー コルセアーズ／SG
1997年5月15日生／25歳／186cm／91kg／A型／神奈川県

経歴≫ 港南中→桐光学園高→明治大→西宮ストークス→横浜ビー コルセアーズ

つながり [バスケットボール]宮本 一樹(高校)、[バスケットボール]齋藤 拓実(高校)

ストックマンJr. ケドリック
すとっくまんじゅにあ けどりっく

ファイティングイーグルス名古屋／PG
2000年7月5日生／22歳／183cm／80kg／A型／神奈川県

経歴≫ 横須賀ミドルスクール→キニックハイスクール→スコットランドプレップ→横浜ビー コルセアーズ→大阪エヴェッサ→FE名古屋

つながり [野球]森下 翔太(同郷・同年代)、[野球]田中 幹也(同郷・同年代)、[野球]吉田 賢吾(同郷・同年代)

砂田 毅樹
すなだ よしき

中日ドラゴンズ／投手
1995年7月20日生／27歳／180cm／85kg／B型／北海道

経歴≫ 札幌市立伏見中→明桜高→DeNA→中日

つながり [ラグビー]照井 貴大(高校)、[バスケットボール]田口 成浩(高校)、[野球]野中 天翔(高校)

角田 太輝
すみだ たいき

佐賀バルーナーズ／SG
1999年9月28日生／23歳／182cm／79kg／A型／佐賀県

経歴≫ 江北中→佐賀北高→白鷗大→佐賀バルーナーズ

つながり [バスケットボール]白濱 僚祐(高校)、[ラグビー]カヴァイア タギベタウア(大学)

つながり [アイスホッケー]鈴木雄大の弟は鈴木健斗。雄大は韓国のチームに所属していた経験あり

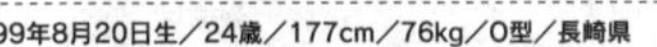

隅田 知一郎
すみだ ひちろ

埼玉西武ライオンズ／投手

1999年8月20日生／24歳／177cm／76kg／O型／長崎県

経歴≫ 大村市立西大村中→波佐見高→西日本工大→西武

つながり [野球]丸山 翔大(大学)、[ラグビー]大澤 蓮(同郷・同年代)、[ラグビー]田森 海音(同郷・同年代)

炭谷 銀仁朗
すみたに ぎんじろう

東北楽天ゴールデンイーグルス／捕手

1987年7月19日生／36歳／181cm／98kg／O型／京都府

経歴≫ 下鴨中→平安高→西武→巨人→楽天

つながり [ラグビー]森 悠記(同郷・同年代)、[アイスホッケー]成澤 優太(同年代)、[アイスホッケー]山下 敬史(同年代)

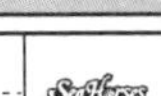

角野 亮伍
すみの りょうご

シーホース三河／SG

1996年6月14日生／26歳／192cm／90kg／A型／神奈川県

経歴≫ 厚木市立厚木中→藤枝明誠高→サザンニューハンプシャー大→大阪エヴェッサ→シーホース三河

つながり [バスケットボール]藤井 祐眞(高校)、[ラグビー]中川 真生哉(同郷・同年代)

スリアシ トル
すりあし とる

埼玉パナソニックワイルドナイツ／PR

1993年10月5日生／29歳／188cm／118kg／フィジー

経歴≫ スバ・グラマー・スクール→埼玉工大→埼玉パナソニックワイルドナイツ

つながり [ラグビー]タウファ オリヴェ(大学)、[ラグビー]ロトアヘア ポヒヴァ大和(大学)

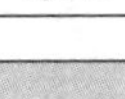

諏訪 弘樹
すわ ひろき

クリタウォーターガッシュ昭島／LO

1992年5月27日生／30歳／183cm／100kg／京都府

経歴≫ 伏見工高→中央大→クリタウォーターガッシュ昭島

つながり [ラグビー]田中 史朗(高校)、[ラグビー]小畑 健太郎(高校)、[ラグビー]寺田 桂太(高校)

せ

16人

(NPB/3人、B.LEAGUE/3人、JAPAN RUGBY LEAGUE ONE/10人、ASIA LEAGUE ICE HOCKEY/0人)

清宮 虎多朗
せいみや こたろう

東北楽天ゴールデンイーグルス／投手

2000年5月26日生／23歳／190cm／84kg／A型／千葉県

経歴≫ 八千代松陰中→八千代松陰高→楽天

つながり [野球]小林 慶祐(高校)、[野球]長岡 秀樹(高校)、[野球]石橋 康太(同郷・同年代)

積 賢佑
せき けんすけ

クボタスピアーズ船橋・東京ベイ／FL

1997年11月16日生／25歳／177cm／100kg／熊本県

経歴≫ 熊本西高→流通経済大→クボタスピアーズ船橋・東京ベイ

つながり [ラグビー]本村 旨崇(高校)、[ラグビー]木村 友憲(大学)、[ラグビー]ジョージ リサレ(大学)

関根 大気
せきね たいき

横浜DeNAベイスターズ／外野手

1995年6月28日生／28歳／173cm／78kg／A型／愛知県

経歴≫ 春日井市立石尾台中→東邦高→DeNA

つながり [野球]藤嶋 健人(高校)、[野球]石川 昂弥(高校)、[野球]林 琢真(高校)、[野球]松井 聖(高校)

関野 剛平
せきの こうへい

サンロッカーズ渋谷／SG/SF

1994年8月1日生／28歳／183cm／80kg／O型／北海道

経歴≫ 湧別中→東海大付四高→東海大→レバンガ北海道→サンロッカーズ渋谷

つながり [バスケットボール]大塚 裕土(高校)、[バスケットボール]柏木 真介(高校)

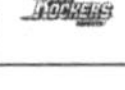

関本 圭汰
せきもと けいた

三菱重工相模原ダイナボアーズ／WTB

1993年6月8日生／29歳／174cm／85kg／東京都

経歴≫ 市立船橋高→三菱重工相模原ダイナボアーズ

つながり [ラグビー]松橋 周平(高校)、[バスケットボール]藤岡 昂希(高校)、[バスケットボール]古牧 昌也(高校)

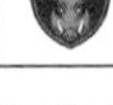

セコナイア ポレ
せこないあ ほれ

浦安D-Rocks／HO

1995年4月2日生／27歳／181cm／112kg／ニュージーランド

経歴≫ オタゴボーイズ高→ウェズリーカレッジ→浦安D-Rocks

つながり [ラグビー]ジョシュ グッドヒュー(同郷・同年代)、[ラグビー]ルテル ラウララ(同郷・同年代)

セタ コロイタマナ
せた ころいたまな

釜石シーウェイブスRFC／No8
1995年6月1日生／27歳／187cm／100kg／フィジー

経歴≫ ラトゥナブラ高→釜石シーウェイブスRFC

つながり [ラグビー]サナイラ ワクァ(同郷・同年代)、[ラグビー]ヴィリアミ ヴリ(同郷・同年代)

セタ タマニバル
せた たまにばる

東芝ブレイブルーパス東京／CTB
1992年1月23日生／30歳／189cm／104kg／フィジー

経歴≫ セントケンティガーンカレッジ→東芝ブレイブルーパス東京

つながり [ラグビー]タンゲレ ナイヤラボロ(同郷・同年代)、[ラグビー]マリティノ ネマニ(同郷・同年代)

セデーニョ
せでーにょ

オリックス・バファローズ／内野手
1998年8月22日生／25歳／188cm／88kg／ベネズエラ

経歴≫ 米マイナー→オリックス

つながり [アイスホッケー]今 勇輔(同年代)、[アイスホッケー]相木 隼斗(同年代)、[アイスホッケー]荒井 詠才(同年代)

セドリック シモンズ
せどりっく しもんず

シーホース三河／C
1986年1月3日生／37歳／206cm／107kg／アメリカ

経歴≫ シーホース三河

つながり [バスケットボール]ニック ファジーカス(同郷・同年代)、[バスケットボール]ウェイン・マーシャル(同郷・同年代)

セバスチャン サイズ
せばすちゃん さいず

アルバルク東京／PF/C　代表歴あり
1994年7月15日生／28歳／205cm／106kg／スペイン

経歴≫ ラミロ・デ・メストゥ→ミシシッピ大→レアル マドリード→サン パブロ ブルゴス他→アルバルク東京

つながり [バスケットボール]レジナルド ベクトン(大学)、[アイスホッケー]彦坂 優(同年代)

ゼファニア トゥイノナ
ぜふぁにあ とぅいのな

日野レッドドルフィンズ／LO
2001年5月11日生／21歳／198cm／108kg／オーストラリア

経歴≫ 日野レッドドルフィンズ

つながり [ラグビー]エイジェイ ウルフ(同郷・同年代)、[ラグビー]ルーカス ボイラン(同郷・同年代)

セミシ トゥポウ
せみし とぅぽう

埼玉パナソニックワイルドナイツ／WTB
1999年6月29日生／23歳／189cm／98kg／オーストラリア

経歴≫ セント ジョセフ ナッジー カレッジ→埼玉パナソニックワイルドナイツ

つながり [ラグビー]クイントン マヒナ(同郷・同年代)、[ラグビー]マックス ダグラス(同郷・同年代)

セミシ マシレワ
せみし ましれわ

花園近鉄ライナーズ／WTB　代表歴あり
1992年6月9日生／30歳／181cm／93kg／フィジー

経歴≫ フィールディング高→花園近鉄ライナーズ

つながり [ラグビー]トコキオ ソシセニ(同郷・同年代)、[ラグビー]マリカ コロインベテ(同郷・同年代)

セル ホゼ
せる ほぜ

花園近鉄ライナーズ／No8
1991年2月9日生／31歳／197cm／107kg／フィジー

経歴≫ デラセルカレッジ→マヌカウ工科大→花園近鉄ライナーズ

つながり [アイスホッケー]牛来 拓都(同年代)、[アイスホッケー]杉本 華唯(同年代)

セルジオ モレイラ
せるじお もれいら

釜石シーウェイブスRFC／LO
2000年7月11日生／22歳／194cm／107kg／南アフリカ

経歴≫ ノルディエヴォル高→モンペリエーチーターズ→釜石シーウェイブスRFC

つながり [ラグビー]ダーウィッド ケラーマン(同郷・同年代)、[アイスホッケー]阿部 泰河(同年代)

そ

14人

(NPB/6人、B.LEAGUE/2人、JAPAN RUGBY LEAGUE ONE/5人、ASIA LEAGUE ICE HOCKEY/1人)

ソウ シェリフ
そう しぇりふ

熊本ヴォルターズ／SF/PF
1992年12月15日生／30歳／201cm／90kg／O型／セネガル

経歴≫ 沼津中央高→近畿大→ファイティングイーグルス名古屋→越谷アルファーズ→熊本ヴォルターズ

つながり [ラグビー]宮宗 翔(大学)、[ラグビー]岩佐 賢人(大学)、[ラグビー]大熊 克哉(大学)

つながり 【野球】隅田知一郎、ブライト健太は2019年春の大学野球選手権大会で対戦。ブライト健太がホームランを放った

相馬 秀斗
そうま しゅうと
H.C.TOCHIGINIKKOICEBUCKS／DF
1996年5月1日生／26歳／175cm／75kg
経歴≫ 札幌元町中→駒大苫小牧高→明治大→H.C.TOCHIGINIKKOICEBUCKS
つながり [アイスホッケー]青山 大基(大学)、[アイスホッケー]坂田 駿(大学)、[アイスホッケー]大椋 舞人(大学)

相馬 卓弥
そうま たくや
ファイティングイーグルス名古屋／SG
1991年7月5日生／31歳／182cm／80kg／AB型／宮崎県
経歴≫ 本郷中→宮崎工高→天理大→大阪エヴェッサ→島根スサノオマジック→佐賀バルーナーズ→FE名古屋
つながり [ラグビー]上田 聖(大学)、[ラグビー]アシベリ モアラ(大学)、[ラグビー]井上 大介(大学)

ソセフォ ファカタヴァ
そせふぉ ふぁかたうぁ
横浜キヤノンイーグルス／CTB
1997年10月25日生／25歳／186cm／112kg／トンガ
経歴≫ 目黒学院高→福岡工大→横浜キヤノンイーグルス
つながり [ラグビー]アタアタ モエアキオラ(高校)、[ラグビー]シオエリ ヴァカラヒ(高校)

曽谷 龍平
そたに りゅうへい
オリックス・バファローズ／投手
2000年11月30日生／23歳／182cm／80kg／奈良県
経歴≫ 斑鳩町立斑鳩中→明桜高→白鷗大→オリックス
つながり [ラグビー]照井 貴大(高校)、[バスケットボール]田口 成浩(高校)、[野球]砂田 毅樹(高校)

ソト
そと
横浜DeNAベイスターズ／内野手
1989年2月28日生／34歳／185cm／97kg／プエルトリコ
経歴≫ レッズ他→DeNA
つながり [アイスホッケー]小野 航平(同年代)、[アイスホッケー]熊谷 豪士(同年代)

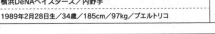

曽根 海成
そね かいせい
広島東洋カープ／内野手
1995年4月24日生／28歳／175cm／74kg／A型／大阪府
経歴≫ 京都国際高→ソフトバンク→広島
つながり [野球]中川 勇斗(高校)、[野球]森下 瑠大(高校)、[野球]早 真之介(高校)、[野球]釣 寿生(高校)

園木 邦弥
そのき くにや
日野レッドドルフィンズ／WTB
1994年6月10日生／28歳／175cm／85kg／愛知県
経歴≫ 帝京大→日野レッドドルフィンズ
つながり [ラグビー]大和田 立(大学)、[ラグビー]亀井 亮依(大学)、[ラグビー]小林 恵太(大学)

園中 良寛
そのなか よしひろ
九州電力キューデンヴォルテクス／LO
1991年3月22日生／31歳／189cm／105kg／鹿児島県
経歴≫ 加治木高→筑波大→九州電力キューデンヴォルテクス
つながり [ラグビー]前田 土芽(大学)、[ラグビー]島田 悠平(大学)、[ラグビー]土谷 深浩(大学)

園部 佳太
そのべ けいた
オリックス・バファローズ／内野手
1999年8月24日生／24歳／177cm／88kg／A型／福島県
経歴≫ いわき市立豊間中→いわき光洋高→BCL・福島→オリックス
つながり [バスケットボール]半澤 凌太(同郷・同年代)、[野球]西巻 賢二(同郷・同年代)

祖父江 大輔
そふえ だいすけ
中日ドラゴンズ／投手
1987年8月11日生／36歳／175cm／75kg／B型／愛知県
経歴≫ 名古屋市立富田中→愛知高→愛知大→トヨタ自動車→中日
つながり [野球]安田 悠馬(大学)、[アイスホッケー]成澤 優太(同年代)、[アイスホッケー]山下 敬史(同年代)

杣澤 誠
そまざわ まこと
釜石シーウェイブスRFC／PR
1994年11月30日生／28歳／174cm／110kg／岩手県
経歴≫ 岩手高→流通経済大→秋田ノーザンブレッツ→釜石シーウェイブスRFC
つながり [ラグビー]木村 友憲(大学)、[ラグビー]ジョージ リサレ(大学)、[ラグビー]積 賢佑(大学)

染山 茂範
そめやま しげのり
日野レッドドルフィンズ／SO
1990年9月5日生／32歳／171cm／80kg／福岡県
経歴≫ 佐賀工高→明治大→日野レッドドルフィンズ
つながり [ラグビー]松浦 康一(高校)、[ラグビー]大塚 健太郎(高校)、[ラグビー]荒井 康植(高校)

宋 家豪
そん ちゃーほう

東北楽天ゴールデンイーグルス／投手
1992年9月6日生／31歳／185cm／92kg／台湾

経歴≫ 台湾国立体育運動大→楽天

つながり [アイスホッケー]小野田 拓人(同年代)、[アイスホッケー]橋本 僚(同年代)

た

180人

(NPB/75人、B.LEAGUE/27人、JAPAN RUGBY LEAGUE ONE/72人、ASIA LEAGUE ICE HOCKEY/6人)

ダーウィッド ケラーマン
だーうぃっど けらーまん

三重ホンダヒート／CTB
2000年7月21日生／22歳／185cm／96kg／南アフリカ

経歴≫ パール ギムナジウム高→三重ホンダヒート

つながり [ラグビー]セルジオ モレイラ(同郷・同年代)、[アイスホッケー]阿部 泰河(同年代)

ターリー
たーりー

広島東洋カープ／投手
1989年9月11日生／34歳／193cm／104kg／アメリカ

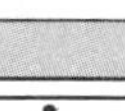

経歴≫ 米マイナー→広島

つながり [バスケットボール]イバン ラベネル(同郷・同年代)、[バスケットボール]ライアン ロシター(同郷・同年代)

秦 勝利
たい かつとし

東北楽天ゴールデンイーグルス／投手
2003年11月11日生／20歳／172cm／82kg／A型／鹿児島県

経歴≫ 瀬戸内町立阿木名中→神村学園高→楽天

つながり [野球]羽月 隆太郎(高校)、[野球]渡邉 陸(高校)、[野球]桑原 秀侍(高校)

大勢
たいせい

読売ジャイアンツ／投手
1999年6月29日生／24歳／181cm／88kg／O型／兵庫県

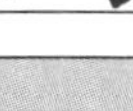

経歴≫ 多可町立八千代中→西脇工高→関西国際大→巨人

つながり [野球]益田 直也(大学)、[ラグビー]木田 晴斗(同郷・同年代)、[ラグビー]江藤 良(同郷・同年代)

平良 海馬
たいら かいま

埼玉西武ライオンズ／投手　代表歴あり
1999年11月15日生／24歳／173cm／100kg／O型／沖縄県

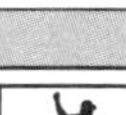

経歴≫ 石垣市立石垣中→八重山商工高→西武

つながり [野球]田中 貴也(高校)、[バスケットボール]平良 陽汰(同郷・同年代)、[野球]岡留 英貴(同郷・同年代)

平良 拳太郎
たいら けんたろう

横浜DeNAベイスターズ／投手
1995年7月12日生／28歳／180cm／80kg／O型／沖縄県

経歴≫ 今帰仁村立今帰仁中→北山高→巨人→DeNA

つながり [バスケットボール]神里 和(同郷・同年代)、[野球]與座 海人(同郷・同年代)

平良 陽汰
たいら ようた

愛媛オレンジバイキングス／PG
1999年7月12日生／23歳／174cm／75kg／B型／沖縄県

経歴≫ 古蔵中→興南高→拓殖大→愛媛オレンジバイキングス

つながり [バスケットボール]山内 盛久(高校)、[バスケットボール]狩俣 昌也(高校)

平良 竜哉
たいら りゅうや

東北楽天ゴールデンイーグルス／内野手
1998年7月9日生／25歳／170cm／78kg／A型／沖縄県

経歴≫ 伊波中→前原高→九州共立大→NTT西日本→楽天

つながり [ラグビー]高尾 時流(大学)、[ラグビー]竹内 柊平(大学)、[ラグビー]白濱 弘章(大学)

タイラー ポール
たいらー ぽーる

浦安D-Rocks／LO
1995年1月20日生／27歳／195cm／111kg／南アフリカ

経歴≫ セント・アンドリューズ高→ネルソン・マンデラ大→キングズ→シャークス→NTTドコモレッドハリケーンズ大阪→浦安D-Rocks

つながり [ラグビー]マルコム マークス(同郷・同年代)、[ラグビー]コーバス ファンダイク(同郷・同年代)

タウファ オリヴェ
たうふぁ おりうぇ

トヨタヴェルブリッツ／FL
1991年6月5日生／31歳／182cm／107kg／トンガ

経歴≫ 正智深谷高→埼玉工大→トヨタヴェルブリッツ

つながり [ラグビー]ヴァル アサエリ愛ファカハウ(高校)、[ラグビー]川俣 直樹(高校)、[ラグビー]大戸 裕矢(高校)

つながり 【野球】2023年NPB選手兄弟録。田中広輔(兄)と田中俊太(弟)。高校、大学も同じでともに甲子園出場経験あり

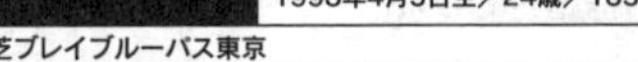

タウファ ラトゥ
たうふぁ らとぅ

東芝ブレイブルーパス東京／PR
1998年4月5日生／24歳／183cm／120kg／トンガ

経歴≫ 白鴎大-マヌレワ高→東芝ブレイブルーパス東京

つながり [ラグビー]カヴァイア タギベタウア(大学)、[ラグビー]ダニエル ペレズ(大学)

タウモエピアウシリベヌシ
たうもえぴあうしりべぬし

豊田自動織機シャトルズ愛知／CTB
1985年7月31日生／37歳／184cm／99kg／トンガ

経歴≫ トンガカレッジ高→大阪産業大→豊田自動織機シャトルズ愛知

つながり [ラグビー]フェツアニ ラウタイミ(高校)、[ラグビー]アマナキ レレイマフィ(高校)

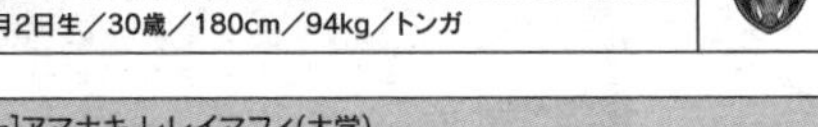

タウモハパイ ホネティ
たうもはぱい ほねてぃ

三菱重工相模原ダイナボアーズ／WTB
1992年10月2日生／30歳／180cm／94kg／トンガ

経歴≫ トンガ高→花園大→三菱重工相模原ダイナボアーズ

つながり [ラグビー]ロトアヘア アマナキ大洋(大学)、[ラグビー]アマナキ レレイマフィ(大学)

田浦 文丸
たうら ふみまる

福岡ソフトバンクホークス／投手
1999年9月21日生／24歳／168cm／79kg／O型／福岡県

経歴≫ 大野市立平野中→秀岳館高→ソフトバンク

つながり [野球]九鬼 隆平(高校)、[野球]国吉 佑樹(高校)、[ラグビー]藤井 達哉(同郷・同年代)

高井 迪郎
たかい みちろう

九州電力キューデンヴォルテクス／FL
1989年12月13日生／33歳／187cm／99kg／大分県

経歴≫ 大分舞鶴高→日本体育大→九州電力キューデンヴォルテクス

つながり [ラグビー]薬師寺 晃(高校)、[ラグビー]伊藤 平一郎(高校)、[ラグビー]中尾 泰星(高校)

髙井 優志
たかい ゆうし

清水建設江東ブルーシャークス／WTB
2001年3月26日生／21歳／174cm／73kg／大阪府

経歴≫ 常翔学園高→流通経済大→清水建設江東ブルーシャークス

つながり [ラグビー]岡田 一平(高校)、[ラグビー]海士 広大(高校)、[ラグビー]髙橋 汰地(高校)

高尾 時流
たかお しぐれ

コベルコ神戸スティーラーズ／PR
1996年8月15日生／26歳／178cm／110kg／福岡県

経歴≫ 筑紫台高→九州共立大→コベルコ神戸スティーラーズ

つながり [ラグビー]竹内 柊平(大学)、[ラグビー]白濱 弘章(大学)、[ラグビー]肥爪 駿(大学)

高岡 圭汰朗
たかおか けいたろう

バンビシャス奈良／SG/SF
1999年6月14日生／23歳／182cm／87kg／A型／大阪府

経歴≫ 東大阪市立長瀬中→尽誠学園高→近畿大→バンビシャス奈良

つながり [バスケットボール]笠井 康平(高校)、[バスケットボール]上田 隼輔(高校)

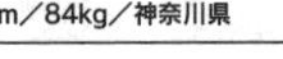

高木 一成
たかぎ かずなり

横浜キヤノンイーグルス／CTB
1997年6月23日生／25歳／176cm／84kg／神奈川県

経歴≫ 慶應義塾高→慶應義塾大→横浜キヤノンイーグルス

つながり [アイスホッケー]氏橋 祐太(高校)、[ラグビー]大山 祥平(高校)、[ラグビー]川村 慎(高校)

高木 京介
たかぎ きょうすけ

読売ジャイアンツ／投手
1989年9月5日生／34歳／183cm／90kg／AB型／石川県

経歴≫ 能美市立寺井中→星稜高→国学院大→巨人

つながり [野球]山瀬 慎之助(高校)、[野球]北村 拓己(高校)、[野球]奥川 恭伸(高校)、[野球]内山 壮真(高校)

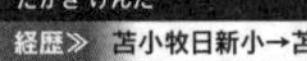

髙木 健太
たかぎ けんた

RED EAGLES HOKKIDO／FW 代表歴あり
1993年12月14日生／29歳／184cm／91kg

経歴≫ 苫小牧日新小→苫小牧明倫中→駒大苫小牧高→日本製紙クレインズ→RED EAGLES HOKKIDO

つながり [アイスホッケー]山田 虎太朗(高校)、[アイスホッケー]山下 敬史(高校)、[アイスホッケー]今 勇輔(高校)

高城 勝一
たかぎ しょういち

東芝ブレイブルーパス東京／LO
1998年6月29日生／24歳／196cm／101kg／大阪府

経歴≫ 汎愛高→摂南大→東芝ブレイブルーパス東京

つながり [ラグビー]松本 力哉(高校)、[ラグビー]ヴィリアメ ツイドラキ(大学)

高木 翔斗
たかぎ しょうと

広島東洋カープ／捕手

2003年8月12日生／20歳／186cm／90kg／O型／岐阜県

経歴≫ 垂井北中→県立岐阜商高→広島

つながり [野球]髙橋 純平(高校)、[アイスホッケー]葛西 純昌(同年代)、[ラグビー]ダリエス トマス(同年代)

高城 佑太
たかぎ ゆうた

埼玉パナソニックワイルドナイツ／SH

1993年10月21日生／29歳／162cm／64kg／岩手県

経歴≫ 盛岡工高→関東学院大→埼玉パナソニックワイルドナイツ

つながり [ラグビー]川崎 清純(高校)、[ラグビー]川崎 龍清(高校)、[ラグビー]稲垣 啓太(大学)

高木 渉
たかぎ わたる

埼玉西武ライオンズ／外野手

1999年12月6日生／24歳／181cm／81kg／B型／福岡県

経歴≫ 朝倉市立南陵中→真颯館高→西武

つながり [ラグビー]藤井 達哉(同郷・同年代)、[ラグビー]丸山 凜太朗(同郷・同年代)

高島 紳司
たかしま しんじ

宇都宮ブレックス／SG

2000年10月13日生／22歳／191cm／81kg／大阪府

経歴≫ 宇都宮ブレックス

つながり [ラグビー]島田 彪雅(同郷・同年代)、[ラグビー]坂原 春光(同郷・同年代)

高田 孝一
たかだ こういち

東北楽天ゴールデンイーグルス／投手

1998年6月3日生／25歳／183cm／91kg／AB型／神奈川県

経歴≫ 北の台中→平塚学園高→法政大→楽天

つながり [野球]阿部 和広(高校)、[アイスホッケー]井上 光明(大学)、[アイスホッケー]伊藤 俊之(大学)

髙田 琢登
たかだ たくと

横浜DeNAベイスターズ／投手

2002年9月18日生／21歳／178cm／78kg／O型／静岡県

経歴≫ 清水第二中→静岡商高→DeNA

つながり [野球]二俣 翔一(同郷・同年代)、[ラグビー]シオネ タプオシ(同年代)、[ラグビー]高橋 陽大(同年代)

髙田 萌生
たかた ほうせい

東北楽天ゴールデンイーグルス／投手

1998年7月4日生／25歳／178cm／83kg／A型／岡山県

経歴≫ 明徳義塾中→創志学園高→巨人→楽天

つながり [野球]西 純矢(高校)、[野球]石原 貴規(高校)、[ラグビー]仁熊 秀斗(同郷・同年代)

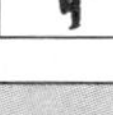

髙田 竜星
たかた りゅうせい

読売ジャイアンツ／投手

2002年8月19日生／21歳／175cm／75kg／B型／石川県

経歴≫ 金沢市立兼六中→遊学館高→BCL・石川→巨人

つながり [野球]保科 広一(高校)、[野球]石森 大誠(高校)、[野球]三木 亮(高校)、[野球]小孫 竜二(高校)

髙寺 望夢
たかてら のぞむ

阪神タイガース／内野手

2002年10月17日生／21歳／178cm／75kg／O型／長野県

経歴≫ 上田市立真田中→上田西高→阪神

つながり [野球]笹原 操希(高校)、[ラグビー]シオネ タプオシ(同年代)、[ラグビー]高橋 陽大(同年代)

高梨 裕稔
たかなし ひろとし

東京ヤクルトスワローズ／投手

1991年6月5日生／32歳／187cm／90kg／B型／千葉県

経歴≫ 茂原中→土気高→山梨学院大→日本ハム→ヤクルト

つながり [ラグビー]後藤 輝也(大学)、[ラグビー]トコキオ ソシセニ(大学)、[ラグビー]ラファエレ ティモシー(大学)

高梨 雄平
たかなし ゆうへい

読売ジャイアンツ／投手　代表歴あり

1992年7月13日生／31歳／175cm／81kg／O型／埼玉県

経歴≫ 川越市立高階西中→川越東高→早稲田大→JX-ENEOS→楽天→巨人

つながり [アイスホッケー]山田 虎太朗(大学)、[アイスホッケー]ハリデー 慈英(大学)

高野 脩汰
たかの しゅうた

千葉ロッテマリーンズ／投手

1998年8月13日生／24歳／183cm／87kg／島根県

経歴≫ 浜山中→出雲商高→関西大→日本通運→ロッテ

つながり [アイスホッケー]畑 享和(大学)、[アイスホッケー]ロウラー 和輝(大学)、[アイスホッケー]大宮 良(大学)

つながり 【バスケットボール】田中大貴、西川貴之は2013年大学選手権決勝で対戦

髙野 祥太
たかの しょうた

浦安D-Rocks／FB

1994年1月12日生／29歳／177cm／88kg／福岡県

経歴≫ 小倉高→青山学院大→NTTドコモレッドハリケーンズ大阪→浦安D-Rocks

つながり [ラグビー]児玉 健太郎(高校)、[ラグビー]石橋 拓也(高校)、[ラグビー]松浦 祐太(高校)

髙野 蓮
たかの れん

花園近鉄ライナーズ／WTB

1996年7月19日生／26歳／176cm／87kg／福岡県

経歴≫ 東福岡高→同志社大→花園近鉄ライナーズ

つながり [ラグビー]岩佐 賢人(高校)、[ラグビー]北川 賢吾(高校)、[ラグビー]古賀 駿汰(高校)

高橋 在人
たかはし ありと

静岡ブルーレヴズ／FL

1997年1月9日生／26歳／184cm／104kg／大阪府

経歴≫ 大阪桐蔭高→大阪体育大→静岡ブルーレヴズ

つながり [ラグビー]宮宗 翔(高校)、[ラグビー]紙森 陽太(高校)、[ラグビー]岡田 優輝(高校)

高橋 快成
たかはし かいせい

三遠ネオフェニックス／PG

2003年8月1日生／19歳／176cm／75kg／神奈川県

経歴≫ 三遠ネオフェニックス

つながり [野球]永島田 輝斗(同郷・同年代)、[野球]柳澤 大空(同郷・同年代)、[野球]阿部 和広(同郷・同年代)

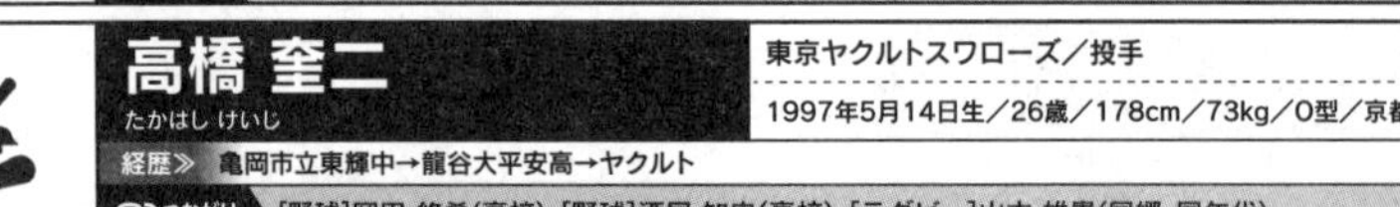

高橋 奎二
たかはし けいじ

東京ヤクルトスワローズ／投手

1997年5月14日生／26歳／178cm／73kg／O型／京都府

経歴≫ 亀岡市立東輝中→龍谷大平安高→ヤクルト

つながり [野球]岡田 悠希(高校)、[野球]酒居 知史(高校)、[ラグビー]山本 雄貴(同郷・同年代)

高橋 広大
たかはし こうだい

清水建設江東ブルーシャークス／FL

1998年5月9日生／24歳／184cm／100kg／群馬県

経歴≫ 桐蔭学園高→明治大→清水建設江東ブルーシャークス

つながり [ラグビー]石田 楽人(高校)、[ラグビー]山本 耕生(高校)、[ラグビー]田村 魁世(高校)

高橋 光成
たかはし こうな

埼玉西武ライオンズ／投手

1997年2月3日生／26歳／190cm／105kg／B型／群馬県

経歴≫ 沼田市立利根中→前橋育英高→西武

つながり [バスケットボール]木村 啓太郎(高校)、[バスケットボール]船生 誠也(高校)

高橋 浩平
たかはし こうへい

山形ワイヴァンズ／PF

1996年5月20日生／26歳／199cm／103kg／A型／新潟県

経歴≫ 十日町市立川西中→十日町高→青山学院大→新潟アルビレックスBB→金沢武士団→山形ワイヴァンズ

つながり [ラグビー]古賀 駿汰(大学)、[ラグビー]髙橋 敏也(大学)、[ラグビー]髙野 祥太(大学)

高橋 昴平
たかはし こうへい

東芝ブレイブルーパス東京／SH

1996年4月12日生／26歳／167cm／79kg／長崎県

経歴≫ 長崎南山高→専修大→東芝ブレイブルーパス東京

つながり [ラグビー]大澤 蓮(高校)、[ラグビー]大熊 克哉(高校)、[ラグビー]杉永 亮太(高校)

高橋 昂也
たかはし こうや

広島東洋カープ／投手

1998年9月27日生／25歳／181cm／87kg／埼玉県

経歴≫ 久喜市立栗橋東中→花咲徳栄高→広島

つながり [野球]松井 颯(高校)、[野球]清水 達也(高校)、[野球]味谷 大誠(高校)、[野球]楠本 泰史(高校)

高橋 耕陽
たかはし こうよう

レバンガ北海道／SG/SF 代表歴あり

1994年6月16日生／28歳／192cm／90kg／AB型／北海道

経歴≫ 北門中→札幌日大高→日本大→滋賀レイクスターズ→シーホース三河→サンロッカーズ渋谷→レバンガ北海道

つながり [ラグビー]杉本 悠馬(大学)、[ラグビー]細田 佳也(大学)、[ラグビー]中村 正寿(大学)

高橋 虎太郎
たかはし こたろう

花園近鉄ライナーズ／PR

2000年2月23日生／22歳／177cm／110kg／大阪府

経歴≫ 報徳学園高→天理大→花園近鉄ライナーズ

つながり [ラグビー]井上 遼(高校)、[ラグビー]日和佐 篤(高校)、[ラグビー]前田 剛(高校)

髙橋 周平
たかはし しゅうへい

中日ドラゴンズ／内野手

1994年1月18日生／29歳／180cm／90kg／O型／神奈川県

経歴≫ 藤沢市立善行中→東海大甲府高→中日

つながり [ラグビー]田草川 恵(高校)、[ラグビー]中村 謙吾(高校)、[野球]亀田 啓太(高校)、[野球]渡邉 諒(高校)

髙橋 純平
たかはし じゅんぺい

福岡ソフトバンクホークス／投手

1997年5月8日生／26歳／184cm／84kg／A型／岐阜県

経歴≫ 岐阜市立梅林中→県立岐阜商高→ソフトバンク

つながり [野球]高木 翔斗(高校)、[野球]勝野 昌慶(同郷・同年代)、[アイスホッケー]中屋敷 侑史(同年代)

髙橋 聖二
たかはし せいじ

RED EAGLES HOKKIDO／FW　代表歴あり

1993年2月24日生／29歳／173cm／77kg

経歴≫ 苫小牧東小→苫小牧東中→苫小牧工高→RED EAGLES HOKKIDO

つながり [アイスホッケー]相木 隼斗(高校)、[アイスホッケー]武部 虎太朗(高校)、[アイスホッケー]泉 翔馬(高校)

髙橋 聡太郎
たかはし そうたろう

釜石シーウェイブスRFC／LO

1994年7月30日生／28歳／186cm／99kg／岩手県

経歴≫ 釜石高→明治大→釜石シーウェイブスRFC

つながり [アイスホッケー]青山 大基(大学)、[アイスホッケー]坂田 駿(大学)、[アイスホッケー]相馬 秀斗(大学)

髙橋 汰地
たかはし たいち

トヨタヴェルブリッツ／WTB　代表歴あり

1996年6月24日生／26歳／180cm／91kg／兵庫県

経歴≫ 常翔学園高→明治大→トヨタヴェルブリッツ

つながり [ラグビー]岡田 一平(高校)、[ラグビー]海士 広大(高校)、[ラグビー]天野 寿紀(高校)

髙橋 太一
たかはし たいち

三菱重工相模原ダイナボアーズ／SH

1998年7月16日生／24歳／163cm／70kg／宮崎県

経歴≫ 延岡星雲高→東洋大→三菱重工相模原ダイナボアーズ

つながり [ラグビー]磯田 泰成(高校)、[アイスホッケー]成澤 優太(大学)、[アイスホッケー]柴田 嗣斗(大学)

髙橋 拓也
たかはし たくや

釜石シーウェイブスRFC／PR

1992年3月6日生／30歳／172cm／100kg／岩手県

経歴≫ 黒沢尻工高→釜石シーウェイブスRFC

つながり [ラグビー]藤井 大喜(高校)、[ラグビー]阿部 竜二(高校)、[ラグビー]佐々木 裕次郎(高校)

髙橋 敏也
たかはし としや

リコーブラックラムズ東京／SH

1993年10月22日生／29歳／182cm／85kg／神奈川県

経歴≫ 国学院大久我山高→青山学院大→リコーブラックラムズ東京

つながり [ラグビー]島田 悠平(高校)、[ラグビー]田中 真一(高校)、[ラグビー]石原 慎太郎(高校)

髙橋 信之
たかはし のぶひさ

豊田自動織機シャトルズ愛知／PR

1998年9月2日生／24歳／180cm／120kg／三重県

経歴≫ 朝明高→豊田自動織機シャトルズ愛知

つながり [ラグビー]王 鏡聞(高校)、[野球]ジョセフ(同郷・同年代)、[アイスホッケー]今 勇輔(同年代)

髙橋 遥人
たかはし はると

阪神タイガース／投手

1995年11月7日生／28歳／181cm／82kg／A型／静岡県

経歴≫ 常葉橘中→常葉橘高→亜細亜大→阪神

つながり [野球]松田 宣浩(大学)、[野球]北村 拓己(大学)、[野球]岡留 英貴(大学)、[野球]木浪 聖也(大学)

髙橋 陽大
たかはし はると

コベルコ神戸スティーラーズ／PR

2002年6月29日生／20歳／185cm／115kg／大阪府

経歴≫ ロトルアボーイズ高→コベルコ神戸スティーラーズ

つながり [ラグビー]濱野 隼大(高校)、[ラグビー]ケイレブ トラスク(高校)、[野球]松木平 優太(同郷・同年代)

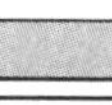

髙橋 宏斗
たかはし ひろと

中日ドラゴンズ／投手

2002年8月9日生／21歳／186cm／86kg／AB型／愛知県

経歴≫ 尾張旭市立東中→中京大中京高→中日

つながり [野球]中山 礼都(高校)、[野球]伊藤 稜(高校)、[野球]鵜飼 航丞(高校)、[野球]伊藤 康祐(高校)

つながり 【ラグビー】武井日向は幼稚園の頃はサッカーをしていたが石井雄大の誘いでラグビーを始めた

髙橋 優貴
たかはし ゆうき

読売ジャイアンツ／投手

1997年2月1日生／26歳／178cm／82kg／B型／茨城県

経歴≫ ひたちなか市立田彦中→東海大菅生高→八戸学院大→巨人

つながり [野球]田中 幹也(高校)、[ラグビー]吹越 大清(大学)、[バスケットボール]野里 惇貴(大学)

髙橋 祐二
たかはし ゆうじ

福島ファイヤーボンズ／PG

1991年5月6日生／31歳／183cm／77kg／O型／千葉県

経歴≫ 市原市立国分寺台西中→日本航空高→国士舘大→山形ワイヴァンズ→茨城ロボッツ→福島ファイヤーボンズ

つながり [ラグビー]長谷川 崚太(高校)、[バスケットボール]菅 俊男(大学)、[バスケットボール]原 修太(大学)

髙橋 裕司
たかはし ゆうじ

マツダスカイアクティブズ広島／PR

1997年9月30日生／25歳／170cm／100kg／大分県

経歴≫ 日本文理大附高→日本文理大→マツダスカイアクティブズ広島

つながり [ラグビー]具 智元(高校)、[ラグビー]吉良 友嘉(高校)、[ラグビー]ラタ タンギマナ(大学)

高橋 礼
たかはし れい

福岡ソフトバンクホークス／投手

1995年11月2日生／28歳／188cm／87kg／O型／千葉県

経歴≫ 市立第三中→専大松戸高→専修大→ソフトバンク

つながり [野球]横山 陸人(高校)、[野球]上沢 直之(高校)、[野球]渡邉 大樹(高校)、[ラグビー]石田 楽人(大学)

髙濱 祐仁
たかはま ゆうと

阪神タイガース／内野手

1996年8月8日生／27歳／185cm／90kg／B型／佐賀県

経歴≫ 金田中→横浜高→日本ハム→阪神

つながり [野球]木下 幹也(高校)、[野球]伊藤 将司(高校)、[野球]及川 雅貴(高校)、[野球]柳 裕也(高校)

高比良 寛治
たかひら かんじ

長崎ヴェルカ／SG

1993年9月14日生／29歳／183cm／85kg／A型／長崎県

経歴≫ 那珂中→福岡西陵高→芦屋大→HOS実業団→鹿児島レブナイズ→香川ファイブアローズ→長崎ヴェルカ

つながり [バスケットボール]橋本 拓哉(大学)、[ラグビー]安永 賢人(同郷・同年代)

髙部 瑛斗
たかべ あきと

千葉ロッテマリーンズ／外野手

1997年12月11日生／26歳／178cm／72kg／A型／神奈川県

経歴≫ 毛呂山町立毛呂山中→東海大甲府高→国士舘大→ロッテ

つながり [バスケットボール]菅 俊男(大学)、[バスケットボール]原 修太(大学)、[バスケットボール]髙橋 祐二(大学)

髙松 渡
たかまつ わたる

中日ドラゴンズ／内野手

1999年7月2日生／24歳／177cm／70kg／A型／兵庫県

経歴≫ 加古川市立浜の宮中→滝川二高→中日

つながり [野球]加藤 洸稀(高校)、[ラグビー]木田 晴斗(同郷・同年代)、[ラグビー]江藤 良(同郷・同年代)

高見 優太
たかみ ゆうた

マツダスカイアクティブズ広島／PR

1991年10月9日生／31歳／175cm／105kg／兵庫県

経歴≫ 神戸科学技術高→大阪体育大→マツダスカイアクティブズ広島

つながり [ラグビー]肥爪 駿(高校)、[バスケットボール]土屋 アリスター時生(高校)

髙屋 直生
たかや なおき

九州電力キューデンヴォルテクス／WTB

1995年5月25日生／27歳／175cm／80kg／福岡県

経歴≫ 福岡高→筑波大→九州電力キューデンヴォルテクス

つながり [ラグビー]土谷 深浩(高校)、[ラグビー]中尾 康太郎(高校)、[ラグビー]中島 謙(高校)

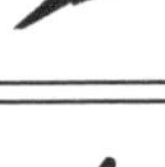

髙山 俊
たかやま しゅん

阪神タイガース／外野手

1993年4月18日生／30歳／181cm／91kg／O型／千葉県

経歴≫ 七林中→日大三高→明治大→阪神

つながり [野球]櫻井 周斗(高校)、[野球]坂倉 将吾(高校)、[野球]井上 広輝(高校)、[野球]伊藤 裕季也(高校)

瀧澤 直
たきざわ すなお

NECグリーンロケッツ東葛／PR

1986年9月30日生／36歳／175cm／115kg／愛知県

経歴≫ 千種高→早稲田大→NECグリーンロケッツ東葛

つながり [アイスホッケー]山田 虎太朗(大学)、[アイスホッケー]ハリデー 慈英(大学)

滝澤 夏央
たきざわ なつお

埼玉西武ライオンズ／内野手

2003年8月13日生／20歳／164cm／65kg／新潟県

経歴≫ 上越市立城西中→関根学園高→西武

つながり [アイスホッケー]葛西 純昌(同年代)、[ラグビー]ダリエス トマス(同年代)、[ラグビー]鶉野 凪斗(同年代)

瀧中 瞭太
たきなか りょうた

東北楽天ゴールデンイーグルス／投手

1994年12月20日生／29歳／180cm／93kg／A型／滋賀県

経歴≫ 高島市立湖西中→高島高→龍谷大→Honda鈴鹿→楽天

つながり [ラグビー]松木 勇斗(大学)、[ラグビー]伊東 力(大学)、[ラグビー]松本 力哉(大学)

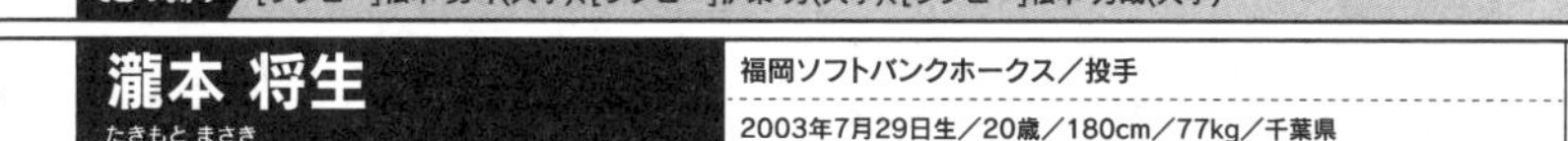

瀧本 将生
たきもと まさき

福岡ソフトバンクホークス／投手

2003年7月29日生／20歳／180cm／77kg／千葉県

経歴≫ 市川市立第五中→市立松戸高→ソフトバンク

つながり [野球]粟飯原 龍之介(同郷・同年代)、[野球]秋山 正雲(同郷・同年代)、[野球]村山 亮介(同郷・同年代)

田草川 恵
たくさがわ けい

クリタウォーターガッシュ昭島／PR

1999年8月15日生／23歳／171cm／100kg／山梨県

経歴≫ 東海大甲府高→東海大→クリタウォーターガッシュ昭島

つながり [ラグビー]中村 謙吾(高校)、[野球]亀田 啓太(高校)、[野球]渡邊 諒(高校)、[野球]髙橋 周平(高校)

田口 麗斗
たぐち かずと

東京ヤクルトスワローズ／投手 代表歴あり

1995年9月14日生／28歳／171cm／83kg／B型／広島県

経歴≫ 五日市立観音中→広島新庄高→巨人→ヤクルト

つながり [野球]花田 侑樹(高校)、[野球]堀 瑞輝(高校)、[野球]近藤 弘樹(同郷・同年代)

田口 成浩
たぐち しげひろ

秋田ノーザンハピネッツ／SG

1990年3月25日生／32歳／184cm／86kg／B型／秋田県

経歴≫ 角館中→明桜高→富士大→秋田ノーザンハピネッツ→千葉ジェッツ→秋田ノーザンハピネッツ

つながり [ラグビー]照井 貴大(高校)、[野球]砂田 毅樹(高校)、[野球]野中 天翔(高校)、[野球]山口 航輝(高校)

武井 日向
たけい ひなた

リコーブラックラムズ東京／HO

1997年6月17日生／25歳／171cm／96kg／栃木県

経歴≫ 国学院栃木高→明治大→リコーブラックラムズ東京

つながり [ラグビー]尾又 寛汰(高校)、[ラグビー]福田 陸人(高校)、[ラグビー]久保 克斗(高校)

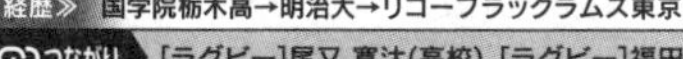

竹井 勇二
たけい ゆうじ

トヨタヴェルブリッツ／PR

1994年10月14日生／28歳／183cm／102kg／奈良県

経歴≫ 御所実高→帝京大→トヨタヴェルブリッツ

つながり [ラグビー]土井 貴弘(高校)、[ラグビー]酒木 凜平(高校)、[ラグビー]北村 将大(高校)

竹内 公輔
たけうち こうすけ

宇都宮ブレックス／PF/C 代表歴あり

1985年1月29日生／37歳／206cm／100kg／A型／大阪府

経歴≫ 佐井寺中→洛南高→慶應義塾大→アイシンシーホース→トヨタ自動車アルバルク東京→広島ドラゴンフライズ→宇都宮ブレックス

つながり [バスケットボール]津屋 一球(高校)、[バスケットボール]柳川 幹也(高校)

竹内 柊平
たけうち しゅうへい

浦安D-Rocks／PR 代表歴あり

1997年12月9日生／25歳／183cm／115kg／宮崎県

経歴≫ 九州共立大宮崎工高→九州共立大→浦安D-Rocks

つながり [ラグビー]高尾 時流(大学)、[ラグビー]白濱 弘章(大学)、[ラグビー]肥爪 駿(大学)

竹内 譲次
たけうち じょうじ

大阪エヴェッサ／PF/C 代表歴あり

1985年1月29日生／37歳／207cm／98kg／A型／大阪府

経歴≫ 佐井寺中→洛南高→東海大→日立サンロッカーズ東京→アルバルク東京→大阪エヴェッサ

つながり [バスケットボール]津屋 一球(高校)、[バスケットボール]柳川 幹也(高校)

竹内 龍臣
たけうち りゅうしん

中日ドラゴンズ／投手

2001年12月11日生／22歳／180cm／85kg／A型／北海道

経歴≫ 札幌市立新川中→札幌創成高→中日

つながり [野球]持丸 泰輝(同郷・同年代)、[野球]小林 珠維(同郷・同年代)、[アイスホッケー]中舘 庸太朗(同年代)

つながり 【バスケットボール】2023年Bリーグ選手兄弟録。竹内公輔(兄)と竹内譲次(弟)。高校時代から2mツインズと呼ばれる

武尾 秀康
たけお ひでやす

TOHOKU FREEBLADES／FW
1993年5月22日生／29歳／172cm／75kg

経歴≫ 八戸第一中→八戸工大一高→東洋大→TOHOKU FREEBLADES

つながり [アイスホッケー]橋本 三千雄(高校)、[アイスホッケー]古川 駿(高校)、[アイスホッケー]畑 享和(高校)

武岡 龍世
たけおか りゅうせい

東京ヤクルトスワローズ／内野手
2001年5月28日生／22歳／178cm／77kg／O型／徳島県

経歴≫ 吉野川市立鴨島第一中→八戸学院光星高→ヤクルト

つながり [バスケットボール]駒沢 颯(高校)、[野球]伊藤 大将(高校)、[野球]佐藤 航太(高校)

竹澤 正祥
たけざわ まさよし

横浜キヤノンイーグルス／WTB
1995年5月5日生／27歳／176cm／86kg／群馬県

経歴≫ 明和県央高→日本大→横浜キヤノンイーグルス

つながり [ラグビー]杉本 悠馬(大学)、[ラグビー]細田 佳也(大学)、[ラグビー]中村 正寿(大学)

竹下 瑛広
たけした あきひろ

東北楽天ゴールデンイーグルス／投手
2000年5月20日生／23歳／185cm／75kg／神奈川県

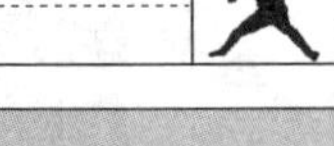

経歴≫ 厚木市立藤塚中厚木北高→函館大→楽天

つながり [バスケットボール]ストックマンJr. ケドリック(同郷・同年代)、[野球]森下 翔太(同郷・同年代)

武田 翔太
たけだ しょうた

福岡ソフトバンクホークス／投手 代表歴あり
1993年4月3日生／30歳／187cm／90kg／B型／宮崎県

経歴≫ 宮崎市立住吉中→宮崎日大高→ソフトバンク

つながり [ラグビー]尾池 亨允(同郷・同年代)、[アイスホッケー]髙木 健太(同年代)

武田 知大
たけだ ともひろ

マツダスカイアクティブズ広島／FL
1996年9月11日生／26歳／175cm／90kg／大阪府

経歴≫ 尾道高→京都産大→マツダスカイアクティブズ広島

つながり [ラグビー]眞壁 貴男(高校)、[ラグビー]奥平 湧(高校)、[ラグビー]土佐 誠(高校)

竹田 祐将
たけだ ゆうしょう

花園近鉄ライナーズ／SO
1993年7月1日生／29歳／176cm／84kg／奈良県

経歴≫ 御所実高→筑波大→花園近鉄ライナーズ

つながり [ラグビー]土井 貴弘(高校)、[ラグビー]酒木 凜平(高校)、[ラグビー]北村 将大(高校)

竹田 宜純
たけだ よしずみ

花園近鉄ライナーズ／FB
1991年4月29日生／31歳／180cm／93kg／奈良県

経歴≫ 御所実高→帝京大→花園近鉄ライナーズ

つながり [ラグビー]土井 貴弘(高校)、[ラグビー]酒木 凜平(高校)、[ラグビー]北村 将大(高校)

竹中 祥
たけなか しょう

日野レッドドルフィンズ／WTB
1992年8月12日生／30歳／176cm／94kg／宮崎県

経歴≫ 筑波大→日野レッドドルフィンズ

つながり [ラグビー]前田 土芽(大学)、[ラグビー]島田 悠平(大学)、[ラグビー]土谷 深浩(大学)

竹中 太一
たけなか たいち

三重ホンダヒート／FB
1995年12月5日生／27歳／173cm／82kg／大阪府

経歴≫ 石見智翠館高→関西大→三重ホンダヒート

つながり [ラグビー]小幡 将己(高校)、[ラグビー]岡山 仙治(高校)、[ラグビー]加藤 竜聖(高校)

竹ノ内 駿太
たけのうち しゅんた

九州電力キューデンヴォルテクス／SH
1999年12月27日生／23歳／170cm／78kg／長崎県

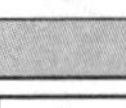

経歴≫ 長崎南山高→明治大→九州電力キューデンヴォルテクス

つながり [アイスホッケー]青山 大基(大学)、[アイスホッケー]坂田 駿(大学)、[アイスホッケー]相馬 秀斗(大学)

武部 虎太朗
たけべ こたろう

TOHOKU FREEBLADES／FW
1998年9月16日生／24歳／177cm／86kg

経歴≫ 苫小牧凌雲中→苫小牧工高→東洋大→TOHOKU FREEBLADES

つながり [アイスホッケー]高橋 聖二(高校)、[アイスホッケー]相木 隼斗(高校)、[アイスホッケー]泉 翔馬(高校)

あ か さ た な は ま や ら わ

竹安 大知
たけやす だいち

オリックス・バファローズ／投手
1994年9月27日生／29歳／183cm／83kg／O型／静岡県

経歴≫ 対馬中→伊東商高→熊本ゴールデンラークス→阪神→オリックス

つながり [アイスホッケー]彦坂 優(同年代)、[アイスホッケー]鈴木 健斗(同年代)、[アイスホッケー]川村 一希(同年代)

竹山 晃暉
たけやま こうき

埼玉パナソニックワイルドナイツ／WTB 代表歴あり
1996年9月25日生／26歳／175cm／84kg／奈良県

経歴≫ 御所実高→帝京大→埼玉パナソニックワイルドナイツ

つながり [ラグビー]土井 貴弘(高校)、[ラグビー]酒木 凜平(高校)、[ラグビー]北村 将大(高校)

竹山 日向
たけやま ひゅうが

東京ヤクルトスワローズ／投手
2003年11月2日生／20歳／182cm／85kg／B型／愛知県

経歴≫ 名古屋市立守山中→享栄高→ヤクルト

つながり [野球]上田 洸太朗(高校)、[野球]大島 洋平(高校)、[野球]川奇 陽仁(同郷・同年代)

多嶋 朝飛
たじま あさひ

茨城ロボッツ／PG
1988年10月8日生／34歳／173cm／73kg／B型／北海道

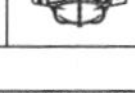

経歴≫ 大空中→北陸高→東海大→TGI D-RISE→レバンガ北海道→茨城ロボッツ

つながり [バスケットボール]藤永 佳昭(高校)、[バスケットボール]満田 丈太郎(高校)

田嶋 グン
たじま ぐん

豊田自動織機シャトルズ愛知／PR
1999年8月19日生／23歳／178cm／112kg／青森県

経歴≫ 三本木農業高→豊田自動織機シャトルズ愛知

つながり [アイスホッケー]青山 大基(同年代)、[アイスホッケー]小林 斗威(同年代)

田島 慎二
たじま しんじ

中日ドラゴンズ／投手
1989年12月21日生／34歳／181cm／87kg／B型／愛知県

経歴≫ 名古屋市立御幸山中→中部大一高→東海学園大→中日

つながり [野球]立野 和明(高校)、[ラグビー]渡邊 友哉(同郷・同年代)、[バスケットボール]田村 晋(同郷・同年代)

田嶋 大樹
たじま だいき

オリックス・バファローズ／投手
1996年8月3日生／27歳／182cm／82kg／A型／栃木県

経歴≫ 陽西中→佐野日大高→JR東日本→オリックス

つながり [ラグビー]杉本 悠馬(高校)、[ラグビー]新妻 汰一(高校)、[ラグビー]古谷 亘(高校)

田代 直希
たしろ なおき

琉球ゴールデンキングス／SF
1993年6月24日生／29歳／188cm／90kg／A型／千葉県

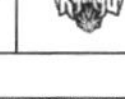

経歴≫ 前原中→東海大付浦安高→専修大→琉球ゴールデンキングス

つながり [ラグビー]岸岡 智樹(高校)、[ラグビー]近藤 英人(高校)、[ラグビー]根塚 洸雅 (高校)

多田 武史
ただ たけし

秋田ノーザンハピネッツ／SG
1997年11月25日生／25歳／186cm／85kg／A型／新潟県

経歴≫ 舟栄中→八王子学園八王子高→拓殖大→秋田ノーザンハピネッツ

つながり [ラグビー]オト ジョシュア 輝恵 (高校)、[バスケットボール]木村 圭吾(高校)

タタナ ダラス
たたな だらす

釜石シーウェイブスRFC／LO
1991年8月27日生／31歳／189cm／110kg／ニュージーランド

経歴≫ 札幌山の手高→東海大→釜石シーウェイブスRFC→宗像サニックスブルース→釜石シーウェイブスRFC

つながり [ラグビー]渡邉 隆之(高校)、[ラグビー]舟橋 諒将(高校)、[ラグビー]伊藤 鐘平(高校)

達 孝太
たつ こうた

北海道日本ハムファイターズ／投手
2004年3月27日生／19歳／194cm／88kg／B型／大阪府

経歴≫ 浜寺南中→天理高→日本ハム

つながり [ラグビー]井上 大介(高校)、[ラグビー]立川 理道(高校)、[ラグビー]井関 信介(高校)

龍野 光太朗
たつの こうたろう

マツダスカイアクティブズ広島／FB
1998年5月17日生／24歳／170cm／80kg／宮崎県

経歴≫ 佐賀工高→帝京大→マツダスカイアクティブズ広島

つながり [ラグビー]松浦 康一(高校)、[ラグビー]大塚 健太郎(高校)、[ラグビー]荒井 康植(高校)

つながり 【バスケットボール】谷口大智、早川ジミーは共に第2期奨学生としてスラムダンク奨学金に合格した

あ
か
さ
た
な
は
ま
や
ら
わ

辰野 新之介
たつの しんのすけ

東芝ブレイブルーパス東京／SH
1991年9月28日生／31歳／175cm／75kg／東京都

経歴≫ 桐蔭学園高→早稲田大→東芝ブレイブルーパス東京

つながり [ラグビー]石田 楽人(高校)、[ラグビー]山本 耕生(高校)、[ラグビー]田村 魁世(高校)

辰見 鴻之介
たつみ こうのすけ

東北楽天ゴールデンイーグルス／内野手
2000年11月24日生／23歳／177cm／69kg／福岡県

経歴≫ 香椎第三中→香住丘高→西南学院大→楽天

つながり [野球]中村 貴浩(同郷・同年代)、[野球]濱田 太貴(同郷・同年代)、[野球]生海(同郷・同年代)

辰己 涼介
たつみ りょうすけ

東北楽天ゴールデンイーグルス／外野手
1996年12月27日生／27歳／180cm／74kg／A型／兵庫県

経歴≫ 神戸市立有野中→社高→立命館大→楽天

つながり [野球]近本 光司(高校)、[ラグビー]木田 晴斗(大学)、[ラグビー]古川 聖人(大学)

立岡 宗一郎
たておか そういちろう

読売ジャイアンツ／外野手
1990年5月18日生／33歳／181cm／82kg／A型／熊本県

経歴≫ 芦北町立田浦中→熊本・鎮西高→ソフトバンク→巨人

つながり [ラグビー]西浦 洋祐(同郷・同年代)、[ラグビー]猿渡 康雄(同郷・同年代)

立川 直道
たてかわ なおみち

清水建設江東ブルーシャークス／HO
1988年10月31日生／34歳／173cm／98kg／奈良県

経歴≫ 天理高→天理大→清水建設江東ブルーシャークス

つながり [ラグビー]井上 大介(高校)、[ラグビー]立川 理道(高校)、[ラグビー]井関 信介(高校)

立川 理道
たてかわ はるみち

クボタスピアーズ船橋・東京ベイ／CTB　代表歴あり
1989年12月2日生／33歳／180cm／93kg／奈良県

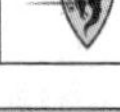

経歴≫ 天理高→天理大→クボタスピアーズ船橋・東京ベイ

つながり [ラグビー]井上 大介(高校)、[ラグビー]井関 信介(高校)、[ラグビー]中野 剛通(高校)

立野 和明
たての かずあき

北海道日本ハムファイターズ／投手
1998年4月3日生／25歳／181cm／87kg／O型／愛知県

経歴≫ 豊山中→中部大一高→東海理化→日本ハム

つながり [野球]田島 慎二(高校)、[ラグビー]オト ジョシュア 輝恵 (同郷・同年代)

田中 瑛斗
たなか えいと

北海道日本ハムファイターズ／投手
1999年7月13日生／24歳／184cm／78kg／A型／大分県

経歴≫ 中津中→柳ヶ浦高→日本ハム

つながり [野球]上間 永遠(高校)、[ラグビー]河野 孝太郎(同郷・同年代)、[野球]梶原 昂希(同郷・同年代)

田中 和基
たなか かずき

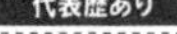

東北楽天ゴールデンイーグルス／外野手　代表歴あり
1994年8月8日生／29歳／181cm／75kg／A型／福岡県

経歴≫ 福岡市立高取中→西南学院高→立教大→楽天

つながり [ラグビー]中靍 隆彰(高校)、[ラグビー]庄島 啓倫(高校)、[ラグビー]中澤 健宏(大学)

田中 健二朗
たなか けんじろう

横浜DeNAベイスターズ／投手
1989年9月18日生／34歳／179cm／80kg／B型／愛知県

経歴≫ 鳳来中→常葉学園菊川高→横浜・DeNA

つながり [ラグビー]渡邉 友哉(同郷・同年代)、[バスケットボール]田村 晋(同郷・同年代)

田中 健太
たなか けんた

花園近鉄ライナーズ／PR
1994年2月3日生／28歳／177cm／104kg／大阪府

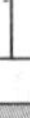

経歴≫ 大阪桐蔭高→明治大→花園近鉄ライナーズ

つながり [ラグビー]宮宗 翔(高校)、[ラグビー]紙森 陽太(高校)、[ラグビー]岡田 優輝(高校)

田中 健太郎
たなか けんたろう

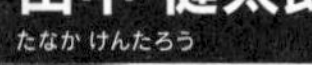

TOHOKU FREEBLADES／DF
1991年4月20日生／31歳／170cm／80kg

経歴≫ Grandview Steelers→東洋大→日光アイスバックス→TOHOKU FREEBLADES

つながり [アイスホッケー]成澤 優太(大学)、[アイスホッケー]柴田 嗣斗(大学)、[アイスホッケー]福田 充男(大学)

田中 広輔
たなか こうすけ

広島東洋カープ／内野手　代表歴あり

1989年7月3日生／34歳／171cm／84kg／A型／神奈川県

経歴≫ 厚木市立依知南中→東海大付相模高→東海大→JR東日本→広島

つながり [ラグビー]五十嵐 優(高校)、[ラグビー]豊島 翔平(高校)、[ラグビー]王野 尚希(高校)

田中 俊太
たなか しゅんた

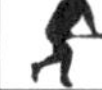

横浜DeNAベイスターズ／内野手

1993年8月18日生／30歳／178cm／82kg／O型／神奈川県

経歴≫ 姫路市立飾磨中部中→東海大付相模高→東海大→日立製作所→巨人→DeNA

つながり [ラグビー]五十嵐 優(高校)、[ラグビー]豊島 翔平(高校)、[ラグビー]王野 尚希(高校)

田中 真一
たなか しんいち

リコーブラックラムズ東京／FL

1994年6月8日生／28歳／187cm／97kg／東京都

経歴≫ 国学院大久我山高→明治大→横浜キヤノンイーグルス→リコーブラックラムズ東京

つながり [ラグビー]島田 悠平(高校)、[ラグビー]髙橋 敏也(高校)、[ラグビー]石原 慎太郎(高校)

田中 伸弥
たなか しんや

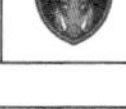

三菱重工相模原ダイナボアーズ／FL

1996年2月15日生／26歳／174cm／96kg／大阪府

経歴≫ 大阪桐蔭高→近畿大→三菱重工相模原ダイナボアーズ

つながり [ラグビー]宮宗 翔(高校)、[ラグビー]紙森 陽太(高校)、[ラグビー]岡田 優輝(高校)

田中 正義
たなか せいぎ

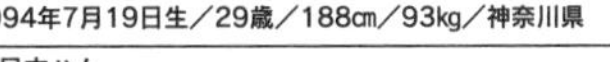

北海道日本ハムファイターズ／投手

1994年7月19日生／29歳／188cm／93kg／神奈川県

経歴≫ 横浜市立末吉中→創価高→創価大→ソフトバンク→日本ハム

つながり [野球]門脇 誠(高校)、[野球]池田 隆英(高校)、[野球]門脇 誠(大学)、[野球]萩原 哲(大学)

田中 成也
たなか せいや

仙台89ERS／SG

1991年8月24日生／31歳／186cm／80kg／O型／新潟県

経歴≫ 本丸中→高志高→明治大→広島ドラゴンフライズ→仙台89ERS

つながり [アイスホッケー]青山 大基(大学)、[アイスホッケー]坂田 駿(大学)、[アイスホッケー]相馬 秀斗(大学)

田中 大貴
たなか だいき

アルバルク東京／SG　代表歴あり

1991年9月3日生／31歳／193cm／92kg／A型／長崎県

経歴≫ 小浜市立小浜中→長崎西高→東海大→アルバルク東京

つながり [ラグビー]新井 望友(大学)、[ラグビー]近藤 英人(大学)、[ラグビー]アタアタ モエアキオラ(大学)

田中 貴也
たなか たかや

東北楽天ゴールデンイーグルス／捕手

1992年8月27日生／31歳／178cm／85kg／O型／京都府

経歴≫ 園部中→八重山商工高→山梨学院大→巨人→楽天

つながり [野球]平良 海馬(高校)、[ラグビー]後藤 輝也(大学)、[ラグビー]トコキオ ソシセニ(大学)

田中 千晴
たなか ちはる

読売ジャイアンツ／投手

2000年9月21日生／23歳／189cm／85kg／O型／大阪府

経歴≫ 堺市立赤坂台中→浪速高→國學院大→巨人

つながり [野球]近藤 大亮(高校)、[ラグビー]島田 彪雅(同郷・同年代)、[ラグビー]坂原 春光(同郷・同年代)

田中 豊樹
たなか とよき

読売ジャイアンツ／投手

1993年12月1日生／30歳／180cm／98kg／AB型／佐賀県

経歴≫ 伊万里市立青嶺中→佐賀商高→日本文理大→日本ハム→巨人

つながり [ラグビー]ラタ タンギマナ(大学)、[ラグビー]リエキナ カウフシ(大学)

田中 晴也
たなか はるや

千葉ロッテマリーンズ／投手

2004年6月6日生／19歳／186cm／92kg／新潟県

経歴≫ 長岡市立南中→日本文理高→ロッテ

つながり [野球]鈴木 裕太(高校)、[バスケットボール]荻沼 隼佑(同年代)、[野球]浅野 翔吾(同年代)

田中 楓基
たなか ふうき

千葉ロッテマリーンズ／投手

2003年8月23日生／20歳／180cm／75kg／O型／北海道

経歴≫ 旭川市立明星→中旭川実高→ロッテ

つながり [野球]大津 綾也(同郷・同年代)、[野球]木村 大成(同郷・同年代)、[アイスホッケー]蓄西 純昌(同年代)

つながり 【アイスホッケー】同級生の田中健太郎とシモン・デニーはともに北米でのプレー経験あり

田中 史朗
たなか ふみあき

NECグリーンロケッツ東葛／SH　代表歴あり

1985年1月3日生／38歳／166cm／75kg／京都府

経歴≫ 伏見工高→京都産大→埼玉パソニックワイルドナイツ→横浜キヤノンイーグルス→NECグリーンロケッツ東葛

つながり [ラグビー]小畑 健太郎(高校)、[ラグビー]寺田 桂太(高校)、[ラグビー]辻井 健太(高校)

田中 将大
たなか まさひろ

東北楽天ゴールデンイーグルス／投手

1988年11月1日生／35歳／188cm／97kg／A型／兵庫県

経歴≫ 伊丹市立松崎中→駒大苫小牧高→楽天→ヤンキース→楽天

つながり [アイスホッケー]山田 虎太朗(高校)、[アイスホッケー]山下 敬史(高校)、[アイスホッケー]今 勇輔(高校)

田中 幹也
たなか みきや

中日ドラゴンズ／内野手

2000年11月28日生／3歳／166cm／68kg／神奈川県

経歴≫ 愛川町立愛川東中→東海大菅生高→亜細亜大→中日

つながり [野球]髙橋 優貴(高校)、[野球]松田 宣浩(大学)、[野球]北村 拓己(大学)、[野球]髙橋 遥人(大学)

田中 元珠
たなか もとき

日野レッドドルフィンズ／SH

2001年4月18日生／21歳／180cm／86kg／神奈川県

経歴≫ オタゴボーイズハイスクール→日野レッドドルフィンズ

つながり [野球]井上 広輝(同郷・同年代)、[野球]佐藤 一磨(同郷・同年代)、[アイスホッケー]中舘 庸太朗(同年代)

田中 雄太郎
たなか ゆうたろう

マツダスカイアクティブズ広島／LO

1998年4月5日生／24歳／185cm／105kg／京都府

経歴≫ 立命館宇治高→立命館大→マツダスカイアクティブズ広島

つながり [ラグビー]原山 光正(高校)、[野球]金子 侑司(高校)、[ラグビー]木田 晴斗(大学)

田中 利輝
たなか りき

清水建設江東ブルーシャークス／HO

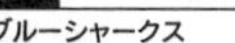

1998年10月18日生／24歳／177cm／90kg／京都府

経歴≫ 東海大仰星高→京都産大→清水建設江東ブルーシャークス

つながり [ラグビー]岸岡 智樹(高校)、[ラグビー]近藤 英人(高校)、[ラグビー]根塚 洸雅 (高校)

田中 遼
たなか りょう

TOHOKU FREEBLADES／FW

1987年4月22日生／35歳／179cm／82kg

経歴≫ 札幌フェニックス→北海高→明治大→TOHOKU FREEBLADES

つながり [アイスホッケー]橋本 僚(高校)、[アイスホッケー]伊藤 俊之(高校)、[アイスホッケー]牛来 拓都(高校)

田中 怜利 ハモンド
たなか れいりはもんど

福岡ソフトバンクホークス／投手

2004年1月17日生／19歳／189cm／79kg／東京都

経歴≫ 板橋区立中台中→帝京五高→ソフトバンク

つながり [野球]塩見 貴洋(高校)、[野球]深沢 鳳介(同郷・同年代)、[アイスホッケー]葛西 純昌(同年代)

谷 直樹
たに なおき

西宮ストークス／SF

1988年7月3日生／34歳／193cm／80kg／A型／兵庫県

経歴≫ 多田中→川西緑台高→甲南大→西宮ストークス

つながり [バスケットボール]中西 良太(同郷・同年代)、[バスケットボール]松崎 賢人(同郷・同年代)

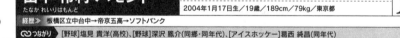

谷 昌樹
たに まさき

埼玉パナソニックワイルドナイツ／FL

1990年9月18日生／32歳／180cm／95kg／大阪府

経歴≫ 東海大仰星高→東海大→埼玉パナソニックワイルドナイツ

つながり [ラグビー]岸岡 智樹(高校)、[ラグビー]近藤 英人(高校)、[ラグビー]根塚 洸雅 (高校)

ダニエル ギデンズ
だにえる ぎでんず

三遠ネオフェニックス／C

1997年7月4日生／25歳／213cm／109kg／アメリカ

経歴≫ 三遠ネオフェニックス

つながり [バスケットボール]鎌田 隼(同郷・同年代)、[バスケットボール]ジョン ムーニー(同郷・同年代)

ダニエル ペレズ

だにえる ぺれず

埼玉パナソニックワイルドナイツ／PR

1997年4月22日生／25歳／185cm／108kg／ニュージーランド

経歴≫ セントピーターズ高→白鷗大→埼玉パナソニックワイルドナイツ

つながり [ラグビー]カウヴァイア タギペタウア(大学)、[ラグビー]タウファ ラトゥ(大学)

谷岡 竜平
たにおか たっぺい

読売ジャイアンツ／投手

1996年3月21日生／27歳／181cm／89kg／A型／東京都

経歴≫ 和光市立大和中→成立学園高→東芝→巨人

つながり [野球]板山 祐太郎(高校)、[ラグビー]古川 満(同郷・同年代)、[ラグビー]小木曽 晃大(同郷・同年代)

谷川 唯人
たにがわ ゆいと

千葉ロッテマリーンズ／捕手

2002年5月27日生／21歳／178cm／72kg／AB型／島根県

経歴≫ 安来市立第一中→立正大淞南高→ロッテ

つながり [野球]友杉 篤輝(高校)、[ラグビー]シオネ タプオシ(同年代)、[ラグビー]高橋 陽大(同年代)

谷川原 健太
たにがわら けんた

福岡ソフトバンクホークス／捕手

1997年4月16日生／26歳／174cm／85kg／B型／愛知県

経歴≫ 豊橋市立中部中→豊橋中央高→ソフトバンク

つながり [野球]星野 真生(高校)、[野球]中川 拓真(高校)、[ラグビー]西川 大輔(同郷・同年代)

谷口 到
たにぐち いたる

豊田自動織機シャトルズ愛知／FL　代表歴あり

1984年10月1日生／38歳／188cm／105kg／兵庫県

経歴≫ 茗渓学園高→筑波大→豊田自動織機シャトルズ愛知

つながり [ラグビー]鈴木 啓太(高校)、[ラグビー]福田 健太(高校)、[ラグビー]丸山 尚城(高校)

谷口 和洋
たにぐち かずひろ

クボタスピアーズ船橋・東京ベイ／SH

1995年2月5日生／27歳／164cm／73kg／大阪府

経歴≫ 都島工高→天理大→クボタスピアーズ船橋・東京ベイ

つながり [ラグビー]中田 翔太(高校)、[ラグビー]上田 聖(大学)、[ラグビー]アシベリ モアラ(大学)

谷口 大智
たにぐち だいち

島根スサノオマジック／PF/C　代表歴あり

1990年4月15日生／32歳／201cm／105kg／A型／奈良県

経歴≫ 上牧中→洛南高→サウスイースタン・オクラホマ州立大→秋田ノーザンハピネッツ他→島根スサノオマジック

つながり [バスケットボール]津屋 一球(高校)、[バスケットボール]柳川 幹也(高校)

谷口 光貴
たにぐち ひろき

熊本ヴォルターズ／SG/SF

1992年12月18日生／30歳／190cm／87kg／A型／奈良県

経歴≫ 八木中→洛南高→中央大→川崎ブレイブサンダース→滋賀レイクスターズ→香川ファイブアローズ→熊本ヴォルターズ

つながり [バスケットボール]津屋 一球(高校)、[バスケットボール]柳川 幹也(高校)

谷口 祐一郎
たにぐち ゆういちろう

リコーブラックラムズ東京／PR

1998年6月4日生／24歳／180cm／106kg／大阪府

経歴≫ 東海大仰星高→天理大→リコーブラックラムズ東京

つながり [ラグビー]岸岡 智樹(高校)、[ラグビー]近藤 英人(高校)、[ラグビー]根塚 洸雅 (高校)

谷元 圭介
たにもと けいすけ

中日ドラゴンズ／投手

1985年1月28日生／38歳／167cm／72kg／A型／三重県

経歴≫ 鈴鹿市立鼓ケ浦中→稲生高→中部大→バイタルネット→日本ハム→中日

つながり [ラグビー]加藤 一希(大学)、[野球]石川 歩(大学)、[ラグビー]田中 史朗(同年代)

種市 篤暉
たねいち あつき

千葉ロッテマリーンズ／投手

1998年9月7日生／25歳／183cm／88kg／AB型／青森県

経歴≫ 三沢市立第二中→八戸工大一高→ロッテ

つながり [アイスホッケー]橋本 三千雄(高校)、[アイスホッケー]古川 駿(高校)、[アイスホッケー]畑 享和(高校)

田上 奏大
たのうえ そうた

福岡ソフトバンクホークス／投手

2002年11月26日生／21歳／185cm／87kg／B型／大阪府

経歴≫ 住之江中→履正社高→ソフトバンク

つながり [野球]坂本 誠志郎(高校)、[野球]井上 広大(高校)、[野球]小深田 大地(高校)、[野球]山田 哲人(高校)

田上 稔
たのうえ みのる

静岡ブルーレヴズ／SH

1997年2月10日生／25歳／169cm／80kg／熊本県

経歴≫ 佐賀工高→帝京大→静岡ブルーレヴズ

つながり [ラグビー]松浦 康一(高校)、[ラグビー]大塚 健太郎(高校)、[ラグビー]荒井 康植(高校)

つながり 【バスケットボール】2023年Bリーグ選手兄弟録。谷口大智(兄) と谷口光貴(弟)

田畑 凌
たばた りょう

横浜キヤノンイーグルス／CTB

1996年7月5日生／26歳／177cm／93kg／兵庫県

経歴≫ 報徳学園高→京都産大→横浜キヤノンイーグルス

つながり [ラグビー]井上 遼(高校)、[ラグビー]日和佐 篤(高校)、[ラグビー]前田 剛(高校)

田原 隆徳
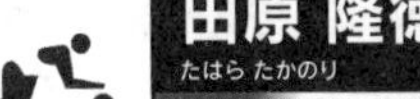

たはら たかのり

山形ワイヴァンズ／PG

1994年4月25日生／28歳／181cm／85kg／A型／北海道

経歴≫ 厚別中→北海道恵庭南高→札幌大→レバンガ北海道他→山形ワイヴァンズ

つながり [ラグビー]佐藤 弘樹(大学)、[ラグビー]渡邉 隆之(同郷・同年代)、[ラグビー]小山 大輝(同郷・同年代)

ダバンテ ガードナー
だばんて がーどなー

シーホース三河／PF

1991年9月2日生／31歳／203cm／132kg／アメリカ

経歴≫ マーケット大→Hyeres-Toulon Var Basket→西宮ストークス→新潟アルビレックスBB→シーホース三河

つながり [バスケットボール]アレックス カーク(同郷・同年代)、[バスケットボール]レジナルド ベクトン(同郷・同年代)

田臥 勇太
たぶせ ゆうた

宇都宮ブレックス／PG　代表歴あり

1980年10月5日生／42歳／173cm／77kg／A型／神奈川県

経歴≫ 大道中→能代工高→ブリガムヤング大ハワイ→アルバカーキ サンダーバーズ他→宇都宮ブレックス

つながり [ラグビー]齊藤 剣(高校)、[バスケットボール]盛實 海翔(高校)、[バスケットボール]満原 優樹(高校)

タマ カペネ
たま かぺね

豊田自動織機シャトルズ愛知／LO

1999年5月3日生／23歳／190cm／112kg／フィジー

経歴≫ 流通経済大→豊田自動織機シャトルズ愛知

つながり [ラグビー]木村 友憲(大学)、[ラグビー]ジョージ リサレ(大学)、[ラグビー]積 賢佑(大学)

玉井 大翔
たまい たいしょう

北海道日本ハムファイターズ／投手

1992年6月16日生／31歳／178cm／79kg／A型／北海道

経歴≫ 佐呂間中→旭川実高→東京農大北海道オホーツク→新日鐵住金かずさマジック→日本ハム

つながり [バスケットボール]後藤 翔平(同郷・同年代)、[アイスホッケー]小野田 拓人(同年代)

玉木 祥護
たまき しょうご

新潟アルビレックスBB／SF/PF　代表歴あり

1996年8月30日生／26歳／195cm／93kg／B型／北海道

経歴≫ 向陵中→北海道札幌旭丘高→筑波大→京都ハンナリーズ→レバンガ北海道→新潟アルビレックスBB

つながり [ラグビー]前田 土芽(大学)、[ラグビー]島田 悠平(大学)、[ラグビー]土谷 深浩(大学)

玉置 将也
たまき まさや

クボタスピアーズ船橋・東京ベイ／LO

1998年12月22日生／24歳／188cm／100kg／和歌山県

経歴≫ 熊野高→日本体育大→クボタスピアーズ船橋・東京ベイ

つながり [アイスホッケー]石井 秀人(大学)、[アイスホッケー]松野 佑太(大学)、[ラグビー]クリスチャン ラウイ(大学)

玉村 昇悟
たまむら しょうご

広島東洋カープ／投手

2001年4月16日生／22歳／177cm／77kg／A型／福井県

経歴≫ 越前町立宮崎中→丹生高→広島

つながり [アイスホッケー]中舘 庸太朗(同年代)、[アイスホッケー]鈴木 聖夏(同年代)

ダミアン デアレンデ
だみあん であれんで

埼玉パナソニックワイルドナイツ／CTB

1991年11月25日生／31歳／190cm／105kg／南アフリカ

経歴≫ ミルナートン高→ケープタウン大→埼玉パナソニックワイルドナイツ

つながり [ラグビー]ルアン ボタ(同郷・同年代)、[ラグビー]マルセル クッツェー(同郷・同年代)

田宮 裕涼
たみや ゆあ

北海道日本ハムファイターズ／捕手

2000年6月13日生／23歳／175cm／82kg／A型／千葉県

経歴≫ 山武中→成田高→日本ハム

つながり [野球]唐川 侑己(高校)、[野球]石橋 康太(同郷・同年代)、[野球]行木 俊(同郷・同年代)

田村 伊知郎
たむら いちろう

埼玉西武ライオンズ／投手

1994年9月19日生／29歳／173cm／86kg／B型／兵庫県

経歴≫ 神戸市立山田中→報徳学園高→立教大→西武

つながり [ラグビー]井上 遼(高校)、[ラグビー]日和佐 篤(高校)、[ラグビー]前田 剛(高校)

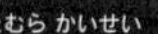

田村 魁世
たむら かいせい

トヨタヴェルブリッツ／SH
1999年12月15日生／23歳／171cm／78kg／神奈川県

経歴≫ 桐蔭学園高→同志社大→トヨタヴェルブリッツ

つながり [ラグビー]石田 楽人(高校)、[ラグビー]山本 耕生(高校)、[ラグビー]古川 満(高校)

田村 俊介
たむら しゅんすけ

広島東洋カープ／外野手
2003年8月25日生／20歳／178cm／88kg／O型／京都府

経歴≫ 明徳義塾中→愛工大名電高→広島

つながり [野球]堂上 直倫(高校)、[野球]東 克樹(高校)、[ラグビー]鵜野 凪斗(同郷・同年代)

田村 晋
たむら すすむ

越谷アルファーズ／SF/PF
1989年8月17日生／33歳／190cm／79kg／A型／愛知県

経歴≫ 藤岡中→洛南高→明治大→曙ブレーキ工業→越谷アルファーズ

つながり [バスケットボール]津屋 一球(高校)、[バスケットボール]柳川 幹也(高校)

田村 龍弘
たむら たつひろ

千葉ロッテマリーンズ／捕手
1994年5月13日生／29歳／172cm／81kg／A型／大阪府

経歴≫ 大阪狭山市立第三中→光星学院高→ロッテ

つながり [野球]坂本 勇人(高校)、[野球]北條 史也(高校)、[ラグビー]亀井 亮依(同郷・同年代)

田村 朋輝
たむら ともき

読売ジャイアンツ／投手
2004年4月6日生／19歳／184cm／81kg／A型／東京都

経歴≫ 八王子市立別所中→酒田南高→巨人

つながり [野球]石垣 雅海(高校)、[野球]阿部 翔太(高校)、[野球]三塚 琉生(同郷・同年代)

田村 熙
たむら ひかる

東京サントリーサンゴリアス／SO
1993年9月12日生／29歳／175cm／80kg／愛知県

経歴≫ 国学院栃木高→明治大→東京サントリーサンゴリアス

つながり [ラグビー]尾又 寛汰(高校)、[ラグビー]福田 陸人(高校)、[ラグビー]武井 日向(高校)

田村 優
たむら ゆう

横浜キヤノンイーグルス／SO 代表歴あり
1989年1月9日生／34歳／181cm／92kg／沖縄県

経歴≫ 国学院大栃木高→明治大→横浜キヤノンイーグルス

つながり [ラグビー]尾又 寛汰(高校)、[ラグビー]福田 陸人(高校)、[ラグビー]武井 日向(高校)

田森 海音
たもり かいと

清水建設江東ブルーシャークス／HO
1999年6月4日生／23歳／180cm／96kg／長崎県

経歴≫ 長崎北陽台高→明治大→清水建設江東ブルーシャークス

つながり [ラグビー]岡崎 航大(高校)、[ラグビー]平川 隼也(高校)、[ラグビー]中尾 隼太(高校)

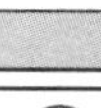

ダリエス トマス
だりえす とます

釜石シーウェイブスRFC／CTB
2003年10月20日生／19歳／183cm／83kg／ニュージーランド

経歴≫ 仙台育英高→釜石シーウェイブスRFC

つながり [ラグビー]菊田 圭佑(高校)、[ラグビー]千葉 雄太(高校)、[ラグビー]矢富 洋則(高校)

タリフォロフォラ タンギパ
たりふぉろふぉら たんぎぱ

豊田自動織機シャトルズ愛知／No8
1996年5月21日生／26歳／186cm／115kg／ニュージーランド

経歴≫ ケルストンボーイズ高→摂南大→豊田自動織機シャトルズ愛知

つながり [ラグビー]アセリ マシヴォウ(高校)、[ラグビー]ジェラード カウリートゥイオティ(高校)

田渡 修人
たわたり しゅうと

サンロッカーズ渋谷／SG
1990年1月6日生／33歳／185cm／79kg／O型／東京都

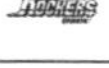

経歴≫ 京北中→京北高→筑波大→リンク栃木ブレックス→三遠ネオフェニックス→サンロッカーズ渋谷

つながり [バスケットボール]田渡 凌(高校)、[バスケットボール]二ノ宮 康平(高校)、[ラグビー]前田 土芽(大学)

田渡 凌
たわたり りょう

熊本ヴォルターズ／PG
1993年6月29日生／29歳／180cm／80kg／B型／東京都

経歴≫ 京北中→京北高→ドミニカン大カリフォルニア校→横浜ビー コルセアーズ他→熊本ヴォルターズ

つながり [バスケットボール]田渡 修人(高校)、[バスケットボール]二ノ宮 康平(高校)

つながり 【バスケットボール】2023年Bリーグ選手兄弟録。田渡修人(兄) と田渡凌(弟)

タンゲレ ナイヤラボロ
たんげれ ないやらぼろ

NECグリーンロケッツ東葛／WTB
1991年12月7日生／31歳／195cm／130kg／フィジー

経歴≫ スバグラマ高→NSWワラターズ→グラスゴ→ウォーリアーズ他→NECグリーンロケッツ東葛

つながり [ラグビー]マリティノ ネマニ(同郷・同年代)、[ラグビー]ネイサン ヒューズ(同郷・同年代)

丹治 辰碩
たんじ たつひろ

埼玉パナソニックワイルドナイツ／FB
1996年11月19日生／26歳／184cm／91kg／東京都

経歴≫ 慶應義塾高→慶應義塾大→埼玉パナソニックワイルドナイツ

つながり [アイスホッケー]氏橋 祐太(高校)、[ラグビー]大山 祥平(高校)、[ラグビー]川村 慎(高校)

ち

20人

(NPB/6人、B.LEAGUE/4人、JAPAN RUGBY LEAGUE ONE/10人、ASIA LEAGUE ICE HOCKEY/0人)

崔 凌也
ちぇ るんや

トヨタヴェルブリッツ／PR
1994年5月20日生／28歳／182cm／108kg／福岡県

経歴≫ 東福岡高→筑波大→トヨタヴェルブリッツ

つながり [ラグビー]岩佐 賢人(高校)、[ラグビー]北川 賢吾(高校)、[ラグビー]古賀 駿汰(高校)

チェイス フィーラー
ちぇいす ふぃーらー

佐賀バルーナーズ／PF
1992年6月10日生／30歳／203cm／109kg／アメリカ

経歴≫ フェデラルハッキング中→パーカーズバーグサウス高→フロリダガルフコースト大→Promitheas Patras BC他→佐賀バルーナーズ

つながり [バスケットボール]ザック バランスキー(同郷・同年代)

チェハーレス タプスコット
ちぇはーれす たぷすこっと

茨城ロボッツ／PF
1990年7月12日生／32歳／195cm／106kg／アメリカ

経歴≫ ブラウン中→センチュリー高→ポートランド州立大→香川ファイブアローズ他→茨城ロボッツ

つながり [バスケットボール]ジャスティン コブス(同郷・同年代)、[バスケットボール]エヴァンス ルーク(同郷・同年代)

近本 光司
ちかもと こうじ

阪神タイガース／外野手
1994年11月9日生／29歳／171cm／72kg／B型／兵庫県

経歴≫ 東浦中→社高→関西学院大→大阪ガス→阪神

つながり [野球]辰己 涼介(高校)、[ラグビー]徳田 健太(大学)、[ラグビー]中 孝祐(大学)

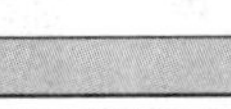

知念 雄
ちねん ゆう

三菱重工相模原ダイナボアーズ／PR
代表歴あり
1990年11月18日生／32歳／184cm／120kg／沖縄県

経歴≫ 那覇西高→順天堂大→三菱重工相模原ダイナボアーズ

つながり [バスケットボール]岸本 隆一(同郷・同年代)、[野球]又吉 克樹(同郷・同年代)、[野球]東浜 巨(同郷・同年代)

知野 直人
ちの なおと

横浜DeNAベイスターズ／内野手
1999年2月16日生／24歳／182cm／85kg／A型／新潟県

経歴≫ 第一中→第一学院高→BCL・新潟→DeNA

つながり [野球]渡辺 明貴(高校)、[ラグビー]畠澤 諭(同郷・同年代)、[バスケットボール]遠藤 善(同郷・同年代)

千葉 健
ちば けん

釜石シーウェイブスRFC／FB
2002年8月30日生／20歳／171cm／85kg／青森県

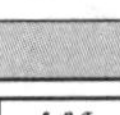

経歴≫ 青森山田高→釜石シーウェイブスRFC

つながり [野球]堀田 賢慎(高校)、[野球]堀岡 隼人(高校)、[野球]木浪 聖也(高校)、[野球]京田 陽太(高校)

千葉 太一
ちば たいち

リコーブラックラムズ東京／PR
1994年9月22日生／28歳／178cm／117kg／東京都

経歴≫ 早稲田実高→早稲田大→リコーブラックラムズ東京

つながり [野球]重信 慎之介(高校)、[野球]野村 大樹(高校)、[野球]清宮 幸太郎(高校)

千葉 雄太
ちば ゆうた

クボタスピアーズ船橋・東京ベイ／No8
1992年12月21日生／30歳／183cm／106kg／宮城県

経歴≫ 仙台育英高→立正大→クボタスピアーズ船橋・東京ベイ

つながり [ラグビー]菊田 圭佑(高校)、[ラグビー]矢富 洋則(高校)、[ラグビー]森 太志(高校)

千布 亮輔
ちふ りょうすけ

日野レッドドルフィンズ／No8
1989年3月2日生／33歳／182cm／112kg／福岡県

経歴≫ 明治大→日野レッドドルフィンズ

つながり [アイスホッケー]青山 大基(大学)、[アイスホッケー]坂田 駿(大学)、[アイスホッケー]相馬 秀斗(大学)

チャーリー ローレンス
ちゃーりー ろーれんす

トヨタヴェルブリッツ／CTB
1998年5月27日生／24歳／172cm／87kg／香港

経歴≫ ハミルトンボーイズ高→トヨタヴェルブリッツ

つながり [ラグビー]カヴァイア タギベタウア(高校)、[ラグビー]ブロディ マクカラン(高校)

チャールズ ジャクソン
ちゃーるず じゃくそん

横浜ビー コルセアーズ／C
1993年5月22日生／29歳／208cm／102kg／アメリカ

経歴≫ 横浜ビー コルセアーズ

つながり [バスケットボール]アディソン スプライル(同郷・同年代)、[バスケットボール]マーベル ハリス(同郷・同年代)

茶谷 健太
ちゃたに けんた

千葉ロッテマリーンズ／内野手
1998年1月16日生／25歳／186cm／90kg／O型／神奈川県

経歴≫ 茅ケ崎市立浜須賀中→帝京三高→ソフトバンク→ロッテ

つながり [野球]荒木 貴裕(高校)、[ラグビー]石田 楽人(同郷・同年代)、[ラグビー]栗原 由太(同郷・同年代)

茶野 篤政
ちゃの たかまさ

オリックス・バファローズ／外野手
1999年8月4日生／24歳／175cm／80kg／滋賀県

経歴≫ 聖徳中→中京学院大中京高→名古屋商科大→IL・徳島→オリックス

つながり [野球]元 謙太(高校)、[ラグビー]松田 進太郎(同郷・同年代)、[バスケットボール]金本 一真(同郷・同年代)

張 碩煥
ちゃん そくふぁん

コベルコ神戸スティーラーズ／LO
1991年11月27日生／31歳／193cm／123kg／韓国

経歴≫ 忠北高→延世大→コベルコ神戸スティーラーズ

つながり [バスケットボール]チョン ギボム(大学)、[ラグビー]王 鏡聞(同郷・同年代)

チャンス ペニ
ちゃんす ぺに

日野レッドドルフィンズ／WTB
1994年1月17日生／29歳／190cm／96kg／ニュージーランド

経歴≫ アランモアカトリックカレッジ→日野レッドドルフィンズ

つながり [ラグビー]ナニ ラウマペ(同郷・同年代)、[ラグビー]ボーディン ワッカ(同郷・同年代)

趙 誠悠
ちょう そんゆ

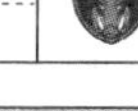

三菱重工相模原ダイナボアーズ／LO
1999年5月13日生／23歳／185cm／102kg／大阪府

経歴≫ 大阪朝鮮高→日本大→三菱重工相模原ダイナボアーズ

つながり [ラグビー]金 秀隆(高校)、[ラグビー]李 承信(高校)、[ラグビー]梁 正秋(高校)

張 奕
ちょう やく

埼玉西武ライオンズ／投手
1994年2月26日生／29歳／182cm／86kg／O型／台湾

経歴≫ 福岡一高→日本経大→オリックス→西武

つながり [バスケットボール]井手 優希(高校)、[バスケットボール]渡辺 竜之佑(高校)

長野 久義
ちょうの ひさよし

読売ジャイアンツ／外野手　代表歴あり
1984年12月6日生／39歳／180cm／85kg／O型／佐賀県

経歴≫ 基山町立基山中学→筑陽学園高→日本大→Honda→巨人→広島→巨人

つながり [ラグビー]杉本 悠馬(大学)、[ラグビー]細田 佳也(大学)、[ラグビー]中村 正寿(大学)

チョン ギボム
ちょん ぎぼむ

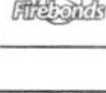

福島ファイヤーボンズ／PG
1994年5月28日生／28歳／188cm／85kg／B型／韓国

経歴≫ イムホ中→中央高→延世大→福島ファイヤーボンズ

つながり [ラグビー]張 碩煥(大学)、[ラグビー]具 智元(同郷・同年代)、[アイスホッケー]彦坂 優(同年代)

つ

34人

(NPB/6人、B.LEAGUE/9人、JAPAN RUGBY LEAGUE ONE/18人、ASIA LEAGUE ICE HOCKEY/1人)

つながり 【野球】近本光司,板東湧梧は2018年の都市対抗で対戦。近元光司が決勝ホームランを放った

ツイ ヘンドリック
つい へんどりっく

東京サントリーサンゴリアス／FL　代表歴あり
1987年12月13日生／35歳／188cm／110kg／ニュージーランド
経歴≫ デラセラカレッジ→帝京大→東京サントリーサンゴリアス
つながり [ラグビー]ラファエレ ティモシー(高校)、[ラグビー]大和田 立(大学)、[ラグビー]亀井 亮依(大学)

東田 涼太
つかだ りょうた

釜石シーウェイブスRFC／PR
1996年4月30日生／26歳／183cm／110kg／東京都
経歴≫ 目黒学院高→専修大→宗像サニックスブルース→釜石シーウェイブスRFC
つながり [ラグビー]アタアタ モエアキオラ(高校)、[ラグビー]シオエリ ヴァカラヒ(高校)

塚本 健太
つかもと けんた

東京サントリーサンゴリアス／FB
1990年8月2日生／32歳／177cm／85kg／奈良県
経歴≫ 天理高→天理大→東京サントリーサンゴリアス
つながり [ラグビー]井上 大介(高校)、[ラグビー]立川 理道(高校)、[ラグビー]井関 信介(高校)

塚本 奨平
つかもと しょうへい

中国電力レッドレグリオンズ／SH
1993年1月19日生／30歳／168cm／70kg／大阪府
経歴≫ 東海大仰星高→帝京大→中国電力レッドレグリオンズ
つながり [ラグビー]岸岡 智樹(高校)、[ラグビー]近藤 英人(高校)、[ラグビー]根塚 洸雅 (高校)

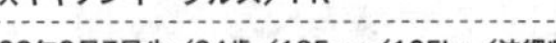

津嘉山 廉人
つかやま れんと

横浜キヤノンイーグルス／PR
1998年9月7日生／24歳／185cm／105kg／沖縄県
経歴≫ 流通経済大付柏高→流通経済大→横浜キヤノンイーグルス
つながり [ラグビー]粥塚 諒(高校)、[ラグビー]堀米 航平(高校)、[ラグビー]片岡 涼亮(高校)

筑波 拓朗
つくば たくろう

香川ファイブアローズ／SF
1992年9月21日生／30歳／190cm／81kg／A型／長野県
経歴≫ 中野平中→松商学園高→東洋大→大塚商会アルファーズ→香川ファイブアローズ
つながり [野球]直江 大輔(高校)、[アイスホッケー]成澤 優太(大学)、[アイスホッケー]柴田 嗣斗(大学)

柘植 世那
つげ せな

埼玉西武ライオンズ／捕手
1997年6月3日生／26歳／174cm／88kg／O型／群馬県
経歴≫ 高崎市立矢中中→健大高崎高→Honda鈴鹿→西武
つながり [野球]湯浅 大(高校)、[野球]長坂 拳弥(高校)、[野球]下 慎之介(高校)、[野球]是澤 涼輔(高校)

辻 惇朗
つじ あつろう

三重ホンダヒート／FL
1997年8月29日生／25歳／187cm／100kg／大阪府
経歴≫ 常翔学園→明治大→三重ホンダヒート
つながり [ラグビー]岡田 一平(高校)、[ラグビー]海士 広大(高校)、[ラグビー]髙橋 汰地(高校)

辻 大雅
つじ たいが

広島東洋カープ／投手
2004年8月29日生／19歳／181cm／83kg／神奈川県
経歴≫ 藤ケ丘中→二松学舎大付高→広島
つながり [野球]佐々木 明都(同郷・同年代)、[野球]飛田 悠成(同郷・同年代)、[バスケットボール]荻沼 隼佑(同年代)

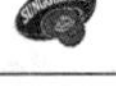
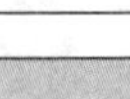

辻 雄康
つじ たかやす

東京サントリーサンゴリアス／LO　代表歴あり
1995年10月28日生／27歳／190cm／113kg／東京都
経歴≫ 慶應高→慶應大→東京サントリーサンゴリアス
つながり [アイスホッケー]氏橋 祐太(大学)、[アイスホッケー]運上 雄基(大学)、[ラグビー]児玉 健太郎(大学)

辻 直人
つじ なおと

広島ドラゴンフライズ／SG　代表歴あり
1989年9月8日生／33歳／185cm／82kg／B型／大阪府
経歴≫ 高鷲中→洛南高→青山学院大→川崎ブレイブサンダース→広島ドラゴンフライズ
つながり [バスケットボール]津屋 一球(高校)、[バスケットボール]柳川 幹也(高校)

辻井 健太
つじい けんた

リコーブラックラムズ東京／PR
1989年10月17日生／33歳／182cm／112kg／京都府
経歴≫ 伏見工高→帝京大→リコーブラックラムズ東京
つながり [ラグビー]田中 史朗(高校)、[ラグビー]小畑 健太郎(高校)、[ラグビー]寺田 桂太(高校)

辻垣 高良
つじがき たから

オリックス・バファローズ／投手

2002年6月10日生／21歳／182cm／83kg／O型／兵庫県

経歴≫ 神戸市立多聞東中→学法福島高→オリックス

つながり [野球]佐々木 朗都(高校)、[野球]小深田 大地(同郷・同年代)、[野球]嘉手苅 浩太(同郷・同年代)

津志田 卓哉
つしだ たくや

豊田自動織機シャトルズ愛知／PR

1996年1月3日生／27歳／182cm／107kg／兵庫県

経歴≫ 早稲田摂陵高→東海大→豊田自動織機シャトルズ愛知

つながり [ラグビー]新井 望友(大学)、[ラグビー]近藤 英人(大学)、[ラグビー]アタアタ モエアキオラ(大学)

辻村 翔平
つじむら しょうへい

クリタウォーターガッシュ昭島／PR

1999年7月13日生／23歳／181cm／118kg／長崎県

経歴≫ 長崎南山高→近畿大→クリタウォーターガッシュ昭島

つながり [ラグビー]大澤 蓮(高校)、[ラグビー]大熊 克哉(高校)、[ラグビー]杉永 亮太(高校)

土屋 アリスター時生
つちや ありすたー ときお

三遠ネオフェニックス／PF

1995年12月31日生／27歳／201cm／95kg／A型／兵庫県

経歴≫ 浜脇中→葺合高→大阪教育大→西宮ストークス→大阪エヴェッサ→横浜ビー コルセアーズ→三遠ネオフェニックス

つながり [ラグビー]肥爪 駿(高校)、[ラグビー]高見 優太(高校)、[バスケットボール]道原 紀晃(高校)

土屋 光翼
つちや こうすけ

YOKOHAMA GRITS／FW

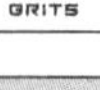

1999年3月2日生／23歳／165cm／67kg

経歴≫ 軽井沢中→埼玉栄高→法政大→YOKOHAMA GRITS

つながり [アイスホッケー]ハリデー 慈英(高校)、[アイスホッケー]石川 貴大(高校)

土谷 深浩
つちや しんこう

クボタスピアーズ船橋・東京ベイ／FL

1998年3月19日生／24歳／187cm／100kg／福岡県

経歴≫ 福岡高→筑波大→クボタスピアーズ船橋・東京ベイ

つながり [ラグビー]高屋 直生(高校)、[ラグビー]中尾 康太郎(高校)、[ラグビー]中島 謙(高校)

土屋 眞
つちや まこと

日野レッドドルフィンズ／PR

1990年2月23日生／32歳／183cm／116kg／神奈川県

経歴≫ 東海大→日野レッドドルフィンズ

つながり [ラグビー]新井 望友(大学)、[ラグビー]近藤 英人(大学)、[ラグビー]アタアタ モエアキオラ(大学)

綱井 勇介
つない ゆうすけ

西宮ストークス／PG

1996年4月4日生／26歳／185cm／82kg／AB型／大阪府

経歴≫ 堀江中→大阪学院大高→明治大→青森ワッツ→川崎ブレイブサンダース→西宮ストークス

つながり [ラグビー]吉川 豪人(高校)、[バスケットボール]吉井 裕鷹(高校)、[バスケットボール]木下 誠(高校)

常田 耕平
つねた こうへい

青森ワッツ／PG

1999年11月6日生／23歳／186cm／85kg／B型／愛知県

経歴≫ 浜松学院中→正智深谷高→明治大→三遠ネオフェニックス→青森ワッツ

つながり [ラグビー]タウファ オリヴェ(高校)、[ラグビー]ヴァル アサエリ愛ファカハウ(高校)

坪井 秀龍
つぼい ひでたつ

中国電力レッドレグリオンズ／PR　代表歴あり

1989年3月21日生／33歳／181cm／115kg／岡山県

経歴≫ 岡山工高→帝京大→中国電力レッドレグリオンズ

つながり [ラグビー]大和田 立(大学)、[ラグビー]亀井 亮依(大学)、[ラグビー]小林 恵太(大学)

ツポウ テビタ
つぽう てびた

花園近鉄ライナーズ／No8

1991年9月26日生／31歳／185cm／104kg／トンガ

経歴≫ 日本航空石川高→大東文化大→花園近鉄ライナーズ

つながり [ラグビー]アシペリ モアラ(高校)、[ラグビー]ファウルア マキシ(高校)、[ラグビー]藤原 忍(高校)

津森 宥紀
つもり ゆうき

福岡ソフトバンクホークス／投手

1998年1月21日生／25歳／176cm／84kg／O型／和歌山県

経歴≫ 楠見中→和歌山東高→東北福祉大→ソフトバンク

つながり [野球]長坂 拳弥(大学)、[野球]中野 拓夢(大学)、[野球]楠本 泰史(大学)、[野球]石山 泰稚(大学)

つながり 【ラグビー】辻雄康の叔父は元プロテニスプレイヤーである松岡修造

あ か さ た な は ま や ら わ

津屋 一球
つや かずま

サンロッカーズ渋谷／SG

1998年6月7日生／24歳／190cm／92kg／B型／青森県

経歴≫ 津軽中→洛南高→東海大→三遠ネオフェニックス→サンロッカーズ渋谷

つながり [バスケットボール]柳川 幹也(高校)、[バスケットボール]笹山 貴哉(高校)、[バスケットボール]荒川 颯(高校)

津山 尚大
つやま しょうた

島根スサノオマジック／PG/SG

1996年4月16日生／26歳／180cm／85kg／A型／沖縄県

経歴≫ 北谷中→福岡大付大濠高→Halifax Hurricanes→アルバルク東京→三遠ネオフェニックス→島根スサノオマジック

つながり [バスケットボール]小林 大祐(高校)、[バスケットボール]井上 宗一郎(高校)

釣 寿生
つり じゅい

オリックス・バファローズ／捕手

2002年6月30日生／21歳／180cm／85kg／O型／兵庫県

経歴≫ 姫路市立飾磨中部中→京都国際高→オリックス

つながり [野球]中川 勇斗(高校)、[野球]森下 瑠大(高校)、[野球]曽根 海成(高校)、[野球]早 真之介(高校)

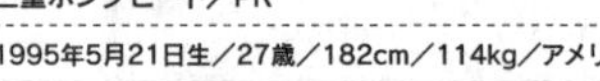

鶴川 達彦
つるかわ たつひこ

三重ホンダヒート／PR

1995年5月21日生／27歳／182cm／114kg／アメリカ

経歴≫ 桐蔭学園中等教育高→早稲田大→三重ホンダヒート

つながり [アイスホッケー]山田 虎太朗(大学)、[アイスホッケー]ハリデー 慈英(大学)

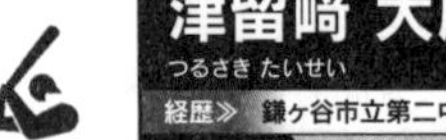

津留﨑 大成
つるさき たいせい

東北楽天ゴールデンイーグルス／投手

1997年10月10日生／26歳／177cm／86kg／千葉県

経歴≫ 鎌ケ谷市立第二中→慶應義塾高→慶應義塾大→楽天

つながり [アイスホッケー]氏橋 祐太(高校)、[ラグビー]大山 祥平(高校)、[ラグビー]川村 慎(高校)

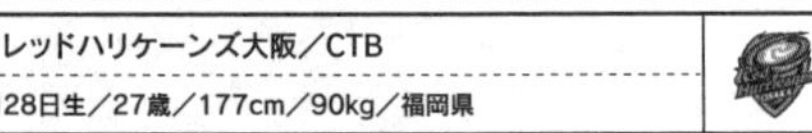

鶴田 馨
つるた かおる

NTTドコモレッドハリケーンズ大阪／CTB

1995年6月28日生／27歳／177cm／90kg／福岡県

経歴≫ 筑紫高→明治大→NTTドコモレッドハリケーンズ大阪

つながり [ラグビー]久保 優(高校)、[ラグビー]堀部 直壮(高校)、[ラグビー]山﨑 洋之(高校)

鶴田 美勇士
つるた みゅうじ

アルティーリ千葉／PF/C

1996年6月22日生／26歳／198cm／104kg／A型／長野県

経歴≫ 小布施中→東海大付三高→東海大→京都ハンナリーズ→山形ワイヴァンズ→アルティーリ千葉

つながり [バスケットボール]ザック バランスキー(高校)、[バスケットボール]笹倉 怜寿(高校)

鶴田 諒
つるた りょう

NTTドコモレッドハリケーンズ大阪／WTB

1988年12月8日生／34歳／174cm／80kg／山梨県

経歴≫ 日川高→東海大→NTTコミュニケーションズシャイニングアークス東京ベイ浦安→NTTドコモレッドハリケーンズ大阪

つながり [ラグビー]大内 真(高校)、[ラグビー]飯沼 蓮(高校)、[ラグビー]郡司 健吾(高校)

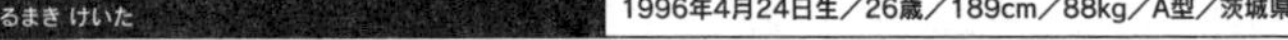

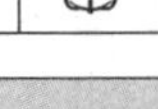

鶴巻 啓太
つるまき けいた

茨城ロボッツ／SG/SF

1996年4月24日生／26歳／189cm／88kg／A型／茨城県

経歴≫ 取手市立藤代南中→幕張総合高→中央大→茨城ロボッツ

つながり [野球]村山 亮介(高校)、[アイスホッケー]小野田 拓人(大学)、[アイスホッケー]中島 彰吾(大学)

鶴谷 昌隆
つるや まさたか

三菱重工相模原ダイナボアーズ／FL

1990年10月18日生／32歳／186cm／105kg／青森県

経歴≫ 青森北高→筑波大→三菱重工相模原ダイナボアーズ

つながり [ラグビー]佐藤 弘樹(高校)、[ラグビー]藤田 貴大(高校)、[ラグビー]赤平 勇人(高校)

て

45人

(NPB/6人、B.LEAGUE/12人、JAPAN RUGBY LEAGUE ONE/23人、ASIA LEAGUE ICE HOCKEY/4人)

テアウパ シオネ
てあうぱ しおね

クボタスピアーズ船橋・東京ベイ／CTB　代表歴あり

1992年7月9日生／30歳／183cm／97kg／トンガ

経歴≫ トゥポウカレッジ高→流通経済大→クボタスピアーズ船橋・東京ベイ

つながり [ラグビー]木村 友憲(大学)、[ラグビー]ジョージ リサレ(大学)、[ラグビー]積 賢佑(大学)

ティアーン ファルコン
ていあーん ふぁるこん

トヨタヴェルブリッツ／SO
1997年6月19日生／25歳／181cm／90kg／ニュージーランド

経歴≫ リンディスファーンカレッジ→トヨタヴェルブリッツ

つながり [ラグビー]ダニエル ペレズ(同郷・同年代)、[ラグビー]トージュニア ヴァエガ(同郷・同年代)

ディアス
でぃあす

横浜DeNAベイスターズ／投手
1999年6月10日生／24歳／191cm／93kg／ベネズエラ

経歴≫ DeNA

つながり [アイスホッケー]青山 大基(同年代)、[アイスホッケー]小林 斗威(同年代)

ティアン メイヤー
ていあん めいやー

浦安D-Rocks／SH
1988年9月20日生／34歳／177cm／85kg／南アフリカ

経歴≫ 南アフリカ大→ウェスタンフォース→NTTドコモレッドハリケーンズ大阪→浦安D-Rocks

つながり [ラグビー]ピーター ラピース ラブスカフニ(同郷・同年代)、[ラグビー]エスピー マレー(同郷・同年代)

T－岡田
てぃーおかだ

オリックス・バファローズ／外野手
1988年2月9日生／35歳／187cm／100kg／B型／大阪府

経歴≫ 箕面市立第四中→履正社高→オリックス

つながり [野球]坂本 誠志郎(高校)、[野球]井上 広大(高校)、[野球]小深田 大地(高校)、[野球]山田 哲人(高校)

ディージェイ ニュービル
でぃーじぇい にゅーびる

大阪エヴェッサ／PG/SG
1992年5月22日生／30歳／193cm／95kg／アメリカ

経歴≫ EWロードス中→ストロベリー・マンション高→ペンシルベニア州立大→Polski Cukier他→大阪エヴェッサ

つながり [バスケットボール]ザック バランスキー(同郷・同年代)

ティージェー ロール
てぃーじぇー ろーる

京都ハンナリーズ／SF/PF
1996年10月27日生／26歳／198cm／93kg／カナダ

経歴≫ ブロック大→Brock University/Guelph Nighthawks→京都ハンナリーズ

つながり [アイスホッケー]ハリデー 慈英(同年代)、[アイスホッケー]入倉 大雅(同年代)

ディクソンジュニア タリキ
でぃくそんじゅにあ たりき

長崎ヴェルカ／PG
1998年9月8日生／24歳／182cm／85kg／A型／愛知県

経歴≫ 名古屋市立富士中→中部大一高→日本体育大→長崎ヴェルカ

つながり [バスケットボール]宇都 直輝(高校)、[バスケットボール]中村 浩陸(高校)

ティジェイ ファイアネ
ていじぇい ふぁいあね

日野レッドドルフィンズ／CTB
1995年8月24日生／27歳／175cm／92kg／ニュージーランド

経歴≫ セント・ケンティガンカレッジ→日野レッドドルフィンズ

つながり [ラグビー]ブレイク ギブソン(高校)、[ラグビー]ジョシュ グッドヒュー(同郷・同年代)

ディック ウィルソン
でぃっく うぃるそん

トヨタヴェルブリッツ／CTB
1996年9月2日生／26歳／180cm／96kg／ニュージーランド

経歴≫ アオレレ大→トヨタヴェルブリッツ

つながり [ラグビー]サム ケアード(同郷・同年代)、[ラグビー]リッチモンド トンガタマ(同郷・同年代)

ティノコ
ていのこ

埼玉西武ライオンズ／投手
1995年4月30日生／28歳／193cm／117kg／ベネズエラ

経歴≫ レンジャースほか→西武

つながり [アイスホッケー]ベンガート 朗孟(同年代)、[アイスホッケー]早田 聖也(同年代)

デイビッド ドブラス
でいびっど どぶらす

滋賀レイクス／C
1981年8月6日生／41歳／209cm／120kg／スペイン

経歴≫ 滋賀レイクス

つながり [アイスホッケー]小原 大輔(同年代)、[ラグビー]トンプソン ルーク(同年代)

ティマ
ていま

読売ジャイアンツ／外野手
2004年9月25日生／19歳／193cm／86kg／ドミニカ共和国

経歴≫ 巨人

つながり [野球]デラクルーズ(同郷・同年代)、[野球]ヘラルディーノ(同郷・同年代)、[野球]シモン(同郷・同年代)

つながり 【野球】T-岡田、中田翔は2005年夏の大阪府予選準決勝で対戦

ティム スウィル
てぃむ すうぃる

豊田自動織機シャトルズ愛知／SO

1993年6月4日生／29歳／181cm／88kg／南アフリカ

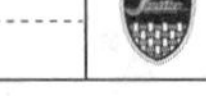

経歴≫ ビショップスディオキサンカレッジ→ザ・オープン大→豊田自動織機シャトルズ愛知

つながり [ラグビー]ジェシー クリエル(同郷・同年代)、[ラグビー]クワッガ スミス(同郷・同年代)

ティム ベネット
てぃむ べねっと

NECグリーンロケッツ東葛／CTB　代表歴あり

1990年8月1日生／32歳／183cm／95kg／オーストラリア

経歴≫ ベナント・ヒルズ校→横浜キヤノンイーグルス→宗像サニックスブルーズ→NECグリーンロケッツ東葛

つながり [ラグビー]ローリー アーノルド(同郷・同年代)、[ラグビー]トム イングリッシュ(同郷・同年代)

Timothy Shoup
ていもしー しゅーぷ

YOKOHAMA GRITS／DF

1995年1月29日生／27歳／183cm／86kg

経歴≫ Indy Fuel→Glasgow Clan→YOKOHAMA GRITS

つながり [アイスホッケー]彦坂 優(同年代)、[アイスホッケー]鈴木 健斗(同年代)、[アイスホッケー]川村 一希(同年代)

ティモテ タヴァレア
ていもて たうぁれあ

三菱重工相模原ダイナボアーズ／FL

1998年8月5日生／24歳／186cm／103kg／オーストラリア

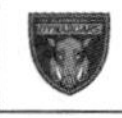

経歴≫ ジョン・ポール・カレッジ→山梨学院大→三菱重工相模原ダイナボアーズ

つながり [ラグビー]後藤 輝也(大学)、[ラグビー]トコキオ ソシセニ(大学)、[ラグビー]ラファエレ ティモシー(大学)

デイヤン ファンダーウエストハイゼン
でいやん ふぁんだーうえすとはいぜん

日野レッドドルフィンズ／PR

1994年4月5日生／28歳／184cm／116kg／南アフリカ

経歴≫ サウスアフリカスクール→日野レッドドルフィンズ

つながり [ラグビー]マルコム マークス(同郷・同年代)、[ラグビー]コーバス ファンダイク(同郷・同年代)

ディラン ネル
でぃらん ねる

三菱重工相模原ダイナボアーズ／FL

1992年11月27日生／30歳／187cm／111kg／南アフリカ

経歴≫ クリフトンカレッジ→三菱重工相模原ダイナボアーズ

つながり [ラグビー]ピーターステフ デュトイ(同郷・同年代)、[ラグビー]ルード デヤハー(同郷・同年代)

ディラン ライリー
でぃらん らいりー

埼玉パナソニックワイルドナイツ／CTB　代表歴あり

1997年5月2日生／25歳／187cm／102kg／南アフリカ

経歴≫ サウスポート高→埼玉パナソニックワイルドナイツ

つながり [アイスホッケー]中屋敷 侑史(同年代)、[アイスホッケー]京谷 充洋(同年代)

テヴィン フェリス
てうぃん ふぇりす

マツダスカイアクティブズ広島／FL

1996年7月24日生／26歳／187cm／113kg／ニュージーランド

経歴≫ マンジュラ バプティスト カレッジ→マツダスカイアクティブズ広島

つながり [ラグビー]ディック ウィルソン(同郷・同年代)、[ラグビー]サム ケアード(同郷・同年代)

デーヴィッド ブルブリング
でーうぃっど ぶるぶりんぐ

クボタスピアーズ船橋・東京ベイ／LO

1989年9月12日生／33歳／199cm／113kg／南アフリカ

経歴≫ アレクサンダーロード高→ヨハネスブルグ大→クボタスピアーズ船橋・東京ベイ

つながり [ラグビー]ゲラード ファンデンヒーファー(同郷・同年代)、[ラグビー]ウィリー ルルー(同郷・同年代)

テーブス 海
てーぶす かい

滋賀レイクス／PG　代表歴あり

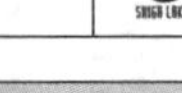

1998年9月17日生／24歳／188cm／85kg／AB型／兵庫県

経歴≫ 神戸市立本庄中→京北高他→ノースカロライナ大ウィルミントン→宇都宮ブレックス→滋賀レイクス

つながり [ラグビー]根塚 洸雅 (同郷・同年代)、[ラグビー]北村 将大(同郷・同年代)

デーモン レアスアス
でーもん れあすあす

クリタウォーターガッシュ昭島／LO

1993年1月20日生／29歳／200cm／115kg／ニュージーランド

経歴≫ オークランド大→クリタウォーターガッシュ昭島

つながり [ラグビー]ジョージ リサレ(同郷・同年代)、[ラグビー]ジェラード カウリートゥイオティ(同郷・同年代)

デクアン ジョーンズ
でくあん じょーんず

西宮ストークス／SF/PF

1990年6月20日生／32歳／203cm／100kg／B型／アメリカ

経歴≫ ホイーラー高→マイアミ大→Anhui Wenyi→Hapoel Unet Holon→Pallacanestro Trieste→西宮ストークス

つながり [バスケットボール]アンソニー ローレンス II(大学)、[バスケットボール]小寺 ハミルトンゲイリー(大学)

出口 圭太
てぐち けいた

H.C.TOCHIGINIKKOICEBUCKS／FW
1996年6月17日生／26歳／178cm／73kg

経歴≫ 駒大苫小牧高→東洋大→H.C.TOCHIGINIKKOICEBUCKS
つながり [アイスホッケー]山田 虎太朗(高校)、[アイスホッケー]山下 敬史(高校)、[アイスホッケー]今 勇輔(高校)

テトゥヒ ロバーツ
てとぅひ ろばーつ

三重ホンダヒート／LO
1994年7月6日生／28歳／191cm／114kg／ニュージーランド

経歴≫ 札幌山の手高→東海大→三重ホンダヒート
つながり [ラグビー]渡邉 隆之(高校)、[ラグビー]舟橋 諒将(高校)、[ラグビー]伊藤 鐘平(高校)

テビタ オト
てびた おと

クリタウォーターガッシュ昭島／LO
1998年3月7日生／24歳／184cm／106kg／トンガ

経歴≫ トゥポウ高→摂南大→マツダスカイアクティブズ広島
つながり [ラグビー]杉本 悠馬(大学)、[ラグビー]細田 佳也(大学)、[ラグビー]中村 正寿(大学)

テビタ タイ
てびた たい

マツダスカイアクティブズ広島／CTB
1997年1月22日生／25歳／185cm／110kg／トンガ

経歴≫ 目黒学院高→東海大→東京サントリーサンゴリアス
つながり [ラグビー]サウマキ アマナキ(高校)、[ラグビー]ヴィリアメ ツイドラキ(大学)

テビタ タタフ
てびた たたふ

東京サントリーサンゴリアス／FL 代表歴あり
1996年1月2日生／27歳／183cm／124kg／トンガ

経歴≫ マッセイ高→東京サントリーサンゴリアス
つながり [ラグビー]アタアタ モエアキオラ(高校)、[ラグビー]シオエリ ヴァカラヒ(高校)

テビタ リー
てびた りー

東京サントリーサンゴリアス／WTB
1995年3月23日生／27歳／182cm／95kg／ニュージーランド

経歴≫ 日本大→クリタウォーターガッシュ昭島
つながり [ラグビー]バティリアイ ツイドラキ(同郷・同年代)、[ラグビー]ブロディ マクカラン(同郷・同年代)

デビッドソン
でびっどそん

広島東洋カープ／内野手
1991年3月26日生／32歳／190cm／104kg／アメリカ

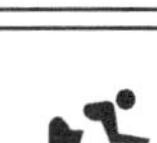

経歴≫ 広島
つながり [バスケットボール]ジャスティン コブス(同郷・同年代)、[バスケットボール]エヴァンス ルーク(同郷・同年代)

デビン オリバー
でびん おりばー

横浜ビー コルセアーズ／SF/PF
1992年7月2日生／30歳／203cm／102kg／アメリカ

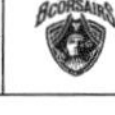

経歴≫ 横浜ビー コルセアーズ
つながり [バスケットボール]ザック バランスキー(同郷・同年代)

出渕 賢史
でぶち まさし

クリタウォーターガッシュ昭島／PR
1990年5月30日生／32歳／175cm／110kg／岡山県

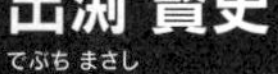

経歴≫ 関西高→帝京大→クリタウォーターガッシュ昭島
つながり [野球]海野 隆司(高校)、[野球]小郷 裕哉(高校)、[ラグビー]大和田 立(大学)

寺尾 裕道
てらお ひろみち

EAST HOKKAIDO CRANES／FW 代表歴あり
1989年6月15日生／33歳／173cm／77kg

経歴≫ 駒大苫小牧高→早稲田大→王子イーグルス→H.C.栃木日光アイスバックス→EAST HOKKAIDO CRANES
つながり [アイスホッケー]山田 虎太朗(高校)、[アイスホッケー]山下 敬史(高校)、[アイスホッケー]今 勇輔(高校)

寺尾 勇利
てらお ゆうり

H.C.TOCHIGINIKKOICEBUCKS／FW
1995年4月29日生／27歳／172cm／84kg

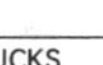

経歴≫ 日光アイスバックス→ウォータールーブラックホークス→アイスバックス→ユタ グリズリーズ→H.C.TOCHIGINIKKOICEBUCKS
つながり [アイスホッケー]山田 虎太朗(高校)、[アイスホッケー]山下 敬史(高校)、[アイスホッケー]今 勇輔(高校)

デラクルーズ
でらくるーず

読売ジャイアンツ／内野手
2004年7月29日生／19歳／182cm／76kg／ドミニカ共和国

経歴≫ 巨人
つながり [野球]ティマ(同郷・同年代)、[野球]ヘラルディーノ(同郷・同年代)、[野球]シモン(同郷・同年代)

つながり [アイスホッケー]寺尾裕道と寺尾勇利は兄弟。父の英才教育のもと「鉄製のパック」で毎日8時間練習していた

あ
か
さ
た
な
は
ま
や
ら
わ

寺澤 大夢
てらさわ ひろむ

仙台89ERS／SF

1999年5月9日生／23歳／193cm／90kg／O型／長野県

経歴≫ 更北中→東海大付属諏訪高→専修大→仙台89ERS

つながり [バスケットボール]三井　利也(高校)、[ラグビー]石田 楽人(大学)、[ラグビー]山極 大貴(大学)

寺嶋 恭之介
てらしま きょうのすけ

青森ワッツ／PG/SG

1991年10月17日生／31歳／179cm／75kg／A型／青森県

経歴≫ 津軽中→北陸高→国士舘大→HACHINOHE DIME(3x3)→青森ワッツ→HACHINOHE DIME(3×3)→青森ワッツ

つながり [バスケットボール]藤永 佳昭(高校)、[バスケットボール]満田 丈太郎(高校)

寺嶋 良
てらしま りょう

広島ドラゴンフライズ／PG

1997年10月23日生／25歳／175cm／77kg／O型／東京都

経歴≫ 梅丘中→洛南高→東海大→京都ハンナリーズ→広島ドラゴンフライズ

つながり [バスケットボール]津屋 一球(高校)、[バスケットボール]柳川 幹也(高校)

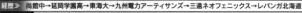

寺園 脩斗
てらその しゅうと

レバンガ北海道／PG

1994年6月28日生／28歳／172cm／71kg／A型／宮崎県

経歴≫ 尚館中→延岡学園高→東海大→九州電力アーティサンズ→三遠ネオフェニックス→レバンガ北海道

つながり [バスケットボール]ベンドラメ 礼生(高校)、[バスケットボール]永吉 佑也(高校)

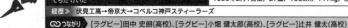

寺田 桂太
てらだ けいた

コベルコ神戸スティーラーズ／LO

1995年2月1日生／27歳／198cm／117kg／京都府

経歴≫ 伏見工高→帝京大→コベルコ神戸スティーラーズ

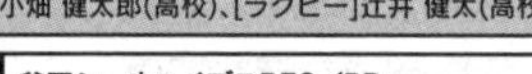

つながり [ラグビー]田中 史朗(高校)、[ラグビー]小畑 健太郎(高校)、[ラグビー]辻井 健太(高校)

寺脇 駿
てらわき しゅん

釜石シーウェイブスRFC／PR

1998年3月26日生／24歳／171cm／115kg／大阪府

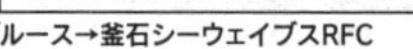

経歴≫ 日本航空石川高→京都産大→宗像サニックスブルース→釜石シーウェイブスRFC

つながり [ラグビー]アシペリ モアラ(高校)、[ラグビー]ファウルア マキシ(高校)、[ラグビー]藤原 忍(高校)

照井 貴大
てるい たかひろ

三菱重工相模原ダイナボアーズ／LO

1991年1月21日生／31歳／190cm／108kg／秋田県

経歴≫ 明桜高→専修大→三菱重工相模原ダイナボアーズ

つながり [バスケットボール]田口 成浩(高校)、[野球]砂田 毅樹(高校)、[野球]野中 天翔(高校)

テレンス ウッドベリー
てれんす うっどべりー

熊本ヴォルターズ／SF/PF

1987年6月16日生／35歳／203cm／103kg／アメリカ

経歴≫ ジョージア大→浜松 東三河フェニックス→バンビシャス奈良→熊本ヴォルターズ→香川ファイブアローズ→熊本ヴォルターズ

つながり [バスケットボール]ヤンテ メイテン(大学)、[バスケットボール]レオ ライオンズ(同郷・同年代)

と

75人

(NPB/20人、B.LEAGUE/15人、JAPAN RUGBY LEAGUE ONE/38人、ASIA LEAGUE ICE HOCKEY/2人)

土井 暉仁
どい あきひと

三重ホンダヒート／LO

1997年3月13日生／25歳／188cm／106kg／大阪府

経歴≫ 常翔学園高→明治大→三重ホンダヒート

つながり [ラグビー]岡田 一平(高校)、[ラグビー]海士 広大(高校)、[ラグビー]髙橋 汰地(高校)

土井 貴弘
どい たかひろ

NECグリーンロケッツ東葛／PR

1986年8月22日生／36歳／182cm／113kg／奈良県

経歴≫ 御所実高→明治大→NECグリーンロケッツ東葛

つながり [ラグビー]酒木 凜平(高校)、[ラグビー]北村 将大(高校)、[ラグビー]竹井 勇二(高校)

土居 豪人
どい ひでと

千葉ロッテマリーンズ／投手

2000年4月2日生／23歳／191cm／92kg／O型／愛媛県

経歴≫ 宇和島市立城東中→松山聖陵高→ロッテ

つながり [ラグビー]三好 優作(高校)、[野球]アドゥワ 誠(高校)、[野球]上甲 凌大(同郷・同年代)

戸井 零士
とい れいじ

阪神タイガース／内野手

2005年1月18日生／18歳／181cm／83kg／大阪府

経歴≫ 松原三中→天理高→阪神

つながり [ラグビー]井上 大介(高校)、[ラグビー]立川 理道(高校)、[ラグビー]井関 信介(高校)

土一 海人
どいち かいと

日野レッドドルフィンズ／HO

1999年7月2日生／23歳／175cm／100kg／東京都

経歴≫ 東海大相模高→東海大→日野レッドドルフィンズ

つながり [ラグビー]五十嵐 優(高校)、[ラグビー]豊島 翔平(高校)、[ラグビー]王野 尚希(高校)

ドウェイン エバンス
どうぇいん えばんす

広島ドラゴンフライズ／SF/PF

1992年1月24日生／30歳／201cm／104kg／アメリカ

経歴≫ セントルイス大→Banco di Sardegna Sassari→琉球ゴールデンキングス→広島ドラゴンフライズ

つながり [バスケットボール]アレックス カーク(同郷・同年代)、[バスケットボール]レジナルド ベクトン(同郷・同年代)

東海林 拓実
とうかいりん たくみ

釜石シーウェイブスRFC／SH

1999年6月14日生／23歳／162cm／63kg／山形県

経歴≫ 山形中央高→大東文化大→釜石シーウェイブスRFC

つながり [野球]村上 舜(高校)、[野球]佐藤 智輝(高校)、[野球]齋藤 友貴哉(高校)、[野球]石川 直也(高校)

トゥクフカ トネ
とぅくふか とね

浦安D-Rocks／CTB

1988年6月11日生／34歳／180cm／108kg／トンガ

経歴≫ トンガ高→大阪産業大→秋田ノーザンブレッツ→コカ・コーラレッドスパークス→浦安D-Rocks

つながり [ラグビー]フェツアニ ラウタイミ(高校)、[ラグビー]アマナキ レレイマフィ(高校)

東郷 太朗丸
とうごう たろま

日野レッドドルフィンズ／CTB

1994年8月13日生／28歳／173cm／84kg／東京都

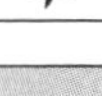

経歴≫ 流通経済大→日野レッドドルフィンズ

つながり [ラグビー]木村 友憲(大学)、[ラグビー]ジョージ リサレ(大学)、[ラグビー]積 賢佑(大学)

東條 大樹
とうじょう たいき

千葉ロッテマリーンズ／投手

1991年8月15日生／32歳／178cm／85kg／O型／神奈川県

経歴≫ 藤沢市立高浜中→桐光学園高→青山学院大→JR東日本→ロッテ

つながり [バスケットボール]宮本 一樹(高校)、[バスケットボール]齋藤 拓実(高校)

トゥパ フィナウ
とぅぱ ふぃなう

クボタスピアーズ船橋・東京ベイ／FL

1989年9月23日生／33歳／190cm／115kg／トンガ

経歴≫ リアホナ高→クボタスピアーズ船橋・東京ベイ

つながり [ラグビー]シオペ タヴォ(高校)、[ラグビー]中島 イシレリ(同郷・同年代)

堂林 翔太
どうばやし しょうた

広島東洋カープ／内野手

1991年8月17日生／32歳／183cm／92kg／A型／愛知県

経歴≫ 豊田市立崇化館中→中京大中京高→広島

つながり [野球]中山 礼都(高校)、[野球]伊藤 稜(高校)、[野球]髙橋 宏斗(高校)、[野球]鵜飼 航丞(高校)

道原 紀晃
どうはら のりあき

西宮ストークス／PG/SG

1989年9月7日生／33歳／178cm／69kg／A型／兵庫県

経歴≫ 葺合中→神戸市立科学技術高→大阪商大→西宮ストークス

つながり [ラグビー]肥爪 駿(高校)、[ラグビー]高見 優太(高校)、[バスケットボール]土屋 アリスター時生(高校)

當眞 琢
とうま たく

NECグリーンロケッツ東葛／PR

1996年9月21日生／26歳／181cm／118kg／沖縄県

経歴≫ コザ高→帝京大→NECグリーンロケッツ東葛

つながり [野球]比嘉 幹貴(高校)、[ラグビー]大和田 立(大学)、[ラグビー]亀井 亮依(大学)

トージュニア ヴァエガ
とーじゅにあ ゔぁえが

三菱重工相模原ダイナボアーズ／WTB

1997年5月28日生／25歳／175cm／85kg／ニュージーランド

経歴≫ 三菱重工相模原ダイナボアーズ

つながり [ラグビー]ティアーン ファルコン(同郷・同年代)、[ラグビー]ダニエル ペレズ(同郷・同年代)

つながり 【バスケットボール】寺園脩斗、渡邉雄太は2011年ウィンターカップ決勝で対戦

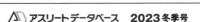

トーマス ウェルシュ
とーます うぇるしゅ

山形ワイヴァンズ／C
1996年2月3日生／26歳／213cm／111kg／アメリカ

経歴≫ カリフォルニア大ロサンゼルス校→山形ワイヴァンズ

つながり [ラグビー]鶴川 達彦(同郷・同年代)、[バスケットボール]ジョナサン ウィリアムズ(同郷・同年代)

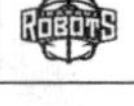

トーマス ケネディ
とーます けねでぃ

茨城ロボッツ／SF/PF
1987年5月17日生／35歳／201cm／95kg／AB型／アメリカ

経歴≫ デトロイトメルシー大→島根スサノオマジック→千葉ジェッツ他→茨城ロボッツ

つながり [バスケットボール]レオ ライオンズ(同郷・同年代)、[バスケットボール]ギャビン エドワーズ(同郷・同年代)

富樫 勇樹
とがし ゆうき

千葉ジェッツ／PG 代表歴あり
1993年7月30日生／29歳／167cm／65kg／AB型／新潟県

経歴≫ 本丸中→モントロス・クリスチャン高→秋田ノーザンハピネッツ→テキサス レジェンズ→千葉ジェッツ

つながり [バスケットボール]松井 啓十郎(高校)、[ラグビー]佐藤 耀(同郷・同年代)

徳川 慎之介
とくがわ しんのすけ

佐賀バルーナーズ／SG
1993年6月10日生／29歳／187cm／86kg／A型／佐賀県

経歴≫ 唐津東中→唐津東高→東海大→信州ブレイブウォリアーズ→福島ファイヤーボンズ→佐賀バルーナーズ

つながり [ラグビー]新井 望友(大学)、[ラグビー]近藤 英人(大学)、[ラグビー]アタアタ モエアキオラ(大学)

徳田 健太
とくだ けんた

コベルコ神戸スティーラーズ／SH
1993年10月7日生／29歳／166cm／70kg／兵庫県

経歴≫ 関西学院高→関西学院大→コベルコ神戸スティーラーズ

つながり [ラグビー]徳永 祥尭(高校)、[ラグビー]齋藤 遼太(高校)、[ラグビー]小寺 晴大(高校)

徳田 敬登
とくだ ひろと

マツダスカイアクティブズ広島／LO
1995年6月21日生／27歳／189cm／90kg／京都府

経歴≫ 洛北高→同志社大→マツダスカイアクティブズ広島

つながり [ラグビー]伊尾木 洋斗(高校)、[ラグビー]佐原 慧大(高校)、[ラグビー]小島 佑太(高校)

徳田 悠人
とくだ ゆうと

日野レッドドルフィンズ／PR
1999年4月27日生／23歳／176cm／108kg／東京都

経歴≫ 東海大相模高→東海大→日野レッドドルフィンズ

つながり [ラグビー]五十嵐 優(高校)、[ラグビー]豊島 翔平(高校)、[ラグビー]王野 尚希(高校)

徳田 亮真
とくだ りょうま

三菱重工相模原ダイナボアーズ／LO
1990年3月7日生／32歳／188cm／105kg／大阪府

経歴≫ 東大阪大柏原高→三菱重工相模原ダイナボアーズ

つながり [ラグビー]杉本 達郎(高校)、[野球]石川 慎吾(高校)、[野球]野村 和輝(高校)

徳永 一斗
とくなが かずと

九州電力キューデンヴォルテクス／PR
1993年4月8日生／29歳／181cm／120kg／佐賀県

経歴≫ 佐賀工高→帝京大→九州電力キューデンヴォルテクス

つながり [ラグビー]松浦 康一(高校)、[ラグビー]大塚 健太郎(高校)、[ラグビー]荒井 康植(高校)

徳永 祥尭
とくなが よしたか

東芝ブレイブルーパス東京／No8 代表歴あり
1992年4月10日生／30歳／185cm／100kg／静岡県

経歴≫ 関西学院高→関西学院大→東芝ブレイブルーパス東京

つながり [ラグビー]徳田 健太(高校)、[ラグビー]齋藤 遼太(高校)、[ラグビー]小寺 晴大(高校)

徳山 壮磨
とくやま そうま

横浜DeNAベイスターズ／投手
1999年6月6日生／24歳／183cm／83kg／O型／兵庫県

経歴≫ 高丘中→大阪桐蔭高→早稲田大→DeNA

つながり [ラグビー]宮宗 翔(高校)、[ラグビー]紙森 陽太(高校)、[ラグビー]岡田 優輝(高校)

戸郷 翔征
とごう しょうせい

読売ジャイアンツ／投手
2000年4月4日生／23歳／187cm／80kg／AB型／宮崎県

経歴≫ 都城市立妻ケ丘中→聖心ウルスラ学園高→巨人

つながり [ラグビー]メイン 平(同郷・同年代)、[野球]羽月 隆太郎(同郷・同年代)、[アイスホッケー]阿部 泰河(同年代)

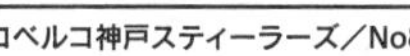

トコキオ ソシセニ
とこきお そしせに

コベルコ神戸スティーラーズ／No8
1993年2月1日生／29歳／189cm／113kg／フィジー

経歴≫ スケルトンボーイズ高→山梨学院大→コベルコ神戸スティーラーズ

つながり [ラグビー]後藤 輝也(大学)、[ラグビー]ラファエレ ティモシー(大学)、[ラグビー]延山 敏和(大学)

床田 聖悟
とこた しょうご

日野レッドドルフィンズ／FB
1997年9月27日生／25歳／182cm／90kg／神奈川県

経歴≫ 立教大→日野レッドドルフィンズ

つながり [ラグビー]中澤 健宏(大学)、[ラグビー]眞壁 貴男(大学)、[ラグビー]相良 隆太(大学)

床田 寛樹
とこだ ひろき

広島東洋カープ／投手
1995年3月1日生／28歳／181cm／88kg／A型／兵庫県

経歴≫ 尼崎市立園田中→箕面学園高→中部学院大→広島

つながり [野球]野間 峻祥(大学)、[野球]坂田 怜(大学)、[ラグビー]佐々木 周平(同郷・同年代)

床田 裕亮
とこた ゆうすけ

埼玉パナソニックワイルドナイツ／PR
1995年5月10日生／27歳／182cm／110kg／大阪府

経歴≫ 桐蔭学園高→中央大→埼玉パナソニックワイルドナイツ

つながり [ラグビー]石田 楽人(高校)、[ラグビー]山本 耕生(高校)、[ラグビー]田村 魁世(高校)

所 正樹
ところ まさき

TOHOKU FREEBLADES／FW
1998年2月5日生／24歳／180cm／95kg

経歴≫ 苫小牧和光中→駒大苫小牧高→東洋大→TOHOKU FREEBLADES

つながり [アイスホッケー]山田 虎太朗(高校)、[アイスホッケー]山下 敬史(高校)、[アイスホッケー]今 勇輔(高校)

土佐 誠
とさ まこと

三菱重工相模原ダイナボアーズ／FL
1986年6月28日生／36歳／188cm／110kg／山口県

経歴≫ 尾道高→関東学院大→三菱重工相模原ダイナボアーズ

つながり [ラグビー]眞壁 貴男(高校)、[ラグビー]奥平 湧(高校)、[ラグビー]杉原 立樹(高校)

俊野 佳彦
としの よしひこ

愛媛オレンジバイキングス／SG
1992年5月21日生／30歳／188cm／88kg／O型／愛媛県

経歴≫ 雄新中→今治精華高→大分 愛媛ヒートデビルズ他→愛媛オレンジバイキングス

つながり [バスケットボール]橋本 尚明(同郷・同年代)、[アイスホッケー]小野田 拓人(同年代)

戸田 懐生
とだ なつき

読売ジャイアンツ／投手
2000年7月22日生／23歳／170cm／71kg／A型／愛知県

経歴≫ 高浜市立南中→KTCおおぞら高→四国IL・徳島→巨人

つながり [ラグビー]野村 三四郎(同郷・同年代)、[バスケットボール]山崎 凜(同郷・同年代)

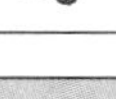

トニー アロフィポ
とにー あろふぃぽ

東京サントリーサンゴリアス／SO
2002年9月11日生／20歳／186cm／95kg／オーストラリア

経歴≫ エリンデール・カレッジ→東京サントリーサンゴリアス

つながり [ラグビー]ウィリアム ヘイ(同郷・同年代)、[ラグビー]シオネ タプオシ(同年代)

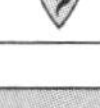

トニー ハント
とにー はんと

クボタスピアーズ船橋・東京ベイ／CTB
1998年2月9日生／24歳／190cm／108kg／オーストラリア

経歴≫ セントジョセフ・ナジーカレッジ→クボタスピアーズ船橋・東京ベイ

つながり [ラグビー]ルーク ポーター(同郷・同年代)、[ラグビー]ノーラン トーマス(同郷・同年代)

トニシオ バイフ
とにしお ばいふ

NTTドコモレッドハリケーンズ大阪／CTB
1991年2月12日生／31歳／177cm／108kg／トンガ

経歴≫ 日本航空石川高→天理大→NTTドコモレッドハリケーンズ大阪

つながり [ラグビー]アシベリ モアラ(高校)、[ラグビー]ファウルア マキシ(高校)、[ラグビー]藤原 忍(高校)

戸根 千明
とね ちあき

広島東洋カープ／投手
1992年10月17日生／31歳／174cm／100kg／A型／京都府

経歴≫ 京田辺市立田辺中→石見智翠館高→日本大→巨人→広島

つながり [ラグビー]小幡 将己(高校)、[ラグビー]岡山 仙治(高校)、[ラグビー]加藤 竜聖(高校)

つながり 【バスケットボール】富樫勇樹、田渡凌は2008年全中決勝で対戦

堂上 直倫
どのうえ なおみち

中日ドラゴンズ／内野手
1988年9月23日生／35歳／184cm／88kg／O型／愛知県

経歴≫ 春日井市立知多中→愛工大名電高→中日

つながり [野球]東 克樹(高校)、[野球]田村 俊介(高校)、[アイスホッケー]小野 航平(同年代)

外崎 修汰
とのさき しゅうた

埼玉西武ライオンズ／内野手　代表歴あり
1992年12月20日生／31歳／177cm／82kg／O型／青森県

経歴≫ 弘前市立第四中→弘前実高→富士大→西武

つながり [バスケットボール]田口 成浩(大学)、[野球]佐々木 健(大学)、[野球]山川 穂高(大学)

戸柱 恭孝
とばしら やすたか

横浜DeNAベイスターズ／捕手
1990年4月11日生／33歳／179cm／90kg／A型／鹿児島県

経歴≫ 内之浦中→鹿屋中央高→駒澤大→NTT西日本→DeNA

つながり [野球]鈴木 勇斗(高校)、[野球]松山 竜平(高校)、[バスケットボール]石井 峻平(大学)

土肥 星也
どひ せいや

千葉ロッテマリーンズ／投手
1995年7月7日生／28歳／186cm／90kg／B型／大阪府

経歴≫ 大東市立南郷中→尽誠学園高→大阪ガス→ロッテ

つながり [バスケットボール]高岡 圭汰朗(高校)、[バスケットボール]笠井 康平(高校)

飛田 浩明
とびた ひろあき

愛媛オレンジバイキングス／SG/SF
1990年8月18日生／32歳／185cm／89kg／B型／茨城県

経歴≫ 水戸市立第二中→取手松陽高→日本大→東京エクセレンス他→愛媛オレンジバイキングス

つながり [ラグビー]杉本 悠馬(大学)、[ラグビー]細田 佳也(大学)、[ラグビー]中村 正寿(大学)

飛田 悠成
とびた ゆうせい

福岡ソフトバンクホークス／投手
2005年3月13日生／18歳／184cm／82kg／神奈川県

経歴≫ 浦島丘中→金沢高→ソフトバンク

つながり [バスケットボール]木田 貴明(高校)、[バスケットボール]長野 誠史(高校)、[野球]辻 大雅(同郷・同年代)

トビン マーカス海舟
とびん まーかすかいしゅう

京都ハンナリーズ／SF
2001年3月7日生／21歳／198cm／93kg／アメリカ

経歴≫ 京都ハンナリーズ

つながり [バスケットボール]鎌田 真(同郷・同年代)、[野球]野村 佑希(同郷・同年代)

冨岡 大地
とみおか だいち

新潟アルビレックスBB／PG
1995年2月8日生／27歳／165cm／65kg／O型／広島県

経歴≫ 三和中→広陵高→広島経済大→広島ライトニング他→新潟アルビレックスBB

つながり [バスケットボール]大浦 颯太(高校)、[野球]小林 誠司(高校)、[野球]佐野 恵太(高校)

冨田 龍
とみだ りゅう

読売ジャイアンツ／投手
1999年11月11日生／24歳／179cm／78kg／香川県

経歴≫ 高松市立牟礼中→志度高→四国学院大→巨人

つながり [野球]水上 由伸(大学)、[アイスホッケー]青山 大基(同年代)、[アイスホッケー]小林 斗威(同年代)

冨田 蓮
とみだ れん

阪神タイガース／投手
2001年9月6日生／22歳／174cm／78kg／岐阜県

経歴≫ 東部中→大垣商高→三菱自動車岡崎→阪神

つながり [アイスホッケー]中舘 庸太朗(同年代)、[アイスホッケー]鈴木 聖夏(同年代)

富山 凌雅
とみやま りょうが

オリックス・バファローズ／投手
1997年5月3日生／26歳／178cm／84kg／AB型／和歌山県

経歴≫ 御坊中→九州国際大付高→トヨタ自動車→オリックス

つながり [野球]二保 旭(高校)、[野球]三好 匠(高校)、[野球]中村 貴浩(高校)、[野球]生海(高校)

トム イングリッシュ
とむ いんぐりっしゅ

クリタウォーターガッシュ昭島／CTB
1991年3月8日生／31歳／187cm／96kg／オーストラリア

経歴≫ シドニー大→クリタウォーターガッシュ昭島

つながり [ラグビー]ニック フィップス(大学)、[ラグビー]バーナード フォーリー(大学)

トム サベッジ
とむ さべっじ

東京サントリーサンゴリアス／LO
1989年4月18日生／33歳／197cm／118kg／イングランド

経歴≫ ハートブリュー大→東京サントリーサンゴリアス

つながり [アイスホッケー]佐々木 一正(同年代)、[アイスホッケー]鈴木 雄大(同年代)

トム サンダース
とむ さんだーす

東京サントリーサンゴリアス／FL
1994年2月5日生／28歳／190cm／110kg／ニュージーランド

経歴≫ リンカーン・ハイスクール→リンカーン大→東京サントリーサンゴリアス

つながり [ラグビー]ジョシュ グッドヒュー(大学)、[ラグビー]ハドレー パークス(大学)

トム ジェフリーズ
とむ じぇふりーず

NTTドコモレッドハリケーンズ大阪／LO
1999年3月15日生／23歳／203cm／114kg／オーストラリア

経歴≫ Brothers→NTTドコモレッドハリケーンズ大阪

つながり [ラグビー]アイザック ルーカス(同郷・同年代)、[ラグビー]ティモテ タヴァレア(同郷・同年代)

トム テイラー
とむ ていらー

東芝ブレイブルーパス東京／SO
1989年3月11日生／33歳／186cm／92kg／ニュージーランド

経歴≫ バーンサイド高→東芝ブレイブルーパス東京

つながり [ラグビー]アッシュ ディクソン(同郷・同年代)、[ラグビー]ライアン クロッティ(同郷・同年代)

トム ハダッド
とむ はだっど

豊田自動織機シャトルズ愛知／CTB
2000年5月19日生／22歳／188cm／89kg／オーストラリア

経歴≫ ダラマラン高→豊田自動織機シャトルズ愛知

つながり [ラグビー]ハリソン フォックス(同郷・同年代)、[ラグビー]ネスタ マヒナ(同郷・同年代)

トム バンクス
とむ ばんくす

三重ホンダヒート／FB
1994年6月18日生／28歳／186cm／93kg／オーストラリア

経歴≫ ブリスベンボーイズ大→三重ホンダヒート

つながり [ラグビー]ジャック コーネルセン(同郷・同年代)、[ラグビー]サム グリーン(同郷・同年代)

トム マーシャル
とむ まーしゃる

NECグリーンロケッツ東葛／FB
1990年7月5日生／32歳／183cm／94kg／ニュージーランド

経歴≫ ネルソンカレッジ→クルセイダーズ→チーフス→グロスター→NTTドコモレッドハリケーンズ→NECグリーンロケッツ東葛

つながり [ラグビー]ウィリアム トゥポウ(同郷・同年代)、[ラグビー]ジェド ブラウン(同郷・同年代)

トム ロウ
とむ ろう

九州電力キューデンヴォルテクス／LO
1991年2月21日生／31歳／202cm／115kg／ニュージーランド

経歴≫ オタゴ→九州電力キューデンヴォルテクス

つながり [ラグビー]クレイグ ミラー(大学)、[ラグビー]北原 璃久(大学)、[ラグビー]トム マーシャル(同郷・同年代)

戸室 達貴
とむろ たつき

埼玉パナソニックワイルドナイツ／CTB
1994年9月9日生／28歳／176cm／86kg／群馬県

経歴≫ 樹徳高→大東文化大→埼玉パナソニックワイルドナイツ

つながり [アイスホッケー]松渕 雄太(大学)、[アイスホッケー]茂木 慎之介(大学)、[ラグビー]酒木 凜平(大学)

百目木 政人
どめき まさと

RED EAGLES HOKKIDO／FW
1983年12月29日生／39歳／177cm／84kg

経歴≫ 苫小牧日新小→苫小牧澄川小→苫小牧啓明中→駒大苫小牧→RED EAGLES HOKKIDO

つながり [アイスホッケー]山田 虎太朗(高校)、[アイスホッケー]山下 敬史(高校)、[アイスホッケー]今 勇輔(高校)

友杉 篤輝
ともすぎ あつき

千葉ロッテマリーンズ／内野手
2000年11月7日生／23歳／171cm／70kg／大阪府

経歴≫ 南港北中→立正大淞南高→天理大→ロッテ

つながり [野球]谷川 唯人(高校)、[ラグビー]上田 聖(大学)、[ラグビー]アシベリ モアラ(大学)

朝長 駿
ともなが しゅん

日野レッドドルフィンズ／CTB
1997年2月14日生／25歳／182cm／94kg／長崎県

経歴≫ 明治大→日野レッドドルフィンズ

つながり [アイスホッケー]青山 大基(大学)、[アイスホッケー]坂田 駿(大学)、[アイスホッケー]相馬 秀斗(大学)

つながり 【野球】堂上直倫と田中将大は2005年アジア野球選手権日本代表に高校2年生で選出された

友利 健哉
ともり けんや

福島ファイヤーボンズ／PG/SG

1984年8月12日生／38歳／178cm／75kg／B型／沖縄県

経歴≫ 佐良浜中→中部工高→専修大→浜松 東三河フェニックス他→福島ファイヤーボンズ

つながり [ラグビー]石田 楽人(大学)、[ラグビー]山極 大貴(大学)、[ラグビー]西村 龍馬(大学)

豊島 翔平
とよしま しょうへい

東芝ブレイブルーパス東京／FB

1989年1月9日生／34歳／175cm／87kg／東京都

経歴≫ 東海大相模高→東海大→東芝ブレイブルーパス東京

つながり [ラグビー]五十嵐 優(高校)、[ラグビー]王野 尚希(高校)、[ラグビー]土一 海人(高校)

豊田 寛
とよだ ひろし

阪神タイガース／外野手

1997年4月28日生／26歳／177cm／85kg／B型／神奈川県

経歴≫ 名瀬中→東海大付相模高→国際武道大→日立製作所→阪神

つながり [ラグビー]五十嵐 優(高校)、[ラグビー]豊島 翔平(高校)、[ラグビー]王野 尚希(高校)

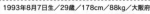

鳥飼 誠
とりかい まこと

中国電力レッドレグリオンズ／CTB

1993年8月7日生／29歳／178cm／88kg／大阪府

経歴≫ 東海大仰星高→関西学院大→中国電力レッドレグリオンズ

つながり [ラグビー]岸岡 智樹(高校)、[ラグビー]近藤 英人(高校)、[ラグビー]根塚 洸雅 (高校)

ドリュー ゴードン
どりゅー ごーどん

ライジングゼファー福岡／PF/C

1990年7月12日生／32歳／205cm／111kg／アメリカ

経歴≫ ニューメキシコ大→ジェロナ グラ→21BCアヴトドル→ロコモティブ クバン→ブディベルニク→ライジングゼファー福岡

つながり [バスケットボール]ジャスティン コブス(同郷・同年代)、[バスケットボール]エヴァンス ルーク(同郷・同年代)

トレイ ジョーンズ
とれい じょーんず

群馬クレインサンダーズ／SF　代表歴あり

1990年8月27日生／32歳／196cm／98kg／アメリカ

経歴≫ サウスミルウォーキー高→マイアミ大→Fort Wayne Mad Ants→千葉ジェッツ→Telekom Baskets Bonn→群馬クレインサンダーズ

つながり [バスケットボール]アンソニー ローレンス Ⅱ(大学)、[バスケットボール]小寺 ハミルトンゲイリー(大学)

トレイ ポーター
とれい ぽーたー

西宮ストークス／PF/C

1996年6月24日生／26歳／210cm／106kg／アメリカ

経歴≫ 西宮ストークス

つながり [バスケットボール]アンソニー ローレンス Ⅱ(同郷・同年代)

トロケ マイケル
とろけ まいける

清水建設江東ブルーシャークス／CTB

1990年5月15日生／32歳／182cm／100kg／トンガ

経歴≫ キングスカレッジ→日本大→清水建設江東ブルーシャークス

つながり [ラグビー]サム ヘンウッド(高校)、[ラグビー]杉本 悠馬(大学)、[ラグビー]細田 佳也(大学)

ドワイト ラモス
どわいと らもす

レバンガ北海道／SG　代表歴あり

1998年9月2日生／24歳／193cm／95kg／A型／フィリピン

経歴≫ スザンヌ中→ウォルナット高→カリフォルニアポリテクニック州立大→アテネオ デ マニラ大→富山グラウジーズ→レバンガ北海道

つながり [アイスホッケー]今 勇輔(同年代)、[アイスホッケー]相木 隼斗(同年代)、[アイスホッケー]荒井 詠才(同年代)

トンガ モセセ
とんが もせせ

日野レッドドルフィンズ／CTB

1992年4月5日生／30歳／173cm／102kg／トンガ

経歴≫ 天理大→日野レッドドルフィンズ

つながり [ラグビー]上田 聖(大学)、[ラグビー]アシペリ モアラ(大学)、[ラグビー]井上 大介(大学)

頓宮 裕真
とんぐう ゆうま

オリックス・バファローズ／捕手

1996年11月17日生／27歳／182cm／103kg／AB型／岡山県

経歴≫ 備前中→岡山理大附高→亜細亜大→オリックス

つながり [野球]柴田 竜拓(高校)、[野球]九里 亜蓮(高校)、[野球]藪田 和樹(高校)、[野球]藤岡 裕大(高校)

トンプソン ルーク
とんぷそん るーく

浦安D-Rocks／LO

1981年4月16日生／41歳／196cm／110kg／ニュージーランド

経歴≫ リンカーン大→三洋電気→花園近鉄ライナーズ→浦安D-Rocks

つながり [ラグビー]ジョシュ グッドヒュー(大学)、[ラグビー]ハドレー パークス(大学)

な　118人

(NPB/47人、B.LEAGUE/16人、JAPAN RUGBY LEAGUE ONE/49人、ASIA LEAGUE ICE HOCKEY/6人)

内藤 耀悠
ないとう てるちか

レバンガ北海道／SF

2006年1月11日生／17歳／191cm／97kg／北海道

経歴≫ レバンガ北海道

つながり [ラグビー]大和田 立(同郷)、[ラグビー]渡邉 隆之(同郷)、[ラグビー]中川 和真(同郷)

内藤 鵬
ないとう ほう

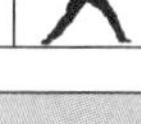

オリックス・バファローズ／内野手

2004年10月5日生／19歳／180cm／100kg／愛知県

経歴≫ 名古屋市立千鳥丘中→日本航空石川高→オリックス

つながり [野球]イヒネ イツア(同郷・同年代)、[バスケットボール]荻沼 隼佑(同年代)、[野球]浅野 翔吾(同年代)

ナエアタ ルイ
なえあた るい

豊田自動織機シャトルズ愛知／No8

1994年2月2日生／28歳／193cm／118kg／トンガ

経歴≫ 豊田自動織機シャトルズ愛知

つながり [ラグビー]リサラ シオシファ(同郷・同年代)、[アイスホッケー]髙木 健太(同年代)

直江 大輔
なおえ だいすけ

読売ジャイアンツ／投手

2000年6月20日生／23歳／184cm／82kg／A型／長野県

経歴≫ 長野市立柳町中→松商学園高→巨人

つながり [バスケットボール]筑波 拓朗(高校)、[野球]赤羽 由紘(同郷・同年代)、[アイスホッケー]阿部 泰河(同年代)

中 孝祐
なか こうすけ

コベルコ神戸スティーラーズ／WTB

1997年5月6日生／25歳／177cm／87kg／大阪府

経歴≫ 東海大仰星高→関西学院大→コベルコ神戸スティーラーズ

つながり [ラグビー]岸岡 智樹(高校)、[ラグビー]近藤 英人(高校)、[ラグビー]根塚 洸雅 (高校)

中井 健人
なかい けんと

三菱重工相模原ダイナボアーズ／FB

1996年8月11日生／26歳／182cm／88kg／福岡県

経歴≫ 筑紫高→法政大→三菱重工相模原ダイナボアーズ

つながり [ラグビー]久保 優(高校)、[ラグビー]堀部 直壮(高校)、[ラグビー]山﨑 洋之(高校)

中尾 康太郎
なかお こうたろう

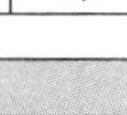

九州電力キューデンヴォルテクス／SH

1992年5月28日生／30歳／177cm／80kg／福岡県

経歴≫ 福岡高→早稲田大→九州電力キューデンヴォルテクス

つながり [ラグビー]土谷 深浩(高校)、[ラグビー]髙屋 直生(高校)、[ラグビー]中島 謙(高校)

中尾 泰星
なかお たいせい

クリタウォーターガッシュ昭島／FL

1998年5月23日生／24歳／170cm／90kg／奈良県

経歴≫ 大分舞鶴高→同志社大→クリタウォーターガッシュ昭島

つながり [ラグビー]薬師寺 晃(高校)、[ラグビー]伊藤 平一郎(高校)、[ラグビー]高井 迪郎(高校)

中尾 隼太
なかお はやた

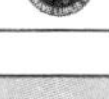

東芝ブレイブルーパス東京／SO　代表歴あり

1995年1月20日生／27歳／176cm／86kg／長崎県

経歴≫ 長崎北陽台高→鹿児島大→東芝ブレイブルーパス東京

つながり [ラグビー]岡﨑 航大(高校)、[ラグビー]平川 隼也(高校)、[ラグビー]田森 海音(高校)

中尾 光男
なかお みつお

クリタウォーターガッシュ昭島／LO

1989年10月3日生／33歳／182cm／105kg／千葉県

経歴≫ 検見川高→関東学院大→クリタウォーターガッシュ昭島

つながり [ラグビー]稲垣 啓太(大学)、[ラグビー]川崎 清純(大学)、[ラグビー]川崎 龍清(大学)

長岡 智之
ながおか ともゆき

マツダスカイアクティブズ広島／PR

1980年5月8日生／42歳／178cm／95kg／広島県

経歴≫ 広島工高→拓殖大→マツダスカイアクティブズ広島

つながり [ラグビー]大竹 智也(高校)、[ラグビー]松永 辰哉(高校)、[ラグビー]石田大輝(高校)

つながり 【野球】頓宮裕真、山本由伸は小学生の頃伊部パワフルズでチームメイトだった。実家が隣同士

長岡 秀樹
ながおか ひでき

東京ヤクルトスワローズ／内野手
2001年9月26日生／22歳／174cm／74kg／A型／千葉県

経歴≫ 大穴中→八千代松陰高→ヤクルト

つながり [野球]小林 慶祐(高校)、[野球]清宮 虎多朗(高校)、[野球]及川 雅貴(同郷・同年代)

中川 和真
なかがわ かずま

横浜キヤノンイーグルス／FB
1995年10月28日生／27歳／173cm／78kg／北海道

経歴≫ 函館工高→大東文化大→横浜キヤノンイーグルス

つながり [ラグビー]畠中 豪士(高校)、[アイスホッケー]松渕 雄太(大学)、[アイスホッケー]茂木 慎之介(大学)

中川 圭太
なかがわ けいた

オリックス・バファローズ／内野手
1996年4月12日生／27歳／180cm／76kg／B型／大阪府

経歴≫ 尾崎中→PL学園高→東洋大→オリックス

つながり [アイスホッケー]成澤 優太(大学)、[アイスホッケー]柴田 嗣斗(大学)、[アイスホッケー]福田 充男(大学)

中川 皓太
なかがわ こうた

読売ジャイアンツ／投手　代表歴あり
1994年2月24日生／29歳／183cm／86kg／A型／大阪府

経歴≫ 富田林市立葛城中→山陽高→東海大→巨人

つながり [野球]森原 康平(高校)、[ラグビー]新井 望友(大学)、[ラグビー]近藤 英人(大学)

中川 虎大
なかがわ こお

横浜DeNAベイスターズ／投手
1999年10月2日生／24歳／178cm／85kg／B型／和歌山県

経歴≫ 貴志中→箕島高→DeNA

つながり [野球]黒原 拓未(同郷・同年代)、[アイスホッケー]青山 大基(同年代)、[アイスホッケー]小林 斗威(同年代)

中川 拓真
なかがわ たくま

オリックス・バファローズ／捕手
2002年7月17日生／21歳／180cm／88kg／B型／愛知県

経歴≫ 豊橋市立東陵中→豊橋中央高→オリックス

つながり [野球]星野 真生(高校)、[野球]谷川原 健太(高校)、[野球]中山 礼都(同郷・同年代)

中川 颯
なかがわ はやて

オリックス・バファローズ／投手
1998年10月10日生／25歳／184cm／80kg／A型／神奈川県

経歴≫ 横浜市立大正中→桐光学園高→立教大→オリックス

つながり [バスケットボール]宮本 一樹(高校)、[バスケットボール]齋藤 拓実(高校)

中川 勇斗
なかがわ はやと

阪神タイガース／捕手
2004年1月27日生／19歳／172cm／72kg／O型／愛知県

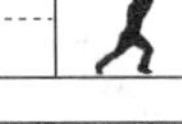

経歴≫ 小牧市立味岡中→京都国際高→阪神

つながり [野球]森下 瑠大(高校)、[野球]曽根 海成(高校)、[野球]早 真之介(高校)、[野球]釣 寿生(高校)

中川 真生哉
なかがわ まおや

三菱重工相模原ダイナボアーズ／LO
1996年9月12日生／26歳／191cm／109kg／神奈川県

経歴≫ 玉川学園→日本体育大→三菱重工相模原ダイナボアーズ

つながり [アイスホッケー]石井 秀人(大学)、[アイスホッケー]松野 佑太(大学)、[ラグビー]クリスチャン ラウイ(大学)

中熊 大智
なかくま だいち

埼玉西武ライオンズ／捕手
1996年8月27日生／27歳／174cm／87kg／A型／熊本県

経歴≫ 九州学院中→九州学院高→徳山大→西武

つながり [ラグビー]石田 一貴(高校)、[ラグビー]岩下 丈一郎(高校)、[ラグビー]石田 大河(高校)

長坂 拳弥
ながさか けんや

阪神タイガース／捕手
1994年4月28日生／29歳／173cm／76kg／B型／群馬県

経歴≫ 富岡西中→健大高崎高→東北福祉大→阪神

つながり [野球]湯浅 大(高校)、[野球]下 慎之介(高校)、[野球]柘植 世那(高校)、[野球]是澤 涼輔(高校)

中﨑 翔太
なかざき しょうた

広島東洋カープ／投手
1992年8月10日生／31歳／186cm／101kg／B型／鹿児島県

経歴≫ 曽於市立財部中→日南学園高→広島

つながり [野球]萩原 哲(高校)、[ラグビー]小瀧 尚弘(同郷・同年代)、[アイスホッケー]小野田 拓人(同年代)

中澤 海斗
なかざわ かいと

バンビシャス奈良／PG/SG

1999年5月6日生／23歳／183cm／80kg／A型／山梨県

経歴≫ 甲府市立西中→山梨・市川高→玉川大→バンビシャス奈良

つながり [ラグビー]飯沼 蓮(同郷・同年代)、[ラグビー]田草川 恵(同郷・同年代)、[野球]渡辺 明貴(同郷・同年代)

中澤 健宏
なかざわ たけひろ

リコーブラックラムズ東京／FB

1991年9月10日生／31歳／183cm／98kg／埼玉県

経歴≫ 所沢北高→立教大→リコーブラックラムズ東京

つながり [ラグビー]眞壁 貴男(大学)、[ラグビー]相良 隆太(大学)、[ラグビー]眞壁 照男(大学)

中鹿 駿
なかしか しゅん

日野レッドドルフィンズ／FL

1998年10月8日生／24歳／181cm／105kg／京都府

経歴≫ 光泉カトリック高→天理大→日野レッドドルフィンズ

つながり [ラグビー]上田 聖(大学)、[ラグビー]アシペリ モアラ(大学)、[ラグビー]井上 大介(大学)

中島 イシレリ
なかじま いしれり

コベルコ神戸スティーラーズ／PR 代表歴あり

1989年7月9日生／33歳／186cm／123kg／トンガ

経歴≫ リアホナ高→流通経済大→コベルコ神戸スティーラーズ

つながり [ラグビー]木村 友憙(大学)、[ラグビー]ジョージ リサレ(大学)、[ラグビー]積 賢佑(大学)

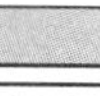

中島 謙
なかしま けん

九州電力キューデンヴォルテクス／FL

1997年4月14日生／25歳／183cm／87kg／福岡県

経歴≫ 福岡高→鹿児島大→九州電力キューデンヴォルテクス

つながり [ラグビー]土谷 深浩(高校)、[ラグビー]高屋 直生(高校)、[ラグビー]中尾 康太郎(高校)

中島 彰吾
なかじま しょうご

RED EAGLES HOKKIDO／FW 代表歴あり

1993年10月26日生／29歳／175cm／78kg

経歴≫ 釧路鳥取西小→釧路北中→武修館高→中央大→日本製紙クレインズ→RED EAGLES HOKKIDO

つながり [アイスホッケー]柴田 嗣斗(高校)、[アイスホッケー]佐藤 大翔(高校)、[アイスホッケー]梅野 宏愛(高校)

中島 進護
なかしま しんご

浦安D-Rocks／LO

1992年12月6日生／30歳／187cm／107kg／福岡県

経歴≫ 東福岡高→福岡工大→浦安D-Rocks

つながり [ラグビー]岩佐 賢人(高校)、[ラグビー]北川 賢吾(高校)、[ラグビー]古賀 駿汰(高校)

中嶋 大希
なかじま だいき

コベルコ神戸スティーラーズ／SH 代表歴あり

1996年3月25日生／26歳／171cm／80kg／埼玉県

経歴≫ 深谷高→流通経済大→コベルコ神戸スティーラーズ

つながり [ラグビー]新井 望友(高校)、[ラグビー]金井 大雪(高校)、[ラグビー]橋本 吾郎(高校)

中島 卓也
なかしま たくや

北海道日本ハムファイターズ／内野手 代表歴あり

1991年1月11日生／32歳／178cm／75kg／A型／福岡県

経歴≫ 宇美町立宇美中→福岡工高→日本ハム

つながり [野球]三嶋 一輝(高校)、[ラグビー]中靏 隆彰(同郷・同年代)、[ラグビー]小川 高廣(同郷・同年代)

中島 拓也
なかじま たくや

クリタウォーターガッシュ昭島／CTB

1988年10月9日生／34歳／174cm／89kg／埼玉県

経歴≫ 熊谷工高→東海大→クリタウォーターガッシュ昭島

つながり [ラグビー]新井 望友(大学)、[ラグビー]近藤 英人(大学)、[ラグビー]アタアタ モエアキオラ(大学)

中島 宏之
なかじま ひろゆき

読売ジャイアンツ／内野手 代表歴あり

1982年7月31日生／41歳／180cm／90kg／A型／兵庫県

経歴≫ 伊丹市立天王寺川中→伊丹北高→西武→米マイナー→オリックス→巨人

つながり [アイスホッケー]福藤 豊(同年代)、[バスケットボール]城宝 匡史(同年代)

中島 康渡
なかじま やすと

EAST HOKKAIDO CRANES／GK

1998年12月22日生／24歳／172cm／88kg

経歴≫ 駒大苫小牧高→法政大→EAST HOKKAIDO CRANES

つながり [アイスホッケー]山田 虎太朗(高校)、[アイスホッケー]山下 敬史(高校)、[アイスホッケー]今 勇輔(高校)

つながり 【アイスホッケー】中島彰吾と古橋真来は中央大学時代にリーグ3冠を達成した同期で、プライベートでも仲良し

中島 陸斗
なかしま りくと

マツダスカイアクティブズ広島／SH
1996年2月11日生／26歳／164cm／78kg／福岡県

経歴≫ 東福岡高→専修大→マツダスカイアクティブズ広島

つながり [ラグビー]岩佐 賢人(高校)、[ラグビー]北川 賢吾(高校)、[ラグビー]古賀 駿汰(高校)

長島 蓮
ながしま れん

熊本ヴォルターズ／PG
1997年3月3日生／25歳／177cm／75kg／B型／静岡県

経歴≫ 袖師中→飛龍高→白鴎大→栃木ブレックス→群馬クレインサンダーズ→金沢武士団→さいたまブロンコス→熊本ヴォルターズ

つながり [バスケットボール]松下 裕汰(高校)、[野球]佐藤 蓮(高校)、[野球]大盛 穂(高校)

永島田 輝斗
ながしまだ きらと

千葉ロッテマリーンズ／投手
2003年11月30日生／20歳／180cm／85kg／A型／神奈川県

経歴≫ 相模原市立大沢中→立花学園高→ロッテ

つながり [バスケットボール]高橋 快成(同郷・同年代)、[野球]柳澤 大空(同郷・同年代)

中田 歩夢
なかた あゆむ

読売ジャイアンツ／内野手
2004年6月27日生／19歳／172cm／77kg／A型／青森県

経歴≫ 弘前市立東中→明徳義塾高→巨人

つながり [バスケットボール]ファイ サンバ(高校)、[バスケットボール]平尾 充庸(高校)、[野球]代木 大和(高校)

仲田 慶介
なかた けいすけ

福岡ソフトバンクホークス／外野手
1999年7月25日生／24歳／174cm／74kg／福岡県

経歴≫ 福岡市立原北中→福岡大大濠高→福岡大→ソフトバンク

つながり [野球]古賀 悠斗(高校)、[ラグビー]花田 広樹(大学)、[ラグビー]大野 和真(大学)

中田 翔
なかた しょう

読売ジャイアンツ／内野手　代表歴あり
1989年4月22日生／34歳／184cm／107kg／O型／広島県

経歴≫ 広島市立国泰寺中→大阪桐蔭高→日本ハム→巨人

つながり [ラグビー]宮宗 翔(高校)、[ラグビー]紙森 陽太(高校)、[ラグビー]岡田 優輝(高校)

中田 翔太
なかた しょうた

クボタスピアーズ船橋・東京ベイ／CTB
1996年5月20日生／26歳／181cm／88kg／大阪府

経歴≫ 都島工高→近畿大→クボタスピアーズ船橋・東京ベイ

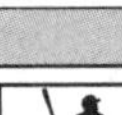
つながり [ラグビー]谷口 和洋(高校)、[ラグビー]宮宗 翔(大学)、[ラグビー]岩佐 賢人(大学)

永田 颯太郎
ながた そうたろう

東北楽天ゴールデンイーグルス／内野手
2000年10月11日生／23歳／178cm／74kg／愛知県

経歴≫ 東海市立名和中→菊華高→国立台湾体育運動大→楽天

つながり [ラグビー]野村 三四郎(同郷・同年代)、[バスケットボール]山崎 凜(同郷・同年代)

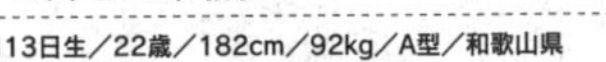

中田 惟斗
なかた ゆいと

オリックス・バファローズ／投手
2001年9月13日生／22歳／182cm／92kg／A型／和歌山県

経歴≫ 御坊市立御坊中→大阪桐蔭高→オリックス

つながり [ラグビー]宮宗 翔(高校)、[ラグビー]紙森 陽太(高校)、[ラグビー]岡田 優輝(高校)

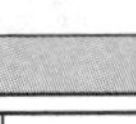

永田 亮
ながた りょう

マツダスカイアクティブズ広島／HO
1995年2月28日生／27歳／168cm／76kg／長崎県

経歴≫ 長崎北陽台高→同志社大→マツダスカイアクティブズ広島

つながり [ラグビー]岡崎 航大(高校)、[ラグビー]平川 隼也(高校)、[ラグビー]中尾 隼太(高校)

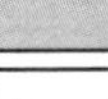

中舘 庸太朗
なかだて ようたろう

TOHOKU FREEBLADES／DF
2001年9月9日生／21歳／175cm／77kg

経歴≫ South Shore Kings→Islanders Hockey Club→TOHOKU FREEBLADES

つながり [アイスホッケー]ハリデー 慈英(高校)、[アイスホッケー]石川 貴大(高校)、[アイスホッケー]大宮 良(高校)

仲地 礼亜
なかち れいあ

中日ドラゴンズ／投手
2001年2月15日生／22歳／177cm／83kg／沖縄県

経歴≫ 読谷村立古堅中→嘉手納高→沖縄大→中日

つながり [野球]宮城 滝太(同郷・同年代)、[野球]前田 純(同郷・同年代)、[野球]上間 永遠(同郷・同年代)

中務 敏宏
なかつか としひろ

名古屋ダイヤモンドドルフィンズ／SG/SF

1986年4月18日生／36歳／188cm／86kg／O型／大阪府

経歴≫ 弥刀中→八尾高→筑波大→和歌山トライアンズ→西宮ストークス→名古屋ダイヤモンドドルフィンズ

つながり [ラグビー]前田 土芽(大学)、[ラグビー]島田 悠平(大学)、[ラグビー]土谷 深浩(大学)

中靏 隆彰
なかづる たかあき

東京サントリーサンゴリアス／WTB

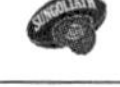

1990年10月24日生／32歳／177cm／83kg／福岡県

経歴≫ 西南学院高→早稲田大→東京サントリーサンゴリアス

つながり [ラグビー]庄島 啓倫(高校)、[野球]田中 和基(高校)、[アイスホッケー]山田 虎太朗(大学)

中鶴 憲章
なかづる のりあき

九州電力キューデンヴォルテクス／CTB

1989年5月3日生／33歳／181cm／94kg／福岡県

経歴≫ 福岡高→筑波大→九州電力キューデンヴォルテクス

つながり [ラグビー]土谷 深浩(高校)、[ラグビー]高屋 直生(高校)、[ラグビー]中尾 康太郎(高校)

永富 健太郎
ながとみ けんたろう

横浜キヤノンイーグルス／SO

1994年4月2日生／28歳／183cm／85kg／福岡県

経歴≫ 修猷館高→同志社大→横浜キヤノンイーグルス

つながり [ラグビー]下川 甲嗣(高校)、[ラグビー]原田 健司(高校)、[ラグビー]古城 隼人(高校)

永富 晨太郎
ながとみ しんたろう

クボタスピアーズ船橋・東京ベイ／CTB

1996年4月4日生／26歳／180cm／95kg／福岡県

経歴≫ 東福岡高→同志社大→クボタスピアーズ船橋・東京ベイ

つながり [ラグビー]岩佐 賢人(高校)、[ラグビー]北川 賢吾(高校)、[ラグビー]古賀 駿汰(高校)

中西 佑介
なかにし ゆうすけ

佐賀バルーナーズ／PF

1994年7月3日生／28歳／192cm／89kg／A型／京都府

経歴≫ 長岡中→東山高→近畿大→佐賀バルーナーズ

つながり [ラグビー]指田 宗孝(高校)、[ラグビー]森 悠記(高校)、[ラグビー]森山 皓太(高校)

中西 良太
なかにし りょうた

西宮ストークス／PF 代表歴あり

1988年12月24日生／34歳／202cm／110kg／A型／兵庫県

経歴≫ 本山南中→高知中央高→日本体育大→TGI D-RISE→兵庫ストークス→熊本ヴォルターズ→佐賀バルーナーズ→西宮ストークス

つながり [アイスホッケー]石井 秀人(大学)、[アイスホッケー]松野 佑太(大学)、[ラグビー]クリスチャン ラウイ(大学)

中野 幹
なかの かん

東京サントリーサンゴリアス／PR

1997年9月29日生／25歳／177cm／108kg／大阪府

経歴≫ 東海大仰星高→東海大→東京サントリーサンゴリアス

つながり [ラグビー]岸岡 智樹(高校)、[ラグビー]近藤 英人(高校)、[ラグビー]根塚 洸雅 (高校)

中野 豪
なかの ごう

豊田自動織機シャトルズ愛知／WTB

1996年12月9日生／26歳／170cm／85kg／大阪府

経歴≫ 常翔啓光学園高→天理大→豊田自動織機シャトルズ愛知

つながり [ラグビー]亀井 亮依(高校)、[ラグビー]山下 楽平(高校)、[ラグビー]森本 潤(高校)

中野 光基
なかの こうき

マツダスカイアクティブズ広島／No8

2000年3月10日生／22歳／180cm／105kg／大阪府

経歴≫ 大阪桐蔭高→帝京大→マツダスカイアクティブズ広島

つながり [ラグビー]宮宗 翔(高校)、[ラグビー]紙森 陽太(高校)、[ラグビー]岡田 優輝(高校)

長野 誠史
ながの さとし

シーホース三河／PG

1995年7月7日生／27歳／175cm／75kg／AB型／石川県

経歴≫ 七尾市立七尾東部中→金沢高→東海大九州→大阪エヴェッサ→シーホース三河

つながり [バスケットボール]木田 貴明(高校)、[野球]飛田 悠成(高校)、[バスケットボール]石井 智大(大学)

中野 将伍
なかの しょうご

東京サントリーサンゴリアス／CTB 代表歴あり

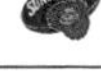

1997年6月11日生／25歳／186cm／98kg／福岡県

経歴≫ 東筑高→早稲田大→東京サントリーサンゴリアス

つながり [ラグビー]中野 裕太(高校)、[ラグビー]小原 渉(高校)、[アイスホッケー]山田 虎太朗(大学)

つながり 【野球】中田翔と唐川侑己は、高校時代に現在独立Lでプレーする佐藤由規と合わせて高校BIG3と呼ばれた

中野 拓夢
なかの たくむ

阪神タイガース／内野手

1996年6月28日生／27歳／171cm／69kg／A型／山形県

経歴≫ 天童第二中→日大山形高→東北福祉大→三菱自動車岡崎→阪神

つながり [バスケットボール]鈴木 大(高校)、[バスケットボール]山本 翔太(高校)、[バスケットボール]菊地 祥平(高校)

中野 剛通
なかの たけみち

トヨタヴェルブリッツ／FB

1996年12月18日生／26歳／186cm／96kg／兵庫県

経歴≫ 天理高→日本体育大→トヨタヴェルブリッツ

つながり [ラグビー]井上 大介(高校)、[ラグビー]立川 理道(高校)、[ラグビー]井関 信介(高校)

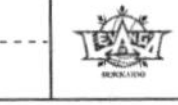

中野 司
なかの つかさ

レバンガ北海道／SG/SF

1996年10月28日生／26歳／185cm／84kg／O型／兵庫県

経歴≫ 多田中→報徳学園高→関西学院大→レバンガ北海道

つながり [ラグビー]井上 遼(高校)、[ラグビー]日和佐 篤(高校)、[ラグビー]前田 剛(高校)

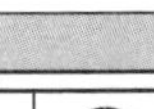

中野 将宏
なかの まさひろ

中国電力レッドレグリオンズ／WTB

1996年1月25日生／26歳／168cm／78kg／山口県

経歴≫ 石見智翠館高→九州共立大→中国電力レッドレグリオンズ

つながり [ラグビー]小幡 将己(高校)、[ラグビー]岡山 仙治(高校)、[ラグビー]加藤 竜聖(高校)

中野 裕太
なかの ゆうた

釜石シーウェイブスRFC／No8

1989年11月16日生／33歳／180cm／100kg／福岡県

経歴≫ 東筑高→MSP(NZ)→早稲田大→神戸製鋼→釜石シーウェイブスRFC

つながり [ラグビー]中野 将伍(高校)、[ラグビー]小原 渉(高校)、[アイスホッケー]山田 虎太朗(大学)

中東 泰斗
なかひがし たいと

名古屋ダイヤモンドドルフィンズ／SG

1992年6月18日生／30歳／191cm／84kg／O型／奈良県

経歴≫ 白鳳中→光泉高→明治大→名古屋ダイヤモンドドルフィンズ

つながり [バスケットボール]杉本 慶(高校)、[バスケットボール]北川 弘(高校)、[アイスホッケー]青山 大基(大学)

仲三河 優太
なかみがわ ゆうた

埼玉西武ライオンズ／外野手

2002年10月22日生／21歳／180cm／90kg／栃木県

経歴≫ 栃木市立大平中→大阪桐蔭高→西武

つながり [ラグビー]宮宗 翔(高校)、[ラグビー]紙森 陽太(高校)、[ラグビー]岡田 優輝(高校)

中道 佑哉
なかみち ゆうや

福岡ソフトバンクホークス／投手

1998年9月4日生／25歳／182cm／73kg／O型／青森県

経歴≫ 十和田市立三本木中→八戸学院野辺地西高→八戸学院大→ソフトバンク

つながり [ラグビー]吹越 大清(大学)、[バスケットボール]野里 惇貴(大学)、[野球]髙橋 優貴(大学)

中村 晃
なかむら あきら

福岡ソフトバンクホークス／外野手

1989年11月5日生／34歳／175cm／83kg／O型／埼玉県

経歴≫ 朝霞市立朝霞第二中→帝京高→ソフトバンク

つながり [ラグビー]安江 祥光(高校)、[野球]原口 文仁(高校)、[野球]山﨑 康晃(高校)、[野球]清水 昇(高校)

中村 元気
なかむら げんき

九州電力キューデンヴォルテクス／FL

1993年6月8日生／29歳／176cm／100kg／佐賀県

経歴≫ 佐賀工高→九州電力キューデンヴォルテクス

つながり [ラグビー]松浦 康一(高校)、[ラグビー]大塚 健太郎(高校)、[ラグビー]荒井 康植(高校)

中村 謙吾
なかむら けんご

クリタウォーターガッシュ昭島／LO

1994年4月20日生／28歳／184cm／110kg／山梨県

経歴≫ 東海大甲府高→愛知大→クリタウォーターガッシュ昭島

つながり [ラグビー]田草川 恵(高校)、[野球]亀田 啓太(高校)、[野球]渡邉 諒(高校)、[野球]高橋 周平(高校)

中村 健人
なかむら けんと

広島東洋カープ／外野手

1997年5月21日生／26歳／0cm／0kg／O型／愛知県

経歴≫ 名古屋市立久方中→中京大中京高→慶應義塾大→トヨタ自動車→広島

つながり [野球]中山 礼都(高校)、[野球]伊藤 稜(高校)、[野球]髙橋 宏斗(高校)、[野球]鵜飼 航丞(高校)

中村 匡汰
なかむら こうた

クリタウォーターガッシュ昭島／LO

1998年2月21日生／24歳／188cm／108kg／神奈川県

経歴≫ 東海大相模高→東海大→クリタウォーターガッシュ昭島

つながり [ラグビー]岸岡 智樹(高校)、[ラグビー]近藤 英人(高校)、[ラグビー]根塚 洸雅 (高校)

中村 功平
なかむら こうへい

茨城ロボッツ／PG/SG

1996年9月16日生／26歳／181cm／76kg／A型／山口県

経歴≫ 下関市立長成中→豊浦高→中央大→滋賀レイクスターズ→茨城ロボッツ

つながり [バスケットボール]佐々木 隆成(高校)、[アイスホッケー]小野田 拓人(大学)

中村 駿太
なかむら しゅんた

東京サントリーサンゴリアス／HO

1994年2月28日生／28歳／176cm／100kg／東京都

経歴≫ 桐蔭学園高→明治大→東京サントリーサンゴリアス

つながり [ラグビー]石田 楽人(高校)、[ラグビー]山本 耕生(高校)、[ラグビー]田村 魁世(高校)

中村 翔
なかむら しょう

クリタウォーターガッシュ昭島／SH

1997年10月7日生／25歳／176cm／80kg／福岡県

経歴≫ 東福岡高→法政大→クリタウォーターガッシュ昭島

つながり [ラグビー]岩佐 賢人(高校)、[ラグビー]北川 賢吾(高校)、[ラグビー]古賀 駿汰(高校)

中村 奨吾
なかむら しょうご

千葉ロッテマリーンズ／内野手

1992年5月28日生／31歳／180cm／88kg／A型／兵庫県

経歴≫ 三木市立吉川中→天理高→早稲田大→ロッテ

つながり [ラグビー]井上 大介(高校)、[ラグビー]立川 理道(高校)、[ラグビー]井関 信介(高校)

中村 奨成

なかむら しょうせい

広島東洋カープ／捕手

1999年6月6日生／24歳／181cm／81kg／B型／広島県

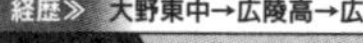

経歴≫ 大野東中→広陵高→広島

つながり [バスケットボール]冨岡 大地(高校)、[バスケットボール]大浦 颯太(高校)、[野球]小林 誠司(高校)

中村 大志
なかむら たいし

豊田自動織機シャトルズ愛知／LO

1995年9月5日生／27歳／189cm／110kg／大阪府

経歴≫ 大阪桐蔭高→筑波大→豊田自動織機シャトルズ愛知

つながり [ラグビー]宮宗 翔(高校)、[ラグビー]紙森 陽太(高校)、[ラグビー]岡田 優輝(高校)

中村 太地
なかむら たいち

シーホース三河／PG

1997年6月29日生／25歳／190cm／87kg／A型／山口県

経歴≫ 周南市立福川中→福岡大付大濠高→法政大→シーホース三河

つながり [バスケットボール]小林 大祐(高校)、[バスケットボール]井上 宗一郎(高校)

中村 貴浩
なかむら たかひろ

広島東洋カープ／外野手

2000年4月9日生／23歳／178cm／88kg／福岡県

経歴≫ 筑後北中→九州国際大付高→九州産大→広島

つながり [野球]二保 旭(高校)、[野球]三好 匠(高校)、[野球]生海(高校)、[野球]野田 海人(高校)

中村 宜聖
なかむら たかまさ

福岡ソフトバンクホークス／外野手

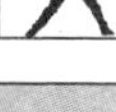

2000年7月3日生／23歳／184cm／86kg／O型／大分県

経歴≫ 大分市立大在中→西日本短大附高→ソフトバンク

つながり [野球]小野 郁(高校)、[野球]大曲 錬(高校)、[野球]小幡 竜平(同郷・同年代)

中村 剛也
なかむら たけや

埼玉西武ライオンズ／内野手

1983年8月15日生／40歳／175cm／102kg／O型／大阪府

経歴≫ 大東市立四条中→大阪桐蔭高→西武

つながり [ラグビー]宮宗 翔(高校)、[ラグビー]紙森 陽太(高校)、[ラグビー]岡田 優輝(高校)

中村 稔弥
なかむら としや

千葉ロッテマリーンズ／投手

1996年7月8日生／27歳／178cm／84kg／A型／長崎県

経歴≫ 海星中→清峰高→亜細亜大→ロッテ

つながり [野球]松田 宣浩(大学)、[野球]北村 拓己(大学)、[野球]髙橋 遥人(大学)、[野球]岡留 英貴(大学)

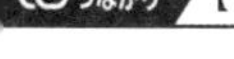

【ラグビー】2023年リーグワン選手兄弟録。中野裕太(兄)と中野翔伍(弟)

中村 友哉
なかむら ともや

花園近鉄ライナーズ／SH
1998年6月25日生／24歳／162cm／67kg／京都府

経歴≫ 伏見工高→東海大→花園近鉄ライナーズ

つながり [ラグビー]田中 史朗(高校)、[ラグビー]小畑 健太郎(高校)、[ラグビー]寺田 桂太(高校)

中村 浩陸
なかむら ひろむ

ファイティングイーグルス名古屋／PG/SG
1997年11月29日生／25歳／177cm／76kg／A型／愛知県

経歴≫ 南山中→中部大一高→大東文化大→大阪エヴェッサ→FE名古屋

つながり [バスケットボール]宇都 直輝(高校)、[バスケットボール]張本 天傑(高校)

中村 正寿
なかむら まさとし

リコーブラックラムズ東京／SH
1989年1月24日生／33歳／165cm／74kg／福岡県

経歴≫ 東福岡高→日本大→リコーブラックラムズ東京

つながり [ラグビー]岩佐 賢人(高校)、[ラグビー]北川 賢吾(高校)、[ラグビー]古賀 駿汰(高校)

中村 祐太
なかむら ゆうた

広島東洋カープ／投手
1995年8月31日生／28歳／186cm／85kg／A型／東京都

経歴≫ 江戸川区立小岩第五中→関東一高→広島

つながり [野球]井坪 陽生(高校)、[野球]石橋 康太(高校)、[野球]佐藤 奨真(高校)

中村 悠人
なかむら ゆうと

マツダスカイアクティブズ広島／CTB
1998年3月2日生／24歳／177cm／90kg／福岡県

経歴≫ 東海大福岡高→京都産大→マツダスカイアクティブズ広島

つながり [ラグビー]藤井 達哉(高校)、[ラグビー]山口 楓斗(高校)、[ラグビー]田中 史朗(大学)

中村 悠平
なかむら ゆうへい

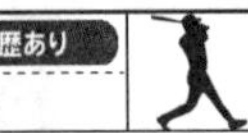

東京ヤクルトスワローズ／捕手 代表歴あり
1990年6月17日生／33歳／176cm／83kg／A型／福井県

経歴≫ 陽明中→福井商高→ヤクルト

つながり [バスケットボール]森川 正明(高校)、[アイスホッケー]牛来 拓都(同年代)

中村 来生
なかむら らいせい

広島東洋カープ／投手
2003年5月4日生／20歳／190cm／76kg／O型／富山県

経歴≫ 高岡市立志貴野中→高岡第一高→広島

つながり [アイスホッケー]葛西 純昌(同年代)、[ラグビー]ダリエス トマス(同年代)、[ラグビー]鵜野 凪斗(同年代)

中村 亮太
なかむら りょうた

福岡ソフトバンクホークス／投手
1998年5月18日生／25歳／183cm／80kg／O型／千葉県

経歴≫ 四街道市立四街道中→千葉経大附高→東京農大北海道オホーツク→ソフトバンク

つながり [野球]丸 佳浩(高校)、[野球]岡本 直也(高校)、[ラグビー]坂本 侑翼(同郷・同年代)

中村 亮土
なかむら りょうと

東京サントリーサンゴリアス／CTB 代表歴あり
1991年6月3日生／31歳／181cm／92kg／鹿児島県

経歴≫ 鹿児島実高→帝京大→東京サントリーサンゴリアス

つながり [ラグビー]小瀧 尚弘(高校)、[ラグビー]桑山 淳生(高校)、[ラグビー]桑山 聖生(高校)

中村 良真
なかむら りょうま

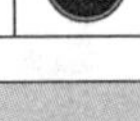

釜石シーウェイブスRFC／SO
1994年11月27日生／28歳／172cm／80kg／青森県

経歴≫ 八戸西高→帝京大→釜石シーウェイブスRFC

つながり [ラグビー]佐々木 剛(高校)、[野球]福島 蓮(高校)、[ラグビー]大和田 立(大学)

中本 圭介
なかもと けいすけ

マツダスカイアクティブズ広島／FB
1992年12月1日生／30歳／180cm／83kg／広島県

経歴≫ 流通経済大付柏高→立命館大→マツダスカイアクティブズ広島

つながり [ラグビー]粥塚 諒(高校)、[ラグビー]堀米 航平(高校)、[ラグビー]津嘉山 廉人(高校)

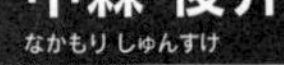

中森 俊介
なかもり しゅんすけ

千葉ロッテマリーンズ／投手
2002年5月29日生／21歳／182cm／86kg／AB型／兵庫県

経歴≫ 篠山市立篠山東中→明石商高→ロッテ

つながり [野球]山﨑 伊織(高校)、[野球]松本 航(高校)、[野球]水上 桂(高校)、[野球]来田 涼斗(高校)

中屋敷 侑史
なかやしき ゆうし

RED EAGLES HOKKIDO／FW　代表歴あり

1997年6月29日生／25歳／193cm／95kg

経歴≫ 釧路富原小→富原中→釧路江南→RED EAGLES HOKKIDO

つながり [アイスホッケー]青山 大基(高校)、[アイスホッケー]坂田 駿(高校)、[アイスホッケー]生江 太樹(高校)

中山 誠吾
なかやま せいご

埼玉西武ライオンズ／内野手

1999年5月9日生／24歳／190cm／100kg／B型／栃木県

経歴≫ 宇都宮市立田原中→青藍泰斗高→白鴎大→西武

つながり [野球]石川 翔(高校)、[野球]益子 京右(高校)、[ラグビー]カヴァイア タギベタウア(大学)

中山 拓哉
なかやま たくや

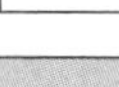

秋田ノーザンハピネッツ／PG/SG

1994年7月24日生／28歳／182cm／85kg／B型／神奈川県

経歴≫ 上飯田中→東海大付相模高→東海大→秋田ノーザンハピネッツ

つながり [ラグビー]五十嵐 優(高校)、[ラグビー]豊島 翔平(高校)、[ラグビー]王野 尚希(高校)

中山 晶量
なかやま てるかず

北海道日本ハムファイターズ／投手

1999年2月8日生／24歳／188cm／90kg／徳島県

経歴≫ 生光学園中→鳴門高→明治大→IL・徳島→日本ハム

つながり [野球]板東 湧梧(高校)、[野球]河野 竜生(高校)、[アイスホッケー]青山 大基(大学)

中山 礼都
なかやま らいと

読売ジャイアンツ／内野手

2002年4月12日生／21歳／182cm／80kg／A型／愛知県

経歴≫ 名古屋市立沢上中→中京大中京高→巨人

つながり [野球]伊藤 稜(高校)、[野球]高橋 宏斗(高校)、[野球]鵜飼 航丞(高校)、[野球]伊藤 康祐(高校)

永吉 佑也
ながよし ゆうや

ライジングゼファー福岡／PF/C　代表歴あり

1991年7月14日生／31歳／198cm／108kg／O型／鹿児島県

経歴≫ 緑丘中→延岡学園高→青山学院大→東芝ブレイブサンダース神奈川他→ライジングゼファー福岡

つながり [バスケットボール]ベンドラメ 礼生(高校)、[バスケットボール]寺園 脩斗(高校)

半井 優太
なからい ゆうた

三重ホンダヒート／CTB

1993年3月4日生／29歳／177cm／82kg／京都府

経歴≫ 伏見工高→法政大→三重ホンダヒート

つながり [ラグビー]田中 史朗(高校)、[ラグビー]小畑 健太郎(高校)、[ラグビー]寺田 桂太(高校)

流 大
ながれ ゆたか

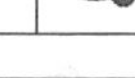

東京サントリーサンゴリアス／SH　代表歴あり

1992年9月4日生／30歳／166cm／75kg／福岡県

経歴≫ 荒尾→帝京大→東京サントリーサンゴリアス

つながり [ラグビー]町野 泰司(高校)、[ラグビー]清原 祥(高校)、[ラグビー]西浦 洋祐(高校)

ナッシュ タイ
なっしゅ たい

清水建設江東ブルーシャークス／LO

1996年5月17日生／26歳／196cm／114kg／オーストラリア

経歴≫ フェイザー・コースト・アングリカン→立正大→清水建設江東ブルーシャークス

つながり [ラグビー]千葉 雄太(大学)、[ラグビー]ヘンリー ジェイミー(大学)

ナナー ダニエル弾
なな一 だにえるだん

レバンガ北海道／PF

1997年6月2日生／25歳／200cm／110kg／O型／神奈川県

経歴≫ 横須賀学院中→横須賀学院高→青山学院大→琉球ゴールデンキングス→山形ワイヴァンズ→レバンガ北海道

つながり [ラグビー]古賀 駿汰(大学)、[ラグビー]髙橋 敏也(大学)、[ラグビー]髙野 祥太(大学)

ナニ ラウマペ
なに らうまぺ

コベルコ神戸スティーラーズ／CTB

1993年4月22日生／29歳／171cm／103kg／ニュージーランド

経歴≫ パーマストンノースボーイズ高→コベルコ神戸スティーラーズ

つながり [ラグビー]ロブ トンプソン(高校)、[ラグビー]ハドレー パークス(高校)

生田目 翼
なばため つばさ

北海道日本ハムファイターズ／投手

1995年2月19日生／28歳／176cm／88kg／A型／茨城県

経歴≫ 大宮第二中→水戸工高→流通経済大→日本通運→日本ハム

つながり [ラグビー]木村 友憲(大学)、[ラグビー]ジョージ リサレ(大学)、[ラグビー]積 賢佑(大学)

つながり 【ラグビー】流大、姫野和樹はeリポビタンDチャレンジカップ2020にてゲームで対戦

名原 典彦
なはら のりひこ

広島東洋カープ／外野手

2000年6月24日生／23歳／183cm／82kg／広島県

経歴≫ 広島市立三和中→瀬戸内高→青森大→広島

つながり [野球]山岡 泰輔(高校)、[野球]蝦名 達夫(大学)、[アイスホッケー]阿部 泰河(同年代)

生江 太樹
なまえ たいき

TOHOKU FREEBLADES／FW

1998年6月28日生／24歳／179cm／82kg

経歴≫ 釧路鳥取中→釧路江南高→早稲田大→TOHOKU FREEBLADES

つながり [アイスホッケー]青山 大基(高校)、[アイスホッケー]中屋敷 侑史(高校)、[アイスホッケー]坂田 駿(高校)

行木 俊
なみき しゅん

広島東洋カープ／投手

2001年1月8日生／22歳／184cm／77kg／O型／千葉県

経歴≫ 山武市立松尾中→横芝敬愛高→四国IL・徳島→広島

つながり [野球]伊藤 翔(高校)、[野球]石橋 康太(同郷・同年代)、[野球]古谷 拓郎(同郷・同年代)

並木 秀尊
なみき ひでたか

東京ヤクルトスワローズ／外野手

1999年3月23日生／24歳／170cm／70kg／埼玉県

経歴≫ 草加市立川柳中→市立川口高→獨協大→ヤクルト

つながり [ラグビー]本堂 杏虎(同郷・同年代)、[ラグビー]山沢 京平(同郷・同年代)、[ラグビー]大内 錬(同郷・同年代)

並里 成
なみざと なりと

群馬クレインサンダーズ／PG　代表歴あり

1989年8月7日生／33歳／172cm／72kg／O型／沖縄県

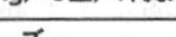

経歴≫ コザ中→福岡第一高→サウスケント大→琉球ゴールデンキングス他→群馬クレインサンダーズ

つながり [バスケットボール]井手 優希(高校)、[バスケットボール]渡辺 竜之佑(高校)

奈良 望
なら のぞみ

三菱重工相模原ダイナボアーズ／CTB

1996年11月4日生／26歳／180cm／93kg／秋田県

経歴≫ 秋田工高→法政大→三菱重工相模原ダイナボアーズ

つながり [ラグビー]三浦 昌悟(高校)、[ラグビー]猿田 湧(高校)、[ラグビー]宮川 智海(高校)

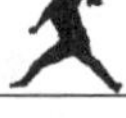

奈良木 陸
ならき りく

読売ジャイアンツ／投手

1998年4月16日生／25歳／182cm／90kg／O型／広島県

経歴≫ 府中市立第一中→府中高→筑波大→巨人

つながり [ラグビー]前田 土芽(大学)、[ラグビー]島田 悠平(大学)、[ラグビー]土谷 深浩(大学)

奈良間 大己
ならま たいき

北海道日本ハムファイターズ／内野手

2000年5月8日生／23歳／172cm／72kg／静岡県

経歴≫ 菊川西中→常葉大菊川高→立正大→日本ハム

つながり [野球]安西 叶翔(高校)、[ラグビー]千葉 雄太(大学)、[ラグビー]ヘンリー ジェイミー(大学)

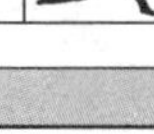

成澤 優太
なりさわ ゆうた

RED EAGLES HOKKIDO／GK　代表歴あり

1987年4月14日生／35歳／179cm／76kg

経歴≫ 釧路駒場小→釧路北中→釧路工高→東洋大→RED EAGLES HOKKIDO

つながり [アイスホッケー]篠原 亨太(高校)、[アイスホッケー]伊藤 賢吾(高校)、[アイスホッケー]柴田 嗣斗(大学)

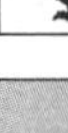

成田 翔
なりた かける

東京ヤクルトスワローズ／投手　代表歴あり

1998年2月3日生／25歳／170cm／78kg／B型／秋田県

経歴≫ 秋田東中→秋田商高→ロッテ→ヤクルト

つながり [野球]石川 雅規(高校)、[ラグビー]三浦 駿平(同郷・同年代)、[野球]石井 大智(同郷・同年代)

南藤 辰馬
なんとう たつま

花園近鉄ライナーズ／WTB

1990年7月19日生／32歳／177cm／86kg／京都府

経歴≫ 伏見工高→帝京大→花園近鉄ライナーズ

つながり [ラグビー]田中 史朗(高校)、[ラグビー]小畑 健太郎(高校)、[ラグビー]寺田 桂太(高校)

に

45人

(NPB/19人、B.LEAGUE/10人、JAPAN RUGBY LEAGUE ONE/17人、ASIA LEAGUE ICE HOCKEY/0人)

新妻 汰一
にいづま たいち

埼玉パナソニックワイルドナイツ／PR

1998年1月18日生／25歳／187cm／125kg／埼玉県

経歴≫ 佐野日大高→明治大→埼玉パナソニックワイルドナイツ

つながり [ラグビー]杉本 悠馬(高校)、[ラグビー]古谷 亘(高校)、[野球]弓削 隼人(高校)

仁熊 秀斗
にくま ひでと

東京サントリーサンゴリアス／WTB

1998年6月24日生／24歳／172cm／85kg／岡山県

経歴≫ 石見智翠館高→筑波大→東京サントリーサンゴリアス

つながり [ラグビー]小幡 将己(高校)、[ラグビー]岡山 仙治(高校)、[ラグビー]加藤 竜聖(高校)

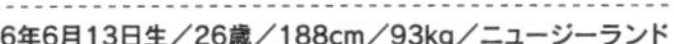

ニコラス マクカラン
にこらす まくからん

東芝ブレイブルーパス東京／CTB

1996年6月13日生／26歳／188cm／93kg／ニュージーランド

経歴≫ ハミルトンボーイズ高→帝京大→東芝ブレイブルーパス東京

つながり [ラグビー]カヴァイア タギベタウア(高校)、[ラグビー]チャーリー ローレンス(高校)

韮澤 雄也
にらさわ ゆうや

広島東洋カープ／内野手

2001年5月20日生／22歳／178cm／81kg／AB型／新潟県

経歴≫ 堀之内中→花咲徳栄高→広島

つながり [野球]松井 颯(高校)、[野球]清水 達也(高校)、[野球]味谷 大誠(高校)、[野球]楠本 泰史(高校)

西 和磨
にし かずま

リコーブラックラムズ東京／PR

1995年8月10日生／27歳／180cm／112kg／富山県

経歴≫ 京都成章高→帝京大→リコーブラックラムズ東京

つながり [ラグビー]押川 敦治(高校)、[ラグビー]松岡 賢太(高校)、[ラグビー]淺岡 俊亮(高校)

西 純矢
にし じゅんや

阪神タイガース／投手

2001年9月13日生／22歳／184cm／88kg／O型／広島県

経歴≫ 廿日市市立阿品台中→創志学園高→阪神

つながり [野球]石原 貴規(高校)、[野球]髙田 萌生(高校)、[アイスホッケー]中舘 庸太朗(同年代)

西 勇輝
にし ゆうき

阪神タイガース／投手　代表歴あり

1990年11月10日生／33歳／181cm／82kg／B型／三重県

経歴≫ 菰野町立八風中→菰野高→オリックス→阪神

つながり [野球]岡林 勇希(高校)、[アイスホッケー]牛来 拓都(同年代)、[アイスホッケー]杉本 華唯(同年代)

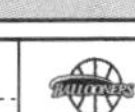

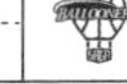

西 裕太郎
にし ゆうたろう

佐賀バルーナーズ／PG

1992年5月3日生／30歳／176cm／72kg／アメリカ

経歴≫ バートリン中→ウェスト・トーランス高KIUアカデミー→エル・カミーノ大→大阪エヴェッサ他→佐賀バルーナーズ

つながり [バスケットボール]ザック バランスキー(同郷・同年代)

西井 利宏
にしい としひろ

釜石シーウェイブスRFC／LO

1990年12月3日生／32歳／185cm／107kg／愛媛県

経歴≫ 三島高→大阪体育大→宗像サニックスブルース→釜石シーウェイブスRFC

つながり [ラグビー]山本 剣士(大学)、[ラグビー]王 鏡聞(大学)、[ラグビー]伊尾木 洋斗(大学)

西浦 直亨
にしうら なおみち

東京ヤクルトスワローズ／内野手

1991年4月11日生／32歳／178cm／75kg／B型／奈良県

経歴≫ 大淀中→天理高→法政大→ヤクルト

つながり [ラグビー]井上 大介(高校)、[ラグビー]立川 理道(高校)、[ラグビー]井関 信介(高校)

西浦 洋祐
にしうら ようすけ

NTTドコモレッドハリケーンズ大阪／PR

1990年9月29日生／32歳／175cm／108kg／熊本県

経歴≫ 荒尾高→立命館大→NTTドコモレッドハリケーンズ大阪

つながり [ラグビー]町野 泰司(高校)、[ラグビー]清原 祥(高校)、[ラグビー]流 大(高校)

西尾 歩真
にしお あゆま

福岡ソフトバンクホークス／内野手

2000年6月20日生／23歳／167cm／65kg／三重県

経歴≫ 瑞江第二中→中京高→中京学院大→ソフトバンク

つながり [野球]吉川 尚輝(大学)、[野球]菊池 涼介(大学)、[野球]是澤 涼輔(同郷・同年代)

つながり 【バスケットボール】並里成、狩野祐介、辻直人は2006年ウィンターカップの決勝戦で対戦

西垣 雅矢
にしがき まさや

東北楽天ゴールデンイーグルス／投手

1999年6月21日生／24歳／184cm／88kg／B型／兵庫県

経歴》 朝来市立梁瀬中→報徳学園高→早稲田大→楽天

つながり [ラグビー]井上 遼(高校)、[ラグビー]日和佐 篤(高校)、[ラグビー]前田 剛(高校)

西川 和眞
にしかわ かずま

浦安D-Rocks／PR

1996年2月14日生／26歳／177cm／117kg／大阪府

経歴》 天理高→天理大→NTTドコモレッドハリケーンズ大阪→浦安D-Rocks

つながり [ラグビー]井上 大介(高校)、[ラグビー]立川 理道(高校)、[ラグビー]井関 信介(高校)

西川 大輔
にしかわ だいすけ

リコーブラックラムズ東京／CTB

1997年8月24日生／25歳／183cm／90kg／愛知県

経歴》 豊明高→中京大→リコーブラックラムズ東京

つながり [ラグビー]蜂谷 元紹(大学)、[ラグビー]日比野 壮大(大学)、[ラグビー]井出 三四郎(大学)

西川 貴之
にしかわ たかのぶ

佐賀バルーナーズ／SF

1992年1月14日生／31歳／196cm／90kg／O型／北海道

経歴》 八城中→東海大付四高→明治大→レバンガ北海道→シーホース三河→三遠ネオフェニックス→茨城ロボッツ→佐賀バルーナーズ

つながり [バスケットボール]大塚 裕土(高校)、[バスケットボール]関野 剛平(高校)

西川 太郎
にしかわ たろう

中国電力レッドレグリオンズ／LO

1994年10月9日生／28歳／180cm／102kg／奈良県

経歴》 天理高→天理大→中国電力レッドレグリオンズ

つながり [ラグビー]井上 大介(高校)、[ラグビー]立川 理道(高校)、[ラグビー]井関 信介(高校)

西川 遥輝
にしかわ はるき

東北楽天ゴールデンイーグルス／外野手

1992年4月16日生／31歳／181cm／79kg／A型／和歌山県

経歴》 貴志川中→智辯和歌山高→日本ハム→楽天

つながり [野球]岡田 俊哉(高校)、[野球]東妻 純平(高校)、[野球]黒原 拓未(高校)、[野球]小林 樹斗(高校)

西川 愛也
にしかわ まなや

埼玉西武ライオンズ／外野手

1999年6月10日生／24歳／180cm／82kg／A型／大阪府

経歴》 堺市立金岡南中→花咲徳栄高→西武

つながり [野球]松井 颯(高校)、[野球]清水 達也(高校)、[野球]味谷 大誠(高校)、[野球]楠本 泰史(高校)

西川 僚祐
にしかわ りょうすけ

千葉ロッテマリーンズ／外野手

2002年4月19日生／21歳／186cm／98kg／A型／千葉県

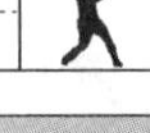

経歴》 船橋市立古和釜中→東海大付相模高→ロッテ

つながり [ラグビー]五十嵐 優(高校)、[ラグビー]豊島 翔平(高校)、[ラグビー]王野 尚希(高校)

西川 龍馬
にしかわ りょうま

広島東洋カープ／外野手

1994年12月10日生／29歳／176cm／79kg／O型／大阪府

経歴》 大阪市立築港中→敦賀気比高→王子→広島

つながり [野球]笠島 尚樹(高校)、[野球]前川 誠太(高校)、[野球]木下 元秀(高校)、[野球]平沼 翔太(高校)

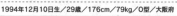

西口 直人
にしぐち なおと

東北楽天ゴールデンイーグルス／投手

1996年11月14日生／27歳／183cm／83kg／B型／大阪府

経歴》 曙川中→山本高→甲賀健康医療専門→楽天

つながり [ラグビー]中田 翔太(同郷・同年代)、[ラグビー]池永 玄太郎(同郷・同年代)

西澤 将太
にしざわ しょうた

三重ホンダヒート／HO

1997年3月20日生／25歳／176cm／103kg／オーストラリア

経歴》 ウエストアイルランド高→ワイカト大学→三重ホンダヒート

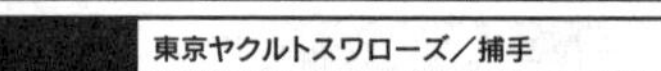

つながり [ラグビー]フェトゥカモカモ ダグラス(大学)、[ラグビー]ジェイコブ スキーン(大学)

西田 明央
にしだ あきひさ

東京ヤクルトスワローズ／捕手

1992年4月28日生／31歳／178cm／83kg／AB型／京都府

経歴》 伏見中→北照高→ヤクルト

つながり [野球]齋藤 綱記(高校)、[ラグビー]北出 卓也(同郷・同年代)、[ラグビー]伊尾木 洋斗(同郷・同年代)

西田 優大
にしだ ゆうだい

シーホース三河／SG　代表歴あり
1999年3月13日生／23歳／190cm／90kg／B型／徳島県

経歴≫ 海陽町立海陽中→福岡大付大濠高→東海大→名古屋ダイヤモンドドルフィンズ→新潟アルビレックスBB→シーホース三河

つながり [バスケットボール]小林 大祐(高校)、[バスケットボール]井上 宗一郎(高校)

西野 真弘
にしの まさひろ

オリックス・バファローズ／内野手
1990年8月2日生／33歳／167cm／71kg／O型／東京都

経歴≫ 南葛西中→東海大付浦安高→国際武道大→JR東日本→オリックス

つながり [バスケットボール]狩俣 昌也(大学)、[野球]伊藤 将司(大学)、[野球]豊田 寛(大学)

西野 勇士
にしの ゆうじ

千葉ロッテマリーンズ／投手　代表歴あり
1991年3月6日生／32歳／183cm／90kg／A型／富山県

経歴≫ 高岡市立西部中→新湊高→ロッテ

つながり [アイスホッケー]牛来 拓都(同年代)、[アイスホッケー]杉本 華唯(同年代)

西野 曜
にしの よう

サンロッカーズ渋谷／SF
1998年7月27日生／24歳／199cm／94kg／A型／大阪府

経歴≫ 大正北中→近畿大附高→専修大→サンロッカーズ渋谷

つながり [ラグビー]松岡 将大(高校)、[ラグビー]吉田 竜二(高校)、[ラグビー]石田 楽人(大学)

西野 嘉修
にしの よしのぶ

マツダスカイアクティブズ広島／LO
1993年6月30日生／29歳／185cm／94kg／大阪府

経歴≫ 大阪桐蔭高→中央大→マツダスカイアクティブズ広島

つながり [ラグビー]宮宗 翔(高校)、[ラグビー]紙森 陽太(高校)、[ラグビー]岡田 優輝(高校)

西橋 勇人
にしばし はやと

浦安D-Rocks／SH
1990年10月12日生／32歳／170cm／77kg／神奈川県

経歴≫ 桐蔭学園高→早稲田大→浦安D-Rocks

つながり [ラグビー]石田 楽人(高校)、[ラグビー]山本 耕生(高校)、[ラグビー]田村 魁世(高校)

西濱 勇星
にしはま ゆうせい

オリックス・バファローズ／投手
2002年11月23日生／21歳／181cm／85kg／群馬県

経歴≫ 綿打中→関東学園大附高→BCL・群馬→オリックス

つながり [野球]岡島 豪郎(高校)、[野球]下 慎之介(同郷・同年代)、[ラグビー]シオネ タプオシ(同年代)

西巻 賢二
にしまき けんじ

横浜DeNAベイスターズ／内野手
1999年4月22日生／24歳／167cm／70kg／A型／福島県

経歴≫ 秀光中→仙台育英高→楽天→ロッテ→DeNA

つながり [ラグビー]菊田 圭佑(高校)、[ラグビー]千葉 雄太(高校)、[ラグビー]矢富 洋則(高校)

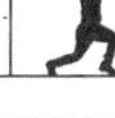

西村 颯平
にしむら そうへい

静岡ブルーレヴズ／PR
1992年8月20日生／30歳／180cm／113kg／京都府

経歴≫ 伏見工高→立命館大→静岡ブルーレヴズ

つながり [ラグビー]田中 史朗(高校)、[ラグビー]小畑 健太郎(高校)、[ラグビー]寺田 桂太(高校)

西村 天裕
にしむら たかひろ

北海道日本ハムファイターズ／投手
1993年5月6日生／30歳／177cm／94kg／O型／和歌山県

経歴≫ 和歌山東中→和歌山商高→帝京大→NTT東日本→日本ハム

つながり [ラグビー]大和田 立(大学)、[ラグビー]亀井 亮依(大学)、[ラグビー]小林 恵太(大学)

西村 雄大
にしむら たけひろ

日野レッドドルフィンズ／FL
1991年9月23日生／31歳／184cm／104kg／宮崎県

経歴≫ 明治大→日野レッドドルフィンズ

つながり [アイスホッケー]青山 大基(大学)、[アイスホッケー]坂田 駿(大学)、[アイスホッケー]相馬 秀斗(大学)

西村 文男
にしむら ふみお

千葉ジェッツ／PG
1986年9月24日生／36歳／177cm／72kg／A型／三重県

経歴≫ 創徳中→北陸高→東海大→日立サンロッカーズ東京→千葉ジェッツ

つながり [バスケットボール]藤永 佳昭(高校)、[バスケットボール]満田 丈太郎(高校)

つながり 【バスケットボール】西田優大、八村塁は2014年ウィンターカップ決勝で対戦

西村 龍馬
にしむら りょうま

トヨタヴェルブリッツ／LO
1995年11月21日生／27歳／190cm／105kg／宮崎県

経歴≫ 高鍋高→専修大→トヨタヴェルブリッツ

つながり [ラグビー]重信 滉史郎(高校)、[ラグビー]黒木 健人(高校)、[ラグビー]石田 楽人(大学)

西村 瑠伊斗
にしむら るいと

東京ヤクルトスワローズ／内野手
2004年7月1日生／19歳／179cm／78kg／京都府

経歴≫ 洛南中→京都外国語大西高→ヤクルト

つながり [野球]森下 瑠大(同郷・同年代)、[野球]松尾 汐恩(同郷・同年代)、[野球]安西 叶翔(同郷・同年代)

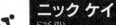

ニック ケイ
にっく けい

島根スサノオマジック／PF/C
1992年8月3日生／30歳／206cm／106kg／オーストラリア

経歴≫ 島根スサノオマジック

つながり [ラグビー]リアム ギル(同郷・同年代)、[ラグビー]アンドリュー ディーガン(同郷・同年代)

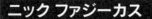

ニック ファジーカス
にっく ふぁじーかす

川崎ブレイブサンダース／C 代表歴あり
1985年6月17日生／37歳／207cm／114kg／アメリカ

経歴≫ ラルストンバレー高→ネバダ大→リノ ビッグホーンズ他→川崎ブレイブサンダース

つながり [バスケットボール]セドリック シモンズ(同郷・同年代)、[バスケットボール]ウェイン・マーシャル(同郷・同年代)

ニック フィップス
にっく ふぃっぷす

NECグリーンロケッツ東葛／SH
1989年1月9日生／34歳／180cm／87kg／オーストラリア

経歴≫ キングスカレッジパラマッタ校→メルボルンレベルズ→NSWワラターズ→ロンドンアイリッシュ→NECグリーンロケッツ東葛

つながり [ラグビー]バーナード フォーリー(大学)、[ラグビー]トム イングリッシュ(大学)

ニック メイヨ
にっく めいよ

広島ドラゴンフライズ／PF/C
1997年8月18日生／25歳／206cm／113kg／アメリカ

経歴≫ メサロンスキー→イースタンケンタッキー大→千葉ジェッツ→レバンガ北海道→広島ドラゴンフライズ

つながり [バスケットボール]鎌田 隼(同郷・同年代)、[バスケットボール]ダニエル ギデンズ(同郷・同年代)

二ノ宮 康平
にのみや こうへい

越谷アルファーズ／PG
1988年8月1日生／34歳／173cm／70kg／A型／埼玉県

経歴≫ 京北中→京北高→慶應義塾大→アルバルク東京→琉球ゴールデンキングス→滋賀レイクスターズ→茨城ロボッツ→越谷アルファーズ

つながり [バスケットボール]田渡 修人(高校)、[バスケットボール]田渡 凌(高校)、[アイスホッケー]氏橋 祐太(大学)

二保 旭
にほ あきら

阪神タイガース／投手
1990年5月18日生／33歳／182cm／75kg／B型／福岡県

経歴≫ 仲津中→九州国際大付高→ソフトバンク

つながり [野球]三好 匠(高校)、[野球]中村 貴浩(高校)、[野球]生海(高校)、[野球]野田 海人(高校)

庭井 祐輔

にわい ゆうすけ

横浜キヤノンイーグルス／HO  代表歴あり
1991年10月22日生／31歳／174cm／95kg／兵庫県

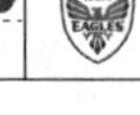

経歴≫ 報徳学園高→立命館大→横浜キヤノンイーグルス

つながり [ラグビー]井上 遼(高校)、[ラグビー]日和佐 篤(高校)、[ラグビー]前田 剛(高校)

ぬ

2人
(NPB/1人、B.LEAGUE/0人、JAPAN RUGBY LEAGUE ONE/1人、ASIA LEAGUE ICE HOCKEY/0人)

布巻 峻介
ぬのまき しゅんすけ

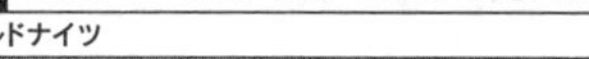
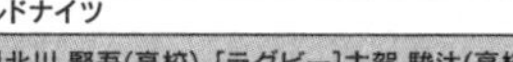

埼玉パナソニックワイルドナイツ／FL 代表歴あり
1992年7月13日生／30歳／178cm／98kg／福岡県

経歴≫ 東福岡高→早稲田大→埼玉パナソニックワイルドナイツ

つながり [ラグビー]岩佐 賢人(高校)、[ラグビー]北川 賢吾(高校)、[ラグビー]古賀 駿汰(高校)

沼田 翔平
ぬまた しょうへい

東京ヤクルトスワローズ／投手
2000年6月24日生／23歳／175cm／65kg／AB型／北海道

経歴≫ 神居中→旭川大高→巨人→ヤクルト

つながり [バスケットボール]林 翔太郎(高校)、[野球]持丸 泰輝(高校)、[野球]菊地 吏玖(同郷・同年代)

ね 9人

(NPB/2人、B.LEAGUE/2人、JAPAN RUGBY LEAGUE ONE/5人、ASIA LEAGUE ICE HOCKEY/0人)

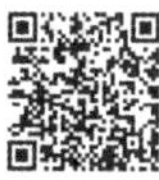

ネイサン ヒューズ
ねいさん ひゅーず

リコーブラックラムズ東京／No8

1991年6月10日生／31歳／196cm／126kg／フィジー

経歴≫ ケルストンボーイズハイスクール→オークランド→ワスプス→ブリストルベアーズ→リコーブラックラムズ東京

つながり [ラグビー]タンゲレ ナイヤラボロ(同郷・同年代)、[ラグビー]マリティノ ネマニ(同郷・同年代)

ネイサン ブース
ねいさん ぶーす

仙台89ERS／PF/C

1994年2月3日生／28歳／208cm／106kg／O型／アメリカ

経歴≫ ウッドランド中→ウォーレン高→トリード大→Sakarya BB→EWE Baskets Oldenburg EWE→Darüşşafaka→仙台89ERS

つながり [バスケットボール]アディソン スプライル(同郷・同年代)、[バスケットボール]マーベル ハリス(同郷・同年代)

根尾 昂
ねお あきら

中日ドラゴンズ／内野手

2000年4月19日生／23歳／177cm／82kg／O型／岐阜県

経歴≫ 飛騨市立古川中→大阪桐蔭高→中日

つながり [ラグビー]宮宗 翔(高校)、[ラグビー]紙森 陽太(高校)、[ラグビー]岡田 優輝(高校)

根來 新之助
ねごろ しんのすけ

三遠ネオフェニックス／SF

1987年8月19日生／35歳／195cm／95kg／B型／大阪府

経歴≫ 久米田中→岸和田高→天理大→和歌山トライアンズ→西宮ストークス→大阪エヴェッサ→シーホース三河→三遠ネオフェニックス

つながり [ラグビー]上田 聖(大学)、[ラグビー]アシペリ モアラ(大学)、[ラグビー]井上 大介(大学)

根塚 聖冴
ねずか しょうご

三重ホンダヒート／SH

1997年1月13日生／26歳／163cm／70kg／兵庫県

経歴≫ 京都成章高→法政大→三重ホンダヒート

つながり [ラグビー]押川 敦治(高校)、[ラグビー]松岡 賢太(高校)、[ラグビー]淺岡 俊亮(高校)

ネスタ マヒナ
ねすた まひな

花園近鉄ライナーズ／HO

2000年10月28日生／22歳／167cm／110kg／オーストラリア

経歴≫ ブリスベンステートハイスクール→花園近鉄ライナーズ

つながり [ラグビー]パトリック タファ(高校)、[ラグビー]ハリソン フォックス(同郷・同年代)

ネタニ ヴァカヤリア
ねたに う゛ぁかやりあ

リコーブラックラムズ東京／WTB

1998年2月25日生／24歳／180cm／88kg／フィジー

経歴≫ レレインメモリアル高→リコーブラックラムズ東京

つながり [ラグビー]カヴァイア タギベタウア(同郷・同年代)、[アイスホッケー]中屋敷 侑史(同年代)

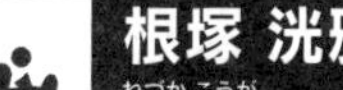

根塚 洸雅
ねづか こうが

クボタスピアーズ船橋・東京ベイ／WTB 代表歴あり

1998年9月15日生／24歳／173cm／82kg／兵庫県

経歴≫ 東海大仰星高→法政大→クボタスピアーズ船橋・東京ベイ

つながり [ラグビー]岸岡 智樹(高校)、[ラグビー]近藤 英人(高校)、[ラグビー]北出 卓也(高校)

根本 悠楓
ねもと はるか

北海道日本ハムファイターズ／投手

2003年3月31日生／20歳／173cm／78kg／O型／北海道

経歴≫ 白老町立白翔中→苫小牧中央高→日本ハム

つながり [野球]斉藤 優汰(高校)、[野球]阿部 剣友(同郷・同年代)、[ラグビー]シオネ タプオシ(同年代)

の 32人

(NPB/12人、B.LEAGUE/8人、JAPAN RUGBY LEAGUE ONE/12人、ASIA LEAGUE ICE HOCKEY/0人)

ノア トビオ
のあ とびお

日野レッドドルフィンズ／No8

1999年2月5日生／23歳／184cm／111kg／ニュージーランド

経歴≫ 札幌山の手高→東海大→日野レッドドルフィンズ

つながり [ラグビー]渡邉 隆之(高校)、[ラグビー]舟橋 諒将(高校)、[ラグビー]伊藤 鐘平(高校)

つながり 【ラグビー】庭井祐輔、德永祥尭は昨年オフに2人で地元兵庫へ自転車で帰省した

ノイジー
のいじー

阪神タイガース／内野手

1994年12月10日生／29歳／183cm／105kg／アメリカ

経歴≫ アスレチックス他→阪神

つながり [バスケットボール]ブランドン アシュリー(同郷・同年代)、[バスケットボール]アイゼイア ヒックス(同郷・同年代)

ノヴァー ガドソン
のうぁー がどそん

京都ハンナリーズ／SF

1989年12月17日生／33歳／201cm／100kg／アメリカ

経歴≫ 京都ハンナリーズ

つながり [バスケットボール]イバン ラベネル(同郷・同年代)、[バスケットボール]ライアン ロシター(同郷・同年代)

納見 悠仁
のうみ ゆうと

川崎ブレイブサンダース／PG/SG

1997年4月10日生／25歳／182cm／83kg／A型／神奈川県

経歴≫ 横須賀学院中→明成高→青山学院大→島根スサノオマジック→新潟アルビレックスBB→川崎ブレイブサンダース

つながり [バスケットボール]石川 海斗(高校)、[バスケットボール]白戸 大聖(高校)

ノーラン トーマス
のーらん とーます

清水建設江東ブルーシャークス／LO

1997年12月8日生／25歳／199cm／121kg／オーストラリア

経歴≫ ニューサウスウェールズ高→清水建設江東ブルーシャークス

つながり [ラグビー]アンドリュー ティーガン(大学)、[ラグビー]ルーク ポーター(同郷・同年代)

野口 恭佑
のぐち きょうすけ

阪神タイガース／外野手

2000年7月17日生／23歳／180cm／88kg／長崎県

経歴≫ 千々石中→創成館高→九州産大→阪神

つながり [野球]鴨打 瑛二(高校)、[野球]川原 陸(高校)、[バスケットボール]上良 潤起(大学)

野口 大貴
のぐち たいき

釜石シーウェイブスRFC／PR

1999年4月20日生／23歳／183cm／115kg／福岡県

経歴≫ 北海道遺軽高→大東文化大→釜石シーウェイブスRFC

つながり [アイスホッケー]松渕 雄太(大学)、[アイスホッケー]茂木 慎之介(大学)、[ラグビー]酒木 凜平(大学)

野口 大介
のぐち だいすけ

長崎ヴェルカ／PF 代表歴あり

1983年5月26日生／39歳／196cm／90kg／A型／北海道

経歴≫ 七飯中→東海大付四高→日本体育大→大塚商会アルファーズ他→長崎ヴェルカ

つながり [バスケットボール]大塚 裕土(高校)、[バスケットボール]関野 剛平(高校)

野口 大輔
のぐち だいすけ

花園近鉄ライナーズ／SO

1993年6月14日生／29歳／178cm／90kg／大阪府

経歴≫ 東海大仰星高→東海大→花園近鉄ライナーズ

つながり [ラグビー]岸岡 智樹(高校)、[ラグビー]近藤 英人(高校)、[ラグビー]根塚 洸雅 (高校)

野口 智哉
のぐち ともや

オリックス・バファローズ／内野手

1999年9月20日生／24歳／181cm／90kg／B型／奈良県

経歴≫ 橿原市立大成中→鳴門渦潮高→関西大→オリックス

つながり [アイスホッケー]畑 享和(大学)、[アイスホッケー]ロウラー 和輝(大学)、[アイスホッケー]大宮 良(大学)

野口 竜司
のぐち りゅうじ

埼玉パナソニックワイルドナイツ／FB 代表歴あり

1995年7月15日生／27歳／177cm／83kg／大阪府

経歴≫ 東海大仰星高→東海大→埼玉パナソニックワイルドナイツ

つながり [ラグビー]岸岡 智樹(高校)、[ラグビー]近藤 英人(高校)、[ラグビー]根塚 洸雅 (高校)

野﨑 由之
のざき よしゆき

富山グラウジーズ／SG

2000年2月8日生／22歳／183cm／81kg／A型／千葉県

経歴≫ 市原市立辰巳台中→船橋高→専修大→富山グラウジーズ

つながり [ラグビー]松橋 周平(高校)、[ラグビー]関本 圭汰(高校)、[バスケットボール]藤岡 昂希(高校)

野﨑 零也
のざき れいや

ファイティングイーグルス名古屋／SG

1995年9月8日生／27歳／185cm／93kg／O型／佐賀県

経歴≫ 有明中→佐賀東高→白鴎大→FE名古屋→群馬クレインサンダーズ→FE名古屋

つながり [ラグビー]カヴァイア タギベタウア(大学)、[ラグビー]ダニエル ペレズ(大学)

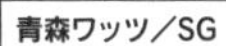

野里 惇貴
のざと じゅんき

青森ワッツ／SG

1994年10月3日生／28歳／182cm／82kg／A型／青森県

経歴≫ 津軽中→能代工高→八戸学院大→青森ワッツ→青森ワッツ

つながり [ラグビー]齊藤 剣(高校)、[バスケットボール]盛實 海翔(高校)、[バスケットボール]満原 優樹(高校)

野田 海人
のだ かいと

埼玉西武ライオンズ／捕手

2005年3月18日生／18歳／174cm／80kg／福岡県

経歴≫ 大牟田市立甘木中→九州国際大付高→西武

つながり [野球]二保 旭(高校)、[野球]三好 匠(高校)、[野球]中村 貴浩(高校)、[野球]生海(高校)

野田 海生
のだ かいは

マツダスカイアクティブズ広島／LO

1999年10月28日生／23歳／187cm／110kg／兵庫県

経歴≫ 市立尼崎高→天理大→マツダスカイアクティブズ広島

つながり [ラグビー]小笠原 寛人(高校)、[ラグビー]井之上 明(高校)、[野球]宮西 尚生(高校)

野田 響
のだ ひびき

NTTドコモレッドハリケーンズ大阪／LO

1998年6月7日生／24歳／187cm／103kg／熊本県

経歴≫ 荒尾高→帝京大→コカ·コーラレッドスパークス→宗像サニックスブルース→NTTドコモレッドハリケーンズ大阪

つながり [ラグビー]町野 泰司(高校)、[ラグビー]清原 祥(高校)、[ラグビー]流 大(高校)

野田 涼太
のだ りょうた

清水建設江東ブルーシャークス／CTB

1996年9月15日生／26歳／178cm／88kg／奈良県

経歴≫ 天理高→天理大→清水建設江東ブルーシャークス

つながり [ラグビー]井上 大介(高校)、[ラグビー]立川 理道(高校)、[ラグビー]井関 信介(高校)

野中 翔平
のなか しょうへい

花園近鉄ライナーズ／FL

1995年11月17日生／27歳／183cm／100kg／大阪府

経歴≫ 東海大仰星高→同志社大→花園近鉄ライナーズ

つながり [ラグビー]岸岡 智樹(高校)、[ラグビー]近藤 英人(高校)、[ラグビー]根塚 洸雅 (高校)

野中 天翔
のなか てんと

中日ドラゴンズ／投手

2005年2月5日生／18歳／180cm／83kg／和歌山県

経歴≫ 新宮市立光洋中→明桜高→中日

つながり [ラグビー]照井 貴大(高校)、[バスケットボール]田口 成浩(高校)、[野球]砂田 毅樹(高校)

野中 亮志
のなか りょうじ

清水建設江東ブルーシャークス／CTB

1997年12月3日生／25歳／176cm／84kg／大阪府

経歴≫ 東海大仰星高→筑波大→清水建設江東ブルーシャークス

つながり [ラグビー]岸岡 智樹(高校)、[ラグビー]近藤 英人(高校)、[ラグビー]根塚 洸雅 (高校)

延山 敏和
のべやま としかず

トヨタヴェルブリッツ／HO

1998年7月4日生／24歳／174cm／100kg／大阪府

経歴≫ 御所実高→山梨学院大→トヨタヴェルブリッツ

つながり [ラグビー]土井 貴弘(高校)、[ラグビー]酒木 凜平(高校)、[ラグビー]北村 将大(高校)

野間 峻祥
のま たかよし

広島東洋カープ／外野手

1993年1月28日生／30歳／180cm／85kg／B型／兵庫県

経歴≫ 村野工高→中部学院大→広島

つながり [野球]床田 寛樹(大学)、[野球]坂田 怜(大学)、[ラグビー]森川 由起乙(同郷·同年代)

野村 勇
のむら いさみ

福岡ソフトバンクホークス／内野手

1996年12月1日生／26歳／175cm／80kg／B型／兵庫県

経歴≫ 舞子中→藤井寒川高→拓殖大→NTT西日本→ソフトバンク

つながり [ラグビー]アセリ マシヴォウ(大学)、[ラグビー]ヘル ウヴェ(大学)、[ラグビー]具 智元(大学)

野村 和輝
のむら かずき

埼玉西武ライオンズ／内野手

2003年6月7日生／20歳／183cm／95kg／大阪府

経歴≫ 大阪市立今津中→東大阪大柏原高→NOL·石川→西武

つながり [ラグビー]杉本 達郎(高校)、[ラグビー]徳田 亮真(高校)、[野球]石川 慎吾(高校)

つながり 【ラグビー】2023年リーグワン選手兄弟録。根塚聖冴(兄) と根塚洸雅(弟)

野村 三四郎
のむら さんしろう

清水建設江東ブルーシャークス／PR
2000年9月2日生／22歳／176cm／103kg／愛知県

経歴≫ 西陵高→京都産大→清水建設江東ブルーシャークス
つながり [ラグビー]羽野 一志(高校)、[ラグビー]平野 叶翔(高校)、[ラグビー]渡邊 友哉(高校)

野村 大樹
のむら だいじゅ

福岡ソフトバンクホークス／内野手
2000年9月10日生／23歳／171cm／83kg／O型／兵庫県

経歴≫ 同志社中→早稲田実高→ソフトバンク
つながり [ラグビー]千葉 太一(高校)、[野球]重信 慎之介(高校)、[野球]清宮 幸太郎(高校)

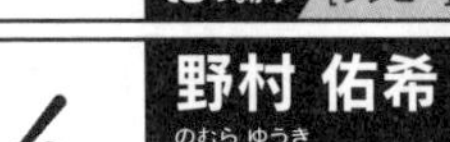

野村 佑希
のむら ゆうき

北海道日本ハムファイターズ／内野手
2000年6月26日生／23歳／187cm／91kg／O型／アメリカ

経歴≫ 伊勢崎市立境西中→花咲徳栄高→日本ハム
つながり [野球]松井 颯(高校)、[野球]清水 達也(高校)、[野球]味谷 大誠(高校)、[野球]楠本 泰史(高校)

野村 祐輔
のむら ゆうすけ

広島東洋カープ／投手
1989年6月24日生／34歳／177cm／84kg／AB型／岡山県

経歴≫ 倉敷市立連島南中→広陵高→明治大→広島
つながり [バスケットボール]冨岡 大地(高校)、[バスケットボール]大浦 颯太(高校)、[野球]小林 誠司(高校)

野本 建吾
のもと けんご

群馬クレインサンダーズ／SF/PF　代表歴あり
1992年4月25日生／30歳／201cm／101kg／O型／兵庫県

経歴≫ 北陸中→北陸高→青山学院大→川崎ブレイブサンダース→秋田ノーザンハピネッツ→群馬クレインサンダーズ
つながり [バスケットボール]藤永 佳昭(高校)、[バスケットボール]満田 丈太郎(高校)

野本 大智
のもと だいち

滋賀レイクス／PG
1998年6月25日生／24歳／183cm／80kg／A型／群馬県

経歴≫ 高崎市立群馬南中→高崎高→筑波大→滋賀レイクスターズ→滋賀レイクス
つながり [ラグビー]前田 土芽(大学)、[ラグビー]島田 悠平(大学)、[ラグビー]土谷 深浩(大学)

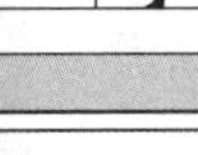

則本 昂大
のりもと たかひろ

東北楽天ゴールデンイーグルス／投手　代表歴あり
1990年12月17日生／33歳／178cm／82kg／A型／滋賀県

経歴≫ 多賀中→八幡商高→三重中京大→楽天
つながり [ラグビー]山本 幸輝(同郷・同年代)、[アイスホッケー]牛来 拓都(同年代)

は

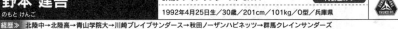

103人
(NPB/29人、B.LEAGUE/20人、JAPAN RUGBY LEAGUE ONE/48人、ASIA LEAGUE ICE HOCKEY/6人)

パーカー アッシュ
ぱーかー あっしゅ

日野レッドドルフィンズ／FL
1988年11月1日生／34歳／187cm／106kg／ニュージーランド

経歴≫ セント・バーナードカレッジ→日野レッドドルフィンズ
つながり [ラグビー]アッシュ ディクソン(同郷・同年代)、[ラグビー]ライアン クロッティ(同郷・同年代)

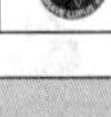

バーガー オーデンダール
ばーがー おーでんだーる

東芝ブレイブルーパス東京／CTB
1993年4月15日生／29歳／187cm／99kg／南アフリカ

経歴≫ 東芝ブレイブルーパス東京
つながり [ラグビー]ジェシー クリエル(同郷・同年代)、[ラグビー]クワッガ スミス(同郷・同年代)

バーナード フォーリー
ばーなーど ふぉーりー

クボタスピアーズ船橋・東京ベイ／SO
1989年9月8日生／33歳／182cm／89kg／オーストラリア

経歴≫ シドニー大→クボタスピアーズ船橋・東京ベイ
つながり [ラグビー]ニック フィップス(大学)、[ラグビー]トム イングリッシュ(大学)

ハヴィリ リッチー
はうぃり りっちー

横浜キヤノンイーグルス／CTB
1988年4月16日生／34歳／178cm／93kg／トンガ

経歴≫ トンガカレッジ→花園大→横浜キヤノンイーグルス
つながり [ラグビー]フェツアニ ラウタイミ(高校)、[ラグビー]アマナキ レレイマフィ(高校)

パエア ミフィポセチ
ぱえあ みふぃほせち

NTTドコモレッドハリケーンズ大阪／CTB　代表歴あり

1987年7月6日生／35歳／180cm／109kg／トンガ

経歴≫ 正智深谷高→埼玉工大→NTTドコモレッドハリケーンズ大阪

つながり [ラグビー]タウファ オリヴェ(高校)、[ラグビー]ヴァル アサエリ愛ファカハウ(高校)

萩尾 匡也
はぎお まさや

読売ジャイアンツ／外野手

2000年12月28日生／23歳／180cm／85kg／B型／熊本県

経歴≫ 大津町立大津北中→文徳高→慶應大→巨人

つながり [野球]児玉 亮涼(高校)、[野球]渡邉 陸(同郷・同年代)、[アイスホッケー]阿部 泰河(同年代)

萩原 哲
はぎわら てつ

読売ジャイアンツ／捕手

1998年5月1日生／25歳／175cm／85kg／AB型／京都府

経歴≫ 宇治市立木幡中→日南学園高→創価大→巨人

つながり [野球]中﨑 翔太(高校)、[野球]門脇 誠(大学)、[野球]保科 広一(大学)、[野球]鈴木 勇斗(大学)

萩原 蓮
はぎわら れん

九州電力キューデンヴォルテクス／WTB

1996年5月6日生／26歳／171cm／88kg／福岡県

経歴≫ 東福岡高→法政大→九州電力キューデンヴォルテクス

つながり [ラグビー]岩佐 賢人(高校)、[ラグビー]北川 賢吾(高校)、[ラグビー]古賀 駿汰(高校)

朴 成基
ぱく そんき

三重ホンダヒート／SO

1993年2月25日生／29歳／179cm／89kg／兵庫県

経歴≫ 大阪朝鮮高→帝京大→三重ホンダヒート

つながり [ラグビー]金 秀隆(高校)、[ラグビー]李 承信(高校)、[ラグビー]梁 正秋(高校)

朴 成浩
ぱく そんふぉ

横浜キヤノンイーグルス／HO

1995年11月10日生／27歳／175cm／97kg／大阪府

経歴≫ 大阪朝鮮高→明治大→横浜キヤノンイーグルス

つながり [ラグビー]金 秀隆(高校)、[ラグビー]李 承信(高校)、[ラグビー]梁 正秋(高校)

橋本 晃佑
はしもと こうすけ

シーホース三河／SF　代表歴あり

1993年5月6日生／29歳／203cm／105kg／O型／栃木県

経歴≫ 日光市立今市中→宇都宮工高→東海大→宇都宮ブレックス→富山グラウジーズ→シーホース三河

つながり [バスケットボール]渡辺 翔太(高校)、[バスケットボール]横塚 蛍(高校)、[野球]星 知弥(高校)

橋本 吾郎
はしもと ごろう

埼玉パナソニックワイルドナイツ／LO

1999年7月23日生／23歳／191cm／103kg／埼玉県

経歴≫ 深谷高→中央大→埼玉パナソニックワイルドナイツ

つながり [ラグビー]新井 望友(高校)、[ラグビー]金井 大雪(高校)、[ラグビー]中嶋 大希(高校)

橋本 星哉
はしもと せいや

東京ヤクルトスワローズ／捕手

2000年9月18日生／23歳／178cm／85kg／兵庫県

経歴≫ 中部中→興國高→中央学院大→ヤクルト

つながり [ラグビー]李 承信(同郷・同年代)、[バスケットボール]満尾 竜次(同郷・同年代)

橋本 大吾
はしもと だいご

東芝ブレイブルーパス東京／HO　代表歴あり

1994年1月28日生／28歳／174cm／105kg／埼玉県

経歴≫ 深谷高→筑波大→東芝ブレイブルーパス東京

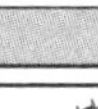

つながり [ラグビー]新井 望友(高校)、[ラグビー]金井 大雪(高校)、[ラグビー]中嶋 大希(高校)

橋本 拓哉
はしもと たくや

大阪エヴェッサ／SG　代表歴あり

1994年12月3日生／28歳／188cm／88kg／B型／大阪府

経歴≫ 松虫中→総合学園ヒューマンアカデミー バスケットボールカレッジ→芦屋大→大阪エヴェッサ

つながり [バスケットボール]高比良 寛治(大学)、[ラグビー]亀井 亮依(同郷・同年代)

橋本 達弥
はしもと たつや

横浜DeNAベイスターズ／投手

2000年7月18日生／23歳／181cm／84kg／兵庫県

経歴≫ 桜が丘中→長田高→慶應義塾大→DeNA

つながり [アイスホッケー]氏橋 祐太(大学)、[アイスホッケー]運上 雄基(大学)、[ラグビー]児玉 健太郎(大学)

つながり 【バスケットボール】野本健吾、藤永佳昭はチームメイトとして2010年ウィンターカップで優勝を果たした

橋本 尚明
はしもと なおあき

福島ファイヤーボンズ／PG/SG

1992年9月21日生／30歳／184cm／75kg／A型／愛媛県

経歴≫ 桑原中→尽誠学園高→近畿大→大阪エヴェッサ他→福島ファイヤーボンズ

つながり [バスケットボール]高岡 圭汰朗(高校)、[バスケットボール]笠井 康平(高校)

橋本 法史
はしもと のりふみ

日野レッドドルフィンズ／SH

1996年1月24日生／26歳／164cm／74kg／熊本県

経歴≫ 東海大→日野レッドドルフィンズ

つながり [ラグビー]新井 望友(大学)、[ラグビー]近藤 英人(大学)、[ラグビー]アタアタ モエアキオラ(大学)

橋本 皓
はしもと ひかる

コベルコ神戸スティーラーズ／FL

1993年5月17日生／29歳／181cm／100kg／大阪府

経歴≫ 東海大仰星高→東海大→コベルコ神戸スティーラーズ

つながり [ラグビー]岸岡 智樹(高校)、[ラグビー]近藤 英人(高校)、[ラグビー]根塚 洸雅 (高校)

橋本 三千雄
はしもと みちお

TOHOKU FREEBLADES／GK

1977年4月26日生／45歳／181cm／85kg

経歴≫ 八戸湊中→八戸工大一高→雪印→札幌ポラリス他→TOHOKU FREEBLADES

つながり [アイスホッケー]古川 駿(高校)、[アイスホッケー]畑 享和(高校)、[アイスホッケー]武尾 秀康(高校)

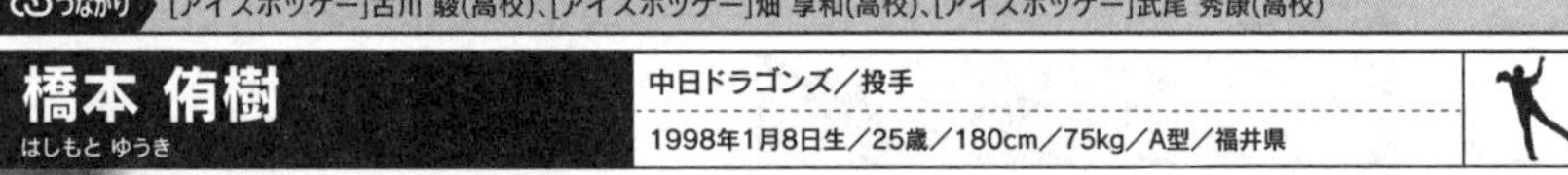

橋本 侑樹
はしもと ゆうき

中日ドラゴンズ／投手

1998年1月8日生／25歳／180cm／75kg／A型／福井県

経歴≫ 高浜市立高浜中→大垣日大高→大阪商大→中日

つながり [バスケットボール]城宝 匡史(大学)、[バスケットボール]道原 紀晃(大学)、[野球]小野寺 暖(大学)

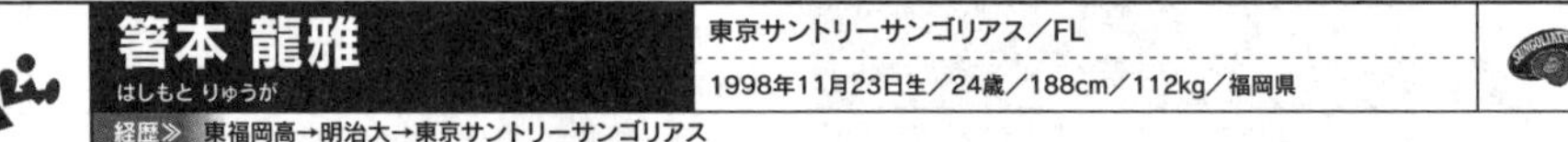

箸本 龍雅
はしもと りゅうが

東京サントリーサンゴリアス／FL

1998年11月23日生／24歳／188cm／112kg／福岡県

経歴≫ 東福岡高→明治大→東京サントリーサンゴリアス

つながり [ラグビー]岩佐 賢人(高校)、[ラグビー]北川 賢吾(高校)、[ラグビー]古賀 駿汰(高校)

橋本 僚
はしもと りょう

RED EAGLES HOKKIDO／DF 代表歴あり

1992年10月23日生／30歳／178cm／75kg

経歴≫ 泊ブルーマリーンシャークス→月寒中→北海高→RED EAGLES HOKKIDO

つながり [アイスホッケー]伊藤 俊之(高校)、[アイスホッケー]牛来 拓都(高校)、[アイスホッケー]鈴木 雄大(高校)

橋本 竜馬
はしもと りょうま

レバンガ北海道／PG 代表歴あり

1988年5月11日生／34歳／178cm／81kg／B型／福岡県

経歴≫ 百道中→福岡大付大濠高→青山学院大→シーホース三河→琉球ゴールデンキングス→レバンガ北海道

つながり [バスケットボール]小林 大祐(高校)、[バスケットボール]井上 宗一郎(高校)

長谷 銀次朗
はせ ぎんじろう

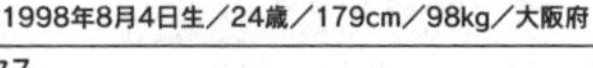

清水建設江東ブルーシャークス／FL

1998年8月4日生／24歳／179cm／98kg／大阪府

経歴≫ 御所実高→日本大→清水建設江東ブルーシャークス

つながり [ラグビー]土井 貴弘(高校)、[ラグビー]酒木 凜平(高校)、[ラグビー]北村 将大(高校)

長谷川 信哉
はせがわ しんや

埼玉西武ライオンズ／内野手

2002年5月17日生／21歳／183cm／80kg／B型／京都府

経歴≫ 京都市立東山泉小中→敦賀気比高→西武

つながり [野球]笠島 尚樹(高校)、[野球]西川 龍馬(高校)、[野球]前川 誠太(高校)、[野球]木下 元秀(高校)

長谷川 技
はせがわ たくみ

川崎ブレイブサンダース／SF

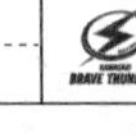

1989年7月21日生／33歳／190cm／92kg／B型／岩手県

経歴≫ 石鳥谷中→能代工高→拓殖大→川崎ブレイブサンダース

つながり [ラグビー]齋藤 剣(高校)、[バスケットボール]盛實 海翔(高校)、[バスケットボール]満原 優樹(高校)

長谷川 威展
はせがわ たけひろ

北海道日本ハムファイターズ／投手

1999年8月9日生／24歳／178cm／81kg／A型／埼玉県

経歴≫ さいたま市立桜木中→花咲徳栄高→金沢学院大→日本ハム

つながり [野球]松井 颯(高校)、[野球]清水 達也(高校)、[野球]味谷 大誠(高校)、[野球]楠本 泰史(高校)

長谷川 智伸
はせがわ とものぶ

福島ファイヤーボンズ／SG
1990年11月9日生／32歳／183cm／82kg／O型／島根県

経歴≫ 松江第四中→福岡大付大濠高→拓殖大→滋賀レイクスターズ→福島ファイヤーボンズ

つながり [バスケットボール]小林 大祐(高校)、[バスケットボール]井上 宗一郎(高校)

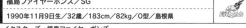

長谷川 智也
はせがわ ともや

越谷アルファーズ／SG
1989年4月22日生／33歳／185cm／82kg／B型／新潟県

経歴≫ 舟栄中→新潟商高→法政大→大塚商会アルファーズ他→越谷アルファーズ

つながり [バスケットボール]大矢 孝太朗(高校)、[バスケットボール]池田 雄一(高校)

長谷川 暢
はせがわ のぼる

秋田ノーザンハピネッツ／PG
1996年12月21日生／26歳／174cm／78kg／O型／埼玉県

経歴≫ 大石中→能代工高→早稲田大→青森ワッツ→秋田ノーザンハピネッツ

つながり [ラグビー]齊藤 剣(高校)、[バスケットボール]盛實 海翔(高校)、[バスケットボール]満原 優樹(高校)

長谷川 宙輝
はせがわ ひろき

東京ヤクルトスワローズ／投手
1998年8月23日生／25歳／175cm／80kg／O型／東京都

経歴≫ 聖徳学園中→聖徳学園高→ソフトバンク→ヤクルト

つながり [ラグビー]杉浦 拓実(同郷・同年代)、[ラグビー]山田 雅也(同郷・同年代)

長谷川 崚太
はせがわ りょうた

埼玉パナソニックワイルドナイツ／FL
1993年5月12日生／29歳／188cm／100kg／千葉県

経歴≫ 日本航空高→大東文化大→埼玉パナソニックワイルドナイツ

つながり [バスケットボール]髙橋 祐二(高校)、[アイスホッケー]松渕 雄太(大学)、[アイスホッケー]茂木 慎之介(大学)

長谷部 銀次
はせべ ぎんじ

広島東洋カープ／投手
1998年7月29日生／25歳／184cm／80kg／愛知県

経歴≫ 岡崎市立竜海中→中京大中京高→慶應義塾大→トヨタ自動車→広島

つながり [野球]中山 礼都(高校)、[野球]伊藤 稜(高校)、[野球]髙橋 宏斗(高校)、[野球]鵜飼 航丞(高校)

畑 享和
はた みちかず

TOHOKU FREEBLADES／GK
1990年3月17日生／32歳／173cm／75kg

経歴≫ 釧路北中→八戸工大一高→関西大→TOHOKU FREEBLADES

つながり [アイスホッケー]橋本 三千雄(高校)、[アイスホッケー]古川 駿(高校)、[アイスホッケー]武尾 秀康(高校)

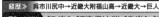

畠 世周
はたけ せいしゅう

読売ジャイアンツ／投手
1994年5月31日生／29歳／186cm／82kg／AB型／広島県

経歴≫ 呉市川尻中→近畿大附福山高→近畿大→巨人

つながり [ラグビー]宮宗 翔(大学)、[ラグビー]岩佐 賢人(大学)、[ラグビー]大熊 克哉(大学)

畠山 俊樹
はたけやま しゅんき

越谷アルファーズ／PG/SG
1991年6月18日生／31歳／170cm／70kg／A型／宮城県

経歴≫ 仙台第一中→明成高→青山学院大→大阪エヴェッサ→西宮ストークス→新潟アルビレックスBB→大阪エヴェッサ→越谷アルファーズ

つながり [バスケットボール]石川 海斗(高校)、[バスケットボール]白戸 大聖(高校)

畠澤 諭
はたざわ さとし

静岡ブルーレヴズ／LO
1998年5月22日生／24歳／192cm／108kg／新潟県

経歴≫ 開志国際高→立命館大→静岡ブルーレヴズ

つながり [ラグビー]フレイザー クワーク(高校)、[ラグビー]木田 晴斗(大学)、[ラグビー]古川 聖人(大学)

畠中 豪士
はたなか かつと

釜石シーウェイブスRFC／CTB
1996年9月25日生／26歳／178cm／90kg／北海道

経歴≫ 函館工高→大東文化大→釜石シーウェイブスRFC

つながり [ラグビー]中川 和真(高校)、[アイスホッケー]松渕 雄太(大学)、[アイスホッケー]茂木 慎之介(大学)

畑中 啓吾
はたなか けいご

中国電力レッドレグリオンズ／FB
1991年5月24日生／31歳／173cm／76kg／大阪府

経歴≫ 東海大仰星高→関西学院大→中国電力レッドレグリオンズ

つながり [ラグビー]岸岡 智樹(高校)、[ラグビー]近藤 英人(高校)、[ラグビー]根塚 洸雅 (高校)

つながり 【競技またぎ】橋本拓哉は小学時代に野球をしており北条史也とバッテリーを組んでいた

八村 阿蓮
はちむら あれん

群馬クレインサンダーズ／PF
1999年12月20日生／23歳／198cm／102kg／A型／富山県

経歴≫ 梅丘中→明成高→東海大→サンロッカーズ渋谷→群馬クレインサンダーズ

つながり [バスケットボール]石川 海斗(高校)、[バスケットボール]白戸 大聖(高校)

蜂谷 元紹
はちや もとつぐ

三菱重工相模原ダイナボアーズ／PR
1998年4月7日生／24歳／180cm／115kg／愛知県

経歴≫ 中部大春日丘高→中京大→三菱重工相模原ダイナボアーズ

つながり [ラグビー]加藤 一希(高校)、[ラグビー]稲田 壮一郎(高校)、[ラグビー]河野 良太(高校)

羽月 隆太郎
はつき りゅうたろう

広島東洋カープ／内野手
2000年4月19日生／23歳／167cm／67kg／O型／宮崎県

経歴≫ 宮崎市立宮崎東中→神村学園高→広島

つながり [野球]渡邉 陸(高校)、[野球]桑原 秀侍(高校)、[野球]秦 勝利(高校)

服部 航大
はっとり こうき

三菱重工相模原ダイナボアーズ／FL
2000年1月16日生／23歳／177cm／96kg／大阪府

経歴≫ 天理高→天理大→三菱重工相模原ダイナボアーズ

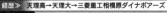

つながり [ラグビー]井上 大介(高校)、[ラグビー]立川 理道(高校)、[ラグビー]井関 信介(高校)

服部 航介
はっとり こうすけ

三重ホンダヒート／FL
1993年6月4日生／29歳／181cm／102kg／和歌山県

経歴≫ 和歌山工高→帝京大→三重ホンダヒート

つながり [ラグビー]大和田 立(大学)、[ラグビー]亀井 亮依(大学)、[ラグビー]小林 恵太(大学)

パディー バトラー
ぱでぃー ばとらー

三重ホンダヒート／LO
1990年12月1日生／32歳／191cm／107kg／アイルランド

経歴≫ リムリック大→三重ホンダヒート

つながり [アイスホッケー]牛来 拓都(同年代)、[アイスホッケー]杉本 華唯(同年代)

バティリアイ ツイドラキ
ばてぃりあい ついどらき

トヨタヴェルブリッツ／CTB
1995年1月4日生／28歳／182cm／100kg／ニュージーランド

経歴≫ ワントゥリー→トヨタヴェルブリッツ

つながり [ラグビー]ブロディ マクカラン(同郷・同年代)、[ラグビー]ジャクソン ガーデンバショップ(同郷・同年代)

パトリック アウダ
ぱとりっく あうだ

横浜ビー コルセアーズ／PF 代表歴あり
1989年8月29日生／33歳／206cm／107kg／チェコ

経歴≫ アルメニア→スラブ・ナメスティ・ジムナジウム→シートンホール大→Flexx Pistoia他→横浜ビー コルセアーズ

つながり [アイスホッケー]佐々木 一正(同年代)、[アイスホッケー]鈴木 雄大(同年代)

パトリック タファ
ぱとりっく たふぁ

花園近鉄ライナーズ／LO
1999年7月19日生／23歳／194cm／118kg／オーストラリア

経歴≫ ブリスベンステートハイスクール→花園近鉄ライナーズ

つながり [ラグビー]ネスタ マヒナ(高校)、[ラグビー]クイントン マヒナ(同郷・同年代)

ハドレー パークス
はどれー ぱーくす

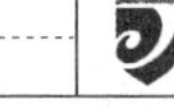

リコーブラックラムズ東京／CTB
1987年10月5日生／35歳／187cm／103kg／ニュージーランド

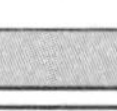

経歴≫ パーマストンノースボーイズ高→リンカーン大→埼玉パナソニックワイルドナイツ→リコーブラックラムズ東京

つながり [ラグビー]ナニ ラウマペ(高校)、[ラグビー]ロブ トンプソン(高校)、[ラグビー]ジョシュ グッドヒュー(大学)

花田 広樹
はなだ ひろき

NTTドコモレッドハリケーンズ大阪／FL
1994年7月15日生／28歳／185cm／100kg／福岡県

経歴≫ 東福岡高→福岡大→コカ・コーラレッドスパークス→宗像サニックスブルース→NTTドコモレッドハリケーンズ大阪

つながり [ラグビー]岩佐 賢人(高校)、[ラグビー]北川 賢吾(高校)、[ラグビー]古賀 駿汰(高校)

花田 侑樹
はなだ ゆうき

読売ジャイアンツ／投手
2003年6月25日生／20歳／181cm／74kg／AB型／広島県

経歴≫ 北広島町立千代田中→広島新庄高→巨人

つながり [野球]田口 麗斗(高校)、[野球]堀 瑞輝(高校)、[アイスホッケー]葛西 純昌(同年代)

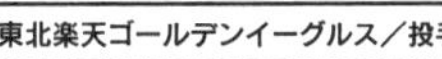

バニュエロス
ばにゅえろす

東北楽天ゴールデンイーグルス／投手

1991年3月13日生／32歳／178cm／97kg／メキシコ

経歴≫ パイレーツ他→楽天

つながり [アイスホッケー]牛来 拓都(同年代)、[アイスホッケー]杉本 華唯(同年代)

羽田 慎之介
はねだ しんのすけ

埼玉西武ライオンズ／投手

2003年12月25日生／20歳／191cm／84kg／O型／埼玉県

経歴≫ 所沢市立山口中→八王子学園八王子高→西武

つながり [アイスホッケー]葛西 純昌(同年代)、[ラグビー]ダリエス トマス(同年代)、[ラグビー]鵜野 凪斗(同年代)

羽野 一志
はの かずし

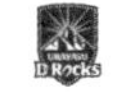

浦安D-Rocks／FB

1991年6月21日生／31歳／185cm／88kg／愛知県

経歴≫ 西陵高→中央大→浦安D-Rocks

つながり [ラグビー]平野 叶翔(高校)、[ラグビー]野村 三四郎(高校)、[ラグビー]渡邊 友哉(高校)

馬場 皐輔
ばば こうすけ

阪神タイガース／投手

1995年5月18日生／28歳／180cm／94kg／O型／宮城県

経歴≫ 塩竈市立第三中→仙台育英高→仙台大→阪神

つながり [ラグビー]菊田 圭佑(高校)、[ラグビー]千葉 雄太(高校)、[ラグビー]矢富 洋則(高校)

ハビエル カーター
はびえる かーたー

山形ワイヴァンズ／PF/C　代表歴あり

1991年5月20日生／31歳／203cm／115kg／アメリカ

経歴≫ サウス・アラバマ大→秋田ノーザンハピネッツ→長崎ヴェルカ→山形ワイヴァンズ

つながり [バスケットボール]アレックス カーク(同郷・同年代)、[バスケットボール]レジナルド ベクトン(同郷・同年代)

パブロ アギラール
ぱぶろ あぎらーる

長崎ヴェルカ／PF　代表歴あり

1989年2月9日生／33歳／204cm／104kg／スペイン

経歴≫ ラ・アスンシオン・スクーエ・グラナダ→アリカンテ大→川崎ブレイブサンダース他→長崎ヴェルカ

つながり [アイスホッケー]小野 航平(同年代)、[アイスホッケー]熊谷 豪士(同年代)

パブロ マテーラ
ぱぶろ まてーら

三重ホンダヒート／No8

1993年7月18日生／29歳／190cm／111kg／アルゼンチン

経歴≫ 三重ホンダヒート

つながり [アイスホッケー]髙木 健太(同年代)、[アイスホッケー]大澤 勇斗(同年代)

濱 将乃介
はま しょうのすけ

中日ドラゴンズ／内野手

2000年5月3日生／23歳／181cm／81kg／O型／大阪府

経歴≫ 大阪市立墨江丘中→東海大甲府高→四国IL・高知→NOL・福井→中日

つながり [ラグビー]田草川 恵(高校)、[ラグビー]中村 謙吾(高校)、[野球]亀田 啓太(高校)、[野球]渡邉 諒(高校)

濱口 遥大
はまぐち はるひろ

横浜DeNAベイスターズ／投手　代表歴あり

1995年3月16日生／28歳／173cm／80kg／B型／佐賀県

経歴≫ 基山中→三養基高→神奈川大→DeNA

つながり [バスケットボール]小酒部 泰暉(大学)、[バスケットボール]綿貫 瞬(大学)、[野球]梶原 昂希(大学)

濱島 尚人
はましま なおと

YOKOHAMA GRITS／FW

1985年5月3日生／37歳／170cm／76kg

経歴≫ Trinity College Bantams→伊藤忠商事IHC→電通IHC→YOKOHAMA GRITS

つながり [ラグビー]山下 裕史(同年代)、[ラグビー]森 雄基(同年代)、[ラグビー]堀江 翔太(同年代)

濱副 慧悟
はまぞえ けいご

クリタウォーターガッシュ昭島／WTB

1994年4月27日生／28歳／173cm／85kg／東京都

経歴≫ つくば開成高→拓殖大→クリタウォーターガッシュ昭島

つながり [ラグビー]アセリ マシヴォウ(大学)、[ラグビー]ヘル ウヴェ(大学)、[ラグビー]具 智元(大学)

濱田 太貴
はまだ たいき

東京ヤクルトスワローズ／外野手

2000年9月4日生／23歳／177cm／81kg／A型／福岡県

経歴≫ 北九州市立沖田中→明豊高→ヤクルト

つながり [野球]京本 眞(高校)、[野球]今宮 健太(高校)、[野球]居谷 匠真(高校)、[野球]中村 貴浩(同郷・同年代)

つながり 【野球】濱将乃介、増田陸、野村大樹は中学時代大阪福島リトルシニアのチームメイト

あ
か
さ
た
な
は
ま
や
ら
わ

濵田 将暉
はまだ まさき

東芝ブレイブルーパス東京／WTB
1996年7月13日生／26歳／174cm／80kg／京都府

経歴≫ 京都成章高→京都産大→東芝ブレイブルーパス東京

つながり [ラグビー]押川 敦治(高校)、[ラグビー]松岡 賢太(高校)、[ラグビー]淺岡 俊亮(高校)

濵高 康明
はまたか やすあき

西宮ストークス／SG
1997年1月18日生／26歳／184cm／84kg／B型／石川県

経歴≫ 穴水中→金沢市立工高→近畿大→西宮ストークス

つながり [ラグビー]宮宗 翔(大学)、[ラグビー]岩佐 賢人(大学)、[ラグビー]大熊 克哉(大学)

浜地 真澄
はまち ますみ

阪神タイガース／投手
1998年5月25日生／25歳／185cm／90kg／O型／福岡県

経歴≫ 福岡市立元岡中→福岡大附大濠高→阪神

つながり [バスケットボール]小林 大祐(高校)、[バスケットボール]井上 宗一郎(高校)

濵野 隼大
はまの じゅんた

コベルコ神戸スティーラーズ／CTB
2001年5月2日生／21歳／180cm／93kg／兵庫県

経歴≫ ロトルアボーイズ高→コベルコ神戸スティーラーズ

つながり [ラグビー]高橋 陽大(高校)、[ラグビー]ケイレブ トラスク(高校)、[野球]河野 佳(同郷・同年代)

濵野 隼也
はまの しゅんや

日野レッドドルフィンズ／HO
1999年3月11日生／23歳／182cm／108kg／秋田県

経歴≫ 法政大→日野レッドドルフィンズ

つながり [アイスホッケー]井上 光明(大学)、[アイスホッケー]伊藤 俊之(大学)、[アイスホッケー]伊藤 崇之(大学)

濵野 大輔
はまの だいすけ

リコーブラックラムズ東京／CTB
1994年1月6日生／29歳／172cm／88kg／神奈川県

経歴≫ 桐蔭学園高→帝京大→リコーブラックラムズ東京

つながり [ラグビー]石田 楽人(高校)、[ラグビー]山本 耕生(高校)、[ラグビー]田村 魁世(高校)

浜野 達也
はまの たつや

NTTドコモレッドハリケーンズ大阪／SH
1994年11月2日生／28歳／167cm／78kg／愛知県

経歴≫ 西陵商業高→明治大→NTTドコモレッドハリケーンズ大阪

つながり [アイスホッケー]青山 大基(大学)、[アイスホッケー]坂田 駿(大学)、[アイスホッケー]相馬 秀斗(大学)

浜屋 将太
はまや しょうた

埼玉西武ライオンズ／投手
1999年1月26日生／24歳／175cm／77kg／O型／鹿児島県

経歴≫ 大崎町立大崎中→樟南高→三菱日立パワーシステムズ→西武

つながり [野球]大和(高校)、[野球]松本 晴(高校)、[ラグビー]宮田 賢斗(同郷・同年代)

ハミントン ケイン
はみんとん けいん

清水建設江東ブルーシャークス／SH
1990年9月24日生／32歳／170cm／75kg／ニュージーランド

経歴≫ セント・パトリックスカレッジ→清水建設江東ブルーシャークス

つながり [ラグビー]トム マーシャル(同郷・同年代)、[ラグビー]ウィリアム トゥポウ(同郷・同年代)

早 真之介
はや しんのすけ

福岡ソフトバンクホークス／外野手
2002年9月11日生／21歳／181cm／78kg／O型／滋賀県

経歴≫ 甲賀市立城山中→京都国際高→ソフトバンク

つながり [野球]中川 勇斗(高校)、[野球]森下 瑠大(高校)、[野球]曽根 海成(高校)、[野球]釣 寿生(高校)

早川 隆久
はやかわ たかひさ

東北楽天ゴールデンイーグルス／投手
1998年7月6日生／25歳／180cm／76kg／B型／千葉県

経歴≫ 横芝光町立横芝中→木更津総合高→早稲田大→楽天

つながり [野球]鈴木 健矢(高校)、[アイスホッケー]山田 虎太朗(大学)、[アイスホッケー]ハリデー 慈英(大学)

林 瑛司
はやし えいじ

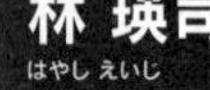

ファイティングイーグルス名古屋／SF
1997年6月14日生／25歳／188cm／83kg／A型／長野県

経歴≫ 旭ケ丘中→東海大付三高→中京大→FE名古屋

つながり [バスケットボール]鶴田 美勇士(高校)、[バスケットボール]ザック バランスキー(高校)

林 晃汰
はやし こうた

広島東洋カープ／内野手
2000年11月16日生／23歳／182cm／99kg／O型／和歌山県
経歴≫ 岩出中→智辯和歌山高→広島
つながり [野球]岡田 俊哉(高校)、[野球]東妻 純平(高校)、[野球]黒原 拓未(高校)、[野球]小林 樹斗(高校)

林 翔太郎
はやし しょうたろう

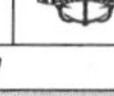

茨城ロボッツ／SF
1995年9月13日生／27歳／194cm／89kg／B型／北海道
経歴≫ 深川中→旭川大高→東海大九州→川崎ブレイブサンダース→新潟アルビレックスBB→滋賀レイクスターズ→茨城ロボッツ
つながり [野球]持丸 泰輝(高校)、[野球]沼田 翔平(高校)、[バスケットボール]長野 誠史(大学)

林 真太郎
はやし しんたろう

コベルコ神戸スティーラーズ／CTB
1993年9月13日生／29歳／179cm／88kg／大阪府
経歴≫ 同志社香里高→同志社大→コベルコ神戸スティーラーズ
つながり [ラグビー]山口 修平(高校)、[ラグビー]宮島 裕之(大学)、[ラグビー]海士 広大(大学)

林 隆広
はやし たかひろ

花園近鉄ライナーズ／WTB
2000年2月3日生／22歳／176cm／84kg／大阪府
経歴≫ 石見智翠館高→東海大→花園近鉄ライナーズ
つながり [ラグビー]小幡 将己(高校)、[ラグビー]岡山 仙治(高校)、[ラグビー]加藤 竜聖(高校)

林 琢真
はやし たくま

横浜DeNAベイスターズ／内野手
2000年8月24日生／23歳／174cm／74kg／愛知県
経歴≫ 東郷中→東邦高→駒澤大→DeNA
つながり [野球]藤嶋 健人(高校)、[野球]石川 昂弥(高校)、[野球]関根 大気(高校)、[野球]松井 聖(高校)

林 優樹
はやし ゆうき

東北楽天ゴールデンイーグルス／投手
2001年10月29日生／22歳／174cm／74kg／O型／京都府
経歴≫ 京都府京都市立向島中→近江高→西濃運輸→楽天
つながり [野球]植田 海(高校)、[野球]龍空(高校)、[野球]京山 将弥(高校)、[野球]北村 恵吾(高校)

林田 拓朗
はやしだ たくろう

クリタウォーターガッシュ昭島／SO
1997年11月28日生／25歳／172cm／90kg／奈良県
経歴≫ 天理高→天理大→クリタウォーターガッシュ昭島
つながり [ラグビー]井上 大介(高校)、[ラグビー]立川 理道(高校)、[ラグビー]井関 信介(高校)

早田 健二
はやた けんじ

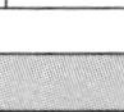

九州電力キューデンヴォルテクス／WTB
1987年5月26日生／35歳／175cm／83kg／福岡県
経歴≫ 大分舞鶴高→早稲田大→九州電力キューデンヴォルテクス
つながり [ラグビー]薬師寺 晃(高校)、[ラグビー]伊藤 平一郎(高校)、[ラグビー]中尾 泰星(高校)

早田 聖也
はやた せいや

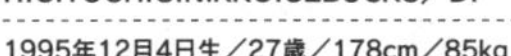

H.C.TOCHIGINIKKOICEBUCKS／DF
1995年12月4日生／27歳／178cm／85kg
経歴≫ Breezy→H.C.TOCHIGINIKKOICEBUCKSPoint
つながり [アイスホッケー]ベンガート 朗孟(同年代)、[アイスホッケー]寺尾 勇利(同年代)

速水 将大
はやみず しょうた

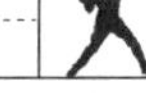

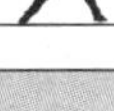

千葉ロッテマリーンズ／内野手
2000年10月26日生／23歳／174cm／67kg／A型／愛知県
経歴≫ 一宮市立北方中→日本ウェルネス筑北高→至学館短大→BCL・富山→ロッテ
つながり [野球]片山 雄哉(大学)、[ラグビー]野村 三四郎(同郷・同年代)、[バスケットボール]山崎 凜(同郷・同年代)

原 修太
はら しゅうた

千葉ジェッツ／SG/SF
1993年12月17日生／29歳／187cm／96kg／O型／千葉県
経歴≫ 高根台中→習志野高→国士舘大→千葉ジェッツ
つながり [野球]池田 来翔(高校)、[野球]古谷 拓郎(高校)、[野球]齊藤 伸治(高校)

原 樹理
はら じゅり

東京ヤクルトスワローズ／投手
1993年7月19日生／30歳／180cm／79kg／A型／兵庫県
経歴≫ 加古川市立中部中→東洋大附姫路高→東洋大→ヤクルト
つながり [野球]松葉 貴大(高校)、[野球]甲斐野 央(高校)、[アイスホッケー]成澤 優太(大学)

つながり 【野球】林優樹、遠藤成は2019年夏の甲子園で対戦

原口 文仁
はらぐち ふみひと

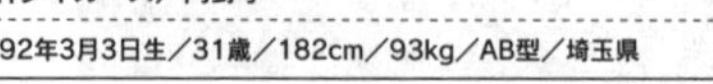

阪神タイガース／内野手

1992年3月3日生／31歳／182cm／93kg／AB型／埼玉県

経歴≫ 埼玉県寄居町立城南中→帝京高→阪神

つながり [ラグビー]安江 祥光(高校)、[野球]山﨑 康晃(高校)、[野球]清水 昇(高校)、[野球]中村 晃(高校)

原田 健司
はらだ けんじ

清水建設江東ブルーシャークス／SH

1997年10月29日生／25歳／171cm／80kg／福岡県

経歴≫ 修猷館高→同志社大→清水建設江東ブルーシャークス

つながり [ラグビー]永富 健太郎(高校)、[ラグビー]下川 甲嗣(高校)、[ラグビー]古城 隼人(高校)

原田 衛
はらだ まもる

東芝ブレイブルーパス東京／HO

1999年4月15日生／23歳／175cm／101kg／兵庫県

経歴≫ 桐蔭学園高→慶應義塾大→東芝ブレイブルーパス東京

つながり [ラグビー]石田 楽人(高校)、[ラグビー]山本 耕生(高校)、[ラグビー]田村 魁世(高校)

ハラトア ヴァイレア
はらとあ う゛ぁいれあ

クボタスピアーズ船橋・東京ベイ／FB

1999年2月14日生／23歳／187cm／105kg／トンガ

経歴≫ 日本体育大柏高→日本体育大→クボタスピアーズ船橋・東京ベイ

つながり [ラグビー]クリスチャン ラウイ(高校)、[バスケットボール]保岡 龍斗(高校)

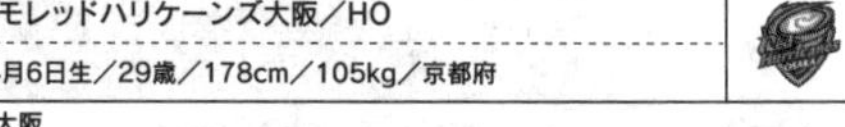

原山 光正
はらやま みつまさ

NTTドコモレッドハリケーンズ大阪／HO

1993年4月6日生／29歳／178cm／105kg／京都府

経歴≫ 立命館宇治高→立命館大→NTTドコモレッドハリケーンズ大阪

つながり [ラグビー]田中 雄太郎(高校)、[野球]金子 侑司(高校)、[ラグビー]木田 晴斗(大学)

ハリー ホッキングス
はりー ほっきんぐす

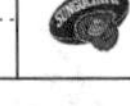

東京サントリーサンゴリアス／LO

1998年7月28日生／24歳／206cm／118kg／オーストラリア

経歴≫ クイーンズランド大→東京サントリーサンゴリアス

つながり [ラグビー]ジャック コーネルセン(大学)、[ラグビー]リンディ 真ダニエル(大学)

ハリソン フォックス
はりそん ふぉっくす

リコーブラックラムズ東京／LO

2000年11月1日生／22歳／199cm／115kg／オーストラリア

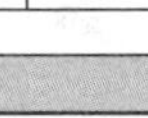

経歴≫ バジュア高→リコーブラックラムズ東京

つながり [ラグビー]ネスタ マヒナ(同郷・同年代)、[ラグビー]ブレンデン ジャメンズ(同郷・同年代)

ハリデー 慈英
はりでー じえい

RED EAGLES HOKKIDO／DF　代表歴あり

1996年8月29日生／26歳／183cm／83kg

経歴≫ 宇都宮ブルーインズ→Whitby Wildcats AAA→日光東中→埼玉高→早稲田大→RED EAGLES HOKKIDO

つながり [アイスホッケー]石川 貴大(高校)、[アイスホッケー]中舘 庸太朗(高校)、[アイスホッケー]大宮 良(高校)

張本 天傑
はりもと てんけつ

名古屋ダイヤモンドドルフィンズ／SF/PF　代表歴あり

1992年1月8日生／31歳／198cm／105kg／A型／愛知県

経歴≫ みよし北中→中部大一高→青山学院大→トヨタ自動車アルバルク東京→名古屋ダイヤモンドドルフィンズ

つながり [バスケットボール]宇都 直輝(高校)、[バスケットボール]中村 浩陸(高校)

バレイラウトカ ウサ
ばれいらうとか うさ

清水建設江東ブルーシャークス／WTB

1996年6月27日生／26歳／175cm／100kg／フィジー

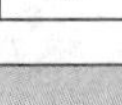

経歴≫ ケルストンボーイズ→立正大→清水建設江東ブルーシャークス

つながり [ラグビー]アセリ マシヴォウ(高校)、[ラグビー]ジェラード カウリートゥイオティ(高校)

晴山 ケビン
はれやま けびん

富山グラウジーズ／SF

1993年1月14日生／30歳／191cm／93kg／O型／岩手県

経歴≫ 西根第一中→盛岡市立高→東海大→川崎ブレイブサンダース他→富山グラウジーズ

つながり [ラグビー]新井 望友(大学)、[ラグビー]近藤 英人(大学)、[ラグビー]アタアタ モエアキオラ(大学)

坂 和樹
ばん かずき

浦安D-Rocks／No8

1997年9月22日生／25歳／182cm／107kg／東京都

経歴≫ 明治大付中野八王子高→明治大→浦安D-Rocks

つながり [ラグビー]小泉 将(高校)、[アイスホッケー]青山 大基(大学)、[アイスホッケー]坂田 駿(大学)

韓 尊文
はん じょんむん

三菱重工相模原ダイナボアーズ／FB
1996年7月7日生／26歳／184cm／93kg／大阪府

経歴≫ 大阪朝鮮高→流通経済大→三菱重工相模原ダイナボアーズ

つながり [ラグビー]金 秀隆(高校)、[ラグビー]李 承信(高校)、[ラグビー]梁 正秋(高校)

半澤 凌太
はんざわ りょうた

三遠ネオフェニックス／PG/SG
2000年1月10日生／23歳／191cm／97kg／A型／福島県

経歴≫ 福島市立岳陽中→福島南高→筑波大→三遠ネオフェニックス

つながり [バスケットボール]水野 幹太(高校)、[ラグビー]前田 土芽(大学)、[ラグビー]島田 悠平(大学)

板東 湧梧
ばんどう ゆうご

福岡ソフトバンクホークス／投手
1995年12月27日生／28歳／182cm／80kg／AB型／徳島県

経歴≫ 鳴門市立大麻中→鳴門高→JR東日本→ソフトバンク

つながり [野球]河野 竜生(高校)、[野球]中山 晶量(高校)、[アイスホッケー]ベンガート 朗孟(同年代)

ひ 50人
(NPB/21人、B.LEAGUE/4人、JAPAN RUGBY LEAGUE ONE/24人、ASIA LEAGUE ICE HOCKEY/1人)

ビーズリー
びーずりー

阪神タイガース／投手
1995年11月20日生／28歳／191cm／109kg／アメリカ

経歴≫ ブルージェイズ他→阪神

つながり [ラグビー]鶴川 達彦(同郷・同年代)、[バスケットボール]ジョナサン ウィリアムズ(同郷・同年代)

ピーター ラピース ラブスカフニ
ぴーたー らぴーす らぶすかふに

クボタスピアーズ船橋・東京ベイ／FL 代表歴あり
1989年1月11日生／34歳／189cm／106kg／南アフリカ

経歴≫ グレイカレッジ高→フリーステート大→クボタスピアーズ船橋・東京ベイ

つながり [ラグビー]ジェームス モレンツェ(大学)、[ラグビー]エスピー マレー(同郷・同年代)

ピーターズ
ぴーたーず

東京ヤクルトスワローズ／投手
1992年8月31日生／31歳／180cm／88kg／アメリカ

経歴≫ パイレーツ他→ヤクルト

つながり [バスケットボール]ザック バランスキー(同郷・同年代)

ピーターステフ デュトイ
ぴーたーすてふ でゅとい

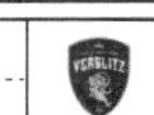

トヨタヴェルブリッツ／FL
1992年8月20日生／30歳／200cm／120kg／南アフリカ

経歴≫ ホエルスクール・スワートランド→トヨタヴェルブリッツ

つながり [ラグビー]ルード デヤハー(同郷・同年代)、[ラグビー]ディラン ネル(同郷・同年代)

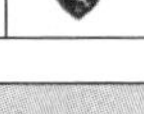

ピーターセン サージャル
ぴーたーせん さーじゃる

清水建設江東ブルーシャークス／WTB
1994年8月1日生／28歳／171cm／85kg／南アフリカ

経歴≫ グレイ高→清水建設江東ブルーシャークス

つながり [ラグビー]マルコム マークス(同郷・同年代)、[ラグビー]コーバス ファンダイク(同郷・同年代)

ビーディ
びーでぃ

読売ジャイアンツ／投手
1993年5月23日生／30歳／188cm／97kg／アメリカ

経歴≫ パイレーツ他→巨人

つながり [バスケットボール]アディソン スプライル(同郷・同年代)、[バスケットボール]マーベル ハリス(同郷・同年代)

比江島 慎
ひえじま まこと

宇都宮ブレックス／SG 代表歴あり
1990年8月11日生／32歳／191cm／88kg／O型／福岡県

経歴≫ 百道中→洛南高→青山学院大→シーホース三河→ブリスベン ブレッツ→宇都宮ブレックス

つながり [バスケットボール]津屋 一球(高校)、[バスケットボール]柳川 幹也(高校)

比嘉 幹貴
ひが もとき

オリックス・バファローズ／投手
1982年12月7日生／41歳／177cm／77kg／A型／沖縄県

経歴≫ コザ中→コザ高→国際武道大→日立製作所→オリックス

つながり [ラグビー]當眞 琢(高校)、[バスケットボール]狩俣 昌也(大学)、[野球]伊藤 将司(大学)

つながり 【野球】東浜巨と嶺井博希は沖縄尚学高、東洋大でバッテリーを組んでいた。高校時代はセンバツ大会で優勝も経験

東恩納 寛太
ひがしおんな かんた

横浜キヤノンイーグルス／PR　代表歴あり

1992年11月26日生／30歳／178cm／115kg／沖縄県

経歴≫ 名護高→帝京大→横浜キヤノンイーグルス

つながり [ラグビー]安里 大吾(高校)、[ラグビー]上里 貴一(高校)、[ラグビー]大和田 立(大学)

東川 寛史
ひがしかわ ひろふみ

中国電力レッドレグリオンズ／WTB

1995年6月9日生／27歳／175cm／84kg／福岡県

経歴≫ 東福岡高→法政大→中国電力レッドレグリオンズ

つながり [ラグビー]岩佐 賢人(高校)、[ラグビー]北川 賢吾(高校)、[ラグビー]古賀 駿汰(高校)

東出 直也
ひがしで なおや

横浜DeNAベイスターズ／捕手

2003年5月24日生／20歳／173cm／72kg／石川県

経歴≫ 片山津中→小松大谷高→DeNA

つながり [野球]喜多 隆介(高校)、[アイスホッケー]葛西 純昌(同年代)、[ラグビー]ダリエス トマス(同年代)

東浜 巨
ひがしはま なお

福岡ソフトバンクホークス／投手

1990年6月20日生／33歳／182cm／80kg／A型／沖縄県

経歴≫ 与勝中→沖縄尚学高→亜細亜大→ソフトバンク

つながり [野球]岡留 英貴(高校)、[野球]嶺井 博希(高校)、[野球]リチャード(高校)、[野球]與座 海人(高校)

引地 秀一郎
ひきじ しゅういちろう

東北楽天ゴールデンイーグルス／投手

2000年6月3日生／23歳／188cm／84kg／B型／岡山県

経歴≫ 岡山市立高松中→倉敷商高→楽天

つながり [野球]岡 大海(高校)、[野球]上川畑 大悟(高校)、[アイスホッケー]阿部 泰河(同年代)

樋口 正修
ひぐち せいしゅう

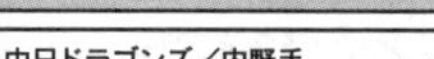

中日ドラゴンズ／内野手

1998年11月17日生／25歳／175cm／100kg／A型／埼玉県

経歴≫ 北本市立東中→北本高→駿河台大→BCL・埼玉→中日

つながり [ラグビー]本堂 杏虎(同郷・同年代)、[ラグビー]山沢 京平(同郷・同年代)、[ラグビー]大内 錬(同郷・同年代)

日隈 モンテル
ひぐま もんてる

埼玉西武ライオンズ／外野手

2000年3月18日生／23歳／186cm／88kg／沖縄県

経歴≫ 桑江中→金光大阪高→OBC高島→琉球→四国IL・徳島→西武

つながり [野球]陽川 尚将(高校)、[バスケットボール]平良 陽汰(同郷・同年代)、[野球]岡留 英貴(同郷・同年代)

彦坂 匡克
ひこさか まさかつ

トヨタヴェルブリッツ／WTB

1991年1月18日生／32歳／177cm／92kg／愛知県

経歴≫ 春日丘高→筑波大→トヨタヴェルブリッツ

つながり [ラグビー]彦坂 圭克(高校)、[ラグビー]姫野 和樹(高校)、[ラグビー]前田 土芽(大学)

彦坂 優
ひこさか ゆう

RED EAGLES HOKKIDO／FW

1995年3月26日生／27歳／177cm／76kg

経歴≫ Topeka Capitals→Topeka RoadRunners→H.C.栃木日光アイスバックス→RED EAGLES HOKKIDO

つながり [アイスホッケー]鈴木 健斗(同年代)、[アイスホッケー]川村 一希(同年代)

彦坂 圭克
ひこさか よしかつ

トヨタヴェルブリッツ／HO

1991年1月18日生／32歳／178cm／99kg／愛知県

経歴≫ 春日丘高→筑波大→トヨタヴェルブリッツ

つながり [ラグビー]彦坂 匡克(高校)、[ラグビー]姫野 和樹(高校)、[ラグビー]前田 土芽(大学)

久岡 幸太郎
ひさおか こうたろう

香川ファイブアローズ／PG

1997年1月4日生／26歳／180cm／81kg／B型／群馬県

経歴≫ 大石中→前橋育英高→中央大→アースフレンズ東京Z→香川ファイブアローズ

つながり [バスケットボール]木村 啓太郎(高校)、[バスケットボール]船生 誠也(高校)

久富 雄一
ひさどみ ゆういち

日野レッドドルフィンズ／PR

1978年8月11日生／44歳／183cm／112kg／佐賀県

経歴≫ 関東学院大→日野レッドドルフィンズ

つながり [ラグビー]稲垣 啓太(大学)、[ラグビー]川崎 清純(大学)、[ラグビー]川崎 龍清(大学)

日和佐 篤
ひさわ あつし

コベルコ神戸スティーラーズ／SH　代表歴あり

1987年5月22日生／35歳／166cm／71kg／兵庫県

経歴≫ 報徳学園高→法政大→コベルコ神戸スティーラーズ

つながり [ラグビー]井上 遼(高校)、[ラグビー]前田 剛(高校)、[ラグビー]山村 知也(高校)

ビシエド
びしえど

中日ドラゴンズ／内野手

1989年3月10日生／34歳／185cm／108kg／キューバ

経歴≫ ブルージェイズ他→中日

つながり [アイスホッケー]小野 航平(同年代)、[アイスホッケー]熊谷 豪士(同年代)

日髙 暖己
ひだか あつみ

オリックス・バファローズ／投手

2004年9月16日生／19歳／183cm／72kg／宮崎県

経歴≫ 富島中→富島高→オリックス

つながり [バスケットボール]荻沼 隼佑(同年代)、[野球]浅野 翔吾(同年代)、[野球]田村 朋輝(同年代)

日高 駿
ひだか すぐる

清水建設江東ブルーシャークス／LO

1990年2月15日生／32歳／191cm／112kg／福岡県

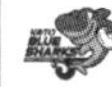

経歴≫ 筑紫高→明治大→清水建設江東ブルーシャークス

つながり [ラグビー]久保 優(高校)、[ラグビー]堀部 直壮(高校)、[ラグビー]山﨑 洋之(高校)

肥爪 駿
ひづめ しゅん

三重ホンダヒート／HO

1999年1月28日生／23歳／171cm／98kg／兵庫県

経歴≫ 神戸科学技術高→九州共立大→三重ホンダヒート

つながり [ラグビー]高見 優太(高校)、[バスケットボール]土屋 アリスター時生(高校)

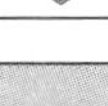

人羅 奎太郎
ひとら けいたろう

花園近鉄ライナーズ／SH

1998年12月11日生／24歳／166cm／72kg／兵庫県

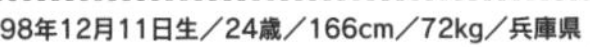

経歴≫ 東海大仰星高→同志社大→花園近鉄ライナーズ

つながり [ラグビー]岸岡 智樹(高校)、[ラグビー]近藤 英人(高校)、[ラグビー]根塚 洸雅 (高校)

日野 剛志
ひの たけし

静岡ブルーレヴズ／HO　代表歴あり

1990年1月20日生／32歳／172cm／100kg／福岡県

経歴≫ 筑紫高→同志社大→静岡ブルーレヴズ

つながり [ラグビー]久保 優(高校)、[ラグビー]堀部 直壮(高校)、[ラグビー]山﨑 洋之(高校)

日比野 壮大
ひびの まさひろ

三重ホンダヒート／PR

1992年6月20日生／30歳／180cm／118kg／愛知県

経歴≫ 愛知県立昭和高→中京大→三重ホンダヒート

つながり [ラグビー]西川 大輔(大学)、[ラグビー]蜂谷 元紹(大学)、[ラグビー]井出 三四郎(大学)

姫野 和樹
ひめの かずき

トヨタヴェルブリッツ／No8　代表歴あり

1994年7月27日生／28歳／187cm／112kg／愛知県

経歴≫ 春日丘高→帝京大→トヨタヴェルブリッツ

つながり [ラグビー]彦坂 匡克(高校)、[ラグビー]彦坂 圭克(高校)、[ラグビー]大和田 立(大学)

姫野 優也
ひめの ゆうや

北海道日本ハムファイターズ／投手

1997年4月2日生／26歳／184cm／83kg／B型／大阪府

経歴≫ 枚方市立中宮中→大阪偕星学園高→日本ハム

つながり [ラグビー]岡山 仙治(同郷・同年代)、[ラグビー]岸岡 智樹(同郷・同年代)、[ラグビー]金 秀隆(同郷・同年代)

ヒュー パイル
ひゅー ぱいる

東芝ブレイブルーパス東京／LO

1988年9月21日生／34歳／201cm／115kg／オーストラリア

経歴≫ トゥールーズビジネススクール→東芝ブレイブルーパス東京

つながり [ラグビー]ニック フィップス(同郷・同年代)、[アイスホッケー]小野 航平(同年代)

平井 克典
ひらい かつのり

埼玉西武ライオンズ／投手

1991年12月20日生／32歳／180cm／86kg／A型／愛知県

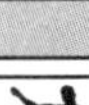

経歴≫ 一宮市立南部中→飛龍高→愛知産大→Honda鈴鹿→西武

つながり [バスケットボール]松下 裕汰(高校)、[バスケットボール]長島 蓮(高校)、[野球]佐藤 蓮(高校)

つながり 【バスケットボール】比江島慎と田中大貴は高校時代からのライバル関係

平井 将太郎
ひらい しょうたろう

浦安D-Rocks／PR

1995年4月3日生／27歳／185cm／122kg／長崎県

経歴≫ 長崎南山高→帝京大→浦安D-Rocks

つながり [ラグビー]大澤 蓮(高校)、[ラグビー]大熊 克哉(高校)、[ラグビー]杉永 亮太(高校)

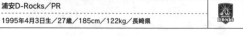

平岩 玄
ひらいわ げん

アルバルク東京／C

1997年12月5日生／25歳／200cm／105kg／A型／愛知県

経歴≫ 日進市立日進東中→土浦日本大高→東海大→琉球ゴールデンキングス→アルバルク東京

つながり [バスケットボール]岡田 優介(高校)、[バスケットボール]杉本 天昇(高校)

平尾 充庸
ひらお あつのぶ

茨城ロボッツ／PG

1989年4月4日生／33歳／178cm／74kg／A型／徳島県

経歴≫ 南部中→明徳義塾高→天理大→パナソニックトライアンズ他→茨城ロボッツ

つながり [バスケットボール]ファイ サンバ(高校)、[野球]代木 大和(高校)、[野球]吉村 優聖歩(高校)

平川 隼也
ひらかわ としや

静岡ブルーレヴズ／HO

1996年7月8日生／26歳／165cm／98kg／長崎県

経歴≫ 長崎北陽台高→同志社大→静岡ブルーレヴズ

つながり [ラグビー]岡崎 航大(高校)、[ラグビー]中尾 隼太(高校)、[ラグビー]田森 海音(高校)

平沢 大河
ひらさわ たいが

千葉ロッテマリーンズ／内野手

1997年12月24日生／26歳／176cm／80kg／A型／宮城県

経歴≫ 多賀城市立高崎中→仙台育英高→ロッテ

つながり [ラグビー]菊田 圭佑(高校)、[ラグビー]千葉 雄太(高校)、[ラグビー]矢富 洋則(高校)

平田 一真
ひらた かずま

九州電力キューデンヴォルテクス／FL

1988年7月24日生／34歳／177cm／97kg／熊本県

経歴≫ 九州学院高→関東学院大→九州電力キューデンヴォルテクス

つながり [ラグビー]石田 一貴(高校)、[ラグビー]岩下 丈一郎(高校)、[ラグビー]石田 大河(高校)

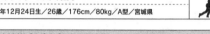

平田 真吾
ひらた しんご

横浜DeNAベイスターズ／投手

1989年8月29日生／34歳／182cm／85kg／A型／山口県

経歴≫ 豊田西中→豊北高→北九州市立大→Honda熊本→DeNA

つながり [ラグビー]大野 和真(高校)、[野球]益田 武尚(大学)、[アイスホッケー]佐々木 一正(同年代)

平沼 翔太
ひらぬま しょうた

埼玉西武ライオンズ／内野手

1997年8月16日生／26歳／179cm／80kg／A型／福井県

経歴≫ 福井市立社中→敦賀気比高→日本ハム→西武

つながり [野球]笠島 尚樹(高校)、[野球]西川 龍馬(高校)、[野球]前川 誠太(高校)、[野球]木下 元秀(高校)

平野 叶翔
ひらの かなと

三重ホンダヒート／PR

2000年2月8日生／22歳／180cm／105kg／三重県

経歴≫ 西陵高→京都産大→三重ホンダヒート

つながり [ラグビー]羽野 一志(高校)、[ラグビー]野村 三四郎(高校)、[ラグビー]渡邊 友哉(高校)

平野 翔平
ひらの しょうへい

埼玉パナソニックワイルドナイツ／PR

1993年8月3日生／29歳／178cm／120kg／福岡県

経歴≫ 東福岡高→東海大→埼玉パナソニックワイルドナイツ

つながり [ラグビー]岩佐 賢人(高校)、[ラグビー]北川 賢吾(高校)、[ラグビー]古賀 駿汰(高校)

平野 大和
ひらの やまと

オリックス・バファローズ／外野手

2001年8月7日生／22歳／177cm／82kg／O型／宮崎県

経歴≫ 日章学園中→日章学園高→オリックス

つながり [野球]山﨑 剛(高校)、[アイスホッケー]中舘 庸太朗(同年代)、[アイスホッケー]鈴木 聖夏(同年代)

平野 佳寿
ひらの よしひさ

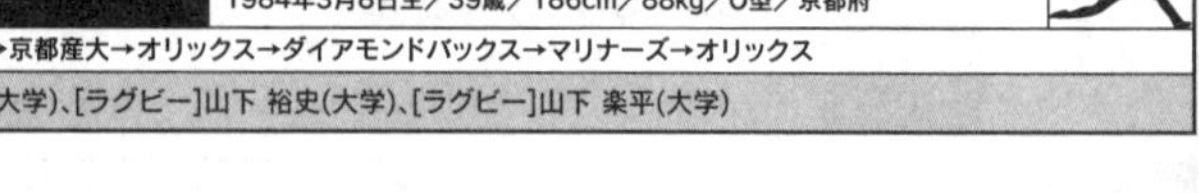

オリックス・バファローズ／投手

1984年3月8日生／39歳／186cm／88kg／O型／京都府

経歴≫ 宇治市立北宇治中→鳥羽高→京都産大→オリックス→ダイアモンドバックス→マリナーズ→オリックス

つながり [ラグビー]田中 史朗(大学)、[ラグビー]山下 裕史(大学)、[ラグビー]山下 楽平(大学)

平山 真也
ひらやま しんや

中国電力レッドレグリオンズ／CTB
1999年10月8日生／23歳／176cm／85kg／福岡県

経歴≫ 東福岡高→福岡工大→中国電力レッドレグリオンズ

つながり [ラグビー]岩佐 賢人(高校)、[ラグビー]北川 賢吾(高校)、[ラグビー]古賀 駿汰(高校)

蛭間 拓哉
ひるま たくや

埼玉西武ライオンズ／外野手
2000年9月8日生／23歳／177cm／87kg／群馬県

経歴≫ 桐生市立相生中→浦和学院高→早稲田大→西武

つながり [野球]小島 和哉(高校)、[野球]金田 優太(高校)、[野球]渡邉 勇太朗(高校)

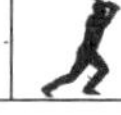

廣岡 大志
ひろおか たいし

読売ジャイアンツ／内野手
1997年4月9日生／26歳／183cm／81kg／O型／大阪府

経歴≫ 大阪市立昭和中→智辯学園高→ヤクルト→巨人

つながり [野球]岡本 和真(高校)、[野球]村上 頌樹(高校)、[野球]前川 右京(高校)、[野球]福元 悠真(高校)

廣田 耀規
ひろた あきのり

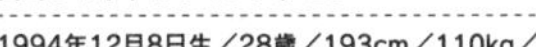

日野レッドドルフィンズ／LO
1994年12月8日生／28歳／193cm／110kg／三重県

経歴≫ 四日市農芸高→日野レッドドルフィンズ

つながり [ラグビー]伊藤 玖祥(高校)、[ラグビー]山路 健太(高校)、[バスケットボール]安藤 周人(同郷・同年代)

廣野 翔太
ひろの しょうた

花園近鉄ライナーズ／HO
1993年12月10日生／29歳／180cm／110kg／大阪府

経歴≫ 御所実高→近畿大→花園近鉄ライナーズ

つながり [ラグビー]土井 貴弘(高校)、[ラグビー]酒木 凜平(高校)、[ラグビー]北村 将大(高校)

廣畑 敦也
ひろはた あつや

千葉ロッテマリーンズ／投手
1997年12月3日生／26歳／175cm／83kg／A型／岡山県

経歴≫ 岡山市立京山中→玉野光南高→帝京大→三菱自動車倉敷オーシャンズ→ロッテ

つながり [ラグビー]大和田 立(大学)、[ラグビー]亀井 亮依(大学)、[ラグビー]小林 恵太(大学)

ふ

113人

(NPB/39人、B.LEAGUE/19人、JAPAN RUGBY LEAGUE ONE/51人、ASIA LEAGUE ICE HOCKEY/4人)

ファイ サンバ
ふぁい さんば

富山グラウジーズ／C
1987年4月25日生／35歳／205cm／105kg／A型／セネガル

経歴≫ 明徳義塾高→天理大→ファイティングイーグルス名古屋他→富山グラウジーズ

つながり [バスケットボール]平尾 充庸(高校)、[野球]代木 大和(高校)、[野球]吉村 優聖歩(高校)

ファイ パプ月瑠
ふぁい ぱぷむーる

佐賀バルーナーズ／PF/C 代表歴あり
1987年6月22日生／35歳／200cm／101kg／A型／セネガル

経歴≫ レ・マメル→延岡学園高→関東学院大→横浜ビー コルセアーズ他→佐賀バルーナーズ

つながり [バスケットボール]ベンドラメ 礼生(高校)、[バスケットボール]永吉 佑也(高校)

ファイアラガ 望 サムエル
ふぁいあらが のぞむ さむえる

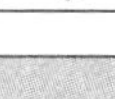

九州電力キューデンヴォルテクス／PR
1998年7月3日生／24歳／175cm／124kg／大阪府

経歴≫ 常翔学園高→同志社大→宗像サニックスブルース→九州電力キューデンヴォルテクス

つながり [ラグビー]宮島 裕之(大学)、[ラグビー]海士 広大(大学)、[ラグビー]北川 賢吾(大学)

ファウルア マキシ
ふぁうるあ まきし

クボタスピアーズ船橋・東京ベイ／FL 代表歴あり
1997年1月20日生／25歳／187cm／112kg／トンガ

経歴≫ 日本航空石川高→天理大→クボタスピアーズ船橋・東京ベイ

つながり [ラグビー]アシペリ モアラ(高校)、[ラグビー]藤原 忍(高校)、[ラグビー]シオサイア フィフィタ(高校)

ファカタヴァ タラウ侍
ふぁかたう゛ぁ たらうさむらい

リコーブラックラムズ東京／LO
1994年12月7日生／28歳／194cm／118kg／トンガ

経歴≫ ティマルボーイズ高→大東文化大→リコーブラックラムズ東京

つながり [ラグビー]アマト ファカタヴァ(高校)、[アイスホッケー]松渕 雄太(大学)

つながり 【野球】平沼翔太、平沢大河は2015年春の甲子園で対戦

あ か さ た な **は** ま や ら わ

ファフ デクラーク
ふぁふ でくらーく

横浜キヤノンイーグルス／SH
1991年10月19日生／31歳／172cm／88kg／南アフリカ共和国

経歴≫ ファースクール・ウォータークルーフ→Pumas→Lions→Golden Lions→Sale Sharks→横浜キヤノンイーグルス

つながり [アイスホッケー]山田 虎太朗(同年代)、[アイスホッケー]三田村 康平(同年代)

フィシプナ トゥイアキ
ふぃしぷな とぅいあき

三菱重工相模原ダイナボアーズ／CTB
1995年1月23日生／27歳／188cm／105kg／トンガ

経歴≫ 日本航空石川高→天理大→三菱重工相模原ダイナボアーズ

つながり [ラグビー]アシベリ モアラ(高校)、[ラグビー]ファウルア マキシ(高校)、[ラグビー]藤原 忍(高校)

フィル バーリー
ふぃる ばーりー

九州電力キューデンヴォルテクス／CTB
1986年10月22日生／36歳／182cm／96kg／ニュージーランド

経歴≫ シャリーボーイ→九州電力キューデンヴォルテクス

つながり [アイスホッケー]井上 光明(同年代)、[アイスホッケー]山本 和輝(同年代)

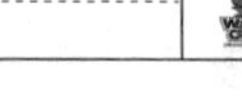

フェインガ ファカイ
ふぇいんが ふぁかい

クリタウォーターガッシュ昭島／No8
1997年7月6日生／25歳／180cm／105kg／トンガ

経歴≫ 日本航空石川高→京都産大→クリタウォーターガッシュ昭島

つながり [ラグビー]アシベリ モアラ(高校)、[ラグビー]ファウルア マキシ(高校)、[ラグビー]藤原 忍(高校)

フェツアニ ラウタイミ
ふぇつあに らうたいみ

トヨタヴェルブリッツ／FL　代表歴あり
1992年10月21日生／30歳／184cm／115kg／トンガ

経歴≫ トンガカレッジ→摂南大→トヨタヴェルブリッツ

つながり [ラグビー]アマナキ レレイマフィ(高校)、[ラグビー]ハヴィリ リッチー(高校)

フェトゥカモカモ ダグラス
ふぇとぅかもかも だぐらす

NECグリーンロケッツ東葛／FL
1991年4月18日生／31歳／190cm／110kg／ニュージーランド

経歴≫ ギズボーンイスクール→ワイカト大→クルセイダーズ→NECグリーンロケッツ東葛

つながり [ラグビー]ジェイコブ スキーン(大学)、[ラグビー]サム ケアード(大学)、[ラグビー]西澤 将太(大学)

フェリックス
ふぇりっくす

福岡ソフトバンクホークス／投手
1999年11月29日生／24歳／190cm／81kg／ドミニカ共和国

経歴≫ ソフトバンク

つながり [野球]ウレーニャ(同郷・同年代)、[アイスホッケー]青山 大基(同年代)、[アイスホッケー]小林 斗威(同年代)

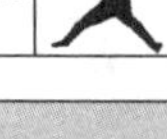

深沢 鳳介
ふかざわ おおすけ

横浜DeNAベイスターズ／投手
2003年11月5日生／20歳／177cm／74kg／O型／東京都

経歴≫ 江戸川区上一色中→専修大松戸高→DeNA

つながり [野球]田中 怜利 ハモンド(同郷・同年代)、[アイスホッケー]葛西 純昌(同年代)

深澤 翔祐
ふかさわ しょうすけ

NTTドコモレッドハリケーンズ大阪／PR
1998年9月16日生／24歳／175cm／110kg／神奈川県

経歴≫ 深谷高→東洋大→NTTドコモレッドハリケーンズ大阪

つながり [ラグビー]新井 望友(高校)、[ラグビー]金井 大雪(高校)、[ラグビー]中嶋 大希(高校)

深村 亮太
ふかむら りょうた

豊田自動織機シャトルズ愛知／PR
1993年7月23日生／29歳／186cm／124kg／佐賀県

経歴≫ 佐賀工高→帝京大→豊田自動織機シャトルズ愛知

つながり [ラグビー]松浦 康一(高校)、[ラグビー]大塚 健太郎(高校)、[ラグビー]荒井 康植(高校)

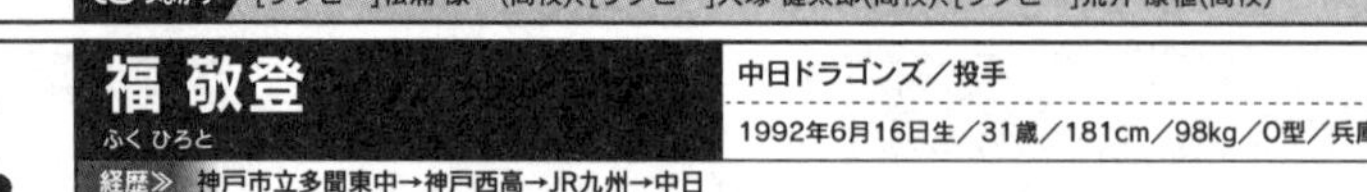

福 敬登
ふく ひろと

中日ドラゴンズ／投手
1992年6月16日生／31歳／181cm／98kg／O型／兵庫県

経歴≫ 神戸市立多聞東中→神戸西高→JR九州→中日

つながり [ラグビー]森川 由起乙(同郷・同年代)、[ラグビー]松岡 久善(同郷・同年代)

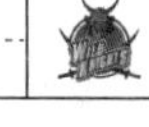
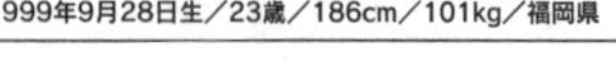
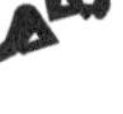

福井 翔大
ふくい しょうた

埼玉パナソニックワイルドナイツ／FL
1999年9月28日生／23歳／186cm／101kg／福岡県

経歴≫ 東福岡高→埼玉パナソニックワイルドナイツ

つながり [ラグビー]岩佐 賢人(高校)、[ラグビー]北川 賢吾(高校)、[ラグビー]古賀 駿汰(高校)

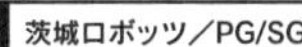

福澤 晃平
ふくざわ こうへい

茨城ロボッツ／PG/SG

1993年4月2日生／29歳／177cm／76kg／A型／長野県

経歴≫ 高森中→東海大付三高→関西大→ファイティングイーグルス名古屋→茨城ロボッツ

つながり [バスケットボール]鶴田 美勇士(高校)、[バスケットボール]ザック バランスキー(高校)

福士 周太
ふくし しゅうた

釜石シーウェイブスRFC／CTB

1994年8月15日生／28歳／178cm／87kg／岩手県

経歴≫ 盛岡第一高→立命館大→釜石シーウェイブスRFC

つながり [ラグビー]木田 晴斗(大学)、[ラグビー]古川 聖人(大学)、[ラグビー]百地 龍之介(大学)

福士 萌起
ふくし もえき

日野レッドドルフィンズ／WTB

1999年3月11日生／23歳／184cm／100kg／長崎県

経歴≫ 関東学院大→日野レッドドルフィンズ

つながり [ラグビー]稲垣 啓太(大学)、[ラグビー]川崎 清純(大学)、[ラグビー]川崎 龍清(大学)

福島 章太
ふくしま しょうた

中日ドラゴンズ／投手

2002年10月24日生／21歳／177cm／91kg／AB型／岡山県

経歴≫ 備前市立備前中→倉敷工高→中日

つながり [ラグビー]シオネ タプオシ(同年代)、[ラグビー]高橋 陽大(同年代)、[ラグビー]ウィリアム ヘイ(同年代)

福島 蓮
ふくしま れん

北海道日本ハムファイターズ／投手

2003年4月25日生／20歳／190cm／70kg／A型／青森県

経歴≫ 八戸市立湊中→八戸西高→日本ハム

つながり [ラグビー]佐々木 剛(高校)、[ラグビー]中村 良真(高校)、[野球]黒田 将矢(同郷・同年代)

福田 健太
ふくだ けんた

トヨタヴェルブリッツ／SH

1996年12月19日生／26歳／173cm／80kg／埼玉県

経歴≫ 茗渓学園高→明治大→トヨタヴェルブリッツ

つながり [ラグビー]鈴木 啓太(高校)、[ラグビー]丸山 尚城(高校)、[ラグビー]大越 元気(高校)

福田 光輝
ふくだ こうき

千葉ロッテマリーンズ／内野手

1997年11月16日生／26歳／176cm／80kg／A型／大阪府

経歴≫ 大阪市立新東淀中→大阪桐蔭高→法政大→ロッテ

つながり [ラグビー]宮宗 翔(高校)、[ラグビー]紙森 陽太(高校)、[ラグビー]岡田 優輝(高校)

福田 周平
ふくだ しゅうへい

オリックス・バファローズ／内野手

1992年8月8日生／31歳／167cm／69kg／A型／大阪府

経歴≫ 阪南市立鳥取中→広陵高→明治大→NTT東日本→オリックス

つながり [バスケットボール]冨岡 大地(高校)、[バスケットボール]大浦 颯太(高校)、[野球]小林 誠司(高校)

福田 秀平
ふくだ しゅうへい

千葉ロッテマリーンズ／外野手

1989年2月10日生／34歳／182cm／77kg／AB型／神奈川県

経歴≫ 横浜市立緑が丘中→多摩大附聖ヶ丘高→ソフトバンク→ロッテ

つながり [ラグビー]村田 毅(同郷・同年代)、[ラグビー]笹倉 康誉(同郷・同年代)、[ラグビー]小澤 直輝(同郷・同年代)

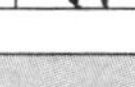

福田 俊
ふくだ すぐる

北海道日本ハムファイターズ／投手

1996年12月14日生／27歳／171cm／73kg／A型／北海道

経歴≫ 泉中→横浜創学館高→星槎道都大→日本ハム

つながり [野球]望月 惇志(高校)、[野球]秋山 翔吾(高校)、[野球]河村 説人(大学)

福田 永将
ふくだ のぶまさ

中日ドラゴンズ／内野手

1988年7月23日生／35歳／181cm／90kg／O型／神奈川県

経歴≫ 横浜市立鴨志田中→横浜高→中日

つながり [野球]木下 幹也(高校)、[野球]伊藤 将司(高校)、[野球]及川 雅貴(高校)、[野球]髙濱 祐仁(高校)

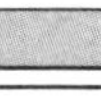

福田 真生
ふくだ まお

青森ワッツ／SF

1989年7月26日生／33歳／193cm／91kg／O型／北海道

経歴≫ 南幌中→北海道大麻高→青山学院大→サイバーダインつくばロボッツ他→青森ワッツ

つながり [バスケットボール]城宝 匡史(高校)、[ラグビー]古賀 駿汰(大学)、[ラグビー]髙橋 敏也(大学)

つながり [野球]藤岡裕大、三木亮、中村奨吾、岡大海は共に2013年日米大学野球選手権の日本代表メンバーに選出された

福田 充男
ふくだ みつお

H.C.TOCHIGINIKKOICEBUCKS／DF

1999年11月25日生／23歳／169cm／72kg

経歴≫ 日光東中→日光明峰高→東洋大→H.C.TOCHIGINIKKOICEBUCKS

つながり [アイスホッケー]渡邊 亮秀(高校)、[アイスホッケー]古橋 真来(高校)、[アイスホッケー]大津 夕聖(高校)

福田 陸人
ふくだ りくと

クボタスピアーズ船橋・東京ベイ／HO

1999年12月9日生／23歳／174cm／95kg／栃木県

経歴≫ 国学院大栃木高→明治大→クボタスピアーズ船橋・東京ベイ

つながり [ラグビー]尾又 寛汰(高校)、[ラグビー]武井 日向(高校)、[ラグビー]久保 克斗(高校)

福谷 浩司
ふくたに こうじ

中日ドラゴンズ／投手

1991年1月9日生／32歳／183cm／90kg／B型／愛知県

経歴≫ 知多市立東部中→愛知・横須賀高→慶應義塾大→中日

つながり [アイスホッケー]氏橋 祐太(大学)、[アイスホッケー]運上 雄基(大学)、[ラグビー]児玉 健太郎(大学)

福坪 龍一郎
ふくつぼ りゅういちろう

豊田自動織機シャトルズ愛知／LO

1988年8月16日生／34歳／190cm／106kg／鹿児島県

経歴≫ 鹿屋工高→豊田自動織機シャトルズ愛知

つながり [ラグビー]隈本 浩太(同郷・同年代)、[アイスホッケー]小野 航平(同年代)

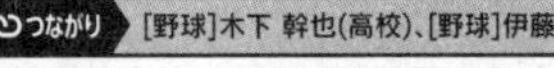

福永 奨
ふくなが しょう

オリックス・バファローズ／捕手

1999年7月28日生／24歳／175cm／87kg／B型／神奈川県

経歴≫ 横浜市立上菅田中→横浜高→国学院大→オリックス

つながり [野球]木下 幹也(高校)、[野球]伊藤 将司(高校)、[野球]及川 雅貴(高校)、[野球]髙濱 祐仁(高校)

福永 裕基
ふくなが ひろき

中日ドラゴンズ／内野手

1996年9月16日生／27歳／180cm／85kg／大阪府

経歴≫ 近江兄弟社中→天理高→専修大→日本新薬→中日

つながり [ラグビー]井上 大介(高校)、[ラグビー]立川 理道(高校)、[ラグビー]井関 信介(高校)

福藤 豊
ふくふじ ゆたか

H.C.TOCHIGINIKKOICEBUCKS／GK　代表歴あり

1982年9月17日生／40歳／185cm／83kg

経歴≫ デスティル・トラッパーズ→日光アイスバックス→エスビャウ・エナジー→H.C.TOCHIGINIKKOICEBUCKS

つながり [バスケットボール]荒谷 裕秀(高校)、[野球]杉澤 龍(高校)、[バスケットボール]城宝 匡史(同年代)

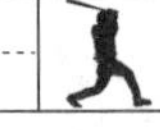

福元 悠真
ふくもと ゆうま

中日ドラゴンズ／外野手

1999年12月1日生／24歳／180cm／90kg／O型／奈良県

経歴≫ 聖徳中→智辯学園高→大阪商大→中日

つながり [野球]岡本 和真(高校)、[野球]廣岡 大志(高校)、[野球]村上 頌樹(高校)、[野球]前川 右京(高校)

福森 耀真
ふくもり ようま

東北楽天ゴールデンイーグルス／投手

1997年9月27日生／26歳／178cm／87kg／B型／千葉県

経歴≫ 北九州市立守恒中→北九州高→九州産大→楽天

つながり [野球]渡辺 翔太(高校)、[バスケットボール]上良 潤起(大学)、[野球]岩田 将貴(大学)

福山 竜斗
ふくやま りゅうと

三菱重工相模原ダイナボアーズ／SO

1999年10月6日生／23歳／168cm／88kg／大阪府

経歴≫ 天理高→近畿大→三菱重工相模原ダイナボアーズ

つながり [ラグビー]井上 大介(高校)、[ラグビー]立川 理道(高校)、[ラグビー]井関 信介(高校)

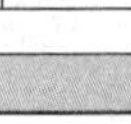

藤井 健太郎
ふじい けんたろう

中国電力レッドレグリオンズ／WTB

2000年1月17日生／23歳／178cm／87kg／京都府

経歴≫ 伏見工高→立命館大→中国電力レッドレグリオンズ

つながり [ラグビー]田中 史朗(高校)、[ラグビー]小畑 健太郎(高校)、[ラグビー]寺田 桂太(高校)

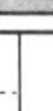

藤井 皓哉
ふじい こうや

福岡ソフトバンクホークス／投手

1996年7月29日生／28歳／181cm／83kg／AB型／岡山県

経歴≫ 笠岡西中→おかやま山陽高→広島→四国 IL・高知→ソフトバンク

つながり [野球]太田 光(同郷・同年代)、[野球]小郷 裕哉(同郷・同年代)、[野球]上川畑 大悟(同郷・同年代)

藤井 大喜
ふじい たいき

埼玉パナソニックワイルドナイツ／PR
1998年1月4日生／25歳／183cm／114kg／岩手県

経歴≫ 黒沢尻工高→大東文化大→埼玉パナソニックワイルドナイツ

つながり [ラグビー]阿部 竜二(高校)、[ラグビー]佐々木 裕次郎(高校)、[ラグビー]高橋 拓也(高校)

藤井 拓海
ふじい たくみ

三重ホンダヒート／PR
1995年9月2日生／27歳／176cm／110kg／京都府

経歴≫ 東海大仰星高→関西大→三重ホンダヒート

つながり [ラグビー]岸岡 智樹(高校)、[ラグビー]近藤 英人(高校)、[ラグビー]根塚 洸雅 (高校)

藤井 達哉
ふじい たつや

NECグリーンロケッツ東葛／SH
2000年3月15日生／22歳／164cm／64kg／福岡県

経歴≫ 東海大福岡高→ジョンマクガラシャン大→宗像サニックスブルーズ→NECグリーンロケッツ東葛

つながり [ラグビー]山口 楓斗(高校)、[ラグビー]中村 悠人(高校)、[ラグビー]丸山 凜太朗(同郷・同年代)

藤井 俊希
ふじい としき

豊田自動織機シャトルズ愛知／LO
1992年4月3日生／30歳／188cm／108kg／大阪府

経歴≫ 茨木高→筑波大→豊田自動織機シャトルズ愛知

つながり [ラグビー]前田 土芽(大学)、[ラグビー]島田 悠平(大学)、[ラグビー]土谷 深浩(大学)

藤井 聖
ふじい まさる

東北楽天ゴールデンイーグルス／投手
1996年10月3日生／27歳／176cm／80kg／O型／神奈川県

経歴≫ 海老名市立大谷中→富士市立高→東洋大→ENEOS→楽天

つながり [アイスホッケー]成澤 優太(大学)、[アイスホッケー]柴田 嗣斗(大学)、[アイスホッケー]福田 充男(大学)

藤井 祐眞
ふじい ゆうま

川崎ブレイブサンダース／PG/SG　代表歴あり
1991年12月23日生／31歳／178cm／75kg／A型／島根県

経歴≫ 湖東中→藤枝明誠高→拓殖大→川崎ブレイブサンダース

つながり [バスケットボール]角野 亮伍(高校)、[ラグビー]アセリ マシヴォウ(大学)、[ラグビー]ヘル ウヴェ(大学)

藤井 黎來
ふじい れいら

広島東洋カープ／投手
1999年9月17日生／24歳／182cm／93kg／A型／秋田県

経歴≫ 美郷町立三郷中→大曲工高→広島

つながり [ラグビー]柴田 凌光(同郷・同年代)、[ラグビー]下山 輝(同郷・同年代)、[ラグビー]小島 燎成(同郷・同年代)

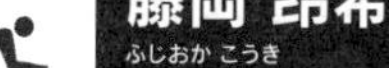

藤岡 昂希
ふじおか こうき

アースフレンズ東京Z／SF
1991年7月18日生／31歳／192cm／93kg／B型／千葉県

経歴≫ 千葉市立大椎中→市立船橋高→専修大→山形ワイヴァンズ→香川ファイブアローズ→青森ワッツ→アースフレンズ東京Z

つながり [ラグビー]松橋 周平(高校)、[ラグビー]関本 圭汰(高校)、[バスケットボール]古牧 昌也(高校)

藤岡 裕大
ふじおか ゆうだい

千葉ロッテマリーンズ／内野手
1993年8月8日生／30歳／178cm／77kg／O型／岡山県

経歴≫ 岡山市立操南中→岡山理大附高→亜細亜大→トヨタ自動車→ロッテ

つながり [野球]柴田 竜拓(高校)、[野球]九里 亜蓮(高校)、[野球]藪田 和樹(高校)、[野球]頓宮 裕真(高校)

藤崎 健大
ふじさき けんた

中国電力レッドレグリオンズ／LO
1990年1月20日生／32歳／184cm／98kg／広島県

経歴≫ 安芸南高→帝京大→中国電力レッドレグリオンズ

つながり [ラグビー]大和田 立(大学)、[ラグビー]亀井 亮依(大学)、[ラグビー]小林 恵太(大学)

藤澤 尚之
ふじさわ なおゆき

バンビシャス奈良／PG
1998年6月19日生／24歳／172cm／70kg／B型／京都府

経歴≫ 京都市立山科中→東山高→天理大→熊本ヴォルターズ→バンビシャス奈良

つながり [ラグビー]指田 宗孝(高校)、[ラグビー]森 悠記(高校)、[ラグビー]森山 皓太(高校)

藤嶋 健人
ふじしま けんと

中日ドラゴンズ／投手
1998年5月8日生／25歳／177cm／85kg／O型／愛知県

経歴≫ 豊橋市立南部中→東邦高→中日

つながり [野球]石川 昂弥(高校)、[野球]林 琢真(高校)、[野球]関根 大気(高校)、[野球]松井 聖(高校)

つながり 【野球】福田永将は、高校時代2学年上の涌井秀章とバッテリーを組んだ経験あり

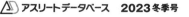

あ
か
さ
た
な
は
ま
や
ら
わ

藤田 一也
ふじた かずや

横浜DeNAベイスターズ／内野手
1982年7月3日生／41歳／175cm／75kg／O型／徳島県
経歴≫ 鳴門二中→鳴門一高→近畿大→横浜・DeNA→楽天→DeNA
つながり [ラグビー]宮宗 翔(大学)、[ラグビー]岩佐 賢人(大学)、[ラグビー]大熊 克哉(大学)

藤田 健斗
ふじた けんと

阪神タイガース／捕手
2001年10月18日生／22歳／173cm／73kg／A型／滋賀県
経歴≫ 長浜市立高月中→中京学院中京高→阪神
つながり [アイスホッケー]中舘 庸太朗(同年代)、[アイスホッケー]鈴木 聖夏(同年代)

藤田 大清
ふじた たいせい

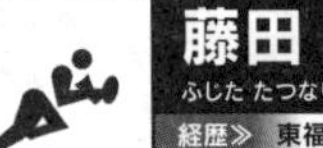

北海道日本ハムファイターズ／外野手
2004年8月23日生／19歳／187cm／84kg／長野県
経歴≫ 関中→花咲徳栄高→日本ハム
つながり [野球]松井 颯(高校)、[野球]清水 達也(高校)、[野球]味谷 大誠(高校)、[野球]楠本 泰史(高校)

藤田 貴大
ふじた たかひろ

東芝ブレイブルーパス東京／FL
1993年6月17日生／29歳／176cm／96kg／青森県
経歴≫ 青森北高→東海大→東芝ブレイブルーパス東京
つながり [ラグビー]佐藤 弘樹(高校)、[ラグビー]鶴谷 昌隆(高校)、[ラグビー]赤平 勇人(高校)

藤田 達成
ふじた たつなり

NTTドコモレッドハリケーンズ大阪／LO
1996年12月2日生／26歳／192cm／107kg／京都府
経歴≫ 東福岡高→帝京大→NTTドコモレッドハリケーンズ大阪
つながり [ラグビー]岩佐 賢人(高校)、[ラグビー]北川 賢吾(高校)、[ラグビー]古賀 駿汰(高校)

藤田 慶和
ふじた よしかず

三重ホンダヒート／FB
代表歴あり
1993年9月8日生／29歳／185cm／92kg／京都府
経歴≫ 東福岡高→早稲田大→三重ホンダヒート
つながり [ラグビー]岩佐 賢人(高校)、[ラグビー]北川 賢吾(高校)、[ラグビー]古賀 駿汰(高校)

藤髙 宗一郎
ふじたか そういちろう

バンビシャス奈良／SF/PF
1991年10月11日生／31歳／190cm／90kg／O型／奈良県
経歴≫ 香芝市立香芝中→大阪商大高→関西大学→サンロッカーズ渋谷→大阪エヴェッサ→バンビシャス奈良
つながり [野球]岡田 明丈(高校)、[野球]大西 広樹(高校)、[アイスホッケー]畑 享和(大学)

藤高 将
ふじたか まさし

清水建設江東ブルーシャークス／SO
1997年8月27日生／25歳／171cm／85kg／大阪府
経歴≫ 大阪桐蔭高→立命館大→清水建設江東ブルーシャークス
つながり [ラグビー]宮宗 翔(高校)、[ラグビー]紙森 陽太(高校)、[ラグビー]岡田 優輝(高校)

藤永 佳昭
ふじなが よしあき

アルバルク東京／PG
1992年4月10日生／30歳／175cm／75kg／O型／兵庫県
経歴≫ 星陵台中→北陸高→東海大→アースフレンズ東京Z→名古屋ダイヤモンドドルフィンズ→千葉ジェッツ→アルバルク東京
つながり [バスケットボール]満田 丈太郎(高校)、[バスケットボール]岡田 泰希(高校)

藤浪 輝人
ふじなみ あきと

豊田自動織機シャトルズ愛知／HO
1995年8月31日生／27歳／170cm／100kg／京都府
経歴≫ 伏見工高→天理大→豊田自動織機シャトルズ愛知
つながり [ラグビー]田中 史朗(高校)、[ラグビー]小畑 健太郎(高校)、[ラグビー]寺田 桂太(高校)

藤野 恵音
ふじの けいお

福岡ソフトバンクホークス／内野手
2003年8月23日生／20歳／181cm／77kg／O型／福岡県
経歴≫ 北九州市立守恒中→戸畑高→ソフトバンク
つながり [野球]重松 凱人(高校)、[野球]小森 航大郎(同郷・同年代)、[野球]井﨑 燦志郎(同郷・同年代)

藤野 佑磨
ふじの ゆうま

東芝ブレイブルーパス東京／PR
1995年7月29日生／27歳／181cm／115kg／兵庫県
経歴≫ 報徳学園高→立命館大→東芝ブレイブルーパス東京
つながり [ラグビー]井上 遼(高校)、[ラグビー]日和佐 篤(高校)、[ラグビー]前田 剛(高校)

藤平 尚真
ふじひら しょうま

東北楽天ゴールデンイーグルス／投手

1998年9月21日生／25歳／185cm／85kg／O型／千葉県

経歴≫ 富津市立大貫中→横浜高→楽天

つながり [野球]木下 幹也(高校)、[野球]伊藤 将司(高校)、[野球]及川 雅貴(高校)、[野球]高濱 祐仁(高校)

伏見 寅威
ふしみ とらい

北海道日本ハムファイターズ／捕手

1990年5月12日生／33歳／182cm／87kg／AB型／北海道

経歴≫ 江別第一中→東海大付四高→東海大→オリックス→日本ハム

つながり [バスケットボール]大塚 裕土(高校)、[バスケットボール]関野 剛平(高校)

藤村 琉士
ふじむら りゅうじ

浦安D-Rocks／HO

1998年10月3日生／24歳／174cm／102kg／京都府

経歴≫ 京都成章高→日本大→浦安D-Rocks

つながり [ラグビー]押川 敦治(高校)、[ラグビー]松岡 賢太(高校)、[ラグビー]淺岡 俊亮(高校)

藤本 巧太
ふじもと こうた

アルティーリ千葉／PG

1998年6月28日生／24歳／175cm／76kg／B型／兵庫県

経歴≫ 豊岡市立日高東中→育英高→大阪体育大→大阪エヴェッサ→アルティーリ千葉

つながり [バスケットボール]松崎 賢人(高校)、[野球]矢野 雅哉(高校)、[野球]栗山 巧(高校)

藤原 恭大
ふじわら きょうた

千葉ロッテマリーンズ／外野手

2000年5月6日生／23歳／181cm／80kg／B型／大阪府

経歴≫ 豊中市立第五中→大阪桐蔭高→ロッテ

つながり [ラグビー]宮宗 翔(高校)、[ラグビー]紙森 陽太(高校)、[ラグビー]岡田 優輝(高校)

藤原 恵太
ふじわら けいた

豊田自動織機シャトルズ愛知／SH

1994年6月27日生／28歳／174cm／83kg／大阪府

経歴≫ 天理高→天理大→豊田自動織機シャトルズ愛知

つながり [ラグビー]井上 大介(高校)、[ラグビー]立川 理道(高校)、[ラグビー]井関 信介(高校)

藤原 忍
ふじわら しのぶ

クボタスピアーズ船橋·東京ベイ／SH

1999年2月8日生／23歳／171cm／76kg／大阪府

経歴≫ 日本航空石川高→天理大→クボタスピアーズ船橋·東京ベイ

つながり [ラグビー]アシベリ モアラ(高校)、[ラグビー]ファウルア マキシ(高校)

二上 耀
ふたがみ ひかる

千葉ジェッツ／SG

1999年4月13日生／23歳／190cm／87kg／A型／福井県

経歴≫ 明道中→北陸高→筑波大→千葉ジェッツ

つながり [バスケットボール]藤永 佳昭(高校)、[バスケットボール]満田 丈太郎(高校)

二木 康太
ふたき こうた

千葉ロッテマリーンズ／投手

1995年8月1日生／28歳／190cm／85kg／O型／鹿児島県

経歴≫ 霧島市立国分中→鹿児島情報高→ロッテ

つながり [アイスホッケー]ベンガート 朗孟(同年代)、[アイスホッケー]早田 聖也(同年代)

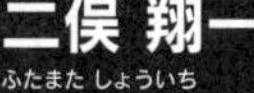

二俣 翔一
ふたまた しょういち

広島東洋カープ／内野手

2002年10月21日生／21歳／180cm／78kg／AB型／静岡県

経歴≫ 御前崎市立浜岡中→磐田東高→広島

つながり [野球]鈴木 博志(高校)、[野球]高田 琢登(同郷·同年代)、[ラグビー]シオネ タプオシ(同年代)

渕 城蓮
ふち じょうれん

静岡ブルーレヴズ／PR

1999年11月1日生／23歳／180cm／112kg／岐阜県

経歴≫ 関商工高→帝京大→静岡ブルーレヴズ

つながり [ラグビー]大和田 立(大学)、[ラグビー]亀井 亮依(大学)、[ラグビー]小林 恵太(大学)

吹越 大清
ふっこし たいせい

釜石シーウェイブスRFC／CTB

1998年2月17日生／24歳／180cm／92kg／青森県

経歴≫ 三沢商業高→八戸学院大→釜石シーウェイブスRFC

つながり [バスケットボール]野里 惇貴(大学)、[野球]髙橋 優貴(大学)、[野球]松山 晋也(大学)

つながり 【ラグビー】藤田慶和、松島幸太郎は第90回花園決勝で対戦

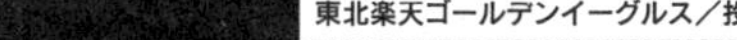

船木 海都
ふなき かいと

釜石シーウェイブスRFC／FB

1995年11月25日生／27歳／175cm／88kg／秋田県

経歴≫ 秋田工高→国学院大→釜石シーウェイブスRFC

つながり [ラグビー]三浦 昌悟(高校)、[ラグビー]猿田 湧(高校)、[ラグビー]宮川 智海(高校)

船木 頌介
ふなき しょうすけ

日野レッドドルフィンズ／PR

1996年9月14日生／26歳／177cm／109kg／秋田県

経歴≫ 秋田工高→明治大→日野レッドドルフィンズ

つながり [ラグビー]三浦 昌悟(高校)、[ラグビー]猿田 湧(高校)、[ラグビー]宮川 智海(高校)

舟越 秀虎
ふなこし ひでとら

福岡ソフトバンクホークス／外野手

2001年8月23日生／22歳／181cm／73kg／O型／福岡県

経歴≫ 八女市立南中→城北高→ソフトバンク

つながり [野球]牧原 大成(高校)、[野球]武藤 敦貴(同郷・同年代)、[アイスホッケー]中舘 庸太朗(同年代)

船迫 大雅
ふなばさま ひろまさ

読売ジャイアンツ／投手

1996年10月16日生／27歳／174cm／74kg／B型／宮城県

経歴≫ 蔵王町立円田中→聖光学院高→東日本国際大→西濃運輸→巨人

つながり [野球]湯浅 京己(高校)、[野球]岡野 祐一郎(高校)、[野球]山浅 龍之介(高校)、[野球]佐藤 都志也(高校)

舟橋 諒将
ふなはし りょうすけ

静岡ブルーレヴズ／FL

1997年1月5日生／26歳／186cm／106kg／北海道

経歴≫ 札幌山の手高→明治大→静岡ブルーレヴズ

つながり [ラグビー]渡邉 隆之(高校)、[ラグビー]伊藤 鐘平(高校)、[ラグビー]リーチ マイケル(高校)

船生 誠也
ふにゅう せいや

広島ドラゴンフライズ／SF

1993年12月15日生／29歳／195cm／90kg／AB型／福島県

経歴≫ 磐崎中→前橋育英高→青山学院大→アイシンシーホース三河他→広島ドラゴンフライズ

つながり [バスケットボール]木村 啓太郎(高校)、[バスケットボール]久岡 幸太郎(高校)

ブライス ジョンソン
ぶらいす じょんそん

富山グラウジーズ／PF

1994年6月27日生／28歳／208cm／104kg／アメリカ

経歴≫ ノースカロライナ大→オーランディーナ バスケット他→富山グラウジーズ

つながり [バスケットボール]アイゼイア ヒックス(大学)、[バスケットボール]ブランドン アシュリー(同郷・同年代)

ブライト 健太
ぶらいと けんた

中日ドラゴンズ／外野手

1999年5月7日生／24歳／184cm／88kg／A型／東京都

経歴≫ 足立区立十一中→葛飾野高→上武大→中日

つながり [バスケットボール]細川 一輝(大学)、[野球]島田 海吏(大学)、[野球]佐藤 蓮(大学)

フランコ
ふらんこ

東北楽天ゴールデンイーグルス／内野手

1992年8月26日生／31歳／185cm／105kg／ドミニカ共和国

経歴≫ ナショナルズ他→楽天

つながり [野球]サンタナ(同郷・同年代)、[アイスホッケー]小野田 拓人(同年代)、[アイスホッケー]橋本 僚(同年代)

フランコ マレー
ふらんこ まれー

浦安D-Rocks／HO

1992年9月23日生／30歳／185cm／107kg／南アフリカ

経歴≫ トランスヴァリア高→シャークス→グロスター→NTTドコモレッドハリケーンズ大阪→浦安D-Rocks

つながり [ラグビー]ピーターステフ デュトイ(同郷・同年代)、[ラグビー]ルード デヤハー(同郷・同年代)

フランコ モスタート
ふらんこ もすたーと

三重ホンダヒート／LO

1990年11月27日生／32歳／200cm／112kg／南アフリカ

経歴≫ ブリッツ高→プレトリア大→三重ホンダヒート

つながり [ラグビー]ゲラード ファンデンヒーファー(大学)、[ラグビー]ジェシー クリエル(大学)

ブランドン
ぶらんどん

埼玉西武ライオンズ／内野手

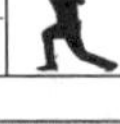

1998年6月15日生／25歳／179cm／84kg／O型／沖縄県

経歴≫ うるま市立伊波中→石川高→東京農大北海道オホーツク→西武

つながり [ラグビー]津嘉山 廉人(同郷・同年代)、[ラグビー]安里 大吾(同郷・同年代)

ブランドン アシュリー
ぶらんどん あしゅりー

アルティーリ千葉／PF
1994年7月15日生／28歳／206cm／104kg／アメリカ

経歴≫ ファロン中→ビショップオード高→アリゾナ大イグナイト→フォルティトゥード ボローニャ他→アルティーリ千葉

つながり [バスケットボール]ケーレブ ターズースキー(大学)、[バスケットボール]アイゼイア ヒックス(同郷・同年代)

ブランドン ジャワト
ぶらんどん じゃわと

シーホース三河／SF　代表歴あり
1993年6月3日生／29歳／194cm／89kg／B型／インドネシア

経歴≫ エルセグンドミドルスクール→エルセグンドハイスクール→ハワイ大→CLS Knights Indonesia他→シーホース三河

つながり [バスケットボール]アイザック フォトゥ(大学)、[アイスホッケー]髙木 健太(同年代)

ブリン ホール
ぶりん ほーる

静岡ブルーレヴズ／SH
1992年2月3日生／30歳／183cm／93kg／ニュージーランド

経歴≫ セントピーターズカレッジ→静岡ブルーレヴズ

つながり [ラグビー]フェトゥカモカモ ダグラス(同郷・同年代)、[ラグビー]マイケル アラダイス(同郷・同年代)

古市 尊
ふるいち たける

埼玉西武ライオンズ／捕手
2002年6月15日生／21歳／176cm／70kg／O型／香川県

経歴≫ 丸亀市立綾歌中→高松南高→四国IL・徳島→西武

つながり [ラグビー]シオネ タプオシ(同年代)、[ラグビー]高橋 陽大(同年代)、[ラグビー]ウィリアム ヘイ(同年代)

古川 浩太郎
ふるかわ こうたろう

日野レッドドルフィンズ／SH
1994年12月25日生／28歳／167cm／71kg／福岡県

経歴≫ 専修大→日野レッドドルフィンズ

つながり [ラグビー]石田 楽人(大学)、[ラグビー]山極 大貴(大学)、[ラグビー]西村 龍馬(大学)

古川 駿
ふるかわ しゅん

TOHOKU FREEBLADES／GK　代表歴あり
1996年8月29日生／26歳／183cm／75kg

経歴≫ 八戸第二中→八戸工大一高→東洋大→TOHOKU FREEBLADES

つながり [アイスホッケー]橋本 三千雄(高校)、[アイスホッケー]畑 享和(高校)、[アイスホッケー]武尾 秀康(高校)

古川 孝敏
ふるかわ たかとし

秋田ノーザンハピネッツ／SG/SF　代表歴あり
1987年10月20日生／35歳／190cm／92kg／O型／兵庫県

経歴≫ 長峰中→御影高→東海大→アイシンシーホース三河→栃木ブレックス→琉球ゴールデンキングス→秋田ノーザンハピネッツ

つながり [ラグビー]新井 望友(大学)、[ラグビー]近藤 英人(大学)、[ラグビー]アタアタ モエアキオラ(大学)

古川 聖人
ふるかわ まさと

トヨタヴェルブリッツ／FL　代表歴あり
1996年12月6日生／26歳／179cm／95kg／福岡県

経歴≫ 東福岡高→立命館大→トヨタヴェルブリッツ

つながり [ラグビー]岩佐 賢人(高校)、[ラグビー]北川 賢吾(高校)、[ラグビー]古賀 駿汰(高校)

古川 満
ふるかわ みつる

トヨタヴェルブリッツ／HO
1995年7月9日生／27歳／186cm／108kg／東京都

経歴≫ 桐蔭学園高→明治大→トヨタヴェルブリッツ

つながり [ラグビー]石田 楽人(高校)、[ラグビー]山本 耕生(高校)、[ラグビー]田村 魁世(高校)

古川 雄大
ふるかわ ゆうだい

埼玉西武ライオンズ／外野手
2004年5月25日生／19歳／186cm／90kg／大分県

経歴≫ 佐伯市立昭和中→佐伯鶴城高→西武

つながり [バスケットボール]荻沼 隼佑(同年代)、[野球]浅野 翔吾(同年代)、[野球]田村 朋輝(同年代)

古川 裕大
ふるかわ ゆうだい

北海道日本ハムファイターズ／捕手
1998年6月19日生／25歳／182cm／88kg／A型／福岡県

経歴≫ 八女市立福島中→久留米商高→上武大→日本ハム

つながり [バスケットボール]細川 一輝(大学)、[野球]島田 海吏(大学)、[野球]佐藤 蓮(大学)

古川 侑利
ふるかわ ゆうり

福岡ソフトバンクホークス／投手
1995年9月8日生／28歳／178cm／86kg／AB型／佐賀県

経歴≫ 武雄市立武雄北中→有田工高→楽天→巨人→日本ハム→ソフトバンク

つながり [バスケットボール]野﨑 零也(同郷・同年代)、[アイスホッケー]ベンガート 朗孟(同年代)

つながり [野球]藤平尚真、鈴木昭太は2015年秋の関東大会で対戦。2人はU15日本代表ではチームメイトだった

古田 凌
ふるた りょう

三重ホンダヒート／No8

1995年9月29日生／27歳／183cm／99kg／京都府

経歴≫ 京都成章高→帝京大→三重ホンダヒート

つながり [ラグビー]押川 敦治(高校)、[ラグビー]松岡 賢太(高校)、[ラグビー]淺岡 俊亮(高校)

古野 拓巳
ふるの たくみ

愛媛オレンジバイキングス／PG

1993年2月20日生／29歳／178cm／87kg／B型／福岡県

経歴≫ 穂波西中→福岡第一高→日本経済大→熊本ヴォルターズ→広島ドラゴンフライズ→熊本ヴォルターズ→愛媛オレンジバイキングス

つながり [バスケットボール]井手 優希(高校)、[バスケットボール]渡辺 竜之佑(高校)

古橋 真来
ふるはし まくる

H.C.TOCHIGINIKKOICEBUCKS／FW 代表歴あり

1993年9月30日生／29歳／172cm／82kg

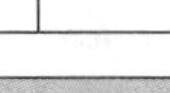

経歴≫ 日光東中→日光明峰高→中央大→H.C.TOCHIGINIKKOICEBUCKS

つながり [アイスホッケー]福田 充男(高校)、[アイスホッケー]渡邉 亮秀(高校)、[アイスホッケー]大津 夕聖(高校)

古畑 翔
ふるはた しょう

埼玉パナソニックワイルドナイツ／PR

1996年12月10日生／26歳／185cm／118kg／大阪府

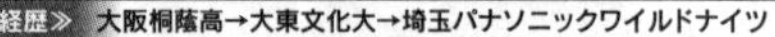

経歴≫ 大阪桐蔭高→大東文化大→埼玉パナソニックワイルドナイツ

つながり [ラグビー]宮宗 翔(高校)、[ラグビー]紙森 陽太(高校)、[ラグビー]岡田 優輝(高校)

古谷 拓郎
ふるや たくろう

千葉ロッテマリーンズ／投手

2000年4月21日生／23歳／184cm／80kg／O型／千葉県

経歴≫ 鎌ケ谷市立第二中→習志野高→ロッテ

つながり [バスケットボール]原 修太(高校)、[野球]池田 来翔(高校)、[野球]齊藤 伸治(高校)

古谷 亘
ふるや わたる

NTTドコモレッドハリケーンズ大阪／PR

1995年12月30日生／27歳／167cm／92kg／栃木県

経歴≫ 佐野日大ー日本ー明治安田生命ホーリーズーHatt Old Boys Marist RFC→NTTドコモレッドハリケーンズ大阪

つながり [ラグビー]杉本 悠馬(高校)、[ラグビー]新妻 汰一(高校)、[野球]弓削 隼人(高校)

ブレイク ギブソン
ぶれいく ぎぶそん

東京サントリーサンゴリアス／FL

1995年4月19日生／27歳／186cm／102kg／ニュージーランド

経歴≫ セント・ケンティガンカレッジ→東京サントリーサンゴリアス

つながり [ラグビー]ティジェイ ファイアネ(高校)、[ラグビー]ジョシュ グッドヒュー(同郷・同年代)

フレイザー クワーク
ふれいざー くわーく

三重ホンダヒート／CTB

1998年8月14日生／24歳／187cm／99kg／オーストラリア

経歴≫ 開志国際高→日本大→三重ホンダヒート

つながり [ラグビー]畠澤 諭(高校)、[ラグビー]杉本 悠馬(大学)、[ラグビー]細田 佳也(大学)

ブレコット チャップマン
ぶれこっと ちゃっぷまん

越谷アルファーズ／SF/PF

1996年4月7日生／26歳／206cm／97kg／アメリカ

経歴≫ サンドリッジ中→ロイ高→ウェーバー州立大→越谷アルファーズ

つながり [バスケットボール]アンソニー ローレンス Ⅱ(同郷・同年代)

ブレンデン ジャメンズ
ぶれんでん じゃめんず

日野レッドドルフィンズ／CTB

2000年12月4日生／22歳／182cm／85kg／オーストラリア

経歴≫ 日野レッドドルフィンズ

つながり [ラグビー]ハリソン フォックス(同郷・同年代)、[ラグビー]ネスタ マヒナ(同郷・同年代)

ブロック モータム
ぶろっく もーたむ

レバンガ北海道／PF 代表歴あり

1990年10月16日生／32歳／208cm／111kg／A型／オーストラリア

経歴≫ ウォリガルロード州立中→ブリスベン州立高→ワシントン州立大→Nanterre 92→AS Monaco Basket→レバンガ北海道

つながり [ラグビー]クイントン マヒナ(高校)、[ラグビー]マット トゥームア(高校)

ブロディ マクカラン
ぶろでぃ まくからん

リコーブラックラムズ東京／FL

1994年5月24日生／28歳／192cm／105kg／ニュージーランド

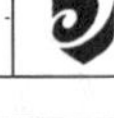

経歴≫ ハミルトンボーイズ高→帝京大→コベルコ神戸スティーラーズ→リコーブラックラムズ東京

つながり [ラグビー]カヴァイア タギベタウア(高校)、[ラグビー]チャーリー ローレンス(高校)

ヘ 18人

(NPB/4人、B.LEAGUE/3人、JAPAN RUGBY LEAGUE ONE/10人、ASIA LEAGUE ICE HOCKEY/1人)

ヘイデン ベットウェル-カーティス
へいでん べっとうぇる-かーてぃす

三菱重工相模原ダイナボアーズ／No8

1991年6月25日生／31歳／187cm／108kg／ニュージーランド

経歴≫ ニュープリマスボーイズ高→三菱重工相模原ダイナボアーズ

つながり [ラグビー]フェトゥカモカモ ダグラス(同郷・同年代)、[ラグビー]マイケル アラダイス(同郷・同年代)

ペイトン
ぺいとん

埼玉西武ライオンズ／外野手

1991年12月7日生／32歳／173cm／82kg／アメリカ

経歴≫ ホワイトソックス他→西武

つながり [バスケットボール]アレックス カーク(同郷・同年代)、[バスケットボール]レジナルド ベクトン(同郷・同年代)

平内 龍太
へいない りゅうた

読売ジャイアンツ／投手

1998年8月1日生／25歳／185cm／90kg／A型／兵庫県

経歴≫ 明石市立魚住東中→神戸国際大付高→細亜大→巨人

つながり [野球]小深田 大翔(高校)、[ラグビー]根塚 洸雅 (同郷・同年代)、[ラグビー]北村 将大(同郷・同年代)

ヘラルディーノ
へらるでぃーの

福岡ソフトバンクホークス／内野手

2004年11月20日生／19歳／183cm／73kg／ドミニカ共和国

経歴≫ ソフトバンク

つながり [野球]デラクルーズ(同郷・同年代)、[野球]ティマ(同郷・同年代)、[野球]シモン(同郷・同年代)

ペリン ビュフォード
ぺりん びゅふぉーど

島根スサノオマジック／SF

1994年1月25日生／28歳／198cm／100kg／アメリカ

経歴≫ 島根スサノオマジック

つながり [バスケットボール]アディソン スプライル(同郷・同年代)、[バスケットボール]マーベル ハリス(同郷・同年代)

ヘル ウヴェ
へる ううぇ

クボタスピアーズ船橋・東京ベイ／LO　代表歴あり

1990年7月12日生／32歳／193cm／120kg／トンガ

経歴≫ セントトーマスカンタベリー→拓殖大→クボタスピアーズ船橋・東京ベイ

つながり [ラグビー]アセリ マシヴォウ(大学)、[ラグビー]具 智元(大学)、[ラグビー]クイントン マヒナ(大学)

ヘルダス ファンデルヴォルト
へるだす ふぁんでるう゛ぉると

釜石シーウェイブスRFC／CTB

1995年4月20日生／27歳／184cm／102kg／南アフリカ

経歴≫ モニュメント高→ヨハネスブルグ大→ヤマハ発動機ジュビロ→釜石シーウェイブスRFC

つながり [ラグビー]JD シカリング(同郷・同年代)、[ラグビー]ウォルト スティーンカンプ(同郷・同年代)

ヘレラ
へれら

埼玉西武ライオンズ／投手

1998年1月1日生／25歳／198cm／98kg／コロンビア

経歴≫ 米マイナー→西武

つながり [アイスホッケー]今 勇輔(同年代)、[アイスホッケー]相木 隼斗(同年代)、[アイスホッケー]荒井 詠才(同年代)

ベン ガンター
べん がんたー

埼玉パナソニックワイルドナイツ／FL　代表歴あり

1997年10月24日生／25歳／195cm／120kg／タイ

経歴≫ ブリスベンボーイズカレッジ→埼玉パナソニックワイルドナイツ

つながり [ラグビー]ウィル ゲニア(高校)、[アイスホッケー]中屋敷 侑史(同年代)、[アイスホッケー]京谷 充洋(同年代)

ベン トゥーリス
べん とぅーりす

花園近鉄ライナーズ／LO

1992年3月31日生／30歳／201cm／119kg／オーストラリア

経歴≫ マリストカレッジアシュグローブ→ネピア大→花園近鉄ライナーズ

つながり [ラグビー]マイケル ストーバーグ(同郷・同年代)、[ラグビー]エドワード カーク(同郷・同年代)

ベン ポルトリッジ
べん ぽるとりっじ

三菱重工相模原ダイナボアーズ／WTB

1992年9月21日生／30歳／177cm／88kg／ニュージーランド

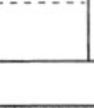

経歴≫ セントピーターズスクール→オークランド工科大 →三菱重工相模原ダイナボアーズ

つながり [ラグビー]サム ケアード(高校)、[ラグビー]サム ヘンウッド(大学)、[ラグビー]レイ タタフ(大学)

つながり 【野球】池田来翔、古谷拓郎は高校時代の先輩後輩

ベンガート 朗孟
べんがーと ろまん

H.C.TOCHIGINIKKOICEBUCKS／GK
1996年3月21日生／26歳／190cm／94kg

経歴≫ University of Prince Edward Island→H.C.TOCHIGINIKKOICEBUCKS

つながり [アイスホッケー]早田 聖也(同年代)、[アイスホッケー]寺尾 勇利(同年代)

ベンジャミン ソーンダース
べんじゃみん そーんだーす

NTTドコモレッドハリケーンズ大阪／CTB
1992年9月29日生／30歳／175cm／90kg／フィリピン

経歴≫ ギルロイ・カトリック→メタウバンク→NTTドコモレッドハリケーンズ大阪

つながり [バスケットボール]レイ パークスジュニア(同郷・同年代)、[アイスホッケー]小野田 拓人(同年代)

ベンジャミン ニーニー
べんじゃみん にーにー

釜石シーウェイブスRFC／LO
1993年5月12日生／29歳／200cm／110kg／ニュージーランド

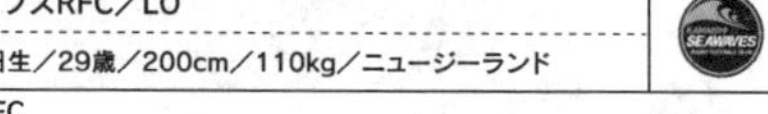

経歴≫ ボタニーダウンズ・セカンダリーカレッジ→釜石シーウェイブスRFC

つながり [ラグビー]ナニ ラウマペ(同郷・同年代)、[ラグビー]ボーディン ワッカ(同郷・同年代)

ベンジャミン ローソン
べんじゃみん ろーそん

熊本ヴォルターズ／PF/C
1995年6月12日生／27歳／216cm／118kg／イギリス

経歴≫ ヒッチンボーイズ中→オークランド高→ウェスタン・ケンタッキー大→LAU Cyprus他→熊本ヴォルターズ

つながり [アイスホッケー]ベンガート 朗孟(同年代)、[アイスホッケー]早田 聖也(同年代)

ベンドラメ 礼生
べんどらめ れお

サンロッカーズ渋谷／PG　代表歴あり
1993年11月14日生／29歳／183cm／83kg／O型／福岡県

経歴≫ 筑紫野中→延岡学園高→東海大→サンロッカーズ渋谷

つながり [バスケットボール]永吉 佑也(高校)、[バスケットボール]寺園 脩斗(高校)

ヘンリー ジェイミー
へんりー じぇいみー

トヨタヴェルブリッツ／WTB　代表歴あり
1990年3月11日生／32歳／184cm／95kg／ニュージーランド

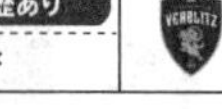

経歴≫ マウントロスキルグラマー→立正大→トヨタヴェルブリッツ

つながり [ラグビー]千葉 雄太(大学)、[ラグビー]アライアサ 空ローランド(大学)、[ラグビー]ナッシュ タイ(大学)

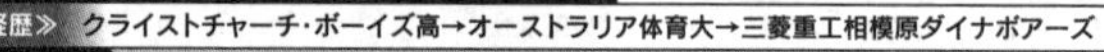

ヘンリー ブラッキン
へんりー ぶらっきん

三菱重工相模原ダイナボアーズ／CTB
1988年7月31日生／34歳／180cm／95kg／ニュージーランド

経歴≫ クライストチャーチ・ボーイズ高→オーストラリア体育大→三菱重工相模原ダイナボアーズ

つながり [ラグビー]アッシュ ディクソン(同郷・同年代)、[ラグビー]ライアン クロッティ(同郷・同年代)

ほ

40人
(NPB/17人、B.LEAGUE/7人、JAPAN RUGBY LEAGUE ONE/16人、ASIA LEAGUE ICE HOCKEY/0人)

北條 耕太
ほうじょう こうた

クリタウォーターガッシュ昭島／HO
1997年9月14日生／25歳／173cm／89kg／長野県

経歴≫ 天理高→天理大→クリタウォーターガッシュ昭島

つながり [ラグビー]井上 大介(高校)、[ラグビー]立川 理道(高校)、[ラグビー]井関 信介(高校)

北條 史也
ほうじょう ふみや

阪神タイガース／内野手
1994年7月29日生／29歳／177cm／79kg／O型／大阪府

経歴≫ 堺市立美木多中→光星学院高→阪神

つながり [野球]坂本 勇人(高校)、[野球]田村 龍弘(高校)、[ラグビー]亀井 亮依(同郷・同年代)

ボー タカハシ
ぼー たかはし

埼玉西武ライオンズ／投手
1997年1月23日生／26歳／183cm／93kg／ブラジル

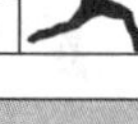

経歴≫ 米マイナー→韓国・起亜→西武

つながり [アイスホッケー]ハリデー 慈英(同年代)、[アイスホッケー]入倉 大雅(同年代)

ホーキンス
ほーきんす

福岡ソフトバンクホークス／外野手
1993年11月12日生／30歳／190cm／111kg／アメリカ

経歴≫ 米マイナー→ソフトバンク

つながり [バスケットボール]アディソン スプライル(同郷・同年代)、[バスケットボール]マーベル ハリス(同郷・同年代)

ボーク コリン雷神

ほーく こりんらいじん

NTTドコモレッドハリケーンズ大阪／No8

1984年10月15日生／38歳／190cm／115kg／ニュージーランド

経歴≫ リコーブラックラムズ東京→NTTドコモレッドハリケーンズ大阪

つながり [ラグビー]田中 史朗(同年代)、[ラグビー]松岡 勇(同年代)、[ラグビー]阿久田 健策(同年代)

ボーディン ワッカ

ほーでぃん わっか

コベルコ神戸スティーラーズ／SO

1994年1月27日生／28歳／180cm／91kg／ニュージーランド

経歴≫ ギズボーンボーイズ高→コベルコ神戸スティーラーズ

つながり [ラグビー]ナニ ラウマペ(同郷・同年代)、[ラグビー]ジェイコブ スキーン(同郷・同年代)

ホール 百音 アレックス

ほーる もね あれっくす

青森ワッツ／SF

1999年5月19日生／23歳／190cm／95kg／AB型／埼玉県

経歴≫ セントトーマスモアスクール→BEEFMAN.EXE(3x3)→横浜ビー コルセアーズ他→青森ワッツ

つながり [バスケットボール]モサク オルワダミロラ雄太ジョセフ(高校)、[ラグビー]橋本 吾郎(同郷・同年代)

星 知弥

ほし ともや

東京ヤクルトスワローズ／投手

1994年4月15日生／29歳／183cm／78kg／O型／栃木県

経歴≫ 馬頭中→宇都宮工高→明治大→ヤクルト

つながり [バスケットボール]橋本 晃佑(高校)、[バスケットボール]渡辺 翔太(高校)、[バスケットボール]横塚 蛍(高校)

保科 広一

ほしな こういち

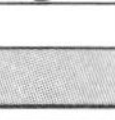

読売ジャイアンツ／外野手

1998年6月3日生／25歳／187cm／90kg／A型／大阪府

経歴≫ 堺市立津久野中→遊学館高→創価大→巨人

つながり [野球]高田 竜星(高校)、[野球]石森 大誠(高校)、[野球]三木 亮(高校)、[野球]小孫 竜二(高校)

星野 克之

ほしの かつゆき

三重ホンダヒート／PR

1999年8月24日生／23歳／186cm／118kg／愛知県

経歴≫ 栄徳高→東海大→三重ホンダヒート

つながり [ラグビー]新井 望友(大学)、[ラグビー]近藤 英人(大学)、[ラグビー]アタアタ モエアキオラ(大学)

星野 京介

ほしの きょうすけ

滋賀レイクス／SG

1999年6月1日生／23歳／184cm／85kg／A型／三重県

経歴≫ 桑名市立光風中→中部大一高→大東文化大→滋賀レイクス

つながり [バスケットボール]宇都 直輝(高校)、[バスケットボール]中村 浩陸(高校)

星野 曹樹

ほしの ともき

群馬クレインサンダーズ／SF

1997年11月5日生／25歳／195cm／90kg／新潟県

経歴≫ 群馬クレインサンダーズ

つながり [バスケットボール]多田 武史(同郷・同年代)、[アイスホッケー]中屋敷 侑史(同年代)

星野 真生

ほしの まお

中日ドラゴンズ／内野手

2003年12月1日生／20歳／176cm／77kg／B型／愛知県

経歴≫ 西尾市立吉良中→豊橋中央高→中日

つながり [野球]谷川原 健太(高校)、[野球]中川 拓真(高校)、[野球]川嵜 陽仁(同郷・同年代)

星野 零志

ほしの れいじ

大阪エヴェッサ／PG/SG

2000年1月22日生／22歳／180cm／80kg／A型／大阪府

経歴≫ 堺市立浅香山中→東住吉総合高→流通科大→HOS実業団→大阪エヴェッサ

つながり [ラグビー]宮宗 翔(同郷・同年代)、[ラグビー]押川 敦治(同郷・同年代)、[ラグビー]紙森 陽太(同郷・同年代)

細川 一輝

ほそかわ かずき

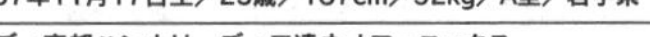

三遠ネオフェニックス／SG

1997年11月17日生／25歳／187cm／92kg／A型／岩手県

経歴≫ 雫石中→一関工高→上武大→群馬クレインサンダーズ→京都ハンナリーズ→三遠ネオフェニックス

つながり [野球]島田 海吏(大学)、[野球]佐藤 蓮(大学)、[野球]ブライト 健太(大学)、[野球]加藤 翔平(大学)

細川 成也

ほそかわ せいや

中日ドラゴンズ／外野手

1998年8月4日生／25歳／179cm／93kg／AB型／神奈川県

経歴≫ 北茨城市立磯原中→明秀日立高→DeNA→中日

つながり [ラグビー]大山 祥平(同郷・同年代)、[ラグビー]相良 隆太(同郷・同年代)

つながり [アイスホッケー]ベンガート朗孟と北米プロ選手三浦優希はアメリカ・レイクスペリア大学でルームメイトだった

あ
か
さ
た
な
は
ま
や
ら
わ

細川 凌平
ほそかわ りょうへい

北海道日本ハムファイターズ／内野手
2002年4月25日生／21歳／174cm／75kg／A型／京都府

経歴≫ 嵯峨中→智辯和歌山高→日本ハム

つながり [野球]岡田 俊哉(高校)、[野球]東妻 純平(高校)、[野球]黒原 拓未(高校)、[野球]小林 樹斗(高校)

細木 康太郎
ほそき こうたろう

東京サントリーサンゴリアス／PR
2000年1月28日生／22歳／178cm／115kg／新潟県

経歴≫ 桐蔭学園高→帝京大→東京サントリーサンゴリアス

つながり [ラグビー]石田 楽人(高校)、[ラグビー]山本 耕生(高校)、[ラグビー]田村 魁世(高校)

細田 隼都
ほそだ はやと

三菱重工相模原ダイナボアーズ／PR
1995年6月29日生／27歳／173cm／103kg／神奈川県

経歴≫ 慶應義塾高→慶應義塾大→三菱重工相模原ダイナボアーズ

つながり [アイスホッケー]氏橋 祐太(高校)、[ラグビー]大山 祥平(高校)、[ラグビー]川村 慎(高校)

細田 佳也
ほそだ よしや

NECグリーンロケッツ東葛／FL
代表歴あり
1987年8月5日生／35歳／192cm／103kg／長野県

経歴≫ 飯田高—日本大→NECグリーンロケッツ東葛

つながり [ラグビー]宮島 裕之(高校)、[ラグビー]吉沢 文洋(高校)、[ラグビー]杉本 悠馬(大学)

細野 裕一朗
ほその ゆういちろう

NTTドコモレッドハリケーンズ大阪／PR
1993年12月3日生／29歳／182cm／112kg／京都府

経歴≫ 京都学園高→京都産大→NTTドコモレッドハリケーンズ大阪

つながり [野球]上茶谷 大河(高校)、[ラグビー]田中 史朗(大学)、[ラグビー]山下 裕史(大学)

細谷 将司
ほそや まさし

シーホース三河／PG
1989年10月2日生／33歳／173cm／72kg／B型／神奈川県

経歴≫ 二宮町立二宮西中→秦野南が丘高→関東学院大→兵庫ストークス他→シーホース三河

つながり [ラグビー]稲垣 啓太(大学)、[ラグビー]川崎 清純(大学)、[ラグビー]川崎 龍清(大学)

堀田 賢慎
ほった けんしん

読売ジャイアンツ／投手
2001年5月21日生／22歳／185cm／84kg／O型／岩手県

経歴≫ 高浜市立南中→青森山田高→巨人

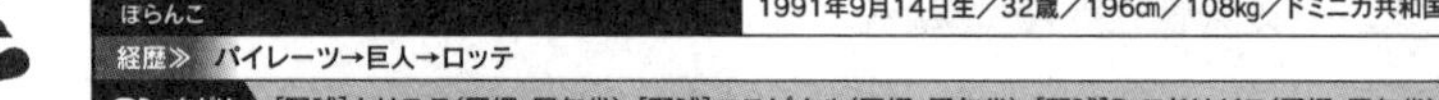
つながり [ラグビー]千葉 健(高校)、[野球]堀岡 隼人(高校)、[野球]木浪 聖也(高校)、[野球]京田 陽太(高校)

ポランコ
ぽらんこ

千葉ロッテマリーンズ／外野手
1991年9月14日生／32歳／196cm／108kg／ドミニカ共和国

経歴≫ パイレーツ→巨人→ロッテ

つながり [野球]カリステ(同郷・同年代)、[野球]エスピナル(同郷・同年代)、[野球]B.ロドリゲス(同郷・同年代)

堀 瑞輝
ほり みずき

北海道日本ハムファイターズ／投手
1998年5月10日生／25歳／177cm／80kg／A型／広島県

経歴≫ 昭和中→広島新庄高→日本ハム

つながり [野球]花田 侑樹(高校)、[野球]田口 麗斗(高校)、[バスケットボール]柳川 幹也(同郷・同年代)

堀内 謙伍
ほりうち けんご

東北楽天ゴールデンイーグルス／捕手
1997年4月15日生／26歳／174cm／82kg／A型／静岡県

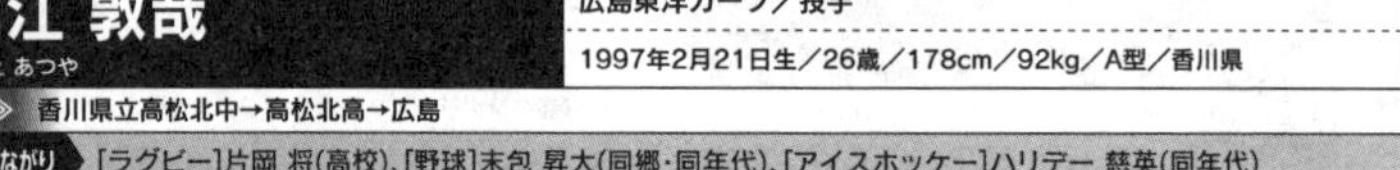
経歴≫ 東海大附属翔洋高等学校中→静岡高→楽天

つながり [野球]村松 開人(高校)、[野球]池谷 蒼大(高校)、[野球]鈴木 将平(高校)

塹江 敦哉
ほりえ あつや

広島東洋カープ／投手
1997年2月21日生／26歳／178cm／92kg／A型／香川県

経歴≫ 香川県立高松北中→高松北高→広島

つながり [ラグビー]片岡 将(高校)、[野球]末包 昇大(同郷・同年代)、[アイスホッケー]ハリデー 慈英(同年代)

堀江 恭佑
ほりえ きょうすけ

日野レッドドルフィンズ／No8
代表歴あり
1990年7月11日生／32歳／183cm／106kg／東京都

経歴≫ 明治大→日野レッドドルフィンズ

つながり [アイスホッケー]青山 大基(大学)、[アイスホッケー]坂田 駿(大学)、[アイスホッケー]相馬 秀斗(大学)

堀江 翔太
ほりえ しょうた

埼玉パナソニックワイルドナイツ／HO　代表歴あり

1986年1月21日生／36歳／180cm／104kg／大阪府

経歴≫ 島本高→帝京大→埼玉パナソニックワイルドナイツ

つながり [ラグビー]大和田 立(大学)、[ラグビー]亀井 亮依(大学)、[ラグビー]小林 恵太(大学)

堀岡 隼人
ほりおか はやと

読売ジャイアンツ／投手

1998年9月11日生／25歳／183cm／87kg／O型／神奈川県

経歴≫ 秦野市立東中→青森山田高→巨人

つながり [ラグビー]千葉 健(高校)、[野球]堀田 賢慎(高校)、[野球]木浪 聖也(高校)、[野球]京田 陽太(高校)

堀越 康介
ほりこし こうすけ

東京サントリーサンゴリアス／HO　代表歴あり

1995年6月2日生／27歳／175cm／100kg／群馬県

経歴≫ 桐蔭学園高→帝京大→東京サントリーサンゴリアス

つながり [ラグビー]石田 楽人(高校)、[ラグビー]山本 耕生(高校)、[ラグビー]田村 魁世(高校)

堀米 航平
ほりごめ こうへい

リコーブラックラムズ東京／SO

1995年9月18日生／27歳／177cm／89kg／埼玉県

経歴≫ 流通経済大付柏高→明治大→リコーブラックラムズ東京

つながり [ラグビー]粥塚 諒(高校)、[ラグビー]津嘉山 廉人(高校)、[ラグビー]片岡 涼亮(高校)

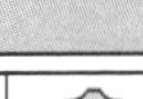

堀部 直壮
ほりべ なおあき

クボタスピアーズ船橋・東京ベイ／LO

1997年4月17日生／25歳／191cm／101kg／福岡県

経歴≫ 筑紫高→同志社大→クボタスピアーズ船橋・東京ベイ

つながり [ラグビー]久保 優(高校)、[ラグビー]山﨑 洋之(高校)、[ラグビー]中井 健人(高校)

本郷 泰司
ほんごう たいじ

浦安D-Rocks／CTB

1997年9月15日生／25歳／180cm／90kg／滋賀県

経歴≫ 京都成章高→帝京大→浦安D-Rocks

つながり [ラグビー]押川 敦治(高校)、[ラグビー]松岡 賢太(高校)、[ラグビー]淺岡 俊亮(高校)

ポンセ
ほんせ

北海道日本ハムファイターズ／投手

1994年4月25日生／29歳／198cm／116kg／アメリカ

経歴≫ パイレーツ他→日本ハム

つながり [バスケットボール]ブランドン アシュリー(同郷・同年代)、[バスケットボール]アイゼイア ヒックス(同郷・同年代)

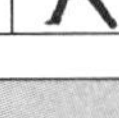

本田 圭佑
ほんだ けいすけ

埼玉西武ライオンズ／投手

1993年4月24日生／30歳／180cm／80kg／A型／宮城県

経歴≫ 仙台市立柳生中→東北学院高→東北学院大→西武

つながり [バスケットボール]菅野 翔太(大学)、[野球]岸 孝之(大学)、[アイスホッケー]髙木 健太(同年代)

本田 佳人
ほんだ けいと

九州電力キューデンヴォルテクス／FB

1996年11月25日生／26歳／180cm／87kg／大分県

経歴≫ 大分雄城台高→東海大→九州電力キューデンヴォルテクス

つながり [野球]梶原 昂希(高校)、[ラグビー]新井 望友(大学)、[ラグビー]近藤 英人(大学)

本多 純平
ほんだ じゅんぺい

ライジングゼファー福岡／SF

1988年12月7日生／34歳／190cm／88kg／A型／富山県

経歴≫ 石動中→高岡第一高→東京成徳大→滋賀レイクスターズ→バンビシャス奈良→ライジングゼファー福岡

つながり [ラグビー]佐々木 駿(同郷・同年代)、[野球]石川 歩(同郷・同年代)、[アイスホッケー]小野 航平(同年代)

本田 仁海
ほんだ ひとみ

オリックス・バファローズ／投手

1999年7月27日生／24歳／181cm／74kg／A型／神奈川県

経歴≫ つきみ野中→星槎国際湘南高→オリックス

つながり [ラグビー]山本 耕生(同郷・同年代)、[ラグビー]日下 太平(同郷・同年代)

本堂 杏虎
ほんどう あとら

埼玉パナソニックワイルドナイツ／SH

1998年11月9日生／24歳／169cm／69kg／埼玉県

経歴≫ 国学院大栃木高→日本体育大→埼玉パナソニックワイルドナイツ

つながり [ラグビー]尾又 寛汰(高校)、[ラグビー]福田 陸人(高校)、[ラグビー]武井 日向(高校)

つながり 【野球】堀岡隼人、三森大貴は高校時代チームメイト。2015年秋季東北大会で優勝を果たした

ま

148人

(NPB/53人、B.LEAGUE/22人、JAPAN RUGBY LEAGUE ONE/70人、ASIA LEAGUE ICE HOCKEY/3人)

マーク アボット
まーく あぼっと

埼玉パナソニックワイルドナイツ/LO

1990年2月20日生/32歳/197cm/112kg/ニュージーランド

経歴≫ セントアンドリュース高→カンタベリー大→埼玉パナソニックワイルドナイツ

つながり [ラグビー]マイケル アラダイス(大学)、[ラグビー]リチャード バックマン(同郷・同年代)

マーフィー タラマイ
まーふぃー たらまい

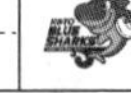

清水建設江東ブルーシャークス/No8

1992年8月17日生/30歳/186cm/105kg/ニュージーランド

経歴≫ アッパーハットカレッジ→清水建設江東ブルーシャークス

つながり [ラグビー]ジョージ リサレ(同郷・同年代)、[ラグビー]ジェラード カウリートゥイオティ(同郷・同年代)

マーフィージュニア トロイ
まーふぃーじゅにあ とろい

越谷アルファーズ/SF/PF

2002年11月12日生/20歳/195cm/92kg/O型/アメリカ

経歴≫ カルバーシティ中→ローリングヒルズプレップ高→カリフォルニア州ドミニカ大→越谷アルファーズ

つながり [バスケットボール]田渡 凌(大学)、[ラグビー]シオネ タプオシ(同年代)、[ラグビー]高橋 陽大(同年代)

マーベル ハリス
まーべる はりす

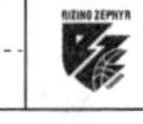

ライジングゼファー福岡/PG

1993年12月16日生/29歳/196cm/95kg/アメリカ

経歴≫ フレズノ州立大→熊本ヴォルターズ→Al Ettehad Alexandria→Bakken Bears→ライジングゼファー福岡

つながり [バスケットボール]アディソン スプライル(同郷・同年代)

マイケル アラダイス
まいける あらだいす

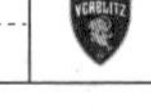

トヨタヴェルブリッツ/LO

1991年10月19日生/31歳/200cm/112kg/ニュージーランド

経歴≫ ポールストンノースカレッジ→カンタベリー→トヨタヴェルブリッツ

つながり [ラグビー]マーク アボット(大学)、[ラグビー]フェトゥカモカモ ダグラス(同郷・同年代)

マイケル ザキア
まいける ざきあ

NTTドコモレッドハリケーンズ大阪/UTB

1999年6月9日生/23歳/182cm/90kg/レバノン

経歴≫ 東京ガス→NTTドコモレッドハリケーンズ大阪

つながり [アイスホッケー]青山 大基(同年代)、[アイスホッケー]小林 斗威(同年代)

マイケル ストーバーグ
まいける すとーばーぐ

リコーブラックラムズ東京/LO

1992年3月27日生/30歳/204cm/120kg/オーストラリア

経歴≫ アングリカン・チャーチ・グラマー高→リコーブラックラムズ東京

つながり [ラグビー]ベン トゥーリス(同郷・同年代)、[ラグビー]エドワード カーク(同郷・同年代)

マイケル パーカー
まいける ぱーかー

群馬クレインサンダーズ/PF

1981年12月5日生/41歳/200cm/102kg/O型/アメリカ

経歴≫ ロッホバーン中→クローバーパーク高→エバーグリーン州立大→島根スサノオマジック他→群馬クレインサンダーズ

つながり [アイスホッケー]小原 大輔(同年代)、[ラグビー]トンプソン ルーク(同年代)

マイケル ヤングジュニア
まいける やんぐじゅにあ

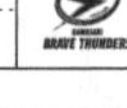

川崎ブレイブサンダース/PF

1994年9月5日生/28歳/206cm/105kg/アメリカ

経歴≫ ピッツバーグ大→ubai→Ironi Nahariya→Arged BM Stal Ostrow Wielkopolski→川崎ブレイブサンダース

つながり [バスケットボール]ブランドン アシュリー(同郷・同年代)、[バスケットボール]アイゼイア ヒックス(同郷・同年代)

マイケル リトル
まいける りとる

コベルコ神戸スティーラーズ/CTB

1993年3月14日生/29歳/179cm/95kg/ニュージーランド

経歴≫ ウエストレイクボーイズ高→コベルコ神戸スティーラーズ

つながり [ラグビー]ジョージ リサレ(同郷・同年代)、[ラグビー]ジェラード カウリートゥイオティ(同郷・同年代)

マイルズ ヘソン
まいるず へそん

香川ファイブアローズ/SF/PF

1990年6月5日生/32歳/198cm/92kg/イギリス

経歴≫ グレートバー高→イースト・ロンドン大→Dijon→BCM→Nanterre 92→BCM→Chalon→佐賀バルーナーズ→香川ファイブアローズ

つながり [ラグビー]ジェームス ガスケル(同郷・同年代)、[ラグビー]ジョシュ マタヴェシ(同郷・同年代)

前 佑囲斗
まえ ゆいと

オリックス・バファローズ／投手

2001年8月13日生／22歳／182cm／90kg／A型／三重県

経歴≫ 亀山中→津田学園高→オリックス

つながり [野球]岡林 勇希(同郷・同年代)、[アイスホッケー]中舘 庸太朗(同年代)、[アイスホッケー]鈴木 聖夏(同年代)

前川 右京
まえがわ うきょう

阪神タイガース／外野手

2003年5月18日生／20歳／176cm／88kg／O型／三重県

経歴≫ 一身田中→智辯学園高→阪神

つながり [野球]岡本 和真(高校)、[野球]廣岡 大志(高校)、[野球]村上 頌樹(高校)、[野球]福元 悠真(高校)

前川 鐘平
まえかわ しょうへい

コベルコ神戸スティーラーズ／No8

1988年9月8日生／34歳／178cm／100kg／大阪府

経歴≫ 東海大仰星高→東海大→コベルコ神戸スティーラーズ

つながり [ラグビー]岸岡 智樹(高校)、[ラグビー]近藤 英人(高校)、[ラグビー]根塚 洸雅 (高校)

前川 誠太
まえかわ せいた

広島東洋カープ／内野手

2003年4月4日生／20歳／178cm／68kg／AB型／京都府

経歴≫ 都市立蜂ケ岡中→敦賀気比高→広島

つながり [野球]笠島 尚樹(高校)、[野球]西川 龍馬(高校)、[野球]木下 元秀(高校)、[野球]平沼 翔太(高校)

前田 篤志
まえだ あつし

クリタウォーターガッシュ昭島／HO

1992年10月4日生／30歳／174cm／100kg／大阪府

経歴≫ 常翔啓光学園高→帝京大→クリタウォーターガッシュ昭島

つながり [ラグビー]亀井 亮依(高校)、[ラグビー]山下 楽平(高校)、[ラグビー]森本 潤(高校)

前田 銀治
まえだ ぎんじ

東北楽天ゴールデンイーグルス／外野手

2003年11月19日生／20歳／182cm／98kg／AB型／静岡県

経歴≫ 三島市立山田中→三島南高→楽天

つながり [バスケットボール]岡島 和真(同郷・同年代)、[アイスホッケー]葛西 純昌(同年代)

前田 恵輔
まえだ けいすけ

中国電力レッドレグリオンズ／PR

1990年1月18日生／33歳／172cm／102kg／長崎県

経歴≫ 長崎南山高→帝京大→中国電力レッドレグリオンズ

つながり [ラグビー]大澤 蓮(高校)、[ラグビー]大熊 克哉(高校)、[ラグビー]杉永 亮太(高校)

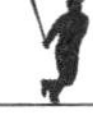

前田 研輝
まえだ けんき

読売ジャイアンツ／捕手

1998年12月13日生／25歳／180cm／85kg／B型／広島県

経歴≫ 城山北中→広島工高→駒澤大→巨人

つながり [ラグビー]大竹 智也(高校)、[ラグビー]長岡 智之(高校)、[ラグビー]松永 辰哉(高校)

前田 剛
まえだ ごう

コベルコ神戸スティーラーズ／FL

1996年1月19日生／27歳／178cm／99kg／兵庫県

経歴≫ 報徳学園高→明治大→コベルコ神戸スティーラーズ

つながり [ラグビー]井上 遼(高校)、[ラグビー]日和佐 篤(高校)、[ラグビー]山村 知也(高校)

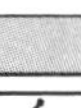

前田 悟
まえた さとる

川崎ブレイブサンダース／SG

1997年3月6日生／25歳／192cm／88kg／A型／山形県

経歴≫ 金井中→山形南高→青山学院大→富山グラウジーズ→川崎ブレイブサンダース

つながり [バスケットボール]柏倉 哲平(高校)、[ラグビー]古賀 駿汰(大学)、[ラグビー]髙橋 敏也(大学)

前田 純
まえだ じゅん

福岡ソフトバンクホークス／投手

2000年6月4日生／23歳／185cm／83kg／沖縄県

経歴≫ 沖縄市立美東中→中部商高→日本文理大→ソフトバンク

つながり [野球]山川 穂高(高校)、[ラグビー]ラタ タンギマナ(大学)、[ラグビー]リエキナ カウフシ(大学)

前田 翔
まえだ しょう

コベルコ神戸スティーラーズ／PR

1999年4月30日生／23歳／180cm／110kg／大阪府

経歴≫ 東海大仰星高→東海大→コベルコ神戸スティーラーズ

つながり [ラグビー]岸岡 智樹(高校)、[ラグビー]近藤 英人(高校)、[ラグビー]根塚 洸雅 (高校)

つながり [野球]前佑囲斗、井上広大は2019年夏の甲子園で対戦

前田 土芽
まえだ どが

NECグリーンロケッツ東葛／SO

代表歴あり

1996年11月30日生／26歳／179cm／91kg／長崎県

経歴≫ 海星高→筑波大→NTTコミュニケーションズシャイニングアークス浦安・東京ベイ→NECグリーンロケッツ東葛

つながり [ラグビー]島田 悠平(大学)、[ラグビー]土谷 深浩(大学)、[ラグビー]松永 貫汰(大学)

前田 怜緒
まえだ れお

信州ブレイブウォーリアーズ／SG/SF

1997年9月15日生／25歳／191cm／83kg／A型／宮城県

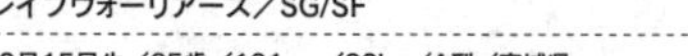

経歴≫ 住吉台中→東北高→白鷗大→滋賀レクスターズ→信州ブレイブウォーリアーズ

つながり [ラグビー]カヴァイア タギベタウア(大学)、[ラグビー]ダニエル ペレズ(大学)

眞壁 貴男
まかべ たかお

リコーブラックラムズ東京／PR

1992年8月20日生／30歳／170cm／105kg／広島県

経歴≫ 尾道高→立教大→リコーブラックラムズ東京

つながり [ラグビー]奥平 湧(高校)、[ラグビー]土佐 誠(高校)、[ラグビー]杉原 立樹(高校)

眞壁 照男
まかべ てるお

東芝ブレイブルーパス東京／PR

1996年5月4日生／26歳／172cm／110kg／広島県

経歴≫ 桐蔭学園高→立教大→東芝ブレイブルーパス東京

つながり [ラグビー]石田 楽人(高校)、[ラグビー]山本 耕生(高校)、[ラグビー]田村 魁世(高校)

牧 秀悟
まき しゅうご

横浜DeNAベイスターズ／内野手

1998年4月21日生／25歳／178cm／93kg／O型／長野県

経歴≫ 中野市立南宮中→松本一高→中央大→DeNA

つながり [アイスホッケー]小野田 拓人(大学)、[アイスホッケー]中島 彰吾(大学)、[アイスホッケー]古橋 真来(大学)

牧 隼利
まき はやと

琉球ゴールデンキングス／SG

1997年12月14日生／25歳／188cm／88kg／A型／埼玉県

経歴≫ 原山中→福岡大付大濠高→筑波大→琉球ゴールデンキングス

つながり [バスケットボール]小林 大祐(高校)、[バスケットボール]井上 宗一郎(高校)

牧田 旦
まきた あき

リコーブラックラムズ東京／CTB

1992年2月21日生／30歳／183cm／90kg／神奈川県

経歴≫ 湘南工科大高→帝京大→リコーブラックラムズ東京

つながり [ラグビー]大和田 立(大学)、[ラグビー]亀井 亮依(大学)、[ラグビー]小林 恵太(大学)

牧野 翔矢
まきの しょうや

埼玉西武ライオンズ／捕手

2001年3月4日生／22歳／178cm／80kg／B型／石川県

経歴≫ 穴水町立穴水中→遊学館高→西武

つながり [アイスホッケー]阿部 泰河(同年代)、[アイスホッケー]宮田 大輔(同年代)

牧野内 翔馬
まきのうち しょうま

豊田自動織機シャトルズ愛知／LO

1994年11月5日生／28歳／189cm／112kg／福岡県

経歴≫ 東福岡高→法政大→豊田自動織機シャトルズ愛知

つながり [ラグビー]岩佐 賢人(高校)、[ラグビー]北川 賢吾(高校)、[ラグビー]古賀 駿汰(高校)

マキノン
まきのん

埼玉西武ライオンズ／内野手

1994年12月15日生／29歳／188cm／100kg／アメリカ

経歴≫ エンゼルス他→西武

つながり [バスケットボール]ブランドン アシュリー(同郷・同年代)、[バスケットボール]アイゼイア ヒックス(同郷・同年代)

牧原 巧汰
まきはら こうた

福岡ソフトバンクホークス／捕手

2002年7月13日生／21歳／176cm／81kg／O型／神奈川県

経歴≫ 相模原市立鵜野森中→日大藤沢高→ソフトバンク

つながり [野球]柳澤 大空(高校)、[野球]松本 隆之介(同郷・同年代)、[野球]加藤 大(同郷・同年代)

牧原 大成
まきはら たいせい

福岡ソフトバンクホークス／内野手

1992年10月15日生／31歳／172cm／72kg／A型／福岡県

経歴≫ 久留米市立田主丸中→城北高→ソフトバンク

つながり [野球]舟越 秀虎(高校)、[ラグビー]北川 賢吾(同郷・同年代)、[ラグビー]松波 昭哉(同郷・同年代)

牧山 巧樹
まきやま こうき

NTTドコモレッドハリケーンズ大阪／SH
1999年3月17日生／23歳／175cm／82kg／大阪府

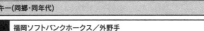

経歴≫ 御所実高→名古屋学院大→NTTドコモレッドハリケーンズ大阪

つながり [ラグビー]土井 貴弘(高校)、[ラグビー]酒木 凜平(高校)、[ラグビー]北村 将大(高校)

マクブルーム
まくぶるーむ

広島東洋カープ／内野手
1992年4月9日生／31歳／190cm／99kg／アメリカ

経歴≫ 米マイナー→ロイヤルズ→広島

つながり [バスケットボール]ザック バランスキー(同郷・同年代)

正木 智也
まさき ともや

福岡ソフトバンクホークス／外野手
1999年11月5日生／24歳／182cm／87kg／O型／東京都

経歴≫ 雪谷中→慶應義塾高→慶應義塾大→ソフトバンク

つながり [アイスホッケー]氏橋 祐太(高校)、[ラグビー]大山 祥平(高校)、[ラグビー]川村 慎(高校)

益子 京右
ましこ きょうすけ

横浜DeNAベイスターズ／捕手
2000年12月27日生／23歳／176cm／86kg／A型／栃木県

経歴≫ 宝木中→青藍泰斗高→DeNA

つながり [野球]石川 翔(高校)、[野球]中山 誠吾(高校)、[アイスホッケー]阿部 泰河(同年代)

マシュー アキノ
ましゅー あきの

信州ブレイブウォーリアーズ／PF
1996年9月28日生／26歳／205cm／100kg／フィリピン

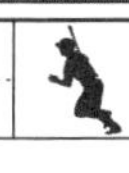

経歴≫ テンプル大→ NU Bulldogse→信州ブレイブウォリアーズ

つながり [バスケットボール]レイ パークスジュニア(大学)、[バスケットボール]サーディ ラベナ(同郷・同年代)

マシュー ライト
ましゅー らいと

京都ハンナリーズ／PG
1991年7月2日生／31歳／193cm／86kg／カナダ

経歴≫ 京都ハンナリーズ

つながり [アイスホッケー]山田 虎太朗(同年代)、[アイスホッケー]三田村 康平(同年代)

増田 啓介
ますだ けいすけ

川崎ブレイブサンダース／SF
1998年1月22日生／24歳／194cm／93kg／B型／静岡県

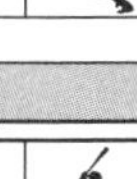

経歴≫ 静岡大成中→福岡大付大濠高→筑波大→川崎ブレイブサンダース

つながり [バスケットボール]小林 大祐(高校)、[バスケットボール]井上 宗一郎(高校)

増田 珠
ますだ しゅう

福岡ソフトバンクホークス／内野手
1999年5月21日生／24歳／179cm／84kg／O型／長崎県

経歴≫ 長崎市立淵中→横浜高→ソフトバンク

つながり [野球]木下 幹也(高校)、[野球]伊藤 将司(高校)、[野球]及川 雅貴(高校)、[野球]髙濱 祐仁(高校)

増田 大輝
ますだ だいき

読売ジャイアンツ／内野手
1993年7月29日生／30歳／172cm／68kg／A型／徳島県

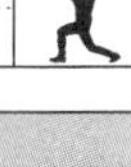

経歴≫ 徳島市立南部中→小松島高→四国IL・徳島→巨人

つながり [アイスホッケー]髙木 健太(同年代)、[アイスホッケー]大澤 勇斗(同年代)

益田 武尚
ますだ たけひさ

広島東洋カープ／投手
1998年10月6日生／25歳／175cm／86kg／福岡県

経歴≫ 飯塚第二中→嘉穂高→北九州市立大→東京ガス→広島

つながり [野球]平田 真吾(大学)、[ラグビー]久保 優(同郷・同年代)、[ラグビー]下川 甲嗣(同郷・同年代)

増田 達至
ますだ たつし

埼玉西武ライオンズ／投手
1988年4月23日生／35歳／180cm／88kg／AB型／兵庫県

経歴≫ 沼田市立利根中→柳学園高→福井工大→NTT西日本→西武

つながり [バスケットボール]中西 良太(同郷・同年代)、[バスケットボール]松崎 賢人(同郷・同年代)

益田 直也
ますだ なおや

千葉ロッテマリーンズ／投手
1989年10月25日生／34歳／178cm／80kg／B型／和歌山県

経歴≫ 紀の川市立貴志川中→市立和歌山商高→関西国際大→ロッテ

つながり [野球]川端 慎吾(高校)、[野球]大勢(大学)、[アイスホッケー]佐々木 一正(同年代)

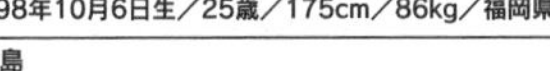

つながり 【バスケットボール】牧隼利、角野亮伍は2013年インターハイ準決勝で対戦

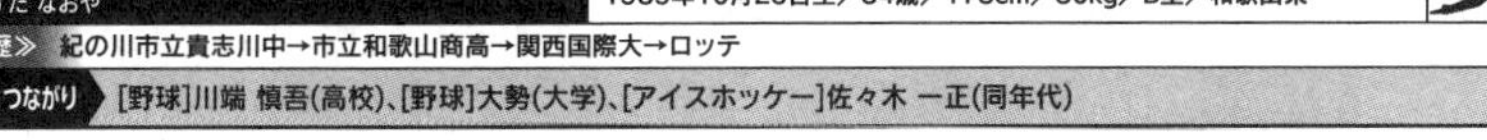

増田 陸
ますだ りく

読売ジャイアンツ／内野手

2000年6月17日生／23歳／178cm／85kg／A型／大阪府

経歴≫ 大阪市立春日出中→明秀学園日立高→巨人

つながり [ラグビー]島田 彪雅(同郷・同年代)、[ラグビー]坂原 春光(同郷・同年代)

又吉 克樹
またよし かつき

福岡ソフトバンクホークス／投手

1990年11月4日生／33歳／181cm／74kg／A型／沖縄県

経歴≫ 浦添市立浦添中→西原高→環太平洋大→四国IL・香川→中日→ソフトバンク

つながり [ラグビー]指田 宗孝(大学)、[ラグビー]知念 雄(同郷・同年代)、[バスケットボール]岸本 隆一(同郷・同年代)

町野 泰司
まちの たいじ

三菱重工相模原ダイナボアーズ／PR

1992年9月17日生／30歳／180cm／103kg／熊本県

経歴≫ 荒尾高→帝京大→三菱重工相模原ダイナボアーズ

つながり [ラグビー]清原 祥(高校)、[ラグビー]流 大(高校)、[ラグビー]西浦 洋祐(高校)

松井 啓十郎
まつい けいじゅうろう

富山グラウジーズ／SG 代表歴あり

1985年10月16日生／37歳／188cm／85kg／AB型／東京都

経歴≫ 東京芸大附属小金井中他→モントロス・クリスチャン高→コロンビア大→レラカムイ北海道他→富山グラウジーズ

つながり [バスケットボール]富樫 勇樹(高校)、[ラグビー]川俣 直樹(同郷・同年代)

松井 聖
まつい しょう

東京ヤクルトスワローズ／捕手

1995年5月29日生／28歳／175cm／80kg／O型／愛知県

経歴≫ 天神山中→東邦高→BCL・信濃→ヤクルト

つながり [野球]藤嶋 健人(高校)、[野球]石川 昂弥(高校)、[野球]林 琢真(高校)、[野球]関根 大気(高校)

松井 文典
まつい たけのり

クボタスピアーズ船橋・東京ベイ／LO

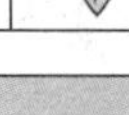

1996年8月6日生／26歳／195cm／115kg／愛知県

経歴≫ 旭野高→早稲田大→クボタスピアーズ船橋・東京ベイ

つながり [アイスホッケー]山田 虎太朗(大学)、[アイスホッケー]ハリデー 慈英(大学)

松井 千士
まつい ちひと

横浜キヤノンイーグルス／WTB 代表歴あり

1994年11月11日生／28歳／183cm／88kg／大阪府

経歴≫ 常翔学園高→同志社大→横浜キヤノンイーグルス

つながり [ラグビー]岡田 一平(高校)、[ラグビー]海士 広大(高校)、[ラグビー]髙橋 汰地(高校)

松井 友飛
まつい ともたか

東北楽天ゴールデンイーグルス／投手

1999年10月11日生／24歳／190cm／87kg／A型／石川県

経歴≫ 穴水町立穴水中→穴水高→金沢学院大→楽天

つながり [野球]長谷川 威展(大学)、[バスケットボール]大倉 颯太(同郷・同年代)、[アイスホッケー]青山 大基(同年代)

松井 颯
まつい はやて

読売ジャイアンツ／投手

2000年9月14日生／23歳／178cm／83kg／A型／東京都

経歴≫ 清瀬市立第四中→花咲徳栄高→明星大→巨人

つながり [野球]清水 達也(高校)、[野球]味谷 大誠(高校)、[野球]楠本 泰史(高校)、[野球]高橋 昂也(高校)

松井 裕樹
まつい ゆうき

東北楽天ゴールデンイーグルス／投手 代表歴あり

1995年10月30日生／28歳／174cm／74kg／A型／神奈川県

経歴≫ 横浜市立山内中→桐光学園高→楽天

つながり [バスケットボール]宮本 一樹(高校)、[バスケットボール]齋藤 拓実(高校)

松井 佑太
まつい ゆうた

日野レッドドルフィンズ／CTB

1992年3月7日生／30歳／179cm／89kg／群馬県

経歴≫ 帝京大→日野レッドドルフィンズ

つながり [ラグビー]大和田 立(大学)、[ラグビー]亀井 亮依(大学)、[ラグビー]小林 恵太(大学)

松浦 慶斗
まつうら けいと

北海道日本ハムファイターズ／投手

2003年7月1日生／20歳／186cm／95kg／A型／宮城県

経歴≫ 旭川市立明星中→大阪桐蔭高→日本ハム

つながり [ラグビー]宮宗 翔(高校)、[ラグビー]紙森 陽太(高校)、[ラグビー]岡田 優輝(高校)

松浦 康一
まつうら こういち

NECグリーンロケッツ東葛／CTB

1993年8月3日生／29歳／183cm／95kg／福岡県

経歴≫ 佐賀工高→明治大→NECグリーンロケッツ東葛

つながり [ラグビー]大塚 健太郎(高校)、[ラグビー]荒井 康植(高校)、[ラグビー]田上 稔(高校)

松浦 祐太
まつうら ゆうた

三重ホンダヒート／FB

1996年12月5日生／26歳／178cm／83kg／福岡県

経歴≫ 小倉高→専修大→三重ホンダヒート

つながり [ラグビー]児玉 健太郎(高校)、[ラグビー]石橋 拓也(高校)、[ラグビー]高野 祥太(高校)

松尾 汐恩
まつお しおん

横浜DeNAベイスターズ／捕手

2004年7月6日生／19歳／178cm／78kg／京都府

経歴≫ 精華中→大阪桐蔭高→DeNA

つながり [ラグビー]宮宗 翔(高校)、[ラグビー]紙森 陽太(高校)、[ラグビー]岡田 優輝(高校)

松尾 将太郎
まつお しょうたろう

浦安D-Rocks／SO

1996年10月19日生／26歳／170cm／83kg／福岡県

経歴≫ 東福岡高→明治大→浦安D-Rocks

つながり [ラグビー]岩佐 賢人(高校)、[ラグビー]北川 賢吾(高校)、[ラグビー]古賀 駿汰(高校)

松岡 勇
まつおか いさむ

花園近鉄ライナーズ／LO

1984年5月1日生／38歳／190cm／107kg／兵庫県

経歴≫ 神戸甲北高→大阪体育大→花園近鉄ライナーズ

つながり [ラグビー]山本 剣士(大学)、[ラグビー]王 鏡聞(大学)、[ラグビー]伊尾木 洋斗(大学)

松岡 賢太
まつおか けんた

コベルコ神戸スティーラーズ／HO

1997年6月6日生／25歳／175cm／100kg／大阪府

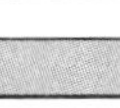

経歴≫ 京都成章高→明治大→コベルコ神戸スティーラーズ

つながり [ラグビー]押川 敦治(高校)、[ラグビー]淺岡 俊亮(高校)、[ラグビー]礒田 凌平(高校)

松岡 洸希
まつおか こうき

北海道日本ハムファイターズ／投手

2000年8月31日生／23歳／180cm／81kg／A型／埼玉県

経歴≫ 桶川市立桶川中→桶川西高→BCL・武蔵→西武→日本ハム

つながり [バスケットボール]渡部 琉(同郷・同年代)、[野球]宮崎 颯(同郷・同年代)、[野球]渡邉 勇太朗(同郷・同年代)

松岡 将大
まつおか しょうた

横浜キヤノンイーグルス／PR

1997年7月31日生／25歳／181cm／101kg／大阪府

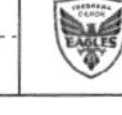
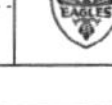

経歴≫ 近畿大附高→近畿大→横浜キヤノンイーグルス

つながり [ラグビー]吉田 竜二(高校)、[バスケットボール]西野 曜(高校)、[ラグビー]宮宗 翔(大学)

松岡 久善
まつおか ひさよし

東芝ブレイブルーパス東京／WTB

1992年9月1日生／30歳／183cm／87kg／兵庫県

経歴≫ 神戸村野工高→摂南大→東芝ブレイブルーパス東京

つながり [ラグビー]ヴィリアメ ツイドラキ(大学)、[ラグビー]フェツアニ ラウタイミ(大学)

松岡 大和
まつおか やまと

豊田自動織機シャトルズ愛知／FL

1998年5月31日生／24歳／177cm／95kg／兵庫県

経歴≫ 甲南高→天理大→豊田自動織機シャトルズ愛知

つながり [ラグビー]上田 聖(大学)、[ラグビー]アシベリ モアラ(大学)、[ラグビー]井上 大介(大学)

松岡 祐斗
まつおか ゆうと

中国電力レッドレグリオンズ／FB

1998年2月22日生／24歳／183cm／92kg／愛知県

経歴≫ 明和高→筑波大→中国電力レッドレグリオンズ

つながり [ラグビー]前田 土芽(大学)、[ラグビー]島田 悠平(大学)、[ラグビー]土谷 深浩(大学)

松金 健太
まつかね けんた

EAST HOKKAIDO CRANES／DF

1994年9月28日生／28歳／176cm／80kg

経歴≫ 釧路江南高→明治大→日本製紙クレインズ→EAST HOKKAIDO CRANES

つながり [アイスホッケー]青山 大基(高校)、[アイスホッケー]中屋敷 侑史(高校)、[アイスホッケー]坂田 駿(高校)

つながり 【野球】松川虎生、小園健太は中学、高校とバッテリーを組んでいた。2021年のドラフト会議では揃って1位指名を受けた

松川 虎生
まつかわ こう

千葉ロッテマリーンズ／捕手

2003年10月20日生／20歳／178cm／98kg／A型／大阪府

経歴≫ 阪南市立鳥取東中→市立和歌山高→ロッテ

つながり [野球]小園 健太(高校)、[野球]京本 眞(同郷・同年代)、[野球]味谷 大誠(同郷・同年代)

松木 勇斗
まつき ゆうと

横浜キヤノンイーグルス／SH

1999年11月26日生／23歳／175cm／78kg／京都府

経歴≫ 東海大仰星高→龍谷大→横浜キヤノンイーグルス

つながり [ラグビー]岸岡 智樹(高校)、[ラグビー]近藤 英人(高校)、[ラグビー]根塚 洸雅 (高校)

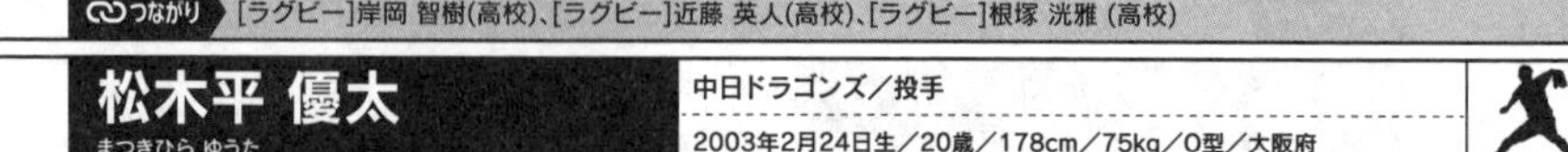

松木平 優太
まつきひら ゆうた

中日ドラゴンズ／投手

2003年2月24日生／20歳／178cm／75kg／O型／大阪府

経歴≫ 大阪市立港南中→精華高→中日

つながり [ラグビー]高橋 陽大(同郷・同年代)、[野球]田上 奏大(同郷・同年代)、[野球]井上 朋也(同郷・同年代)

マックス ダグラス
まっくす だぐらす

横浜キヤノンイーグルス／LO

2000年1月1日生／23歳／201cm／112kg／オーストラリア

経歴≫ セントオーガスティンカレッジ→ワラターズ→横浜キヤノンイーグルス

つながり [ラグビー]クイントン マヒナ(同郷・同年代)、[ラグビー]パトリック タファ(同郷・同年代)

マックス ヒサタケ
まっくす ひさたけ

青森ワッツ／PF

1998年4月10日生／24歳／203cm／105kg／アメリカ

経歴≫ イリノイ工科大→サンロッカーズ渋谷→三遠ネオフェニックス→青森ワッツ

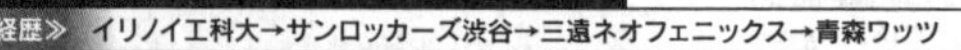

つながり [バスケットボール]ライアン クリーナー(同郷・同年代)、[バスケットボール]ケヴェ アルマ(同郷・同年代)

マッケンジー アレキサンダー
まっけんじー あれきさんだー

浦安D-Rocks／FL

1997年10月27日生／25歳／186cm／105kg／日本

経歴≫ セントラルワシントン大→浦安D-Rocks

つながり [アイスホッケー]中屋敷 侑史(同年代)、[アイスホッケー]京谷 充洋(同年代)

松崎 賢人
まつざき けんと

西宮ストークス／PG

1988年5月17日生／34歳／178cm／70kg／A型／兵庫県

経歴≫ 二葉中→育英高→拓殖大→兵庫ストークス→熊本ヴォルターズ→西宮ストークス

つながり [バスケットボール]藤本 巧太(高校)、[野球]矢野 雅哉(高校)、[野球]栗山 巧(高校)

松下 彰吾
まつした しょうご

九州電力キューデンヴォルテクス／SO

1991年1月12日生／32歳／177cm／87kg／福岡県

経歴≫ 福岡高→筑波大→九州電力キューデンヴォルテクス

つながり [ラグビー]土谷 深浩(高校)、[ラグビー]高屋 直生(高校)、[ラグビー]中尾 康太郎(高校)

松下 真七郎
まつした しんひちろう

九州電力キューデンヴォルテクス／SO

1993年1月15日生／30歳／177cm／87kg／福岡県

経歴≫ 福岡高→筑波大→九州電力キューデンヴォルテクス

つながり [ラグビー]土谷 深浩(高校)、[ラグビー]高屋 直生(高校)、[ラグビー]中尾 康太郎(高校)

松下 裕汰
まつした ゆうた

レバンガ北海道／PG

1999年5月2日生／23歳／180cm／79kg／O型／静岡県

経歴≫ 末広中→飛龍高→白鴎大→レバンガ北海道

つながり [バスケットボール]長島 蓮(高校)、[野球]佐藤 蓮(高校)、[野球]大盛 穂(高校)、[野球]平井 克典(高校)

松島 幸太朗
まつしま こうたろう

東京サントリーサンゴリアス／FB

代表歴あり

1993年2月26日生／29歳／178cm／88kg／東京都

経歴≫ 桐蔭学園高→東京サントリーサンゴリアス

つながり [ラグビー]石田 楽人(高校)、[ラグビー]山本 耕生(高校)、[ラグビー]田村 魁世(高校)

松田 一真
まつだ かずま

花園近鉄ライナーズ／HO

1998年8月22日生／24歳／170cm／95kg／大阪府

経歴≫ 常翔学園高→流通経済大→花園近鉄ライナーズ

つながり [ラグビー]岡田 一平(高校)、[ラグビー]海士 広大(高校)、[ラグビー]髙橋 汰地(高校)

松田 進太郎
まつだ しんたろう

中国電力レッドレグリオンズ／FL
1999年5月23日生／23歳／175cm／95kg／滋賀県
経歴≫ 京都成章高→関西学院大→中国電力レッドレグリオンズ
つながり [ラグビー]押川 敦治(高校)、[ラグビー]松岡 賢太(高校)、[ラグビー]淺岡 俊亮(高校)

松田 宣浩
まつだ のぶひろ

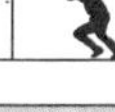

読売ジャイアンツ／内野手　代表歴あり
1983年5月17日生／40歳／180cm／86kg／B型／滋賀県
経歴≫ 草津市立老上中→岐阜・中京高→亜細亜大→ソフトバンク→巨人
つながり [野球]吉川 尚輝(高校)、[野球]北村 拓己(大学)、[野球]髙橋 遥人(大学)、[野球]岡留 英貴(大学)

松田 亘哲
まつだ ひろあき

中日ドラゴンズ／投手
1997年5月16日生／26歳／176cm／78kg／B型／愛知県
経歴≫ 岩倉市立岩倉中→江南高→名古屋大→中日
つながり [ラグビー]西川 大輔(同郷・同年代)、[ラグビー]山田 裕介(同郷・同年代)

松田 力也
まつだ りきや

埼玉パナソニックワイルドナイツ／SO　代表歴あり
1994年5月3日生／28歳／181cm／92kg／京都府
経歴≫ 伏見工高→帝京大→埼玉パナソニックワイルドナイツ
つながり [ラグビー]田中 史朗(高校)、[ラグビー]小畑 健太郎(高校)、[ラグビー]寺田 桂太(高校)

マット ヴァエガ
まっと ゔぁえが

三菱重工相模原ダイナボアーズ／CTB
1994年9月7日生／28歳／179cm／94kg／ニュージーランド
経歴≫ ケルストンボーイズ高→三菱重工相模原ダイナボアーズ
つながり [ラグビー]アライアサ 空ローランド(高校)、[ラグビー]バティリアイ ツイドラキ(同郷・同年代)

マット ジャニング
まっと じゃにんぐ

川崎ブレイブサンダース／SG
1988年6月22日生／34歳／196cm／90kg／アメリカ
経歴≫ ノースイースタン大→Kirolbet Baskonia Vitoria→BAXI Manresa→川崎ブレイブサンダース
つながり [バスケットボール]スコット エサトン(大学)、[バスケットボール]ジョシュア クロフォード(同郷・同年代)

マット トゥームア
まっと とぅーむあ

三菱重工相模原ダイナボアーズ／SO
1990年1月2日生／33歳／183cm／92kg／オーストラリア
経歴≫ ブリスベン州立高→オーストラリアビジネスインスティテュート→三菱重工相模原ダイナボアーズ
つながり [ラグビー]クイントン マヒナ(高校)、[バスケットボール]ブロック モータム(高校)

マット トッド
まっと とっど

東芝ブレイブルーパス東京／FL
1988年3月24日生／34歳／185cm／104kg／ニュージーランド
経歴≫ クライストチャーチボーイズ高→クライストチャーチ工科大→東芝ブレイブルーパス東京
つながり [ラグビー]アッシュ ディクソン(高校)、[ラグビー]日下 太平(高校)、[ラグビー]マレ サウ(同郷・同年代)

松土 治樹
まつど はるき

清水建設江東ブルーシャークス／FL
1996年1月6日生／27歳／179cm／97kg／山梨県
経歴≫ 日川高→専修大→清水建設江東ブルーシャークス
つながり [ラグビー]大内 真(高校)、[ラグビー]飯沼 蓮(高校)、[ラグビー]郡司 健吾(高校)

マット ボンズ
まっと ぼんず

長崎ヴェルカ／PF
1995年11月6日生／27歳／196cm／103kg／アメリカ
経歴≫ マトラウマン中→ノース高→セントマイケルズ大→SO Maritime Boulogne他→長崎ヴェルカ
つながり [ラグビー]鶴川 達彦(同郷・同年代)、[バスケットボール]ジョナサン ウィリアムズ(同郷・同年代)

マット マッガーン
まっと まっがーん

リコーブラックラムズ東京／SO
1993年4月21日生／29歳／185cm／91kg／オーストラリア
経歴≫ マウント・アルバート・グラマー高→リコーブラックラムズ東京
つながり [ラグビー]ジェームス ムーア(同郷・同年代)、[ラグビー]村田 オスカロイド(同郷・同年代)

松永 貫汰
まつなが かんた

コベルコ神戸スティーラーズ／FB
1999年9月28日生／23歳／167cm／79kg／大阪府
経歴≫ 大阪産大附高→筑波大→コベルコ神戸スティーラーズ
つながり [ラグビー]小野木 晃英(高校)、[ラグビー]木村 星南(高校)、[ラグビー]小鍜治 悠太(高校)

つながり 【アイスホッケー】松金健太と山崎勇輝は、小学生時代にクレインズジュニアでともにプレー

松永 浩平
まつなが こうへい

中国電力レッドレグリオンズ／FL

1990年7月16日生／32歳／177cm／93kg／広島県

経歴≫ 広島工高→帝京大→中国電力レッドレグリオンズ

つながり [ラグビー]大竹 智也(高校)、[ラグビー]長岡 智之(高校)、[ラグビー]松永 辰哉(高校)

松永 拓朗
まつなが たくろう

東芝ブレイブルーパス東京／SO

1998年8月13日生／24歳／172cm／81kg／大阪府

経歴≫ 大阪産大附高→天理大→東芝ブレイブルーパス東京

つながり [ラグビー]松永 貫汰(高校)、[ラグビー]小野木 晃英(高校)、[ラグビー]木村 星南(高校)

松永 辰哉
まつなが たつや

九州電力キューデンヴォルテクス／FL

1988年5月22日生／34歳／175cm／99kg／広島県

経歴≫ 広島工高→近畿大→九州電力キューデンヴォルテクス

つながり [ラグビー]大竹 智也(高校)、[ラグビー]長岡 智之(高校)、[ラグビー]石田大輝(高校)

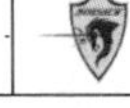

松波 昭哉
まつなみ しょうや

クボタスピアーズ船橋・東京ベイ／PR

1992年4月11日生／30歳／186cm／110kg／福岡県

経歴≫ 東福岡高→明治大→クボタスピアーズ船橋・東京ベイ

つながり [ラグビー]岩佐 賢人(高校)、[ラグビー]北川 賢吾(高校)、[ラグビー]古賀 駿汰(高校)

松野 佑太
まつの ゆうた

EAST HOKKAIDO CRANES／FW

1995年7月29日生／27歳／180cm／90kg

経歴≫ 武修館高→日本体育大→EAST HOKKAIDO CRANES

つながり [アイスホッケー]中島 彰吾(高校)、[アイスホッケー]柴田 嗣斗(高校)、[アイスホッケー]佐藤 大翔(高校)

松延 泰樹
まつのぶ たいき

東芝ブレイブルーパス東京／WTB

1990年4月25日生／32歳／186cm／95kg／大阪府

経歴≫ 東海大仰星高→関西学院大→東芝ブレイブルーパス東京

つながり [ラグビー]岸岡 智樹(高校)、[ラグビー]近藤 英人(高校)、[ラグビー]根塚 洸雅 (高校)

松葉 貴大
まつば たかひろ

中日ドラゴンズ／投手

1990年8月14日生／32歳／178cm／82kg／B型／兵庫県

経歴≫ 姫路市立香寺中→東洋大附姫路高→大阪体育大→オリックス→中日

つながり [野球]原 樹理(高校)、[野球]甲斐野 央(高校)、[ラグビー]山本 剣士(大学)、[ラグビー]王 鏡聞(大学)

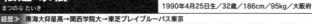

松橋 周平
まつはし しゅうへい

リコーブラックラムズ東京／No8　代表歴あり

1993年11月24日生／29歳／180cm／99kg／長野県

経歴≫ 市立船橋高→明治大→リコーブラックラムズ東京

つながり [ラグビー]関本 圭汰(高校)、[バスケットボール]藤岡 昂希(高校)、[バスケットボール]古牧 昌也(高校)

松原 聖弥
まつばら せいや

読売ジャイアンツ／外野手

1995年1月26日生／28歳／173cm／74kg／O型／大阪府

経歴≫ 大阪市立茨田中→仙台育英高→明星大→巨人

つながり [ラグビー]菊田 圭佑(高校)、[ラグビー]千葉 雄太(高校)、[ラグビー]矢富 洋則(高校)

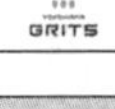

松渕 雄太
まつぶち ゆうた

YOKOHAMA GRITS／FW

1996年8月4日生／26歳／172cm／75kg

経歴≫ 宇都宮ブルーインズ→日光東中→埼玉栄高→大東文化大→青梅クラブ→YOKOHAMA GRITS

つながり [アイスホッケー]ハリデー 慈英(高校)、[アイスホッケー]石川 貴大(高校)

松本 健児リオン
まつもと けんじ りおん

長崎ヴェルカ／SG

1994年5月30日生／28歳／183cm／83kg／B型／神奈川県

経歴≫ 進明中→北陸高→名古屋経済大→西宮ストークス→バンビシャス奈良→長崎ヴェルカ

つながり [バスケットボール]藤永 佳昭(高校)、[バスケットボール]満田 丈太郎(高校)

松本 健留
まつもと けんと

浦安D-Rocks／FL

1998年7月11日生／24歳／176cm／96kg／大阪府

経歴≫ 大阪桐蔭高→帝京大→浦安D-Rocks

つながり [ラグビー]宮宗 翔(高校)、[ラグビー]紙森 陽太(高校)、[ラグビー]岡田 優輝(高校)

松本 剛
まつもと ごう

北海道日本ハムファイターズ／外野手

1993年8月11日生／30歳／180cm／82kg／AB型／埼玉県

経歴≫ 川口市立青木中→帝京高→日本ハム

つながり [ラグビー]安江 祥光(高校)、[野球]原口 文仁(高校)、[野球]山﨑 康晃(高校)、[野球]清水 昇(高校)

松本 純弥
まつもと じゅんや

浦安D-Rocks／WTB

2000年3月17日生／22歳／171cm／82kg／佐賀県

経歴≫ 佐賀工高→明治大→浦安D-Rocks

つながり [ラグビー]松浦 康一(高校)、[ラグビー]大塚 健太郎(高校)、[ラグビー]荒井 康植(高校)

松本 直樹
まつもと なおき

東京ヤクルトスワローズ／捕手

1993年10月17日生／30歳／177cm／82kg／A型／香川県

経歴≫ 香川大学付属坂出中→丸亀高→立教大→西濃運輸→ヤクルト

つながり [ラグビー]中濱 健宏(大学)、[ラグビー]眞壁 貴男(大学)、[ラグビー]相良 隆太(大学)

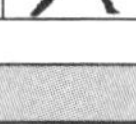

松本 晴
まつもと はる

福岡ソフトバンクホークス／投手

2001年2月24日生／22歳／180cm／84kg／大阪府

経歴≫ 花乃井中→樟南高→亜細亜大→ソフトバンク

つながり [野球]大和(高校)、[野球]浜屋 将太(高校)、[野球]松田 宣浩(大学)、[野球]北村 拓己(大学)

松本 仁志
まつもと ひとし

豊田自動織機シャトルズ愛知／CTB

1993年9月29日生／29歳／180cm／92kg／奈良県

経歴≫ 天理高→関西大→豊田自動織機シャトルズ愛知

つながり [ラグビー]井上 大介(高校)、[ラグビー]立川 理道(高校)、[ラグビー]井関 信介(高校)

松本 友
まつもと ゆう

東京ヤクルトスワローズ／内野手

1995年2月5日生／28歳／179cm／86kg／O型／福岡県

経歴≫ 宇美町立宇美東中→東福岡高→明治学院大→BCL・福井→ヤクルト

つながり [ラグビー]岩佐 賢人(高校)、[ラグビー]北川 賢吾(高校)、[ラグビー]古賀 駿汰(高校)

松本 裕樹
まつもと ゆうき

福岡ソフトバンクホークス／投手

1996年4月14日生／27歳／182cm／85kg／A型／神奈川県

経歴≫ 南瀬谷中→盛岡大附高→ソフトバンク

つながり [野球]杉山 晃基(高校)、[野球]三浦 瑞樹(高校)、[野球]大里 昂生(高校)

松本 力哉
まつもと りきや

静岡ブルーレヴズ／No8

1990年12月8日生／32歳／185cm／105kg／大阪府

経歴≫ 汎愛高→龍谷大→静岡ブルーレヴズ

つながり [ラグビー]高城 勝一(高校)、[ラグビー]松木 勇斗(大学)、[ラグビー]伊東 力(大学)

松本 隆之介
まつもと りゅうのすけ

横浜DeNAベイスターズ／投手

2002年7月31日生／21歳／188cm／88kg／A型／神奈川県

経歴≫ 名瀬中→横浜高→DeNA

つながり [野球]木下 幹也(高校)、[野球]伊藤 将司(高校)、[野球]及川 雅貴(高校)、[野球]高濱 祐仁(高校)

松本 竜也
まつもと りゅうや

広島東洋カープ／投手

1999年9月18日生／24歳／178cm／86kg／A型／奈良県

経歴≫ 櫻井中→智辯学園高→Honda鈴鹿→広島

つながり [野球]岡本 和真(高校)、[野球]廣岡 大志(高校)、[野球]村上 頌樹(高校)、[野球]前川 右京(高校)

松本 遼大
まつもと りょうだい

北海道日本ハムファイターズ／投手

2002年5月17日生／21歳／187cm／96kg／A型／岩手県

経歴≫ 滝沢市立滝沢第二中→花巻東高→日本ハム

つながり [野球]川原田 純平(同郷・同年代)、[ラグビー]シオネ タプオシ(同年代)、[ラグビー]高橋 陽大(同年代)

松本 礼太
まつもと れいた

琉球ゴールデンキングス／SG/SF　代表歴あり

1999年9月18日生／23歳／187cm／85kg／A型／宮城県

経歴≫ 西福岡中→福岡一高→東海大→ 琉球ゴールデンキングス

つながり [バスケットボール]井手 優希(高校)、[バスケットボール]渡辺 竜之佑(高校)

つながり 【野球】松本剛、大谷翔平は2011年夏の甲子園で対戦

松本 航
まつもと わたる

埼玉西武ライオンズ／投手

1996年11月28日生／27歳／176cm／87kg／AB型／兵庫県

経歴≫ 朝来市立梁瀬中→明石商高→日本体育大→西武

つながり [野球]山﨑 伊織(高校)、[野球]中森 俊介(高校)、[野球]水上 桂(高校)、[野球]来田 涼斗(高校)

松山 駿
まつやま しゅん

越谷アルファーズ／PG

1996年9月27日生／26歳／175cm／73kg／A型／福井県

経歴≫ 大東中→北陸高→富山大→富山グラウジーズ→ファイティングイーグルス名古屋→越谷アルファーズ

つながり [バスケットボール]藤永 佳昭(高校)、[バスケットボール]満田 丈太郎(高校)

松山 晋也
まつやま しんや

中日ドラゴンズ／投手

2000年6月23日生／23歳／188cm／92kg／青森県

経歴≫ 七戸町立天間舘中→野辺地西高→八戸学院大→中日

つながり [ラグビー]吹越 大清(大学)、[バスケットボール]野里 惇貴(大学)、[野球]髙橋 優貴(大学)

松山 竜平
まつやま りゅうへい

広島東洋カープ／外野手

1985年9月18日生／38歳／176cm／95kg／B型／鹿児島県

経歴≫ 大崎中→鹿屋中央高→九州国際大→広島

つながり [野球]鈴木 勇斗(高校)、[野球]戸柱 恭孝(高校)、[野球]奥村 政稔(大学)

松脇 圭志
まつわき よしゆき

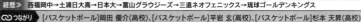

琉球ゴールデンキングス／SG

1997年5月15日生／25歳／185cm／88kg／O型／福岡県

経歴≫ 西福岡中→土浦日大高→日本大→富山グラウジーズ→三遠ネオフェニックス→琉球ゴールデンキングス

つながり [バスケットボール]岡田 優介(高校)、[バスケットボール]平岩 玄(高校)、[バスケットボール]杉本 天昇(高校)

マティウス バッソン
まてぃうす ばっそん

三重ホンダヒート／PR

1995年6月9日生／27歳／190cm／116kg／南アフリカ

経歴≫ ボランド農高→プレトリア大→三重ホンダヒート

つながり [ラグビー]ゲラード ファンデンヒーファー(大学)、[ラグビー]ジェシー クリエル(大学)

間藤 郁也
まとう ふみや

清水建設江東ブルーシャークス／PR

1994年4月6日生／28歳／170cm／98kg／新潟県

経歴≫ 新発田農業高→山梨学院大→清水建設江東ブルーシャークス

つながり [ラグビー]後藤 輝也(大学)、[ラグビー]トコキオ ソシセニ(大学)、[ラグビー]ラファエレ ティモシー(大学)

眞庭 城聖
まにわ じょうせい

山形ワイヴァンズ／SF

1986年5月27日生／36歳／193cm／92kg／O型／福岡県

経歴≫ 日佐中→福翔高→日本体育大→熊本ヴォルターズ→ライジング福岡→茨城ロボッツ→山形ワイヴァンズ

つながり [バスケットボール]小澤 智将(高校)、[アイスホッケー]石井 秀人(大学)、[アイスホッケー]松野 佑太(大学)

マヌ イシレリ
まぬ いしれり

マツダスカイアクティブズ広島／No8

1999年7月20日生／23歳／191cm／120kg／ニュージーランド

経歴≫ ディルワース高→マツダスカイアクティブズ広島

つながり [アイスホッケー]青山 大基(同年代)、[アイスホッケー]小林 斗威(同年代)

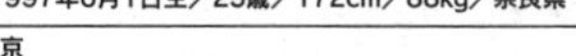

眞野 泰地
まの たいち

東芝ブレイブルーパス東京／CTB

1997年6月1日生／25歳／172cm／88kg／奈良県

経歴≫ 東海大仰星高→東海大→東芝ブレイブルーパス東京

つながり [ラグビー]岸岡 智樹(高校)、[ラグビー]近藤 英人(高校)、[ラグビー]根塚 洸雅 (高校)

侭田 洋翔
ままだ ひろと

クボタスピアーズ船橋・東京ベイ／SO

1998年10月29日生／24歳／175cm／87kg／群馬県

経歴≫ 東京農大二高→中央大→クボタスピアーズ船橋・東京ベイ

つながり [野球]周東 佑京(高校)、[アイスホッケー]小野田 拓人(大学)、[アイスホッケー]中島 彰吾(大学)

豆田 泰志
まめだ たいし

埼玉西武ライオンズ／投手

2003年1月15日生／20歳／173cm／80kg／B型／埼玉県

経歴≫ 越谷市立千間台中→浦和実高→西武

つながり [ラグビー]シオネ タプオシ(同年代)、[ラグビー]髙橋 陽大(同年代)、[ラグビー]ウィリアム ヘイ(同年代)

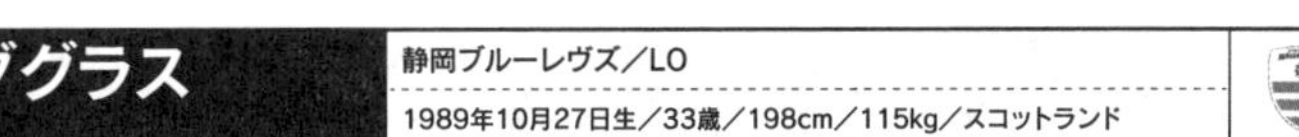

マリー ダグラス
まりー だぐらす

静岡ブルーレヴズ／LO

1989年10月27日生／33歳／198cm／115kg／スコットランド

経歴≫ アバディーン大→静岡ブルーレヴズ

つながり [アイスホッケー]佐々木 一正(同年代)、[アイスホッケー]鈴木 雄大(同年代)

マリカ コロインベテ
まりか ころいんべて

埼玉パナソニックワイルドナイツ／WTB

1992年7月26日生／30歳／182cm／96kg／フィジー

経歴≫ ナスイヌ高→埼玉パナソニックワイルドナイツ

つながり [ラグビー]トコキオ ソシセニ(同郷・同年代)、[ラグビー]セミシ マシレワ(同郷・同年代)

マリティノ ネマニ
まりてぃの ねまに

NECグリーンロケッツ東葛／CTB

1991年5月24日生／31歳／181cm／104kg／フィジー

経歴≫ セイクリッドハード校→チーフス→ハイランダーズ→グルノール→NECグリーンロケッツ東葛

つながり [ラグビー]タンゲレ ナイヤラボロ(同郷・同年代)、[ラグビー]ネイサン ヒューズ(同郷・同年代)

丸 佳浩
まる よしひろ

読売ジャイアンツ／外野手 代表歴あり

1989年4月11日生／34歳／177cm／94kg／AB型／千葉県

経歴≫ 勝浦市立勝浦中→千葉経大附高→広島→巨人

つながり [野球]岡本 直也(高校)、[野球]中村 亮太(高校)、[ラグビー]中尾 光男(同郷・同年代)

マルコム マークス
まるこむ まーくす

クボタスピアーズ船橋・東京ベイ／HO

1994年7月13日生／28歳／189cm／117kg／南アフリカ

経歴≫ キングエドワード7世高→クボタスピアーズ船橋・東京ベイ

つながり [ラグビー]コーバス ファンダイク(同郷・同年代)、[ラグビー]タイラー ポール(同郷・同年代)

マルジーン イラウア
まるじーん いらうあ

静岡ブルーレヴズ／No8 代表歴あり

1993年6月5日生／29歳／187cm／107kg／ニュージーランド

経歴≫ ケルストンボーイズ高→帝京大→静岡ブルーレヴズ

つながり [ラグビー]アセリ マシヴォウ(高校)、[ラグビー]ジェラード カウリートゥイオティ(高校)

マルセリーノ
まるせりーの

横浜DeNAベイスターズ／投手

2002年6月16日生／21歳／191cm／82kg／ドミニカ共和国

経歴≫ 米マイナー→DeNA

つながり [ラグビー]シオネ タプオシ(同年代)、[ラグビー]高橋 陽大(同年代)、[ラグビー]ウィリアム ヘイ(同年代)

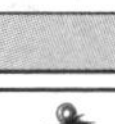

マルセル クッツェー
まるせる くっつぇー

コベルコ神戸スティーラーズ／No8

1991年5月8日生／31歳／191cm／116kg／南アフリカ

経歴≫ ポートナタール高→コベルコ神戸スティーラーズ

つながり [ラグビー]ルアン ボタ(同郷・同年代)、[ラグビー]ダミアン デアレンデ(同郷・同年代)

R.マルティネス
まるてぃねす

中日ドラゴンズ／投手

1996年10月11日生／27歳／193cm／93kg／キューバ

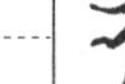

経歴≫ キューバリーグ→中日

つながり [野球]ロドリゲス(同郷・同年代)、[野球]A.マルティネス(同郷・同年代)

A.マルティネス
まるてぃねす

北海道日本ハムファイターズ／捕手

1996年5月28日生／27歳／190cm／95kg／キューバ

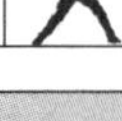

経歴≫ キューバリーグ→中日→日本ハム

つながり [野球]ロドリゲス(同郷・同年代)、[野球]R.マルティネス(同郷・同年代)

丸山 和郁
まるやま かずや

東京ヤクルトスワローズ／外野手

1999年7月18日生／24歳／174cm／78kg／B型／群馬県

経歴≫ 倉渕中→前橋育英高→明治大→ヤクルト

つながり [バスケットボール]木村 啓太郎(高校)、[バスケットボール]船生 誠也(高校)

丸山 翔大
まるやま しょうた

東京ヤクルトスワローズ／投手

1998年8月22日生／25歳／192cm／77kg／A型／福岡県

経歴≫ 吉富中→小倉工高→西日本工大→ヤクルト

つながり [野球]隅田 知一郎(大学)、[ラグビー]久保 優(同郷・同年代)、[ラグビー]下川 甲嗣(同郷・同年代)

つながり 【野球】丸山和郁、西川愛也は2017年夏の甲子園大会で対戦

丸山 尚城
まるやま なおき

花園近鉄ライナーズ／FL

1996年3月10日生／26歳／178cm／98kg／茨城県

経歴≫ 若渓学園高→同志社大→花園近鉄ライナーズ

つながり [ラグビー]鈴木 啓太(高校)、[ラグビー]福田 健太(高校)、[ラグビー]大越 元気(高校)

丸山 凛太朗
まるやま りんたろう

トヨタヴェルブリッツ／SO

1999年12月17日生／23歳／173cm／83kg／福岡県

経歴≫ 東福岡高→東海大→トヨタヴェルブリッツ

つながり [ラグビー]岩佐 賢人(高校)、[ラグビー]北川 賢吾(高校)、[ラグビー]古賀 駿汰(高校)

マレ サウ
まれ さう

トヨタヴェルブリッツ／CTB 代表歴あり

1987年10月13日生／35歳／183cm／99kg／ニュージーランド

経歴≫ タンガロア→トヨタヴェルブリッツ

つながり [ラグビー]ハドレー パークス(同郷・同年代)、[ラグビー]ツイ ヘンドリック(同郷・同年代)

マロ ツイタマ
まろ ついたま

静岡ブルーレヴズ／WTB

1996年3月23日生／26歳／182cm／91kg／サモア

経歴≫ スコッツ高→静岡ブルーレヴズ

つながり [アイスホッケー]ベンガート 朗孟(同年代)、[アイスホッケー]早田 聖也(同年代)

万波 中正
まんなみ ちゅうせい

北海道日本ハムファイターズ／外野手

2000年4月7日生／23歳／192cm／97kg／A型／東京都

経歴≫ 開進第二中→横浜高→日本ハム

つながり [野球]木下 幹也(高校)、[野球]伊藤 将司(高校)、[野球]及川 雅貴(高校)、[野球]髙濱 祐仁(高校)

み

71人

(NPB/32人、B.LEAGUE/10人、JAPAN RUGBY LEAGUE ONE/25人、ASIA LEAGUE ICE HOCKEY/4人)

三浦 銀二
みうら ぎんじ

横浜DeNAベイスターズ／投手

1999年12月30日生／24歳／175cm／80kg／A型／福岡県

経歴≫ 筑紫丘中→福岡大附大濠高→法政大→DeNA

つながり [バスケットボール]小林 大祐(高校)、[バスケットボール]井上 宗一郎(高校)

三浦 駿平
みうら しゅんぺい

静岡ブルーレヴズ／LO

1997年4月30日生／25歳／187cm／103kg／秋田県

経歴≫ 秋田中央高→早稲田大→静岡ブルーレヴズ

つながり [ラグビー]佐藤 勇人(高校)、[アイスホッケー]山田 虎太朗(大学)、[アイスホッケー]ハリデー 慈英(大学)

三浦 昌悟
みうら しょうご

トヨタヴェルブリッツ／PR

代表歴あり

1995年6月8日生／27歳／180cm／113kg／秋田県

経歴≫ 秋田工高→東海大→トヨタヴェルブリッツ

つながり [ラグビー]猿田 湧(高校)、[ラグビー]宮川 智海(高校)、[ラグビー]柴田 凌光(高校)

三浦 大輝
みうら だいき

埼玉西武ライオンズ／投手

2000年4月7日生／23歳／180cm／88kg／愛知県

経歴≫ 豊橋市立吉田方中→時習館高→中京大→西武

つながり [ラグビー]西川 大輔(大学)、[ラグビー]蜂谷 元紹(大学)、[ラグビー]日比野 壮大(大学)

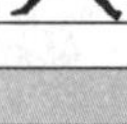

三浦 大輝
みうら だいき

YOKOHAMA GRITS／DF

1999年9月18日生／23歳／173cm／72kg

経歴≫ 苫小牧緑小→苫小牧和光中→駒大苫小牧高→明治大→YOKOHAMA GRITS

つながり [アイスホッケー]山田 虎太朗(高校)、[アイスホッケー]山下 敬史(高校)、[アイスホッケー]今 勇輔(高校)

三浦 瑞樹
みうら みずき

福岡ソフトバンクホークス／投手

1999年9月2日生／24歳／173cm／77kg／A型／神奈川県

経歴≫ 大和市立引地台中→盛岡大附高→東北福祉大→ソフトバンク

つながり [野球]杉山 晃基(高校)、[野球]松本 裕樹(高校)、[野球]大里 昂生(高校)、[野球]長坂 拳弥(大学)

三浦 嶺
みうら りょう

浦安D-Rocks／HO
1990年11月17日生／32歳／178cm／105kg／東京都
経歴≫ 成蹊高→成蹊大→浦安D-Rocks
つながり [ラグビー]石井 智亮(大学)、[ラグビー]志村 太基(大学)、[ラグビー]石原 慎太郎(同郷・同年代)

ミエセス
みえせす

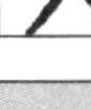

阪神タイガース／外野手
1995年7月13日生／28歳／185cm／120kg／ドミニカ共和国
経歴≫ 米マイナー→阪神
つながり [野球]コルニエル(同郷・同年代)、[アイスホッケー]ベンガート 朗孟(同年代)

ミカイル マッキントッシュ
みかいる まっきんとっしゅ

佐賀バルーナーズ／SF
1994年7月19日生／28歳／201cm／109kg／カナダ
経歴≫ ベイビューパブリックスクール→ピッカリング高→イリノイ州立大→FILOU OOSTENDE他→佐賀バルーナーズ
つながり [アイスホッケー]彦坂 優(同年代)、[アイスホッケー]鈴木 健斗(同年代)、[アイスホッケー]川村 一希(同年代)

三上 朋也
みかみ ともや

読売ジャイアンツ／投手
1989年4月10日生／33歳／190cm／90kg／岐阜県
経歴≫ 多治見市立南ヶ丘中→岐阜商高→法政大→JX -ENEOS→横浜・DeNA→巨人
つながり [アイスホッケー]井上 光明(大学)、[アイスホッケー]伊藤 俊之(大学)、[アイスホッケー]伊藤 崇之(大学)

三上 正貴
みかみ まさたか

東芝ブレイブルーパス東京／PR　代表歴あり
1988年6月4日生／34歳／178cm／111kg／青森県
経歴≫ 青森工高→東海大→東芝ブレイブルーパス東京
つながり [ラグビー]新井 望友(大学)、[ラグビー]近藤 英人(大学)、[ラグビー]アタアタ モエアキオラ(大学)

三木 亮
みき りょう

千葉ロッテマリーンズ／内野手
1991年10月25日生／32歳／175cm／78kg／A型／大阪府
経歴≫ 高石市立高石中→遊学館高→上武大→ロッテ
つながり [野球]高田 竜星(高校)、[野球]保科 広一(高校)、[野球]石森 大誠(高校)、[野球]小孫 竜二(高校)

美﨑 正次
みさき しょうじ

釜石シーウェイブスRFC／LO
1996年12月4日生／26歳／182cm／101kg／和歌山県
経歴≫ 近畿大和歌山高→近畿大→釜石シーウェイブスRFC
つながり [ラグビー]宮宗 翔(大学)、[ラグビー]岩佐 賢人(大学)、[ラグビー]大熊 克哉(大学)

三嶋 一輝
みしま かずき

横浜DeNAベイスターズ／投手
1990年5月7日生／33歳／176cm／80kg／A型／福岡県
経歴≫ 福岡市立元岡中→福岡工高→法政大→DeNA
つながり [野球]中島 卓也(高校)、[アイスホッケー]井上 光明(大学)、[アイスホッケー]伊藤 俊之(大学)

三代 祥貴
みしろ よしき

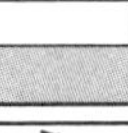

福岡ソフトバンクホークス／内野手
2004年3月29日生／19歳／181cm／90kg／O型／大分県
経歴≫ 豊後大野市立緒方中→大分商高→ソフトバンク
つながり [野球]森下 暢仁(高校)、[野球]笠谷 俊介(高校)、[野球]川瀬 晃(高校)、[野球]源田 壮亮(高校)

水上 桂
みずかみ けい

東北楽天ゴールデンイーグルス／捕手
2001年7月5日生／22歳／172cm／75kg／O型／兵庫県
経歴≫ 宝塚第一中→明石商高→楽天
つながり [野球]山﨑 伊織(高校)、[野球]中森 俊介(高校)、[野球]松本 航(高校)、[野球]来田 涼斗(高校)

水上 由伸
みずかみ よしのぶ

埼玉西武ライオンズ／投手
1998年7月13日生／25歳／176cm／81kg／O型／長野県
経歴≫ 宮田村立宮田中→帝京大三高→四国学院大→西武
つながり [野球]富田 龍(大学)、[野球]牧 秀悟(同郷・同年代)、[アイスホッケー]今 勇輔(同年代)

水谷 瞬
みずたに しゅん

福岡ソフトバンクホークス／外野手
2001年3月9日生／22歳／193cm／95kg／A型／愛知県
経歴≫ 津島市立暁中→石見智翠館高→ソフトバンク
つながり [ラグビー]小幡 将己(高校)、[ラグビー]岡山 仙治(高校)、[ラグビー]加藤 竜聖(高校)

つながり 【野球】宮川哲、森友哉は中学時代に対戦経験がある。当時森友哉は投手だった

あ か さ た な は ま や ら わ

水野 幹太
みずの かんた

京都ハンナリーズ／PG
1998年6月4日生／24歳／184cm／83kg／A型／福島県

経歴≫ 清水中→福島南高→法政大→福島ファイヤーボンズ他→京都ハンナリーズ

つながり [バスケットボール]半澤 凌太(高校)、[アイスホッケー]井上 光明(大学)、[アイスホッケー]伊藤 俊之(大学)

水野 拓人
みずの たくと

クリタウォーターガッシュ昭島／CTB
1993年3月24日生／29歳／175cm／85kg／大阪府

経歴≫ 東海大仰星高→明治大→クリタウォーターガッシュ昭島

つながり [ラグビー]岸岡 智樹(高校)、[ラグビー]近藤 英人(高校)、[ラグビー]根塚 洸雅 (高校)

水野 達稀
みずの たつき

北海道日本ハムファイターズ／内野手
2000年7月30日生／23歳／171cm／75kg／B型／香川県

経歴≫ 丸亀市立南中→丸亀城西高→JR四国→日本ハム

つながり [アイスホッケー]阿部 泰河(同年代)、[アイスホッケー]宮田 大輔(同年代)

溝渕 篤司
みぞふち あつし

中国電力レッドレグリオンズ／SH
1998年10月31日生／24歳／167cm／70kg／京都府

経歴≫ 桂高→大東文化大→中国電力レッドレグリオンズ

つながり [ラグビー]後藤 輝也(高校)、[アイスホッケー]松渕 雄太(大学)、[アイスホッケー]茂木 慎之介(大学)

溝脇 隼人
みぞわき はやと

中日ドラゴンズ／内野手
1994年5月17日生／29歳／179cm／79kg／O型／熊本県

経歴≫ 玉名市立岱明中→九州学院高→中日

つながり [ラグビー]石田 一貴(高校)、[ラグビー]岩下 丈一郎(高校)、[ラグビー]石田 大河(高校)

三竹 康太
みたけ こうた

花園近鉄ライナーズ／PR
1996年4月28日生／26歳／175cm／110kg／大阪府

経歴≫ 大阪桐蔭高→立命館大→花園近鉄ライナーズ

つながり [ラグビー]宮宗 翔(高校)、[ラグビー]紙森 陽太(高校)、[ラグビー]岡田 優輝(高校)

三田村 康平
みたむら こうへい

RED EAGLES HOKKIDO／FW
1992年2月19日生／30歳／175cm／82kg

経歴≫ 帯広開西小→帯広南町中→白樺高→RED EAGLES HOKKIDO

つながり [アイスホッケー]小林 斗威(高校)、[アイスホッケー]大椋 舞人(高校)、[アイスホッケー]清水 怜(高校)

三井 利也
みつい かずや

信州ブレイブウォーリアーズ／SF
1994年6月2日生／28歳／190cm／91kg／B型／長野県

経歴≫ 篠ノ井東中→東海大付三高→東海大→信州ブレイブウォリアーズ

つながり [バスケットボール]寺澤 大夢(高校)、[ラグビー]新井 望友(大学)、[ラグビー]近藤 英人(大学)

光井 勇人
みつい はやと

NTTドコモレッドハリケーンズ大阪／SH
1992年6月6日生／30歳／168cm／64kg／奈良県

経歴≫ 天理高→近畿大→NTTコミュニケーションズシャイニングアークス東京ベイ浦安→NTTドコモレッドハリケーンズ大阪

つながり [ラグビー]井上 大介(高校)、[ラグビー]立川 理道(高校)、[ラグビー]井関 信介(高校)

満尾 竜次
みつお りゅうじ

ファイティングイーグルス名古屋／SG/SF
2001年2月26日生／21歳／192cm／87kg／兵庫県

経歴≫ FE名古屋

つながり [ラグビー]李 承信(同郷・同年代)、[野球]橋本 達弥(同郷・同年代)、[野球]小園 海斗(同郷・同年代)

三塚 琉生
みつか るい

読売ジャイアンツ／外野手
2004年5月10日生／19歳／182cm／91kg／AB型／東京都

経歴≫ 柏市立逆井中→桐生一高→巨人

つながり [野球]北村 流音(高校)、[野球]田村 朋輝(同郷・同年代)、[野球]井坪 陽生(同郷・同年代)

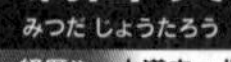

満田 丈太郎
みつだ じょうたろう

京都ハンナリーズ／SG/SF
1994年4月18日生／28歳／188cm／83kg／A型／神奈川県

経歴≫ 大道中→北陸高→筑波大→横浜ビー コルセアーズ→名古屋ダイヤモンドドルフィンズ→京都ハンナリーズ

つながり [バスケットボール]藤永 佳昭(高校)、[バスケットボール]岡田 泰希(高校)、[バスケットボール]二上 耀(高校)

ミッチェル ブラウン
みっちぇる ぶらうん

横浜キヤノンイーグルス／LO
1993年8月15日生／29歳／194cm／110kg／ニュージーランド

経歴≫ チーフス→横浜キヤノンイーグルス

つながり [ラグビー]ナニ ラウマペ(同郷・同年代)、[ラグビー]ボーディン ワッカ(同郷・同年代)

満原 優樹
みつはら ゆうき

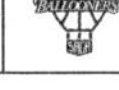

佐賀バルーナーズ／PF/C　代表歴あり
1989年12月27日生／33歳／198cm／110kg／O型／神奈川県

経歴≫ 東海大相模中→能代工高→東海大→サンロッカーズ渋谷→琉球ゴールデンキングス→佐賀バルーナーズ

つながり [ラグビー]齊藤 剣(高校)、[バスケットボール]盛實 海翔(高校)、[バスケットボール]田臥 勇太(高校)

三ツ俣 大樹
みつまた たいき

東京ヤクルトスワローズ／内野手
1992年5月11日生／31歳／177cm／84kg／O型／東京都

経歴≫ 大道中→修徳高→オリックス→中日

つながり [ラグビー]小倉 順平(同郷・同年代)、[ラグビー]松島 幸太朗(同郷・同年代)

水戸 健史
みと たけし

富山グラウジーズ／SG
1985年4月23日生／37歳／185cm／75kg／AB型／富山県

経歴≫ 福野中→高岡商高→近畿大→富山グラウジーズ

つながり [野球]山田 龍聖(高校)、[ラグビー]宮宗 翔(大学)、[ラグビー]岩佐 賢人(大学)

水口 創太
みなくち そうた

福岡ソフトバンクホークス／投手
1999年8月9日生／24歳／194cm／94kg／滋賀県

経歴≫ 北大路中→膳所高→京都大→ソフトバンク

つながり [ラグビー]小川 拓朗(大学)、[ラグビー]松田 進太郎(同郷・同年代)

南 篤志
みなみ あつし

釜石シーウェイブスRFC／SH
1993年8月6日生／29歳／173cm／85kg／茨城県

経歴≫ 清真学園高→慶應義塾大→釜石シーウェイブスRFC

つながり [アイスホッケー]氏橋 祐太(大学)、[アイスホッケー]運上 雄基(大学)、[ラグビー]児玉 健太郎(大学)

南 昂伸
みなみ たかのぶ

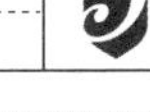

リコーブラックラムズ東京／SH
1999年3月3日生／23歳／166cm／71kg／愛知県

経歴≫ 御所実高→大東文化大→リコーブラックラムズ東京

つながり [ラグビー]土井 貴弘(高校)、[ラグビー]酒木 凜平(高校)、[ラグビー]北村 将大(高校)

南 友紀
みなみ ともき

豊田自動織機シャトルズ愛知／PR
1993年10月23日生／29歳／172cm／100kg／岐阜県

経歴≫ 筑紫高→立命館大→豊田自動織機シャトルズ愛知

つながり [ラグビー]久保 優(高校)、[ラグビー]堀部 直壮(高校)、[ラグビー]山﨑 洋之(高校)

南橋 直哉
みなみはし なおや

横浜キヤノンイーグルス／CTB
1989年8月10日生／33歳／178cm／86kg／京都府

経歴≫ 伏見工高→帝京大→横浜キヤノンイーグルス

つながり [ラグビー]田中 史朗(高校)、[ラグビー]小畑 健太郎(高校)、[ラグビー]寺田 桂太(高校)

嶺井 博希
みねい ひろき

福岡ソフトバンクホークス／捕手
1991年6月4日生／32歳／175cm／85kg／B型／沖縄県

経歴≫ 南城市立玉城中→沖縄尚学高→亜細亜大→DeNA→ソフトバンク

つながり [野球]岡留 英貴(高校)、[野球]東浜 巨(高校)、[野球]リチャード(高校)、[野球]與座 海人(高校)

蓑島 圭悟
みのしま けいご

YOKOHAMA GRITS／DF　代表歴あり
1996年8月24日生／26歳／181cm／81kg

経歴≫ Vortex大空→帯広大空中→白樺高→中央大→Haukat→中央大→ひがし北海道クレインズ→YOKOHAMA GRITS

つながり [アイスホッケー]三田村 康平(高校)、[アイスホッケー]小林 斗威(高校)、[アイスホッケー]大椋 舞人(高校)

美馬 学
みま まなぶ

千葉ロッテマリーンズ／投手
1986年9月19日生／37歳／169cm／75kg／O型／茨城県

経歴≫ 取手市立藤代中→藤代高→中央大→東京ガス→楽天→ロッテ

つながり [アイスホッケー]小野田 拓人(大学)、[アイスホッケー]中島 彰吾(大学)、[アイスホッケー]古橋 真来(大学)

つながり 【バスケットボール】満田丈太郎、寺園脩斗は2012年インターハイで対戦

あ か さ た な は ま や ら わ

三村 勇飛丸
みむら ゆうひまる

静岡ブルーレヴズ／FL　代表歴あり

1989年2月27日生／33歳／178cm／95kg／栃木県

経歴≫ 佐野高→明治大→静岡ブルーレヴズ

つながり [アイスホッケー]青山 大基(大学)、[アイスホッケー]坂田 駿(大学)、[アイスホッケー]相馬 秀斗(大学)

三森 啓右
みもり けいすけ

バンビシャス奈良／PF/C

1999年3月3日生／23歳／203cm／105kg／O型／北海道

経歴≫ 中標津町立中標津中→札幌日本大高→筑波大→バンビシャス奈良

つながり [ラグビー]前田 土芽(大学)、[ラグビー]島田 悠平(大学)、[ラグビー]土谷 深浩(大学)

三森 大貴
みもり まさき

福岡ソフトバンクホークス／内野手

1999年2月21日生／24歳／186cm／73kg／A型／埼玉県

経歴≫ 青森山田中→青森山田高→ソフトバンク

つながり [ラグビー]千葉 健(高校)、[野球]堀田 賢慎(高校)、[野球]堀岡 隼人(高校)、[野球]木浪 聖也(高校)

味谷 大誠
みや たいせい

中日ドラゴンズ／捕手

2003年6月14日生／20歳／180cm／84kg／A型／大阪府

経歴≫ 和泉市立郷荘中→花咲徳栄高→中日

つながり [野球]松井 颯(高校)、[野球]清水 達也(高校)、[野球]楠本 泰史(高校)、[野球]高橋 昂也(高校)

宮内 春輝
みやうち はるき

北海道日本ハムファイターズ／投手

1996年5月25日生／27歳／176cm／75kg／千葉県

経歴≫ 匝瑳市立八日市場第二中→多古高→明星大→日本製紙石巻→日本ハム

つながり [バスケットボール]岡田 泰希(大学)、[野球]松原 聖弥(大学)、[野球]松井 颯(大学)

宮上 廉
みやがみ れん

東芝ブレイブルーパス東京／WTB

1997年5月15日生／25歳／178cm／90kg／東京都

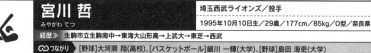

経歴≫ 佐賀工高→帝京大→東芝ブレイブルーパス東京

つながり [ラグビー]松浦 康一(高校)、[ラグビー]大塚 健太郎(高校)、[ラグビー]荒井 康植(高校)

宮川 哲
みやがわ てつ

埼玉西武ライオンズ／投手

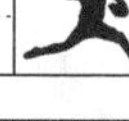

1995年10月10日生／29歳／177cm／85kg／O型／奈良県

経歴≫ 生駒市立生駒南中→東海大山形高→上武大→東芝→西武

つながり [野球]大河原 翔(高校)、[バスケットボール]細川 一輝(大学)、[野球]島田 海吏(大学)

宮川 智海
みやかわ ともひと

埼玉パナソニックワイルドナイツ／LO

1994年9月6日生／28歳／191cm／106kg／秋田県

経歴≫ 秋田工高→関東学院大→埼玉パナソニックワイルドナイツ

つながり [ラグビー]三浦 昌悟(高校)、[ラグビー]猿田 湧(高校)、[ラグビー]柴田 凌光(高校)

宮城 滝太
みやぎ だいた

横浜DeNAベイスターズ／投手

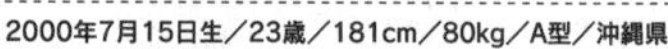

2000年7月15日生／23歳／181cm／80kg／A型／沖縄県

経歴≫ 嘉手納町立嘉手納中→滋賀学園高→DeNA

つながり [野球]鈴木 蓮(高校)、[野球]仲地 礼亜(同郷・同年代)、[野球]前田 純(同郷・同年代)

宮城 大弥
みやぎ ひろや

オリックス・バファローズ／投手

2001年8月25日生／22歳／171cm／78kg／A型／沖縄県

経歴≫ 宜野湾市立嘉数中→興南高→オリックス

つながり [バスケットボール]山内 盛久(高校)、[バスケットボール]平良 陽汰(高校)

宮國 椋丞
みやぐに りょうすけ

横浜DeNAベイスターズ／投手

1992年4月17日生／31歳／186cm／88kg／B型／沖縄県

経歴≫ 糸満市立高嶺中→糸満高→巨人→DeNA

つながり [野球]神里 和毅(高校)、[ラグビー]東恩納 寛太(同郷・同年代)、[バスケットボール]伊集 貴也(同郷・同年代)

宮崎 永也
みやざき えいや

清水建設江東ブルーシャークス／WTB

1996年6月5日生／26歳／176cm／80kg／長崎県

経歴≫ 長崎北陽台高→明治大→清水建設江東ブルーシャークス

つながり [ラグビー]岡崎 航大(高校)、[ラグビー]平川 隼也(高校)、[ラグビー]中尾 隼太(高校)

宮崎 達也
みやざき たつや

東京サントリーサンゴリアス／HO
1996年4月10日生／26歳／164cm／95kg／京都府

経歴≫ 伏見工高→京都産大→東京サントリーサンゴリアス

つながり [ラグビー]田中 史朗(高校)、[ラグビー]小畑 健太郎(高校)、[ラグビー]寺田 桂太(高校)

宮﨑 敏郎
みやざき としろう

横浜DeNAベイスターズ／内野手
1988年12月12日生／35歳／172cm／85kg／B型／佐賀県

経歴≫ 唐津第一中厳木高→日本文理大→セガサミー→DeNA

つながり [ラグビー]ラタ タンギマナ(大学)、[ラグビー]リエキナ カウフシ(大学)

宮﨑 颯
みやざき はやと

福岡ソフトバンクホークス／投手
2000年6月14日生／23歳／180cm／88kg／埼玉県

経歴≫ 上尾市立原市中→埼玉栄高→東京農大→ソフトバンク

つながり [アイスホッケー]ハリデー 慈英(高校)、[アイスホッケー]石川 貴大(高校)

宮崎 恭行
みやざき やすゆき

ファイティングイーグルス名古屋／PG
1986年1月27日生／36歳／170cm／68kg／A型／三重県

経歴≫ 大木中→名古屋大谷高→アイシン エィ ダブリュ アレイオンズ安城→FE名古屋

つながり [アイスホッケー]濱島 尚人(同年代)、[ラグビー]山下 裕史(同年代)、[ラグビー]森 雄基(同年代)

宮里 侑樹
みやざと ゆうき

三菱重工相模原ダイナボアーズ／HO
1997年1月6日生／26歳／179cm／103kg／沖縄県

経歴≫ 名護商工高→早稲田大→三菱重工相模原ダイナボアーズ

つながり [アイスホッケー]山田 虎太朗(大学)、[アイスホッケー]ハリデー 慈英(大学)

宮下 大輝
みやした たいき

花園近鉄ライナーズ／FL
1999年8月10日生／23歳／181cm／98kg／兵庫県

経歴≫ 報徳学園高→立命館大→花園近鉄ライナーズ

つながり [ラグビー]井上 遼(高校)、[ラグビー]日和佐 篤(高校)、[ラグビー]前田 剛(高校)

宮島 裕之
みやじま ひろゆき

NECグリーンロケッツ東葛／WTB
1992年9月23日生／30歳／182cm／85kg／長野県

経歴≫ 飯田高→同志社大→NECグリーンロケッツ東葛

つながり [ラグビー]細田 佳也(高校)、[ラグビー]吉沢 文洋(高校)、[ラグビー]海士 広大(大学)

宮宗 翔
みやそう かける

NECグリーンロケッツ東葛／WTB
1999年6月22日生／23歳／182cm／86kg／大阪府

経歴≫ 大阪桐蔭高→近畿大→NECグリーンロケッツ東葛

つながり [ラグビー]紙森 陽太(高校)、[ラグビー]岡田 優輝(高校)、[ラグビー]清水 岳(高校)

宮田 賢斗
みやた けんと

中国電力レッドレグリオンズ／PR
1998年7月27日生／24歳／170cm／93kg／鹿児島県

経歴≫ 鹿児島玉龍高→朝日大→中国電力レッドレグリオンズ

つながり [ラグビー]下釜 優次(高校)、[ラグビー]阿久田 健策(大学)、[ラグビー]金村 拓耶(大学)

宮田 大輔
みやた だいすけ

H.C.TOCHIGINIKKOICEBUCKS／FW
2001年1月29日生／21歳／170cm／77kg

経歴≫ 白樺高→東洋大→H.C.TOCHIGINIKKOICEBUCKS

つながり [アイスホッケー]三田村 康平(高校)、[アイスホッケー]小林 斗威(高校)、[アイスホッケー]大椋 舞人(高校)

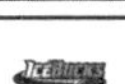

宮西 尚生
みやにし なおき

北海道日本ハムファイターズ／投手 代表歴あり
1985年6月2日生／38歳／180cm／80kg／O型／兵庫県

経歴≫ 尼崎市立立花中→市立尼崎高→関西学院大→日本ハム

つながり [ラグビー]小笠原 寛人(高校)、[ラグビー]井之上 明(高校)、[ラグビー]野田 海生(高校)

宮本 一樹
みやもと かずき

ファイティングイーグルス名古屋／SF/PF
1999年6月17日生／23歳／196cm／96kg／A型／神奈川県

経歴≫ 横浜市立原中→桐光学園高→早稲田大→FE名古屋

つながり [バスケットボール]齋藤 拓実(高校)、[バスケットボール]喜多川 修平(高校)

つながり 【野球】宮國椋丞、神里和毅は高校時代の先輩後輩

あ か さ た な は **ま** や ら わ

宮本 丈
みやもと たけし

東京ヤクルトスワローズ／内野手

1995年4月3日生／28歳／182cm／78kg／B型／大阪府

経歴≫ 豊中市立七中→履正社高→奈良学園大→ヤクルト

つながり 〔野球〕坂本 誠志郎(高校)、〔野球〕井上 広大(高校)、〔野球〕小深田 大地(高校)、〔野球〕山田 哲人(高校)

宮森 智志
みやもり さとし

東北楽天ゴールデンイーグルス／投手

1998年5月28日生／25歳／193cm／93kg／O型／広島県

経歴≫ 呉市立安浦中→呉商高→流通経済大→四国IL・高知→楽天

つながり 〔ラグビー〕木村 友憲(大学)、〔ラグビー〕ジョージ リサレ(大学)、〔ラグビー〕積 賢佑(大学)

三好 匠
みよし たくみ

広島東洋カープ／内野手

1993年6月7日生／30歳／174cm／86kg／A型／福岡県

経歴≫ 北九州市立大谷中→九州国際大付高→楽天→広島

つながり 〔野球〕二保 旭(高校)、〔野球〕中村 貴浩(高校)、〔野球〕生海(高校)、〔野球〕野田 海人(高校)

三好 大倫
みよし ひろのり

中日ドラゴンズ／外野手

1997年9月28日生／26歳／179cm／83kg／O型／香川県

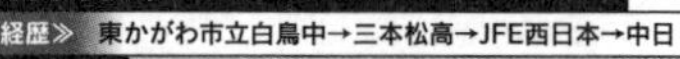

経歴≫ 東かがわ市立白鳥中→三本松高→JFE西日本→中日

つながり 〔アイスホッケー〕中屋敷 侑史(同年代)、〔アイスホッケー〕京谷 充洋(同年代)

三好 優作
みよし ゆうさく

横浜キヤノンイーグルス／HO

1998年5月14日生／24歳／174cm／102kg／愛媛県

経歴≫ 松山聖陵高→明治大→横浜キヤノンイーグルス

つながり 〔野球〕アドゥワ 誠(高校)、〔野球〕土居 豪人(高校)、〔アイスホッケー〕青山 大基(大学)

む

20人

(NPB/12人、B.LEAGUE/2人、JAPAN RUGBY LEAGUE ONE/6人、ASIA LEAGUE ICE HOCKEY/0人)

椋木 蓮
むくのき れん

オリックス・バファローズ／投手

2000年1月22日生／23歳／179cm／83kg／O型／山口県

経歴≫ 高川学園中→高川学園高→東北福祉大→オリックス

つながり 〔野球〕山野 太一(高校)、〔野球〕長坂 拳弥(大学)、〔野球〕中野 拓夢(大学)、〔野球〕楠本 泰史(大学)

武者 大輔
むしゃ だいすけ

釜石シーウェイブスRFC／FL

1990年5月18日生／32歳／177cm／96kg／宮城県

経歴≫ 仙台育英高→法政大→リコーブラックラムズ東京→三菱重工相模原ダイナボアーズ→釜石シーウェイブスRFC

つながり 〔ラグビー〕菊田 圭佑(高校)、〔ラグビー〕千葉 雄太(高校)、〔ラグビー〕矢富 洋則(高校)

武藤 敦貴
むとう あつき

東北楽天ゴールデンイーグルス／外野手

2001年6月15日生／22歳／178cm／73kg／A型／福岡県

経歴≫ 北九州市立本城中→都城東高→楽天

つながり 〔野球〕舟越 秀虎(同郷・同年代)、〔アイスホッケー〕中舘 庸太朗(同年代)、〔アイスホッケー〕鈴木 聖夏(同年代)

宗 佑磨
むね ゆうま

オリックス・バファローズ／内野手

1996年6月7日生／27歳／181cm／83kg／B型／東京都

経歴≫ 鎌倉市立玉縄中→横浜隼人高→オリックス

つながり 〔野球〕加藤 大(高校)、〔野球〕青山 美夏人(高校)、〔野球〕佐藤 一磨(高校)

村上 喬一郎
むらかみ きょういちろう

オリックス・バファローズ／捕手

2000年12月1日生／23歳／168cm／82kg／愛媛県

経歴≫ 愛媛大附属中→東福岡高→法政大→オリックス

つながり 〔ラグビー〕岩佐 賢人(高校)、〔ラグビー〕北川 賢吾(高校)、〔ラグビー〕古賀 駿汰(高校)

村上 舜
むらかみ しゅん

福岡ソフトバンクホークス／投手

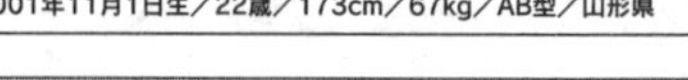

2001年11月1日生／22歳／173cm／67kg／AB型／山形県

経歴≫ 米沢市立第五中→山形中央高→ソフトバンク

つながり 〔ラグビー〕東海林 拓実(高校)、〔野球〕佐藤 智輝(高校)、〔野球〕齋藤 友貴哉(高校)

村上 駿斗
むらかみ しゅんと

山形ワイヴァンズ／PG/SG

1996年2月17日生／26歳／185cm／85kg／O型／山形県

経歴≫ 白鷹町立東中→山形南高→サウス・ケント・スクール→山形ワイヴァンズ→広島ドラゴンフライズ他→山形ワイヴァンズ

つながり [アイスホッケー]ベンガート 朗孟(同年代)、[アイスホッケー]早田 聖也(同年代)

村上 頌樹
むらかみ しょうき

阪神タイガース／投手

1998年6月25日生／25歳／174cm／75kg／A型／兵庫県

経歴≫ 南あわじ市立南淡中→智辯学園高→東洋大→阪神

つながり [野球]岡本 和真(高校)、[野球]廣岡 大志(高校)、[野球]前川 右京(高校)、[野球]福元 悠真(高校)

村上 慎也
むらかみ しんや

福島ファイヤーボンズ／PG

1991年3月5日生／31歳／172cm／64kg／A型／福岡県

経歴≫ サンマルコ浜松 東三河フェニックス→福島ファイヤーボンズ

つながり [ラグビー]高尾 時流(大学)、[ラグビー]竹内 柊平(大学)、[ラグビー]白濱 弘章(大学)

村上 宗隆
むらかみ むねたか

東京ヤクルトスワローズ／内野手

代表歴あり

2000年2月2日生／23歳／188cm／97kg／O型／熊本県

経歴≫ 熊本市立長嶺中→九州学院高→ヤクルト

つながり [ラグビー]石田 一貴(高校)、[ラグビー]岩下 丈一郎(高校)、[ラグビー]石田 大河(高校)

村上 陽平
むらかみ ようへい

釜石シーウェイブスRFC／SH

1998年5月20日生／24歳／173cm／80kg／宮城県

経歴≫ 仙台育英高→日本大→釜石シーウェイブスRFC

つながり [ラグビー]菊田 圭佑(高校)、[ラグビー]千葉 雄太(高校)、[ラグビー]矢富 洋則(高校)

村川 凪
むらかわ なぎ

横浜DeNAベイスターズ／外野手

1998年6月26日生／25歳／174cm／63kg／AB型／広島県

経歴≫ 福山東中→如水館高→四日市大→四国IL・徳島→DeNA

つながり [野球]坂本 光士郎(高校)、[バスケットボール]柳川 幹也(同郷・同年代)、[野球]奈良木 陸(同郷・同年代)

村川 浩喜
むらかわ ひろき

豊田自動織機シャトルズ愛知／HO

1992年1月19日生／31歳／175cm／100kg／福岡県

経歴≫ 東福岡高→筑波大→豊田自動織機シャトルズ愛知

つながり [ラグビー]岩佐 賢人(高校)、[ラグビー]北川 賢吾(高校)、[ラグビー]古賀 駿汰(高校)

村田 オスカロイド
むらた おすかろいど

釜石シーウェイブスRFC／CTB

1994年1月2日生／29歳／173cm／77kg／オーストラリア

経歴≫ 東海大→釜石シーウェイブスRFC→Warringah→Manly→釜石シーウェイブスRFC

つながり [ラグビー]新井 望友(大学)、[ラグビー]近藤 英人(大学)、[ラグビー]アタアタ モエアキオラ(大学)

村田 毅
むらた つよし

花園近鉄ライナーズ／FL

代表歴あり

1988年12月15日生／34歳／186cm／102kg／神奈川県

経歴≫ 慶應義塾志木高→慶應義塾大→花園近鉄ライナーズ

つながり [アイスホッケー]氏橋 祐太(大学)、[アイスホッケー]運上 雄基(大学)、[ラグビー]児玉 健太郎(大学)

村西 良太
むらにし りょうた

オリックス・バファローズ／投手

1997年6月6日生／26歳／174cm／76kg／O型／兵庫県

経歴≫ 淡路市立津名中→津名高→近畿大→オリックス

つながり [ラグビー]宮宗 翔(大学)、[ラグビー]岩佐 賢人(大学)、[ラグビー]大熊 克哉(大学)

村林 一輝
むらばやし いつき

東北楽天ゴールデンイーグルス／内野手

1997年10月6日生／26歳／180cm／73kg／O型／大阪府

経歴≫ 南八下中→大塚高→楽天

つながり [ラグビー]岡山 仙治(同郷・同年代)、[ラグビー]岸岡 智樹(同郷・同年代)、[ラグビー]金 秀隆(同郷・同年代)

村松 開人
むらまつ かいと

中日ドラゴンズ／内野手

2001年1月6日生／23歳／171cm／80kg／静岡県

経歴≫ 牧之原市立牧之原中→静岡高→明治大→中日

つながり [野球]池谷 蒼大(高校)、[野球]鈴木 将平(高校)、[野球]堀内 謙伍(高校)

つながり 【野球】伊勢大夢と村上宗隆は九州学院高の先輩後輩。2015年の夏の甲子園に出場している

あ か さ た な は ま や ら わ

村山 亮介
むらやま りょうすけ

千葉ロッテマリーンズ／捕手

2003年11月12日生／20歳／186cm／108kg／O型／千葉県

経歴≫ 八千代市立高津中→幕張総合高→ロッテ

つながり [バスケットボール]鶴巻 啓太(高校)、[野球]粟飯原 龍之介(同郷・同年代)、[野球]瀧本 将生(同郷・同年代)

文 裕徹
むん ゆちょる

花園近鉄ライナーズ／PR

1999年2月9日生／23歳／180cm／110kg／大阪府

経歴≫ 大阪朝鮮高→同志社大→花園近鉄ライナーズ

つながり [ラグビー]金 秀隆(高校)、[ラグビー]李 承信(高校)、[ラグビー]梁 正秋(高校)

め
4人

(NPB/3人、B.LEAGUE/0人、JAPAN RUGBY LEAGUE ONE/1人、ASIA LEAGUE ICE HOCKEY/0人)

メイン 平
めいん たいら

リコーブラックラムズ東京／FB 代表歴あり

2000年9月5日生／22歳／178cm／89kg／宮崎県

経歴≫ 御所実高→リコーブラックラムズ東京

つながり [ラグビー]土井 貴弘(高校)、[ラグビー]酒木 凜平(高校)、[ラグビー]北村 将大(高校)

メネズ
めねず

北海道日本ハムファイターズ／投手

1995年5月29日生／28歳／188cm／93kg／アメリカ

経歴≫ マスターズ大→ジャイアンツ他→日本ハム

つながり [ラグビー]鶴川 達彦(同郷・同年代)、[バスケットボール]ジョナサン ウィリアムズ(同郷・同年代)

メルセデス
めるせです

千葉ロッテマリーンズ／投手

1994年3月8日生／29歳／188cm／82kg／ドミニカ共和国

経歴≫ 米マイナー他→巨人→ロッテ

つながり [アイスホッケー]髙木 健太(同年代)、[アイスホッケー]大澤 勇斗(同年代)

メンデス
めんです

読売ジャイアンツ／投手

1995年1月17日生／28歳／195cm／104kg／ベネズエラ

経歴≫ レンジャーズ→メキシカンリーグ→巨人

つながり [アイスホッケー]彦坂 優(同年代)、[アイスホッケー]鈴木 健斗(同年代)、[アイスホッケー]川村 一希(同年代)

も
50人

(NPB/23人、B.LEAGUE/7人、JAPAN RUGBY LEAGUE ONE/19人、ASIA LEAGUE ICE HOCKEY/1人)

モイネロ
もいねろ

福岡ソフトバンクホークス／投手

1995年12月8日生／28歳／178cm／69kg／キューバ

経歴≫ キューバ・ベゲーロス→ソフトバンク

つながり [アイスホッケー]ベンガート 朗孟(同年代)、[アイスホッケー]早田 聖也(同年代)

茂木 栄五郎
もぎ えいごろう

東北楽天ゴールデンイーグルス／内野手

1994年2月14日生／29歳／171cm／75kg／O型／東京都

経歴≫ 小金井市立南中→桐蔭学園高→早稲田大→楽天

つながり [ラグビー]石田 楽人(高校)、[ラグビー]山本 耕生(高校)、[ラグビー]田村 魁世(高校)

モサク オルワダミロラ雄太ジョセフ
もさく おるわだみろらゆうたじょせふ

新潟アルビレックスBB／PG/SG

2001年12月5日生／21歳／193cm／84kg／埼玉県

経歴≫ クリスチャン・アカデミー・イン・ジャパン→セントトーマスモアスクール→新潟アルビレックスBB

つながり [バスケットボール]ホール 百音 アレックス(高校)、[アイスホッケー]中舘 庸太朗(同年代)

望月 惇志
もちづき あつし

阪神タイガース／投手

1997年8月2日生／26歳／190cm／90kg／AB型／神奈川県

経歴≫ 芹が谷中→横浜創学館高→阪神

つながり [野球]秋山 翔吾(高校)、[野球]福田 俊(高校)、[ラグビー]石田 楽人(同郷・同年代)

持丸 泰輝
もちまる たいき

広島東洋カープ／捕手

2001年10月26日生／22歳／177cm／84kg／A型／北海道

経歴≫ 旭川市立永山中→旭川大高→広島

つながり [バスケットボール]林 翔太郎(高校)、[野球]沼田 翔平(高校)、[野球]竹内 龍臣(同郷・同年代)

茂木 慎之介
もてぎ しんのすけ

YOKOHAMA GRITS／FW

1997年8月7日生／25歳／170cm／75kg

経歴≫ 埼玉ジュニア→埼玉栄高→大東文化大→YOKOHAMA GRITS

つながり [アイスホッケー]ハリデー 慈英(高校)、[アイスホッケー]石川 貴大(高校)

本前 郁也
もとまえ ふみや

千葉ロッテマリーンズ／投手

1997年10月2日生／26歳／175cm／76kg／A型／北海道

経歴≫ 札幌市立札苗中→札幌光星高→北翔大→ロッテ

つながり [野球]齋藤 誠人(高校)、[バスケットボール]山田 友哉(同郷・同年代)、[野球]河村 説人(同郷・同年代)

本村 直樹
もとむら なおき

三重ホンダヒート／WTB

1992年4月11日生／30歳／184cm／88kg／青森県

経歴≫ 八戸高→筑波大→三重ホンダヒート

つながり [ラグビー]前田 土芽(大学)、[ラグビー]島田 悠平(大学)、[ラグビー]土谷 深浩(大学)

本村 旨崇
もとむら よしたか

クリタウォーターガッシュ昭島／SH

1986年1月12日生／37歳／178cm／75kg／熊本県

経歴≫ 熊本西高→関東学院大→クリタウォーターガッシュ昭島

つながり [ラグビー]積 賢佑(高校)、[ラグビー]稲垣 啓太(大学)、[ラグビー]川崎 清純(大学)

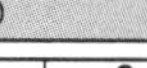

本村 亮輔
もとむら りょうすけ

熊本ヴォルターズ／SG

1996年12月26日生／26歳／182cm／92kg／O型／佐賀県

経歴≫ 城西中→土浦日大高→日本大→熊本ヴォルターズ

つながり [バスケットボール]岡田 優介(高校)、[バスケットボール]平岩 玄(高校)、[バスケットボール]杉本 天昇(高校)

元山 飛優
もとやま ひゆう

東京ヤクルトスワローズ／内野手

1998年12月4日生／25歳／180cm／79kg／AB型／大阪府

経歴≫ 上小阪中→佐久長聖高→東北福祉大→ヤクルト

つながり [バスケットボール]飯田 遼(高校)、[野球]山本 晃大(高校)、[野球]長坂 拳弥(大学)

茂原 隆由
もはら たかよし

静岡ブルーレヴズ／PR

2000年3月17日生／22歳／187cm／116kg／群馬県

経歴≫ 高崎工高→中央大→静岡ブルーレヴズ

つながり [アイスホッケー]小野田 拓人(大学)、[アイスホッケー]中島 彰吾(大学)、[アイスホッケー]古橋 真来(大学)

百地 龍之介
ももち りゅうのすけ

トヨタヴェルブリッツ／PR

1999年9月3日生／23歳／175cm／106kg／大阪府

経歴≫ 東海大仰星高→立命館大→トヨタヴェルブリッツ

つながり [ラグビー]岸岡 智樹(高校)、[ラグビー]近藤 英人(高校)、[ラグビー]根塚 洸雅 (高校)

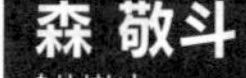

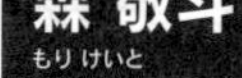
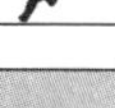

森 敬斗
もり けいと

横浜DeNAベイスターズ／内野手

2002年1月28日生／21歳／175cm／78kg／A型／静岡県

経歴≫ 静岡市立藁科中→桐蔭学園高→DeNA

つながり [ラグビー]石田 楽人(高校)、[ラグビー]山本 耕生(高校)、[ラグビー]田村 魁世(高校)

森 翔平
もり しょうへい

広島東洋カープ／投手

1998年1月1日生／25歳／177cm／80kg／O型／鳥取県

経歴≫ 鳥取市立青谷中→鳥取商高→関西大→三菱重工West→広島

つながり [アイスホッケー]畑 享和(大学)、[アイスホッケー]ロウラー 和輝(大学)、[アイスホッケー]大宮 良(大学)

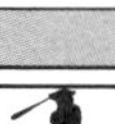

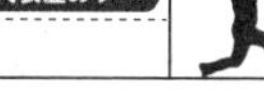

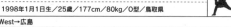

森 友哉
もり ともや

オリックス・バファローズ／捕手　代表歴あり

1995年8月8日生／27歳／170cm／85kg／A型／大阪府

経歴≫ 堺市立東百舌鳥中→大阪桐蔭高→西武→オリックス

つながり [ラグビー]宮宗 翔(高校)、[ラグビー]紙森 陽太(高校)、[ラグビー]岡田 優輝(高校)

つながり 【野球】森敬人、村松開人は中学時代島田ボーイズの先輩後輩

森 博人
もり ひろと

中日ドラゴンズ／投手
1998年5月25日生／26歳／177cm／84kg／O型／愛知県

経歴≫ 名古屋市立港南中→豊川高→日本体育大→中日

つながり [野球]ジョセフ(高校)、[アイスホッケー]石井 秀人(大学)、[アイスホッケー]松野 佑太(大学)

森 太志
もり ふとし

東芝ブレイブルーパス東京／HO 代表歴あり

1988年4月25日生／34歳／174cm／103kg／東京都

経歴≫ 仙台育英高→帝京大→東芝ブレイブルーパス東京

つながり [ラグビー]菊田 圭佑(高校)、[ラグビー]千葉 雄太(高校)、[ラグビー]矢富 洋則(高校)

森 唯斗
もり ゆいと

福岡ソフトバンクホークス／投手

1992年1月8日生／31歳／176cm／96kg／A型／徳島県

経歴≫ 海陽中→海部高→三菱自動車倉敷オーシャンズ→ソフトバンク

つながり [ラグビー]秋山 陽路(同郷・同年代)、[野球]杉本 裕太郎(同郷・同年代)

森 悠記
もり ゆうき

マツダスカイアクティブズ広島／SH

1988年3月16日生／34歳／165cm／70kg／京都府

経歴≫ 啓光学園高→大東文化大→リコーブラックラムズ東京

つながり [ラグビー]指田 宗孝(高校)、[ラグビー]森山 皓太(高校)、[バスケットボール]藤澤 尚之(高校)

森 雄基
もり ゆうき

リコーブラックラムズ東京／HO
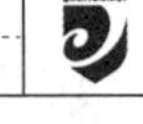
1985年7月5日生／37歳／181cm／111kg／大阪府

経歴≫ 東山高→関東学院大→マツダスカイアクティブズ広島

つながり [ラグビー]河口 駿(高校)、[アイスホッケー]松渕 雄太(大学)、[アイスホッケー]茂木 慎之介(大学)

森 勇登
もり ゆうと

東芝ブレイブルーパス東京／CTB

1998年11月14日生／24歳／174cm／82kg／福岡県

経歴≫ 東福岡高→明治大→東芝ブレイブルーパス東京

つながり [ラグビー]岩佐 賢人(高校)、[ラグビー]北川 賢吾(高校)、[ラグビー]古賀 駿汰(高校)

森 遼大朗
もり りょうたろう

千葉ロッテマリーンズ／投手

1999年4月22日生／24歳／180cm／87kg／A型／宮崎県

経歴≫ 都城市立五十市中→都城商高→ロッテ

つながり [ラグビー]小林 恵太(同郷・同年代)、[アイスホッケー]青山 大基(同年代)

森井 健太
もりい けんた

横浜ビー コルセアーズ／PG

1995年9月22日生／27歳／178cm／77kg／O型／石川県

経歴≫ 布水中→洛南高→早稲田大→新潟アルビレックスBB→横浜ビー コルセアーズ

つながり [バスケットボール]津屋 一球(高校)、[バスケットボール]柳川 幹也(高校)

森浦 大輔
もりうら だいすけ

広島東洋カープ／投手
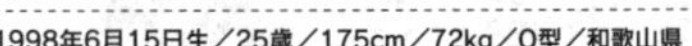

1998年6月15日生／25歳／175cm／72kg／O型／和歌山県

経歴≫ 新宮市立緑丘中→天理高→天理大→広島

つながり [ラグビー]井上 大介(高校)、[ラグビー]立川 理道(高校)、[ラグビー]井関 信介(高校)

森川 海斗
もりかわ かいと

三重ホンダヒート／CTB

1988年5月27日生／34歳／176cm／87kg／千葉県

経歴≫ 佐倉高→東海大→三重ホンダヒート

つながり [ラグビー]新井 望友(大学)、[ラグビー]近藤 英人(大学)、[ラグビー]アタアタ モエアキオラ(大学)

森川 正明
もりかわ まさあき

横浜ビー コルセアーズ／SF

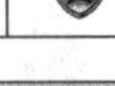

1992年3月7日生／30歳／191cm／86kg／O型／福井県

経歴≫ 福井市進明中→福井商高→愛知学泉大→豊田合成スコーピオンズ→シーホース三河→横浜ビー コルセアーズ

つながり [野球]中村 悠平(高校)、[バスケットボール]桜井 良太(大学)、[野球]山田 修義(同郷・同年代)

森川 由起乙
もりかわ ゆきお

東京サントリーサンゴリアス／PR

1993年2月6日生／29歳／180cm／113kg／兵庫県

経歴≫ 京都成章高→帝京大→東京サントリーサンゴリアス

つながり [ラグビー]押川 敦治(高校)、[ラグビー]松岡 賢太(高校)、[ラグビー]浅岡 俊亮(高校)

森木 大智

もりき だいち

阪神タイガース／投手

2003年4月17日生／20歳／184cm／90kg／O型／高知県

経歴≫ 高知中→高知高→阪神

つながり [野球]楽枝 裕貴(高校)、[野球]木下 拓哉(高校)、[野球]公文 克彦(高校)、[野球]和田 恋(高校)

森崎 陸

もりさき りく

豊田自動織機シャトルズ愛知／SH

1999年9月28日生／23歳／170cm／75kg／兵庫県

経歴≫ ハミルトンボーイズ高→豊田自動織機シャトルズ愛知

つながり [ラグビー]カヴァイア タギベタウア(高校)、[ラグビー]チャーリー ローレンス(高校)

盛實 海翔

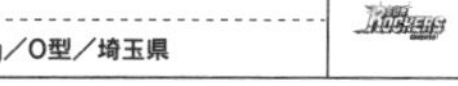
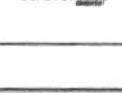

もりざね かいと

サンロッカーズ渋谷／SG

1997年8月26日生／25歳／187cm／83kg／O型／埼玉県

経歴≫ 大石中→能代工高→専修大→サンロッカーズ渋谷

つながり [ラグビー]齋藤 剣(高校)、[バスケットボール]満原 優樹(高校)、[バスケットボール]田臥 勇太(高校)

森下 翔太

もりした しょうた

阪神タイガース／外野手

2000年8月14日生／23歳／182cm／90kg／神奈川県

経歴≫ 日限山中→東海大付相模高→中央大→阪神

つながり [ラグビー]五十嵐 優(高校)、[ラグビー]豊島 翔平(高校)、[ラグビー]王野 尚希(高校)

森下 暢仁

もりした まさと

広島東洋カープ／投手 代表歴あり

1997年8月25日生／26歳／180cm／77kg／O型／大分県

経歴≫ 大分市立大東中→大分商高→明治大→広島

つながり [野球]笠谷 俊介(高校)、[野球]川瀬 晃(高校)、[野球]三代 祥貴(高校)、[野球]源田 壮亮(高校)

森下 瑠大

もりした りゅうだい

横浜DeNAベイスターズ／投手

2004年9月19日生／19歳／180cm／75kg／京都府

経歴≫ 南陵中→京都国際高→DeNA

つながり [野球]中川 勇斗(高校)、[野球]曽根 海成(高校)、[野球]早 真之介(高校)、[野球]釣 寿生(高校)

盛島 稜大

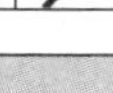

もりしま りょうた

福岡ソフトバンクホークス／捕手

2004年5月27日生／19歳／185cm／93kg／沖縄県

経歴≫ 宮古島市立鏡原中→興南高→ソフトバンク

つながり [バスケットボール]山内 盛久(高校)、[バスケットボール]平良 陽汰(高校)

モリス ンドゥール

もりす んどぅーる

名古屋ダイヤモンドドルフィンズ／PF/C 代表歴あり

1992年6月18日生／30歳／206cm／98kg／セネガル

経歴≫ セントジョセフ→岡山芸館高→オハイオ大→Rytas Vilnius→Galatasaray Nef→名古屋ダイヤモンドドルフィンズ

つながり [野球]金村 尚真(高校)、[バスケットボール]ソウ シェリフ(同郷・同年代)

森田 澄
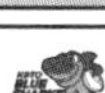

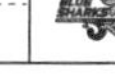

もりた とおる

清水建設江東ブルーシャークス／CTB

1995年1月10日生／28歳／185cm／92kg／奈良県

経歴≫ 天理高→明治大→清水建設江東ブルーシャークス

つながり [ラグビー]井上 大介(高校)、[ラグビー]立川 理道(高校)、[ラグビー]井関 信介(高校)

森田 政彰

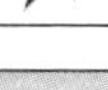

もりた まさあき

中国電力レッドレグリオンズ／CTB

1991年10月21日生／31歳／166cm／84kg／奈良県

経歴≫ 御所実高→九州共立大→中国電力レッドレグリオンズ

つながり [ラグビー]土井 貴弘(高校)、[ラグビー]酒木 凜平(高校)、[ラグビー]北村 将大(高校)

守谷 徹郎

もりたに てつろう

中国電力レッドレグリオンズ／LO

1987年8月10日生／35歳／188cm／99kg／奈良県

経歴≫ 御所実高→龍谷大→中国電力レッドレグリオンズ

つながり [ラグビー]土井 貴弘(高校)、[ラグビー]酒木 凜平(高校)、[ラグビー]北村 将大(高校)

森原 康平

もりはら こうへい

横浜DeNAベイスターズ／投手

1991年12月26日生／32歳／185cm／88kg／AB型／広島県

経歴≫ 神辺中→山陽高→近畿大→新日鉄住金広畑→楽天→DeNA

つながり [野球]中川 皓太(高校)、[ラグビー]宮宗 翔(大学)、[ラグビー]岩佐 賢人(大学)

つながり 【野球】森下暢仁と川瀬晃は高校の同級生。1年時に夏の甲子園で揃ってベンチ入りを果たした

森本 潤
もりもと じゅん

三菱重工相模原ダイナボアーズ／PR
1996年6月4日生／26歳／175cm／115kg／大阪府

経歴≫ 常翔学園高→日本大→三菱重工相模原ダイナボアーズ
つながり [ラグビー]亀井 亮依(高校)、[ラグビー]山下 楽平(高校)、[ラグビー]庵奥 翔太(高校)

森本 哲星
もりもと てっせい

読売ジャイアンツ／投手
2004年9月3日生／19歳／175cm／73kg／B型／鳥取県

経歴≫ 南部町立南部中→市立船橋高→巨人
つながり [ラグビー]松橋 周平(高校)、[ラグビー]関本 圭汰(高校)、[バスケットボール]藤岡 昂希(高校)

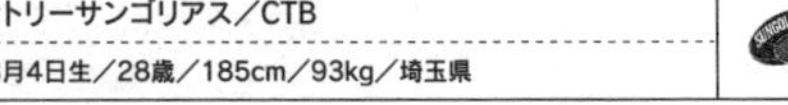

森谷 圭介
もりや けいすけ

東京サントリーサンゴリアス／CTB
1994年3月4日生／28歳／185cm／93kg／埼玉県

経歴≫ 正智深谷高→帝京大→東京サントリーサンゴリアス
つながり [ラグビー]タウファ オリヴェ(高校)、[ラグビー]ヴァル アサエリ愛ファカハウ(高校)

森屋 颯太
もりや そうた

浦安D-Rocks／HO
1999年6月30日生／23歳／171cm／103kg／神奈川県

経歴≫ 横須賀総合高→日本体育大→宗像サニックスブルース→浦安D-Rocks
つながり [アイスホッケー]石井 秀人(大学)、[アイスホッケー]松野 佑太(大学)、[ラグビー]クリスチャン ラウイ(大学)

森谷 直貴
もりや なおき

清水建設江東ブルーシャークス／FB
1991年4月7日生／31歳／181cm／87kg／埼玉県

経歴≫ 正智深谷高→法政大→清水建設江東ブルーシャークス
つながり [ラグビー]タウファ オリヴェ(高校)、[ラグビー]ヴァル アサエリ愛ファカハウ(高校)

森山 暁生
もりやま あきお

中日ドラゴンズ／投手
2005年1月11日生／18歳／183cm／84kg／徳島県

経歴≫ 阿南市立羽ノ浦中→阿南光高→中日
つながり [バスケットボール]荻沼 隼佑(同年代)、[野球]浅野 翔吾(同年代)、[野球]田村 朋輝(同年代)

森山 皓太
もりやま こうた

中国電力レッドレグリオンズ／FL
1993年11月29日生／29歳／186cm／110kg／京都府

経歴≫ 東山高→摂南大→中国電力レッドレグリオンズ
つながり [ラグビー]指田 宗孝(高校)、[ラグビー]森 悠記(高校)、[バスケットボール]藤澤 尚之(高校)

森山 修斗
もりやま なおと

滋賀レイクス／SF
1996年4月13日生／26歳／195cm／93kg／AB型／滋賀県

経歴≫ 草津市立玉川中→瀬田工高→明治大→広島ドラゴンフライズ→滋賀レイクスターズ、滋賀レイクス
つながり [アイスホッケー]青山 大基(大学)、[アイスホッケー]坂田 駿(大学)、[アイスホッケー]相馬 秀斗(大学)

森脇 亮介
もりわき りょうすけ

埼玉西武ライオンズ／投手
1992年7月13日生／31歳／175cm／70kg／A型／京都府

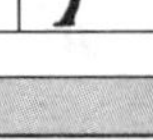

経歴≫ 福知山市立日新中→塔南高→日本大→セガサミー→西武
つながり [ラグビー]杉本 悠馬(大学)、[ラグビー]細田 佳也(大学)、[ラグビー]中村 正寿(大学)

門別 啓人
もんべつ けいと

阪神タイガース／投手
2004年7月10日生／19歳／183cm／86kg／北海道

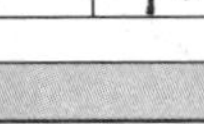

経歴≫ 富川中→東海大付札幌高→阪神
つながり [野球]小林 珠維(高校)、[野球]茨木 秀俊(同郷・同年代)、[野球]斉藤 優汰(同郷・同年代)

や

128人
(NPB/50人、B.LEAGUE/18人、JAPAN RUGBY LEAGUE ONE/53人、ASIA LEAGUE ICE HOCKEY/7人)

八木 彬
やぎ あきら

千葉ロッテマリーンズ／投手
1997年5月26日生／26歳／180cm／94kg／A型／和歌山県

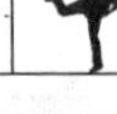

経歴≫ 和歌山市立日進中→八戸学院光星高→東北福祉大→三菱重工名古屋→三菱重工West→ロッテ
つながり [バスケットボール]駒沢 颯(高校)、[野球]武岡 龍世(高校)、[野球]伊藤 大将(高校)

薬師寺 晃
やくしじ こうき

横浜キヤノンイーグルス／WTB

1998年11月16日生／24歳／174cm／85kg／大分県

経歴≫ 大分舞鶴高→帝京大→横浜キヤノンイーグルス

つながり [ラグビー]伊藤 平一郎(高校)、[ラグビー]中尾 泰星(高校)、[ラグビー]高井 迪郎(高校)

矢崎 拓也
やさき たくや

広島東洋カープ／投手

1994年12月31日生／29歳／176cm／91kg／O型／東京都

経歴≫ 中野区第八中→慶應義塾高→慶應義塾大→広島

つながり [アイスホッケー]氏橋 祐太(高校)、[ラグビー]大山 祥平(高校)、[ラグビー]川村 慎(高校)

矢澤 宏太
やざわ こうた

北海道日本ハムファイターズ／投手

2000年8月2日生／23歳／173cm／71kg／東京都

経歴≫ 町田市立忠生中→藤嶺藤沢高→日本体育大→日本ハム

つながり [アイスホッケー]石井 秀人(大学)、[アイスホッケー]松野 佑太(大学)、[ラグビー]クリスチャン ラウイ(大学)

矢代 雪次郎
やしろ ゆきじろう

香川ファイブアローズ／PG/SG

1992年2月15日生／30歳／177cm／79kg／O型／千葉県

経歴≫ 松戸市立第一中→流通経済大付柏高→ベサニー大→群馬クレインサンダーズ他→香川ファイブアローズ

つながり [ラグビー]粥塚 諒(高校)、[ラグビー]堀米 航平(高校)、[ラグビー]津嘉山 廉人(高校)

安井 龍太
やすい りゅうた

横浜キヤノンイーグルス／LO　代表歴あり

1989年12月6日生／33歳／187cm／105kg／京都府

経歴≫ 東海大仰星高→東海大→横浜キヤノンイーグルス

つながり [ラグビー]岸岡 智樹(高校)、[ラグビー]近藤 英人(高校)、[ラグビー]根塚 洸雅 (高校)

安江 祥光
やすえ よしみつ

三菱重工相模原ダイナボアーズ／HO　代表歴あり

1984年8月25日生／38歳／176cm／109kg／東京都

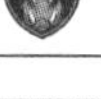

経歴≫ 帝京高→帝京大→三菱重工相模原ダイナボアーズ

つながり [野球]原口 文仁(高校)、[野球]山﨑 康晃(高校)、[野球]清水 昇(高校)、[野球]中村 晃(高校)

保岡 龍斗
やすおか りゅうと

秋田ノーザンハピネッツ／SG/SF

1995年4月27日生／27歳／188cm／87kg／O型／埼玉県

経歴≫ 中央中→日本体育大柏高→江戸川大→秋田ノーザンハピネッツ

つながり [ラグビー]クリスチャン ラウイ(高校)、[ラグビー]ハラトア ヴァイレア(高校)

安田 卓平
やすだ たくへい

浦安D-Rocks／FB　代表歴あり

1996年5月20日生／26歳／177cm／80kg／滋賀県

経歴≫ 同志社高→同志社大→浦安D-Rocks

つながり [ラグビー]山本 雄貴(高校)、[ラグビー]宮島 裕之(大学)、[ラグビー]海士 広大(大学)

安田 司
やすだ つかさ

NTTドコモレッドハリケーンズ大阪／FL

1999年3月28日生／23歳／180cm／104kg／大阪府

経歴≫ 常翔学園高→帝京大→NTTドコモレッドハリケーンズ大阪

つながり [ラグビー]岡田 一平(高校)、[ラグビー]海士 広大(高校)、[ラグビー]髙橋 汰地(高校)

安田 尚憲
やすだ ひさのり

千葉ロッテマリーンズ／内野手

1999年4月15日生／24歳／188cm／95kg／A型／大阪府

経歴≫ 吹田市立豊津中→履正社高→ロッテ

つながり [野球]坂本 誠志郎(高校)、[野球]井上 広大(高校)、[野球]小深田 大地(高校)、[野球]山田 哲人(高校)

安田 悠馬
やすだ ゆうま

東北楽天ゴールデンイーグルス／捕手

2000年3月3日生／23歳／185cm／105kg／B型／兵庫県

経歴≫ 神戸市立横尾中→須磨翔風高→愛知大→楽天

つながり [野球]才木 浩人(高校)、[野球]祖父江 大輔(大学)、[ラグビー]木田 晴斗(同郷・同年代)

安永 賢人
やすなが けんと

清水建設江東ブルーシャークス／FL

1993年12月28日生／29歳／178cm／96kg／長崎県

経歴≫ 長崎北高→明治大→清水建設江東ブルーシャークス

つながり [アイスホッケー]青山 大基(大学)、[アイスホッケー]坂田 駿(大学)、[アイスホッケー]相馬 秀斗(大学)

つながり 【野球】山岡泰輔、田口麗斗は2013年夏の広島県予選決勝で投げあい、大会史上初の再試合を経験した

あ か さ た な は ま や ら わ

谷内 亮太
やち りょうた

北海道日本ハムファイターズ／内野手

1991年2月3日生／32歳／177cm／82kg／B型／石川県

経歴≫ 清泉中→金沢西高→国学院大→ヤクルト→日本ハム

つながり [野球]泉 圭輔(高校)、[ラグビー]船木 海都(大学)、[野球]高木 京介(大学)、[野球]柴田 竜拓(大学)

矢富 洋則
やとみ ひろのり

静岡ブルーレヴズ／WTB

1995年11月9日生／27歳／181cm／90kg／京都府

経歴≫ 仙台育英高→帝京大→静岡ブルーレヴズ

つながり [ラグビー]菊田 圭佑(高校)、[ラグビー]千葉 雄太(高校)、[ラグビー]森 太志(高校)

矢富 勇毅
やとみ ゆうき

静岡ブルーレヴズ／SH

1985年2月16日生／37歳／176cm／85kg／京都府

経歴≫ 京都成章高→早稲田大→静岡ブルーレヴズ

つながり [ラグビー]押川 敦治(高校)、[ラグビー]松岡 賢太(高校)、[ラグビー]浅岡 俊亮(高校)

柳川 大樹
やながわ だいき

リコーブラックラムズ東京／LO 代表歴あり

1989年2月19日生／33歳／191cm／108kg／徳島県

経歴≫ 徳島城東高→大阪体育大→リコーブラックラムズ東京

つながり [ラグビー]山本 剣士(大学)、[ラグビー]王 鏡聞(大学)、[ラグビー]伊尾木 洋斗(大学)

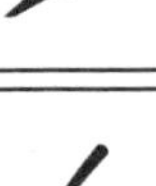

柳川 大晟
やながわ たいせい

北海道日本ハムファイターズ／投手

2003年8月21日生／20歳／191cm／83kg／O型／大分県

経歴≫ 日出町立日出中→九州国際大付高→日本ハム

つながり [野球]二保 旭(高校)、[野球]三好 匠(高校)、[野球]中村 貴浩(高校)、[野球]生海(高校)

柳川 幹也
やながわ ともや

バンビシャス奈良／PG/SG

1998年7月31日生／24歳／171cm／72kg／B型／広島県

経歴≫ 広島市立井口中→洛南高→早稲田大→広島ドラゴンフライズ→バンビシャス奈良

つながり [バスケットボール]津屋 一球(高校)、[バスケットボール]笹山 貴哉(高校)、[バスケットボール]荒川 颯(高校)

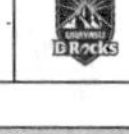

柳川 正秀
やながわ まさひで

浦安D-Rocks／PR

1999年7月13日生／23歳／182cm／110kg／大阪府

経歴≫ 石見智翠館高→大阪体育大→浦安D-Rocks

つながり [ラグビー]小幡 将己(高校)、[ラグビー]岡山 仙治(高校)、[ラグビー]加藤 竜聖(高校)

柳川 龍之介
やながわ りゅうのすけ

山形ワイヴァンズ／SG/SF

1991年6月11日生／31歳／188cm／86kg／A型／宮城県

経歴≫ 仙台市立第二中→市立仙台高→白鴎大→広島ドラゴンフライズ他→山形ワイヴァンズ

つながり [バスケットボール]片岡 大晴(高校)、[野球]佐藤 隼輔(高校)、[ラグビー]カヴァイア タギベタウア(大学)

柳 裕也
やなぎ ゆうや

中日ドラゴンズ／投手

1994年4月22日生／29歳／180cm／85kg／A型／宮崎県

経歴≫ 都城市立小松原中→横浜高→明治大→中日

つながり [野球]木下 幹也(高校)、[野球]伊藤 将司(高校)、[野球]及川 雅貴(高校)、[野球]髙濱 祐仁(高校)

柳澤 大空
やなぎさわ おおぞら

東北楽天ゴールデンイーグルス／外野手

2003年5月31日生／20歳／182cm／78kg／O型／神奈川県

経歴≫ 横浜市立瀬谷中→日大藤沢高→楽天

つながり [野球]牧原 巧汰(高校)、[バスケットボール]高橋 快成(同郷・同年代)、[野球]永島田 輝斗(同郷・同年代)

柳田 悠岐
やなぎた ゆうき

福岡ソフトバンクホークス／外野手 代表歴あり

1988年10月9日生／35歳／188cm／87kg／AB型／広島県

経歴≫ 広島市立伴中→広島商高→広島経済大→ソフトバンク

つながり [バスケットボール]冨岡 大地(大学)、[野球]尾仲 祐哉(大学)、[ラグビー]松永 辰哉(同郷・同年代)

柳町 達
やなぎまち たつる

福岡ソフトバンクホークス／外野手

1997年4月20日生／26歳／180cm／78kg／B型／茨城県

経歴≫ 新利根中→慶應義塾高→慶應義塾大→ソフトバンク

つながり [アイスホッケー]氏橋 祐太(高校)、[ラグビー]大山 祥平(高校)、[ラグビー]川村 慎(高校)

矢野 雅哉
やの まさや

広島東洋カープ／内野手

1998年12月16日生／25歳／171cm／70kg／A型／大阪府

経歴≫ 大阪市立長吉西中→育英高→亜細亜大→広島

つながり [バスケットボール]藤本 巧太(高校)、[バスケットボール]松崎 賢人(高校)、[野球]栗山 巧(高校)

矢野 竜一朗
やの りょういちろう

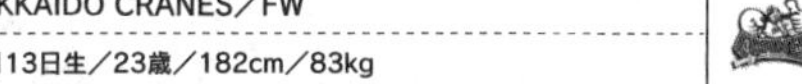

EAST HOKKAIDO CRANES／FW

1999年7月13日生／23歳／182cm／83kg

経歴≫ 苫小牧東高→福岡ブルーインズ→旭川医科大→EAST HOKKAIDO CRANES

つながり [アイスホッケー]杵渕 周真(高校)、[アイスホッケー]矢野 倫太朗(高校)、[アイスホッケー]鈴木 ロイ(高校)

矢野 倫太朗
やの りんたろう

YOKOHAMA GRITS／FW

1996年10月1日生／26歳／177cm／80kg

経歴≫ 福岡ゴールデンジェット→苫小牧東高→中央大→福岡ブルーインズ→YOKOHAMA GRITS

つながり [アイスホッケー]杵渕 周真(高校)、[アイスホッケー]鈴木 ロイ(高校)、[アイスホッケー]矢野 竜一朗(高校)

八幡 圭祐
やはた けいすけ

愛媛オレンジバイキングス／PG/SG

1991年2月25日生／31歳／181cm／84kg／A型／神奈川県

経歴≫ 新発田市立本丸中→クライストチャーチ・アラヌイ高→Big V league Sunbury jets, Atami→愛媛オレンジバイキングス

つながり [ラグビー]西橋 勇人(同郷・同年代)、[アイスホッケー]牛来 拓都(同年代)

薮田 和樹
やぶた かずき

広島東洋カープ／投手

1992年8月7日生／31歳／188cm／86kg／B型／広島県

経歴≫ 広島市立二葉中→岡山理大附高→亜細亜大→広島

つながり [野球]柴田 竜拓(高校)、[野球]九里 亜蓮(高校)、[野球]藤岡 裕大(高校)、[野球]頓宮 裕真(高校)

山浅 龍之介
やまあさ りゅうのすけ

中日ドラゴンズ／捕手

2004年4月21日生／19歳／175cm／82kg／秋田県

経歴≫ 富谷市立東向陽台中→聖光学院高→中日

つながり [野球]船迫 大雅(高校)、[野球]湯浅 京己(高校)、[野球]岡野 祐一郎(高校)、[野球]佐藤 都志也(高校)

山足 達也
やまあし たつや

オリックス・バファローズ／内野手

1993年10月26日生／30歳／174cm／76kg／AB型／大阪府

経歴≫ 蹉跎中→大阪桐蔭高→立命館大→Honda鈴鹿→オリックス

つながり [ラグビー]宮宗 翔(高校)、[ラグビー]紙森 陽太(高校)、[ラグビー]岡田 優輝(高校)

山内 開斗
やまうち かいと

NTTドコモレッドハリケーンズ大阪／PR

1999年5月22日生／23歳／188cm／125kg／佐賀県

経歴≫ 佐賀工高→日本大→NTTドコモレッドハリケーンズ大阪

つながり [ラグビー]松浦 康一(高校)、[ラグビー]大塚 健太郎(高校)、[ラグビー]荒井 康植(高校)

山内 翼
やまうち つばさ

福島ファイヤーボンズ／SG

1997年10月8日生／25歳／185cm／85kg／B型／福島県

経歴≫ 富田中→日大東北高→東海大→福島ファイヤーボンズ

つながり [バスケットボール]菊池 真人(高校)、[ラグビー]新井 望友(大学)、[ラグビー]近藤 英人(大学)

山内 盛久
やまうち もりひさ

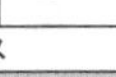

三遠ネオフェニックス／PG

1990年3月23日生／32歳／175cm／75kg／B型／沖縄県

経歴≫ 山内中→興南高→尚学院 国際ビジネスアカデミー→琉球ゴールデンキングス→サンロッカーズ渋谷→三遠ネオフェニックス

つながり [バスケットボール]平良 陽汰(高校)、[バスケットボール]狩俣 昌也(高校)

山岡 泰輔
やまおか たいすけ

オリックス・バファローズ／投手　代表歴あり

1995年9月22日生／28歳／172cm／68kg／A型／広島県

経歴≫ 広島市立瀬野川中→瀬戸内高→東京ガス→オリックス

つながり [野球]名原 典彦(高校)、[野球]田口 麗斗(同郷・同年代)、[野球]近藤 弘樹(同郷・同年代)

山川 穂高
やまかわ ほたか

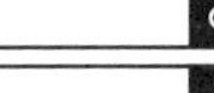

埼玉西武ライオンズ／内野手　代表歴あり

1991年11月23日生／32歳／176cm／103kg／A型／沖縄県

経歴≫ 那覇市立城北中→中部商高→富士大→西武

つながり [野球]前田 純(高校)、[バスケットボール]田口 成浩(大学)、[野球]佐々木 健(大学)

つながり [アイスホッケー]クレインズ矢野竜一朗と矢野倫太朗は兄弟。竜一朗は今季、旭川医大を休学してプロ選手に

山川 力優
やまかわ りきゅう

東芝ブレイブルーパス東京／PR

1997年5月4日生／25歳／175cm／113kg／大阪府

経歴≫ 天理高→天理大→東芝ブレイブルーパス東京

つながり [ラグビー]井上 大介(高校)、[ラグビー]立川 理道(高校)、[ラグビー]井関 信介(高校)

山極 大貴
やまぎわ だいき

NECグリーンロケッツ東葛／LO

1997年7月24日生／25歳／198cm／120kg／東京都

経歴≫ 保善高→専修大→NECグリーンロケッツ東葛

つながり [ラグビー]石井 魁(高校)、[バスケットボール]鈴木 達也(高校)、[ラグビー]石田 楽人(大学)

山口 アタル
やまぐち あたる

北海道日本ハムファイターズ／外野手

1999年5月28日生／24歳／179cm／89kg／カナダ

経歴≫ カナダ・ブリタニア高→テキサス大タイラー校→日本ハム

つながり [アイスホッケー]青山 大基(同年代)、[アイスホッケー]小林 斗威(同年代)

山口 航輝
やまぐち こうき

千葉ロッテマリーンズ／外野手

2000年8月18日生／23歳／183cm／97kg／A型／大阪府

経歴≫ 大阪市立加美中→明桜高→ロッテ

つながり [ラグビー]照井 貴大(高校)、[バスケットボール]田口 成浩(高校)、[野球]砂田 毅樹(高校)

山口 修平
やまぐち しゅうへい

トヨタヴェルブリッツ／CTB

1996年7月21日生／26歳／183cm／100kg／大阪府

経歴≫ 同志社香里高→同志社大→トヨタヴェルブリッツ

つながり [ラグビー]林 真太郎(高校)、[ラグビー]宮島 裕之(大学)、[ラグビー]海士 広大(大学)

山口 達也
やまぐち たつや

NTTドコモレッドハリケーンズ大阪／HO

1996年6月18日生／26歳／175cm／100kg／大阪府

経歴≫ 常翔学園高→立命館大→NTTコミュニケーションズシャイニングアークス東京ベイ浦安→NTTドコモレッドハリケーンズ大阪

つながり [ラグビー]岡田 一平(高校)、[ラグビー]海士 広大(高校)、[ラグビー]髙橋 汰地(高校)

山口 哲平
やまぐち てっぺい

茨城ロボッツ／PG

2007年9月23日生／15歳／172cm／63kg／茨城県

経歴≫ 茨城ロボッツ

つながり [ラグビー]尾又 寛汰(同郷)、[ラグビー]粥塚 諒(同郷)、[ラグビー]丸山 尚城(同郷)

山口 知貴
やまぐち ともき

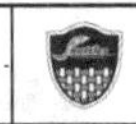

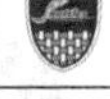

豊田自動織機シャトルズ愛知／PR

1994年9月28日生／28歳／174cm／106kg／奈良県

経歴≫ 天理高→天理大→豊田自動織機シャトルズ愛知

つながり [ラグビー]井上 大介(高校)、[ラグビー]立川 理道(高校)、[ラグビー]井関 信介(高校)

山口 颯斗
やまぐち はやと

茨城ロボッツ／SG/SF

1998年10月1日生／24歳／195cm／90kg／AB型／栃木県

経歴≫ 鹿沼市立西中→正智深谷高→筑波大→レバンガ北海道→茨城ロボッツ

つながり [ラグビー]タウファ オリヴェ(高校)、[ラグビー]ヴァル アサエリ愛ファカハウ(高校)

山口 楓斗
やまぐち ふうと

静岡ブルーレヴズ／FB

2000年1月14日生／23歳／167cm／76kg／福岡県

経歴≫ 東海大福岡高→同志社大→静岡ブルーレヴズ

つながり [ラグビー]藤井 達哉(高校)、[ラグビー]中村 悠人(高校)、[ラグビー]宮島 裕之(大学)

山口 莉輝
やまぐち りき

中国電力レッドレグリオンズ／CTB

1999年2月14日生／23歳／180cm／82kg／長崎県

経歴≫ 長崎北陽台高→帝京大→中国電力レッドレグリオンズ

つながり [ラグビー]岡崎 航大(高校)、[ラグビー]平川 隼也(高校)、[ラグビー]中尾 隼太(高校)

山﨑 伊織
やまさき いおり

読売ジャイアンツ／投手

1998年10月10日生／25歳／181cm／75kg／B型／兵庫県

経歴≫ 明石市立大蔵中→明石商高→東海大→巨人

つながり [野球]中森 俊介(高校)、[野球]松本 航(高校)、[野球]水上 桂(高校)、[野球]来田 涼斗(高校)

山﨑 海
やまさき かい

クリタウォーターガッシュ昭島／LO

1999年6月6日生／23歳／188cm／105kg／長崎県

経歴≫ 佐賀工高→関東学院大→クリタウォーターガッシュ昭島

つながり [ラグビー]松浦 康一(高校)、[ラグビー]大塚 健太郎(高校)、[ラグビー]荒井 康植(高校)

山﨑 晃大朗
やまさき こうたろう

東京ヤクルトスワローズ／外野手

1993年8月11日生／30歳／173cm／68kg／O型／和歌山県

経歴≫ 紀の川市立貴志川中→青森山田高→日本大→ヤクルト

つながり [ラグビー]千葉 健(高校)、[野球]堀田 賢慎(高校)、[野球]堀岡 隼人(高校)、[野球]木浪 聖也(高校)

山﨑 福也
やまさき さちや

オリックス・バファローズ／投手

1992年9月9日生／31歳／188cm／95kg／B型／埼玉県

経歴≫ 向陽中→日大三高→明治大→オリックス

つながり [野球]高山 俊(高校)、[野球]櫻井 周斗(高校)、[野球]坂倉 将吾(高校)、[野球]井上 広輝(高校)

山﨑 颯一郎
やまざき そういちろう

オリックス・バファローズ／投手

1998年6月15日生／25歳／190cm／92kg／B型／石川県

経歴≫ 加賀市立山代中→敦賀気比高→オリックス

つながり [野球]笠島 尚樹(高校)、[野球]西川 龍馬(高校)、[野球]前川 誠太(高校)、[野球]木下 元秀(高校)

山﨑 琢磨
やまさき たくま

福岡ソフトバンクホークス／投手

2003年11月6日生／20歳／185cm／92kg／B型／大阪府

経歴≫ 大東市立住道中→石見智翠館高→ソフトバンク

つながり [ラグビー]小幡 将己(高校)、[ラグビー]岡山 仙治(高校)、[ラグビー]加藤 竜聖(高校)

山﨑 剛
やまさき つよし

東北楽天ゴールデンイーグルス／内野手

1995年12月29日生／28歳／173cm／74kg／AB型／福岡県

経歴≫ 福岡市立原中→日章学園高→國學院大→楽天

つながり [野球]平野 大和(高校)、[ラグビー]船木 海都(大学)、[野球]高木 京介(大学)、[野球]柴田 竜拓(大学)

山﨑 洋之
やまさき ひろゆき

クボタスピアーズ船橋・東京ベイ／WTB

1998年3月8日生／24歳／174cm／85kg／福岡県

経歴≫ 筑紫高→明治大→クボタスピアーズ船橋・東京ベイ

つながり [ラグビー]久保 優(高校)、[ラグビー]堀部 直壮(高校)、[ラグビー]中井 健人(高校)

山﨑 基生
やまざき もとき

日野レッドドルフィンズ／PR

1988年11月24日生／34歳／174cm／115kg／香川県

経歴≫ 流通経済大→日野レッドドルフィンズ

つながり [ラグビー]木村 友憲(大学)、[ラグビー]ジョージ リサレ(大学)、[ラグビー]積 賢佑(大学)

山﨑 康晃
やまさき やすあき

横浜DeNAベイスターズ／投手　代表歴あり

1992年10月2日生／31歳／179cm／88kg／O型／東京都

経歴≫ 荒川区立尾久八幡中→帝京高→亜細亜大→DeNA

つながり [ラグビー]安江 祥光(高校)、[野球]原口 文仁(高校)、[野球]清水 昇(高校)、[野球]中村 晃(高校)

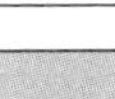

山﨑 勇輝
やまざき ゆうき

EAST HOKKAIDO CRANES／DF

1996年5月8日生／26歳／180cm／82kg

経歴≫ 武修館高→日本製紙クレインズ→EAST HOKKAIDO CRANES

つながり [アイスホッケー]中島 彰吾(高校)、[アイスホッケー]柴田 嗣斗(高校)、[アイスホッケー]佐藤 大翔(高校)

山﨑 友輔
やまさき ゆうすけ

読売ジャイアンツ／投手

1998年5月2日生／25歳／178cm／80kg／A型／岡山県

経歴≫ 倉敷市立西中→玉野商高→福山大→巨人

つながり [ラグビー]仁熊 秀斗(同郷・同年代)、[野球]高田 萌生(同郷・同年代)、[野球]山本 由伸(同郷・同年代)

山﨑 稜
やまさき りょう

群馬クレインサンダーズ／SG

1992年9月25日生／30歳／183cm／80kg／O型／埼玉県

経歴≫ 三郷南中→昌平高→サウスケントスクール、タコマ・コミュニティ大→埼玉ブロンコス他→群馬クレインサンダーズ

つながり [ラグビー]片岡 領(高校)、[野球]古野 創士(高校)、[野球]高梨 雄平(同郷・同年代)

つながり [野球]NPB2023年の現役時日本人選手で40本塁打以上を2回以上記録しているのは、山川穂高と中村剛也の2人のみ

あ か さ た な は ま や ら わ

山崎 凜
やまざき りん

長崎ヴェルカ／SG

2001年3月24日生／21歳／194cm／90kg／A型／愛知県

経歴≫ 名古屋市立一色中→土浦日大高→広島ドラゴンフライズ練習生→長崎ヴェルカ特別指定選手

つながり [バスケットボール]岡田 優介(高校)、[バスケットボール]平岩 玄(高校)、[バスケットボール]杉本 天昇(高校)

山沢 京平
やまさわ きょうへい

埼玉パナソニックワイルドナイツ／SO

1998年8月17日生／24歳／176cm／84kg／埼玉県

経歴≫ 深谷高→明治大→埼玉パナソニックワイルドナイツ

つながり [ラグビー]新井 望友(高校)、[ラグビー]金井 大雪(高校)、[ラグビー]中嶋 大希(高校)

山沢 拓也
やまさわ たくや

埼玉パナソニックワイルドナイツ／SO　代表歴あり

1994年9月21日生／28歳／176cm／84kg／埼玉県

経歴≫ 深谷高→筑波大→埼玉パナソニックワイルドナイツ

つながり [ラグビー]新井 望友(高校)、[ラグビー]金井 大雪(高校)、[ラグビー]中嶋 大希(高校)

山路 健太
やまじ けんた

三重ホンダヒート／SH

1989年8月9日生／33歳／171cm／73kg／三重県

経歴≫ 四日市農芸高→関東学院大→三重ホンダヒート

つながり [ラグビー]伊藤 玖祥(高校)、[ラグビー]廣田 耀規(高校)、[ラグビー]稲垣 啓太(大学)

山下 恭吾
やました きょうご

福岡ソフトバンクホークス／内野手

2004年7月7日生／19歳／176cm／70kg／福岡県

経歴≫ 久留米市立屏水中→福岡大附大濠高→ソフトバンク

つながり [バスケットボール]小林 大祐(高校)、[バスケットボール]井上 宗一郎(高校)

山下 憲太
やました けんた

静岡ブルーレヴズ／HO

1999年2月4日生／23歳／177cm／100kg／長崎県

経歴≫ 長崎海星高→法政大→静岡ブルーレヴズ

つながり [ラグビー]石田 圭祐(高校)、[ラグビー]大道 勇喜(高校)、[アイスホッケー]井上 光明(大学)

山下 舜平大
やました しゅんぺいた

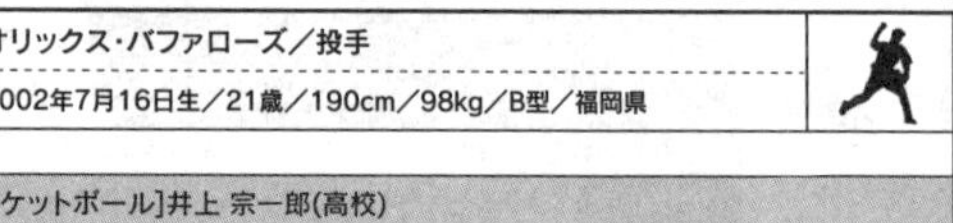

オリックス・バファローズ／投手

2002年7月16日生／21歳／190cm／98kg／B型／福岡県

経歴≫ 三宅中→福岡大附大濠高→オリックス

つながり [バスケットボール]小林 大祐(高校)、[バスケットボール]井上 宗一郎(高校)

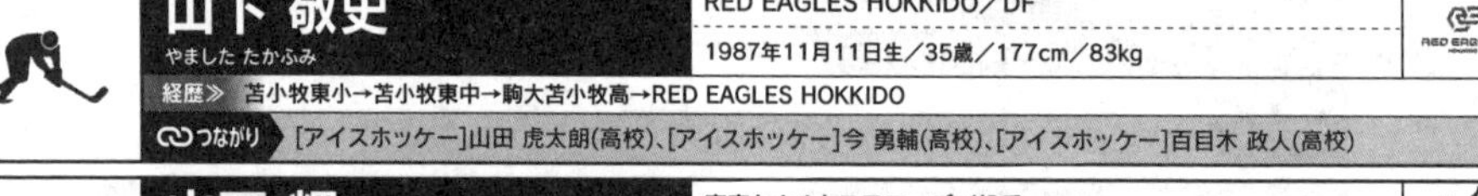

山下 敬史
やました たかふみ

RED EAGLES HOKKIDO／DF

1987年11月11日生／35歳／177cm／83kg

経歴≫ 苫小牧東小→苫小牧東中→駒大苫小牧高→RED EAGLES HOKKIDO

つながり [アイスホッケー]山田 虎太朗(高校)、[アイスホッケー]今 勇輔(高校)、[アイスホッケー]百目木 政人(高校)

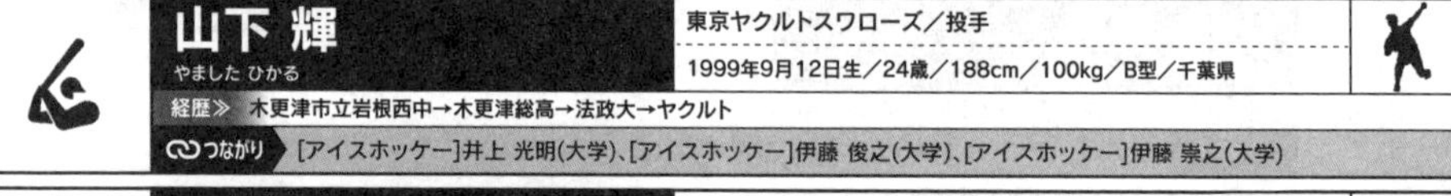

山下 輝
やました ひかる

東京ヤクルトスワローズ／投手

1999年9月12日生／24歳／188cm／100kg／B型／千葉県

経歴≫ 木更津市立岩根西中→木更津総高→法政大→ヤクルト

つながり [アイスホッケー]井上 光明(大学)、[アイスホッケー]伊藤 俊之(大学)、[アイスホッケー]伊藤 崇之(大学)

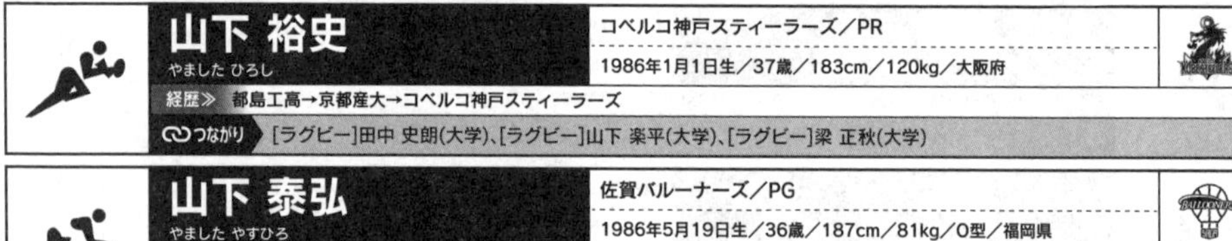

山下 裕史
やました ひろし

コベルコ神戸スティーラーズ／PR

1986年1月1日生／37歳／183cm／120kg／大阪府

経歴≫ 都島工高→京都産大→コベルコ神戸スティーラーズ

つながり [ラグビー]田中 史朗(大学)、[ラグビー]山下 楽平(大学)、[ラグビー]梁 正秋(大学)

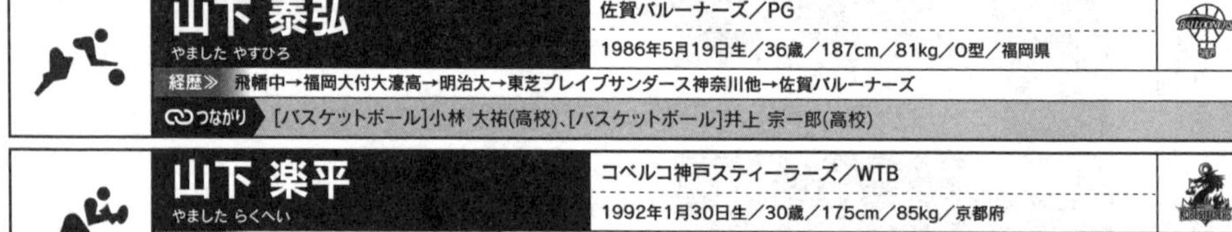

山下 泰弘
やました やすひろ

佐賀バルーナーズ／PG

1986年5月19日生／36歳／187cm／81kg／O型／福岡県

経歴≫ 飛幡中→福岡大付大濠高→明治大→東芝ブレイブサンダース神奈川他→佐賀バルーナーズ

つながり [バスケットボール]小林 大祐(高校)、[バスケットボール]井上 宗一郎(高校)

山下 楽平
やました らくへい

コベルコ神戸スティーラーズ／WTB

1992年1月30日生／30歳／175cm／85kg／京都府

経歴≫ 常翔啓光学園高→京都産大→コベルコ神戸スティーラーズ

つながり [ラグビー]亀井 亮依(高校)、[ラグビー]森本 潤(高校)、[ラグビー]庵奥 翔太(高校)

山菅 一史
やますが かずふみ

横浜キヤノンイーグルス／SH
1997年12月3日生／25歳／164cm／78kg／東京都

経歴≫ 東京高→東海大→横浜キヤノンイーグルス

つながり [ラグビー]小池 隆成(高校)、[ラグビー]杉浦 拓実(高校)、[ラグビー]三宮 累(高校)

山瀬 慎之助
やませ しんのすけ

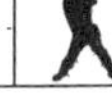

読売ジャイアンツ／捕手
2001年5月4日生／22歳／177cm／89kg／B型／石川県

経歴≫ かほく市立宇ノ木中→星稜高→巨人

つながり [野球]北村 拓己(高校)、[野球]高木 京介(高校)、[野球]奥川 恭伸(高校)、[野球]内山 壮真(高校)

山田 章仁
やまだ あきひと

九州電力キューデンヴォルテクス／WTB 代表歴あり
1985年7月26日生／37歳／181cm／85kg／福岡県

経歴≫ 小倉高→慶應義塾大→三重ホンダヒート→埼玉パナソニックワイルドナイツ他→九州電力キューデンヴォルテクス

つながり [アイスホッケー]氏橋 祐太(大学)、[アイスホッケー]運上 雄基(大学)、[ラグビー]児玉 健太郎(大学)

山田 生真
やまだ いくま

コベルコ神戸スティーラーズ／HO
1999年1月26日生／23歳／178cm／99kg／愛媛県

経歴≫ 東海大仰星高→東海大→コベルコ神戸スティーラーズ

つながり [ラグビー]岸岡 智樹(高校)、[ラグビー]近藤 英人(高校)、[ラグビー]根塚 洸雅 (高校)

山田 一平
やまだ いっぺい

中国電力レッドレグリオンズ／SO
1995年5月25日生／27歳／171cm／80kg／大阪府

経歴≫ 東海大仰星高→関西学院大→中国電力レッドレグリオンズ

つながり [ラグビー]岸岡 智樹(高校)、[ラグビー]近藤 英人(高校)、[ラグビー]根塚 洸雅 (高校)

山田 虎太朗
やまだ こたろう

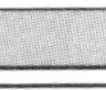

RED EAGLES HOKKIDO／DF 代表歴あり
1992年1月6日生／31歳／184cm／88kg

経歴≫ 苫小牧北光小→苫小牧啓北中→駒大苫小牧高→早稲田大→RED EAGLES HOKKIDO

つながり [アイスホッケー]山下 敬史(高校)、[アイスホッケー]今 勇輔(高校)、[アイスホッケー]百目木 政人(高校)

山田 淳哉
やまだ じゅんや

TOHOKU FREEBLADES／FW
1991年11月7日生／31歳／172cm／76kg

経歴≫ 苫小牧和光中→白樺高→法政大→TOHOKU FREEBLADES

つながり [アイスホッケー]三田村 康平(高校)、[アイスホッケー]小林 斗威(高校)、[アイスホッケー]大椋 舞人(高校)

山田 聖也
やまだ せいや

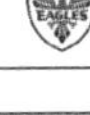
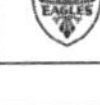

横浜キヤノンイーグルス／WTB
1996年12月2日生／26歳／173cm／81kg／京都府

経歴≫ 京都成章高→近畿大→横浜キヤノンイーグルス

つながり [ラグビー]押川 敦治(高校)、[ラグビー]松岡 賢太(高校)、[ラグビー]淺岡 俊亮(高校)

山田 哲人
やまだ てつと

東京ヤクルトスワローズ／内野手 代表歴あり
1992年7月16日生／31歳／180cm／76kg／O型／兵庫県

経歴≫ 御殿山中→履正社高→ヤクルト

つながり [野球]坂本 誠志郎(高校)、[野球]井上 広大(高校)、[野球]小深田 大地(高校)、[野球]宮本 丈(高校)

山田 修義
やまだ のぶよし

オリックス・バファローズ／投手
1991年9月19日生／32歳／184cm／90kg／B型／福井県

経歴≫ 成和中→敦賀気比高→オリックス

つながり [野球]笠島 尚樹(高校)、[野球]西川 龍馬(高校)、[野球]前川 誠太(高校)、[野球]木下 元秀(高校)

山田 遥楓
やまだ はるか

北海道日本ハムファイターズ／内野手
1996年9月30日生／27歳／179cm／80kg／A型／佐賀県

経歴≫ 佐賀市立鍋島中→佐賀工高→西武→日本ハム

つながり [ラグビー]松浦 康一(高校)、[ラグビー]大塚 健太郎(高校)、[ラグビー]荒井 康植(高校)

山田 陽翔
やまだ はると

埼玉西武ライオンズ／投手
2004年5月9日生／19歳／175cm／82kg／滋賀県

経歴≫ 栗東市立栗東西中→近江高→西武

つながり [野球]植田 海(高校)、[野球]龍空(高校)、[野球]京山 将弥(高校)、[野球]北村 恵吾(高校)

つながり 【ラグビー】矢富勇毅、田中史朗は京都の中学選抜時代に一緒にプレーした

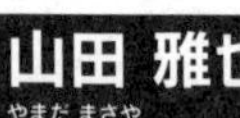

山田 雅也
やまだ まさや

清水建設江東ブルーシャークス／SO
1998年7月3日生／24歳／170cm／82kg／東京都
経歴≫ 桐蔭学園高→筑波大→清水建設江東ブルーシャークス
つながり [ラグビー]石田 楽人(高校)、[ラグビー]山本 耕生(高校)、[ラグビー]田村 魁世(高校)

山田 有樹
やまだ ゆうき

九州電力キューデンヴォルテクス／FL
1994年6月18日生／28歳／180cm／95kg／大阪府
経歴≫ 常翔学園高→同志社大→九州電力キューデンヴォルテクス
つながり [ラグビー]岡田 一平(高校)、[ラグビー]海士 広大(高校)、[ラグビー]髙橋 汰地(高校)

山田 裕介
やまだ ゆうすけ

豊田自動織機シャトルズ愛知／PR
1998年3月11日生／24歳／175cm／105kg／愛知県
経歴≫ 御所実高→豊田自動織機シャトルズ愛知
つながり [ラグビー]土井 貴弘(高校)、[ラグビー]酒木 凜平(高校)、[ラグビー]北村 将大(高校)

山田 友哉
やまだ ゆうや

山形ワイヴァンズ／PG/SG
1998年2月26日生／24歳／179cm／77kg／O型／北海道
経歴≫ 米里中→駒大苫小牧高→大阪体育大→愛媛オレンジバイキングス→山形ワイヴァンズ
つながり [アイスホッケー]山田 虎太朗(高校)、[アイスホッケー]山下 敬史(高校)、[アイスホッケー]今 勇輔(高校)

山田 龍聖
やまだ りゅうせい

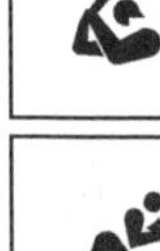

読売ジャイアンツ／投手
2000年9月7日生／24歳／183cm／82kg／B型／富山県
経歴≫ 氷見市立西条中→高岡商高→JR東日本→巨人
つながり [バスケットボール]水戸 健史(高校)、[アイスホッケー]阿部 泰河(同年代)

山田 龍之介
やまだ りゅうのすけ

釜石シーウェイブスRFC／LO
1991年10月12日生／31歳／188cm／105kg／北海道
経歴≫ 大泉高→立教大→NECグリーンロケッツ→釜石シーウェイブスRFC
つながり [ラグビー]中澤 健宏(大学)、[ラグビー]眞壁 貴男(大学)、[ラグビー]相良 隆太(大学)

大和
やまと

横浜DeNAベイスターズ／内野手
1987年11月5日生／36歳／177cm／77kg／A型／鹿児島県
経歴≫ 鹿屋市立鹿屋中→樟南高→阪神→DeNA
つながり [野球]松本 晴(高校)、[野球]浜屋 将太(高校)、[アイスホッケー]成澤 優太(同年代)

大和 大祐
やまと だいすけ

清水建設江東ブルーシャークス／PR
2000年4月28日生／22歳／180cm／121kg／群馬県
経歴≫ 桐生第一高→立教大→清水建設江東ブルーシャークス
つながり [ラグビー]中澤 健宏(大学)、[ラグビー]眞壁 貴男(大学)、[ラグビー]相良 隆太(大学)

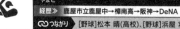

山中 尭之
やまなか たかゆき

オリックス・バファローズ／外野手
1999年3月10日生／24歳／183cm／98kg／A型／茨城県
経歴≫ 結城市立結城南中つくば秀英高→共栄大→BCL・茨城→オリックス
つながり [バスケットボール]板橋 真平(同郷・同年代)、[野球]鈴木 昭汰(同郷・同年代)

山中 亮平
やまなか りょうへい

コベルコ神戸スティーラーズ／FB　代表歴あり
1988年6月22日生／34歳／188cm／98kg／大阪府
経歴≫ 東海大仰星高→早稲田大→コベルコ神戸スティーラーズ
つながり [ラグビー]岸岡 智樹(高校)、[ラグビー]近藤 英人(高校)、[ラグビー]根塚 洸雅 (高校)

山野 太一
やまの たいち

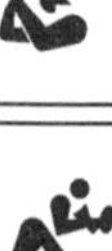

東京ヤクルトスワローズ／投手
1999年3月24日生／24歳／172cm／77kg／B型／山口県
経歴≫ 高川学園中→高川学園高→東北福祉大→ヤクルト
つながり [野球]椋木 蓮(高校)、[野球]長坂 拳弥(大学)、[野球]中野 拓夢(大学)、[野球]楠本 泰史(大学)

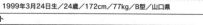

山内 俊央
やまのうち としひろ

NTTドコモレッドハリケーンズ大阪／SH
1997年12月3日生／25歳／164cm／73kg／兵庫県

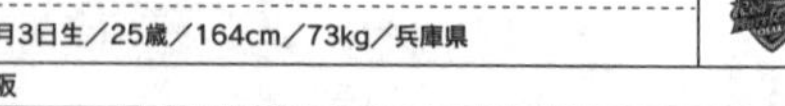

経歴≫ 関西学院高→関西学院大→NTTドコモレッドハリケーンズ大阪
つながり [ラグビー]徳田 健太(高校)、[ラグビー]徳永 祥尭(高校)、[ラグビー]齋藤 遼太(高校)

山野辺 翔
やまのべ かける

埼玉西武ライオンズ／内野手

1994年5月24日生／29歳／170cm／74kg／AB型／東京都

経歴≫ 府中市立府中第八中→桐蔭学園高→桜美林大→三菱自動車岡崎→西武

つながり [ラグビー]石田 楽人(高校)、[ラグビー]山本 耕生(高校)、[ラグビー]田村 魁世(高校)

山村 崇嘉
やまむら たかよし

埼玉西武ライオンズ／内野手

2002年9月28日生／21歳／180cm／86kg／O型／東京都

経歴≫ 東海大付属相模高校中→東海大付相模高→西武

つながり [ラグビー]五十嵐 優(高校)、[ラグビー]豊島 翔平(高校)、[ラグビー]王野 尚希(高校)

山村 知也
やまむら ともや

リコーブラックラムズ東京／WTB

1997年12月2日生／25歳／174cm／80kg／大阪府

経歴≫ 報徳学園高→明治大→リコーブラックラムズ東京

つながり [ラグビー]井上 遼(高校)、[ラグビー]日和佐 篤(高校)、[ラグビー]前田 剛(高校)

山本 一輝
やまもと いつき

読売ジャイアンツ／投手

1998年6月28日生／25歳／181cm／86kg／B型／愛知県

経歴≫ 名古屋市立天白中→東郷高→中京大→巨人

つながり [ラグビー]西川 大輔(大学)、[ラグビー]蜂谷 元紹(大学)、[ラグビー]日比野 壮大(大学)

山本 逸平
やまもと いっぺい

三菱重工相模原ダイナボアーズ／WTB

1992年2月13日生／30歳／173cm／70kg／東京都

経歴≫ 目黒学院高→拓殖大→三菱重工相模原ダイナボアーズ

つながり [ラグビー]アタアタ モエアキオラ(高校)、[ラグビー]シオエリ ヴァカラヒ(高校)

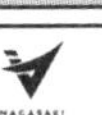

山本 エドワード
やまもと えどわーど

長崎ヴェルカ／PG

1986年12月2日生／36歳／174cm／83kg／B型／鳥取県

経歴≫ 後藤ヶ丘中→北陸高→大東文化大→島根スサノオマジック他→長崎ヴェルカ

つながり [バスケットボール]藤永 佳昭(高校)、[バスケットボール]満田 丈太郎(高校)

山本 凱
やまもと かい

東京サントリーサンゴリアス／FL

2000年3月17日生／22歳／177cm／100kg／神奈川県

経歴≫ 慶應義塾高→慶應義塾大→東京サントリーサンゴリアス

つながり [アイスホッケー]氏橋 祐太(高校)、[ラグビー]大山 祥平(高校)、[ラグビー]川村 慎(高校)

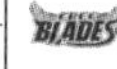

山本 和輝
やまもと かずき

TOHOKU FREEBLADES／FW

1986年11月12日生／36歳／177cm／85kg

経歴≫ 釧路鳥取中→駒大苫小牧高→東洋大→TOHOKU FREEBLADES

つながり [アイスホッケー]山田 虎太朗(高校)、[アイスホッケー]山下 敬史(高校)、[アイスホッケー]今 勇輔(高校)

山本 貫太
やまもと かんた

NTTドコモレッドハリケーンズ大阪／FB

1996年6月23日生／26歳／177cm／85kg／兵庫県

経歴≫ 常翔学園高→立命館大→NTTドコモレッドハリケーンズ大阪

つながり [ラグビー]岡田 一平(高校)、[ラグビー]海士 広大(高校)、[ラグビー]高橋 汰地(高校)

山本 恵大
やまもと けいた

福岡ソフトバンクホークス／外野手

1999年8月6日生／24歳／181cm／76kg／東京都

経歴≫ 小金井市立小金井第二中→国士舘高→明星大→ソフトバンク

つながり [バスケットボール]岡田 泰希(大学)、[野球]松原 聖弥(大学)、[野球]松井 颯(大学)

山本 剣士
やまもと けんし

クボタスピアーズ船橋・東京ベイ／PR

1997年9月17日生／25歳／186cm／115kg／兵庫県

経歴≫ 姫路工高→大阪体育大→クボタスピアーズ船橋・東京ベイ

つながり [ラグビー]王 鏡聞(大学)、[ラグビー]伊尾木 洋斗(大学)、[ラグビー]柳川 大樹(大学)

山本 幸輝
やまもと こうき

コベルコ神戸スティーラーズ／PR 代表歴あり

1990年10月29日生／32歳／181cm／117kg／滋賀県

経歴≫ 八幡工高→近畿大→コベルコ神戸スティーラーズ

つながり [ラグビー]宮宗 翔(大学)、[ラグビー]岩佐 賢人(大学)、[ラグビー]大熊 克哉(大学)

つながり 【野球】山田龍聖、藤原恭大、根尾昂は2018年夏の甲子園で対戦

山本 耕生
やまもと こうせい

NECグリーンロケッツ東葛／PR
1999年8月24日生／23歳／173cm／98kg／神奈川県
経歴≫ 桐蔭学園高→明治大→NECグリーンロケッツ東葛
つながり [ラグビー]石田 楽人(高校)、[ラグビー]田村 魁世(高校)、[ラグビー]古川 満(高校)

山本 晃大
やまもと こうだい

北海道日本ハムファイターズ／投手
1999年4月23日生／24歳／186cm／88kg／三重県
経歴≫ 南勢中→佐久長聖高→関西学院大→BCL・信濃→日本ハム
つながり [バスケットボール]飯田 遼(高校)、[野球]元山 飛優(高校)、[ラグビー]徳田 健太(大学)

山本 秀
やまもと しゅう

リコーブラックラムズ東京／LO
1999年6月1日生／23歳／190cm／97kg／京都府
経歴≫ 京都成章高→近畿大→リコーブラックラムズ東京
つながり [ラグビー]押川 敦治(高校)、[ラグビー]松岡 賢太(高校)、[ラグビー]浅岡 俊亮(高校)

山本 柊輔
やまもと しゅうすけ

熊本ヴォルターズ／PG
1993年11月4日生／29歳／176cm／76kg／A型／静岡県
経歴≫ 静岡市立東中→清水東高→筑波大→山形ワイヴァンズ他→熊本ヴォルターズ
つながり [野球]岩崎 優(高校)、[ラグビー]前田 土芽(大学)、[ラグビー]島田 悠平(大学)

山本 翔太
やまもと しょうた

熊本ヴォルターズ／SG
1999年10月19日生／23歳／188cm／85kg／AB型／山形県
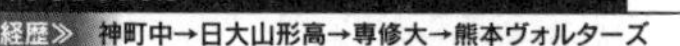
経歴≫ 神町中→日大山形高→専修大→熊本ヴォルターズ
つながり [バスケットボール]鈴木 大(高校)、[バスケットボール]菊地 祥平(高校)、[野球]中野 拓夢(高校)

山本 昌太
やまもと しょうた

リコーブラックラムズ東京／SH
1990年5月9日生／32歳／166cm／74kg／大阪府
経歴≫ 大阪桐蔭高→天理大→リコーブラックラムズ東京
つながり [ラグビー]宮宗 翔(高校)、[ラグビー]紙森 陽太(高校)、[ラグビー]岡田 優輝(高校)

山本 大貴
やまもと だいき

東京ヤクルトスワローズ／投手
1995年11月10日生／28歳／182cm／90kg／B型／北海道
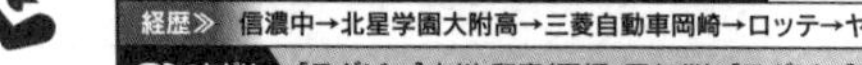
経歴≫ 信濃中→北星学園大附高→三菱自動車岡崎→ロッテ→ヤクルト
つながり [ラグビー]中川 和真(同郷・同年代)、[ラグビー]大西 樹(同郷・同年代)

山本 大斗
やまもと だいと

千葉ロッテマリーンズ／外野手
2002年8月9日生／21歳／180cm／90kg／A型／鳥取県
経歴≫ 米子市立東山中→開星高→ロッテ
つながり [野球]梶谷 隆幸(高校)、[野球]糸原 健斗(高校)、[野球]岡本 大翔(同郷・同年代)

山本 拓実
やまもと たくみ

中日ドラゴンズ／投手

2000年1月31日生／23歳／167cm／72kg／A型／兵庫県
経歴≫ 宝塚市立宝塚第一中→市立西宮高→中日
つながり [ラグビー]木田 晴斗(同郷・同年代)、[ラグビー]江藤 良(同郷・同年代)、[ラグビー]宮下 大輝(同郷・同年代)

山本 浩輝
やまもと ひろき

東芝ブレイブルーパス東京／FL 代表歴あり

1992年11月17日生／30歳／187cm／95kg／大阪府
経歴≫ 石見智翠館高→筑波大→東芝ブレイブルーパス東京
つながり [ラグビー]小幡 将己(高校)、[ラグビー]岡山 仙治(高校)、[ラグビー]加藤 竜聖(高校)

山本 泰寛
やまもと やすひろ

阪神タイガース／内野手

1993年10月10日生／30歳／176cm／76kg／B型／東京都
経歴≫ 荒川区立諏訪台中→慶應義塾高→慶應義塾大→巨人→阪神
つながり [アイスホッケー]氏橋 祐太(高校)、[ラグビー]大山 祥平(高校)、[ラグビー]川村 慎(高校)

山本 泰之
やまもと やすゆき

清水建設江東ブルーシャークス／HO

2000年3月5日生／22歳／170cm／95kg／大阪府
経歴≫ 石見智翠館高→天理大→清水建設江東ブルーシャークス
つながり [ラグビー]小幡 将己(高校)、[ラグビー]岡山 仙治(高校)、[ラグビー]加藤 竜聖(高校)

山本 雄貴
やまもと ゆうき

横浜キヤノンイーグルス／CTB
1998年3月25日生／24歳／177cm／80kg／京都府

経歴≫ 同志社高→同志社大→横浜キヤノンイーグルス
つながり [ラグビー]安田 卓平(高校)、[ラグビー]宮島 裕之(大学)、[ラグビー]海士 広大(大学)

山本 悠翔
やまもと ゆうそう

三重ホンダヒート／WTB
1997年5月17日生／25歳／184cm／95kg／大阪府

経歴≫ 刀根山高→筑波大→三重ホンダヒート
つながり [ラグビー]前田 土芽(大学)、[ラグビー]島田 悠平(大学)、[ラグビー]土谷 深浩(大学)

山本 祐大
やまもと ゆうだい

横浜DeNAベイスターズ／捕手
1998年9月11日生／25歳／180cm／87kg／A型／大阪府

経歴≫ 大阪市立大正東中→京都翔英高→BCL・滋賀→DeNA
つながり [野球]小野寺 暖(高校)、[野球]石原 彪(高校)、[ラグビー]小幡 将己(同郷・同年代)

山本 悠大
やまもと ゆうだい

豊田自動織機シャトルズ愛知／CTB
1997年5月26日生／25歳／176cm／88kg／大阪府

経歴≫ 東海大仰星高→関西学院大→豊田自動織機シャトルズ愛知
つながり [ラグビー]岸岡 智樹(高校)、[ラグビー]近藤 英人(高校)、[ラグビー]根塚 洸雅 (高校)

山本 由伸
やまもと よしのぶ

オリックス・バファローズ／投手  代表歴あり
1998年8月17日生／25歳／178cm／80kg／AB型／岡山県

経歴≫ 備前中→都城高→オリックス
つながり [ラグビー]仁熊 秀斗(同郷・同年代)、[野球]山﨑 友輔(同郷・同年代)、[野球]髙田 萌生(同郷・同年代)

ヤン ジェミン
やん じぇみん

宇都宮ブレックス／SF
1999年6月22日生／23歳／201cm／93kg／AB型／韓国

経歴≫ 三仙中學→キョンボック高→ネオショ・カウンティ・コミュニティ・カレッジ→信州ブレイブウォリアーズ→宇都宮ブレックス
つながり [アイスホッケー]青山 大基(同年代)、[アイスホッケー]小林 斗威(同年代)

ヤンテ メイテン
やんて めいてん

三遠ネオフェニックス／PF 代表歴あり
1996年8月14日生／26歳／201cm／109kg／アメリカ

経歴≫ イーストヒルズ中→ブルームフィールドヒルズ高→ジョージア大→Wonju DB Promy他→三遠ネオフェニックス
つながり [バスケットボール]テレンス ウッドベリー(大学)、[バスケットボール]アンソニー ローレンス II(同郷・同年代)

ゆ

7人
(NPB/3人、B.LEAGUE/1人、JAPAN RUGBY LEAGUE ONE/3人、ASIA LEAGUE ICE HOCKEY/0人)

湯浅 京己
ゆあさ あつき

阪神タイガース／投手
1999年7月17日生／24歳／183cm／86kg／O型／三重県

経歴≫ 尾鷲市立尾鷲中→聖光学院高→BCL・富山→阪神
つながり [野球]船迫 大雅(高校)、[野球]岡野 祐一郎(高校)、[野球]山浅 龍之介(高校)、[野球]佐藤 都志也(高校)

湯浅 大
ゆあさ だい

読売ジャイアンツ／内野手
2000年1月24日生／23歳／172cm／70kg／A型／群馬県

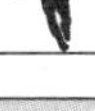

経歴≫ 富岡市立西中→健大高崎高→巨人
つながり [野球]長坂 拳弥(高校)、[野球]下 慎之介(高校)、[野球]柘植 世那(高校)、[野球]是澤 涼輔(高校)

ユージーン フェルプス
ゆーじーん ふぇるぷす

愛媛オレンジバイキングス／PF  代表歴あり
1990年1月23日生／32歳／198cm／113kg／アメリカ

経歴≫ タフト高→ロングビーチ州立大→フェニックス パルス フューエル マスターズ他→愛媛オレンジバイキングス
つながり [バスケットボール]イバン ラベネル(同郷・同年代)、[バスケットボール]ライアン ロシター(同郷・同年代)

湯川 純平
ゆかわ じゅんぺい

リコーブラックラムズ東京／FL
1996年4月24日生／26歳／180cm／89kg／奈良県

経歴≫ 御所実高→大東文化大→リコーブラックラムズ東京
つながり [ラグビー]土井 貴弘(高校)、[ラグビー]酒木 凜平(高校)、[ラグビー]北村 将大(高校)

つながり 【ラグビー】山本幸輝、三上正貴は日本代表チームソングの制作の依頼を受け、「ビクトリーロード」を作り上げた

弓削 隼人
ゆげ はやと

東北楽天ゴールデンイーグルス／投手

1994年4月6日生／29歳／193cm／105kg／AB型／栃木県

経歴≫ 佐野市立田沼東中→佐野日大高→日本大→SUBARU→楽天

つながり [ラグビー]杉本 悠馬(高校)、[ラグビー]新妻 汰一(高校)、[ラグビー]古谷 亘(高校)

湯本 睦
ゆもと あつし

豊田自動織機シャトルズ愛知／SH

1994年5月2日生／28歳／165cm／70kg／大阪府

経歴≫ 東海大仰星高→東海大→豊田自動織機シャトルズ愛知

つながり [ラグビー]岸岡 智樹(高校)、[ラグビー]近藤 英人(高校)、[ラグビー]根塚 洸雅 (高校)

由良 祥一
ゆら しょういち

豊田自動織機シャトルズ愛知／FL

1996年11月7日生／26歳／180cm／99kg／大阪府

経歴≫ 大阪産大付高→天理大→豊田自動織機シャトルズ愛知

つながり [ラグビー]松永 貫汰(高校)、[ラグビー]小野木 晃英(高校)、[ラグビー]木村 星南(高校)

よ

34人

(NPB/17人、B.LEAGUE/2人、JAPAN RUGBY LEAGUE ONE/14人、ASIA LEAGUE ICE HOCKEY/1人)

ヨアン マエストリ
よあん まえすとり

豊田自動織機シャトルズ愛知／LO

1988年1月14日生／35歳／202cm／119kg／フランス

経歴≫ 豊田自動織機シャトルズ愛知

つながり [アイスホッケー]成澤 優太(同年代)、[アイスホッケー]山下 敬史(同年代)

陽川 尚将
ようかわ なおまさ

埼玉西武ライオンズ／内野手

1991年7月17日生／32歳／180cm／89kg／O型／大阪府

経歴≫ 大阪市立菫中→金光大阪高→東京農大→阪神→西武

つながり [野球]日隈 モンテル(高校)、[野球]宮崎 颯(大学)、[ラグビー]金 正奎(同郷・同年代)

横井 隼
よこい はやと

花園近鉄ライナーズ／FL

1997年7月29日生／25歳／183cm／99kg／大阪府

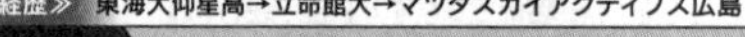

経歴≫ 石見智翠館高→東海大→花園近鉄ライナーズ

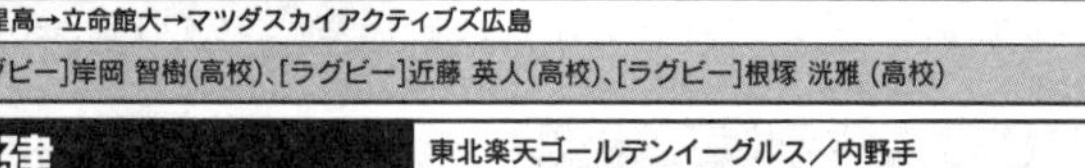

つながり [ラグビー]小幡 将己(高校)、[ラグビー]岡山 仙治(高校)、[ラグビー]加藤 竜聖(高校)

横尾 太一
よこお たいち

マツダスカイアクティブズ広島／HO

1999年11月12日生／23歳／172cm／95kg／大阪府

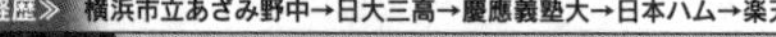

経歴≫ 東海大仰星高→立命館大→マツダスカイアクティブズ広島

つながり [ラグビー]岸岡 智樹(高校)、[ラグビー]近藤 英人(高校)、[ラグビー]根塚 洸雅 (高校)

横尾 俊建
よこお としたけ

東北楽天ゴールデンイーグルス／内野手

1993年5月27日生／30歳／175cm／95kg／O型／東京都

経歴≫ 横浜市立あざみ野中→日大三高→慶應義塾大→日本ハム→楽天

つながり [野球]髙山 俊(高校)、[野球]櫻井 周斗(高校)、[野球]坂倉 将吾(高校)、[野球]井上 広輝(高校)

横川 凱
よこがわ かい

読売ジャイアンツ／投手

2000年8月30日生／23歳／190cm／98kg／B型／滋賀県

経歴≫ 米原市立大東中→大阪桐蔭高→巨人

つながり [ラグビー]宮宗 翔(高校)、[ラグビー]紙森 陽太(高校)、[ラグビー]岡田 優輝(高校)

横田 大輝
よこた たいき

クリタウォーターガッシュ昭島／CTB

1999年9月21日生／23歳／185cm／95kg／埼玉県

経歴≫ 深谷高→東海大→クリタウォーターガッシュ昭島

つながり [ラグビー]新井 望友(高校)、[ラグビー]金井 大雪(高校)、[ラグビー]中嶋 大希(高校)

横塚 蛍
よこつか ほたる

越谷アルファーズ／PG/SG

1990年7月31日生／32歳／180cm／79kg／A型／栃木県

経歴≫ 小山城南中→宇都宮工高→白鴎大→越谷アルファーズ

つながり [バスケットボール]橋本 晃佑(高校)、[バスケットボール]渡辺 翔太(高校)、[野球]星 知弥(高校)

横山 楓
よこやま かえで

オリックス・バファローズ／投手

1997年12月28日生／26歳／181cm／91kg／O型／宮崎県

経歴≫ 大宮中→宮崎学園高→国学院大→セガサミー→オリックス

つながり [ラグビー]船木 海都(大学)、[野球]高木 京介(大学)、[野球]柴田 竜拓(大学)、[野球]清水 昇(大学)

横山 陸人
よこやま りくと

千葉ロッテマリーンズ／投手

2001年8月5日生／22歳／179cm／86kg／O型／東京都

経歴≫ 江戸川区立上一色中→専大松戸高→ロッテ

つながり [野球]高橋 礼(高校)、[野球]上沢 直之(高校)、[野球]渡邉 大樹(高校)、[野球]大橋 武尊(同郷・同年代)

與座 海人
よざ かいと

埼玉西武ライオンズ／投手

1995年9月15日生／28歳／173cm／78kg／O型／沖縄県

経歴≫ 浦添市立浦添中→沖縄尚学高→岐阜経大→西武

つながり [野球]岡留 英貴(高校)、[野球]東浜 巨(高校)、[野球]嶺井 博希(高校)、[野球]リチャード(高校)

吉井 裕鷹
よしい ひろたか

アルバルク東京／SF 代表歴あり

1998年6月4日生／24歳／196cm／94kg／B型／大阪府

経歴≫ 東大阪市立金岡中→大阪学院高→大阪学院大→大阪エヴェッサ→アルバルク東京

つながり [ラグビー]吉川 豪人(高校)、[バスケットボール]木下 誠(高校)、[バスケットボール]綱井 勇介(高校)

吉岡 大貴
よしおか たいき

三重ホンダヒート／PR

1995年9月2日生／27歳／183cm／113kg／宮崎県

経歴≫ 日向高→明治大→三重ホンダヒート

つながり [ラグビー]尾池 亨允(高校)、[ラグビー]児玉 大輔(高校)、[野球]青木宣親(高校)

吉川 雄大
よしかわ かずき

東北楽天ゴールデンイーグルス／投手

1996年12月12日生／27歳／167cm／80kg／AB型／広島県

経歴≫ 八女市立福島中→広陵高→東海大→JFE西日本→楽天

つながり [バスケットボール]冨岡 大地(高校)、[バスケットボール]大浦 颯太(高校)、[野球]小林 誠司(高校)

吉川 豪人
よしかわ たけと

清水建設江東ブルーシャークス／PR

2000年1月5日生／23歳／179cm／110kg／大阪府

経歴≫ 大阪学院大高→流通経済大→清水建設江東ブルーシャークス

つながり [バスケットボール]吉井 裕鷹(高校)、[バスケットボール]木下 誠(高校)、[バスケットボール]綱井 勇介(高校)

吉川 尚輝
よしかわ なおき

読売ジャイアンツ／内野手

1995年2月8日生／28歳／177cm／78kg／A型／岐阜県

経歴≫ 羽島市立桑原中→岐阜・中京高→中京学院大→巨人

つながり [野球]松田 宣浩(高校)、[野球]菊池 涼介(大学)、[野球]西尾 歩真(大学)

吉川 悠斗
よしかわ ゆうと

千葉ロッテマリーンズ／投手

2005年3月14日生／18歳／185cm／82kg／埼玉県

経歴≫ 吉川中央中→浦和麗明高→ロッテ

つながり [野球]相澤 白虎(同郷・同年代)、[野球]金田 優太(同郷・同年代)、[バスケットボール]荻沼 隼佑(同年代)

吉澤 太一
よしざわ たいち

NTTドコモレッドハリケーンズ大阪／FB

1991年7月18日生／31歳／175cm／80kg／埼玉県

経歴≫ 正智深谷高→立正大→NTTドコモレッドハリケーンズ大阪

つながり [ラグビー]タウファ オリヴェ(高校)、[ラグビー]ヴァル アサエリ愛ファカハウ(高校)

吉沢 文洋
よしざわ ふみひろ

静岡ブルーレヴズ／SH

1991年10月24日生／31歳／172cm／76kg／長野県

経歴≫ 飯田高→筑波大→静岡ブルーレヴズ

つながり [ラグビー]細田 佳也(高校)、[ラグビー]宮島 裕之(高校)、[ラグビー]前田 土芽(大学)

吉田 杏
よしだ きょう

トヨタヴェルブリッツ／FL

1995年6月30日生／27歳／187cm／107kg／大阪府

経歴≫ 大阪桐蔭高→帝京大→トヨタヴェルブリッツ

つながり [ラグビー]宮宗 翔(高校)、[ラグビー]紙森 陽太(高校)、[ラグビー]岡田 優輝(高校)

つながり 【野球】清水昇、横山楓は大学時代の先輩後輩。清水が卒業後エース背番号「18」を受け継いだ

吉田 賢吾

よしだ けんご
福岡ソフトバンクホークス／捕手
2001年1月18日生／22歳／180cm／92kg／神奈川県
経歴≫ 浜中→横浜商科大高→桐蔭横浜大→ソフトバンク
つながり [野球]菊地 大稀(大学)、[野球]渡部 健人(大学)、[野球]齋藤 友貴哉(大学)

吉田 輝星

よしだ こうせい
北海道日本ハムファイターズ／投手
2001年1月12日生／22歳／175cm／85kg／AB型／秋田県
経歴≫ 潟上市立天王中→金足農高→日本ハム
つながり [野球]石山 泰稚(高校)、[野球]杉澤 龍(同郷・同年代)、[アイスホッケー]阿部 泰河(同年代)

吉田 大喜

よしだ だいき
東京ヤクルトスワローズ／投手
1997年7月27日生／26歳／175cm／83kg／O型／大阪府
経歴≫ 茨木市立東雲中→大冠高→日本体育大→ヤクルト
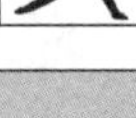
つながり [アイスホッケー]石井 秀人(大学)、[アイスホッケー]松野 佑太(大学)、[ラグビー]クリスチャン ラウイ(大学)

吉田 大亮

よしだ だいすけ
横浜キヤノンイーグルス／No8
1998年7月20日生／24歳／186cm／101kg／京都府
経歴≫ 東海大仰星高→東海大→横浜キヤノンイーグルス
つながり [ラグビー]岸岡 智樹(高校)、[ラグビー]近藤 英人(高校)、[ラグビー]根塚 洸雅 (高校)

吉田 竜二
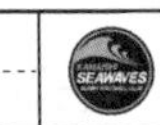

よしだ たつじ
釜石シーウェイブスRFC／HO
1988年2月3日生／34歳／176cm／100kg／大阪府
経歴≫ 近畿大学附属高→拓殖大学→セコムラガッツ→釜石シーウェイブスRFC
つながり [ラグビー]松岡 将大(高校)、[バスケットボール]西野 曜(高校)、[ラグビー]アセリ マシヴォウ(大学)

吉田 橋蔵

よしだ はしぞう
中国電力レッドレグリオンズ／SO
1997年12月20日生／25歳／177cm／85kg／徳島県

経歴≫ 徳島城北高→日本大→中国電力レッドレグリオンズ
つながり [ラグビー]杉本 悠馬(大学)、[ラグビー]細田 佳也(大学)、[ラグビー]中村 正寿(大学)

吉田 隼人

よしだ はやと
九州電力キューデンヴォルテクス／HO
1997年3月5日生／25歳／171cm／96kg／長崎県
経歴≫ 長崎北陽台高→筑波大→九州電力キューデンヴォルテクス
つながり [ラグビー]岡﨑 航大(高校)、[ラグビー]平川 隼也(高校)、[ラグビー]中尾 隼太(高校)

吉田 凌

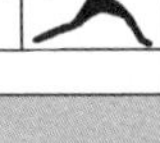
よしだ りょう
オリックス・バファローズ／投手
1997年6月20日生／26歳／181cm／80kg／A型／兵庫県
経歴≫ 西脇市立西脇東中→東海大付相模高→オリックス
つながり [ラグビー]五十嵐 優(高校)、[ラグビー]豊島 翔平(高校)、[ラグビー]王野 尚希(高校)

吉野 創士

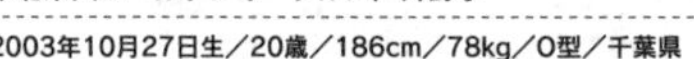

よしの そうし
東北楽天ゴールデンイーグルス／外野手
2003年10月27日生／20歳／186cm／78kg／O型／千葉県
経歴≫ 浦安市立富岡中→昌平高→楽天
つながり [ラグビー]片岡 領(高校)、[バスケットボール]山崎 稜(高校)、[野球]粟飯原 龍之介(同郷・同年代)

吉野 光樹

よしの てるき
横浜DeNAベイスターズ／投手
1998年7月19日生／25歳／176cm／80kg／O型／熊本県
経歴≫ 九州学院中→九州学院高→上武大→トヨタ自動車→DeNA
つながり [ラグビー]石田 一貴(高校)、[ラグビー]岩下 丈一郎(高校)、[ラグビー]石田 大河(高校)

吉村 貢司郎

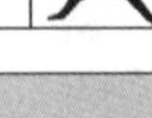
よしむら こうじろう
東京ヤクルトスワローズ／投手
1998年1月19日生／25歳／183cm／85kg／東京都
経歴≫ 足立区立第八中→日本大豊山高→国学院大→東芝→ヤクルト
つながり [ラグビー]船木 海都(大学)、[野球]高木 京介(大学)、[野球]柴田 竜拓(大学)、[野球]清水 昇(大学)

吉村 優聖歩

よしむら ゆうせふ
読売ジャイアンツ／投手
2004年12月8日生／19歳／181cm／73kg／B型／熊本県
経歴≫ 熊本市立錦ケ丘中→明徳義塾高→巨人
つながり [バスケットボール]ファイ サンバ(高校)、[バスケットボール]平尾 充庸(高校)、[野球]代木 大和(高校)

吉本 匠
よしもと たくみ

花園近鉄ライナーズ／SO
1997年11月16日生／25歳／171cm／85kg／大阪府

経歴≫ 常翔学園高→立命館大→花園近鉄ライナーズ

つながり [ラグビー]岡田 一平(高校)、[ラグビー]海士 広大(高校)、[ラグビー]髙橋 汰地(高校)

米山 幸希
よねやま こうき

EAST HOKKAIDO CRANES／DF
2000年4月18日生／22歳／178cm／81kg

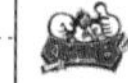

経歴≫ 白樺高→中央大→EAST HOKKAIDO CRANES

つながり [アイスホッケー]三田村 康平(高校)、[アイスホッケー]小林 斗威(高校)、[アイスホッケー]大椋 舞人(高校)

ら

11人
(NPB/0人、B.LEAGUE/5人、JAPAN RUGBY LEAGUE ONE/6人、ASIA LEAGUE ICE HOCKEY/0人)

ライアン クリーナー
らいあん くりーなー

愛媛オレンジバイキングス／PF
1998年4月24日生／24歳／208cm／118kg／アメリカ

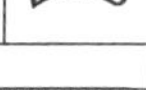

経歴≫ アイオワ大→Leuven Bears→愛媛オレンジバイキングス

つながり [バスケットボール]ジェロード ユトフ(大学)、[バスケットボール]ケヴェ アルマ(同郷・同年代)

ライアン クロッティ
らいあん くろってぃ

クボタスピアーズ船橋・東京ベイ／CTB
1988年9月23日生／34歳／181cm／94kg／ニュージーランド

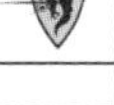

経歴≫ シャーリーボーイズ高→クボタスピアーズ船橋・東京ベイ

つながり [ラグビー]アッシュ ディクソン(同郷・同年代)、[ラグビー]ヘンリー ブラッキン(同郷・同年代)

ライアン ケリー
らいあん けりー

サンロッカーズ渋谷／SF/PF
1991年4月9日生／31歳／211cm／104kg／アメリカ

経歴≫ レイベンスクロフト・スクール→デューク大→ロサンゼルス レイカーズ他→サンロッカーズ渋谷

つながり [バスケットボール]アレックス カーク(同郷・同年代)、[バスケットボール]レジナルド ベクトン(同郷・同年代)

ライアン ロシター
らいあん ろしたー

アルバルク東京／PF/C
1989年9月14日生／33歳／206cm／105kg／アメリカ

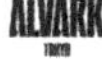

経歴≫ IS28中→モンシニョール・ファレル高→シエナ大→Denain ASC Voltaire→Canton Charge→宇都宮ブレックス→アルバルク東京

つながり [バスケットボール]イバン ラベネル(同郷・同年代)、[バスケットボール]ケビン ジョーンズ(同郷・同年代)

ラクラン ボーシェー
らくらん ぼーしぇー

埼玉パナソニックワイルドナイツ／FL
1994年11月16日生／28歳／191cm／104kg／ニュージーランド

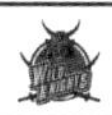

経歴≫ ニュープリマス ボーイズ ハイスクール→埼玉パナソニックワイルドナイツ

つながり [ラグビー]バティリアイ ツイドラキ(同郷・同年代)、[ラグビー]ブロディ マクカラン(同郷・同年代)

ラシード ファラーズ
らしーど ふぁらーず

千葉ジェッツ／SF/PF
1997年9月13日生／25歳／202cm／94kg／埼玉県

経歴≫ 大沼中→越谷西高→東洋大→千葉ジェッツ

つながり [アイスホッケー]成澤 優太(大学)、[アイスホッケー]柴田 嗣斗(大学)、[アイスホッケー]福田 充男(大学)

ラショーン トーマス
らしょーん とーます

仙台89ERS／PF/C
1994年8月15日生／28歳／203cm／104kg／O型／アメリカ

経歴≫ ウェブスター中→サウスイースト高→テキサスA&M大コーパスクリスティ→Partizan Belgrade他→仙台89ERS

つながり [バスケットボール]ブランドン アシュリー(同郷・同年代)、[バスケットボール]アイゼイア ヒックス(同郷・同年代)

ラタ タンギマナ
らた たんぎまな

花園近鉄ライナーズ／PR
1998年1月23日生／24歳／183cm／118kg／トンガ

経歴≫ トンガカレッジ→日本文理大→花園近鉄ライナーズ

つながり [ラグビー]フェツアニ ラウタイミ(高校)、[ラグビー]アマナキ レレイマフィ(高校)

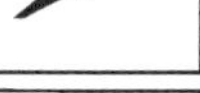

ラトゥ マノア
らとぅ まのあ

埼玉パナソニックワイルドナイツ／CTB
1998年2月22日生／24歳／181cm／95kg／トンガ

経歴≫ トンガカレッジ→花園大→埼玉パナソニックワイルドナイツ

つながり [ラグビー]フェツアニ ラウタイミ(高校)、[ラグビー]アマナキ レレイマフィ(高校)

つながり 【野球】吉田輝星と柿木蓮は夏の甲子園100回大会決勝で先発し対戦

ラファエレ ティモシー
らふぁえれ てぃもしー

コベルコ神戸スティーラーズ／CTB  代表歴あり
1991年8月19日生／31歳／186cm／97kg／サモア

経歴≫ デラセラカレッジ→山梨学院大→コベルコ神戸スティーラーズ
つながり [ラグビー]ツイ ヘンドリック(高校)、[ラグビー]後藤 輝也(大学)、[ラグビー]トコキオ ソシセニ(大学)

ラリー スルンガ
らりー するんが

浦安D-Rocks／WTB
1998年10月22日生／24歳／183cm／102kg／トンガ

経歴≫ トゥポカレッジ→NTTドコモレッドハリケーンズ大阪→浦安D-Rocks
つながり [ラグビー]クリスチャン ラウイ(同郷・同年代)、[ラグビー]アシペリ モアラ(同郷・同年代)

り

22人
(NPB/2人、B.LEAGUE/2人、JAPAN RUGBY LEAGUE ONE/18人、ASIA LEAGUE ICE HOCKEY/0人)

李 優河
り うは

清水建設江東ブルーシャークス／PR
2001年2月28日生／21歳／180cm／115kg／大阪府

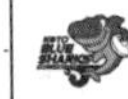

経歴≫ 大阪朝鮮高→同志社大→清水建設江東ブルーシャークス
つながり [ラグビー]金 秀隆(高校)、[ラグビー]李 承信(高校)、[ラグビー]梁 正秋(高校)

李 淳也
り じゅんや

日野レッドドルフィンズ／FL
1993年12月27日生／29歳／175cm／87kg／兵庫県

経歴≫ 天理大→日野レッドドルフィンズ
つながり [ラグビー]上田 聖(大学)、[ラグビー]アシペリ モアラ(大学)、[ラグビー]井上 大介(大学)

李 修平
り すぴょん

マツダスカイアクティブズ広島／CTB
1989年8月9日生／33歳／179cm／80kg／大阪府

経歴≫ 大阪日新高→大阪体育大→マツダスカイアクティブズ広島
つながり [ラグビー]山本 剣士(大学)、[ラグビー]王 鏡聞(大学)、[ラグビー]伊尾木 洋斗(大学)

李 承信
り すんしん

コベルコ神戸スティーラーズ／SO 代表歴あり
2001年1月13日生／22歳／176cm／85kg／兵庫県

経歴≫ 大阪朝鮮高→コベルコ神戸スティーラーズ
つながり [ラグビー]金 秀隆(高校)、[ラグビー]梁 正秋(高校)、[ラグビー]安 昌豪(高校)

李 承爀
り すんひょ

三重ホンダヒート／HO
1999年1月27日生／23歳／179cm／110kg／兵庫県

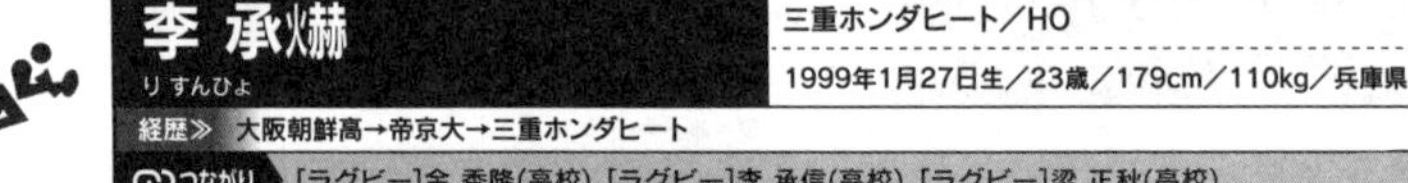

経歴≫ 大阪朝鮮高→帝京大→三重ホンダヒート
つながり [ラグビー]金 秀隆(高校)、[ラグビー]李 承信(高校)、[ラグビー]梁 正秋(高校)

李 聖彰
り そんちゃん

東芝ブレイブルーパス東京／FL
1991年8月24日生／31歳／188cm／102kg／東京都

経歴≫ 東京朝鮮高→帝京大→東芝ブレイブルーパス東京
つながり [ラグビー]大和田 立(大学)、[ラグビー]亀井 亮依(大学)、[ラグビー]小林 恵太(大学)

李 城鏞
り そんよん

花園近鉄ライナーズ／PR
1995年4月28日生／27歳／172cm／105kg／大阪府

経歴≫ 大阪朝鮮高→帝京大→花園近鉄ライナーズ
つながり [ラグビー]金 秀隆(高校)、[ラグビー]李 承信(高校)、[ラグビー]梁 正秋(高校)

リアキマタギ モリ
りあきまたぎ もり

横浜キヤノンイーグルス／LO
1990年1月4日生／33歳／197cm／114kg／ニュージーランド

経歴≫ カレッジ＆セントポールズカレッジ→ブルーズ・サンウルブズ・日野レッドドルフィンズ→横浜キヤノンイーグルス
つながり [ラグビー]リチャード バックマン(同郷・同年代)、[ラグビー]ヘンリー ジェイミー(同郷・同年代)

リアム ギル
りあむ ぎる

浦安D-Rocks／FL
1992年6月8日生／30歳／185cm／103kg／オーストラリア

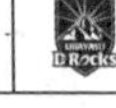

経歴≫ セントジョセフカッレジ→リヨン→レッズ→浦安D-Rocks
つながり [ラグビー]アンドリュー ディーガン(同郷・同年代)、[バスケットボール]ニック ケイ(同郷・同年代)

リアム ミッチェル
りあむ みっちぇる

埼玉パナソニックワイルドナイツ／LO

1995年10月10日生／27歳／197cm／117kg／ニュージーランド

経歴≫ パーマストン・ノース・ボーイズ高→埼玉パナソニックワイルドナイツ

つながり [ラグビー]ジャクソン ヘモポ(高校)、[ラグビー]ジョシュ グッドヒュー(同郷・同年代)

リース ヴァーグ
りーす ゔぁーぐ

香川ファイブアローズ／PF　代表歴あり

1996年1月17日生／27歳／206cm／104kg／オーストラリア

経歴≫ ウェレットン高→エディスコーワン大→Dandenong Rangers→Perth Wildcats→Nelson Giants→香川ファイブアローズ

つながり [バスケットボール]ジョーダン ヘディング(同郷・同年代)、[アイスホッケー]ベンガート 朗孟(同年代)

リーチ マイケル
りーち まいける

東芝ブレイブルーパス東京／No8　代表歴あり

1988年10月7日生／34歳／189cm／113kg／ニュージーランド

経歴≫ 札幌山の手高→東海大→東芝ブレイブルーパス東京

つながり [ラグビー]渡邉 隆之(高校)、[ラグビー]舟橋 諒将(高校)、[ラグビー]伊藤 鐘平(高校)

リード トラビス
りーど とらびす

島根スサノオマジック／PF

1995年11月25日生／27歳／203cm／111kg／アメリカ

経歴≫ 島根スサノオマジック

つながり [ラグビー]鶴川 達彦(同郷・同年代)、[バスケットボール]ジョナサン ウィリアムズ(同郷・同年代)

リエキナ カウフシ
りえきな かうふし

花園近鉄ライナーズ／WTB

1998年1月24日生／24歳／182cm／99kg／トンガ

経歴≫ トンガカレッジ→日本文理大→花園近鉄ライナーズ

つながり [ラグビー]フェツアニ ラウタイミ(高校)、[ラグビー]アマナキ レレイマフィ(高校)

リカス プレトリアス
りかす ぷれとりあす

クボタスピアーズ船橋・東京ベイ／CTB

1999年1月15日生／24歳／193cm／104kg／南アフリカ

経歴≫ グレイ高→クボタスピアーズ船橋・東京ベイ

つながり [ラグビー]スカルク エラスマス(同郷・同年代)、[アイスホッケー]今 勇輔(同年代)

リサラ シオシファ
りさら しおしふぁ

浦安D-Rocks／CTB

1994年2月2日生／28歳／180cm／103kg／トンガ

経歴≫ トンガカレッジ→花園大→豊田自動織機→ワラターズ→NTTドコモレッドハリケーンズ大阪→浦安D-Rocks

つながり [ラグビー]フェツアニ ラウタイミ(高校)、[ラグビー]アマナキ レレイマフィ(高校)

リチャード
りちゃーど

福岡ソフトバンクホークス／内野手

1999年6月18日生／24歳／189cm／119kg／O型／沖縄県

経歴≫ 北中城村立北中城中→沖縄尚学高→ソフトバンク

つながり [野球]岡留 英貴(高校)、[野球]東浜 巨(高校)、[野球]嶺井 博希(高校)、[野球]與座 海人(高校)

リチャード バックマン
りちゃーど ばっくまん

コベルコ神戸スティーラーズ／CTB

1989年5月27日生／33歳／186cm／90kg／ニュージーランド

経歴≫ ネイピアボーイズ高→コベルコ神戸スティーラーズ

つながり [ラグビー]ヘンリー ジェイミー(同郷・同年代)、[ラグビー]リアキマタギ モリ(同郷・同年代)

リッチモンド トンガタマ
りっちもんど とんがたま

静岡ブルーレヴズ／HO

1996年7月6日生／26歳／188cm／116kg／ニュージーランド

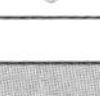

経歴≫ 帝京大→静岡ブルーレヴズ

つながり [ラグビー]大和田 立(大学)、[ラグビー]亀井 亮依(大学)、[ラグビー]小林 恵太(大学)

梁 正秋
りゃん じょんちゅ

トヨタヴェルブリッツ／SH

1992年12月14日生／30歳／171cm／76kg／大阪府

経歴≫ 大阪朝鮮高→京都産大→トヨタヴェルブリッツ

つながり [ラグビー]金 秀隆(高校)、[ラグビー]李 承信(高校)、[ラグビー]安 昌豪(高校)

龍空
りゅうく

中日ドラゴンズ／内野手

2002年12月30日生／21歳／180cm／77kg／A型／滋賀県

経歴≫ 米原市立米原中→近江高→中口

つながり [野球]植田 海(高校)、[野球]京山 将弥(高校)、[野球]北村 恵吾(高校)、[野球]山田 陽翔(高校)

つながり 【競技またぎ】リーグワンのリーチマイケルとNPBの坂本勇人は共に1998年世代。国際大会で多くの活躍を残している

リンディ 真ダニエル
りんでぃ まことだにえる

三菱重工相模原ダイナボアーズ／LO
1987年11月9日生／35歳／195cm／110kg／オーストラリア

経歴≫ イプスウィッチ・グラマースクール→クイーンズランド大→三菱重工相模原ダイナボアーズ

つながり [ラグビー]ジャック コーネルセン(大学)、[ラグビー]ハリー ホッキングス(大学)

る

8人
(NPB/1人、B.LEAGUE/1人、JAPAN RUGBY LEAGUE ONE/6人、ASIA LEAGUE ICE HOCKEY/0人)

ルアン ボタ
るあん ぼた

クボタスピアーズ船橋・東京ベイ／LO
1992年1月10日生／31歳／205cm／120kg／南アフリカ

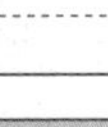

経歴≫ ジュグランド高→クボタスピアーズ船橋・東京ベイ

つながり [ラグビー]マルセル クッツェー(同郷・同年代)、[ラグビー]ダミアン デアレンデ(同郷・同年代)

ルイス コンラディ
るいす こんらでぃ

トヨタヴェルブリッツ／LO
1996年6月11日生／26歳／205cm／119kg／南アフリカ

経歴≫ ボールルースナジウム→トヨタヴェルブリッツ

つながり [ラグビー]ウィリー ルルー(高校)、[アイスホッケー]ハリデー 慈英(同年代)

ルイス ブリンソン
るいす ぶりんそん

読売ジャイアンツ／外野手
1994年5月8日生／28歳／196cm／96kg／アメリカ

経歴≫ ジャイアンツ他→巨人

つながり [バスケットボール]ブランドン アシュリー(同郷・同年代)、[バスケットボール]アイゼイア ヒックス(同郷・同年代)

ルーカス ボイラン
るーかす ぼいらん

豊田自動織機シャトルズ愛知／LO
2002年1月4日生／21歳／195cm／110kg／オーストラリア

経歴≫ ヴィラノーバ高→豊田自動織機シャトルズ愛知

つながり [ラグビー]エイジェイ ウルフ(同郷・同年代)、[ラグビー]ゼファニア トゥイノナ(同郷・同年代)

ルーク ポーター
るーく ぽーたー

NECグリーンロケッツ東葛／LO
1997年4月3日生／25歳／201cm／119kg／オーストラリア

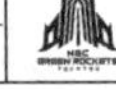

経歴≫ スコーングラマースクール→オーストラリアカットリック大→シドニーユニ→NECグリーンロケッツ東葛

つながり [ラグビー]トニー ハント(同郷・同年代)、[ラグビー]ノーラン トーマス(同郷・同年代)

ルーズベルト アダムス
るーずべると あだむす

香川ファイブアローズ／SF/PF
1994年5月22日生／28歳／196cm／88kg／アメリカ

経歴≫ 香川ファイブアローズ

つながり [バスケットボール]ブランドン アシュリー(同郷・同年代)、[バスケットボール]アイゼイア ヒックス(同郷・同年代)

ルード デヤハー
るーど でやはー

埼玉パナソニックワイルドナイツ／LO
1992年12月17日生／30歳／206cm／127kg／南アフリカ

経歴≫ 南アフリカ・ノースウエスト大→埼玉パナソニックワイルドナイツ

つながり [ラグビー]ウォルト スティーンカンプ(大学)、[ラグビー]ピーターステフ デュトイ(同郷・同年代)

ルテル ラウララ
るてる らうらら

横浜キヤノンイーグルス／UTB
1995年5月30日生／27歳／178cm／90kg／ニュージーランド

経歴≫ NTTコミュニケーションズ→豊田自動織機シャトルズ愛知→横浜キヤノンイーグルス

つながり [ラグビー]ジョシュ グッドヒュー(同郷・同年代)、[ラグビー]イエレミア マタエナ(同郷・同年代)

れ

7人
(NPB/1人、B.LEAGUE/4人、JAPAN RUGBY LEAGUE ONE/2人、ASIA LEAGUE ICE HOCKEY/0人)

レイ タタフ
れい たたふ

九州電力キューデンヴォルテクス／LO
1995年2月14日生／27歳／196cm／117kg／ニュージーランド

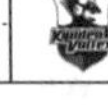

経歴≫ オークランド工科大→九州電力キューデンヴォルテクス

つながり [ラグビー]ベン ポルトリッジ(大学)、[ラグビー]サム ヘンウッド(大学)

レイ パークスジュニア
れい ぱーくすじゅにあ

名古屋ダイヤモンドドルフィンズ／SG　代表歴あり
1993年2月19日生／29歳／193cm／96kg／O型／フィリピン
経歴≫ リッジウェイ・ミドル・スクール→メルローズ高→ナショナル大→Blackwater Elite他→名古屋ダイヤモンドドルフィンズ
つながり [バスケットボール]マシュー・アキノ(大学)、[ラグビー]ベンジャミン ソーンダース(同郷・同年代)

レイナルド ガルシア
れいなるど がるしあ

佐賀バルーナーズ／PG
1990年5月29日生／32歳／187cm／95kg／A型／キューバ
経歴≫ 佐賀バルーナーズ
つながり [アイスホッケー]牛来 拓都(同年代)、[アイスホッケー]杉本 華唯(同年代)

レオ ライオンズ
れお らいおんず

アルティーリ千葉／PF
1987年5月24日生／35歳／207cm／115kg／O型／アメリカ
経歴≫ アローヘッド中→コースタルクリスチャン高→ミズーリ大コロンビア校→秋田ノーザンハピネッツ他→アルティーリ千葉
つながり [バスケットボール]ギャビン エドワーズ(同郷・同年代)、[バスケットボール]テレンス ウッドベリー(同郷・同年代)

レジナルド ベクトン
れじなるど べくとん

アースフレンズ東京Z／PF
1991年5月12日生／31歳／206cm／116kg／アメリカ
経歴≫ アイダ・B・ウェルズ アカデミー→マナサス高→ミシシッピ大→Capitanes de Arecibo他→アースフレンズ東京Z
つながり [バスケットボール]セバスチャン サイズ(大学)、[バスケットボール]アレックス カーク(同郷・同年代)

レビーラ
れびーら

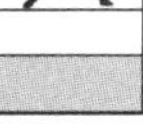

中日ドラゴンズ／内野手
1999年3月23日生／24歳／182cm／106kg／キューバ
経歴≫ キューバL→中日
つながり [野球]アルバレス(同郷・同年代)、[アイスホッケー]今 勇輔(同年代)、[アイスホッケー]相木 隼斗(同年代)

レメキ ロマノラヴァ
れめき ろまの らう゛ぁ

NECグリーンロケッツ東葛／WTB　代表歴あり
1989年1月20日生／33歳／178cm／96kg／トンガ
経歴≫ リンストンカレッジ校→横浜キヤノンイーグルス他→NECグリーンロケッツ東葛
つながり [ラグビー]ロトアヘア ポヒヴァ大和(同郷・同年代)、[ラグビー]ハヴィリ リッチー(同郷・同年代)

ろ

12人
(NPB/4人、B.LEAGUE/1人、JAPAN RUGBY LEAGUE ONE/6人、ASIA LEAGUE ICE HOCKEY/1人)

ロウラー 和輝
ろうらー かずき

TOHOKU FREEBLADES／DF
1998年11月20日生／24歳／183cm／83kg
経歴≫ 神戸ジェッツ→関西大第一高→関西大→TOHOKU FREEBLADES
つながり [アイスホッケー]畑 享和(大学)、[アイスホッケー]大宮 良(大学)、[アイスホッケー]石田 龍之進(大学)

ローリー アーノルド
ろーりー あーのるど

日野レッドドルフィンズ／LO
1990年7月1日生／32歳／208cm／128kg／オーストラリア
経歴≫ 日野レッドドルフィンズ
つながり [ラグビー]ティム ベネット(同郷・同年代)、[ラグビー]トム イングリッシュ(同郷・同年代)

ローレンス エラスマス
ろーれんす えらすます

浦安D-Rocks／LO
1993年6月14日生／29歳／200cm／123kg／南アフリカ
経歴≫ ハールスホンテイン大→ライオンズ→NTTドコモレッドハリケーンズ大阪→浦安D-Rocks
つながり [ラグビー]ジェシー クリエル(同郷・同年代)、[ラグビー]クワッガ スミス(同郷・同年代)

ロスコ アレン
ろすこ あれん

新潟アルビレックスBB／SF/PF　代表歴あり
1993年5月5日生／29歳／208cm／100kg／AB型／ハンガリー
経歴≫ スタンフォード大→Iberostar Tenerife→島根スサノオマジック→群馬クレインサンダーズ→新潟アルビレックスBB
つながり [アイスホッケー]髙木 健太(同年代)、[アイスホッケー]大澤 勇斗(同年代)

ロックラン オズボーン
ろっくらん おずぼーん

マツダスカイアクティブズ広島／LO
1999年9月1日生／23歳／194cm／110kg／オーストラリア
経歴≫ キャンベラ・グラマー・スクール→マツダスカイアクティブズ広島
つながり [ラグビー]クイントン マヒナ(同郷・同年代)、[ラグビー]マックス ダグラス(同郷・同年代)

つながり 【ラグビー】ルアンボタ、ダミアンデアレンデは同じ出身。ストーマーズ時代から仲が良い

ロトアヘア アマナキ大洋
ろとあへあ あまなきたいよう

リコーブラックラムズ東京／WTB　代表歴あり

1990年4月14日生／32歳／191cm／107kg／トンガ

経歴≫ トゥポウカレッジ→花園大→リコーブラックラムズ東京

つながり [ラグビー]ロトアヘア ポヒヴァ大和(高校)、[ラグビー]アマナキ レレイマフィ(大学)

ロトアヘア ポヒヴァ大和
ろとあへあ ぽひゔぁやまと

リコーブラックラムズ東京／LO

1988年8月10日生／34歳／192cm／115kg／トンガ

経歴≫ トゥポウカレッジ→埼玉工大→リコーブラックラムズ東京

つながり [ラグビー]ロトアヘア アマナキ大洋(高校)、[ラグビー]タウファ オリヴェ(大学)

ロドリゲス
ろどりげす

中日ドラゴンズ／投手

1997年3月10日生／26歳／186cm／97kg／キューバ

経歴≫ キューバL→中日

つながり [野球]R.マルティネス(同郷・同年代)、[野球]A.マルティネス(同郷・同年代)

ロドリゲス
ろどりげす

福岡ソフトバンクホークス／投手

2001年8月18日生／22歳／182cm／90kg／ドミニカ共和国

経歴≫ ソフトバンク

つながり [アイスホッケー]中舘 庸太朗(同年代)、[アイスホッケー]鈴木 聖夏(同年代)

B.ロドリゲス
ろどりげす

北海道日本ハムファイターズ／投手

1991年7月6日生／32歳／196cm／111kg／ドミニカ共和国

経歴≫ 米マイナー→日本ハム

つながり [野球]カリステ(同郷・同年代)、[野球]エスピナル(同郷・同年代)、[野球]ポランコ(同郷・同年代)

ロブ トンプソン
ろぶ とんぷそん

トヨタヴェルブリッツ／CTB

1991年8月29日生／31歳／184cm／103kg／ニュージーランド

経歴≫ パーマストンノースボーイズ→トヨタヴェルブリッツ

つながり [ラグビー]ナニ ラウマペ(高校)、[ラグビー]ハドレー パークス(高校)

ロペス
ろぺす

読売ジャイアンツ／投手

1993年1月2日生／30歳／191cm／84kg／キューバ

経歴≫ メッツ他→巨人

つながり [アイスホッケー]小野田 拓人(同年代)、[アイスホッケー]橋本 僚(同年代)

わ

39人

(NPB/21人、B.LEAGUE/7人、JAPAN RUGBY LEAGUE ONE/9人、ASIA LEAGUE ICE HOCKEY/2人)

ワーナー ディアンズ
わーなー でぃあんず

東芝ブレイブルーパス東京／LO　代表歴あり

2002年4月11日生／20歳／201cm／117kg／ニュージーランド

経歴≫ 流通経済大付柏高→東芝ブレイブルーパス東京

つながり [ラグビー]粥塚 諒(高校)、[ラグビー]堀米 航平(高校)、[ラグビー]津嘉山 廉人(高校)

若月 健矢
わかつき けんや

オリックス・バファローズ／捕手

1995年10月4日生／28歳／180cm／88kg／O型／埼玉県

経歴≫ 加須平成中→花咲徳栄高→オリックス

つながり [野球]松井 颯(高校)、[野球]清水 達也(高校)、[野球]味谷 大誠(高校)、[野球]楠本 泰史(高校)

若林 晃弘
わかばやし あきひろ

読売ジャイアンツ／内野手

1993年8月26日生／29歳／180cm／79kg／A型／東京都

経歴≫ 中野区立第九中→桐蔭学園高→法政大→JX-ENEOS→巨人

つながり [ラグビー]石田 楽人(高校)、[ラグビー]山本 耕生(高校)、[ラグビー]田村 魁世(高校)

若林 楽人
わかばやし がくと

埼玉西武ライオンズ／外野手

1998年4月13日生／25歳／177cm／72kg／B型／北海道

経歴≫ 白老町立白老中→駒大苫小牧高→駒澤大→西武

つながり [アイスホッケー]山田 虎太朗(高校)、[アイスホッケー]山下 敬史(高校)、[アイスホッケー]今 勇輔(高校)

脇本 侑也
わきもと ゆうや

EAST HOKKAIDO CRANES／GK
1993年5月4日生／29歳／178cm／73kg
経歴≫ 苫小牧工業高→東洋大→王子イーグルス→EAST HOKKAIDO CRANES
つながり [アイスホッケー]高橋 聖二(高校)、[アイスホッケー]相木 隼斗(高校)、[アイスホッケー]武部 虎太朗(高校)

涌井 秀章
わくい ひであき

中日ドラゴンズ／投手 代表歴あり
1986年6月21日生／38歳／185cm／85kg／A型／千葉県
経歴≫ 松戸市立第六中→横浜高→西武→ロッテ→楽天→中日
つながり [野球]木下 幹也(高校)、[野球]伊藤 将司(高校)、[野球]及川 雅貴(高校)、[野球]髙濱 祐仁(高校)

ワゲスパック
わげすぱっく

オリックス・バファローズ／投手
1993年11月5日生／30歳／198cm／106kg／アメリカ
経歴≫ ブルージェイズ他→オリックス
つながり [バスケットボール]アディソン スプライル(同郷・同年代)、[バスケットボール]マーベル ハリス(同郷・同年代)

和田 康士朗
わだ こうしろう

千葉ロッテマリーンズ／外野手
1999年1月14日生／24歳／185cm／77kg／B型／埼玉県
経歴≫ 東松山市立北中→小川高→BCL・富山→ロッテ
つながり [ラグビー]本堂 杏虎(同郷・同年代)、[ラグビー]山沢 京平(同郷・同年代)、[ラグビー]大内 錬(同郷・同年代)

和田 毅
わだ つよし

福岡ソフトバンクホークス／投手 代表歴あり
1981年2月21日生／42歳／179cm／80kg／O型／島根県
経歴≫ 出雲市立第三中→浜田高→早稲田大→ダイエー・ソフトバンク→オリオールズ→カブス→ソフトバンク
つながり [アイスホッケー]山田 虎太朗(大学)、[アイスホッケー]ハリデー 慈英(大学)

和田 悠一郎
わだ ゆういちろう

トヨタヴェルブリッツ／WTB
1999年8月30日生／23歳／178cm／88kg／大阪府
経歴≫ 東海大仰星高→同志社大→トヨタヴェルブリッツ
つながり [ラグビー]岸岡 智樹(高校)、[ラグビー]近藤 英人(高校)、[ラグビー]根塚 洸雅 (高校)

和田 恋
わだ れん

東北楽天ゴールデンイーグルス／外野手
1995年9月26日生／28歳／180cm／93kg／O型／高知県
経歴≫ 高知中→高知高→巨人→楽天
つながり [野球]森木 大智(高校)、[野球]榮枝 裕貴(高校)、[野球]木下 拓哉(高校)、[野球]公文 克彦(高校)

渡辺 明貴
わたなべ あき

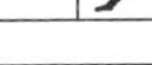

横浜DeNAベイスターズ／投手
2000年1月29日生／23歳／188cm／105kg／山梨県
経歴≫ 一宮中→第一学院高→山梨球友クラブ→BCL・滋賀→BCL・新潟→韓国独立→TOKYO METS→BCL・茨城→DeNA
つながり [野球]知野 直人(高校)、[ラグビー]飯沼 蓮(同郷・同年代)、[ラグビー]田草川 恵(同郷・同年代)

渡邉 亮秀
わたなべ あきひで

H.C.TOCHIGINIKKOICEBUCKS／DF
1997年3月9日生／25歳／183cm／86kg
経歴≫ 日光東中→日光明峰高→東洋大→H.C.TOCHIGINIKKOICEBUCKS
つながり [アイスホッケー]福田 充男(高校)、[アイスホッケー]古橋 真来(高校)、[アイスホッケー]大津 夕聖(高校)

渡部 寛太
わたなべ かんた

三重ホンダヒート／WTB
1996年3月1日生／26歳／186cm／90kg／愛媛県
経歴≫ 北条高→明治大→三重ホンダヒート
つながり [アイスホッケー]青山 大基(大学)、[アイスホッケー]坂田 駿(大学)、[アイスホッケー]相馬 秀斗(大学)

渡部 健人
わたなべ けんと

埼玉西武ライオンズ／内野手
1998年12月26日生／25歳／176cm／112kg／O型／神奈川県
経歴≫ 横浜市立上白根中→日本ウェルネス高→桐蔭横浜大→西武
つながり [野球]菊地 大稀(大学)、[野球]吉田 賢吾(大学)、[野球]齋藤 友貴哉(大学)

渡辺 翔太
わたなべ しょうた

東北楽天ゴールデンイーグルス／投手
2000年10月29日生／23歳／182cm／90kg／福岡県
経歴≫ 北九州市立富野中→北九州高→九州産大→楽天
つながり [野球]福森 耀真(高校)、[野球]中村 貴浩(同郷・同年代)、[野球]濱田 太貴(同郷・同年代)

つながり 【ラグビー】ワーナーディアンズの父はグラント(現NECコーチ)

渡邉 翔太
わたなべ しょうた

西宮ストークス／PG
1993年6月26日生／29歳／181cm／76kg／B型／兵庫県

経歴≫ 井吹台中→関西学院高→関西学院大→アースフレンズ東京Z他→西宮ストークス

つながり [ラグビー]徳田 健太(高校)、[ラグビー]徳永 祥尭(高校)、[ラグビー]齋藤 遼太(高校)

渡辺 翔太
わたなべ しょうた

仙台89ERS／PG
1998年11月24日生／24歳／168cm／70kg／B型／栃木県

経歴≫ 金田北中→宇都宮工高→明治大→仙台89ERS

つながり [バスケットボール]橋本 晃佑(高校)、[バスケットボール]横塚 蛍(高校)、[野球]星 知弥(高校)

渡邉 弐貴
わたなべ そうき

三重ホンダヒート／CTB
1997年1月14日生／26歳／175cm／89kg／山梨県

経歴≫ 国学院栃木高→明治大→三重ホンダヒート

つながり [ラグビー]尾又 寛汰(高校)、[ラグビー]福田 陸人(高校)、[ラグビー]武井 日向(高校)

渡邉 大樹
わたなべ だいき

オリックス・バファローズ／外野手
1997年6月7日生／26歳／182cm／87kg／O型／千葉県

経歴≫ 松戸市立栗ヶ沢中→専大松戸高→ヤクルト→オリックス

つながり [野球]高橋 礼(高校)、[野球]横山 陸人(高校)、[野球]上沢 直之(高校)

渡邉 隆之
わたなべ たかゆき

コベルコ神戸スティーラーズ／PR 代表歴あり
1994年5月27日生／28歳／180cm／116kg／北海道

経歴≫ 札幌山の手高→東海大→コベルコ神戸スティーラーズ

つながり [ラグビー]舟橋 諒将(高校)、[ラグビー]伊藤 鐘平(高校)、[ラグビー]リーチ マイケル(高校)

渡邉 友哉
わたなべ ともや

豊田自動織機シャトルズ愛知／HO
1989年5月7日生／33歳／173cm／102kg／愛知県

経歴≫ 西陵高→関東学院大→豊田自動織機シャトルズ愛知

つながり [ラグビー]羽野 一志(高校)、[ラグビー]平野 叶翔(高校)、[ラグビー]野村 三四郎(高校)

渡部 遼人
わたなべ はると

オリックス・バファローズ／外野手
1999年9月2日生／24歳／170cm／70kg／O型／東京都

経歴≫ 調布市立第三中→桐光学園高→慶応義塾大→オリックス

つながり [バスケットボール]宮本 一樹(高校)、[バスケットボール]齋藤 拓実(高校)

渡邉 彪亮
わたなべ ひょうすけ

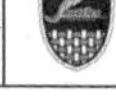

豊田自動織機シャトルズ愛知／PR
1995年8月1日生／27歳／167cm／104kg／大阪府

経歴≫ 大阪桐蔭高→立命館大→豊田自動織機シャトルズ愛知

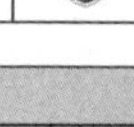

つながり [ラグビー]宮宗 翔(高校)、[ラグビー]紙森 陽太(高校)、[ラグビー]岡田 優輝(高校)

渡邉 洋人
わたなべ ひろと

清水建設江東ブルーシャークス／LO
1994年9月21日生／28歳／184cm／100kg／神奈川県

経歴≫ 公文国際学園高→筑波大→清水建設江東ブルーシャークス

つながり [ラグビー]前田 土芽(大学)、[ラグビー]島田 悠平(大学)、[ラグビー]土谷 深浩(大学)

渡邉 裕規
わたなべ ひろのり

宇都宮ブレックス／PG 代表歴あり
1988年3月22日生／34歳／180cm／80kg／B型／神奈川県

経歴≫ 西中原中→世田谷学園高→青山学院大→パナソニックトライアンズ→宇都宮ブレックス

つながり [バスケットボール]朝山 正悟(高校)、[ラグビー]古賀 駿汰(大学)、[ラグビー]髙橋 敏也(大学)

渡邉 佑樹
わたなべ ゆうき

福岡ソフトバンクホークス／投手
1995年11月8日生／28歳／183cm／85kg／A型／山梨県

経歴≫ 下吉田中→富士学苑高→横浜商科大→楽天→ソフトバンク

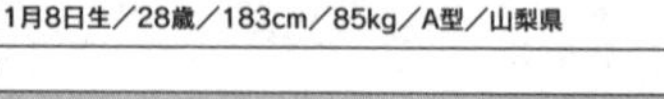

つながり [野球]岩貞 祐太(大学)、[ラグビー]松土 治樹(同郷・同年代)、[ラグビー]梶原 瑛(同郷・同年代)

渡邉 雄大
わたなべ ゆうた

阪神タイガース／投手
1991年9月19日生／32歳／185cm／84kg／B型／新潟県

経歴≫ 三条市立三条第一中→中越高→青山学院大→BCL・新潟→ソフトバンク→阪神

つながり [ラグビー]古賀 駿汰(大学)、[ラグビー]髙橋 敏也(大学)、[ラグビー]髙野 祥太(大学)

渡邉 勇太朗
わたなべ ゆうたろう

埼玉西武ライオンズ／投手
2000年9月21日生／23歳／191cm／91kg／A型／埼玉県

経歴≫ 羽生市立東中→浦和学院高→西武

つながり [野球]小島 和哉(高校)、[野球]金田 優太(高校)、[野球]蛭間 拓哉(高校)

渡邊 佳明
わたなべ よしあき

東北楽天ゴールデンイーグルス／内野手
1997年1月8日生／26歳／180cm／79kg／A型／神奈川県

経歴≫ 横浜市立富岡中→横浜高→明治大→楽天

つながり [野球]木下 幹也(高校)、[野球]伊藤 将司(高校)、[野球]及川 雅貴(高校)、[野球]髙濱 祐仁(高校)

渡邉 陸
わたなべ りく

福岡ソフトバンクホークス／捕手
2000年9月24日生／23歳／187cm／84kg／A型／熊本県

経歴≫ 西原村立西原中→神村学園高→ソフトバンク

つながり [野球]羽月 隆太郎(高校)、[野球]桑原 秀侍(高校)、[野球]秦 勝利(高校)

渡部 琉
わたなべ りゅう

仙台89ERS／SG/SF
2000年10月3日生／22歳／193cm／86kg／埼玉県

経歴≫ 仙台89ERS

つながり [野球]宮崎 颯(同郷・同年代)、[野球]渡邉 勇太朗(同郷・同年代)、[野球]松岡 洸希(同郷・同年代)

渡辺 竜之佑
わたなべ りゅうのすけ

サンロッカーズ渋谷／PG/SG
1994年8月24日生／28歳／189cm／90kg／B型／沖縄県

経歴≫ コザ中→福岡第一高→専修大→琉球ゴールデンキングス→新潟アルビレックスBB→サンロッカーズ渋谷

つながり [バスケットボール]井手 優希(高校)、[バスケットボール]重冨 周希(高校)

渡邉 諒
わたなべ りょう

阪神タイガース／内野手
1995年4月30日生／28歳／178cm／84kg／B型／茨城県

経歴≫ 土浦市立土浦第三中→東海大甲府高→日本ハム→阪神

つながり [ラグビー]田草川 恵(高校)、[ラグビー]中村 謙吾(高校)、[野球]亀田 啓太(高校)

綿貫 瞬
わたぬき しゅん

新潟アルビレックスBB／PG
1987年11月2日生／35歳／178cm／73kg／A型／神奈川県

経歴≫ 旭中→霧が丘高→神奈川大→大阪エヴェッサ他→新潟アルビレックスBB

つながり [バスケットボール]小酒部 泰暉(大学)、[野球]濵口 遥大(大学)、[野球]梶原 昂希(大学)

王 彦程
わん いぇんちぇん

東北楽天ゴールデンイーグルス／投手
2001年2月14日生／22歳／180cm／82kg／台湾

経歴≫ 穀保家商高→楽天

つながり [アイスホッケー]阿部 泰河(同年代)、[アイスホッケー]宮田 大輔(同年代)

王 偉嘉
わん うぇいじゃ

秋田ノーザンハピネッツ／PF
1998年9月3日生／24歳／198cm／104kg／B型／中国

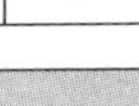

経歴≫ 新世紀中→中部大一高→名古屋学院大→秋田ノーザンハピネッツ

つながり [バスケットボール]宇都 直輝(高校)、[バスケットボール]中村 浩陸(高校)

王 鏡聞
わん きょんむん

コベルコ神戸スティーラーズ／HO
1991年9月12日生／31歳／175cm／100kg／韓国

経歴≫ 朝明高→大阪体育大→コベルコ神戸スティーラーズ

つながり [ラグビー]高橋 信之(高校)、[ラグビー]山本 剣士(大学)、[ラグビー]伊尾木 洋斗(大学)

王 柏融
わん ほーろん

北海道日本ハムファイターズ／外野手
1993年9月9日生／30歳／182cm／93kg／台湾

経歴≫ 中国文化大→台湾・ラミゴ→日本ハム

つながり [野球]張 奕(同郷・同年代)、[野球]呉念庭(同郷・同年代)、[アイスホッケー]髙木 健太(同年代)

つながり [競技またぎ]松坂世代最後のNPB戦士・和田毅とBリーグ界のレジェンド田臥勇太は同学年

野球 | バスケットボール | ラグビー

2023年も日本代表が世界に衝撃を与える!

3月にはWBC、8月、9月にはバスケットボール、ラグビーのワールドカップが開催される2023年。本書にも掲載されるアスリートが出場する注目の世界大会について、見どころなどを紹介する。

BASEBALL

WORLD BASEBALL CLASSIC 2023
第5回 ワールド・ベースボール・クラシック

3大会ぶり3度目の頂点へ、最強メンバー集結

コロナ禍での日程変更のため、6年ぶりに開催されるワールド・ベースボール・クラシック(以下、WBC)。侍ジャパンは、栗山英樹監督を中心に、3大会ぶりの覇権奪還を目指す。1月26日に全メンバー30人が発表され、メジャーリーグで活躍する大谷翔平やダルビッシュ有、史上最年少三冠王・村上宗隆ら豪華なメンバーが顔を揃えた。また、日系人メジャーリーガーのラーズ・ヌートバーの選出も話題を呼んだ。

侍ジャパンは、POOL B に入り、韓国、オーストラリア、中国、チェコと予選リーグで激突する。ここで2位以上になれば、ノックアウト方式の決勝トーナメント進出となる。レギュレーションが変更となり、より一層負けが許されない状況となる今大会。ライバル国も豪華メンバーを揃えているだけに、栗山監督がどんな采配を見せてくれるか。

第5回WBC 予選グループ一覧

POOL A	POOL B	POOL C	POOL D
チャイニーズ・タイペイ	日本	アメリカ	プエルトリコ
オランダ	韓国	メキシコ	ベネズエラ
キューバ	オーストラリア	コロンビア	ドミニカ共和国
イタリア	中国	カナダ	イスラエル
パナマ	チェコ	イギリス	ニカラグア

日本代表戦の日程

3月9日(木) vs中国(試合開始19:00)
3月10日(金) vs韓国(試合開始19:00)
3月11日(土) vsチェコ(試合開始19:00)
3月12日(日) vsオーストラリア(試合開始19:00)
※いずれも東京ドームで開催

準々決勝(日本がグループリーグで2位以上の場合)
3月16日(木) vs POOL Aの1位or 2位 (試合開始19:00)
※東京ドームで開催

準決勝
3月20日(月)、21日(火) 試合開始8:00

決勝
3月22日(水) 試合開始8:00
※準決勝、決勝の試合開始は日本時間。球場は、ローンデコ・スタジアム(アメリカ)で開催

日本代表選手一覧

ポジション	背番号	選手
投手	11	ダルビッシュ有(パドレス)
	12	戸郷翔征(巨人)
	13	松井裕樹(楽天)
	14	佐々木朗希(ロッテ)
	15	大勢(巨人)
	16	大谷翔平(エンジェルス)
	17	伊藤大海(日本ハム)
	18	山本由伸(オリックス)
	20	栗林良吏(広島)
	21	今永昇太(DeNA)
	22	湯浅京己(阪神)
	26	宇田川優希(オリックス)
	28	高橋宏斗(中日)
	29	宮城大弥(オリックス)
	47	高橋奎二(ヤクルト)
捕手	10	甲斐拓也(ソフトバンク)
	24	大城卓三(巨人)
	27	中村悠平(ヤクルト)
内野手	1	山田哲人(ヤクルト)
	2	源田壮亮(西武)
	3	牧 秀悟(DeNA)
	7	中野拓夢(阪神)
	25	岡本和真(巨人)
	33	山川穂高(西武)
	55	村上宗隆(ヤクルト)
外野手	8	近藤健介(ソフトバンク)
	9	周東佑京(ソフトバンク)
	23	ラーズ・ヌートバー(カーディナルス)
	34	吉田正尚(レッドソックス)
	51	鈴木誠也(カブス)

2023 FIBA Basketball World Cup
2023 FIBA バスケットボールワールドカップ

史上初3ヵ国開催 AKATUKIジャパンが旋風を起こすか

過酷な予選を勝ち抜いた32ヵ国が激突するバスケットボールのワールドカップ。今回で19回目となる本大会は、フィリピン・マニラ、インドネシア・ジャカルタ、日本・沖縄と、史上初3都市開催となる。2大会連続6回目の出場となる日本代表・AKATUKI ジャパンは、自力では21年ぶりに出場を決めた前回大会で予選リーグ全敗となった悔しさを晴らせるかか。1月下旬時点で代表メンバーは未発表だが、八村塁(レイカーズ)、渡邊雄太(ネッツ)とNBAで活躍する選手も名を連ねることは間違いない。また、Bリーグで活躍する富樫勇樹(千葉ジェッツ)、河村勇輝(横浜ビー・コルセアーズ)らの選出も予想される。チームを率いるのは、2020年の東京五輪で女子日本代表を銀メダルに導いたトム・ホーバスHC。身長差を補うバリエーション豊かな攻撃を女子代表に根付かせた名将が、男子代表をどのように変え、悲願の決勝トーナメント進出へ導けるか。

日本バスケットボール界の歴史に新たな1ページが、そしてどの試合でも世界トップのプレーが見られる、4年に一度の大会から目が離せない。

出場国 **<アフリカ>**コートジボワール **<アメリカ>**アメリカ、カナダ **<アジア・オセアニア>**フィリピン、日本、レバノン、ニュージーランド、オーストラリア、中国 **<ヨーロッパ>**ラトビア、ギリシャ、ドイツ、フィンランド、スロベニア、フランス、リトアニア、スペイン、イタリア ※1月27日時点で確定している出場国。残りは2月に行われる各地予選で決定。

日程 予選リーグ:9月8日(木)~10月8日(日)/ 決勝トーナメント:10月14日(土)~28日(土)

RUGBY WORLD CUP 2023
ラグビーワールドカップ2023フランス

母国開催で成し得た快挙を超える成績を狙う

アジア初となる日本開催となった前回大会から4年。日本代表が、2大会連続決勝トーナメント進出&ベスト8入りを目指す。すでに組み合わせも決定しており日本代表は、イングランド、アルゼンチン、サモア、チリとプールDに名を連ねた。最大のライバルは、前回大会準優勝のイングランドだろう。2022年11月13日に国際親善試合で戦った際には、13対52で敗退。立ち上がりから相手にペースを握られ、反撃の糸口をつかむことができなかった。この試合で見えた課題を本番までにどうクリアするかがポイントになるだろう。一方のイングランド代表もかつて日本代表を率いたエディー・ジョーンズHCを2022年12月に解任。新たな指揮官のもとでの大会となるだけに、チーム力をどう維持するかは気になるところだ。日本代表戦以外でも、南アフリカ、アイルランド、スコットランドが同居するプールBなど見どころは満載。

4年前は、ワンチームという流行語ができたように、今大会でも日本代表メンバーのプレーが列島を熱くしてくれることは間違いない。

POOL A	POOL B	POOL C	POOL D
ニュージランド	南アフリカ	ウェールズ	イングランド
フランス	アイルランド	オーストラリア	日本
イタリア	スコットランド	フィジー	アルゼンチン
ウルグアイ	トンガ	ジョージア	サモア
ナミビア	ルーマニア	ポルトガル	チリ

日程 予選リーグ:9月8日(木)~10月8日(日)/ 決勝トーナメント:10月14日(土)~28日(土)

What'sアスリートデータベース?

アスリート・データベース（https://athletedb.net/ja）には、
9競技、16リーグ、274チーム、12054人のプロフィールデータを登録。
所属チームや氏名からアスリートを検索でき、年代、出身地、経歴などから
競技の垣根を超えたアスリート同士の「**つながり**」を知ることができる、
スポーツ総合アスリートデータベースサイトになっている。

掲載情報は各掲載リーグのオフィシャルプロフィール。
また、雑誌として出版された「アスリート名鑑」ともデータ連動しているので、
紙と電子の両方で楽しめるマルチデバイス対応なのも特徴だ。

選手ページ下に競技やリーグ、チームの垣根を
越えた「つながり」が表示される

姉妹サイト「野球DB」では
NPB選手詳細成績データを掲載

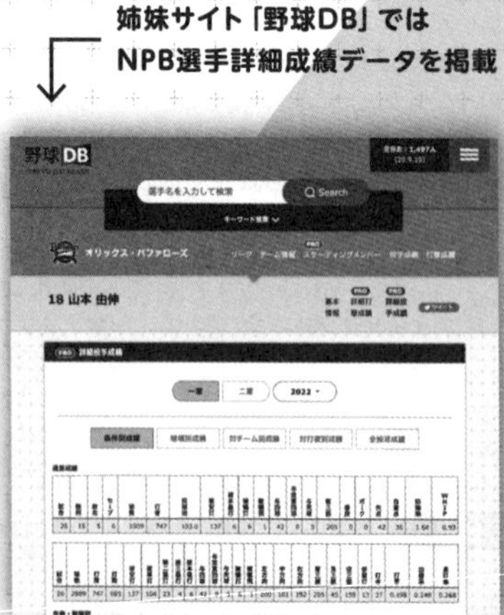

9 競技

16 リーグ

274 チーム

12,054人のアスリートデータを収録

情報掲載の競技・リーグ一覧

NPB(日本野球機構) 北海道ベースボールリーグ 北海道フロンティアリーグ 日本海オセアンリーグ* ルートインBCリーグ さわかみ関西独立リーグ 四国アイランドリーグplus 九州アジアリーグ

Jリーグ
(J1、J2、J3)

Vリーグ
(V1、V2、V3)

Bリーグ(B1、B2)

**ジャパンラグビー リーグワン
(D1、D2、D3)**

日本ハンドボールリーグ
(男女)

JDリーグ

日本男子ソフトボールリーグ

アジアリーグアイスホッケー

全日本体操協会主催の
全国大会へ出場した選手

※上記は1月28日現在のもの。黒枠の競技が今号で掲載している競技

*日本海オセアンリーグは、2023年度よりベイサイドリーグへ名称変更

日本で8つ目のプロ野球独立リーグ
「日本海リーグ」をはじめ
その他競技で活躍する
アスリート情報を順次掲載予定!

https://athletedb.net/

EDITOR IN CHIEF 谷口 一馬

EDITOR 松野 友克
相松 正悟
中谷 来詩
末吉 元
清水 直

ART DIRECTION &DESIGN 佐藤 俊之

COLLABORATION リデザイン株式会社

SALES PROMOTION 松井 史郎

COOPERATION 公益社団法人ジャパン・プロフェッショナル・バスケットボールリーグ
公益財団法人日本アイスホッケー連盟
一般社団法人ジャパンラグビーリーグワン

PHOTOGRAPH 共同通信社

PRINTING 凸版印刷株式会社

アスリート・データベース2023冬季号
2023年2月8日発売

発行所:株式会社エス・アイ・ジェイ
〒162-0815
東京都新宿区筑土八幡町2-11
☎ 03-6337-5983

発売所:メタ・ブレーン

Baseball Times 公式WEBサイト
http://www.baseballtimes.jp

Athlete Database 公式WEBサイト
https://athletedb.net/

野球DB 公式WEBサイト
https://jp.yakyudb.com